J. von Staudingers
Kommentar zum Bürgerlichen Gesetzbuch
mit Einführungsgesetz und Nebengesetzen
Buch 4 · Familienrecht
Einleitung zum Familienrecht; §§ 1297–1352;
Anhang zu §§ 1297 ff
(Verlöbnis, Eheschließung, Aufhebung,
Faktische Lebensgemeinschaft)

J. von Staudingers
Kommentar zum Bürgerlichen Gesetzbuch
mit Einführungsgesetz und Nebengesetzen

Buch 4
Familienrecht
Einleitung zum Familienrecht;
§§ 1297–1352;
Anhang zu §§ 1297 ff
(Verlöbnis, Eheschließung, Aufhebung,
Faktische Lebensgemeinschaft)

Neubearbeitung 2015
von
Martin Löhnig
Reinhard Voppel

Redaktor
Michael Coester

Sellier – de Gruyter · Berlin

Die Kommentatorinnen und Kommentatoren

Neubearbeitung 2015
Einl zum FamilienR; §§ 1313–1318: REINHARD VOPPEL
§§ 1297–1312; Anh zu §§ 1297 ff: FaktLG; §§ 1319–1352: MARTIN LÖHNIG

Neubearbeitung 2012
Einl zum FamilienR; §§ 1313–1318: REINHARD VOPPEL
§§ 1297–1312; Anh zu §§ 1297 ff: FaktLG; §§ 1319–1352: MARTIN LÖHNIG

Neubearbeitung 2007
Einl zum FamilienR; §§ 1313–1318: REINHARD VOPPEL
§§ 1297–1312; §§ 1319–1320: HANS-WOLFGANG STRÄTZ
Anh zu §§ 1297 ff: MARTIN LÖHNIG

Dreizehnte Bearbeitung 2000
Einl zu §§ 1297 ff: HEINZ HÜBNER und REINHARD VOPPEL
§§ 1297–1302: NeLebGem (Anh zu §§ 1297 ff);
§§ 1303–1312: HANS-WOLFGANG STRÄTZ
§§ 1313–1317: DIETHELM KLIPPEL
§§ 1318–1320: HANS-WOLFGANG STRÄTZ

Sachregister

Rechtsanwältin Dr. MARTINA SCHULZ, Pohlheim

Zitierweise

STAUDINGER/VOPPEL (2015) Einl 1 zum FamilienR
STAUDINGER/LÖHNIG (2015) § 1297 Rn 1
STAUDINGER/LÖHNIG (2015) Anh zu §§ 1297 ff Rn 1

Zitiert wird nach Paragraph bzw Artikel und Randnummer.

Hinweise

Das Abkürzungsverzeichnis befindet sich auf www.staudingerbgb.de.

Der Stand der Bearbeitung ist jeweils mit Monat und Jahr auf den linken Seiten unten angegeben.

Am Ende eines jeden Bandes befindet sich eine Übersicht über den aktuellen Stand des „Gesamtwerk STAUDINGER".

MIX
Papier aus verantwor-
tungsvollen Quellen
FSC® C016439
www.fsc.org

Die Deutsche Nationalbibliothek verzeichnet diese Publikation in der Deutschen National-
bibliografie; detaillierte bibliografische Daten sind im Internet über http://dnb.dnb.de abrufbar.

ISBN 978-3-8059-1188-7

© Copyright 2015 by oHG Dr. Arthur L. Sellier & Co. – Walter de Gruyter GmbH, Berlin. – Printed in Germany.

Satz: fidus Publikations-Service, Nördlingen.

Druck und Bindearbeiten: Hubert & Co., Göttingen.

Umschlaggestaltung: Bib Wies, München.

♾ Gedruckt auf säurefreiem Papier, das die DIN ISO 9706 über Haltbarkeit erfüllt.

Inhaltsübersicht

[*] Zitiert wird nicht nach Seiten, sondern
nach Paragraph bzw Artikel und Randnummer;
siehe dazu auch „Zitierweise".

Inhaltsübersicht

Buch 4
Familienrecht

Einleitung zum Familienrecht

Schrifttum

I. Kommentare und Handbücher

Alternativkommentar zum BGB, Bd 5 Familienrecht (1981)

AMBROCK, Ehe und Ehescheidung (1977)

BÄUMEL/BIENWALD ua, Familienrechtsreform (1998)

BAMBERGER/ROTH, Kommentar zum Bürgerlichen Gesetzbuch, Band 3, §§ 1297–2385, EGBGB, CISG (3. Aufl 2012)

BASTIAN/ROTH/STIELOW/SCHMEIDUCH, 1. EheRG. Das neue Ehe- und Scheidungsrecht (1978)

BÄUMEL ua, Familienrechtsreformkommentar (1998)

BAUMGÄRTEL/LAUMEN/PRÜTTING, Handbuch der Beweislast, Band 8, BGB Familienrecht §§ 1297–1921 (3. Aufl 2010)

Beck'sches Formularbuch Familienrecht (4. Aufl 2013)

BERGMANN/FERID/HENRICH, Internationales Ehe- und Kindschaftsrecht mit Staatsangehörigkeitsrecht (6. Aufl 1983 ff, Stand Dezember 2014)

BGB-RGRK Bd 4 Familienrecht (12. Aufl 1975 ff)

BÜTE/POPPEN/MENNE, Unterhaltsrecht. Ehegatten-, Kindes- und Verwandtenunterhalt, Prozessrecht und einschlägige Nebenbestimmungen (2. Aufl 2009)

ERMAN, Handkommentar zum BGB, 2. Bd (14. Aufl 2014)

FISCHER, Privat- und Familienleben, Art. 8 und 12 (= Rheinischer Kommentar zur Europäischen Menschenrechtskonvention, 2010)

GERHARDT/vHEINTSCHEL-HEINEGG/KLEIN, Handbuch des Fachanwalts Familienrecht (9. Aufl 2013)

GÖPPINGER/WAX, Unterhaltsrecht (9. Aufl 2008)

HAHN, Kindheits-, Jugend- und Erziehungsrecht (2004)

HAUSSLEITER/SCHULZ, Vermögensauseinandersetzung bei Trennung und Scheidung (5. Aufl 2011)

HEISS/BORN, Unterhaltsrecht (45. Aufl 2014)

HEPTING, Deutsches und Internationales Familienrecht im Personenstandsrecht (2010)

HOFFMANN-STEPHAN, EheG nebst DVO (2. Aufl 1968)

JAUERNIG, BGB (15. Aufl 2014)

JOHANNSEN/HENRICH (Hrsg), Familienrecht. Scheidung, Unterhalt, Verfahren (5. Aufl 2010)

KAISER/SCHNITZLER/FRIEDERICI/SCHILLING, NomosKommentar BGB, Band 4: Familienrecht §§ 1297–1921 (3. Aufl 2014); zit NK-BGB/BEARBEITER[3]

KOCH, Handbuch des Unterhaltsrechts (12. Aufl 2012)

KRÜGER/BREETZKE/NOWACK, Kommentar zum Gleichberechtigungsgesetz (1958)

MÜLLER, Beratung und Vertragsgestaltung im Familienrecht (3. Aufl 2011)

Münchener Anwaltshandbuch Familienrecht (4. Aufl 2014)

Münchener Kommentar zum BGB, Bd 7 und 8, Familienrecht (6. Aufl 2013/2012)

NIEPMANN/SCHWAMB, Die Rechtsprechung zur Höhe des Unterhalts (12. Aufl 2013)

ODERSKY, Nichtehelichengesetz (4. Aufl 1978)

PALANDT, BGB (74. Aufl 2015)

PLANCK, BGB, Bd 4 Familienrecht (1./2. Aufl 1901; 4. Aufl 1928)

PRÜTTING/WEGEN/WEINREICH, BGB (9. Aufl 2014)

RAHM/KÜNKEL, Handbuch des Familien- und

Reinhard Voppel

Familienverfahrensrecht (Stand Dezember 2013)
RULAND, Versorgungsausgleich. Ausgleich, steuerliche Folgen und Verfahren (3. Aufl 2011)
SCHOLZ/KLEFFMANN/MOTZER, Praxishandbuch Familienrecht (27. Aufl 2014)
SCHULZ/HAUSS, Familienrecht (2. Aufl 2011)
SCHWAB, Handbuch des Scheidungsrechts (7. Aufl 2013)
SOERGEL, BGB, Bd 17 bis 20 (13. Aufl 2000 ff)
WAGENITZ/BORNHOFEN, Handbuch des Eheschließungsrechts (1998)
WEINREICH/KLEIN, Fachanwaltskommentar Familienrecht (5. Aufl 2013)
WENDL/DOSE, Das Unterhaltsrecht in der familienrichterlichen Praxis (8. Aufl 2011)
ZIMMERMANN/DORSEL, Eheverträge, Scheidungs- und Unterhaltsvereinbarungen (5. Aufl 2010).

II. Lehrbücher und Grundrisse

1. bis 1939

COSACK/MITTEIS, Lehrbuch des bürgerlichen Rechts, Bd II/1 und 2 (7./8. Aufl 1924)
CROME, System des Deutschen Bürgerlichen Rechts, 4. Bd Immaterialgüterrechte Familienrecht (1908)
DERNBURG, Das bürgerliche Recht des Deutschen Reiches und Preußens, 4. Bd Deutsches Familienrecht (4. Aufl 1908)
ENDEMANN, Lehrbuch des Bürgerlichen Rechts, Bd II/2 Familienrecht (8./9. Aufl 1908)
ENNECCERUS/KIPP/WOLFF, Lehrbuch des Bürgerlichen Rechts, Bd IV, Familienrecht (7. Bearb 1931).

2. ab 1945

AHLBRECHT/BENGSOHN, Familienrecht I: Eltern und Kinder (1983)
DETHLOFF, Familienrecht (30. Aufl 2012)
DIEDERICHSEN, Familienrecht (1984)
DÖLLE, Familienrecht, Bd 1 (1964), Bd 2 (1965)
FIRSCHING/DODEGGE, Familienrecht 2. Halbband: Das Betreuungsrecht sowie andere Rechtsgebiete der freiwilligen Gerichtsbarkeit (7. Aufl 2010)
FIRSCHING/SCHMIDT, Familienrecht 1. Halbband: Familiensachen (7. Aufl 2010)

GERNHUBER/COESTER-WALTJEN, Lehrbuch des Familienrechts (6. Aufl 2010)
GIESEN, Familienrecht (2. Aufl 1997)
GRZIWOTZ, Materielles Ehe- und Familienrecht (3. Aufl 2013)
HECKEL, Einführung in das Ehe- und Familienrecht (1981)
HENRICH, Familienrecht (5. Aufl 1995, Reprint 2012)
HOHLOCH, Familienrecht (2002)
LEHMANN/HENRICH, Deutsches Familienrecht (4. Aufl 1967)
MEYER-STOLTE/ZORN, Familienrecht (5. Aufl 2011)
MÜNDER/ERNST, Familienrecht. Eine sozialwissenschaftlich orientierte Darstellung (7. Aufl 2014)
MUSCHELER, Familienrecht (3. Aufl 2013)
RAMM, Familienrecht, Bd 1. Recht der Ehe (1985)
RAUSCHER, Familienrecht (2. Aufl 2008)
SCHLÜTER, Familienrecht (14. Aufl 2013)
SCHWAB, Familienrecht (22. Aufl 2014)
SEILER, Grundzüge eines öffentlichen Familienrechts (2008)
TSCHERNITSCHEK, Familienrecht (3. Aufl 2000)
WELLENHOFER, Familienrecht (3. Aufl 2014)
WÖRLEN, Familienrecht (2008).

III. Geschichte des Familienrechts

BEXTERMÖLLER, Das Familienrecht in den Systemen der Pandektistik des 19. Jahrhunderts (Diss Münster 1970)
BOEHMER, Zur Entwicklung und Reform des deutschen Familien- und Erbrechts (1970)
COING, Europäisches Privatrecht 1500 bis 1800, Band I/II (1985/1989)
DÖRNER, Industrialisierung und Familienrecht. Die Auswirkungen des sozialen Wandels, dargestellt an den Familienmodellen des ALR, BGB und des französischen Code Civil (1974)
FRIEDBERG, Das Recht der Eheschließung in seiner geschichtlichen Entwicklung (1865)
HEUSLER, Institutionen des deutschen Privatrechts, Bd I 102 ff (1885), Bd II 271 ff (1886)
HÜBNER, Grundzüge des deutschen Privatrechts (5. Aufl 1930)
JAKOBS/SCHUBERT (Hrsg), Die Beratung des Bürgerlichen Gesetzbuches in systematischer

Zusammenstellung der unveröffentlichten Quellen, Familienrecht I §§ 1297–1563 (1987), Familienrecht II §§ 1564–1921 (1989)
KRAUSE, Die gegenseitigen Unterhaltsansprüche zwischen Eltern und Kindern in der deutschen Privatrechtsgeschichte (1982)
LEINEWEBER, Die rechtliche Beziehung des nichtehelichen Kindes zu seinem Erzeuger in der Geschichte des Privatrechts (1978)
MERZBACHER, Art Ehe, kirchenrechtlich, HRG 1, 833
MIKAT, Art Ehe, HRG 1, 809
NIKSCH, Die sittliche Rechtfertigung des Widerspruchs gegen die Scheidung der zerrütteten Ehe in den Jahren 1938–1944 (1990)
SCHÄFER, Die Entstehung der Vorschriften des BGB über das persönliche Eherecht (1983)
SCHAEFER, Der Einfluss des kanonischen Eherechts auf die moderne staatliche Ehegesetzgebung (Diss Heidelberg 1969)
SCHWAB, Art Familie, HRG 1, 1067
ders, Die Familie als Vertragsgesellschaft im Naturrecht der Aufklärung, Quaderni Fiorentini (Milano 1972) 358
ders, Familie, in: Geschichtliche Grundbegriffe Bd 2, 1975
ders, Ehe und Familie nach den Lehren der Spätscholastik, La seconda scolastica nella formazione del diritto privato moderno (Milano 1973)
ders, Grundlagen und Gestalt der staatlichen Ehegesetzgebung in der Neuzeit (1967).

IV. Recht der ehemaligen DDR und deutsche Einigung
ARNOLD, Art und Umfang der elterlichen Rechte in der Deutschen Demokratischen Republik – Zugleich ein Beitrag zur Reform der elterlichen Sorge und der Adoption in der Bundesrepublik Deutschland (1975)
BRUNNER, Einführung in das Recht der DDR (2. Aufl 1979) 160
Das oberste Gericht der DDR Rechtsprechung im Dienste des Volkes (Berlin/Ost 1989) 114
Familienrecht, Lehrbuch (3. Aufl, Berlin/Ost 1981)
Familienrecht in beiden deutschen Staaten. Rechtsentwicklung, Rechtsvergleich, Kollisionsprobleme, Symposium (Köln ua 1983)

Kommentar zum Familiengesetzbuch der Deutschen Demokratischen Republik (5. Aufl, Berlin/Ost 1982)
REBMANN/SEUKER, Zivilrecht im Einigungsvertrag (1991)
SCHWAB, Familienrecht und deutsche Einigung (1991)
WESTEN/SCHLEIDER, Zivilrecht im Systemvergleich (1984) 687
WOLF, Das Familienrecht der DDR und der Einigungsvertrag, DtZ 1995, 386.

V. Monographien und Aufsätze
BEITZKE, Bestandskraft personenrechtlicher Rechtsgeschäfte, in: FS Mühl (1981) 103
ders, Personenrechtliche Rechtsgeschäfte, in: FS Flume (1978) 317
BERGERFURTH, Das Eherecht. Eingehen und Auflösen der Ehe, Güterstand, Schlüsselgewalt (10. Aufl 1993/Nachtrag 1996)
BERGERFURTH/ROGNER, Der Ehescheidungsprozess und die anderen Eheverfahren (15. Aufl 2006)
BERGSCHNEIDER, Die Ehescheidung und ihre Folgen (5. Aufl 2001)
ders, Richterliche Inhaltskontrolle von Eheverträgen und Scheidungsvereinbarungen (2008)
ders, Verträge in Familiensachen. Eheverträge, Trennungs- und Scheidungsvereinbarungen (5. Aufl 2014)
BEUSTER/MARBURGER, Ehe und Familie im Sozialrecht (1982)
BÖCKENFÖRDE, Elternrecht, Recht des Kindes, Recht des Staates. Zur Theorie des verfassungsrechtlichen Elternrechts und seiner Auswirkung auf Erziehung und Schule, in: Essener Gespräche zum Thema Staat und Kirche, Bd 14 (1980) 54
BOSCH, Ehe und Familie in der Rechtsordnung, FamRZ 1966, 57
ders, Die Neuordnung des Eherechts ab 1. 7. 1977. Eine grundsätzliche Betrachtung, FamRZ 1977, 569
ders, Rückblick und Ausblick oder: De legibus ad familiam pertinentibus reformatis et reformandis?, FamRZ 1980, 739, 849, 1090
ders, Ehe und Familie in der Bundesrepublik Deutschland Grundfragen der rechtlichen Ordnung (1983)

ders, Grundlinien der Entwicklung des deutschen Familienrechts in den Jahren 1947–1987, NJW 1987, 2617

BREITHAUPT, Die Akzeptanz des Zerrüttungsprinzips des 1. EheRG (1986)

BÜLTMANN ua, Das Recht der nichtehelichen Lebensgemeinschaft (2. Aufl 2004)

vCAMPENHAUSEN, Verfassungsgarantie und sozialer Wandel, Das Beispiel von Ehe und Familie, in: VVdStRL 45 (1987) 7

CONRING, Rechtliche Behandlung von „Scheinehen" nach der Reform des deutschen Eheschließungsrechts (= Schriften zum deutschen und ausländischen Familienrecht und Staatsangehörigkeitsrecht, 2002)

DETHLOFF, Sind unsere familienrechtlichen Anschlusssysteme noch zeitgemäß?, Verhandlungen des 67. Deutschen Juristentages Erfurt 2008 (2008)

DIEDERICHSEN, Wandlungen des Adoptivrechts: von der Arrogation (über Adoption) bis zur Annahme als Kind, StAZ 1977, 301

ders, „Richtiges" Familienrecht, in: FS Larenz (1983) 127

DOMBOIS, Die Ehe: Institution oder personale Gemeinschaft? Überlegungen zu einem modernen Eherecht, in: Recht und Institution (1969) 109

ESCHENBRUCH/SCHÜRMANN/MENNE, Der Unterhaltsprozess (6. Aufl 2013)

Evangelische Kirche in Deutschland, Die Denkschriften, Bd 3 (Ehe, Familie, Sexualität) (1981)

FAHRENHORST, Familienrecht und Europäische Menschenrechtskonvention (1994)

GERNHUBER, Neues Familienrecht. Eine Abhandlung zum Stil des jüngeren Familienrechts (1977)

ders, Die geordnete Ehe, FamRZ 1979, 193

ders, Eherecht und Ehetypen (1981)

ders, Ehe und Familie als Begriffe des Rechts, FamRZ 1981, 721

GIESEN, Aktuelle Probleme einer Reform des Scheidungsrechts (1971)

ders, Ehe, Familie und Erwerbsleben. Überlegungen zum Schutz von Ehe und Familie (1977)

ders, Ehe und Familie in der Ordnung des Grundgesetzes, JZ 1982, 817

GIESSLER/SOYKA, Vorläufiger Rechtsschutz in Familiensachen (5. Aufl 2010)

GÖPPINGER/BÖRGER, Vereinbarungen anlässlich der Ehescheidung (10. Aufl 2013)

GRZIWOTZ, Nichteheliche Lebensgemeinschaft (5. Aufl 2014)

HÄBERLE, Verfassungsschutz der Familie – Familienpolitik im Verfassungsstaat (1984)

HATTENHAUER, Das Zerrüttungsprinzip, in: Recht und Rechtserkenntnis (1985) 143

ders, Die Privatisierung der Ehe, Thesen zum künftigen Eherecht (1986)

ders, Über ehestabilisierende Rechtstechniken, FamRZ 1989, 225

HEIDE, Eherecht und soziale Wirklichkeit, in: FS Müller-Freienfels (1986) 289

ders, Scheidungsrechtsreform und Eheverständnis in der Weimarer Republik und in beiden Teilen Deutschlands (Diss Berlin 1987)

HEPTING, Ehevereinbarungen. Die autonome Ausgestaltung der ehelichen Lebensgemeinschaft im Verhältnis zum Eherecht, Rechtsgeschäftslehre und Schuldrecht (1984)

HOCHLEITNER, Die rechtliche Stellung nichtehelicher Kinder vor und nach der Reform von 1970. Ein Vergleich der Zielsetzungen 1900 und 1970 (Diss Bielefeld 1982)

HÖFFNER, Ehe und Familie, Wesen und Wandel in der industriellen Gesellschaft (2. Aufl 1965)

HÜBNER, Eheschließung und allgemeine Wirkungen der Ehe als dogmatisches Problem, FamRZ 1962, 1

ders, Eherecht am Ausgang des 20. Jahrhunderts, in: FS Baumgärtel (1990) 663

KANZLEITER/WEGMANN, Vereinbarungen unter Ehegatten (7. Aufl 2007)

KAUFMANN, Das „sittliche Wesen der Ehe" als Maßstab für die inhaltliche Bestimmung der Normen bei der Kodifizierung des BGB, in: Rechtsgeschichte als Kunstgeschichte (1976) 649

LANGE, Kontinuität und Diskontinuität in der Entwicklung des Familienrechts, in: FS Tübinger Juristenfakultät (1977) 355

LANGENFELD, Handbuch der Eheverträge und Scheidungsvereinbarungen (6. Aufl 2011)

LIPP, Die eherechtlichen Pflichten und ihre Verletzung – ein Beitrag zur Fortbildung des persönlichen Eherechts (1988)

LÜKE, Grundsätzliche Veränderungen im

Familienrecht durch das 1. EheRG, AcP 178
(1978) 1

ders, Die Scheidungsschuld in einem Scheidungsrecht ohne Verschulden, in: Rechtsver-
gleichung. Europarecht und Staatenintegration
(1983) 457

MIKAT, Scheidungsreform in einer pluralistischen Gesellschaft (1970)

ders, Religionsrechtliche Schriften. Abhandlun-
gen zum Staatskirchenrecht und Eherecht
(3. Aufl 1974)

ders, Ethische Strukturen der Ehe in unserer
Zeit, in: Der Schutz von Ehe und Familie. Es-
sener Gespräche zum Thema Staat und Kirche
Bd 21 (1986)

MORITZ, Die „zivil"rechtliche Stellung der
Minderjährigen und Heranwachsenden innerhalb und außerhalb der Familie (1987)

MÜLLER-FREIENFELS, Ehe und Recht (1962)

ders, Familienrechtliche Kodifikationen im
Wandel der Anschauungen, in: FS Hinderling
(1976) 111

ders, „Neues" Familienrecht, in: FS Hegnauer
(1986) 251

vMÜNCH, Ehe und Familie, in: Handbuch des
Verfassungsrechts der Bundesrepublik
Deutschland (2. Aufl 1994) 293

PAWLOWSKI, Die „Bürgerliche Ehe" als Orga-
nisation. Überlegungen zu den juristischen
Arbeitsmitteln (1983)

RAMM, Grundgesetz und Eherecht (1972)

ders, Die Umgestaltung des Eherechts durch das
Grundgesetz, JZ 1973, 722

SACHS, Geschwister im Familienrecht (2007)

SCHEFFLER, Ehe und Familie, in: BETTERMANN/
NIPPERDEY/SCHEUNER, Die Grundrechte II/1,
245

dies, Die Stellung der Frau in Familie und Gesellschaft im Wandel der Rechtsordnung seit
1918 (1970)

SCHLÜTER, Elterliches Sorgerecht im Wandel
verschiedener geistesgeschichtlicher Strömun-
gen und Verfassungsepochen (1985)

SCHRAMM, Philosophie und Verfassungsge-
richtsbarkeit. Anmerkungen zum rechtsphilo-
sophischen Standort des Bundesverfassungsgerichts im familienrechtlichen Bereich, DVBl
1980, 980

K H SCHWAB, Der Wandel der Ordnung im
Familienrecht, in: FS Nüchterlein (1978) 303

SCHWENCK, Die eherechtliche Generalklausel.
Ihre Entwicklung und der Einfluss des
1. EheRG (Diss Tübingen 1987)

SCHWENZER, Vom Status zur Realbeziehung.
Familienrecht im Wandel (1987)

SCHULZE ZUR WIESCHE, Vereinbarungen unter
Familienangehörigen und ihre steuerlichen Folgen (9. Aufl 2006)

STEIGER, Verfassungsgarantie und sozialer
Wandel – Das Beispiel von Ehe und Familie, in:
VVdStRL 45 (1987) 55

STORR, Eherecht und elterliche Sorge
(3. Aufl 1987)

SÜSS/RING, Eherecht in Europa (2006)

TUROWSKI, Ein Rechtsinstitut im Umbruch. Das
neue Ehe- und Familienrecht in katholischer
Sicht (1981)

ders, Verfassungsgarantie und sozialer Wandel.
Das Beispiel von Ehe und Familie, VVdStRL 45
(1987) 13

VOEGELI/WILLENBACHER, Zur Restauration des
Familienrechts nach dem 2. Weltkrieg, in: Restauration im Recht (1988) 195

WOLF, Der Begriff Familienrecht, FamRZ 1968,
493

ders, Die Ehe – Institution oder personhafte
Gemeinschaft?, Zs für evangelische Ethik 1971,
360

ders, Grundgesetz und Eherecht, JZ 1973, 647

ZEIDLER, Ehe und Familie, in: Handbuch des
Verfassungsrechts der Bundesrepublik
Deutschland (1983) 555.

VI. Periodika

Das Jugendamt. Zeitschrift für Jugendhilfe und
Familienrecht (JAMT) (seit 1927; früher: Der
Amtsvormund)

Das Standesamt (StAZ) (seit 1948; früher: Der
Standesbeamte, Das Standesamt, Zeitschrift für
Standesamtswesen)

Deutscher Familiengerichtstag (seit 1978)

Der Familien-Rechts-Berater (FamRB) (seit
2002)

Familie und Recht (FuR) (seit 1990)

Forum Familienrecht (FF) (seit 1997)

Ehe und Familie im privaten und öffentlichen

Recht, Zeitschrift für das gesamte Familienrecht (FamRZ) (seit 1954)
Familienrecht kompakt. Aktueller Informationsdienst für Rechtsanwälte (seit 2001)
Familienrecht und Familienverfahrensrecht (FamFR) (2009–2013)
Familie, Partnerschaft, Recht (FPR) (1995–2013)
Neue Zeitschrift für Familienrecht (NZFam) (seit 2014)

Recht der Jugend und des Bildungswesens (RdJB) (seit 1953; früher: Recht der Jugend)
Zeitschrift für Kindschaftsrecht und Jugendhilfe (ZKJ) (seit 2006)
Zentralblatt für Jugendrecht und Jugendwohlfahrt (mit Beilage: Archiv für Jugendrecht) (ZfJugR), Organ des deutschen Instituts für Vormundschaftswesen (1909–2005).

Systematische Übersicht

A. Die Stellung der Familie in der Rechtsordnung

I. Der Begriff der Familie

Das vierte Buch des BGB behandelt gemäß seiner Überschrift das Familienrecht. **1** Allerdings kennt das BGB keinen einheitlichen Begriff der Familie. Denn die Familie ist für den BGB-Gesetzgeber keine rechtliche Einheit, die als solche nach außen in Erscheinung tritt. Sie entzieht sich aber ihrer heutigen soziologischen Erscheinung nach auch im Innenverhältnis vielfach einer rechtlichen Erfassung.

Nach außen hin treten die Familienangehörigen rechtlich grundsätzlich nur als **2** einzelne in Erscheinung. Allerdings ist ihre Stellung innerhalb des Familienverbandes unter Umständen nicht ohne jeden Einfluss auf ihre Rechtsstellung Dritten gegenüber. So kann die Eheleute und ihre unverheirateten Kinder der Familienname verbinden (§§ 1355 Abs 1 S 1, 1616), was allerdings seit 1994 nicht mehr zwingend ist (vgl unten Rn 144 sowie Staudinger/Voppel [2012] § 1355 Rn 25 f). Ein Ehegatte haftet für die vom anderen für den gemeinsamen Lebensbedarf gemachten Schulden (§ 1357). Die Beschränkung der Verpflichtungsbefugnis und der Verfügungsmacht der im gesetzlichen Güterstand der Zugewinngemeinschaft lebenden Eheleute hinsichtlich eines ihnen gehörenden Gegenstandes des ehelichen Hausrates (§ 1369) und hinsichtlich ihres Vermögens im ganzen (§§ 1365 ff) wirkt sich auch und gerade nach außen aus.

3   Auch die Beziehungen der Mitglieder der Familie untereinander sind Dritten gegenüber geschützt, allerdings nur insoweit, als diese Beziehungen im Recht besonders ausgeformt sind. Das gilt etwa für das Verhältnis zwischen den Ehegatten oder das Verhältnis zwischen dem Inhaber der elterlichen Sorge und dem minderjährigen Kind. Ein unbefugter Eingriff Dritter in diese Beziehungen kann eine unerlaubte Handlung im Sinne des § 823 Abs 1 (vgl hierzu STAUDINGER/VOPPEL [2012] § 1353 Rn 110 ff) bzw Gegenstand von Rechten nach § 1632 sein. Demgegenüber tritt etwa das Geschwisterverhältnis Dritten gegenüber nicht in Erscheinung und ist zivilrechtlich, wenn man vom Eheverbot des § 1307 absieht, nur noch im Erbrecht von Bedeutung; es begründet nicht einmal ein Unterhaltsrecht bzw eine Unterhaltspflicht (dagegen ist es im öffentlichen Recht – mit anderen Verwandtschaftsgraden – etwa noch beim Recht zur Zeugnisverweigerung von Bedeutung).

4   Das hängt damit zusammen, dass der Gesetzgeber die Familie nur in den individuellen Beziehungen zwischen den einzelnen Mitgliedern, zwischen den Ehegatten, zwischen den Eltern und den minderjährigen Kindern erfasst. Die Rechtsfolgen der weiteren Verwandtschaft beschränken sich im Wesentlichen, von der gesetzlichen Erbfolge abgesehen, auf Unterhaltspflichten zwischen Verwandten in gerader Linie, also den Abkömmlingen und ihren Vorfahren. Demgegenüber sind weitere vermögensrechtliche Beziehungen sowie die statusrechtliche Zuordnung weitgehend geregelt.

5   Auch wo das Gesetz ausnahmsweise von der Familie oder den Familienangehörigen spricht, wie etwa in § 563, der für Ehegatten, Kinder und andere Familienangehörige den Eintritt in das Mietverhältnis des verstorbenen Mieters vorsieht, oder in § 1093 Abs 2, wonach der Wohnungsberechtigte „seine Familie" in die Wohnung aufnehmen darf, wird die Familie nicht als eine rechtliche Einheit angesehen, sondern es wird damit nur ein Kreis von Personen umschrieben, dessen Abgrenzung durchaus nicht einheitlich ist, sondern aus dem Sinn der betreffenden Bestimmung gewonnen werden muss.

6   In der heutigen Lebenswirklichkeit tritt die Familie als wirklich empfundene Einheit nur noch in der Gestalt der Kleinfamilie hervor, die die Eltern und die Hausangehörigen, also meist nur die minderjährigen, unverheirateten Kinder, umfasst. Die Großfamilie, zu der ursprünglich alle von einem Stammvater abstammenden Blutsverwandten und deren Ehefrauen gehörten, ist nicht nur rechtlich, sondern auch in der äußeren Erscheinung und im allgemeinen Empfinden längst in den Hintergrund getreten. Selbst dort, wo die Großfamilie noch eine Rolle spielt, erscheint sie rechtlich nicht als eine Gemeinschaft der ihr Zugehörenden, sondern findet nur noch in einigen Einzelbeziehungen zwischen den Familienangehörigen Ausdruck, insbesondere in der gegenseitigen Unterhaltspflicht, die aber nur zwischen Verwandten gerader Linie besteht, praktisch im Allgemeinen nur zwischen Großeltern, Eltern und Kindern, dh den Rahmen der Kleinfamilie in aller Regel nur um eine Generation überschreitet. Das gesetzliche Erbrecht, das die Großfamilie berücksichtigt, ist der sehr unvollkommene Ausdruck einer alle Verwandten umfassenden Gemeinschaft, der darüber hinaus auch durch die konfiskatorische Wirkung des Erbschaft-

steuerrechts mit zunehmender Entfernung des Verwandtschaftsgrades eine Einschränkung erfährt.

Familienrecht ist der Inbegriff der Normen, die die Rechtsverhältnisse der durch **7**
Ehe, Verwandtschaft oder Schwägerschaft verbundenen Personen regeln. Das Recht
der Vormundschaft wird herkömmlich und so auch im BGB aus historischen Gründen in das Familienrecht einbezogen, da es aus der Sorgepflicht und dem Sorgerecht
der Sippe über (Witwen und) minderjährige Waisen erwachsen und Ersatz der
fehlenden elterlichen Sorge ist. Die daraus erwachsenen Institute der Pflegschaft
und Betreuung teilen diese Zuordnung. Das Recht der faktischen Lebensgemeinschaft (darunter fallen sowohl verschiedengeschlechtliche – „nichteheliche" – Lebensgemeinschaften als auch solche zwischen gleichgeschlechtlichen Partnern, die
nicht eingetragene Lebenspartner iSd LPartG sind; vgl STAUDINGER/LÖHNIG Anh zu
§§ 1297 ff Rn 8 ff), das sich grundsätzlich nach allgemeinem Zivilrecht bestimmt, gehört nicht zum Familienrecht; einzelne Beziehungen zwischen den Partnern der
faktischen Lebensgemeinschaft können aber familienrechtlicher Natur sein, wenn
die Partner zugleich Eltern gemeinsamer Kinder sind (diese Regelungen setzen aber
das Bestehen einer faktischen Lebensgemeinschaft nicht voraus, sondern nur die
Elternschaft). Die Beziehungen der Partner zu gemeinsamen oder einseitigen Kindern unterliegen ebenfalls dem Familienrecht. Auch das im LPartG geregelte Recht
der eingetragenen Lebenspartnerschaft stellt nicht im eigentlichen Sinne Familienrecht dar, weist aber durch weitgehende Verweisung auf Eherecht enge Verknüpfungen zu diesem Bereich auf.

II.   Verfassungsrechtliche Grundlagen (einschließlich Völkerrecht)

1.   Grundgesetz

Ehe und Familie genießen gemäß Art 6 GG den besonderen Schutz der Verfassung. **8**
Schon die Reichsverfassung von Weimar stellte die Ehe als Grundlage des Familienlebens und der Erhaltung und Vermehrung der Nation unter besonderen Schutz
(Art 119 WRV). Aber während die WRV auch dieses Grundrecht lediglich als Programmsatz auffasste, ist Art 6 GG unbestritten unmittelbar geltendes Recht und
erfasst Ehe und Familie als einen geschlossenen, gegen den Staat abgeschirmten und
die Vielfalt rechtsstaatlicher Freiheit stützenden Autonomie- und Lebensbereich
(BVerfGE 91, 130, 134; vgl BVerfGE 107, 27, 53: Sphäre privater Lebensgestaltung). In diesem
Sinne stellt Art 6 Abs 1 eine **Institutionsgarantie** dar: Ehe und Familie werden als
Einrichtungen geschützt. Allerdings wird die Ehe nicht abstrakt gewährleistet, sondern in der Ausgestaltung, wie sie den herrschenden, in der gesetzlichen Regelung
maßgebend zum Ausdruck gelangten Anschauungen entspricht; demgemäß soll der
Verfassung das Bild der „verweltlichten" bürgerlich-rechtlichen Ehe zugrunde liegen (BVerfGE 53, 224, 245; 80, 81, 92; vgl JARASS/PIEROTH Art 6 GG Rn 2). Das Grundgesetz
selbst enthält keine Definition der Ehe, sondern setzt diese als besondere Form
menschlichen Zusammenlebens voraus. Es bedarf insoweit rechtlicher Regelungen,
die abgrenzen und ausgestalten, welche Lebensgemeinschaften den Schutz der Verfassung genießen sollen (BVerfGE 105, 313, 345). Dabei ist jedoch der Kernbestand
eherechtlicher Strukturprinzipien, wie er sich trotz allen gesellschaftlichen Wandels
bewahrt hat, der Verfügungsgewalt des Gesetzgebers entzogen (BVerfGE 53, 224, 245);
darunter wird man die Freiwilligkeit, die Zugangsfreiheit unter Mitwirkung des

Staates, Verschiedengeschlechtlichkeit, Monogamie, die Pflicht zur ehelichen Lebensgemeinschaft und die Lebenslänglichkeit der Ehe fassen können (RAUSCHER Rn 34; GERNHUBER/COESTER-WALTJEN § 5 Rn 11; vgl auch BVerfGE 105, 313, 345). Auch die Familie als die umfassende Gemeinschaft von Eltern und Kindern wird in Anknüpfung an die institutionellen Regelungen des BGB geschützt. Der Familienbegriff wird zum Teil auf die Kleinfamilie (Zwei-Generationen-Familie) beschränkt (BVerfGE 48, 327, 339; RAUSCHER Rn 34; GERNHUBER/COESTER-WALTJEN § 5 Rn 8 [„in erster Linie"]), zum Teil aber auch darüber hinaus auf die Großfamilie ohne Beschränkungen erstreckt (JARASS/PIEROTH Art 6 GG Rn 10; BVerfG NJW 2009, 1133 f). Die von Art 6 Abs 1 GG geschützte Familie ist nicht an die Ehe gebunden, sondern allein an die Eltern- und Kindesstellung, wobei zwischen ehelichen und nichtehelichen Kindern nicht unterschieden wird; auch Adoptiv-, Stief- und Pflegekinder fallen unter den Familienbegriff (JARASS/PIEROTH Art 6 GG Rn 7). Auch das Zusammenleben eingetragener Lebenspartner in sozial-familiärer Gemeinschaft mit dem leiblichen oder angenommenen Kind eines Lebenspartners ist Familie im Sinne des Art 6 Abs 1 GG (BVerfG FamRZ 2014, 521, 525).

9 Art 6 Abs 1 ist weiter eine **wertentscheidende Grundsatznorm** (BVerfGE 6, 55; 62, 323, 329; 105, 313, 346; JARASS/PIEROTH Art 6 GG Rn 2; GERNHUBER/COESTER-WALTJEN § 5 Rn 17 ff), was insbesondere ein Diskriminierungsverbot – vor allem im Steuer-, Sozial- und Ausländerrecht: Eheleute dürfen nicht schlechter gestellt werden als Nichtverheiratete, eheähnliche Gemeinschaften oder andere Lebensformen (vgl im Einzelnen JARASS/PIEROTH Art 6 GG Rn 13 ff) – und ein Förderungsgebot – durch wirtschaftliche Entlastung der Familie (Familienlastenausgleich), eheerhaltende Maßnahmen – nach sich zieht. Außerdem ist Art 6 Abs 1 ein **Individualgrundrecht**, gewährt also Abwehr- und Freiheitsrechte gegen den Staat. Daraus folgen die Freiheit zu Ehe und Familie (einschließlich der negativen Freiheit, nicht zu heiraten und keine Familie zu begründen) und die Freiheit der Wahl des Ehepartners, aber auch die Freiheit, eine Ehe durch Ehescheidung aufzulösen. Insbesondere sind die Familienmitglieder aber auch berechtigt, ihre Gemeinschaft nach innen in familiärer Rücksicht und Verantwortung frei, ohne staatliche Vorgaben und Eingriffe, zu gestalten; soweit sich daraus Auswirkungen nach außen ergeben, müssen diese jedoch mit der verfassungsmäßigen Rechtsordnung in Einklang stehen (BVerfGE 80, 81, 92). Der Staat ist nicht befugt, auf die Ausgestaltung der Ehe Einfluss zu nehmen und – auch nicht unter Hinweis auf das Förderungsgebot – familiäre Aufgaben, insbesondere hinsichtlich der Erziehung der Kinder zu übernehmen (RAUSCHER Rn 35). Staatliche Eingriffe sind nur gestattet, wenn die eigenen Kräfte der Familie nicht ausreichen, die sich ihr stellenden Aufgaben zu erfüllen (BVerfGE 10, 59, 83).

10 Nicht unter den Begriff der Ehe und insoweit unter den Schutz des Art 6 Abs 1 GG fällt die **faktische Lebensgemeinschaft** (RAUSCHER Rn 37; JARASS/PIEROTH Art 6 GG Rn 5; vgl STAUDINGER/LÖHNIG [2014] Anh 23 ff zu §§ 1297 ff). Das BVerfG hat sich zu den Motiven für die Privilegierung der Ehe (und Familie) dahingehend geäußert, dass zwar die Eingehung der Ehe nicht von der Fortpflanzungsfähigkeit der Partner abhängig ist und dass die Zahl der kinderlosen Ehen zugenommen hat, dies aber nichts daran ändert, dass die Ehe vor allem deshalb verfassungsrechtlich geschützt ist, weil sie eine rechtliche Absicherung der Partner bei der Gründung einer Familie mit gemeinsamen Kindern ermöglichen soll (BVerfG NJW 1993, 3058). Zwar lässt sich nicht klar feststellen, ob das BVerfG den Regelungsbedarf für nichteheliche heterosexu-

elle Lebensgemeinschaften im Hinblick darauf sieht, dass aus diesen zwar gemeinsame Kinder hervorgehen können. Es sind aber ob des Umstandes, dass diesen Partnern im Regelfall die Ehe offensteht und sie daher eine rechtliche Absicherung ihrer Beziehung selbst herbeiführen können, folgende Schlussfolgerungen angebracht:

Die vollständige Übertragung der Regelung über die Ehe auf die faktische Lebensgemeinschaft verstieße gegen das Förderungsgebot des Art 6 Abs 1, das einen Abstand zwischen den Regelungen über die Ehe und andere Lebensgemeinschaften fordert (RAUSCHER Rn 37; aA JARASS/PIEROTH Art 6 Rn 21). Eine Gleichstellung hätte aber auch wenig Sinn, da den Partnern einer (heterosexuellen) nichtehelichen Lebensgemeinschaft die Ehe als gesetzlich ausgestaltete Form des Zusammenlebens offensteht und sie sich in der Regel – ungeachtet der Motive im Einzelnen – bewusst gegen eine derartige Ausgestaltung entscheiden. Vor diesem Hintergrund spielt auch Art 2 Abs 1 GG eine Rolle: Wer sich dafür entschieden hat, statt in einer Ehe in einer nichtehelichen Lebensgemeinschaft zu leben, darf einerseits nicht erwarten, dass über allgemeine – insbesondere schuldrechtliche – Regeln hinaus auf diese Gemeinschaft spezifisch familienrechtliche Institute angewandt werden (LOUVEN ZRP 1993, 12, 13 Fn 19), muss sich aber andererseits auch darauf verlassen können, dass dies nicht der Fall ist (RAUSCHER Rn 37; vgl GERNHUBER/COESTER-WALTJEN § 5 Rn 23). Dessen ungeachtet untersagt Art 6 Abs 1 nicht die Übertragung einzelner Rechtsgedanken aus dem Eherecht auf die nichteheliche Lebensgemeinschaft, und dies kann im Einzelfall nach Art 3 Abs 1 GG sogar gefordert sein. Schließlich folgt aus dem Förderungsgebot für die Ehe nicht, dass andere Lebensgemeinschaften (zB die eingetragene Lebenspartnerschaft) bekämpft oder behindert werden müssten (BVerfGE 105, 313, 348; RAUSCHER Rn 37; GERNHUBER/COESTER-WALTJEN § 5 Rn 7) oder dürfen (BVerfG FamRZ 2012, 1472). Aus der nichtehelichen Lebensgemeinschaft wird eine Familie im Sinne des Art 6 Abs 1 GG, wenn aus ihr Kinder hervorgehen.

Ebenfalls nicht unter den Ehebegriff und unter den Schutz des Art 6 Abs 1 GG **11** fallen **gleichgeschlechtliche Lebensgemeinschaften** einschließlich der durch das LPartG (dazu unten Rn 165) eingeführten **eingetragenen Lebenspartnerschaft** (GERNHUBER/COESTER-WALTJEN § 5 Rn 5, 23; JARASS/PIEROTH Art 6 GG Rn 5). Die Verfassungsmäßigkeit des LPartG, mit dem – nach Vorbildern im Ausland – eine der Ehe vergleichbare und inzwischen weitgehend an diese angenäherte rechtlich geordnete Lebensgemeinschaft für gleichgeschlechtliche Paare geschaffen worden ist, war in hohem Maße umstritten (vgl zur Frage der Verfassungsmäßigkeit etwa – bejahend – Hk-LPartG/STÜBER Einleitung Rn 30 ff, insbes Rn 50 mNw zur Gegenmeinung; STAUDINGER/VOPPEL [2010] Einl 20 ff zum LPartG). Das BVerfG (BVerfGE 105, 313 ff) hat entschieden, dass das LPartG verfassungsgemäß ist und insbesondere nicht gegen Art 6 Abs 1 GG verstößt. Die eingetragene Lebenspartnerschaft stelle ein völlig neben der Ehe stehendes Rechtsinstitut dar und beeinträchtige daher die Ehe als Institution nicht; sie werde vom Eheschutz des Art 6 Abs 1 GG nicht erfasst. Durch die Einführung der eingetragenen Lebenspartnerschaft werde die Ehe weder geschädigt noch in sonstiger Weise beeinträchtigt. Da die Lebenspartnerschaft eine rechtlich geordnete Lebensform für Personen darstelle, die eine Ehe nicht eingehen könnten, führe sie nicht zu Einbußen für die Ehe; Ehegatten würden durch die Einführung der Lebenspartnerschaft nicht schlechter gestellt als bisher. Die Ehe büße dadurch nicht ihre Funktion ein. Die Verpflichtung der Verfassung, die Ehe zu fördern und nicht gegenüber anderen Lebensformen zu benachteiligen, werde nicht berührt; daraus folge insbesondere keine Verpflichtung, andere Lebensformen zu bekämpfen oder gegenüber der Ehe zu benachteiligen. Die die Ehe kennzeichnenden Strukturprinzipien seien auch durch Art 6 Abs 1 GG nicht für diese allein reserviert, sondern könnten für andere auf Dauer angelegte Lebensgemeinschaften strukturbildend angewandt werden, ohne dass diese damit Ehe würden. Dessenungeachtet kann Art 6 Abs 1 GG im Hinblick auf den **Schutz der Familie** zur Anwendung kommen, soweit es um Beziehungen über die der Lebenspartner hinaus geht, nämlich wenn Kinder eines Lebenspartners mit den Lebenspartnern zusammenleben (vgl Rn 8). § 9 Abs 1 LPartG gibt einem Lebenspartner ein Mitentscheidungsrecht in Angelegenheiten des täglichen Lebens eines Kindes des anderen Lebenspartners, für das dieser das Sorgerecht hat; § 9 Abs 2 LPartG gewährt eine Notbefugnis bei Gefahr im Verzug. § 9 Abs 7 LPartG ermöglicht die Annahme des Kindes des Lebenspartners einschließlich der Sukzessivadoption. Dabei handelt es sich um familiäre Beziehungen.

12 Das BVerfG hat aus den grundrechtlichen Gewährleistungen des Art 6 GG Folgerungen vor allem im Bereich des **Steuer- und Versorgungsrechts** gezogen. So hat es entschieden, dass eine die Ehegatten schlechter stellende Zusammenveranlagung mit Art 6 Abs 1 GG unvereinbar sei (BVerfGE 6, 55; ebenso für die Zusammenveranlagung von Eltern und Kindern BVerfGE 18, 97) und dass Ehegatten-Arbeitsverhältnisse wegen Besonderheiten, die auf wirtschaftlichem Gebiet liegen, steuerrechtlich nicht ungünstiger als vergleichbare Arbeitsverhältnisse sonstiger Personen behandelt werden dürfen (BVerfGE 13, 290). Ferner hielt das BVerfG erschwerende Voraussetzungen der Waisenrente und des Kinderzuschusses für die Kinder von verheirateten Frauen für verfassungswidrig (BVerfGE 17, 1). Andererseits hat das BVerfG entschieden, dass es nicht gegen Art 6 Abs 1 GG verstoße wenn für Unterhaltszahlungen an Kinder, für die Kindergeld gewährt wird, Steuerfreibeträge nicht abgezogen werden dürfen (BVerfGE 45, 104, 125).

13 Besondere Bedeutung hat die Frage erlangt, ob das vom sog Verschuldens- auf das sog **Zerrüttungsprinzip** umgestellte Scheidungsrecht **mit Art 6 Abs 1 GG** vereinbar sei. Das BVerfG hat diese Frage grundsätzlich bejaht (BVerfGE 53, 224, 245 ff), es aber für verfassungswidrig erachtet, dass § 1568 Abs 2 aF eine Ehescheidung nach fünfjährigem Getrenntleben ausnahmslos für gerechtfertigt erklärte, ohne dass außergewöhnlichen Härten mindestens durch eine Aussetzung des Verfahrens begegnet werden konnte (BVerfGE 55, 134, 141). Im Zusammenhang mit den Regelungen des 1. Eherechtsreformgesetzes hat das BVerfG auch die am Zerrüttungsgrundsatz orientierten Unterhaltsansprüche für verfassungsgemäß angesehen, allerdings die restriktive Fassung der Härteklausel des § 1579 Abs 2 aF für verfassungswidrig erachtet (BVerfGE 57, 361). Zu verweisen ist schließlich noch auf die Entscheidung des BVerfG zu Bestimmungen des Rechts des Versorgungsausgleiches (BVerfGE 71, 364). Zur Frage der Verfassungsmäßigkeit einzelner Bestimmungen des Eherechts s bei den entsprechenden Paragraphen (etwa STAUDINGER/VOPPEL [2012] § 1355 Rn 5; § 1357 Rn 19; § 1362 Rn 4).

14 Nachdem das BVerfG schon 1971 *obiter* festgestellt hatte, dass auch Kollisionsnormen an Grundrechten zu messen seien (BVerfG 31, 58), wurden in der Folge Art 15 aF EGBGB (Güterrechtsstatut), Art 17 aF EGBGB (Scheidungsstatut) und § 606b

Nr 1 ZPO aF (Zuständigkeitsregelung in Ehesachen) für verfassungswidrig erklärt (BVerfG 63, 181; 68, 384; 71, 224). Diese Entscheidungen führten mit zur beschleunigten Neufassung der kollisionsrechtlichen Vorschriften durch das Gesetz zur Neuregelung des IPR (BGBl I 1986, 1142).

Art 6 GG schützt die Ehe und Familie nicht nur im Allgemeinen, sondern enthält in **15** seinen Abs 2–5 auch spezielle familienrechtliche Garantien.

Art 6 Abs 2 GG anerkennt das Recht und die Pflicht der Eltern zur **Pflege und Erziehung ihrer Kinder** und verweist den Staat insoweit auf eine überwachende Betätigung. Das Recht der Eltern wird als „natürliches Recht" nicht vom Staat verliehen, sondern ist nach der Vorstellung des Grundgesetzes diesem vorgegeben (BVerfG 2012, 1127, 1128). Daraus folgt ein Abwehrrecht der Eltern gegen unzulässige Eingriffe des Staates in das elterliche Erziehungsrecht (BVerfGE 4, 52). Art 6 Abs 2 GG garantiert den Eltern gegenüber dem Staat den Vorrang als Erziehungsträger; dieses Elternrecht enthält die Pflicht zur Pflege und Erziehung der Kinder (BVerfGE 24, 119, 120 LS 3). Es unterscheidet sich als ein **Pflichtrecht** von allen anderen Grundrechten; hierbei ist die Pflicht nicht lediglich eine das Recht begrenzende Schranke, sondern ein wesensbestimmender Bestandteil dieses „Elternrechts", das insoweit vom BVerfG zusammenfassend als **„Elternverantwortung"** bezeichnet wird (BVerfGE 56, 363, 384; 121, 69, 92; vgl Jarass/Pieroth Art 6 Rn 42). Inhalt dieser Elternverantwortung ist beispielsweise das Recht der Eltern, über den weiteren Bildungsweg des Kindes nach Abschluss der Grundschule zu entscheiden (BVerfGE 60, 79, 94). Dem Staat kommt gegenüber dem generellen Vorrang des elterlichen Erziehungsrechts ein **Wächteramt** zu (Art 6 Abs 2 S 2 GG), das Eingriffe in das Grundrecht gestattet. Derartige Eingriffe stehen unter einem Gesetzesvorbehalt, von dem nur zum Wohle des Kindes Gebrauch gemacht werden darf und der unter dem allgemeinen Vorbehalt der Verhältnismäßigkeit steht (Jarass/Pieroth Art 6 GG Rn 46). Werden die Eltern ihrer Verantwortung nicht gerecht, ist der Staat nicht nur berechtigt, sondern verpflichtet, Pflege und Erziehung des Kindes anderweitig sicherzustellen; das Kind als Grundrechtsträger hat Anspruch auf den Schutz des Staates (BVerfGE 60, 79, 88).

Die **staatliche Schulhoheit**, Art 7 GG, kann mit dem Erziehungsrecht der Eltern **16** kollidieren und Eingriffe rechtfertigen, ist diesem aber nicht etwa vor-, sondern gleichgeordnet (vgl Jarass/Pieroth Art 7 GG Rn 6 f). Der Staat hat bei Ausführung seines Erziehungs- und Bildungsauftrages aus Art 7 Abs 1 GG allgemein auf das natürliche Erziehungsrecht der Eltern und auf deren religiöse und weltanschauliche Überzeugungen Rücksicht zu nehmen, soweit diese für das jeweilige Unterrichtsgebiet von Bedeutung sind (BVerfGE 47, 46 f LS 1, 2 zur Sexualerziehung). Die Eltern haben ggf einen Anspruch auf rechtzeitige Informationen über Inhalt und methodisch-didaktischen Weg der Erziehung in der Schule (BVerfGE aaO LS 4). Art 6 Abs 3 GG garantiert das elterliche Erziehungsrecht noch besonders, indem er vorschreibt, dass die Kinder von der Familie nur getrennt werden dürfen, wenn die Erziehungsberechtigten versagen oder wenn die Kinder aus anderen Gründen zu verwahrlosen drohen. Es bedarf für eine solche Trennung einer gesetzlichen Grundlage. Ein derartiger Eingriff in das Elternrecht ist nur bei strikter Beachtung des Grundsatzes der Verhältnismäßigkeit und bei schwerwiegendem Fehlverhalten mit erheblicher Gefährdung des Kindeswohls rechtmäßig (BVerfGE 24, 119, 138 f; 60, 79, 89; 107, 104, 118; FamRZ 2012, 433; 2012, 1127, 1128). Es ist von Verfassungs wegen allerdings nicht zu beanstanden, dass Kinder gemäß § 1666 Abs 1 S 1 iVm § 1666a auch bei unverschuldetem Elternversagen von der Familie getrennt werden können, wenn einer Gefährdung des Kindeswohls nicht auf andere Weise begegnet werden kann (BVerfGE 60, 79, 88 ff).

17 Bei Regelungen über das Erziehungsrecht der Eltern hat der Gesetzgeber das Kind als ein Wesen mit eigener Menschenwürde und dem eigenen Recht auf freie Entfaltung der Persönlichkeit zu berücksichtigen (BVerfGE 55, 171, 179). Das Wohl des Kindes hat die Richtschnur zu bilden (BVerfGE 56, 363, 383). So entspricht es dem Wohl des Kindes, dass nach dem Förderungsprinzip derjenige Elternteil die elterliche Sorge erhalten soll, bei dem das Kind vermutlich die meiste Unterstützung für den Aufbau seiner Persönlichkeit erwarten kann (BVerfGE 55, 171, 181), und dass bei der Sorgerechtsentscheidung des Gerichts die Frage nach der Möglichkeit der Betreuung durch die Eltern als wesentlich angesehen wird (BVerfGE 55, 171, 184 zur Verfassungsmäßigkeit von §§ 1671 Abs 2 BGB, 50b FGG aF). Das gemeinsame Sorgerecht der Eltern darf auch nach Trennung und Scheidung nicht ausgeschlossen werden, wenn die Eltern bereit und in der Lage sind, dieses weiterhin gemeinsam auszuüben (BVerfGE 61, 358, 374); auch nichtverheirateten Eltern muß die Möglichkeit eines gemeinsamen Sorgerechts gegeben werden (BVerfGE 84, 168, 179 ff; anders noch BVerfGE 61, 358, 374 f). Es ist mit dem Grundgesetz vereinbar, dass der Gesetzgeber dem nichtsorgeberechtigten Elternteil nach Scheidung der Ehe das Recht zum persönlichen Umgang mit seinem Kind eingeräumt hat, dieses Recht aber durch den Familienrichter eingeschränkt oder ausgeschlossen werden kann, wenn dies zum Wohl des Kindes erforderlich ist (§ 1684 Abs 4 S 1; BVerfGE 64, 180 und passim). Auch dem leiblichen, aber rechtlich nicht anerkannten Vater muß ggf ein Umgangsrecht eingeräumt werden (vgl unten Rn 158).

18 **Art 6 Abs 4 GG** gibt den **Müttern** ein unmittelbares Recht auf Schutz und Fürsorge durch die Gemeinschaft; die Subjektivität dieses Rechts steht heute, im Unterschied zur Regelung in der Weimarer Reichsverfassung, außer Frage (JARASS/PIEROTH Art 6 GG Rn 66). Art 6 Abs 4 GG gibt der Mutter Schutzgewährungs- und Leistungsansprüche gegen den Staat, gleichzeitig aber auch Abwehrrechte gegen den Staat (JARASS/PIEROTH Art 6 GG Rn 66). Aus Art 6 Abs 4 folgt etwa die Gewährung von Kündigungsschutz (BVerfGE 85, 360, 372) und Schonzeiten vor und nach der Geburt (JARASS/PIEROTH Art 6 GG Rn 75); die Zivil- und Arbeitsgerichte haben Art 6 Abs 4 GG bei der Anwendung des Vertragsrechts zu beachten, etwa bei der Inhaltskontrolle von Eheverträgen, die unter Ausnutzung der besonderen Lage der schwangeren Frau eine einseitige Lastenverteilung zu deren Ungunsten vorsehen (JARASS/PIEROTH Art 6 GG Rn 73; dazu STAUDINGER/VOPPEL [2012] § 1353 Rn 96; die Ausnahmesituation der Schwangeren stellt allerdings nur ein – gewichtiges – Indiz dar; es müssen andere Umstände hinzutreten).

19 **Art 6 Abs 5 GG**, demzufolge den **unehelichen Kindern** die gleichen Bedingungen für ihre leibliche und seelische Entwicklung und für ihre Stellung in der Gesellschaft zu schaffen sind wie den ehelichen, ist Ausdruck einer verfassungsrechtlichen Wertentscheidung (BVerfGE 8, 210, 217; 25, 167). Sie verpflichtet den Gesetzgeber, das ihm Mögliche zu tun, um das Aufwachsen eines unehelichen Kindes in einer „Ersatzfamilie" zu fördern (BVerfGE 22, 163, 172 f). Mit dem grundrechtlichen Charakter der Norm ist es nicht vereinbar, sie lediglich als Programmsatz zu betrachten (BVerfGE

25, 167, 180 f); Art 6 Abs 5 GG enthält eine Ausprägung des allgemeinen Gleichheitssatzes und eine Schutznorm zugunsten der unehelichen Kinder und ist selbst ein Grundrecht (BVerfGE 25, 167, 190 f; FamRZ 2013, 847, 849). Der Gesetzgeber kam diesem Verfassungsauftrag zunächst – unvollkommen – mit Erlass des Nichtehelichengesetz von 1969 nach. Zuletzt ist eine umfassende Gleichstellung nichtehelicher und ehelicher Kinder durch das Kindschaftsreformgesetz von 1998 erreicht worden (vgl unten Rn 116, 147). Die Unterscheidung zwischen nichtehelichen und ehelichen Kindern ist begrifflich und soweit möglich auch der Sache nach aufgegeben worden.

In besonderem Maße wirkt auch Art 3 GG auf das Familienrecht ein. Insbesondere **19a** hebt Art 3 Abs 2 GG die **Gleichberechtigung von Männern und Frauen** hervor und verpflichtet den Staat, diese durchzusetzen und auf die Beseitigung bestehender Nachteile hinzuwirken. Nur solche Differenzierungen zwischen Männern und Frauen können vor diesem Grundrecht gerechtfertigt werden, die nicht auf der Tatsache des unterschiedlichen Geschlechts und erst recht tradierter Rollenbilder beruhen, sondern objektiv bestehende biologische Unterschiede berücksichtigen, so etwa besondere Belastungen der Frau während der Schwangerschaft. Das Familienrecht wies bei Inkrafttreten des Grundgesetzes und noch lange danach in größerem Umfang gleichheitswidrige Regelungen auf, die für eine Übergangzeit vom Grundgesetz toleriert wurden (vgl Rn 100). Wesentliche Impulse zur Weiterentwicklung und Reform des Familienrechts sind von Art 3 GG und dazu ergangenen Entscheidungen des BVerfG ausgegangen. Im Bereich des Eherechts dürften jedenfalls im Wesentlichen gleichheitswidrige Regelungen zumindest seit den letzten Reformen ausgemerzt sein (in diesem Sinne auch GERNHUBER/COESTER-WALTJEN § 6 Rn 7).

2.   Völkerrechtliche Regelungen

Völkerrechtliche Regelungen gehen dem innerstaatlichen Recht vor, soweit sie **20** durch Transformation unmittelbar anwendbares innerstaatliches Recht geworden sind, Art 3 Abs 2 S 1 EGBGB. Völkerrechtlichen Regelungen wiederum sowie auch dem nationalen Recht gehen im Verhältnis der Mitgliedsstaaten untereinander EU-Verordnungen vor, Art 3 Abs 2 S 2 EGBGB (vgl im Einzelnen STAUDINGER/HAUSMANN [2013] Art 3 EGBGB Rn 16 ff, 43).

a)   Die allgemeine Erklärung der Menschenrechte
Die allgemeine Erklärung der Menschenrechte vom 10. 12. 1948 enthält zwar kein **20a** Völkerrecht im eigentlichen Sinne, sondern lediglich Empfehlungen; sie ist jedoch zur Auslegung anderer Rechtsquellen von erheblichem Gewicht.

Art 16 schützt die Freiheit der Eheschließung und gibt der Familie als natürlicher und grundlegender Einheit der Gesellschaft einen Anspruch auf Schutz durch Gesellschaft und Staat. Von Bedeutung ist auch Art 25, der in seiner Ziffer 2 bestimmt, dass Mutter und Kind Anspruch auf besondere Hilfe und Unterstützung haben und alle Kinder, eheliche und uneheliche, den gleichen sozialen Schutz genießen. In Art 26 Ziff 3 wird festgelegt, dass in erster Linie die Eltern das Recht haben, die Art der ihren Kindern zuteil werdenden Bildung zu bestimmen.

b)   Die Europäische Menschenrechtskonvention
Die Europäische Konvention der Menschenrechte und Grundfreiheiten vom 4. 11. **21**

1950 erging, um der Allgemeinen Erklärung der Menschenrechte der Vereinten
Nationen rechtliche Aktualität zu verleihen und ist Völkerrecht zwischen den ver-
traglich gebundenen Staaten. Zu diesen zählen – zT mit Vorbehalten bzw nach
Hinterlegung von Erklärungen – neben der Bundesrepublik Deutschland Albanien,
Andorra, Armenien, Aserbaidschan, Belgien, Bosnien-Herzegowina, Bulgarien, Dä-
nemark, Estland, Finnland, Frankreich, Georgien, Griechenland, Großbritannien,
Irland, Island, Italien, Kroatien, Lettland, Liechtenstein, Litauen, Luxemburg, Mal-
ta, Mazedonien, Moldawien, Monaco, Niederlande, Norwegen, Österreich, Polen,
Portugal, Rumänien, die Russische Föderation, San Marino, Schweden, Schweiz,
Serbien und Montenegro, Slowakei, Slowenien, Spanien, die Tschechische Republik,
Türkei, Ukraine, Ungarn und Zypern. Die Europäische Konvention gilt in der
Bundesrepublik Deutschland als einfaches Bundesgesetz (vom 7. 8. 1952; BGBl II
685, 953).

Nach Art 8 EMRK hat jedermann Anspruch auf Achtung seines Privat- und Familienlebens, seiner Wohnung und seines Briefverkehrs. Insbesondere haben nach
Art 12 EMRK Männer und Frauen mit Erreichung des heiratsfähigen Alters das
Recht, im Rahmen der maßgeblichen nationalen Gesetze, die ihrerseits den Anforderungen der Menschenrechtskonvention zu genügen haben, eine Ehe einzugehen und eine Familie zu gründen.

c) Völkerrechtliche Übereinkommen

22 Daneben ist seitens der Bundesrepublik eine Reihe von Übereinkommen auf dem
Gebiet des Völkerrechts geschlossen worden, welche familienrechtliche Bestimmungen teils materiellen, teils kollisionsrechtlichen Inhalts enthalten.

Darunter fallen zum einen UN-Übereinkommen:

– **Übereinkommen über die Geltendmachung von Unterhaltsansprüchen im Ausland**
vom 20. 6. 1956 (BGBl 1959 II 149; erleichterte Durchsetzung unterhaltsrechtlicher Ansprüche
im Ausland durch Schaffung von Übermittlungs- und Empfangsstellen für Klagen, kommentiert
bei STAUDINGER/KROPHOLLER [2003] Anh III 224 ff zu Art 18 EGBGB; Ausführung geregelt im
Auslandsunterhaltsgesetz, – AUG – vom 23. Mai 2011, BGBl I 898);

– **Übereinkommen über die Staatsangehörigkeit verheirateter Frauen** vom 20. 2. 1957
(BGBl 1973 II 1249, Frauen können ihre Staatsangehörigkeit unabhängig von der Staatsangehörigkeit des Ehemannes behalten; Anerkennung einer vereinfachten Einbürgerung für ausländische Ehefrauen von Inländern);

– **Übereinkommen über die Erklärung des Ehewillens, das Heiratsmindestalter und die
Registrierung von Eheschließungen** vom 10. 12. 1962 (BGBl 1969 II 161; kommentiert
bei STAUDINGER/MANKOWSKI [2011] Art 13 EGBGB Rn 25 ff);

– **Internationaler Pakt über bürgerliche und politische Rechte, UN-Zivilpakt** vom
19. 12. 1966 (BGBl 1973 II 1533, Bestimmung der Gleichberechtigung von Mann und Frau
hinsichtlich der bürgerlichen und politischen Rechte nach diesem Pakt, Schutz von Privatleben,
Familie, Wohnung und Schriftverkehr; Gewährleistung der elterlichen Freiheit zur religiösen und
sittlichen Erziehung der Kinder, Anerkennung der Familie als natürliche Keimzelle der Gesellschaft und deren Anspruch auf Schutz durch Gesellschaft und Staat; Gewährleistung der Ehe-

schließungsfreiheit, Schutz der Kinder im Falle der Eheauflösung, Recht der Kinder auf Schutz durch Familie, Gesellschaft und Staat);

– **Übereinkommen über die Rechte des Kindes** vom 20. 11. 1989 (BGBl 1992 II 121, kein unmittelbar gültiges Recht, sondern Verpflichtung der Vertragsstaaten zur Umsetzung durch Gesetzgebung, Verwaltungs- oder sonstige Maßnahmen).

Zum anderen gibt es im europäischen Rahmen Übereinkommen: **22a**

– **Europäisches Übereinkommen über die Anerkennung und Vollstreckung von Entscheidungen über das Sorgerecht für Kinder und die Wiederherstellung des Sorgeverhältnisses** vom 20. 5. 1980 **(EuSorgeRÜbk**, BGBl 1990 II 206, 220; kommentiert bei STAUDINGER/PIRRUNG [2003] Vorbem E zu Art 19 EGBGB) sieht im Zusammenspiel mit dem dazu ergangenen Sorgerechtsübereinkommens-Ausführungsgesetz (SorgeRÜbkAG) vom 5. 4. 1990 (BGBl I 701) ein zweifaches Verfahren vor, Sorgerechtsentscheidungen, – einschließlich der Entscheidungen zum persönlichen Kindesumgang – in einem anderen Vertragsstaat anerkennen und vollstrecken zu lassen und willkürlich unterbrochene Sorgeverhältnisse wiederherzustellen. Es ist für die Bundesrepublik Deutschland am 1. 2. 1991 in Kraft getreten (BGBl 1991 II 392) und umgesetzt durch das Gesetz zur Aus- und Durchführung bestimmter Rechtsinstrumente auf dem Gebiet des internationalen Familienrechts (Internationales Familienrechtsverfahrensgesetz – IntFamRVG) vom 26. 1. 2005 (BGBl I 162; kommentiert bei STAUDINGER/PIRRUNG [2009] Vorbem F zu Art 19 EGBGB).

– **Europäisches Übereinkommen über die Ausübung von Kinderrechten** vom 25. 1. 1996 **(EÜAK)**, in Deutschland in Kraft seit dem 13. 11. 2001 (BGBl II 1074); Ziel ist die Stärkung von Verfahrensrechten von Kindern in familienrechtlichen Konflikten vor Behörden und Gerichten. Die Vorgaben waren in Deutschland bereits zum Zeitpunkt der Ratifizierung im FGG und sind derzeit im FamFG erfüllt.

– **Europäisches Übereinkommen** vom 15. 5. 2003 **über den Umgang von und mit Kindern** (vgl STAUDINGER/PIRRUNG [2003] Vorbem H zu Art 19 EGBGB); das Übereinkommen stellt – ergänzend insbesondere zum Haager Übereinkommen von 1980 und dem Europäischen Sorgerechtsübereinkommen, die sich speziell mit der Thematik der Kindesentziehung beschäftigen – Aspekte grenzüberschreitender Umgangssachen in den Vordergrund. Das Abkommen ist bislang nur von sechs Staaten ratifiziert und von weiteren 11 Staaten gezeichnet worden; die Bundesrepublik Deutschland ist nicht darunter. Gleichwohl hat das Übereinkommen in Deutschland bei jüngeren Reformen bereits Auswirkungen gehabt (STAUDINGER/PIRRUNG wie vor).

– **Verordnung (EG) Nr 2201/2003** vom 27. 11. 2003 **über die Zuständigkeit und die Anerkennung und Vollstreckung von Entscheidungen in Ehesachen und in Verfahren betreffend die elterliche Verantwortung** (ABlEG Nr L 338/1 vom 23. 12. 2003, kommentiert bei STAUDINGER/PIRRUNG [2003] Vorbem C zu Art 19 EGBGB), **EheGVO** (auch als **Brüssel IIa-VO** bezeichnet), in Deutschland umgesetzt durch das Gesetz zur Aus- und Durchführung bestimmter Rechtsinstrumente auf dem Gebiet des internationalen Familienrechts **(Internationales Familienrechtsverfahrensgesetz – IntFamRVG)** vom 26. 1. 2005 (BGBl I 162; kommentiert bei STAUDINGER/PIRRUNG [2009] Vorbem F zu Art 19 EGBGB).

– **Verordnung (EG) Nr 4/2009 über die Zuständigkeit, das anwendbare Recht, die Anerkennung und Vollstreckung von Entscheidungen und die Zusammenarbeit in Unterhaltssachen** (ABlEU Nr L 7/1 vom 10. 1. 2009), **EGUntVO**, in Kraft getreten am 18. 6. 2011. Die VO regelt Zuständigkeitsfragen, verweist in Art 15 für das anwendbare Recht auf das Haager Unterhaltsprotokoll (unten Rn 23) und trifft Bestimmungen über die Anerkennung und Vollstreckung von Entscheidungen aus anderen Mitgliedsstaaten, wobei es unter den an das Haager Unterhaltsprotokoll gebundenen Mitgliedsstaaten keiner Anerkennung und keiner Vollstreckbarerklärung bedarf.

– **Abkommen zwischen der Bundesrepublik Deutschland und der Französischen Republik über den Güterstand der Wahl-Zugewinngemeinschaft** (BGBl 2012 II 180); Einführung eines an der deutschen Zugewinngemeinschaft orientierten Wahlgüterstandes zur Erleichterung güterrechtlicher Beziehungen für deutsch-französische Ehepaare (vgl auch Rn 164d).

– **Verordnung (EU) Nr 1259/2010** des Rates vom 20. 12. 2010 **zur Durchführung einer Verstärkten Zusammenarbeit im Bereich des auf die Ehescheidung und Trennung ohne Auflösung des Ehebandes anzuwendenden Rechts** (ABlEU Nr L 343/10 vom 29. 12. 2010, auch als **Rom III-VO** bezeichnet, kommentiert bei PALANDT/THORN Rom III [Anh zu Art 17 EGBGB]), in Kraft seit 21. 6. 2011; die VO regelt das Kollisionsrecht für Verfahren auf Scheidung der Ehe und Verfahren auf Trennung ohne Auflösung des Ehebandes („Trennung von Tisch und Bett"), dagegen ausdrücklich nicht für die Frage der Rechts- und Handlungsfähigkeit natürlicher Personen, Bestehen, Gültigkeit oder Anerkennung einer Ehe, Ungültigerklärung einer Ehe (Aufhebung nach §§ 1313 ff BGB), das Ehenamensrecht, vermögensrechtliche Folgen der Ehe, elterliche Verantwortung, Unterhaltspflichten und Trusts/Erbschaften.

22b Die Internationale Kommission für das Zivilstandswesen (Commission Internationale de l'Etat Civil, CIEC), in der die Bundesrepublik Deutschland seit 1956 Mitglied ist, hat eine Reihe von Übereinkommen erarbeitet (Überblick und Texte unter http://www.ciec-deutschland.de/CIEC/DE/Uebereinkommen/uebereinkommen_node.html [abgerufen 14. 3. 2015]). Nachstehend sind nur die von der Bundesrepublik Deutschland gezeichneten und ratifizierten Übereinkommen aufgeführt:

– **Übereinkommen über die Erteilung gewisser für das Ausland bestimmter Auszüge aus Personenstandsbüchern** vom 27. 9. 1956 (BGBl 1961 II 1055), gegenstandslos durch das Übereinkommen über die Ausstellung mehrsprachiger Auszüge aus Personenstandsbüchern/Zivilstandsregistern (s unten).

– **Übereinkommen über die kostenlose Erteilung von Personenstandsurkunden und den Verzicht auf ihre Legalisation** vom 26. 9. 1957 (BGBl 1961 II 1055, 1067); Verpflichtung der Vertragsstaaten zur kostenlosen Erteilung von Abschriften/Auszügen aus Personenstandsbüchern an andere Vertragsstaaten auf deren Ersuchen.

– **Übereinkommen über den internationalen Austausch von Auskünften in Personenstandsangelegenheiten** vom 4. 9. 1958 (BGBl 1961 II 1055, 1071); Mitteilungen der Beurkundung von Eheschließungen und Sterbefällen auf bestimmten Formularen an den Standesbeamten des Geburtsortes der Ehegatten/des Verstorbenen, wenn dieser in einem anderen Vertragsstaat liegt.

- **Übereinkommen über die Änderung von Namen und Vornamen** vom 4. 9. 1958 (BGBl 1961 II 1055, 1076); Aufstellung einvernehmlicher Regelungen über die Änderung von Namen mit Ausnahme der Änderung aufgrund Änderung des Personenstandes und der Berichtigung von Irrtümern.

- **Übereinkommen über die Erweiterung der Zuständigkeit der Behörden, vor denen nichteheliche Kinder anerkannt werden können**, vom 14. 9. 1961 (BGBl 1965 II 17, 19); Regelungen, die die Anerkennung der Vaterschaft auch in anderen Staaten als dem Heimatstaat des Mannes erleichtern sollen.

- **Übereinkommen über die Feststellung der mütterlichen Abstammung nichtehelicher Kinder** vom 12. 9. 1962 (BGBl 1965 II 17, 23); Regelungen über Feststellung und Anerkennung der Mutterschaft.

- **Übereinkommen zur Erleichterung der Eheschließung im Ausland** vom 10. 9. 1964 (BGBl 1969 II 445, 451; vgl STAUDINGER/MANKOWSKI [2010] Art 13 EGBGB Rn 14 ff); Erleichterung von Eheschließungen in anderen Vertragsstaaten bezüglich der Befreiung von Ehehindernissen und des Aufgebotes.

- **Übereinkommen betreffend die Entscheidungen über die Berichtigung von Einträgen in Personenstandsbüchern** (Zivilstandsregistern) vom 10. 9. 1964 (BGBl 1969 II 445); Regelungen, die die grenzüberschreitende Vollziehung von Berichtigungen der Personenstandsbücher sicherstellen sollen.

- **Übereinkommen über die Angabe von Familiennamen und Vornamen in den Personenstandsbüchern** vom 13. 9. 1973 (BGBl 1976 II 1473); Regelungen, die sicherstellen sollen, das Namen nach einheitlichen Maßstäben in den Personenstandsbüchern angegeben werden.

- **Übereinkommen über die Ausstellung mehrsprachiger Auszüge aus Personenstandsbüchern** vom 8. 9. 1976 (BGBl 1997 II 774); insbesondere für die Verwendung im Ausland nach Formblättern auf Verlangen eines Beteiligten.

- **Übereinkommen über die Ausstellung von Ehefähigkeitszeugnissen** vom 5. 9. 1980 (BGBl 1997 II 1086; vgl STAUDINGER/MANKOWSKI [2010] Art 13 EGBGB Rn 564 f); Ausstellung von Ehefähigkeitszeugnissen nach einem einheitlichen Muster.

Auf dem Gebiet des Familienrechts wird das Internationale Privatrecht durch eine **23** Reihe von internationalen Übereinkommen bestimmt:

- **Haager Abkommen zur Regelung des Geltungsbereichs der Gesetze auf dem Gebiet der Eheschließung** vom 12. 6. 1902 (RGBl 1904 221; vgl STAUDINGER/MANKOWSKI [2010] Art 13 EGBGB Rn 3 ff), nur noch gültig im Verhältnis zu Italien.

- **Haager Übereinkommen über das auf Unterhaltspflichten gegenüber Kindern anzuwendende Recht** vom 24. 10. 1956 (BGBl 1961 II 1012, 1972 II 859, kommentiert bei STAUDINGER/MANKOWSKI [2003] Anh II zu Art 18 EGBGB). Da das nachstehende Abkommen von 1973 auch Unterhaltsansprüche von Kindern erfasst, hatte das Ab-

kommen von 1956 weitgehend seine Bedeutung verloren; es gilt noch im Verhältnis zu China (Sonderverwaltungsregion Macau) und Liechtenstein.

– **Haager Übereinkommen über das auf Unterhaltspflichten anwendbare Recht** vom
2. 10. 1973 (BGBl 1986 II 837; kommentiert bei STAUDINGER/MANKOWSKI [2003] Anh I zu
Art 18 EGBGB), weitgehend in Art 18 EGBGB übernommen, der wiederum durch
das HUntProt (s unten) ersetzt worden ist. Das Übereinkommen gilt noch im
Verhältnis zu Albanien, Japan, der Schweiz, Türkei und den niederländischen
Besitzungen in Übersee.

– **Haager Übereinkommen über die zivilrechtlichen Aspekte internationaler Kindes-
entführung** vom 25. 10. 1980 (BGBl 1990 II 206; kommentiert bei STAUDINGER/PIRRUNG
[2009] Vorbem D zu Art 19 EGBGB, sofortige Rückführung von Kindern, die widerrechtlich in
einen Vertragsstaat verbracht worden sind oder dort zurückgehalten werden; Beachtung der
Sorgerechtsentscheidungen anderer Vertragsstaaten), in Deutschland umgesetzt durch
das Gesetz zur Aus- und Durchführung bestimmter Rechtsinstrumente auf dem
Gebiet des internationalen Familienrechts (Internationales Familienrechtsverfahrensgesetz – IntFamRVG) vom 26. 1. 2005 (BGBl I 162; kommentiert bei STAUDINGER/
PIRRUNG [2009] Vorbem F zu Art 19 EGBGB).

– **Haager Übereinkommen über den Schutz von Kindern und die Zusammenarbeit auf
dem Gebiet der Internationalen Adoption** vom 29. 5. 1993 (BGBl 2001 II 1034; kommentiert bei STAUDINGER/HENRICH [2014] Vorbem 11 ff zu Art 22 EGBGB): Sicherstellung,
dass internationale Adoptionen zum Wohl des Kindes und unter Wahrung seiner
Grundrechte stattfinden (Schutz vor Verkauf, Entführung und Handel). Das
Übereinkommen enthält Sachnormen, kollisionsrechtlich gelten die nationalen
Regelungen. Das Übereinkommen ist durch das Gesetz zur Regelung von Rechtsfragen auf dem Gebiet der internationalen Adoption und zur Weiterentwicklung
des Adoptionsvermittlungsrechts vom 5. 11 2001 (BGBl 2001 I 2950, in Kraft seit 1. 1.
2002) umgesetzt worden.

– **Haager Übereinkommen über die Zuständigkeit, das anzuwendende Recht, die Anerkennung, Vollstreckung und Zusammenarbeit bezüglich der elterlichen Verantwortung und Maßnahmen zum Schutz von Kindern** von 19. 10. 1996 (Haager Kinder-
schutzübereinkommen, KSÜ; kommentiert bei STAUDINGER/PIRRUNG [2009] Vorbem G zu
Art 19 EGBGB), für Deutschland in Kraft seit 1. 1. 2011 und umgesetzt durch das
Gesetz zur Aus- und Durchführung bestimmter Rechtsinstrumente auf dem Gebiet des internationalen Familienrechts (Internationales Familienrechtsverfahrensgesetz – IntFamRVG) vom 26. 1. 2005 (BGBl I 162; kommentiert bei STAUDINGER/
PIRRUNG [2009] Vorbem F zu Art 19 EGBGB). Im Verhältnis zu Staaten, die dem KSÜ
nicht beigetreten sind, gilt noch das Haager Übereinkommen über die Zuständigkeit der Behörden und das anzuwendende Recht auf dem Gebiet des Schutzes
von Minderjährigen vom 5. 10. 1961 (Minderjährigenschutzabkommen, BGBl 1971
II 219, kommentiert bei STAUDINGER/KROPHOLLER [2003] Vorbem 26 ff zu Art 19 EGBGB). Für
europäische Staaten wird das KSÜ durch die Verordnung (EG) Nr 2201/2003
(Brüssel II a-VO; oben Rn 22a) verdrängt, die Vorrang hat, soweit eine Fragestellung in beiden Regelwerken geregelt ist.

– **Haager Protokoll über das auf Unterhaltspflichten anzuwendende Recht** vom 23. 11.

2007 (ABlEU Nr L 331/19 vom 16. 12. 2009; kommentiert bei PALANDT/THORN HUntProt [nach
Art 18 EGBGB]). Geregelt ist das Kollisionsrecht in Weiterentwicklung der Haager
Übereinkommen von 1956 und 1973. Die EGUntVO (vgl oben Rn 22a) verweist in
Art 15 für das Kollisionsrecht auf dieses Protokoll.

– **Haager Übereinkommen über die internationale Geltendmachung der Unterhaltsansprüche von Kindern und anderen Familienangehörigen (Haager Unterhaltskon-
  vention**, ABlEU Nr L 192/51 vom 22. 7. 2011; vom Rat der EU vom 9. 7. 2011 genehmigt,
  ABlEU Nr L 192/39 vom 22. 7. 2011, eine Ratifikation der Mitgliedsstaaten der EU ist nicht
  mehr erforderlich, umgesetzt für die Bundesrepublik Deutschland durch das Gesetz zur Durchführung des Haager Übereinkommens vom 23. November 2007 über die internationale Geltendmachung der Unterhaltsansprüche von Kindern und anderen Familienangehörigen sowie zur
  Änderung von Vorschriften auf dem Gebiet des internationalen Unterhaltsverfahrensrechts
  und des materiellen Unterhaltsrechts vom 20. 2. 2013, BGBl I 273); Gegenstand des Übereinkommens sind die Einrichtung zentraler Behörden zur Unterstützung von
  Kindern bei der Durchsetzung von Unterhaltsansprüchen, verfahrens- und
  zwangsvollstreckungsrechtliche Regelungen zur Rechtsdurchsetzung im Ausland
  und Erleichterung der Erlangung von Verfahrenskostenhilfe bei Rechtsdurchsetzung im Ausland. Unter den Mitgliedsstaaten der EU gilt ausschließlich die EU-
  UntVO (oben Rn 22a).

– **Haager Übereinkommen über den internationalen Schutz von Erwachsenen** vom
  13. 1. 2000 (BGBl 2007 II 324; kommentiert bei STAUDINGER/vHEIN [2014] Vorbem 12 ff zu
  Art 24 EGBGB) mit Ausführungsregelungen im ErwSÜAG vom 17. 3. 2007 (BGBl I
  314, in Kraft seit 1. 1. 2009). Das Übereinkommen regelt für grenzüberschreitende
  Betreuungsfälle das anzuwendende Recht und die zuständigen Behörden.

Keine Bedeutung mehr haben folgende Abkommen: **23a**

– **Haager Abkommen zur Regelung der Vormundschaft über Minderjährige** vom 12. 6.
  1902, von der Bundesrepublik Deutschland gekündigt zum 1. 6. 2009 (BGBl 2008 II
  209)

– **Haager Abkommen über die Entmündigung und gleichartige Fürsorgemaßnahmen**
  vom 17. 7. 1905, von der Bundesrepublik Deutschland gekündigt zum 23. 8. 1992
  (BGBl 1992 II 272)

d)   Deutsches Internationales Privatrecht
Das Internationale Privatrecht für Deutschland ist auf dem Gebiet des Familien- **23b**
rechts geregelt in Art 13–24 EGBG (vgl im Einzelnen die Kommentierungen zu den jeweiligen Regelungen).

Geregelt sind in Art 13 EGBGB die Voraussetzungen der Eheschließung, die sich
für jeden Verlobten grundsätzlich nach seinem Heimatrecht, hilfsweise in Einzelfällen nach deutschem Recht richten. Für die allgemeinen Ehewirkungen (vgl
§§ 1353–1362) sieht Art 14 EGBGB die Geltung des Rechts der (letzten) gemeinsamen Staatsangehörigkeit der Ehegatten, hilfsweise das Recht des gewöhnlichen
Aufenthalts beider Ehegatten, hilfsweise das Recht des Staates, dem die Ehegatten
auf andere Weise am engsten verbunden sind vor; ferner gibt es begrenzte Mög-

lichkeiten der Rechtswahl. Die güterrechtlichen Wirkungen unterliegen nach Art 15 EGBGB dem Recht der allgemeinen Ehewirkungen mit Wahlmöglichkeiten der Ehegatten; Art 16 EGBGB enthält Regelungen über den Schutz Dritter bezüglich des Güterrechts. Hinsichtlich der Scheidung, die nach Art 17 Abs 2 EGBGB in Deutschland nur durch Gericht erfolgen kann, verweist Art 17 wegen der vermögensrechtlichen Folgen – soweit nicht abweichend geregelt – auf die Verordnung (EU) Nr 1259/2010 (Rom III-VO, oben Rn 22a), wobei der Versorgungsausgleich grundsätzlich nur dann durchzuführen ist, wenn danach deutsches Recht anwendbar ist. Für Nutzungsbefugnisse an der im Inland belegenen Ehewohnung und im Inland befindliche Haushaltsgegenstände gibt Art 17a EGBGB die Anwendung deutschen Sachrechts vor. An die Stelle des weggefallenen Art 18 EGBGB ist nunmehr das HUntProt getreten (oben Rn 23).

Die Abstammung eines Kindes und die Wirkungen des Eltern-Kind-Verhältnisses unterliegen grundsätzlich dem Recht des Staates, in dem das Kind seinen gewöhnlichen Aufenthalt hat (Art 19, 21 EGBGB), für die Abstammung zusätzlich aber auch dem Heimatrecht der Eltern und bei verheirateten Eltern dem nach Art 14 EGBGB heranzuziehenden Recht. Die Anfechtung der Abstammung kann nach jedem Recht erfolgen, aus dem sich ihre Voraussetzungen ergeben, für das Kind jedenfalls nach dem Recht seines gewöhnlichen Aufenthalts (Art 20 EGBGB). Die Adoption unterliegt dem Heimatrecht des Anzunehmenden, die Annahme durch Ehepartner dem nach Art 14 Abs 1 EGBGB geltenden Recht (Art 22 EGBGB). Erforderliche Zustimmungserklärungen zu einer Abstammungserklärung, Namenserteilung und Adoption unterliegen zusätzlich dem Heimatrecht des Kindes.

Entstehung, Änderung, Beendigung und Inhalt von Vormundschaft, Betreuung und Pflegschaft richten sich in erster Linie nach dem Heimatrecht des Mündels, Betreuten oder Pfleglings, Art 24 EGBGB.

III.   Familienrecht als Teil des Privatrechts

1.   Gesetzliche Grundlagen

24 a)   Das Familienrecht ist in seinem Kernbereich im Vierten Buch des BGB geregelt. Zwar ist das Recht der Eheschließung einschließlich des der Ehenichtigkeit und der Eheaufhebung durch das Ehegesetz von 1938 herausgenommen und bis zum 1. 7. 1998 durch das Ehegesetz von 1946 (vgl unten Rn 98) geregelt worden; jedoch ist es durch das EheschlRG mit Wirkung vom 1. 7. 1998 in das BGB reintegriert worden.

25   Die Bestimmungen des Familienrechts des BGB werden durch eine Reihe anderer Gesetze ergänzt, so vor allem im VersAusglG und im PStG. Ergänzende Regelungen treffen das AdVermiG, das UVG (Sicherung des Unterhalts von Kindern alleinstehender Eltern durch Vorschuß- und Ausfall-Leistungen) sowie das VerschG als Teil des im BGB nur unvollkommen geregelten Personenrechts. Auch sonst enthalten viele Gesetze Bestimmungen, die für das Familienrecht bedeutungsvoll sind – so insbesondere das FamFG und etwa die ZPO (§§ 739–745, 774, 850c und 850d, 852, 860), sowie auch das SGB VIII (Kinder- und Jugendhilfe).

b) Das Familienrecht ist **Bundesrecht**. Nur in sehr geringem Umfang und auch nur **26** von untergeordneter Bedeutung bestehen landesrechtliche Vorbehalte, zB in den §§ 1784, 1807 Abs 2, 1888.

c) Das eigentliche Familienrecht ist Teil des Privatrechts. An dieser Einordnung **27** ist trotz vereinzelter zweifelnder Stimmen, die die sozialrechtliche Komponente in den Vordergrund stellen, festzuhalten: Geregelt werden – mag dies vielfach auch erst in Krisensituationen manifest werden – in erster Linie die Beziehungen zwischen Ehegatten sowie Eltern und Kindern und somit die Beziehungen Privater, die sich im „Normalfall" durch autonome Ausgestaltung ohne jedes Erfordernis staatlichen Eingreifens auszeichnen (vgl RAUSCHER Rn 60). Von dieser rein privatrechtlichen Einordnung nicht erfasst werden das Betreuungsrecht, das Vormundschaftsrecht einschließlich des Pflegschaftsrechts und das Institut der Beistandschaft, die zumindest zum Teil auch dem öffentlichen Recht angehören.

Im Familienrecht tritt dem Gesetzgeber, stärker noch als in anderen Bereichen des Bürgerlichen Rechts, die enge Verflechtung der normativen Regelung mit sittlichen Vorstellungen über die geregelten Lebensformen entgegen. Noch 1959 hatte deshalb das BVerfG formuliert, dass die Strukturprinzipien von Ehe und Familie sich zunächst aus der außerrechtlichen Lebensordnung ergäben (BVerfGE 10, 59, 66).

Die Prädominanz einer wie auch immer gedachten außerrechtlichen Lebensordnung **28** hat heute an Normierungskraft dadurch eingebüßt, dass einerseits in vielen Lebensbereichen als verbindlich anerkannte Lebensauffassungen, soweit sie überhaupt noch bestehen, einem Wandel unterliegen und dass andererseits dasjenige, was im Bereich der Ehe als verbindlich anerkannt wird, etwa die grundsätzlich lebenslange Bindung der Eheleute, die Einehe, gegenseitige Vermögens- und Fürsorgepflichten, ohnehin schon gesetzlich geregelt ist. Daraus hat auch das BVerfG Konsequenzen gezogen, indem es als Leitbild der Ehe die normierte, „verweltlichte" bürgerlichrechtliche Ehe ansieht (BVerfGE 53, 224, 245). Allerdings bleibt dort, wo die einfachgesetzlichen Regelungen ihrerseits unter dem Vorbehalt der Verfassung stehen, unklar, auf welche vorgegebenen Strukturprinzipien zurückgegriffen werden kann.

Leitvorstellung des Gesetzgebers ist die Vorstellung der Autonomie von Ehe und **29** Familie (vgl dazu schon BVerfGE 10, 59, 84 f) und – angesichts der gleichrangigen und grundsätzlich gleich selbständigen Ehepartner – die Folgerung, dass jedenfalls die personale Beziehung der Ehegatten einer ins einzelne gehenden gesetzlichen Regelung nicht bedürfe. Dementsprechend hat der Gesetzgeber die innere Ausgestaltung der Ehe in weiten Bereichen der Einigung („Einvernehmen") der Ehegatten überlassen (vgl allg HEPTING, Ehevereinbarungen sowie STAUDINGER/VOPPEL [2012] § 1356 Rn 7 ff). War es früher die Verwurzelung der Ehe im Sittlichen, die die Vollstreckbarkeit personaler Ehepflichten verbot (vgl § 120 Abs 3 FamFG), so ist es heute die den Ehegatten zugestandene Eigenständigkeit, die staatlichen Zwang zur Aufrechterhaltung der Lebensgemeinschaft verbietet.

Wo dennoch personale Beziehungen normiert und staatliche Einflussnahme im **30** Familienrecht erlaubt sind, etwa im Kindschaftsrecht (vgl nur §§ 1628, 1630, 1638 ff, 1666 ff, 1712–1717), fehlt es an der Äquivalenz, die der Gesetzgeber bei Ehepartnern unterstellt.

2. Besonderheiten der Familienrechte

31 a)   Rechte und Pflichten zwischen den Familienmitgliedern sind in ihrer charakteristischen Gestaltung **personenrechtlicher Natur**, so das Rechtsverhältnis zwischen den Ehegatten, zwischen Eltern und Kindern. Der einzelne daraus fließende Anspruch kann jedoch durchaus **vermögensrechtlicher und schuldrechtlicher Art** sein. So ist der Unterhaltsanspruch zwischen Ehegatten und auch zwischen ehemaligen Ehegatten als solcher, soweit er gleichsam als Quellrecht aufzufassen ist, personenrechtlicher Natur, wogegen der Anspruch auf die einzelne Unterhaltsleistung schuldrechtlicher Art ist. Entsprechend ist das Ehegüterrecht Vermögensrecht, wenn auch der Umstand, dass seine Basis die eheliche Lebensgemeinschaft ist, für seine Ausgestaltung im ganzen wie im Einzelnen und für Auslegung und Lückenfüllung wesentlich ist, sodass die vermögensrechtliche Seite durch die personenrechtliche ergänzt und im Einzelfall auch überlagert wird.

32   Es entspricht der Besonderheit des Familienrechts, dass familienrechtliche Ansprüche, soweit sie auf Herstellung des dem familienrechtlichen Verhältnis entsprechenden Zustands für die Zukunft gerichtet sind, der **Verjährung** nicht unterliegen, § 194 Abs 2. Darüber hinaus ist die Verjährung von Ansprüchen zwischen Ehegatten sowie zwischen Eltern und minderjährigen Kindern während der Dauer der Ehe bzw der Minderjährigkeit des Kindes gehemmt, § 207 Abs 1. Dasselbe gilt für Ansprüche zwischen dem Mündel und dem Vormund, dem Betreuten und dem Betreuer, dem Pflegling und dem Pfleger sowie für Ansprüche des Kindes gegen den Beistand während der Dauer des Bestehens der Vormundschaft, des Betreuungsverhältnisses, der Pflegschaft und der Beistandschaft.

33   Familienrechte sind wegen ihrer **höchstpersönlichen Natur** in aller Regel **nicht vererblich** (vgl etwa für Unterhaltsansprüche § 1615 Abs 1) und **nicht übertragbar**. Es bestehen jedoch wichtige Ausnahmen: Die Ausgleichsforderung auf Zugewinn, § 1378 Abs 3, und der Unterhaltsanspruch des geschiedenen Ehegatten unter den besonderen Voraussetzungen des § 1586 Abs 2 sind vererblich. Auch Ansprüche auf rückständigen Unterhalt oder Schadensersatz wegen Nichterfüllung sowie fällige Ansprüche auf zukünftig im voraus zu bewirkende Ansprüche auf Unterhalt erlöschen mit dem Tod des Verpflichteten nicht (§ 1615 Abs 1). In diesen Fällen tritt die vermögensrechtliche Seite in den Vordergrund, während bei dem (Stamm-)Recht auf Unterhalt die personenrechtliche Komponente der Versorgung des bedürftigen Unterhaltsberechtigten entscheidend ist, die bei Vererbung des Anspruchs verfehlt würde.

34   Die familienrechtlichen Regelungen sind **überwiegend zwingend** (Rauscher Rn 66). Auch wo das Gesetz der Gestaltung durch die Beteiligten Raum lässt, ist dieser meist umgrenzt (zB § 1355: Ehename; § 1757: Name des angenommenen Kindes). Die vermögensrechtlichen Ansprüche unterliegen dagegen grundsätzlich der freien Disposition der Beteiligten, soweit es sich nicht um Unterhaltsansprüche für die Zukunft handelt (zB § 1614 Abs 1). Gestaltungsfreiheit in großem Umfang besteht allerdings bei der Ausgestaltung der ehelichen Lebensgemeinschaft, die – von gewissen unabdingbaren Pflichten abgesehen – von den Ehegatten autonom geregelt werden kann (vgl Staudinger/Voppel [2012] § 1353 Rn 17; zu Pflichten und möglichen Gestaltungen ebd Rn 28 ff). Auch im Ehegüterrecht sowie hinsichtlich nachehelicher Verpflichtungen (Unterhalt, Versorgungsausgleich) besteht im Grundsatz Vertragsfreiheit, die allerdings im Güterrecht insbesondere durch sachenrechtliche Typenzwänge und im Übrigen durch eine vom Gericht vorzunehmende Inhaltskontrolle (vgl STAUDINGER/VOPPEL [2012] § 1353 Rn 96 ff) begrenzt ist.

b) Die Rechte, die sich für einen Beteiligten gegenüber einem anderen Betei- **35** ligten aus den familienrechtlichen Beziehungen ergeben, sind nicht nur relative Rechte, sondern können, soweit sie die Rechtsposition selbst betreffen, auch den Charakter absoluter Rechte haben, die von Dritten anerkannt werden müssen, zB der Anspruch von Vater oder Mutter auf Herausgabe des vorenthaltenen, der elterlichen Sorge unterstehenden Kindes (§ 1632) oder Ansprüche auf der Grundlage des räumlich-gegenständlichen Bereichs der Ehe (vgl STAUDINGER/VOPPEL [2012] § 1353 Rn 110 ff).

3.   Anwendbarkeit des allgemeinen Privatrechts

Auf die familienrechtlichen Ansprüche finden im Grundsatz die Bestimmungen des **36** Allgemeinen Teils des BGB Anwendung. Dieser Grundsatz ist jedoch vielfach eingeschränkt. Für die Eheschließung trifft das 4. Buch des BGB sowohl für die Begründung des Rechtsverhältnisses als auch bezüglich der Rechtsfolgen von Willensmängeln und des Verstoßes gegen gesetzliche Verbote eine Sonderregelung (§ 1314). Weitgehend ist Vertretung ausgeschlossen (beim Verlöbnis [hM, vgl STAUDINGER/LÖHNIG Vorbem 74 zu §§ 1297 ff], bei der Eheschließung [§ 1311], bei der Annahme an Kindes statt [§ 1750 Abs 3 S 1]). Die Begründung familienrechtlicher Rechtsverhältnisse ist **bedingungs- und befristungsfeindlich**; etwa beigefügte Bedingungen und Befristungen sind wirkungslos (vgl etwa STAUDINGER/LÖHNIG § 1311 Rn 20 f). Allgemeine Gestaltungsrechte – Anfechtung, Rücktritt, Kündigung – sind in familienrechtlichen Rechtsbeziehungen nicht gegeben. Die Beendigung solcher Rechtsverhältnisse ist nur in speziell geregelten Verfahren – Aufhebung der Ehe, Ehescheidung, Aufhebung der Annahme an Kindes statt, Beseitigung der Vaterschaft – möglich.

Auch dort, wo das Gesetz nicht selbst von den Bestimmungen des Allgemeinen Teils **37** abweichende Regelungen aufstellt, ist jeweils zu prüfen, ob dessen Vorschriften anwendbar sind. Diese gehen von individualrechtlichen und vermögensrechtlichen Rechtsverhältnissen und Rechtsgeschäften aus, während es sich beim Familienrecht vor allem um personenrechtliche und sozialrechtliche Rechtsverhältnisse handelt.

Soweit schuldrechtliche Beziehungen in Betracht kommen, finden grundsätzlich die **38** Vorschriften der §§ 241–432 Anwendung, Ausnahmen sind die §§ 398 ff.

IV.   Familienrecht und übrige Rechtsordnungen

1.   Verfahrensrecht

a)   Erkenntnisverfahren
Das Verfahren in Familiensachen (§§ 111 ff FamFG, abschließende Aufzählung) **39** liegt bei den Familiengerichten, besonderen Abteilungen des Amtsgerichts (§ 23b GVG). Sie sind mit Familienrichtern besetzt, die eine gewisse Erfahrung besitzen sollen, weshalb Richter auf Probe nicht Familienrichter sein dürfen. Die Beschwerde

geht an das OLG (§ 119 Abs 1 Nr 1 a GVG), sodass die Rechtsbeschwerde beim BGH möglich ist.

40 Sämtliche Familiensachen sind nunmehr einheitlich dem FamFG und damit grundsätzlich der freiwilligen Gerichtsbarkeit unterworfen. Allerdings wird für Familienstreitsachen (Unterhaltssachen, Güterrechtssachen und die sonstigen Familiensachen des § 266 Abs 1 FamFG, insbesondere Ansprüche aus der Verlobung, der Ehe oder dem Kindschaftsverhältnis, die nicht anderweitig geregelt sind) sowie für Ehesachen (Scheidungssachen, Verfahren auf Aufhebung der Ehe, Feststellungsanträge) in § 113 FamFG in größerem Umfang auf die Verfahrensvorschriften der ZPO verwiesen. Für sie gelten andererseits entsprechend den materiellrechtlichen Gegebenheiten einige verfahrensrechtliche Besonderheiten, die auch berücksichtigen, dass in den meisten Fällen den zusprechenden Urteilen Gestaltungswirkung zukommt. Insbesondere sind Dispositions- und Verhandlungsmaxime eingeschränkt. So hat der Richter Anerkenntnis und Geständnis frei zu würdigen (§ 113 Abs 4 Nr 5, 6 FamFG), ein Versäumnisurteil gegen den Beklagten findet nicht statt (§ 130 Abs 2 FamFG); während grundsätzlich die Inquisitionsmaxime gilt (§ 127 Abs 1 FamFG), dürfen in Verfahren auf Scheidung und Aufhebung gegen den Widerspruch desjenigen, der die Auflösung der Ehe begehrt, nur ehefreundliche Tatsachen von Amts wegen berücksichtigt werden (§ 127 Abs 2 FamFG); außergewöhnliche Umstände, die die Anwendung der Härteklausel des § 1568 begründen, werden nur berücksichtigt, wenn der Ehegatte, der der Scheidung widerspricht, sie vorträgt (§ 127 Abs 3 FamFG). Die Anordnung des persönlichen Erscheinens der Parteien soll die Regel sein (§ 128 FamFG). Das Verfahren ist nicht öffentlich (§ 170 GVG); es herrscht grundsätzlich Anwaltszwang (§ 114 Abs 1 FamFG, Ausnahmen ebd Abs 4). Gemäß §§ 49 ff FamFG kann das Gericht auf Antrag einzelne Rechtsbeziehungen vorläufig durch einstweilige Anordnung regeln.

41 Um eine gleichzeitige und gemeinsame Verhandlung über Scheidungs- und Scheidungsfolgesachen (Unterhalt, Versorgungsausgleich, güterrechtliche Fragen, Regelungen betreffend Haushaltsgegenstände und Ehewohnung, Unterhalt für gemeinsame Kinder, Regelung des Sorgerechts und ggf des Umgangsrecht) zu erreichen, ist in §§ 137 ff FamFG ein besonderes **Verbundverfahren** geregelt. Die Regelungen über die in den Verbund einzubeziehenden Sachen sind abschließend.

42 Die übrigen Familiensachen (Kindschaftssachen – dazu gehören neben elterlicher Sorge und Umgang insbesondere auch Fragen der Vormundschaft und Pflegschaft –, Abstammungssachen, Adoptionssachen, Ehewohnungs- und Haushaltssachen, Gewaltschutzsachen, Versorgungsausgleichssachen und Entscheidungen über die Entziehung der Schlüsselgewalt) unterliegen insgesamt dem Verfahrensrecht des FamFG.

43 Neben diesen Familiensachen gehören aus dem Bereich der Freiwilligen Gerichtsbarkeit die Personenstands- (geregelt im PStG) und Verschollenheitssachen (§§ 13 ff VerschG) in den Zusammenhang des Familienrechts. Anders als das Entmündigungsverfahren des früheren Rechts ist auch das Verfahren in Betreuungssachen (§§ 271 ff FamFG) in die freiwillige Gerichtsbarkeit eingegliedert. Parallel zu Familien- und Ehesachen werden Lebenspartnerschaftssachen (§ 269 FamFG) erfasst, die durchgehend durch Verweis auf die entsprechenden Familiensachen geregelt sind (§ 270 FamFG).

Viele Verfahren der Freiwilligen Gerichtsbarkeit sind Rechtsfürsorgesachen und **44** unterliegen in Einleitung, Fortführung und Beendigung der Offizialmaxime. Das gilt im hier behandelten Bereich insbesondere für Kindschaftssachen (im Falle der Kindeswohlgefährdung, bei der Bestellung eines Vormundes oder Pflegers) und Betreuungssachen. In diesen Verfahren gilt grundsätzlich der Untersuchungsgrundsatz (§ 26 FamFG), dh die Verantwortung für die Tatsachenbeschaffung liegt beim Gericht.

Durch das FamFG ist eine Vereinheitlichung des Verfahrens in Familiensachen **45** erreicht worden und ein Familienverfahrensrecht geschaffen worden. Allerdings hat der Gesetzgeber erkannt, dass es auch im Bereich der Familiensachen eine Reihe von Angelegenheiten (Ehesachen, Familienstreitsachen) gibt, für die das Verfahren der freiwilligen Gerichtsbarkeit nicht vollständig übernommen werden kann, sondern die Anwendung der Regeln über das zivilprozessuale Erkenntnisverfahren angebracht ist. Insofern gibt es auch nach der Reform eine Zweispurigkeit des Verfahrensrechts.

b)   Vollstreckungsverfahren
Auch im Vollstreckungsrecht finden sich zahlreiche familienrechtliche Besonderhei- **46** ten.

So regeln §§ 739–745 ZPO die Voraussetzungen der Zwangsvollstreckung gegen Ehegatten mit dem Ziel einer Abwägung der oft sehr entgegengesetzten Interessen der jeweils Beteiligten zwecks Erzielung eines mit allen prozessualen Grundgedanken leidlich zu vereinbarenden gerechten Ergebnisses. Zu unterscheiden ist die Zwangsvollstreckung in gütergemeinschaftliches Gesamtgut §§ 740–745 ZPO und die Zwangsvollstreckung im Übrigen. Im ersten Fall gelten die §§ 739 ff ZPO für jede Art Zwangsvollstreckung, zB auch wegen eines dinglichen Anspruchs. Der Anteil jedes Ehegatten am Gesamtgut oder an einzelnen Gesamtgutssachen ist bis zur Auflösung der Gemeinschaft unpfändbar, § 860 ZPO. Im Falle der Zugewinngemeinschaft, der Gütertrennung sowie beim Vorbehaltsgut der Gütergemeinschaft gilt, soweit es sich um bewegliche Sachen handelt, gilt § 739 ZPO. Wegen der Eigentums- und Vermögensgemeinschaft der früheren DDR gilt § 744a ZPO.

Die Familienrechte als höchstpersönliche Rechte sind keine Vermögensbestandteile **47** und daher nicht Gegenstand der Zwangsvollstreckung, da Dritten das Eindringen in die eheliche Gemeinschaft verwehrt sein muß. Familienrechte sind zB das Recht auf Scheidung oder Aufhebung der Ehe – etwa zwecks Auseinandersetzung – oder das Recht auf Aufhebung der Gütergemeinschaft. Weiterhin legt die Vorschrift des § 120 Abs 3 FamFG Zeugnis von den familienrechtlichen Besonderheiten des Vollstreckungsrechts ab. Danach kann die Verurteilung zur Herstellung des ehelichen Lebens nicht wie andere unvertretbare Handlung gemäß § 888 Abs 1, 2 ZPO vollstreckt werden. Der Gesetzgeber geht davon aus, dass die eheliche Lebensgemeinschaft nicht im Wege der Zwangsvollstreckung vollzogen werden, sondern in diesem Bereich der gerichtliche Ausspruch grundsätzlich nur freiwillig befolgt werden kann. Allerdings gilt § 120 Abs 3 FamFG nicht für rein vermögensrechtliche Ansprüche, auch wenn sie mit der Herstellungsklage geltend gemacht werden (vgl STAUDINGER/ VOPPEL [2012] § 1353 Rn 148).

48 Unterhaltsansprüche werden bei der Pfändung von Arbeitseinkommen privilegiert, § 850d ZPO; ihretwegen kann die Vollstreckung ohne die in § 850c ZPO ausgesprochenen Beschränkungen, wie sie für andere Ansprüche gelten, durchgeführt werden.

2.   Steuerrecht

49 a)   Ehegatten haben die Wahl zwischen der **Zusammenveranlagung** und der getrennten Veranlagung (§§ 26–26b EStG). Werden sie zusammen veranlagt, so beträgt die tarifliche Einkommensteuer grundsätzlich das Zweifache des Steuerbetrags, der sich für die Hälfte ihres gemeinsam zu versteuernden Einkommens ergibt (sogenanntes **Splitting-Verfahren**, vgl § 32a Abs 5 EStG). Jedem Ehegatten wird also die Hälfte des gemeinsam erwirtschafteten Einkommens zugerechnet. Bei unterschiedlich hohen Einkünften der Gatten ist die gesamte Steuerlast wegen des progressiven Steuertarifs bei gemeinsamer Veranlagung geringer, als wenn getrennt veranlagt würde.

Dem Splitting-Verfahren liegt die Prämisse zugrunde, dass zusammenlebende Ehegatten eine Gemeinschaft des Erwerbs und des Verbrauchs bilden, in der ein Ehepartner an den Einkünften und Lasten des anderen wirtschaftlich jeweils zur Hälfte teilhat (so BVerfGE 61, 319, 345 f). Diese Prämisse findet in der Gütergemeinschaft (§§ 1415 ff) ihre Entsprechung und ist auch für die Zugewinngemeinschaft (§§ 1363 ff) angemessen. Ihre Berechtigung wird jedoch für den Güterstand der Gütertrennung (§ 1414) bezweifelt.

50 b)   Die **persönliche Zurechnung von Einkünften** ist dort problematisch, wo zivilrechtliche Vertragsgestaltungen allein wegen der Verlagerung von Einkünften zwecks Steuerminimierung gewählt werden. Dies gilt von jeher für Verträge zwischen Eheleuten und Familienangehörigen. Solche Verträge sind zwar grundsätzlich wirksam, werden aber von Finanzverwaltung und Rechtsprechung nach spezifischen Regeln auf ihre Ernsthaftigkeit und, damit verbunden, auf ihre steuerliche Wirksamkeit überprüft (vgl R 4. 8 EStR).

51 c)   Obwohl **Unterhaltsverpflichtungen** als unvermeidbare Privatausgaben die steuerliche Leistungsfähigkeit beeinträchtigen, werden sie gemäß § 12 Nr 2 EStG nicht berücksichtigt; sie können allenfalls als außergewöhnliche Belastungen in besonderen Fällen (§ 33a Abs 1 EStG) in Betracht kommen. Eine Ausnahme gilt für Unterhaltsleistungen des unbeschränkt einkommensteuerpflichtigen Ehegatten an seinen geschiedenen oder getrenntlebenden Ehepartner; sie sind bis zur Höhe von 13 805 Euro jährlich als Sonderausgaben abzugsfähig (§ 10 Abs 1 Nr 1 EStG), wenn der Geber das mit Zustimmung des Empfängers beantragt; dann hat der Empfänger die abzugsfähigen Unterhaltsleistungen selbst zu versteuern (§ 22 Nr 1a EStG).

Unterhalt für Kinder wird derzeit primär durch Kindergeld berücksichtigt, sekundär durch den Kinderfreibetrag (§ 31 EStG).

d)   Im Erbschaft- und Schenkungsteuerrecht werden Familienangehörige einem 52
niedrigeren Tarif unterworfen (§§ 15, 19 ErbStG). Sie erhalten spezifische Frei-
beträge (§§ 16, 17 ErbStG). Das gilt auch für Zuwendungen an Familienstiftungen
im Sinne des Erbschaftssteuerrechts (§§ 3 Abs 2 Nr 1, 15 Abs 2 ErbStG). Allerdings
unterliegen Familienstiftungen in Zeitabständen von je 30 Jahren einer sog Erb-
ersatzsteuer (§ 1 Abs 1 Nr 4 ErbStG).

3.   Strafrecht

a)   Auch im Strafrecht spiegelt sich die Zurückhaltung des Gesetzgebers gegen- 53
über Eingriffen in Ehe und Familie wider. Das StGB enthält im 12. Abschnitt
„Straftaten gegen den Personenstand, die Ehe und die Familie" (§§ 169–173 StGB)
nur noch das Verbot der Doppelehe (§ 172 StGB) und des Beischlafs zwischen
Verwandten (§ 173 StGB; vereinbar mit Art 8 EMRK, EuGHMR FamRZ 2012, 937; vereinbar
mit dem GG, BVerfG FamRZ 2008, 757. Der Deutsche Ethikrat empfiehlt in einer Stellungnahme
vom 24. 9. 2014, den Beischlaf unter erwachsenen Geschwistern nicht mehr unter Strafe zu stellen,
http://www.ethikrat.org/presse/pressemitteilungen/2014/pressemitteilung-08-2014 [abgerufen am
19. 12. 2014]) als spezifisch familienrechtliche Strafnormen. Die Verletzung der Unterhaltspflicht (§ 170 StGB) und die Verletzung der Fürsorge- und Erziehungspflicht
(§ 171 StGB) weisen zwar einen familienrechtlichen Bezug auf, es steht jedoch die
Schutzbedürftigkeit allgemein im Vordergrund; denn die obengenannten Pflichten
können unabhängig von Ehe und Familie bestehen. Familienrechtliche Beziehungen
sind durch die §§ 235 ff StGB geschützt.

b)   Andererseits gibt es verschiedene, die Ehegatten und Angehörigen **privilegie-** 54
rende Vorschriften, die Ausdruck der besonderen Rücksichtnahme des Gesetzgebers
auf Ehe und Familie sind. Es handelt sich dabei um §§ 247, 259 Abs 2, 263 Abs 4,
263a Abs 2, 265a Abs 3 und 266 Abs 2 StGB. Danach setzt die Strafverfolgung von
Straftaten wie Diebstahl, Betrug, Computer- und Versicherungsbetrug, wenn sie
gegen Angehörige begangen werden, einen Strafantrag voraus. Will in diesen Fällen
der verletzte Angehörige die Tat nicht verfolgt haben, so tritt die Durchsetzung des
staatlichen Strafanspruchs aus Rücksicht auf den Familienfrieden zurück. Diese
Vorschriften sind auch auf in häuslicher Gemeinschaft Lebende anwendbar. Auf
das Angehörigenverhältnis (§ 11 Abs 1 Nr 1 StGB) beschränkt sind die Privilegie-
rungen bei §§ 139 Abs 3, 157 Abs 1, 258 Abs 6 und § 213 StGB. Besondere Bedeutung haben schließlich das Zeugnisverweigerungsrecht aus persönlichen Gründen,
§ 52 Abs 1 StPO, als Rechtfertigungsgrund und der entschuldigende Notstand, § 35
StGB.

c)   Die Partner einer eingetragenen Lebenspartnerschaft sind nach § 11 Abs 1 55
Nr 1 StGB ausdrücklich Angehörige. Umstritten ist die Anwendung der die Ehegatten privilegierenden Normen auf die Partner faktischer Lebensgemeinschaften.

4.   Sonstige öffentlich-rechtliche Regelungen

Auch im übrigen öffentlichen Recht finden sich zahlreiche familienrechtliche Re- 56
gelungen. Neben dem SGB VIII sind dabei insbesondere sozialrechtliche Normen zu
nennen. Dazu gehören etwa das Bundeskindergeldgesetz, das Bundeselterngeld-
und Elternzeitgesetz und das Bundesausbildungsförderungsgesetz, die der Familie

einen Teil der mit der Erziehung und Ausbildung von Kindern verbundenen finanziellen Lasten abnehmen, weiter die krankenversicherungsrechtliche Familienhilfe, das Unterhaltsvorschußgesetz und das Mutterschutzgesetz.

B. Geschichte des Familienrechts bis zum BGB

57 In der Entwicklung des Familienrechts fließen Elemente des deutschen, des römischen und vor allem des kanonischen Rechts, das sich über Jahrhunderte hinweg die Jurisdiktion in Ehesachen vorbehalten hat, ineinander, wobei das römische Recht – anders als im Vermögensrecht – gegenüber dem deutschen Recht zurücktritt.

I. Römisches Recht

58 Zu Beginn der geschichtlichen Zeit war die Familie bereits aus der *gens* ausgegliedert, aber doch noch als Großfamilie in Form eines herrschaftlich gestalteten Rechtsverbandes organisiert. Die *familia* umfaßte alle agnatischen Verwandten, dh alle von einem Vater Abstammenden – außer den weiblichen Nachkommen, die in die *manus* ihres Ehemannes übergegangen waren – sowie die Ehefrauen der männlichen Agnaten, darüber hinaus auch die Sklaven. Die dem an der Spitze der *familia* stehenden *paterfamilias* zustehende weitgehend absolute Gewalt manifestiert sich am deutlichsten in dem *ius vitae necisque*, dem – allerdings durch das Sakralrecht und die zensorische Kontrolle gemilderten – Recht über Leben und Tod der Gewaltunterworfenen. Mit dem Tod des *paterfamilias* wurden dessen Ehefrau, Töchter und Söhne sowie alle, die sonst unmittelbar seiner Gewalt unterstanden hatten, gewaltfrei, die Söhne wurden selbst zu *patresfamilias* über ihre Nachkommen und deren Ehefrauen. Der *paterfamilias* war der Träger aller privaten Rechte; die Haussöhne und deren Frauen sowie die Haustöchter waren unfähig, eigenes Vermögen zu erwerben.

59 Im Laufe der republikanischen Zeit milderte sich die Hausgewalt des *paterfamilias*. Das *ius vitae necisque* kam außer Gebrauch (Abschaffung allerdings erst 365 n Chr, CTh 9, 13, 1). Die vermögensrechtliche Stellung der Hauskinder verbesserte sich durch die Entstehung eines Sondervermögens, des *peculium,* das ihnen – obwohl rechtlich wie alles Vermögen der *familia* ausschließlich dem *paterfamilias* zugeordnet – tatsächlich zur Verwaltung und Verfügung überlassen war. Diese Einrichtung gewann mit der Zeit auch rechtliche Bedeutung und fand während des Prinzipats seine Fortsetzung in dem *peculium castrense* bzw *quasi castrense,* das sich zu einem völlig freien Vermögen des Hauskindes entwickelte.

60 Die Ehe wurde während des gesamten Verlaufs der römischen Rechtsgeschichte nicht als Rechtsverhältnis, sondern als sozialer Tatbestand verstanden, der vom Recht als gegeben hingenommen wurde. Sie gründete sich auf den Konsens der Ehegatten *(consensus facit nuptias,* D 23, 1, 11) und wurde als Dauerkonsens aufgefasst. Eingehung und Auflösung der Ehe vollzogen sich ohne staatliche Mitwirkung und ohne Bindung an bestimmte Formen. Rechtliche Wirkungen der Ehe waren die Anerkennung der sozialen Stellung der Frau als Ehefrau und die der Kinder als eheliche Abkömmlinge. Rechtliche Wirkungen zeitigte auch das Ehegüterrecht, dessen Kern das Dotalrecht bildete. Der Braut wurde eine Mitgift *(dos)* bestellt, die ihr nach dem Tod ihres Mannes zu ihrer Versorgung zufiel. Erst durch den Eintritt unter die *manus,* einen gesonderten Rechtsakt, wurde die Frau zur Gewaltunterworfenen des Ehemannes bzw dessen Gewalthabers. Diese Manusehe kam jedoch langsam außer Übung und ist zu Beginn des Prinzipats selten geworden.

Infolge der Auffassung der Ehe als Dauerkonsens war sie jederzeit – seit dem 2./ **61** 1. Jahrhundert v Chr gleichermaßen von beiden Seiten – scheidbar, ohne dass besondere Gründe vorzuliegen brauchten. Mit den *leges Julia de maritandis ordinibus* (18 v Chr) und *Papia Poppaea* (9 n Chr) machte Augustus den Versuch, die Ehe zu stabilisieren. Mittels zahlreicher Eheverbote und insbesondere Ehegebote, deren Verletzung sanktioniert war, sollte der Ehe- und Kinderlosigkeit vor allem der oberen Schichten der Bevölkerung entgegengetreten werden. Diese Gesetze blieben aber ohne durchschlagenden Erfolg.

Unter dem Einfluss hellenistischer Vorstellungen, vor allem aber der christlichen **62** Lehre trat im nachklassischen Recht der späten Kaiserzeit die Hausgewalt des *paterfamilias* immer mehr zurück. Die manusfreie Ehe wurde bestimmend, die vermögensrechtliche Stellung der Hauskinder hinsichtlich bestimmter Vermögensmassen (vgl bereits oben zum *peculium castrense,* Rn 59) verselbständigt. Unter Konstantin hatte der Vater an dem von der Mutter den Kindern vererbten Vermögen *(bona materna)* im Sinne eines geteilten Eigentums nur Nutzeigentum, das bei Justinian zum gesetzlichen Nießbrauch wurde; die volle Vermögensfähigkeit haben die Hauskinder freilich auch in der Spätantike nicht erreicht.

Der christliche Einfluss führte zu einer gewissen Verrechtlichung der Ehe; die **63** Stellung der Frau verbesserte sich deutlich, die persönlichen Ehewirkungen wurden vertieft, insbesondere wurde jetzt auch eine Treuepflicht des Ehemannes angenommen. An der Vorstellung des Dauerkonsenses wurde festgehalten. Die einverständliche Scheidung stand weiter frei. Seit Konstantin – wenn auch in der Folge mehrfach geändert und widerrufen – setzte dagegen die einseitige Ehescheidung bestimmte, gesetzlich normierte Gründe voraus, die grundlose Scheidung war aber weiter wirksam und wurde lediglich unter Strafe gestellt. Erst unter Justinian (Nov 134 aus dem Jahre 556) wurde die Nichtigkeit der grundlosen Scheidung in Erwägung gezogen. Der Tendenz nach wurde unter der Einwirkung der christlichen Auffassung von der Unauflöslichkeit der Ehe die Scheidung zunehmend zurückgedrängt.

II.   Das deutsche Recht bis zum 18. Jahrhundert

1.   Auch das germanische und das deutsche Recht waren ursprünglich von einer **64** **patriarchalischen Familienverfassung** bestimmt, die sich in einigen Überresten bis ins BGB erhalten hat. Der Hausherr hatte die uneingeschränkte Hausgewalt über die Hausangehörigen, die sogenannte Munt, die als personenrechtliche Herrschaft neben der sachenrechtlichen Gewere stand. Der Hausvater repräsentierte die Hausgemeinschaft nach außen und trug für alles, was durch die Muntunterworfenen geschah, die Verantwortung. Die ursprüngliche Eingliederung der Hausgemeinschaft in den Sippenverband trat bereits in fränkischer Zeit stark zurück.

2.   **Die Eheschließung** bestand ursprünglich aus einem Sippenvertrag zur Über- **65**

tragung der Munt und daneben aus dem Konsensgespräch der Brautleute (der Konsens war allerdings mittelbar erzwingbar) mit nachfolgendem Beilager. Daneben gab es aber auch muntfreie Konsensehen, die regelmäßig minderen Rechts waren. Schon zu Beginn des Mittelalters hatte sich daraus ein Vertrag zwischen dem Gewalthaber der Frau und dem Mann entwickelt, bei dem bald auch die Zustimmung der Frau erforderlich wurde. Im Hochmittelalter erklärte die Frau selbst mittels eines Trauvormunds als Fürsprecher ihren Ehewillen.

66 Eine einverständliche **Scheidung** war anerkannt; der Mann konnte die Frau auch kraft seiner Muntgewalt verstoßen, zog sich aber die Fehde der Verwandten der Frau zu, wenn er es ohne ausreichenden Grund tat.

67 Die weitere Entwicklung wurde vor allem durch das kanonische Recht beeinflusst. Die Kirche nahm für sich die Gerichtsbarkeit in Ehesachen in Anspruch und beeinflusste dadurch im Laufe der Zeit auch das materielle Eherecht. Das bedeutete vor allem, dass die Ehescheidung nicht mehr anerkannt wurde; außerdem wurden von der Kirche zahlreiche Ehehindernisse aufgestellt. Des weiteren setzte sich die Kirche dafür ein, dass dem Konsens der Brautleute tatsächlich vor dem der Eltern das entscheidende Gewicht zukam. Auf dem Konzil von Trient (1563) wurde die Form der Trauung vor dem Priester im Beisein von zwei Zeugen verbindlich festgelegt.

68 Die **Protestanten** haben nach anfänglicher Unsicherheit mit einigen Modifikationen weiter das vortridentinische kanonische Eherecht angewandt. Auch sie gelangten ab dem 17. Jahrhundert zur kirchlichen Trauung als konstituierendem Element des Eheschlusses. Bei grundsätzlicher Anerkennung der Unauflöslichkeit der Ehe trotz Leugnung ihres **sakramentalen** Charakters (Ehe als „eusserlich weltlich Ding" bei LUTHER) war die Scheidung in gewissen Grenzen (bei Ehebruch, böslicher Verlassung und gebietsweise aus einigen wenigen weiteren Gründen) zugelassen. Ehesachen wurden in den protestantischen Territorien den Consistorien, kirchlichen Behörden, die zur Hälfte mit Juristen besetzt waren, übertragen.

69 Vor allem in den protestantischen, zum Teil (etwa in Frankreich) aber auch in den katholischen Territorien wurde auch durch die staatliche Gesetzgebung in das Eherecht eingegriffen.

70 **3.** Die **persönlichen Ehewirkungen** wurden durch den Grundsatz der Muntgewalt bestimmt. Die Frau wurde gegenüber Dritten vom Mann vertreten; sie unterstand seiner Vogtei, die auch eine Strafgewalt in sich schloss. Dem Verhältnis der Ehegatten zueinander lag die Auffassung der Ehe als Genossenschaft zugrunde. Der Frau als Leiterin des Hauswesens stand die Schlüsselgewalt zu.

71 Der ursprüngliche güterrechtliche Gedanke eines Familiengutes trat im Laufe des Mittelalters zurück. Das Frauengut blieb nunmehr gesondert, an ihm bestand jedoch eine „Gewere zur rechten Vormundschaft" des Mannes. Daneben entwickelte sich in den Städten, wo es auf Kapitalvereinigung ankam, die eheliche Gütergemeinschaft; außerdem entstanden beschränkte Gütergemeinschaften, die Errungenschaftsgemeinschaft und die Fahrnisgemeinschaft. Besitz, Verwaltung und Verfügung über das Vermögen lagen bei allen Formen beim Mann. Das mit der Rezeption aufkommende römische Dotalrecht gewann keine große Bedeutung. Insgesamt war das Bild durch eine starke Zersplitterung wegen zahlreicher regionaler Modifikationen und Mischformen der genannten Typen gekennzeichnet, die kein einheitliches Bild erkennen ließen.

4.   **Ehelich** waren ursprünglich alle **Kinder** einer der Munt des Vaters unterwor- 72
fenen Frau, mochte sie die „rechte" Ehefrau sein oder nicht, mochten die Kinder in oder vor der Ehe gezeugt sein. Unter dem Einfluss der Kirche wurde der Kreis der ehelichen Kinder auf die von der „rechten" Ehefrau geborenen Kinder beschränkt. Die Kinder unterstanden der väterlichen Gewalt. Auch am Kindesgut hatte der Vater „Gewere zur rechten Vormundschaft". Nach der Rezeption bildete sich, der römisch-rechtlichen Lehre vom *peculium* folgend, ein freies Kindesvermögen, das der Vater nunmehr verwaltete, aber nicht nutzen konnte.

Die Rechtsstellung der **unehelichen Kinder** verschlechterte sich im Mittelalter; so 73
wurde ihnen das Erbrecht nach dem Vater versagt oder nur subsidiär eingeräumt, sie waren von den Zünften ausgeschlossen, ihre Ehre war gemindert. Der Vater konnte aber dem Kind die Stellung eines ehelichen Kindes verschaffen. Später fanden unter römischem Einfluss Formen der Legitimation Eingang. Mit der Rezeption kam auch die Annahme an Kindes Statt in Gebrauch.

Die **Vormundschaft** über Witwen und Waisen entwickelte sich von der ursprüng- 74
lichen Gesamtvormundschaft der Sippe über den geborenen Vormund (nächster Verwandter des Vaters) zum gekorenen, vom Vater ernannten Vormund. Im Laufe dieses Prozesses verlor die Vormundschaft ihren eigennützigen Charakter, das Interesse des Mündels und der Öffentlichkeit wurden bestimmend, die Vormundschaft wurde zum Amt, ihre Übernahme vom Recht zur Pflicht. Seit der Rezeption unterlag das Vormundschaftsrecht weitgehend den Regelungen des römischen Rechts.

III.   Das Familienrecht von der Aufklärung bis zum BGB

1.   Unter Verknüpfung des Gedankens der Konsensehe mit der protestantischen 75
Sicht der Ehe als rein weltliche Angelegenheit gelangte das Naturrecht des 17./ 18. Jahrhunderts zur Auffassung der Ehe als einer durch Willensübereinstimmung der Eheleute begründeten rein weltlichen Lebensgemeinschaft (*societas naturalis* bei GROTIUS), die es jedem der Partner erlaubt, sie der natürlichen Freiheit entsprechend nach Gefallen jederzeit zu lösen. Polygamie, Konkubinat und Ehescheidung waren nach dieser Auffassung nur durch das staatliche, keineswegs aber durch das Naturrecht verboten.

Die vom Naturrecht beeinflussten Kodifikationen des Preußischen Allgemeinen 76
Landrechts (1794), des *code civil* (1804) und des Österreichischen Allgemeinen Bürgerlichen Gesetzbuches (1811) stehen auf dem Boden dieser Auffassung von der Ehe als einem bürgerlich-rechtlichen Vertrag. Dementsprechend zog der Staat die Eheschließung an sich und beendete damit eine Entwicklung, die schon in der Zeit der Glaubensspaltung eingesetzt hatte – die Niederlande kannten seit 1580 eine fakultative Zivilehe für Reformierte und eine obligatorische für Dissidenten. Das Preußische Allgemeine Landrecht überließ die Trauung noch der Kirche; der *code*

civil übernahm die 1791/1792 in Frankreich eingeführte **obligatorische Zivilehe**. Dagegen kehrte das Österreichische Allgemeine Bürgerliche Gesetzbuch zur kirchlichen Eheschließung zurück, nachdem Josef II. zwischenzeitlich die obligatorische Zivilehe eingeführt hatte. In Deutschland ging die Entwicklung zur obligatorischen Zivilehe nur langsam voran. Ihre Einführung war 1848 von der Nationalversammlung gefordert worden; in den darauffolgenden Jahren setzte sie sich in einigen Territorien durch, bis sie schließlich reichseinheitlich im Zuge des Kulturkampfes 1875 durch das Reichspersonenstandsgesetz eingeführt wurde.

77 Auch das **Scheidungsrecht** wurde von der staatlichen Gesetzgebung aufgenommen, wobei es im Allgemeinen zu einer Lockerung des grundsätzlichen Scheidungsverbots kam. Im Zuge der französischen Revolutionsgesetzgebung war sogar zeitweise die unbegrenzte Konventionalscheidung zugelassen; der *code civil* übernahm die einverständliche Scheidung nur unter eng begrenzten Voraussetzungen, ließ aber eine Scheidung nach dreijähriger Trennung von Tisch und Bett zu – ein Fall der „Zerrüttungsscheidung". Durch Gesetz vom 8. 5. 1816 ist die Scheidung wieder abgeschafft und erst durch Gesetz vom 9. 7. 1884 wieder eingeführt worden. Das Preußische Allgemeine Landrecht ließ neben der Scheidung aus Verschulden eine solche wegen objektiver Zerrüttung und sogar – allerdings nur bei kinderlosen Ehen – auch eine Scheidung in gegenseitiger Übereinkunft zu. Das Österreichische ABGB kannte eine Scheidung nur für Nichtkatholiken; für Katholiken gab es nur die Trennung von Tisch und Bett.

78 Die **persönlichen Ehewirkungen** veränderten sich nicht wesentlich. Der Mann wurde als Haupt der ehelichen Gemeinschaft gesehen, dessen Entschluss in gemeinschaftlichen Angelegenheiten den Ausschlag gab (ALR II 1 § 184). Im Laufe des 19. Jahrhunderts wurde die Stellung der Frau jedoch zum Teil freier, wobei insbesondere die Handelsfrau bevorzugt wurde, die sich ohne Zustimmung ihres Mannes oder Vormundes wirksam verpflichten konnte. Eine grundsätzliche Änderung, insbesondere Vereinheitlichung des ehelichen Güterrechts brachten die Kodifikationen nicht.

79 2. Die Rechtsstellung der **ehelichen Kinder** wurde vom Naturrecht kaum beeinflusst. Die väterliche Gewalt entwickelte sich zum Teil im Laufe des 19. Jahrhunderts zur elterlichen Gewalt. Bedeutsamer waren die Einwirkungen des Naturrechts auf die Rechtsstellung der **unehelichen Kinder**. Ihre bis dahin teilweise bestrittene Verwandtschaft mit der Mutter wurde durchgehend anerkannt, der Makel der unehelichen Geburt gemildert, wenn auch keineswegs beseitigt.

80 Bei der **Vormundschaft** trat der amtliche Charakter deutlicher hervor. Das Allgemeine Preußische Landrecht bezeichnete den Vormund als „Bevollmächtigten des Staates", das Mündel als „Pflegebefohlenen des Staates". Im Laufe des 19. Jahrhunderts gewann allerdings der Vormund eine selbständigere Stellung. Nur in Angelegenheiten von besonderer Bedeutung behielt sich der Staat die Kontrolle dadurch vor, dass er ihre Vornahme an die Zustimmung des Vormundschaftsgerichts knüpfte.

C.   Das BGB und die Entwicklung des Familienrechts bis heute

I.   Die Konzeption des BGB-Gesetzgebers

1.   Die Entwicklung des 19. Jahrhunderts wird im Eherecht dadurch bestimmt, **81** dass die Ehefrau – wenn auch nur zögernd – eine bessere Stellung erlangt und dass auch die Stellung der Kinder gegenüber dem Inhaber der väterlichen Gewalt mehr und mehr durch den Charakter der elterlichen Gewalt als eines Sorgerechtes bestimmt wird.

Beide Tendenzen wurden vom BGB gefördert, wenn auch nur in beschränktem **82** Ausmaß. Es stellte auch hier mehr den Abschluss einer Entwicklung als den Beginn einer neuen dar. Bei den Überlegungen des Gesetzgebers stand aber neben dem Problem der Beziehungen zwischen Kirche und Staat auf dem Gebiet des Eherechtes doch schon die Frage der Rechtstellung von Frau und Mutter im Mittelpunkt der Auseinandersetzungen. Zeitweise drohte die Meinungsverschiedenheit fast das Gesetzgebungswerk scheitern zu lassen oder doch dazu zu führen, das persönliche Eherecht auszuklammern. Der Streit um die Eheschließungsform (Zivilehe – im Anschluss an das Personenstandsgesetz von 1875 – oder kirchliche Eheschließung) wurde nach heftigen parlamentarischen Debatten zugunsten der obligatorischen Zivilehe entschieden, der Kirche blieb ausdrücklich die selbständige Regelung der religiösen Seite der Ehe überlassen, was nur eine Klarstellung bedeuten konnte (vgl die Überschrift zum 1. Abschnitt des 4. Buches des BGB „Bürgerliche Ehe" und § 1588). Die Auseinandersetzung über die Stellung der Ehefrau und Mutter führte zu keinem wesentlichen Fortschritt. Die Frauenbewegung stand noch in ihren Anfängen, ihre Bemühungen konnten noch keinen wirksamen Einfluss auf die Beratungen nehmen. Die Mehrheit des Reichstages sprach sich für ein patriarchalisches Familienrecht aus.

2. a)   Das patriarchalische Leitbild zeigte sich besonders deutlich in der Ausgestal- **83** tung der allgemeinen **persönlichen Ehewirkungen** und des **Ehegüterrechts**. Der Mann hatte das Entscheidungsrecht in allen das gemeinschaftliche Leben betreffenden Angelegenheiten (§ 1354 aF). Auch bei der der Frau zugewiesenen Leitung des gemeinsamen Hauswesens lag die oberste Entscheidung beim Mann (§ 1356 aF). Er konnte der Frau die Schlüsselgewalt entziehen (§ 1357 Abs 2 aF). Er war sogar berechtigt, Arbeits- und Dienstverhältnisse der Frau zu kündigen (§ 1358 aF).

b)   Das **Scheidungsbegehren** setzte grundsätzlich ein schweres Verschulden des **84** anderen Teils voraus. Dabei unterschied das BGB zwischen absoluten Scheidungsgründen, die ohne weiteres ein Scheidungsbegehren begründeten – dazu gehörten Ehebruch (§ 1565 aF), Lebensnachstellung (§ 1566 aF) und bösliche Verlassung (§ 1567 aF) –, sowie dem relativen Scheidungsgrund des § 1568 aF, bei dem zu der schweren Ehepflichtverletzung bzw zu ehrlosem oder unsittlichem Verhalten eine dadurch hervorgerufene Zerrüttung des ehelichen Verhältnisses hinzutreten mußte, sodass dem anderen Ehegatten die Fortsetzung der Ehe nicht zugemutet werden konnte.

Außerhalb dieses Systems der verschuldensabhängigen Scheidungsgründe stand der objektive Scheidungsgrund des § 1569 aF bei schwerer Geisteskrankheit des Ehegatten.

85 c)   Auf dem Gebiet des **Ehegüterrechts** kommt dem BGB das Verdienst zu, der Rechtszersplitterung weitgehend ein Ende gemacht zu haben. Neben einem allgemeinen gesetzlichen Güterstand, der Verwaltung und Nutznießung, und einem sekundären gesetzlichen Güterstand, der Gütertrennung, stellte es als gewillkürte Güterstände drei ausgeformte Gütergemeinschaften zur Verfügung: die allgemeine Gütergemeinschaft, die Errungenschaftsgemeinschaft und die Fahrnisgemeinschaft.

86   Der Güterstand der Verwaltung und Nutznießung war zwar damals am weitesten verbreitet und wurde deshalb übernommen, aber er entsprach schon seinerzeit nicht mehr der sozialen Wirklichkeit. Er beruhte auf dem Prinzip der Gütertrennung. Jeder Ehegatte war alleiniger Inhaber seines Vermögens. Aber der Frau war die Verwaltung und Verfügung über ihr eingebrachtes Gut völlig entzogen (§ 1395 aF), der Mann hatte nicht nur die Verwaltungsbefugnis, sondern auch die Nutznießung. Allerdings war das Vermögen, das die Frau während der Ehe durch Arbeit erwarb, der Nutznießung des Ehemannes entzogen. Jedoch trat das praktisch nicht sehr in Erscheinung, weil eine gesetzliche Vermutung dafür sprach, dass alles Vermögen der Frau zu ihrem eingebrachten Gut gehörte, soweit sich nicht aus dem Güterrechtsregister etwas anderes ergab (vgl § 1435 aF).

Subsidiär galt als gesetzlicher Güterstand der der Gütertrennung. Bei ihm lag nicht nur die Zuständigkeit, sondern auch die Verwaltung und Nutznießung bei jedem Ehegatten hinsichtlich seines Vermögens. Er galt, wenn der gesetzliche Güterstand ausgeschlossen und kein vertraglicher ausbedungen war.

87   Die allgemeine Gütergemeinschaft umfasste grundsätzlich das gesamte Vermögen beider Ehegatten (§§ 1438 ff aF). Bei der Errungenschaftsgemeinschaft wurde das während der Ehe erworbene Vermögen beider Ehegatten gemeinschaftlich (§§ 1519 ff aF), bei der Fahrnisgemeinschaft außerdem noch die gesamte voreheliche erworbene Fahrhabe beider Ehegatten Gesamtgut (§§ 1549 ff aF). Auch bei den Gütergemeinschaften hatte der Mann die bestimmende Stellung; ihm stand die Verwaltung und grundsätzlich auch die Verfügung zu.

88 d)   Auch im **Kindschaftsrecht** überwog die Stellung des Vaters. Ihm stand die elterliche Gewalt zu (§ 1627 aF), die Mutter hatte neben dem Vater nur das Recht und die Pflicht, für die Person des Kindes zu sorgen, bei Meinungsverschiedenheiten ging die Meinung des Vaters vor (§ 1634 aF). Der Mutter fiel die elterliche Gewalt nach dem Tode des Mannes zu, oder wenn dieser die elterliche Gewalt verwirkt hatte und die Ehe aufgelöst war (§ 1684 aF). Bei Wiederverheiratung verlor die Mutter die elterliche Gewalt und behielt nur das Personensorgerecht (§ 1697 aF). Auch nach der Scheidung überwogen die Rechte des Vaters, selbst dann, wenn er allein für schuldig erklärt war (§ 1535 Abs 2 aF).

89 e)   Die Stellung eines **unehelichen Kindes** zu seiner Mutter war die eines ehelichen, jedoch hatte die Mutter nicht die elterliche Gewalt, sondern lediglich die Personensorge; im Übrigen war ein Vormund zu bestellen. Die Beziehungen zum

Erzeuger waren ausschließlich schuldrechtlich gestaltet; das Kind hatte einen Unterhaltsanspruch gegen ihn grundsätzlich bis zur Vollendung des 16. Lebensjahres. Hatten der Mutter während der Empfängniszeit mehrere Männer beigewohnt, so entfiel jeder Unterhaltsanspruch.

f)   Das **Vormundschaftsrecht** behielt, anknüpfend an die preußische Vormund- 90
schaftsordnung von 1875, seine wohlfahrtsstaatliche patriarchalische Gestalt. Auch hier ging das BGB von einer Vorrangstellung des Mannes aus; der vom Vater Benannte war vor dem von der Mutter Benannten, der Großvater väterlicherseits vor dem Großvater mütterlicherseits zum Vormund berufen (§ 1776 aF).

II.   Familienrecht in der Weimarer Republik und in der Zeit bis 1945

1.   Bis zum Ende des Ersten Weltkrieges hielt sich der durch das Inkrafttreten des 91
BGB gestaltete Rechtszustand unverändert und im Wesentlichen unbestritten. Die Reichsverfassung von Weimar postulierte schon die Gleichberechtigung der Geschlechter (Art 119–121). Sie stellte nicht nur die Ehe unter den besonderen Schutz der Verfassung, sondern betonte auch, dass die Ehe auf der Gleichberechtigung der beiden Geschlechter beruhe (Art 119 Abs 1). Aber die Proklamation blieb ohne rechtserhebliche Wirkung. Das bis dahin geltende Recht wurde im Wesentlichen nicht umgestaltet.

Der 33. DJT 1924 suchte die Gestaltung des ehelichen Güterrechtes durch konkrete 92
Vorschläge voran zu treiben. Dabei wurde als künftiger gesetzlicher Güterstand die Errungenschaftsgemeinschaft empfohlen (Verhandlungen des 33. DJT, Band II 325 ff, 384). Die Entschließung blieb jedoch ohne Erfolg.

In Erkenntnis der fortschreitenden Emanzipation der Frau befasste sich der 36. DJT 93
1931 mit der Frage der Gleichberechtigung. Eine Entschließung forderte aufgrund der veränderten wirtschaftlichen, sozialen und kulturellen Funktionen der Frau eine Durchsetzung des Gleichheitsgrundsatzes im BGB und dementsprechend dessen Änderung auf den Gebieten des persönlichen Eherechts, des Güterrechts, des Rechts der elterlichen Gewalt und des Vormundschaftsrechts (Verhandlungen des 36. DJT, Band II 80 ff, 141 f).

Zu einer grundlegenden Reform des Familienrechts kam es bis 1933 nicht. Nur 94
beschränkte Teilgebiete erfuhren eine Erneuerung, die allerdings in ihrem Bereich zum Teil weittragende Bedeutung erlangten. Zu nennen sind das Reichsgesetz über die religiöse Kindererziehung vom 15. 7. 1921 (RGBl I 939, 1263); das Reichsgesetz für Jugendwohlfahrt vom 9. 7. 1922 (RGBl I 633); das Reichsgesetz über die Anlegung von Mündelgeldern vom 23. 6. 1923 (RGBl I 411).

2.   Erhebliche Änderungen wurden während des **nationalsozialistischen Regimes** 95
eingeführt. Sie standen zum großen Teil unter dem Vorzeichen, die Familie nach völkischen Gesichtspunkten zu ordnen. Das führte schon bald dazu, dass in diesem Bereich die jüdischen Bürger unter Sondergesetze gestellt wurden; Eheschließungen zwischen Deutschen und Juden sowie jüdischen Mischlingen wurden verboten (§§ 1 ff Blutschutzgesetz, § 4 EheG 1938); Eheaufhebung und Ehescheidung wurden ungebührlich erleichtert, wenn sie sich gegen jüdische Bürger richteten. Das sog

Ehegesundheitsgesetz sollte Ehen verhindern, aus denen nach der Anlage der Eltern erbkranke Kinder zu erwarten seien. Seit 1942 wurden Eheschließungen zwischen deutschen Staatsangehörigen und Angehörigen sog fremden Volkstums in den seit dem 22. 6. 1941 besetzten Ostgebieten Europas verboten.

96 Das **Eheschließungs- und Ehescheidungsrecht** wurde aus dem BGB ausgegliedert und im Ehegesetz von 1938 geregelt. Es vermehrte die Scheidungsgründe wesentlich, insbesondere durch die Einführung objektiver Scheidungsgründe, die nicht auf einem Verschulden des beklagten Ehegatten beruhten (auf geistiger Störung beruhendes Verhalten, § 50 EheG 1938; ansteckende oder ekelerregende Krankheit, § 52 EheG 1938; vorzeitige Unfruchtbarkeit, § 53 EheG 1938; objektive Ehezerrüttung, allerdings eingeschränkt durch ein Widerspruchsrecht, § 55 EheG 1938). Soweit auf die Zerrüttung der Ehe abgestellt war, kam es nicht darauf an, ob dem klagenden Ehegatten die Fortsetzung der Ehe zuzumuten war, sondern ob objektiv die Wiederherstellung der ehelichen Gemeinschaft zu erwarten war.

97 Im **Kindschaftsrecht** gab es mit Ausnahme des Adoptionsrechts keine wesentlichen Änderungen. Die Adoption wurde verboten, wenn sie im Wesentlichen auf die Erlangung eines neuen Namens für den Angenommenen gerichtet war (§ 1754 BGB idF des Art I Nr 4 des Gesetzes gegen Mißbräuche bei der Eheschließung und der Annahme an Kindes Statt vom 23. 11. 1933, RGBl I 979). Die gerichtliche Aufhebung des Annahmeverhältnisses wurde auf Antrag eines Beteiligten zugelassen (§ 12 FamRÄndG 1938, RGBl I 380).

III.   Übergangsphase nach dem Zusammenbruch

98 Nach dem Zusammenbruch 1945 wurde das Recht nationalsozialistischen Inhalts durch das Gesetz Nr 1 des Kontrollrates vom 20. 9. 1945 aufgehoben. Damit entfiel vor allem das sog Blutschutzgesetz. Das EheG von 1938 wurde vom nationalsozialistischen Gedankengut gereinigt, aber im Allgemeinen in seinem bisherigen Inhalt als Gesetz Nr 16 des Kontrollrates vom 20. 2. 1946 übernommen **(EheG 1946)**.

99 Daneben stellte sich die Aufgabe, soweit wie möglich nationalsozialistisches Unrecht auf diesem Gebiet zu bereinigen und den Umständen der Kriegszeit Rechnung zu tragen. Diesen Zielen dienten das Gesetz über die Anerkennung freier Ehen rassisch und politisch Verfolgter vom 23. 6. 1950 (BGBl I 226) und das Gesetz über die Anerkennung von Nottrauungen vom 2. 12. 1950 (BGBl I 778). Unklarheiten über den geltenden Rechtszustand beseitigte das Gesetz über die Rechtswirkungen des Ausspruches einer nachträglichen Eheschließung vom 29. 3. 1951 (BGBl I 215).

IV.   Entwicklung des Familienrechts nach Inkrafttreten des GG

1.   Der Verfassungsauftrag aus Art 3 Abs 2 GG

100 Die in Art 3 Abs 2 GG begründete **Gleichberechtigung von Mann und Frau** änderte die bis dahin bestehende Rechtslage im Ehe- und Familienrecht. Angesichts der unmittelbaren Wirkung dieses Grundrechts hätten entgegenstehende Vorschriften des BGB sofort unwirksam werden müssen. Der Grundgesetzgeber scheute aber die damit eintretende Lücke; das dem Art 3 Abs 2 GG im Familienrecht entgegenstehende Recht sollte einstweilen in Kraft bleiben, bis es dem Gleichberechtigungsgrundsatz angepasst wäre, jedoch nicht länger als bis zum 31. 3. 1953 (Art 117 Abs 1 GG). Es gelang dem Gesetzgeber jedoch nicht, die Aufgabe bis zu diesem Termin zu erfüllen. Das führte dazu, dass am 1. 4. 1953 das damals geltende Familienrecht, vor allem das Eherecht, soweit es die Gestaltung der persönlichen Beziehungen der Ehegatten und das Güterrecht betraf, weitgehend außer Kraft trat, ohne dass eine Neuregelung vorlag. Die daraus resultierende Rechtslage, insbesondere die Frage, ob die Gerichte die Lücke unter Rekurs auf Art 3 Abs 2 GG schließen dürften, war umstritten, bis das BVerfG diese Ansicht für rechtmäßig erklärte (BVerfGE 3, 225). Für die Interimszeit vom 31. 3. 1953 bis zum 1. 7. 1958, dem Tag, an dem das in Erfüllung des Verfassungsauftrages erlassene Gleichberechtigungsgesetz vom 18. 6. 1957 (BGBl I 609) in Kraft trat, galt dieses Richterrecht für Ehen, die nach dem 1. 4. 1953 geschlossen worden waren, gleichermaßen wie für vorher geschlossene Ehen (BGHZ 10, 266, 269).

2.   Der Rechtszustand vom 1. 4. 1953 bis zum Inkrafttreten
des Gleichberechtigungsgesetzes

a)   Das Ehegesetz 1946 des Kontrollrats wurde durch das GG nicht betroffen. Es **101** war dem deutschen Gesetzgeber entzogen und wurde auch durch Art 3 Abs 2 GG und Art 117 Abs 1 GG nicht berührt (Besatzungsstatut Ziff 7 b). Zwar war nach Aufhebung des Besatzungsstatuts (5. 5. 1955) die Unzuständigkeit des deutschen Gesetzgebers zur Änderung des Rechtes des Kontrollrats entfallen, aber das von den Besatzungsmächten erlassene Recht blieb in Kraft, auch wenn es im Widerspruch zum GG stand, bis es von den verfassungsmäßigen Organen des Bundes oder der Länder aufgehoben wurde (BVerfGE 15, 337, 346 f).

b)   Seit dem 1. 4. 1953 mußte die rechtliche Gestaltung der ehelichen Lebensge **102** meinschaft (§§ 1353–1362) dem Gleichberechtigungsgrundsatz entsprechen. Daraus wurde bis zum Inkrafttreten des Gleichberechtigungsgesetzes abgeleitet, dass beide Ehegatten zum Unterhalt der Familie nach ihren Kräften beizutragen hätten, dh in der Regel der Mann durch außerhäusliche Erwerbsarbeit, die Frau durch Haushaltsführung und Sorge für die Kinder. Die Leistungen der Frau und Mutter wurden dabei den Leistungen des Mannes gleichgestellt und im Unterhaltsstreit der Ehegatten oder der Eltern und Kinder in die Berechnung einbezogen.

c)   Im Bereich des Güterrechts hatte sich in der Rechtsprechung die Gütertren **103** nung als gesetzlicher Güterstand durchgesetzt (BGHZ 10, 266, 280). In welcher Weise der wirtschaftlich Schwächere, seinerzeit also in der Regel die Frau, während der Ehe und nach Auflösung der Ehe an dem Ertrag der gemeinsamen Lebensarbeit zu beteiligen sei, blieb aber offen.

d)   Übereinstimmend wurde davon ausgegangen, dass die elterliche Gewalt Vater **104** und Mutter gemeinsam zustehe (BVerfGE 3, 225, 246; BGHZ 20, 313). Das Kind wurde durch beide Eltern gemeinsam vertreten. Sie waren am Kindesvermögen gemeinsam nutzungsberechtigt (BGH FamRZ 1957, 50).

3.   Das Gleichberechtigungsgesetz vom 18. 6. 1957

105 a)   Den Auftrag des Verfassungsgesetzgebers in Art 117 GG führte der Bundestag mit dem Erlass des Gesetzes über die Gleichberechtigung von Mann und Frau auf dem Gebiete des Bürgerlichen Rechts (Gleichberechtigungsgesetz vom 18. 6. 1957 [BGBl I 609], in Kraft seit 1. 7. 1958) aus. Das Ehegesetz wurde durch das Gleichberechtigungsgesetz nicht wesentlich geändert, lediglich die §§ 25 Abs 2, Abs 3; 40, 71, 74, 75 sind außer Kraft gesetzt worden.

106 b)   Die Regelung der **persönlichen Ehewirkungen** (§§ 1353–1362) wurde dem Grundsatz der gleichberechtigten Lebensgemeinschaft von Mann und Frau entsprechend umgestaltet. Eine Entscheidungsbefugnis des Ehemannes in gemeinsamen Angelegenheiten entfiel. Die Frau erhielt zwar den Namen des Mannes, konnte ihm aber ihren Mädchennamen beifügen (§ 1355). Die Ehegatten sind sich seitdem gegenseitig zum Unterhalt verpflichtet, wobei man davon ausging, dass die Ehefrau in der Regel ihre Verpflichtung durch die Haushaltsführung erfüllte (§ 1360). Der Ehefrau sollte die Haushaltsführung in eigener Verantwortung zustehen; sie konnte erwerbstätig sein, soweit ihre Pflichten in Ehe und Familie darunter nicht litten (§ 1356). Das Gleichberechtigungsgesetz hielt an der alleinigen Schlüsselgewalt der Frau fest (§ 1357).

107 c)   Besonders groß waren die Änderungen im **ehelichen Güterrecht**. Gesetzlicher Güterstand ist nunmehr der der Zugewinngemeinschaft, den das BGB nicht kannte, der aber schon vom 33. DJT 1924 vorgeschlagen worden war. Danach besteht während der Ehe Gütertrennung; jeder Ehegatte verwaltet und nutzt sein Vermögen selbst. Bei Beendigung des Güterstandes wird der von jedem Ehegatten während der Ehe erzielte Gewinn unter ihnen dergestalt ausgeglichen, dass der eine am Gewinn des anderen grundsätzlich zur Hälfte beteiligt ist. Für den Regelfall, dass der Güterstand durch den Tod eines Ehegatten endet, sieht das Gesetz eine – allerdings nicht zwingend vorgeschriebene – Lösung des Zugewinnausgleichs dadurch vor, dass der gesetzliche Erbteil des überlebenden Ehegatten um ein Viertel des Nachlasses erhöht wird (§ 1371 Abs 1).

108   Neben diesem allgemeinen gesetzlichen Güterstand, der ohne weiteres mit der Eheschließung eintritt und in den die gesetzlichen Güterstände der bestehenden Ehen übergeleitet wurden, stellt das Gesetz einen subsidiären zur Verfügung, und zwar, wie früher, den der Gütertrennung. Hier verwaltet und nutzt jeder Ehegatte sein Vermögen, bei Auflösung der Ehe tritt keine Beteiligung am Gewinn des anderen ein. Der Güterstand der Gütertrennung kommt in Betracht, wenn der gesetzliche Güterstand durch Vertrag oder durch Erklärung (gemäß Art 8 Abs 1 Nr 3 GleichberechtigungsG mit Art 9 Abs 2 Nr 6 FamilienrechtsänderungsG) ausgeschlossen und kein anderer Güterstand vereinbart worden ist, ebenso wenn eine Gütergemeinschaft aufgehoben wird (§ 1414).

109   Neben den gesetzlichen Güterständen kennt das Gesetz als vertraglichen nur noch die (allgemeine) Gütergemeinschaft (§ 1415 ff). Auch bei ihrer Ausgestaltung wurde dem Gleichberechtigungsgrundsatz Rechnung getragen. Die Verwaltung steht grundsätzlich beiden Ehegatten zu; allerdings kann vereinbart werden, dass die Verwaltung entweder dem Mann oder der Frau obliegen soll (§ 1421).

d)   Die elterliche Gewalt über und die Vertretungsmacht für ein minderjähriges   **110**
Kind steht den Eltern gemeinsam zu, nachdem im Jahre 1959 § 1628 idF des
GleichberechtigungsG, der dem Vater das Recht zum Stichentscheid gab, und § 1629
Abs 1 gleiche Fassung, der ihm die Vertretungsmacht zusprach, vom BVerfG für
verfassungswidrig erklärt worden waren (BVerfGE 10, 59).

Die bisher (§ 1640) mit der elterlichen Gewalt verbundene Nutznießung am Kindesvermögen ist entfallen.

4.   Das Familienrechtsänderungsgesetz von 1961

a)   Das Gesetz zur Vereinheitlichung und Änderung familienrechtlicher Vor-   **111**
schriften (Familienrechtsänderungsgesetz vom 11. 8. 1961 [BGBl I 1221], in Kraft seit
1. 1. 1962) brachte weitere, nicht unerhebliche Änderungen des Familienrechts. Es
erfolgten Änderungen des BGB, des EheG, der HausratsVO, der ZPO, des FGG, der
KostO, des RPflG (vgl SCHWARZHAUPT FamRZ 1961, 329; 1962, 49).

b)   Bedeutungsvoll war vor allem die Einschränkung des Scheidungsrechts auf-   **112**
grund objektiver Ehezerrüttung nach dreijähriger Aufhebung der häuslichen Gemeinschaft (§ 48 Abs 2 EheG). Schon vorher hatte der IV. Senat des BGH in
ständiger Rechtsprechung die Scheidung wegen objektiver Zerrüttung der Ehe
gegen den Willen des schuldlosen Ehegatten erheblich eingeschränkt (vgl BGHZ
18, 13; NJW 1960, 962). Die Neufassung des § 48 Abs 2 EheG brachte die Anerkennung
der Rechtsprechung des BGH.

c)   Die wichtigsten weiteren Änderungen bezogen sich auf die Anfechtung der   **113**
Ehelichkeit, die Adoption und die Stellung des unehelichen Kindes.

Das Recht des Staatsanwalts, die Ehelichkeit eines Kindes anzufechten, wurde   **114**
beseitigt, andererseits erhielten die Eltern des Mannes, wenn dieser ohne Verlust
des Anfechtungsrechts verstorben war (§ 1595a), und vor allem unter bestimmten
Voraussetzungen das Kind selbst (§ 1596) ein Anfechtungsrecht.

Die Ehelichkeitserklärung wurde in die Hand des Vormundschaftsgerichts gelegt.

Das Mindestalter des Adoptierenden wurde von 50 auf 35 Jahre herabgesetzt   **115**
(§ 1744), andererseits ist seitdem ein bestimmter Altersunterschied zwischen An-
nehmendem und Kind nicht mehr erforderlich, das Kind muß jedoch grundsätzlich
minderjährig sein (§ 1744 – Befreiung vorbehalten § 1745c). Die Eltern des Kindes
können ihre Einwilligung zur Adoption erst erteilen, wenn das Kind drei Monate alt
ist, insbesondere, um zu vermeiden, dass eine uneheliche Mutter überstürzt in eine
Adoption einwilligt.

Der volljährigen unehelichen Mutter konnte nunmehr auf ihren Antrag die elterliche Gewalt übertragen werden (§ 1707 Abs 2). Die Unterhaltspflicht des Vaters
wurde grundsätzlich bis zur Vollendung des 18. Lebensjahres erstreckt (§ 1708).

**5.   Das Gesetz über die rechtliche Stellung der nichtehelichen Kinder
vom 19. 8. 1969**

116   Mit der Einführung dieses Gesetzes ([BGBl I 1243] in Kraft getreten am 1. 7. 1970)
wurde der in Art 6 Abs 5 GG enthaltene Verfassungsauftrag teilweise erfüllt. Der
Begriff „nichtehelich" trat an die Stelle des Begriffes „unehelich", um eine Diskriminierung des Kindes schon im Sprachgebrauch zu vermeiden. Durch das Gesetz
sind auch die Interessen der Mutter des nichtehelichen Kindes stärker berücksichtigt
worden.

117   Im Einzelnen haben sich durch das NEhelG folgende wesentliche Änderungen
ergeben:

Nichteheliches Kind und Vater sind nunmehr miteinander verwandt. Der anderslautende § 1589 Abs 2 aF wurde gestrichen. Gemäß § 1615a sind im Verhältnis des
nichtehelichen Kindes zu seinem Vater die allgemeinen Unterhaltsregeln anwendbar.

118   Das Kind ist nunmehr zur Erbfolge nach dem Vater berufen (§§ 1934a–e, 2338a). Es
ist im Falle des Todes des Vaters der ersten Ordnung zuzurechnen, § 1924, der Vater
beim Tod seines nichtehelichen Kindes der zweiten Ordnung, § 1925. Allerdings
erhielt ein nichteheliches Kind, sofern neben ihm eheliche Kinder des Erblassers
oder dessen überlebender Ehegatte zur Erbfolge berufen ist, anstelle des gesetzlichen Erbteils einen sog Erbersatzanspruch in Höhe des Wertes des gesetzlichen
Erbteils.

119   Die Gleichstellung des nichtehelichen Kindes mit dem ehelichen bezüglich der
Erbfolge wird nur dann realisiert, wenn das nichteheliche Kind seinen Vater kennt.
Um den Schutz des Kindes zu effektuieren, erkennt das BVerfG ein Recht des
Kindes auf Kenntnis seines leiblichen Vaters an, das dem Recht der Mutter auf
Schutz ihrer Intimsphäre grundsätzlich vorrangig ist (BVerfG FamRZ 1989, 147).

120   Die Feststellung der personenrechtlichen Zuordnung des nichtehelichen Kindes zu
seinem Vater erfolgte nunmehr in einem speziellen Statusverfahren; die nichteheliche Vaterschaft konnte entweder in einem gerichtlichen Feststellungsverfahren
oder in einem außergerichtlichen Anerkennungsverfahren festgestellt werden
(§§ 1600a–o).

121   Gleichwohl ließen Unterschiede in der Lebenssituation nichtehelicher und ehelicher
Kinder seinerzeit noch einige differenzierte Regelungen angezeigt erscheinen. Im
Unterhaltsrecht galten zwar die allgemeinen Vorschriften (§ 1615a), doch konnte
das Kind daneben gegen den Vater den sogenannten Regelunterhalt geltend machen
(§§ 1615 f–h). Die elterliche Sorge verblieb bei der Mutter (§ 1705), das Kind erhielt
für bestimmte Angelegenheiten von Amts wegen einen Pfleger (§ 1706).

122   Von Änderungen betroffen waren auch Teile des Verfahrensrechts (GVG, ZPO,
FGG) sowie das Legitimations-, das Adoptions- und das Vormundschaftsrecht.

6. Die familienrechtliche Gesetzgebung bis 1976

Am 14. 8. 1973 wurde das **Gesetz zur Änderung von Vorschriften des Adoptionsrechts** **123**
verkündet (BGBl I 1013), indem das Mindestalter des Annehmenden auf 25 Jahre
festgesetzt wurde. Dieses Gesetz wurde dann später ergänzt, bzw geändert durch das
Adoptionsgesetz (Gesetz über die Annahme als Kind und zur Änderung anderer
Vorschriften vom 2. 7. 1976, BGBl I 1749). Dieses Gesetz bewirkte insbesondere
folgende Änderungen:

Das angenommene minderjährige Kind erhält gemäß § 1754 die volle Rechtsstellung **124**
eines ehelichen Kindes, und nach § 1755 Abs 1 erlöschen mit der Adoption die
bisherigen Verwandtschaftsverhältnisse mit den daraus resultierenden Rechten
und Pflichten. Kinderlosigkeit des Adoptierenden wird nicht mehr vorausgesetzt.
Es wird weiterhin zwischen der Adoption von Minderjährigen und Volljährigen
unterschieden, wobei die Rechtswirkungen im letzteren Fall jenen der Annahme
an Kindes Statt des bisherigen Rechts entsprechen. Das Adoptionsgesetz wurde
noch ergänzt durch das **Adoptionsvermittlungsgesetz** vom 2. 7. 1976 (BGBl I 1762).

Mit dem **Gesetz zur Neuregelung des Volljährigkeitsalters** vom 31. 7. 1974 (BGBl I **125**
1713) wurde die Altersgrenze von der Vollendung des 21. auf das 18. Lebensjahr
herabgesetzt.

7. Das Erste Gesetz zur Reform des Ehe- und Familienrechts (1. EheRG)
   vom 14. 6. 1976

Die bis dahin weitestreichenden Änderungen des Familien-, insbesondere des Ehe- **126**
rechts wurden durch das 1. EheRG ([BGBl I 1421] in Kraft getreten am 1. 7. 1977)
vorgenommen. Sie betreffen insbesondere das Recht der persönlichen Ehewirkungen einschließlich des Namensrechts, die Scheidungsvoraussetzungen und die Scheidungsfolgen, im Scheidungsrecht insbesondere den Versorgungsausgleich, die Einrichtung der Familiengerichte sowie den Entscheidungsverbund von Scheidungs-
und Folgesachen.

Der Umgestaltung des Eherechts lag ein Bedeutungswandel im Verständnis des **127**
Gesetzgebers zugrunde. Einzelheiten sind der Kommentierung der in Betracht kom-
menden Vorschriften zu entnehmen. Hier kann nur auf die Grundsätze der neuen
Rechtslage hingewiesen werden.

Der Gesetzgeber nahm **Abstand vom Leitbild der Hausfrauenehe**. Dementsprechend **128**
überlässt § 1356 Abs 1 die Funktionsteilung in der Ehe nunmehr dem Einvernehmen
der Ehegatten. Im Sinne der Gleichberechtigung statuiert § 1356 Abs 2 ausdrücklich
die Berechtigung beider Ehegatten zur Erwerbstätigkeit. Die Schlüsselgewalt des
§ 1357 ist nicht mehr eine auf die Ehefrau abgestellte Regelung, sondern eine
Ehemann und Ehefrau aus Bedarfsdeckungsgeschäften gleichermaßen berechtigende und verpflichtende Norm. Schließlich steht auch das eheliche Unterhaltsrecht
nicht mehr unter dem Leitbild der Hausfrauenehe (§§ 1360, 1360a).

Die Gleichberechtigung der Ehegatten zeigte sich auch im **Namensrecht**. Die Ehe- **129**
gatten konnten bei der Eheschließung den Geburtsnamen des Mannes oder den der

Frau zum Ehenamen bestimmen. Der nichtgewählte Name konnte von seinem Träger dem Ehenamen vorangestellt werden. Vorrang des Mannesnamens bestand nur noch subsidiär, wenn kein Ehename bestimmt wurde.

130 Die Ehe wird nach wie vor **auf Lebenszeit geschlossen** (§ 1353 Abs 1 Satz 1). Doch ist dieses Prinzip durch das neue Scheidungsrecht der §§ 1564–1587p, das die alte Regelung in §§ 41–76 EheG aufhebt, faktisch weitgehend aufgegeben. Gleichwohl bleibt die auf Lebenszeit geschlossene Ehe das Leitbild (vgl BVerfG FamRZ 1980, 319 ff).

Scheidungsgrund ist nur noch das Scheitern der Ehe (§ 1565 Abs 1), das als **objektive Zerrüttung** verstanden wird. Die Zerrüttung wird nach hinreichender Zeit der Trennung der Ehegatten unwiderleglich vermutet (vgl die abgestuften Tatbestände der §§ 1565, 1566). Verschulden der Ehegatten findet nur noch in den Härteklauseln des § 1565 Abs 2 (Scheidung schon dann, wenn die Ehegatten noch nicht ein Jahr getrennt leben) und des § 1568 (keine Scheidung, obwohl die unwiderlegliche Vermutung des Scheiterns der Ehe vorliegt) Berücksichtigung.

131 An das Recht des Scheidungsgrundes knüpft das Recht des **nachehelichen Unterhalts** an, das sich ebenfalls vom Verschulden der Ehegatten emanzipiert hat. Grundsätzlich knüpft das nacheheliche Unterhaltsrecht an die Bedürftigkeit des Unterhaltsgläubigers und die Leistungsfähigkeit des Unterhaltsschuldners an (§§ 1569, 1581). Die Gründe für eine zu berücksichtigende Bedürftigkeit zählt das Gesetz enumerativ auf: Unterhalt wegen Betreuung eines Kindes (§ 1570), wegen Alters (§ 1571), wegen Krankheit oder Gebrechen (§ 1572), zur Überbrückung bis zur Erlangung angemessener Erwerbstätigkeit (§ 1573), bei Ausbildung, Fortbildung oder Umschulung (§ 1575), aus Billigkeitsgründen (§ 1576). Als bedeutsam erwies sich die Härteklausel des § 1579, die einen Ansatz bot, auf der Grundlage von Billigkeitserwägungen die Verhaltensweisen des Unterhaltsberechtigten zu berücksichtigen.

132 Eine weitere Änderung im Scheidungsrecht stellt der neu geschaffene **Versorgungsausgleich** dar (§§ 1587–1587p). Die Regelung will die während der Ehe erworbenen Versorgungsrechte unabhängig von Güterstand und Bedürftigkeit der Ehegatten zwischen diesen gleichmäßig aufteilen. Wegen der Einführung des Versorgungsausgleichs mussten Änderungen des Sozialrechts vorgenommen werden. Das Recht des Versorgungsausgleichs ist durch das Gesetz zur Regelung von Härten im Versorgungsausgleich vom 21. 2. 1983 (BGBl I 105) und durch das Gesetz über weitere Maßnahmen auf dem Gebiet des Versorgungsausgleichs vom 8. 12. 1986 (BGBl I 2317) weiterentwickelt worden.

133 Andere Regelungen, die noch vom alten Schuldprinzip bzw Schuldausspruch geprägt waren, sind entsprechend geändert worden, zB §§ 1671, 1672, die im Fall des Getrenntlebens bzw der Scheidung die elterliche Gewalt nicht mehr vom Verschulden abhängig machen, oder auch § 2 S 2 HausratsVO (inzwischen aufgehoben), wonach bei der Verteilung des Hausrats und der Zuweisung der Ehewohnung die Gründe für das Scheitern der Ehe außer acht zu lassen sind.

134 Die wesentlichste Änderung des Verfahrensrechts durch das 1. EheRG sind die **Einrichtung von Familiengerichten** (§ 23b Abs 1 S 1 GVG), die nunmehr für Fami-

liensachen ausschließlich zuständig sind (§§ 606, 621 ZPO aF), und die Einführung des „**Entscheidungsverbunds**" (§§ 623, 629 ZPO aF), bei dem alle mit der Ehescheidung verbundenen „Folgesachen" (betreffend den Unterhalt des geschiedenen Ehegatten und der Kinder, das Güterrecht, den Versorgungsausgleich, Ehewohnung und Hausrat und die elterliche Sorge) mit dem Verfahren auf Scheidung der Ehe verbunden werden, um eine umfassende Regelung sicherzustellen.

Die Vorschriften des 1. EheRG gelten grundsätzlich auch für Ehen, die vor Inkrafttreten des Gesetzes geschlossen worden sind (Art 12 Nr 1).

8. Die familienrechtliche Gesetzgebung bis 1986

a)   Das **Gesetz zur vereinfachten Abänderung von Unterhaltsrenten** vom 29. 7. 1976   **135** (BGBl I 2029).

b)   Das **Gesetz zur Neuregelung des Rechts der elterlichen Sorge** vom 18. 7. 1979   **136** (BGBl I 1061), in Kraft getreten am 1. 1. 1980.

Dieses Gesetz brachte zahlreiche Änderungen, nicht nur im BGB, mit sich. Im BGB wurde der Begriff der „elterlichen Gewalt" durch „elterliche Sorge" ersetzt (§ 1626). Die neu eingeführte Generalklausel des § 1618a gebietet nicht nur den Eltern gegenüber ihren Kindern, sondern auch den Kindern gegenüber ihren Eltern, Beistand zu leisten und Rücksicht zu nehmen.

Wesentlich ist auch die Bestimmung, dass gemäß § 50b Abs 2 S 1 FGG ein Kind ab 14 Jahren in einem Verfahren, das die Personensorge betrifft, stets persönlich anzuhören ist.

c)   Das **Gesetz zur Regelung von Härten im Versorgungsausgleich** (VAHRG) vom   **137** 21. 2. 1983 (BGBl I 105) war zeitlich begrenzt und wurde ergänzt und verlängert durch das Gesetz über weitere Maßnahmen auf dem Gebiet des Versorgungsausgleichs vom 8. 12. 1986 (BGBl I 2317).

9. Das Gesetz zur Änderung unterhaltsrechtlicher, verfahrensrechtlicher und anderer Vorschriften (UÄndG) vom 20. 2. 1986

Die vom BVerfG gerügten Unzulänglichkeiten des Scheidungsfolgenrechts (insbe-   **138** sondere der für verfassungswidrig erklärten §§ 1568 Abs 2, 1579 Abs 2) und die nunmehr die Verhaltensweisen des geschiedenen Ehegatten stärker berücksichtigende Haltung des Gesetzgebers führten zum UÄndG vom 20. 2. 1986 (BGBl I 301). In seinem Mittelpunkt stehen die zeitliche Begrenzung des nachehelichen Unterhalts (§§ 1573 Abs 5, 1578 Abs 1) und die Erweiterung der Härteklausel des § 1579, die einerseits zur Folge hat, dass trotz der Pflege eines gemeinschaftlichen Kindes der Unterhalt ausgeschlossen werden kann, und die andererseits im Rahmen der Ziffern 6 und 7, höchstrichterlicher Rechtsprechung folgend, auch die neuerliche, nichteheliche Lebensgemeinschaft des potenziellen Unterhaltsberechtigten als unterhaltsausschließenden Tatbestand in Betracht zieht.

Im Bereich des Güterrechts wurde Abs 1 des § 1382 (Stundung der Ausgleichsfor-   **139** derung) dahingehend geändert, dass bei einer Stundung das Wohl eines gemeinschaftlichen Kindes zu berücksichtigen ist.

140 Eingeführt wurde eine Regelung über die Zuweisung der Ehewohnung bei Getrenntleben (§ 1361b) und gestrichen wurden die §§ 1568 Abs 2, 1668.

Änderungen betreffen auch GVG, ZPO, FGG, JWG, ZVG und GKG.

10. Das Gesetz zur Neuordnung des Kinder- und Jugendhilferechts (KJHG) vom 26. 6. 1990

141 Durch das Gesetz zur Neuordnung des Kinder- und Jugendhilferechts (KJHG) vom 26. 6. 1990 (BGBl I 1163), in Kraft getreten am 1. 1. 1991, ist das aus dem Jahre 1922 stammende JWG abgelöst worden. Das Recht der Kinder- und Jugendhilfe ist gemäß Art 1 des KJHG als VIII. Buch in das SGB eingefügt worden. Des weiteren enthält das KJHG in Art 5 wesentliche Änderungen des BGB durch Neufassung des § 1709, durch Änderung der § 1791a und 1791c, durch Streichung der §§ 1838, 1849, 1850 und 1851a und durch Ergänzung des § 1851.

11. Das Betreuungsgesetz (BtG) vom 12. 9. 1990

142 Dieses Gesetz (BGBl I 2002) soll die Rechtsstellung psychisch kranker und körperlich, geistig oder seelisch behinderter Menschen durch eine grundlegende Neuordnung des Rechts der Vormundschaft und Pflegschaft über Volljährige verbessern. Es setzt mit Wirkung vom 1. 2. 1992 an die Stelle der Vormundschaft und Pflegschaft über Volljährige sowie der Gebrechlichkeitspflegschaft das einheitliche Rechtsinstitut der Betreuung. Doch bleiben Vormundschaft und Pflegschaft als Rechtsinstitute für Minderjährige erhalten.

Die Betreuung ist staatlicher Beistand in Form von tatsächlicher und rechtlicher Fürsorge, ausgeübt durch den Betreuer. Beeinträchtigungen der Rechtspositionen des Betreuten kommen nur in Betracht, soweit sie notwendig sind, § 1896.

Die Bestellung des Betreuers hat als solche keine Auswirkungen auf die Geschäftsfähigkeit des Betroffenen. Diese beurteilt sich ebenso wie für Nichtbetreute nach der Regelung des § 104 Nr 2 über die natürliche Geschäftsfähigkeit. Durch Anordnung eines Einwilligungsvorbehaltes (§ 1903) kann das Betreuungsgericht die Beteiligung des Betreuten am Rechtsverkehr für bestimmte Bereiche oder allgemein beschränken. Der Betreute steht insoweit einem beschränkt Geschäftsfähigen gleich.

12. Das Gesetz zur Änderung adoptionsrechtlicher Vorschriften (Adoptionsrechtsänderungsgesetz – AdoptRÄndG) vom 4. 12. 1992

143 In Kraft getreten ist das AdoptRÄndG am 12. 12. 1992 (BGBl I 1974). Damit werden unter grundsätzlicher Betonung, dass sich das Adoptionsrecht von 1976 insgesamt bewährt hat, Änderungen in drei Bereichen vorgenommen. Eine Änderung des Vornamens des Kindes soll in Zukunft schon dann möglich sein, wenn sie dem Wohl des Kindes entspricht, § 1757 Abs 1 Nr 1. Das Verbot der erneuten Annahme eines einmal adoptierten Kindes hat den Zweck zu verhindern, dass ein Kind von Adoptiveltern zu Adoptiveltern weitergereicht wird. Die Volladoption eines Volljährigen soll nur dann sittlich gerechtfertigt sein, wenn ihr überwiegende Interessen der leiblichen Eltern nicht entgegenstehen.

13. Das Gesetz zur Neuordnung des Familiennamensrechts (FamNamRG) vom 16. 12. 1993

Durch das Gesetz zur Neuordnung des Familiennamensrechts (BGBl I 2054) vom **144** 16. 12. 1993 ist das Namensrecht für Ehegatten und Familien neu geregelt worden.

Geändert wurden insbesondere §§ 1355, 1616, weil § 1355 Abs 1 S 2 nach der Entscheidung des BVerfG (BVerfGE 84, 9 ff = FamRZ 1991, 535) nicht mit dem GG zu vereinbaren war. Nunmehr gilt, dass die Ehegatten zwar einen gemeinsamen Ehenamen bestimmen sollen. Tun sie dies aber nicht, so führt jeder Ehegatte seinen bisherigen Namen weiter. Wenn die Ehegatten keinen gemeinsamen Ehenamen führen, müssen sie aber festlegen, ob ihre Kinder den Namen des Vaters oder der Mutter erhalten sollen. Treffen die Ehegatten hierüber keine Entscheidung, so überträgt das Familiengericht einem der Ehegatten das Recht, den Namen des Kindes zu bestimmen, § 1617 Abs 2 (seinerzeit § 1616 Abs 3).

14. Das dreiunddreißigste Strafrechtsänderungsgesetz vom 1. 7. 1997

Durch das dreiunddreißigste Strafrechtsänderungsgesetz (BGBl I 1607), in Kraft ge- **145** treten am 5. 7. 1997, ist die Vergewaltigung in der Ehe der außerehelichen strafrechtlich gleichgestellt worden. Das Gesetz verzichtet im Gegensatz zu einer zuvor im Gesetzgebungsverfahren gescheiterten Novelle auf die sogenannte Widerspruchsklausel, mit der einem verheirateten Opfer die Möglichkeit eingeräumt werden sollte, die Strafverfolgung zu verhindern, sofern nicht die Staatsanwaltschaft das öffentliche Interesse an der Strafverfolgung bejaht hätte.

15. Neuregelung des Kindschaftsrechts und des Eheschließungsrechts, 1997/1998

Zum Ende der 13. Legislaturperiode verabschiedet und zumeist am 1. 7. 1998 in **146** Kraft getreten sind mit zum Teil tiefgreifenden Veränderungen für das deutsche Familienrecht in zeitlicher Reihenfolge:

a) Im Bereich des Kindschaftsrechts das Beistandschaftsgesetz (BeistandschaftsG) vom 4. 12. 1997 (BGBl I 2846), das Kindschaftsreformgesetz (KindRG) vom 16. 12. 1997 (BGBl I 2942) sowie das Kindesunterhaltsgesetz (KindUG) vom 6. 4. 1998 (BGBl I 666).

Den Kern der Änderungen bilden die folgenden Neuregelungen:

aa) Zwischen Kindern miteinander verheirateter Eltern und Kindern, bei denen **147** die Eltern nicht miteinander verheiratet sind, wird zukünftig im Familienrecht kein Unterschied mehr gemacht. Bisher wurde bei der Feststellung der Abstammung zwischen ehelicher (§§ 1591–1600 aF) und nichtehelicher (§§ 1600a–o aF) Abstam-

mung unterschieden. Dieser Dualismus wird durch ein einheitliches Abstammungs-
recht beseitigt, §§ 1591–1600e. Statt einer Ehelichkeitsvermutung ist nunmehr von
einer Vaterschaftsvermutung auszugehen, sodass der Vater der Mann ist, der zum
Zeitpunkt der Geburt des Kindes mit der Mutter verheiratet ist, § 1592 Nr 1. Das
Gesetz sieht nun auch eine Möglichkeit der Vaterschaftsanfechtung durch die Mutter vor, § 1600.

148 bb)   Auch das Recht der elterlichen Sorge erfährt nach dem neuen Gesetz eine
grundlegende Umgestaltung, welche durch die Änderung der Vorschriften des Fünften Titels im zweiten Abschnitt des BGB unter gleichzeitiger Aufgabe des Rege-
lungskomplexes für nichteheliche Kinder im Sechsten Titel erreicht werden soll.
§ 1705 sah die alleinige Sorge der Mutter für das nichteheliche Kind vor, sodass ein
gemeinsames Sorgerecht unverheirateter Eltern nicht gewährt wurde, selbst wenn
dies dem Kindeswohl entsprochen hätte. Durch §§ 1626a–f ist diese unterschiedliche
Behandlung von verheirateten und unverheirateten Eltern beseitigt worden. Unter
der Voraussetzung der vorherigen Abgabe gemeinsamer Sorgerechtserklärungen
steht gemäß § 1626a auch unverheirateten Eltern die gemeinsame Sorge zu. Im
Übrigen hat die elterliche Sorge die Mutter, § 1626a Abs 2. Das Gesetz sieht jedoch
ein erweitertes, sog subsidiäres Sorgerecht des Vaters vor, das ihm vom FamG unter
dem Kindeswohlaspekt übertragen werden kann, wenn bspw das Sorgerecht der
Mutter entzogen wird oder bei deren Tod erlischt. Darüber hinaus hat bei getrennt
lebenden, nicht miteinander verheirateten Eltern der Vater die Möglichkeit, die
elterliche Sorge mit Zustimmung der Mutter beim FamG zu beantragen, § 1672
Abs 1 S 1.

149 cc)   Verfahrensrechtlich ist der Zwangsverbund im Scheidungsverfahren, soweit
die elterliche Sorge davon betroffen ist, in einen Antragsverbund umgewandelt
worden, § 623 Abs 1 S 1 ZPO. Vom Fall der Kindeswohlgefährdung abgesehen, liegt
eine Entscheidung bezüglich der elterlichen Sorge im Rahmen des Scheidungsverfahrens somit in den Händen der Eltern.

150 dd)   Das Umgangsrecht wurde einheitlich für Väter und Mütter ehelicher und
nichtehelicher Kinder geregelt. Gemäß §§ 1684, 1685 sind die Eltern des Kindes
umgangsberechtigt und unter dem Kindeswohlaspekt Großeltern, Geschwister, der
Ehegatte oder der frühere Ehegatte eines Elternteils, der mit dem Kind längere Zeit
in häuslicher Gemeinschaft gelebt hat. Nach § 1687 Abs 1 S 1 erhält der Elternteil,
bei dem sich das Kind rechtmäßig aufhält, eine Alleinentscheidungsbefugnis in
Angelegenheiten des täglichen Lebens und über den Umgang des Kindes, womit
auch eine entsprechende Alleinvertretungsbefugnis verbunden ist.

151 ee)   Die adoptionsrechtliche Sonderbehandlung nichtehelicher Kinder ist abgeschafft worden. Zur Adoption bedarf es nunmehr grundsätzlich der Einwilligung
beider Elternteile. Steht der Vater eines Kindes noch nicht fest, so gilt nach § 1747
Abs 1 S 2 der Mann als einwilligungsberechtigt, der glaubhaft machen kann, der
Mutter während der Empfängniszeit beigewohnt zu haben. Die Adoption eigener
Kinder ist künftig ausgeschlossen. Jedoch kann ein Ehegatte das Kind seines Gatten
allein annehmen, § 1741 Abs 2. Während Alleinstehende ein Kind ausschließlich
allein annehmen können, gilt für Ehepaare der Grundsatz der gemeinsamen Annahme.

ff) Hinsichtlich des der nicht verheirateten Mutter zustehenden Betreuungsunter- **152**
haltsanspruchs sieht das Gesetz auch eine Härtefallregelung vor, welche die zeitliche
Begrenzung von drei Jahren unanwendbar lässt, wenn die Versagung des Anspruchs
nach Fristablauf insbesondere unter Berücksichtigung der Belange des Kindes und
der Beziehung der Eltern zueinander grob unbillig wäre, § 1615l Abs 2 S 3. Zudem
gewährt § 1615l Abs 5 dem das Kind betreuenden Vater einen eigenen Betreuungs-
unterhaltsanspruch gegen die Mutter.

gg) Hinsichtlich der erbrechtlichen Gleichstellung von ehelichen und nichtehe- **153**
lichen Kindern wird keine Regelung getroffen. Hierzu sei auf das Gesetz zur erbrechtlichen Gleichstellung nichtehelicher Kinder (ErbgleichG) vom 16. 12. 1997
(BGBl I 2968) verwiesen.

hh) Schließlich ist die Zuständigkeit der Familiengerichte erweitert worden und **154**
umfasst die elterliche Sorge sowie das Umgangs-, Unterhalts- und Abstammungs-
recht betreffende Verfahren.

b) Im Bereich des Eheschließungsrechts wird durch das Eheschließungsrechts- **155**
gesetz (EheschlRG) vom 4. 5. 1998 (BGBl I 833) das EheG von 1946 aufgehoben,
Art 14 Nr 1 EheschRG, und gleichzeitig in das BGB reintegriert; erhalten bleibt
allein die inzwischen ebenfalls aufgehobene HausratsVO.

Zu den zentralen Themen der Reform zählt die Erweiterung der Ehe zur Verantwortungsgemeinschaft in § 1353 Abs 2, das Vorgehen gegen Scheinehen, § 1310 S 2
und die Verringerung der Eheverbote. An letztgenanntes Thema schließt sich die
Aufhebung der Ehe wegen Verstoßes gegen Eheverbote an. Die Zweispurigkeit von
Nichtigkeit und Aufhebung von Ehen wird durch das Gesetz zugunsten einer einheitlichen Regelung der Aufhebung der Ehe beseitigt. Das Gesetz sieht zudem eine
über das bisherige Recht hinausgehende Heilungsmöglichkeit fehlerhafter Ehen vor,
§ 1310 Abs 3. § 1300 ist entfallen.

16. Familienrechtliche Gesetzgebung seit Mitte 1998

Nach der familienrechtlichen Reformgesetzgebung Ende 1997/Anfang 1998 (vgl **156**
Rn 146 ff) hat der Gesetzgeber in der Folgezeit zunächst überwiegend punktuell,
zT die vorangegangene Reformgesetzgebung ergänzend oder in Befolgung eines
Auftrags des Bundesverfassungsgerichts, Änderungen im Familienrecht vorgenommen.

a) Eheschließung
Durch das **Gesetz zur Bekämpfung der Zwangsheirat und zum besseren Schutz der** **156a**
Opfer von Zwangsheirat ... vom 23. 7. 2011 (BGBl I 1266) ist § 1317 Abs 1 S 1 in dem
Sinne geändert worden, dass an die Stelle der einjährigen Antragsfrist nummer für
den Fall der Drohung eine Frist von drei Jahren ab Kenntnis von der Beendigung der
Zwangslage getreten ist.

b) Kindschaftsrecht
aa) Elternschaft
Durch das **Gesetz zur weiteren Verbesserung von Kinderrechten** (KindRVerbG) vom **157**

9. 4. 2002 (BGBl I 1239) ist § 1596 Abs 1 S 4 derart geändert worden, dass nunmehr die Zustimmung der geschäftsunfähigen Mutter zur Vaterschaftsanerkennung durch den gesetzlichen Vertreter mit Genehmigung des Betreuungsgerichts erfolgen kann. Außerdem ist nach § 1600 Abs 2 aF – jetzt Abs 4 – die Anfechtung der Vaterschaft durch den Mann oder die Mutter im Falle der heterologen Insemination ausgeschlossen worden, wenn sie mit Einwilligung des Mannes und der Mutter erfolgt ist (anders noch BGH FamRZ 1995, 1273); eine Anfechtung durch das Kind bleibt nach den allgemeinen Regelungen möglich.

158 Als Folge einer Entscheidung des Bundesverfassungsgerichts (BVerfG FamRZ 2003, 816) ist mit dem **Gesetz zur Änderung der Vorschriften über die Anfechtung der Vaterschaft und das Umgangsrecht von Bezugspersonen des Kindes** ... vom 23. 4. 2004 (BGBl I 598) ein Anfechtungsrecht des leiblichen Vaters eingeführt worden, der rechtlich nicht anerkannt ist. Nach bisherigem Recht hatte er generell kein Anfechtungsrecht, was in dem nunmehr vom Gesetz aufgegriffenen Fall gegen sein Elternrecht nach Art 6 Abs 2 GG verstieß, nämlich dann, wenn zwischen dem rechtlichen Vater (Ehemann der Mutter) und dem Kind keine „sozial-familiäre Beziehung" (die darin besteht, dass der rechtliche Vater tatsächlich Verantwortung für das Kind trägt, insbesondere wenn er mit der Mutter verheiratet ist und mit dem Kind in häuslicher Gemeinschaft lebt, § 1600 Abs 3) besteht bzw beim Tod des rechtlichen Vaters bestanden hat. Nur in diesem Fall hat der leibliche Vater nach § 1600 Abs 1 Nr 2, Abs 2 ein Anfechtungsrecht; ansonsten geht das Elternrecht des rechtlichen Vaters ebenfalls aus Art 6 Abs 2 GG dem des leiblichen Vaters vor. Ebenfalls aufgrund des vorgenannten Urteils des BVerfG ist § 1685 Abs 2 geändert worden, der bislang Ehegatten und Lebenspartnern (auch früheren) eines Elternteils und Pflegeeltern ein Umgangsrecht gewährte, den leiblichen, rechtlich nicht anerkannten Vater aber generell ausschloss. Dies war verfassungswidrig, soweit zwischen dem Kind und dem leiblichen Vater eine sozial-familäre Bindung bestand oder bestanden hatte. Die Neuregelung verzichtet nunmehr auf eine Aufzählung im Einzelnen und gewährt ein Umgangsrecht den engen Bezugspersonen des Kindes, die für dieses tatsächlich Verantwortung tragen oder getragen haben, was insbesondere dann der Fall ist, wenn die Bezugsperson mit dem Kind längere Zeit in häuslicher Gemeinschaft gelebt hat.

158a Wiederum aufgrund eines Urteils des BVerfG (NJW 2007, 753, 758) ist durch das **Gesetz zur Klärung der Vaterschaft unabhängig von einem Anfechtungsverfahren** vom 26. 3. 2008 (BGBl I 441) mit § 1598a für Mutter, Vater und Kind die Möglichkeit eingeführt, zur Klärung der leiblichen Abstammung von den jeweils anderen Beteiligten die Einwilligung in eine genetische Abstammungsuntersuchung und die Duldung der Entnahme geeigneter genetischer Proben zu verlangen. Das Gesetz trifft keine Regelung hinsichtlich des Ergebnisses der Untersuchung; es bleibt den Beteiligten überlassen, ob sie für den Fall, dass sich herausstellt, dass der Vater nicht der leibliche Vater des Kindes ist, daraus Konsequenzen ziehen, die sich nach den allgemeinen Regelungen richten.

158b Durch das **Gesetz zur Ergänzung des Rechts der Anfechtung der Vaterschaft** vom 13. 3. 2008 (BGBl I 313) ist in § 1600 Abs 1 Nr 5 ein Anfechtungsrecht der (nach Landesrecht) zuständigen Behörde eingeführt worden, das nur bei Anerkennung der

Vaterschaft nach § 1592 Nr 2 eingreift und der Bekämpfung missbräuchlicher Vaterschaftsanerkennungen zu ausländerrechtlichen Zwecken dienen soll.

bb)　Schutz des Kindes

Das BVerfG (FamRZ 1986, 769) hat entschieden, dass es gegen das Persönlichkeits- **159** recht des Kindes verstoße, wenn es durch seine Eltern bei Fortführung eines ererbten Handelsgeschäfts in ungeteilter Erbengemeinschaft finanziell unbegrenzt verpflichtet werden könne. Mit dem **Gesetz zur Beschränkung der Haftung Minderjähriger** (MHbeG) vom 25. 8. 1998 (BGBl I 2487) hat der Gesetzgeber nunmehr zum einen mit § 1629a eine Regelung eingeführt, wonach die Haftung des Minderjährigen für Verbindlichkeiten, die die Eltern oder andere vertretungsberechtigte Personen (für durch den Vormund begründete Verbindlichkeiten verweist § 1793 Abs 2 auf § 1629a) durch Rechtsgeschäft oder auf andere Weise begründet haben, oder die infolge einer Erbschaft entstanden sind, auf das Vermögen beschränkt werden kann, das bei Eintritt der Volljährigkeit vorhanden ist. Damit ist sichergestellt, dass das Kind schlimmstenfalls mit einem Vermögensstand von null in die Volljährigkeit eintritt und nicht schon mit Schulden belastet ist. Zum anderen ist dem volljährig Gewordenen nach § 723 das Recht zur außerordentlichen Kündigung einer Gesellschaft eingeräumt worden.

Durch das **Gesetz zur Ächtung der Gewalt in der Erziehung** ... vom 2. 11. 2000 (BGBl I **160** 1479) hat der Gesetzgeber die Reform des § 1631 fortgesetzt, die von der Zuweisung der elterlichen Gewalt an den Vater (mit der ausdrücklichen Befugnis, angemessene Zuchtmittel gegen das Kind anzuwenden), später beide Elternteile ohne Erwähnung von Zuchtmitteln, ausging und seit 1980 entwürdigende Erziehungsmaßnahmen verbot, wozu seit 1998 insbesondere körperliche und seelische Misshandlungen als Beispiele benannt waren. Nunmehr wird in § 1631 Abs 2 ein Recht des Kindes (nach allgemeiner Ansicht allerdings nicht im Sinne eines Anspruchs des Kindes) auf gewaltfreie Erziehung postuliert; körperliche Bestrafungen (nicht erst Misshandlungen), seelische Verletzungen und andere entwürdigende Maßnahmen werden für unzulässig erklärt. Besondere Sanktionen sind nicht vorgesehen; es gilt § 1666.

§ 1666a Abs 1 S 2 und 3, eingeführt durch das **KindRVerbG** (dazu bereits oben Rn 157), **161** stellt klar, dass bei Gewaltanwendung gegen ein Kind ein Elternteil oder auch ein Dritter aus der vom Kind mitbewohnten Wohnung gewiesen werden kann und unterstellt diese Maßnahmen dem Verhältnismäßigkeitsprinzip. Damit wird eine Schutzlücke geschlossen: § 3 Abs 1 GewSchG unterstellt Fälle, in denen die verletzte oder bedrohte Person unter elterlicher Sorge steht, den allgemeinen Regelungen des Sorgerechts, entzieht sie also den §§ 1, 2 GewSchG. § 1361b gilt zwar auch bei Gewalt gegen Kinder, setzt aber voraus, dass die Eltern verheiratet sind und Trennungsabsicht mindestens eines Ehegatten besteht.

Aufgrund des **Gesetzes zur Erleichterung familiengerichtlicher Maßnahmen bei Ge-** **161a** **fährdung des Kindeswohls** vom 4. 7. 2008 (BGBl I 1188) sind Eingriffe des Familiengerichts nunmehr unabhängig von den Gründen der Gefährdung des Kindeswohls möglich, § 1666 Abs 1; in § 1666 Abs 3 sind nunmehr beispielhaft gerichtliche Maßnahmen aufgezählt. Die Eingriffsschwelle ist abgesenkt; präventive Maßnahmen sollen verstärkt werden.

161b Mit dem **Gesetz über den Umfang der Personensorge bei einer Beschneidung des männlichen Kindes** vom 20. 12. 2012 (BGBl I 2749) ist § 1631a eingeführt worden, der die Einwilligung in eine medizinisch nicht notwendige Beschneidung der Personensorge zuweist, diese aber an bestimmte Bedingungen bindet.

cc) Sonstiges

162 Mit dem KindRG ist die Möglichkeit des gemeinsamen Sorgerechts auch nicht verheirateter Eltern eingeführt worden; Trennung und Scheidung berühren das (in der Regel bis dahin gemeinsame) Sorgerecht nicht. Eine Einbenennung, § 1618, und die Möglichkeit, Beistandschaft zu beantragen, § 1713, bestand aber nur bei alleiniger Sorge eines Elternteils. Durch das KindRVerbG (vgl bereits oben Rn 157) sind diese Regelungen nunmehr auch auf die Fälle gemeinsamer Sorge ausgedehnt, mit dem Gesetz zur Reform der elterlichen Sorge nicht miteinander verheirateter Eltern vom 16. 4. 2013 (BGBl I 795) überarbeitet worden; dabei ging es insbesondere darum, dem Vater auch ohne den Willen der Mutter zu ermöglichen, eine gemeinsame Sorge zu begründen (vgl dazu BVerfG FamRZ 2010, 1403; EGMR FamRZ 2010, 103). Durch das Gesetz zur Stärkung der Rechte des leiblichen, nicht rechtlichen Vaters vom 4. 7. 2013 (BGBl I 2176) ist § 1686a eingeführt worden, der dem Vater neben dem Recht auf Umgang auch ein Recht auf Auskunft über die persönlichen Verhältnisse zugesteht. Mit Gesetz vom 28. 8. 2013 (BGBl I 3458) sind Regelungen über die Sorge der Mutter bei vertraulicher Geburt (§§ 1674a, 1747 Abs 4 S 2) eingeführt worden.

162a Im Unterhaltsrecht ist § 1612a unter grundsätzlicher Beibehaltung der durch das KindUG eingeführten Anpassungsmodalitäten in der Folgezeit mehrfach geändert worden (vgl die Nachweise bei STAUDINGER/BGB-Synopse [2006] § 1612a).

c) Vormundschafts- und Betreuungsrecht

163 Mit dem Gesetz zur Änderung des Betreuungsrechts (BtÄndG) vom 25. 6. 1998 (BGBl I 1580) sowie dem Zweiten Gesetz zur Änderung des Betreuungsrechts (2. BtÄndG) vom 21. 4. 2005 (BGBl I 1073) hat der Gesetzgeber umfangreiche Änderungen in dem durch das Betreuungsgesetz (siehe Rn 142) eingeführten Institut der (rechtlichen) Betreuung vorgenommen, die sich allerdings überwiegend auf Verfahrensfragen beziehen. Durch das BtÄndG wurde das Recht der Aufwandsentschädigung und Betreuervergütung neu geregelt und durch das mit dem 2. BtÄndG eingeführte Gesetz über die Vergütung von Vormündern und Betreuern (VBVG) nochmals neugefasst. Änderungen gab es auch hinsichtlich der Bevollmächtigung, die die Bestellung eines Betreuers überflüssig machen kann. Das 3. BtÄndG vom 29. 7. 2009 (BGBl I 2286) hat Regelungen zur Frage der Patientenverfügung in §§ 1901a–f aufgenommen. Das Gesetz zur Änderung des Vormundschafts- und Betreuungsrechts vom 29. 7. 2011 (BGBl I 1306) sieht verstärkt persönlichen Kontakt zwischen Vormund und Mündel sowie Betreuer und Betreutem vor; dies ist vor allem in §§ 1793 Abs 1a, 1800 S 2, 1837 Abs 2 S 2 sowie 1840 Abs 1 S 2 geregelt und gilt aufgrund von Verweisung auch für den Betreuer.

163a Durch das Gesetz zur Regelung der betreuungsrechtlichen Einwilligung in eine ärztliche Zwangsmaßnahme vom 18. 2. 2013 (BGBl I 266) wurde § 1906 geändert, um eine der Verfassung genügende gesetzliche Grundlage für eine betreuungsrechtliche Behandlung gegen den natürlichen Willen des Patienten zu schaffen.

d) Namensrecht

Aufgrund einer Entscheidung des BVerfG (FamRZ 2004, 515) ist durch das **Gesetz zur** **164**
Änderung des Ehe- und Lebenspartnerschaftsnamensrechts vom 6. 2. 2005 (BGBl I 203)
§ 1355 Abs 2 in dem Sinne geändert worden, dass nunmehr nicht nur der Geburts-
name eines der Ehegatten, sondern auch ein „erheirateter" Name in einer neuen
Ehe zum Ehenamen gewählt werden kann. § 3 Abs 1 S 2 LPartG ist entsprechend
geändert worden.

17. Änderungen im Scheidungsfolgenrecht

2008/2009 sind mehrere Gesetze verkündet worden und in Kraft getreten, die in **164a**
größerem Umfang das Recht der Scheidungsfolgen (und durch Verweisung auch das
Recht der Folgen der Aufhebung der eingetragenen Lebenspartnerschaft) umgestaltet haben.

a) Unterhaltsrecht

Am 1. 1. 2008 ist das Gesetz zur Änderung des Unterhaltsrechts (UÄndG vom **164b**
21. 12. 2007, BGBl I 3189) in Kraft getreten. Ziel des Gesetzes war eine Stärkung
der Eigenverantwortung der geschiedenen Ehegatten gegenüber dem Prinzip der
nachehelichen Solidarität bzw Mitverantwortung. Dies kommt in der Neufassung
des § 1569 zum Ausdruck, der die Obliegenheit jedes Ehegatten herausstellt, nach
der Scheidung selbst für seinen Unterhalt zu sorgen, sodass der Unterhaltsanspruch
gegen den geschiedenen Ehegatten als Ausnahme erscheint. Die Unterhaltstatbestände der §§ 1570 ff als solche sind im Kern beibehalten worden, allerdings ist nun
die bislang nur bei einzelnen Tatbeständen vorgesehene Möglichkeit der zeitlichen
Begrenzung oder Herabsetzung des Unterhalts aus Billigkeitsgründen in § 1578b für
alle Unterhaltstatbestände vorgesehen (diese Regelung ist 2013 – BGBl I 273, dort
Art 3 – durch eine Billigkeitsklausel ergänzt worden). Deutlich verändert worden ist
der Tatbestand des Betreuungsunterhalts in § 1570: Der ein gemeinschaftliches Kind
betreuende Ehegatte kann für drei Jahre Unterhalt beanspruchen, danach nur dann,
wenn dies aus kind- (Fehlen anderweitiger Betreuungsmöglichkeiten) oder eltern-
bezogenen (nachpartnerschaftliche Solidarität, Vertrauensschutz) Gründen der Billigkeit entspricht (ebenso kann auch der Unterhaltsanspruch der nicht mit dem
Kindesvater verheirateten Mutter nunmehr bereits aus Gründen einfacher Billigkeit
über den Zeitraum von drei Jahren hinaus verlängert werden). Eine wesentliche
Änderung betrifft die Rangfolgenregelung im Mangelfall. Die bis dahin an mehreren
Stellen im Gesetz getroffenen Regelungen sind nunmehr in § 1609 zusammengefasst. Hinsichtlich der aus einer Ehe resultierenden Unterhaltsansprüche wird nicht
mehr danach unterschieden, ob der Ehegatte mit dem Verpflichteten noch verheiratet ist, sondern ob es sich um einen kinderbetreuenden Elternteil handelt (dem
allerdings geschiedene Ehegatten im Fall einer Ehe von langer Dauer gleichgestellt
werden) oder nicht. Die RegelbetragsVO konnte zugunsten einer Regelung des
Mindestunterhalts des Kindes in § 1612a aufgehoben werden.

b) Versorgungsausgleich

Der 1976 neu eingeführte Versorgungsausgleich ist in der Folgezeit durch mehrere **164c**
Ergänzungsgesetze, teilweise aufgrund von Entscheidungen des BVerfG, unüber-
sichtlich geworden. Nunmehr ist der Versorgungsausgleich in dem durch das **Gesetz**
zur Strukturreform des Versorgungsausgleichs (VAStRefG vom 3. 4. 2009 [BGBl I 700],

in Kraft getreten am 1. 9. 2009) eingeführten VersAusglG außerhalb des BGB eigenständig geregelt; § 1587 verweist auf diese Regelungen (ebenso § 20 LPartG). Einer der Kernpunkte der Reform ist der anrechtebezogene Ausgleich (grundsätzlich wird jedes Anrecht für sich genommen geteilt) statt der Saldierung aller Anrechte und des hälftigen Ausgleichs des Saldos.

c)   Zugewinnausgleich

164d Durch das **Gesetz zur Änderung des Zugewinnausgleichs- und Vormundschaftsrechts** vom 6. 7. 2009 (ZuGewAusglÄndG [BGBl I 1696], in Kraft getreten am 1. 9. 2009) sind solche Regelungen des Rechts des Zugewinnausgleichs verändert worden, die dem hälftigen Ausgleich des realen Zuwachses entgegenstanden. Änderungen gab es bei der Bestimmung des Anfangs- und Endvermögens, die insbesondere nunmehr auch negativ sein können (§§ 1374 Abs 1, 1375 Abs 1), während sie bisher mindestens null betrugen. Der Zeitpunkt für die Berechnung der Höhe der Ausgleichsforderung bei Scheidung ist durch § 1384 auf den Zeitpunkt der Rechtshängigkeit des Scheidungsantrags vorverlegt worden. In § 1386 ist nunmehr die Möglichkeit vorgesehen, isoliert die Aufhebung der Zugewinngemeinschaft ohne Ausgleich zu verlangen. Die Auskunftspflichten sind in § 1379 erweitert worden. Die HausratsVO, die der Regelung der Rechtsverhältnisse am Hausrat und der Ehewohnung nach Scheidung durch richterliche Gestaltung diente, ist aufgehoben worden; an deren Stelle sind §§ 1568a und b getreten, die nunmehr Ansprüche der Ehegatten auf Überlassung der Ehewohnung bzw Änderung oder Begründung eines Mietverhältnisses daran sowie auf Übereignung von Haushaltsgegenständen sowie daraus erwachsende Ausgleichsansprüche begründen.

Um für deutsch-französische Ehepaare die Ausgestaltung der güterrechtlichen Beziehungen zu erleichtern, wurde durch Vertrag die Wahl-Zugewinngemeinschaft geschaffen und durch das Gesetz zu dem Abkommen vom 4. 2. 2010 zwischen der Bundesrepublik Deutschland und der Französischen Republik über den Güterstand der Wahl-Zugewinngemeinschaft vom 15. 3. 2012 (BGBl I 178) mit § 1519 ins BGB übernommen, der allerdings lediglich auf das Abkommen verweist. Dieser Güterstand, ab dem 1. 5. 2013 wählbar, ist stark an die deutsche Zugewinngemeinschaft angelehnt und modifiziert diese nur in einzelnen Punkten.

18.   Lebenspartnerschaft

165 Eine bedeutsame Neuerung stellt die Einführung der Eingetragenen Lebenspartnerschaft als Form rechtlich gebundenen Zusammenlebens gleichgeschlechtlicher Paare durch das Gesetz zur Beendigung der Diskriminierung gleichgeschlechtlicher Gemeinschaften: Lebenspartnerschaften vom 16. 2. 2001 (BGBl I 266, 269) dar, dessen Kernstück das Gesetz über die Eingetragene Lebenspartnerschaft (LPartG) darstellt. Das LPartG regelt eine an die Ehe angelehnte Form des rechtlich verbindlichen Zusammenlebens gleichgeschlechtlicher Paare, wobei teilweise eigenständige Regelungen getroffen, teilweise Regelungen aus dem Eherecht mit terminologischen Anpassungen im Übrigen wörtlich übernommen werden und für weite Bereiche auf eine entsprechende Anwendung der Regelungen des Eherechts verwiesen wird. Das LPartG trifft Regelungen über die Voraussetzungen der Eingehung der Lebenspartnerschaft, deren Wirkungen, das Getrenntleben und die (der Ehescheidung entsprechende) Aufhebung einschließlich nachpartnerschaftlichen Unterhalts,

dazu Regelungen über das Sorgerecht (Einführung eines sogenannten kleinen Sorgerechts für den Lebenspartner des sorgeberechtigten Elternteils) und das Erbrecht.
Ergänzend dazu wurden in zahlreichen anderen Gesetzen Änderungen vorgenommen, um die Lebenspartnerschaft einzuführen. Da seinerzeit eine Mehrheit im
Bundesrat für die Lebenspartnerschaft nicht vorhanden war, wurde das ursprünglich
geplante einheitliche Gesetz in zwei Gesetze aufgeteilt; die zustimmungsbedürftigen
Regelungen waren einem Gesetz zur Ergänzung des Lebenspartnerschaftsgesetzes
zugewiesen. Dieses Gesetz ist an der mangelnden Zustimmung des Bundesrates
gescheitert. Durch die flankierenden Maßnahmen ist auch das BGB in zahlreichen
Vorschriften geändert worden, wobei es immer darum ging, neben der Ehe auch die
Lebenspartnerschaft entsprechend zu berücksichtigen.

Durch das Gesetz zur Überarbeitung des Lebenspartnerschaftsgesetzes vom 15. 12.   **166**
2004 (BGBl I 3396, 3398) ist das Lebenspartnerschaftsgesetz umfangreich verändert
worden, wobei eine noch stärkere Verweisung auf das Eherecht des BGB erfolgte.
Vorher nicht geregelt war ein dem Verlöbnis entsprechendes Rechtsinstitut, für das
nunmehr auf das Verlöbnisrecht des BGB verwiesen wird. Das bis dahin nur rudi-
mentär geregelte Recht des Vermögensstandes, das weitgehend vertraglichen Vereinbarungen vorbehalten war, ist nunmehr durch eine umfassende Verweisung auf
das Güterrecht des BGB ersetzt. Die sorgerechtliche Regelung ist ergänzt durch die
Möglichkeit der Einbenennung und Regelungen über die Adoption. Die vorher
eigenständig geregelten Voraussetzungen der Aufhebung der Lebenspartnerschaft
sind nunmehr den Voraussetzungen der Ehescheidung angeglichen. Außerdem
wurde der Versorgungsausgleich auch für eingetragene Lebenspartnerschaften eingeführt.

Nachdem das BVerfG entschieden hatte, dass Vorenthaltung eines Splittings für   **166a**
eingetragene Lebenspartner mit Art 3 Abs 1 GG unvereinbar sei (FamRZ 2013, 1103),
ist durch Gesetz vom 15. 7. 2013 (BGBl I 2397) das Einkommensteuerrecht geändert
worden. Durch Gesetz vom 18. 7. 2014 (BGBl I 1042) sind nunmehr insbesondere auch
die AO, das Altersvorsorgeverträge-Zertifizierungsgesetz, das Bewertungsgesetz,
das Bundeskindergeldgesetz, das Eigenheimzulagegesetz und das Wohnungsbau-
Prämiengesetz angepasst worden. Ebenfalls aufgrund einer Entscheidung des
BVerfG (FamRZ 2013, 521) ist durch Gesetz vom 20. 6. 2014 (BGBl I 786) nunmehr
die Sukzessivadoption auch für Lebenspartner eingeführt worden.

19. Gewaltschutzgesetz

Durch das Gesetz zur Verbesserung des zivilgerichtlichen Schutzes bei Gewalttaten **167**
und Nachstellungen sowie zur Erleichterung der Überlassung der Ehewohnung bei
Trennung vom 11. 12. 2001 (BGBl I 3513) ist zum einen § 1361b geändert worden; die
Schwelle für den Anspruch eines Ehegatten zur Überlassung der Ehewohnung zum
Zwecke des Getrenntlebens ist herabgesetzt worden; Kindesbelange sind besonders
hervorgehoben worden; für Fälle der Anwendung körperlicher Gewalt oder der
Drohung damit sind Beweiserleichterungen eingeführt worden. Hauptbestandteil
des vorgenannten Gesetzes ist das Gesetz zum zivilrechtlichen Schutz vor Gewalt-
taten und Nachstellungen (GewSchG), das keine unmittelbar familienrechtliche
Regelung darstellt, vielmehr unabhängig von den Beziehungen der Beteiligten
grundsätzlich in allen Fällen der Gewaltanwendung gilt, aber in seinem § 2 ebenfalls

eine Regelung über die Überlassung einer gemeinsamen Wohnung an das Opfer einer Gewalttat durch den Täter enthält. Diese Regelung gilt sowohl für nicht rechtlich besonders strukturierte Wohnungsgemeinschaften (etwa faktische Lebensgemeinschaften) als auch für Eheleute und Lebenspartner, wenn ein Getrenntleben nicht intendiert ist.

20. Änderungen außerhalb des BGB

167a Im Wesentlichen zum 1. 1. 2009 ist das **Gesetz zur Reform des Personenstandsrechts** (vom 19. 2. 2007, PStRG, BGBl I 1122) in Kraft getreten, mit dem ua das PStG neugefasst worden ist. Eine wesentliche Änderung ist die Aufhebung der §§ 67, 67a PStG aF, die die Vornahme einer kirchliche Trauung vor der standesamtlichen Trauung grundsätzlich als Ordnungswidrigkeit ansahen. Nunmehr ist eine kirchliche Trauung auch vor der standesamtlichen Trauung zulässig, entfaltet aber keine Wirkungen nach staatlichem Recht. Das PStG ist durch das PStRÄndG vom 7. 5. 2013 (BGBl I 1122) im Wesentlichen klarstellend und redaktionell überarbeitet worden.

167b Umfangreiche Änderungen gab es im Zuge des **Gesetzes zur Reform des Verfahrens in Familiensachen und in den Angelegenheiten der freiwilligen Gerichtsbarkeit** vom 17. 12. 2008 (BGBl I 2585), mit dem das FGG durch das FamFG ersetzt wurde, in dem nunmehr sämtliche familienrechtlichen Verfahren geregelt sind; die entsprechenden Vorschriften der ZPO (6. Buch) sind aufgehoben worden. Dieses Gesetz hat zahlreiche Folgeänderungen im BGB mit sich gebracht.

D.   Das Familienrecht in der sowjetisch besetzten Zone und in der Deutschen Demokratischen Republik

I.   Die Entwicklung des Familienrechts von 1945 bis zum Inkrafttreten des FamGB

168 Nach dem Zusammenbruch im Jahre 1945 galt in der sowjetisch besetzten Zone zunächst das alte Recht weiter, soweit es nicht von den Besatzungsmächten außer Kraft gesetzt worden war. Für das Familienrecht galten daher zunächst – wie auch in den anderen Besatzungszonen – im Wesentlichen das BGB und das KRG Nr 16 (= EheG 1946).

169 Schon früh trat aber in diesem Bereich eine vom Recht der westlichen Besatzungszonen abweichende Entwicklung ein. Es wurde die These aufgestellt, mit der Beseitigung des Privateigentums und der Schaffung sozialistischer Produktionsverhältnisse seien Ehe und Familie auf eine neue sozialökonomische Grundlage gestellt worden, die ihr Wesen vollständig verändert habe; es habe sich in diesem Zusammenhang ein „historisch neuer Familientyp" herausgebildet. Dieser Auffassung hatte die Gesetzgebung in der Folgezeit Rechnung zu tragen; im Familienrecht wurde früher als in den übrigen Bereichen des BGB die gemeinsame gesetzliche Grundlage verlassen. Sowjetischem Vorbild folgend wurde das Familienrecht bereits Anfang der 50er Jahre als grundsätzlich gegenüber dem Zivilrecht eigenes Rechtsgebiet proklamiert (vgl STEINIGER NJ 1951, 161), um es aus dem Zusammenhang mit der bürgerlichen Eigentumsordnung und dem von vermögensrechtlichen Zweierbeziehungen geprägten Zivilrecht, das folgerichtig eine rechtliche Gestaltung der familiären Gemeinschaftsbeziehungen nie vorgenommen habe, herauszulösen.

Art 7 Abs 1, 30 Abs 1 der Verfassung der Deutschen Demokratischen Republik vom **170** 7. 10. 1949 proklamierten die Gleichberechtigung von Mann und Frau, Art 33 Abs 1 verbot jede Benachteiligung wegen außerehelicher Geburt. Danach trat der Verfassung entgegenstehendes Recht unmittelbar außer Kraft. Damit waren etwa §§ 1354, 1356, 1358 (vgl dazu ROTH NJ 1949, 245) und § 1620 (vgl KG NJ 1952, 377; OG NJ 1952, 551, 552) wegen Verstoßes gegen den Gleichheitssatz aufgehoben, § 1360 Abs 1 hatte einen neuen Inhalt bekommen (vgl OGZ 2, 133, 136; 3, 112, 114; 164, 165 f), die §§ 1363 ff traten außer Kraft und wurden durch die Gütertrennung ersetzt, ohne dass unmittelbar durch eine Neuregelung die entstandenen Lücken ausgefüllt worden wären. Hier sind die Gerichte rechtsfortbildend tätig geworden, etwa durch die Gewährung eines Ausgleichsanspruchs für die nichtberufstätige Frau gegenüber ihrem Mann hinsichtlich des während der Ehe erworbenen Vermögens.

Das **Gesetz über den Mutter- und Kinderschutz und die Rechte der Frau** vom 27. 9. **171** 1950 (GBl 1950 I 1037) setzte die Verfassungsforderungen zum Teil um. In diesem Gesetz ging es um die Gleichberechtigung der Frau insbesondere im Arbeitsleben. Es sollte der „marxistisch-leninistischen Erkenntnis" gerecht werden, dass die Befreiung der Frau, die Entfaltung ihrer Persönlichkeit nur erreicht werden könne, wenn sie sich aus der Enge des familiären Lebenskreises löse und aktiv an der Gestaltung der Gesellschaft mitwirke; das heißt, der beruflichen, gesellschaftlichen und politischen Betätigung der Frau wurde der Vorrang vor dem familiären Bereich gegeben. Gleichzeitig wurden, um dies zu ermöglichen, gesellschaftliche Einrichtungen zur Erziehung und Betreuung der Kinder geschaffen („Kinderkollektive"). Dieses Gesetz bildete den Anfang der rechtlich geregelten staatlichen Einflussnahme auf die Entwicklung der Familienbeziehungen („Familienförderung"; vgl Familienrecht, Lehrbuch S 48).

1955 wurde das Besatzungsrecht und damit auch das KRG Nr 16 abgelöst. Als **172** Ersatz erging am 24. 11. 1955 die **VO über die Eheschließung und Eheauflösung** (GBl 1955 I 849), ergänzt durch eine **Anordnung zur Anpassung der Verfahrensvorschriften** vom 7. 2. 1956 (GBl 1956 I 145). Eine grundlegende Neuerung der VO von 1955 war die Einführung des Zerrüttungsprinzips bei der Ehescheidung.

Mit dem **Familiengesetzbuch** vom 20. 12. 1965 (GBl 1966 I 1) wurde das Familienrecht **173** der Deutschen Demokratischen Republik mit 110 Paragrafen auf eine neue Grundlage gestellt. Es handelte sich um die erste sozialistische Kodifikation auf privatrechtlichem Gebiet in der Deutschen Demokratischen Republik.

Dem FamGB wurde vor allem ein Leitbildcharakter zugemessen. Es sollte sich **174** weniger an den Juristen als an die Familienmitglieder selbst wenden, denen so die Verwirklichung des Rechts in die Hand gegeben sei. Das FamGB wurde ergänzt durch begleitende Durchführungsvorschriften, durch Richtlinien und Plenarbeschlüsse des Obersten Gerichts der Deutschen Demokratischen Republik (etwa zu Fragen des Unterhaltsrechts, der Feststellung und Anfechtung der Vaterschaft und zu güterrechtlichen Fragen) sowie des Zentralen Jugendhilfeausschusses beim Ministerium für Volksbildung.

II. Prinzipien und Grundzüge des Familienrechts nach dem FamGB (Stand 1989)

175 Das FamGB diente der Regelung der „mit der sozialistischen Entwicklung der Deutschen Demokratischen Republik entstehen(den) Familienbeziehungen neuer Art" (Präambel zum FamGB Abs 3). Die „sozialistische" Ehe sollte sich auf gegenseitige Liebe, Achtung und Treue, Verständnis, Vertrauen und uneigennützige Hilfe füreinander gründen (§ 5 Abs 1 FamGB; vgl auch Präambel FamGB Abs 1 für die Familie). Das FamGB nahm die schon in den Teilreformen vorgenommenen Einzelregelungen auf und entwickelte sie fort.

176 Die Familie wurde abgesehen vom Bereich persönlicher Beziehungen neben Arbeits- und Lernkollektiv als ein Grundkollektiv und als kleinste Zelle der Gesellschaft betrachtet (vgl FamGB Präambel Abs 1).

Die Familie hatte die als „gesellschaftlich" vorgegebenen Ziele zu übernehmen. Dem entsprach der weite Bereich der Familienförderung, der als „staatliche und rechtliche Einflussnahme" auf die Familie gekennzeichnet war.

177 Den fördernden Maßnahmen von Staat und Gesellschaft standen die Pflichten der Familienangehörigen gegenüber: „Die sozialistische Gesellschaft erwartet von allen Bürgern ein verantwortungsvolles Verhalten zur Ehe und zur Familie" (§ 1 Abs 2 FamGB). Das bedeutet, dass jeder Bürger verpflichtet war, darauf hinzuwirken, „dass auch die eigene Familie ihren spezifischen Beitrag zur Entwicklung der sozialistischen Gesellschaft leistet, dass sie insbesondere zur Herausbildung der sozialistischen Lebensweise und zur aktiven Mitwirkung ihrer Mitglieder an der Lösung der vor der Gesellschaft stehenden Aufgaben beiträgt" (Kommentar Anm 2 zu § 1 FamGB).

178 Die „Familienbeziehungen neuer Art" kennzeichneten auch das Verhältnis der Eltern zu ihren Kindern. Erst nach Abschaffung des Rechts der Eltern, ihre Kinder auszubeuten, habe sich das Eltern-Kind-Verhältnis voll entfalten können. An die Stelle der elterlichen Gewalt war das „Erziehungsrecht" (§§ 42 ff FamGB) getreten. Es ging um die Erziehung zu „gesunden und lebensfrohen, tüchtig und allseitig gebildeten Menschen, zu aktiven Erbauern des Sozialismus" (§ 3 Abs 1 FamGB). Dies sollte in enger Zusammenarbeit von Familie und Gesellschaft geschehen. Neben den Maßnahmen der Entziehung des Erziehungsrechts oder der Anordnung von Erziehungsaufsicht, Familienerziehung (in einer anderen Familie) oder Heimerziehung bei Gefahren für das Kindeswohl stand die dauernde „pädagogische Propaganda" von Beratungsstellen und der Einfluss der Jugendorganisationen.

179 Demnach ergibt sich, dass Ehe und Familie keine von staatlichen Eingriffen und gesellschaftlicher Kontrolle freie Privatsphäre darstellen, sondern in die gesellschaftlichen Prozesse vollkommen einbezogen sein sollten. Die Aufgabe des FamGB als staatliches Leitungsinstrument wurde in der DDR im Gesetzgebungsverfahren als wesentlich hervorgehoben.

180 Der beginnende Einigungsprozess führte zu einer Vereinheitlichung auch auf dem

Gebiet des Familienrechts. In einem ersten Schritt wurde das FamGB durch eine Novelle der Volkskammer von den sozialistischen Inhalten gereinigt (20. 7. 1990).

Mit dem Tag des Beitritts wurde das vierte Buch des BGB *ex nunc* in Kraft gesetzt, **181** Art 234 § 1 EGBGB. Ausnahmen von diesem Grundsatz finden sich in Art 234 §§ 2–15 EGBGB (Staudinger/Rauscher [1996] Art 234; Bosch FamRZ 1991, 749; Henrich FamRZ 1991, 873).

Abschnitt 1
Bürgerliche Ehe
Titel 1
Verlöbnis

Vorbemerkungen zu §§ 1297–1302

Schrifttum seit 1998
(zum älteren Schrifttum vgl
STAUDINGER/LÖHNIG [2012])

ERBARTH, Ansprüche bei Beendigung eines
Verlöbnisses, FPR 2011, 89
FRITZ/GRAMKOW, Das Verlöbnis – Darstellung
der Rechtsnatur und steuerrechtliche Beson-
derheiten, Steuer und Studium (SteuerStud)
2005, 401
KNÜTEL, Verlöbnis einst und heute, in: FS Erik
Jayme (2004) 1487

RÖTHEL, Rückgewähr von Zuwendungen durch
Verlobte, Ehegatten, Lebenspartner, JURA
2006, 641
SIFFERT, Verlobung und Trauung: Die ge-
schichtliche Entwicklung des schweizerischen
Eheschließungsrechts (2004)
WACKE, Gemeinschaftliche Testamente von
Verlobten, FamRZ 2001, 457.

Systematische Übersicht

Martin Löhnig

Alphabetische Übersicht

A.   Einführung

I.   Allgemeines

1.   Praktische Bedeutung

Inwieweit das Verlöbnis auch jetzt noch soziale Realität ist, lässt sich kaum sagen. **1**
Viele Eheleute bestreiten, jemals miteinander verlobt gewesen zu sein. Hier werden
meist gesellschaftliche und rechtliche Bedeutung irrig gleichgesetzt. Das Rechtsverhältnis Verlöbnis besteht jedoch in aller Regel längst, wenn Verlobung gefeiert wird.
Es besteht auch, wenn sie nicht gefeiert wird. Denn eine Eheschließung ohne vor-
gängiges Verlöbnis im Rechtssinn ist wegen der Formpflicht der Ehe, die zwar kein
Aufgebot mehr, wohl aber eine Anmeldung erfordert, unter gewöhnlichen Umständen überhaupt nicht möglich; spätestens, wenn sich zwei Heiratswillige gemeinsam
zur Eheschließung anmelden, sind sie miteinander verlobt.

2.   Verlöbnis, Rechtsverhältnis gemäß LPartG § 1 Abs 3 und Faktische
Lebensgemeinschaft (FaktLG)

Die zwei gesetzlich geregelten Rechtsverhältnisse für verschiedengeschlechtliche **2**
Personen (Verlöbnis) bzw gleichgeschlechtliche Personen (Verhältnis gemäß § 1
Abs 3 LPartG) auf der einen Seite müssen von der Faktischen Lebensgemeinschaft
(FaktLG) auf der anderen Seite **deutlich unterschieden bleiben**. Denn diese erfasst
das tatsächliche, gesetzlich allenfalls in Einzelheiten geregelte Zusammenleben außerhalb von Ehe bzw eingetragener Lebenspartnerschaft (eLP), jene zwei Rechtsverhältnisse jedoch sind in ihren Rechtsfolgen ausschließlich auf die Ehe bzw eLP
bezogen. Sowohl die ausdrücklichen Regelungen über die Abwicklung gescheiterter
Eheschließungs- bzw Lebenspartnerschaftsprojekte als auch die (wenigen) Vergüns-
tigungen, die die Rechtsordnung den Partnern dieser Rechtsverhältnisse zuerkennt,
wenn und solange sie bestehen, sind nach dem Wortlaut des Gesetzes (§§ 1298 ff

direkt bzw entsprechend) bzw der Intention jener begünstigenden Normen auf das zur umfassenden Lebensgemeinschaft berechtigende und verpflichtende, auf Lebenszeit ausgelegte Rechtsverhältnis Ehe gemäß § 1353 bzw eLP gemäß § 2 LPartG ausgerichtet. Diese Ausrichtung ist aber gerade nicht Tatbestandsmerkmal der FaktLG.

3 Andererseits ist es für die skizzierten Rechtsfolgen unbeachtlich, ob **„werdende Ehegatten"** (Wortwahl nach WACKE FamRZ 2001, 457) bzw **werdende Lebenspartner** zusammen oder für sich selbst leben. Zwar dürfte es nahezu zur Regel geworden sein, dass Verlobte oder gleichgeschlechtliche Personen, die einander versprochen haben, eine eingetragene Lebenspartnerschaft zu begründen (§ 1 Abs 3 LPartG), faktisch zusammenleben. Scheitert aber diese Beziehung vor Begründung der Ehe bzw der eLP, dann erfassen die Ausgleichsnormen der §§ 1298 ff direkt bzw analog nur den schmalen Ausschnitt der zwischen den Ex-Partnern offenen vermögensrechtlichen Positionen, die unter das Tatbestandsmerkmal „in Erwartung der Ehe" bzw „in Erwartung der eLP" fallen. Es ist daher unrichtig, das Verlöbnis als familienrechtliches Gemeinschaftsverhältnis zu definieren (so aber STAUDINGER/ROLFS [2014] § 563 Rn 25). Alle übrigen Ausgleichsforderungen werden hingegen genauso beurteilt wie unter Personen, die nicht als werdende Ehegatten bzw Lebenspartner zusammen gelebt haben. Der in den Anfängen der juristischen Befassung mit der nichtehelichen Lebensgemeinschaft unternommene Versuch, das Verlöbnisrecht auf die Auseinandersetzung gescheiterter Konkubinate anzuwenden, wurde längst aufgegeben. Der Konkubinat ist heute gesellschaftlich und rechtlich akzeptiert, er ist – so gesehen – neben Ehe und eLP eine von drei rechtlich (wenn auch in unterschiedlichem Maße) erfassten Arten des Zusammenlebens zweier Personen.

4 Das Verlöbnis und das Rechtsverhältnis gemäß § 1 Abs 3 LPartG dienen der Vorbereitung der ehelichen bzw lebenspartnerschaftlichen Lebensgemeinschaft und enden jedenfalls mit der Begründung von Ehe bzw eLP. Diesem Begründungsakt geht – wie gesagt – heutzutage fast stets eine längere oder kürzere Zeit faktischen Zusammenlebens des Paares voraus. Mündet dies nicht, wie zunächst von den Zusammenlebenden gewollt, in das Rechtsverhältnis Ehe oder eLP, werden die vermögensrechtlichen Probleme sowohl nach Verlöbnisrecht (unmittelbar oder entsprechend nach § 1 Abs 3 LPartG) als auch nach den für die FaktLG entwickelten Rechtsregeln abgewickelt. Dabei ist also zwischen den auf die künftige Ehe bzw eLP bezogenen, daher speziell dem Verlöbnisrecht direkt oder analog unterliegenden Positionen und daraus resultierenden Ansprüchen einerseits und den übrigen, den generellen Regeln über die Abwicklung von Konkubinaten unterfallenden Ansprüchen andererseits zu differenzieren, vgl dazu die Kommentierung der FaktLG Anh zu §§ 1297 ff.

5 Zum Teil (NK-BGB/KAISER § 1298 Rn 4) wird die gesetzliche Regelung des Verlöbnisses als **nicht mehr zeitgemäß** kritisiert. Den Rückforderungsansprüchen aus §§ 1298 ff liege die Annahme einer lebenslangen Amortisation der während der Verlöbniszeit in Erwartung der Ehe getätigten Aufwendungen zugrunde, was angesichts hoher Scheidungsraten nicht mehr gerechtfertigt sei. Konzeptionell geht das BGB jedoch auch heute noch zu Recht von der lebenslangen Ehe aus und die Mehrzahl der Ehen endet auch heute noch durch Tod und nicht durch Scheidung.

3. Sprachgebrauch

Die gesetzliche Bezeichnung „Verlöbnis" (Titel 1 zu § 1297, §§ 1297 Abs 1, 1298 **6** Abs 1, 1301, 1302) klingt veraltet und ist zudem mehrdeutig. Sie meint nämlich sowohl das Rechtsverhältnis der Verlobten zueinander (daran allein knüpfen die gesetzlichen Rechtsfolgen an) als auch sein Zustandekommen (darüber schweigt das Gesetz). Entsprechend der Unterscheidung von „Eheschließ*ung*" (der Begründungsakt) und „Ehe" (das daraus resultierende Rechtsverhältnis) bezeichnen im Folgenden „Verlob*ung*" den Begründungsakt und „Verlöbnis" oder „Brautstand" das daraus resultierende Rechtsverhältnis. Dementsprechend wird hier der Begriff „Lebenspartnerschaftsversprechen" nicht für das daraus resultierende Rechtsverhältnis nach § 1 Abs 3 LPartG verwendet (anders GERNHUBER/COESTER-WALTJEN § 42 Rn 2, 11 und durchgehend), für das der Gesetzgeber keine Bezeichnung gefunden hat. Den Begriff „Verlöbnis" vermeidet er jedoch bewusst und ordnet ausdrücklich die „entsprechende" Anwendung der (ohne ihre Rubriken) zitierten übrigen Vorschriften an. Da diese Vorschriften ausdrücklich auf die „Ehe" ausgerichtet sind, ist das Gesetz so zu verstehen, dass der Begriff „Verlöbnis" nicht auf das Rechtsverhältnis nach § 1 Abs 3 LPartG anzuwenden ist (vgl auch PALANDT/BRUDERMÜLLER [2014] LPartG § 1 Rn 7). Dem steht nicht entgegen, dass der Gesetzgeber im gleichen Gesetz, in dem er dies normiert hat, die Bezeichnung „Verlobte" begriffsverfälschend durch den Zusatz „auch im Sinne des Lebenspartnerschaftsgesetzes" ausgedehnt hat (ua in §§ 2275 Abs 3, 2279 Abs 2, 2290 Abs 3 S 2 BGB, § 11 Abs 1 Nr 2a StGB); das ist lediglich Ausdruck der „sprachlichen Ungenauigkeiten" und der „planlosen Lückenhaftigkeit" dieses Regelungskonzepts (vgl GERNHUBER/COESTER-WALTJEN § 42 Rn 1).

Die Partner eines Verlöbnisses bezeichnete die deutsche Gesetzessprache entspre- **7** chend dem altüberlieferten Sprachgebrauch durchweg als **„Verlobte"**; im gesellschaftlichen Bereich wurden und werden sie auch „Braut" und „Bräutigam" genannt. In der neueren Gesetzgebung wird die Bezeichnung „Verlobte" jedoch zunehmend durch „Eheschließende" oder „Heiratswillige" ersetzt. Damit soll sprachlich etwas verdeutlicht werden, was schon bisher außer Zweifel stand: Die Gültigkeit einer Eheschließung hing und hängt nie davon ab, dass das Rechtsverhältnis „Verlöbnis" vorausgegangen war, obgleich das Gesetz in den Bestimmungen über die Eheschließung durchweg von „Verlobten" sprach: BGB uF §§ 1316–1320, EheG 1938 §§ 16–19, EheG 1946 §§ 12–15a (vgl den Wortlaut dieser Bestimmungen in STAUDINGER/BGB-Synopse 1896–2005). Seit dem EheschlRG 1998 sprechen die entsprechenden Vorschriften der aktuellen §§ 1310–1312 von den **„Eheschließenden"**, der wörtlichen Übersetzung des älteren Fachbegriffs „Nupturienten"; eine sachliche Änderung war damit nicht intendiert (vgl BT-Drucks 13/4898, 17). Das neue, zum 1. 1. 2009 in Kraft getretene PStG vollzieht diesen terminologischen Wechsel ebenfalls und zwar ohne ausdrückliche Begründung; das scheint nicht von Anfang an geplant gewesen zu sein, denn in der Begründung wird zwar zumeist der neue Terminus verwendet, fünfmal jedoch noch offenbar gleichbedeutend der überkommene (BT-Drucks 16/1831, Allgemeine Begründung [S 36], Einzelbegründungen zu §§ 11 [2mal], 12, 13 Abs 2 [S 44 f]). Jedenfalls deutet die unbefangene Verwendung beider Begriffe nebeneinander an, dass das Gesetz selbstverständlich davon ausgeht, dass Heiratswillige bzw Eheschließende miteinander verlobt sind.

So wie „Ehe" allein die Lebensgemeinschaft von Mann und Frau meint und „einge- **8** tragene Lebenspartnerschaft" die Lebensgemeinschaft zweier Männer oder zweier Frauen bezeichnet, hat § 1 Abs 3 LPartG klargestellt, dass „Verlöbnis" für das die Ehe vorbereitende Rechtsverhältnis reserviert ist, wohingegen eine gesetzliche Bezeichnung für das in § 1 Abs 3 LPartG geregelte Rechtsverhältnis fehlt. Es empfiehlt sich jedoch nicht, den Terminus „Verlobte" im wissenschaftlichen Sprachgebrauch generell durch „Eheschließende" zu ersetzen, weil dieser Begriff mehr als sein lateinisches Äquivalent „Nupturienten" den engen Zeitrahmen vor der Eheschließung ab der Anmeldung beim Standesamt antönt. Für diejenigen, die eine Lebenspartnerschaft begründen wollen, fehlt eine gesetzliche Bezeichnung im LPartG, weil es die Art und Weise der Begründung der eLP nicht regelt, sondern sich in § 1 Abs 1 S 3 mit dem Hinweis auf die „zuständige Behörde" begnügt. Andererseits ist der überkommene Ausdruck „Verlobte" mit Bedeutungen assoziiert, die das, was das BGB in §§ 1298–1302 ausschließlich regelt, bei weitem übersteigen, insbesondere auch das voreheliche Zusammenleben. Demgegenüber beschränken sich diese Vorschriften ausdrücklich auf Aufwendungen „in Erwartung der Ehe" bzw auf das Unterbleiben „der Eheschließung", gemäß § 1 Abs 3 S 2 LPartG gelesen mithin auf Aufwendungen „in Erwartung der Lebenspartnerschaft" bzw auf das Unterbleiben „der Begründung der Lebenspartnerschaft". Der von WACKE (FamRZ 2001, 457) verwendete Begriff **„werdende Ehegatten"** und die naheliegende Ergänzung **„werdende Lebenspartner"** erscheinen als besonders geeignet, diese Ausrichtung begrifflich zu verdeutlichen. Im Folgenden werden daher diese Begriffe (auch in der Variante **„künftige" Ehegatten bzw Lebenspartner[innen]**) soweit wie möglich verwendet, wegen der Lesbarkeit jedoch auf das Wort „eingetragene" und auf den Klammerzusatz „(innen)" verzichtet; Lebenspartner meint also stets zwei Männer oder zwei Frauen, die eine eingetragene Lebenspartnerschaft begründen.

II. Das Verlöbnis im Gesetz

1. Das gescheiterte Verlöbnis werdender Ehegatten

9 Die zusammenhängende Regelung des Verlöbnisrechts im 1. Titel des 4. Buches ist seit Inkrafttreten des BGB im Wortlaut nahezu unverändert; gestrichen wurde § 1300, die Verjährungsregelung des § 1302 wurde zum 1. 1. 2010 an das allgemeine Verjährungsregime angepasst. Die Regelung des Verlöbnisrechts beschränkt sich seit 1896 auf negative Aspekte. Die Erfüllung des Verlöbnisses bzw des Versprechens, eine eLP zu begründen, kann nach § 1297 bzw § 1 Abs 3 LPartG weder eingeklagt noch durch Vertragsstrafen gesichert werden. Nach der Auflösung kommen (a) speziell verlöbnisrechtliche Ersatzansprüche wegen materieller (§§ 1298, 1299) Schäden sowie (b) besondere Rückgabeansprüche wegen Geschenken (§ 1301) in Betracht; diese Ansprüche verjähren in der Regelfrist; das Verlöbnisrecht (§ 1302) regelt nur mehr den Verjährungsbeginn abweichend von § 199.

10 Ersatzansprüche für immaterielle Schäden regelte bis 30. 6. 1998 der „Kranzgeld-" oder „Deflorationsanspruch" in **§ 1300 BGB**. Dieser sollte die noch das 19. Jahrhundert beherrschende und bis in die zweite Hälfte des 20. Jahrhunderts fortwirkende gesellschaftliche Beeinträchtigung der Frau durch voreheliche Geschlechtsverkehr ausgleichen.

2. Erweiterte Geschäftsfähigkeit verlobter Minderjähriger

Positiv wirkt das Verlöbnis auf die Geschäftsfähigkeit Minderjähriger ein. Künftige **11** Ehegatten unterliegen für bestimmte, die Ehe vorbereitende Maßnahmen nicht der gesetzlichen Vertretungsmacht der Sorgeberechtigten.

a) Einen **Erbvertrag mit ihrem Partner** können der minderjährige künftige Ehe- **12** gatte und ebenso minderjährige Ehegatten miteinander (Lebenspartner müssen volljährig sein: § 1 Abs 2 Nr 1 LPartG) als Erblasser nur selbst, nicht durch die gesetzlichen Vertreter abschließen (§§ 2275 Abs 1 u 3, 2274). Deren nach § 2275 Abs 2 erforderliche Zustimmung (bzw die des Gerichts bei Vormundschaft) setzt den Vertragsschluss durch die künftigen Ehegatten voraus; die Zustimmung ratifiziert den geschlossenen Vertrag also, kann ihn aber nicht ersetzen. Für den Erbvertragspartner gelten die allgemeinen Vorschriften. Die vertragliche Aufhebung des Erbvertrages kann der minderjährige Erblasser ohne Mitwirkung des Sorgeberechtigten vornehmen. Für den anderen entfällt jedoch, wenn er unter elterlicher Sorge steht, die zusätzliche gerichtliche Genehmigung, wenn er mit dem Erblasser verlobt oder verheiratet ist (§ 2290 Abs 2, 3).

Der **Erbverzicht** eines unter elterlicher Sorge stehenden Minderjährigen bedarf dann **13** nicht der gerichtlichen Genehmigung, wenn er gegenüber dem künftigen Ehegatten erfolgt (§ 2347 Abs 1); die Aufhebung kann generell ohne gesetzlichen Vertreter erfolgen (§§ 2351, 107).

b) Über den künftigen **Güterstand** und den **Ausschluss des Versorgungsausgleichs** **14** gem § 1408 kann ebenfalls nicht der gesetzliche Vertreter für den minderjährigen künftigen Ehegatten entscheiden (§ 1411 Abs 1 S 4). Es obliegt zunächst den künftigen Eheleuten selbst, darüber vor der Ehe, also ohne Bindung an die Altersgrenze des § 1303 Abs 1, 2 zu befinden. Der gesetzliche Vertreter ist wiederum auf die bloße Zustimmung beschränkt (§ 1411 Abs 1 S 1, 4). Der Ausschluss des Versorgungsausgleichs wird aber erst am Jahrestag der Eheschließung rechtsbeständig nach § 1408 Abs 2 S 2 (BERGERFURTH FamRZ 1977, 441). Diese Vorschriften gelten auch für Minderjährige, die einen Lebenspartnerschaftsvertrag ab- bzw den Versorgungsausgleich ausschließen wollen (§§ 7 S 2, 20 Abs 3 LPartG). Zwar zitiert § 7 S 2 LPartG nicht § 1408 Abs 1 BGB, intendiert jedoch eine „weitgehende" Verweisung auf die Ehevertragsvorschriften (vgl Begründung in BT-Drucks 15/3445); da es keinen sachlichen Grund gibt, minderjährigen werdenden Lebenspartnern die Vorabregelung ihrer güterrechtlichen Verhältnisse zu verwehren, kann dies als einer der vielen gesetzgeberischen Fehler angesehen werden.

3. Erstreckung der Angehörigeneigenschaft auf Verlobte

a) Im **Strafrecht** zählen nach StGB § 11 Abs 1 Buchst a der Verlobte (sowie seit **15** Jahresbeginn 2005 der „Verlobte, auch im Sinne des Lebenspartnerschaftsgesetzes") zu den Angehörigen (dazu STÖCKER). Das Verlöbnis muss jedoch „wirksam im strafrechtlichen Sinne" sein; daran fehlt es, wenn einer der „Verlobten" nicht geschieden ist (BayObLG NJW 1983, 831 = FamRZ 1983, 277 mit krit Anm STRÄTZ JR 1984, 127). Ist der Täter Angehöriger, so werden Offizialdelikte wie Diebstahl und Unterschlagung, Hehlerei, Betrug, Leistungserschleichen, Untreue, Wilderei zu Antragsdelikten

(§§ 247, 259 Abs 2, 263 Abs 4, 265a Abs 3, 266 Abs 2, 294 StGB); die Straftaten der Nichtanzeige eines bevorstehenden Verbrechens, des Meineids und der uneidlichen Falschaussage, des Totschlags im Affekt und der Strafvereitelung werden nicht oder geringer geahndet, wenn der Täter mit dem Geschädigten bzw Begünstigten verlobt, also Angehöriger ist (§§ 139 Abs 3, 157, 213, 258 Abs 6 StGB). Hingegen ist der hinterlassene Verlobte zur postmortalen Interessenwahrung durch Stellen des Strafantrages bei vorsätzlicher Körperverletzung und Beleidigung nicht befugt (§§ 230 Abs 1, 194 Abs 1, 77 Abs 2 StGB).

16 b) Vor allen deutschen Gerichten zählen Verlobte, also künftige Ehegatten, zu den Angehörigen und dürfen daher **Aussage und Eid verweigern** (§ 52 Abs 1 S 1 StPO, § 383 Abs 1 Nr 1 ZPO und kraft Verweisung § 28 Abs 1 BVerfGG, § 46 Abs 2 ArbGG, § 98 VwGO, § 118 Abs 1 SGG). Entsprechende Rechte zugunsten künftiger Ehegatten gelten für Verwaltungsverfahren (zB § 15 Abs 1 Nr 1, 101 AO 1977, § 20 Abs 5 Nr 1 VwVfG, § 46 OWiG). Allgemein ist demnach ein wirksam Verlobter ebenso wenig wie ein Ehegatte verpflichtet, in einem öffentlichen Verfahren gegen seinen Partner mitzuwirken; nicht wirksam verlobt ist in diesem Sinne aber, wessen Ehe noch nicht rechtskräftig geschieden ist (BGH NStZ 1983, 564 = FamRZ 1984, 386; BVerfG NJW 1987, 2807).

17 c) Dieser Grundsatz beschränkt – die Regelungen sind im Einzelnen noch unterschiedlich – auch die **Dienstpflichten öffentlicher Amtsträger.** Kraft Gesetzes sind von der Tätigkeit für oder gegen ihren Verlobten ausgeschlossen die Notare (§ 3 Abs 1 Nr 2 BeurkG) und die Beamten und Bediensteten der Verwaltung (§ 20 Abs 1 Nr 2, Abs 5 Nr 1 VwVfG und die entspr Landesgesetze; §§ 82, 15 AO); die Beamten können zudem von der Ausübung von Dienstpflichten gegenüber dem Verlobten befreit werden (§§ 59 Abs 2 BBG iVm 52 Abs 1 StPO; ebenso die Landesbeamtengesetze); der Richter ist hingegen nicht kraft Gesetzes von der Prozessführung ausgeschlossen (§§ 41 ZPO, 22 StPO), kann aber wegen Besorgnis der Befangenheit abgelehnt werden (vgl Kommentare zu §§ 18, 19 BVerfGG, §§ 42, 48 ZPO, §§ 24, 30 StPO).

18 d) Hingegen ist eine Aktiengesellschaft nicht mehr **Familiengesellschaft,** wenn einer der Beteiligten nur Verlobter, also nicht Ehegatte ist (§ 76 Abs 6 BetrVerfG idF d EGAO 1977). § 563 Abs 2 S 3 enthält keinen Hinweis, dass Verlobte zu den Familienangehörigen zählen. Das Recht, in das **Mietverhältnis eines verstorbenen Mieters einzutreten,** haben außer seinem Ehegatten bzw Lebenspartner und den Kindern (§ 563 Abs 1, Abs 2 S 1 u 2) auch „andere Familienangehörige, die mit dem Mieter einen gemeinsamen Haushalt führen" (Abs 2 S 3), sowie „Personen, die mit dem Mieter einen auf Dauer angelegten gemeinsamen Haushalt führen" (Abs 2 S 4). Da das Verlöbnis weder ein familienrechtliches Gemeinschaftsverhältnis im Rechtssinn ist (so aber STAUDINGER/ROLFS [2014] § 563 Rn 25) noch das Führen eines gemeinsamen Haushalts zum Rechtsbegriff des Verlöbnisses gehört, tritt der künftige Ehegatte bzw Lebenspartner eines verstorbenen Mieters daher nach § 563 Abs 2 S 4 und nicht nach S 3 in das Mietverhältnis ein – was freilich praktisch keinen Unterschied macht.

III. Die Dogmatik des Verlöbnisses

1. Allgemeines

Wie der vorstehende Überblick zeigt, ist das Verlöbnis nach geltendem Recht nicht **19** nur als gesellschaftliches, sondern als rechtliches Verhältnis ausgestaltet. Obwohl die skizzierten Regelungen der Sache nach weitgehend schon seit der Rechtsvereinheitlichung im Deutschen Reich und ihr Kernbereich, die §§ 1297–1302, auch formell seit über 110 Jahren bekannt sind, bereitet die Dogmatik des Verlöbnisses bis heute weitgehend unnützes Kopfzerbrechen. Es brachte jedoch auch noch nach 1945 eine Fülle grundsätzlicher Stellungnahmen und fein differenzierender Theorien zur Rechtsnatur des Verlöbnisses hervor; vom Ausland her gesehen muteten sie kurios an (MONTANARI 30). Auf die Gerichtspraxis haben sie nur beschränkt eingewirkt. Motor dieser Diskussion war vornehmlich das Verlöbnis Minderjähriger. Zu ihrem Vorteil konstruierte man Wege, um die fehlende oder sogar verweigerte Genehmigung des gesetzlichen Vertreters nach einer einseitigen Beendigung des Verlöbnisses doch noch wirksam werden zu lassen. Juristischer Angelpunkt der Auseinandersetzung ist die Frage, ob das Verlöbnis prinzipiell als vertragliches oder als außervertragliches Rechtsverhältnis aufzufassen sei. Inzwischen ist die Diskussion nahezu erloschen. In Lehrbüchern und Kommentaren freilich nehmen die Verlöbnistheorien weiterhin breiten Raum ein. Die wesentlichen Punkte der gegenwärtig in der Literatur (und Rechtsprechung) tatsächlich vertretenen Verlöbnislehren lassen sich folgendermaßen zusammenfassen:

2. Vertragstheorien

Wie schon vor der Kodifikation von 1896 herrschen in Lehre und Rechtsprechung **20** die **Vertragstheorien** vor. Dabei ist man sich heute einig, dass das Verlöbnis nicht schlechthin den allgemeinen schuldvertraglichen Regeln unterliegt, diese vielmehr gemäß den familienrechtlichen Erfordernissen zu modifizieren sind (GERNHUBER/ COESTER-WALTJEN § 8 Rn 5 ff; SCHWAB Rn 35 ff; MUSCHELER Rn 228; SOERGEL/FISCHINGER § 1297 Rn 6). Am weitesten hatte sich DIETZ (STAUDINGER/DIETZ10/11) von der Anwendung des Allgemeinen Teils abgewandt und die Anwendung der für die Eheschließung geltenden Mitwirkungsbestimmungen des gesetzlichen Vertreters gefordert (Theorie des familienrechtlichen Vertrages).

a)   Dass das Verlöbnis als Eheversprechen eine Rechtspflicht zur Eheschließung **21** („zur Teilnahme am Eheschließungsakt": GERNHUBER/COESTER-WALTJEN § 8 Rn 27) hervorbringe, ist immer noch allgemeine Auffassung (MUSCHELER Rn 224, 226; MünchKomm/ROTH § 1297 Rn 17).

Im Übrigen werden dem Verlöbnis als personenrechtlichem Gemeinschaftsverhält- **22** nis überwiegend nur geringer Gehalt, gewisse Fürsorgepflichten und gegenseitige Hilfspflichten, insbesondere eine Garantenstellung mit der Pflicht, den Selbstmord des Partners zu verhindern zugemessen (GERNHUBER/COESTER-WALTJEN § 8 Rn 28; Münch-Komm/ROTH § 1297 Rn 17; JAUERNIG/BERGER/MANSEL § 1297 Rn 1; ERMAN/KROLL-LUDWIGS Rn 2). Hingegen weitet ROTH-STIELOW (BGB-RGRK/ROTH-STIELOW Vorbem 4 f) diese Nebenpflichten stark aus (bestmögliche Förderung der beabsichtigten Heirat, partnerschaftliches Verhalten, Bemühen um ein auskömmliches äußeres und inneres

Miteinander, ständige Überprüfung der gegenseitigen Fähigkeit, miteinander in Freud und Leid, guten und schlechten Stunden auszukommen, einander so anzunehmen, wie der Partner beschaffen ist, rechtzeitige Regelung der Namensfrage und der Haushaltsführung).

23 **b)** Übereinstimmend wird dargelegt, dass das Verlöbnis zwar vertragsmäßig zustande komme – **Geschäftsunfähige** sind also auch verlöbnisunfähig –, nicht aber ein schuldrechtliches Verhältnis darstelle (zusammenfassend BEITZKE, in: FS Flume [1978] 320; abw EVANS-VON KRBEK JA 1979, 236, 238).

24 Daher wird die **Anfechtung** nach §§ 119, 123 abgelehnt (vgl LG Saarbrücken NJW 1970, 327; PALANDT/BRUDERMÜLLER Einf v § 1297 Rn 1) und stattdessen auf den Rücktritt nach §§ 1298 ff verwiesen (GERNHUBER/COESTER-WALTJEN § 8 Rn 19 ff, insbes Rn 21; SCHWAB Rn 38; BGB-RGRK/ROTH-STIELOW § 1287 Rn 2; MünchKomm/ROTH § 1297 Rn 12).

25 **c)** Da es „keine Verlobungsfreiheit bei laufendem Scheidungsverfahren" (GERN-HUBER/COESTER-WALTJEN § 8 Rn 23) gebe, werden Verlöbnisse **Verheirateter** gem § 138 als nichtig angesehen (LG Kassel DAVorm 1974, 119; OLG Hamm FamRZ 1971, 321; OLG Karlsruhe Die Justiz 1967, 289; OLG Schleswig SchlHAnz 1969, 198; LAG Rh-Pf FamRZ 1983, 489; vgl auch Rn 10, 12). Ausnahmen (MünchKomm/ROTH § 1297 Rn 15; ERMAN/KROLL-LUDWIGS Rn 13) werden bei feststehender einverständlicher Scheidung oder bei Unkenntnis eines Partners in Betracht gezogen (OLG Karlsruhe NJW 1988, 3023; LG Nürnberg-Fürth FamRZ 1956, 282; STRÄTZ JR 1984, 127; **aA** aber für Straf- und Prozessrecht s Rn 10, 12). Der Geschädigte, der den Mangel nicht kannte, bekomme Ersatz: Entweder nach § 311a Abs 2 (MünchKomm/ROTH § 1297 Rn 15), nach § 311 Abs 2, wegen unerlaubter Handlung (GERNHUBER/COESTER-WALTJEN § 8 Rn 24–26) oder analog §§ 1298 ff (SCHWAB Rn 38); vgl dazu Rn 82.

26 **d)** Während einige das Verlöbnis eines **bereits Verlobten** ebenfalls wegen § 138 für nichtig ansehen (BGB-RGRK/ROTH-STIELOW § 1297 Rn 6, 7), stellt GERNHUBER/COES-TER-WALTJEN (§ 8 Rn 22) darauf ab, ob beide bewusst das andere Verlöbnis missachten.

27 **e)** Der **Rücktritt** wird als einseitige empfangsbedürftige Willenserklärung aufgefasst, die jedoch mit der Regelung der §§ 346 ff nichts gemein habe (GERNHUBER/COESTER-WALTJEN § 8 Rn 32). Allgemeingut ist die Unterscheidung zwischen dem gerechtfertigten und dem grundlosen, von der Rechtsordnung missbilligten Rücktritt (GERNHUBER/COESTER-WALTJEN § 8 Rn 35); er sei gleichwohl keine unerlaubte Handlung (ERMAN/KROLL-LUDWIGS § 1298 Rn 9) vielmehr eine „unserer sittlichen Anschauung" vielleicht entsprechende Handlungsweise. Die Schadensersatzpflicht könne jedoch auch ohne Rücktritt bei sonstiger Beendigung entstehen (GERNHUBER/COESTER-WALTJEN § 8 Rn 42–44).

28 **f)** Das Verlöbnis mit einem **Minderjährigen** – einst der treibende, heute freilich entschärfte Anlass der unterschiedlichen Verlöbnistheorien – ist gem § 108 so lange schwebend unwirksam, bis die Frage der Zustimmung durch den gesetzlichen Vertreter geklärt ist.

29 **aa)** Falls dieser der Verlobung **zustimmt**, trifft auch den Minderjährigen beim

Rücktritt ohne wichtigen Grund die Schadensersatzpflicht (GERNHUBER/COESTER-WALTJEN § 8 Rn 33). Der Rücktritt selbst sei ohne Zustimmung des gesetzlichen Vertreters wirksam (GERNHUBER/COESTER-WALTJEN § 8 Rn 33 mit Hinweis auf die Prozessfähigkeit des Minderjährigen in Ehesachen). GERNHUBER/COESTER-WALTJEN (§ 8 Fn 53) geben dem gesetzlichen Vertreter ein Rücktrittsrecht anstelle des Minderjährigen, um diesen nicht schutzlos zu stellen (so aber LG Saarbrücken NJW 1970, 327 = FamRZ 1970, 319; LG Hamburg Fn 27 1981, 309).

bb) Verweigert der gesetzliche Vertreter seine Zustimmung, so werde das Ver- **30** löbnis endgültig unwirksam und gewähre keinen Ersatzanspruch, es sei denn aus Delikt (GERNHUBER/COESTER-WALTJEN § 8 I 5). Halte der minderjährige Partner gleichwohl am Verlöbnis fest, sei das eine bestätigende Neuvornahme, die es dem gesetzlichen Vertreter ermögliche, erneut über die Genehmigung zu entscheiden.

cc) Während der **Schwebezeit** könne der Volljährige wegen § 109 Abs 2 das Ver- **31** löbnis nicht einseitig widerrufen, sofern er nicht getäuscht worden sei (GERNHUBER/COESTER-WALTJEN § 8 Rn 12). Trete er jedoch grundlos zurück, vermöge der gesetzliche Vertreter noch nachträglich das dadurch schon aufgelöste Verlöbnis seines Schutzbefohlenen rückwirkend zu genehmigen (GERNHUBER/COESTER-WALTJEN § 8 Rn 12) und diesem so den Schadensersatzanspruch zu verschaffen, weil der Rücktritt das Verlöbnis „lediglich als schwebend unwirksames mit Wirkung allein für die Zukunft beendet" (GERNHUBER/COESTER-WALTJEN aaO); worauf sich die Genehmigung noch erstrecken kann, bleibt offen.

3.   Vertrauenshaftungstheorie

Die hL sieht sich den Einwänden der sog **Vertrauenshaftungslehre** ausgesetzt, die **32** zunächst CANARIS 1965 formulierte (AcP 165, 1 ff; ders, Die Vertrauenshaftung im dt Privatrecht [1971] 544; so auch RAUSCHER Rn 7).

a)   Die Drittberechtigung in § 1298, der auf das negative Interesse beschränkte **33** Schadensersatz, die „augenscheinliche" Garantiehaftung und vor allem die freie Widerruflichkeit des Verlöbnisses führt CANARIS (aaO 3–5, 8) gegen den Vertragscharakter des Verlöbnisses an. Diese Folgen und einige von der hM praktizierten Modifikationen des angeblichen Vertrages ließen sich besser erklären, wenn es als „gesetzliches Schuldverhältnis" parallel zu § 311 Abs 2 (cic) aufgefasst werde. Das Verlöbnis sei also ein „eigenständiges, unabhängig vom Willen der Parteien entstehendes Schuldverhältnis", das „durch die Schaffung eines Vertrauenstatbestandes, also die (erkennbare) Bereitschaft zur Eheschließung" auf der einen Seite, und „das (erkennbare) Vertrauen des Partners hierauf" (aaO 11, 15) zustande komme. Daher komme es auf die Geschäftsfähigkeit nicht an. Da jedoch der Minderjährigenschutz prinzipiell Vorrang vor dem Vertrauensprinzip genieße, hafte der Minderjährige nach dem Vorbild von § 179 Abs 3 S 2 nur, wenn der gesetzliche Vertreter dem Verlöbnis zugestimmt habe (aaO 18 ff). Für den Rücktritt des Minderjährigen bedürfe es dieser Zustimmung, wie nach hL, nicht.

b)   Abgesehen von wichtigen Gesichtspunkten für die Anwendung von § 138 **34** erleichtert diese Lehre die praktische Anwendung des Verlöbnisrechts nicht. Sie wird überwiegend abgelehnt (GERNHUBER/COESTER-WALTJEN § 8 Rn 4; STRÄTZ, Verlobungskuß 18 ff; MünchKomm/ROTH § 1297 Rn 4, 7). Der wichtigste Grund ist die Unbestimmtheit des Beginns der Haftung aus dem Verlöbnis. Die Ansicht, man könne unabhängig vom eigenen Willen zum Verlobten werden, überzeugt nicht. Da § 1299 auf Verschulden abstellt, liegt eine Garantiehaftung nicht vor. Überdies setzt die Drittwirkung in § 1298 Abs 1 S 1 kein eigenes Vertrauensverhältnis zwischen den geschädigten Dritten und dem Verlobten voraus, sondern ist ein Annex des zwischen den Verlobten begründeten Verhältnisses. Geschützt sind nämlich auch Eltern, die dem Verlobten ihres Kindes nicht vertrauen, aber aus Achtung vor dessen persönlicher Entscheidung gleichwohl Aufwendungen für die Ehe machen. Schließlich widerspricht die Gleichsetzung der Haftung aus § 311 Abs 2 mit der aus §§ 1298 ff der historischen Entwicklung des Verlöbnisses, die auf eine Lösung von schuldvertraglichen Vorstellungen abzielt, und verdeckt die unterschiedlichen Ausgangslagen der Einstandspflicht.

35 **c)** Wer der Theorie von CANARIS zuneigt, modifiziert sie zumeist an entscheidender Stelle und kommt so der Vertragslehre wieder näher; ROTH-STIELOW begreift sie als Unterart der vertraglichen Theorien (BGB-RGRK Rn 7). ERMAN/KROLL-LUDWIGS (Rn 8 ff) bevorzugt zum Schutz der Minderjährigen ein insofern dem Verlöbnisrecht stark angenähertes besonderes Rechtsverhältnis, dem ua schon alle öffentlich-rechtlichen Wirkungen eines wirksamen Verlöbnisses zukommen. HENRICH verlangt als Vorbedingung des auch nach seiner Ansicht gesetzlichen Rechtsverhältnisses den gegenseitigen Austausch von Eheversprechen; sie bräuchten aber nicht rechtsgeschäftliche Willenserklärungen zu sein. Der Austausch sei kein Vertrag, da die Rechtsfolgen unabhängig davon einträten, ob sie gewollt seien oder nicht. Dennoch müssen die sich Erklärenden über „die zur Erkenntnis der Bedeutung des Eheversprechens erforderliche geistige und sittliche Reife" verfügen, sodass nach HENRICH Geschäftsunfähige sich nicht wirksam verloben können (anders CANARIS 16). HENRICHS Vorwurf (§ 2 II 1), die hM verwende die gesetzlichen Schutzvorschriften, um den Minderjährigen um seine Ansprüche zu bringen, verkennt deren Lösungsvorschläge. Sie erbringen ein weniger „merkwürdiges Ergebnis" als die unausgesprochen gelassene Konsequenz seiner Lehre, die den Minderjährigen, der sein Eheversprechen grundlos bricht, den finanziellen Belastungen aus §§ 1298 ff aussetzt, ohne dem gesetzlichen Vertreter die Möglichkeit schützenden Eingreifens zu lassen.

IV. Geschichtlicher Hintergrund der Problematik

36 Eine weiterführende Diskussion und der Versuch, die bestehenden Differenzen zu überwinden, bedürfen der Kenntnisnahme einiger Grunddaten aus der Entwicklung des Verlöbnisrechts bis zum Zeitpunkt der Kodifikation im BGB.

1. Römisches Recht und Frühmittelalter

37 **a)** Schon in **Rom** hatte sich das Verlöbnis von der verpflichtenden stipulatio zum formfreien, **jederzeit aufhebbaren Verhältnis** ohne Erfüllungsklage und ohne Vertragsstrafen entwickelt. Gleichwohl begründete es bereits einen persönlichen Status, der zB zur Zeugnisverweigerung berechtigte. Verlöbnisbruch und Ehebruch wurden jedoch unterschiedlich gewertet. Erst seit dem 4. Jh waren die mit Brautgabe (arrha sponsalicia) geschlossenen Verlöbnisse insofern eingeschränkt verbindlich, als der ungerechtfertigte Rücktritt Ansprüche in Höhe des Ein- bis Vierfachen der Braut-gabe auslöste; allerdings erloschen die so eingegangenen Verlöbnisse nach zwei Jahren (KASER, Das Römische Privatrecht [2. Aufl 1971, 1975] §§ 17, 74, 216; KNÜTEL, in: FS Erik Jayme 1487 ff).

b) Demgegenüber bezeichnen „sponsalia" oder „desponsatio" in den frühmittel- **38** alterlichen Rechtsaufzeichnungen der **germanischen Völkerschaften** in der Regel ein sehr viel **stärker bindendes Verhältnis**. Die dort gemeinte „Verlobung" ist nicht Vorverhältnis der Ehe, sondern Teil der mehraktigen Eheschließung; daher waren Rücktritt und Treuebruch der Ehescheidung und dem Ehebruch angenähert (zu-sammenfassend MIKAT, Ehe, HRG I Sp 809 ff).

2. Die Entwicklung seit dem Mittelalter

a) Die weitere Entwicklung bestimmte das **kanonische Recht**, das zunächst die **39** Höchstpersönlichkeit der Eheschließung auch auf Seiten der Frau gegen ältere Traditionen durchsetzte. Es erkannte aber zudem die nahezu **unbedingte Bindung** jedes ernsthaften, auch formlosen Versprechens an. Als dann die Lehre siegte, dass der (formfreie) Konsens der Brautleute und nicht erst der körperliche Vollzug die Ehe bewirke, galt es zu differenzieren, ob ein vorliegendes Eheversprechen auf künftige Erfüllung (sponsalia de futuro) abzielte oder bereits die Ehe schließen sollte (sponsalia de praesenti). Die – noch heute – gesetzlich fixierte sprachliche Unbestimmtheit des Ehekonsenses („wollen" in §§ 1310, 1312) und die eheperfizie-rende Wirkung der nach einem Eheversprechen der einen oder anderen Art voll-zogenen copula carnalis führten dazu, dass die Praxis nur mühsam zwischen Ver-löbnissen und Ehen unterscheiden konnte (vgl dazu STRÄTZ, Verlobungskuß 23 f mwNw).

b) Eine Klärung brachte für die **Katholiken** das Konzil von Trient mit der Ein- **40** führung der zwingenden sog tridentinischen Form für den Ehekonsens durch das Dekret „Tam etsi" vom 11. 11. 1563; damit war in seinem Geltungsbereich die Unterscheidung wieder möglich. Unberührt davon blieb natürlich die aus gültiger Verlobung entstehende Erfüllungspflicht. Sie war aber bereits nach can 1017 CIC 1917 selbst bei förmlichem Verlöbnis nicht mehr gegeben (zur kirchenrechtlichen Ent-wicklung vgl HOFMEISTER, Das kirchliche Verlöbnis, ÖArchfKirchR 1969, 21 ff). Nach can 1062 § 1 **CIC 1983** gibt es kein gemeinkirchliches Verlöbnisrecht der Katholischen Kirche mehr. Die Rechtsetzung obliegt vielmehr den jeweiligen Bischofskonferenzen, die die Landesgewohnheiten und das weltliche Recht zu berücksichtigen haben, nach can 1062 § 2 CIC 1983 aber keinen Erfüllungsanspruch (actio ad petendam matri-monii celebrationem) statuieren, sondern nur einen Schadensersatzanspruch (actio ad reparationem damnorum) geben können. Die katholischen Bischöfe in Deutsch-land haben stillschweigend, die in Österreich ausdrücklich auf kirchliche Verlöbnis-bestimmungen verzichtet, bieten jedoch die Möglichkeit einer liturgischen Feier der Verlobung (AYMANS-MORSDORF, Kanonisches Recht III 2007, § 137 A aE [S 413]).

c) MARTIN LUTHER hatte für den **protestantischen** Bereich die gekünstelte Unter- **41** scheidung zwischen sponsalia de futuro und de praesenti verworfen. Seither sahen Lehre und Praxis in jedem Eheversprechen den Ausdruck gegenwärtigen Ehewil-lens, das aber nur gültig sein sollte, wenn es nicht heimlich, sondern mit Zustimmung der familienrechtlichen Gewalthaber gegeben wurde. Da es außerdem in der Trau-

Martin Löhnig

ung durch den Geistlichen vollzogen und zur Ehe im Werk werden sollte, wobei der Ehekonsens nochmals erfragt wurde, kam man – auch unter dem Eindruck der römischrechtlichen Unterscheidung – dazu, erst hierin den Ehekonsens zu sehen. Damit wandelte sich das Eheversprechen in der Familie ebenfalls wieder in ein Verlöbnis; an seiner Bindungswirkung und der Erfüllungspflicht bestand aber kein Zweifel (Schwab FamRZ 1968, 637).

3. Das staatliche Recht und die Entrechtlichung des Verlöbnisses

42 a)   An dem skizzierten Entwicklungsstand änderte auch der seit dem 18. Jh verstärkte Prozess der Verweltlichung des Eherechts zunächst nichts: Nach gemeinem Recht konnte auf die **Erfüllung** des Verlöbnisses, also auf Eingehung der Ehe, **geklagt** werden, Konventionalstrafen wurden – im Widerspruch zum römischen und kanonischen Recht – anerkannt und in die Gesetzgebung übernommen; das Verlöbnis hinderte eine anderweitige Eheschließung. Zwangskopulationen, also die im Wege der Zwangsvollstreckung durch obrigkeitlichen Ausspruch ersetzte Eheschließungserklärung des unwilligen Bräutigams (so war die Rollenverteilung in der Regel), wurden zunehmend nur noch in besonderen Fällen, insbesondere, wenn die Braut bereits schwanger war, angeordnet und durchgeführt, und zwar unter dem Gesichtspunkt des Schutzes von Mutter und Kind vor der „Schande" und den gravierenden Rechtsnachteilen der unehelichen Geburt. Im Übrigen erkannten die Gerichte auf den Nichterfüllungsschaden. Angesichts der schwerwiegenden Rechtsfolgen wurde das Verlöbnis vielfach formpflichtig, zB in Bayern seit 1769, im ALR 1794, im SächsBGB 1863. Reichsrechtlich verbot erst § 774 Abs 2 CPO 1877 (heute § 120 Abs 3 FamFG) die Zwangsvollstreckung aufgrund der weiterhin zulässigen Erfüllungsklage. Als Ehehindernis wirkte ein anderweitiges Verlöbnis schon wegen § 35 PStG 1875 nicht mehr (Strätz, Verlobungskuß 27 f).

43 b)   Frankreich und die von ihm beeinflussten Rechtsordnungen gingen – wohl unter dem Einfluss des von England her auf dem Kontinent seit dem 18. Jh vordringenden personalistischen Ehekonzepts – den Weg einer **prinzipiellen Entrechtlichung** des Verlöbnisses. Gleichwohl sah man sich genötigt, diejenigen Nupturienten, die im Vertrauen auf die – rechtlich unverbindliche – Zusage des anderen Ehevorbereitungen getroffen hatten, beim Nichtzustandekommen der Heirat vor Schaden zu bewahren. Während sich die französischen Gerichte auf die deliktische Generalklausel des Art 1382 cc stützten, gewährte die Badische EheO 1807 dem schuldlos Verstoßenen Schadensersatz, falls schon die staatlichen Trauscheine gelöst waren. Das österreichische ABGB v 1811 umriss dann jenes Modell, das die deutschen Landesrechte des 19. Jh zahlreich nachahmten, und das letztlich auch das BGB bestimmte. Die Erfüllungsklage wurde nicht mehr zugelassen, jedoch für frivolen Verlöbnisbruch **Schadensersatz**, beschränkt auf den „wirklichen Schaden", gewährt. Selbst diese abgeschwächten Rechtsfolgen setzten aber zumeist ein förmliches Verlöbnis voraus.

4. Die Kodifizierung in §§ 1297–1302

44 In dieser Situation des Nebeneinander von altüberkommenen und modernen Vorstellungen in den Landesrechten und in Kenntnis der Diskussion um das Verhältnis von Verlobung und Trauung, die vor allem R Sohm und E Friedberg seit 1875 führten, entschieden sich die Väter des BGB nach einigem Bedenken dafür, die **Entrechtlichung** des Verlöbnisses **fortzuführen**. Daher bestimmte § 1227 E I 1888, durch das Verlöbnis werde eine Verbindlichkeit der Verlobten zur Schließung der Ehe nicht begründet. Angesichts der Kritik, bei Laien, denen man die Einsichtnahme in das BGB nicht verbieten könne, werde diese Bestimmung als Verneinung auch der ethischen Pflicht zur Verlöbnistreue aufgefasst, sie klinge fast wie eine Aufforderung zu Entlobungen und verletze den guten Geschmack und das sittliche Gefühl (Nw STRÄTZ, Verlobungskuß 21 f), zog sich die Zweite Kommission auf die in § 1297 Gesetz gewordene Formulierung zurück und ließ in den Prot (IV 2; vgl Kom-Bericht 1896, 1) ausdrücklich vermerken, man müsse vielmehr die Entscheidung der Frage nach dem **prinzipiellen Charakter** des Verlöbnisses **der Wissenschaft überlassen**; für den Gesetzgeber genüge es, den Satz auszusprechen, dass aus dem Verlöbnis keine Klage auf Eingehung der Ehe zugelassen werde. Die Äußerung lässt – im Zusammenhang ihrer eigenen Vorgeschichte und auf dem Hintergrund der Entwicklung des Verlöbnisrechts gesehen – keinen Zweifel daran, dass beide Kommissionen eine Rechtspflicht zur Eheschließung nicht dekretieren wollten; allenfalls sollte diese Frage offenbleiben. Die Prot ergeben somit, dass die §§ 1297–1302 nicht als vollständige systematische Regelung des Verlöbnisses verstanden werden wollen. Sie sind eher eine Reihung zweckmäßiger Regelungen von Einzelproblemen: so war es nach den Erfahrungen der vorhergehenden Jahrzehnte zwar unabweislich, eine Schadensersatzpflicht gesetzlich festzuschreiben, sie wurde aber nicht als Nichterfüllungsschaden ausgestaltet.

Die im E I noch fehlende sog Kranzgeldregelung (§ 1300 aF) war in früheren **45** Gesetzen zumeist als qualifizierter Verführungstatbestand im Deliktsrecht angesiedelt (zB §§ 1551, 1552 SächsBGB 1863); um des äußeren Zusammenhangs willen wurde sie hierher verpflanzt.

Die Berücksichtigung der **Eltern** als durch den Verlobungsbruch selbst Geschädigte **46** war schon in § 1228 E I (jetzt § 1298) vorgesehen. Das war angesichts der elterlichen Einwilligung zur Eheschließung, die unabhängig von der Geschäftsfähigkeit der Verlobten gem § 1238 E I bis zum 25., gem §§ 1305, 1308 aF bis zum 21. Lebensjahr notwendig war, eigentlich selbstverständlich. Hingegen erfolgte die Einbeziehung **weiterer Personen** in den Kreis der Schadensersatzberechtigten erst aufgrund von Zweckmäßigkeitserwägungen in der Ausschussberatung des Reichstags (Mot IV 4 f; Prot IV 6 f).

5. Folgerungen für §§ 1297–1302

Die Bestimmungen des 1. Titels des 4. Buches des BGB kodifizieren also **nicht ein** **47** **dogmatisch durchgeformtes Rechtsinstitut**, sondern sind vom Gesetzgeber ausdrücklich für künftige Entwicklungen offengehalten; dasselbe gilt für die übrigen verstreuten Verlöbnisregeln. Ungeachtet des Optimismus, mit dem sich gleichwohl seit dem Erlass des BGB an die zwei Dutzend Autoren um die „Natur"-Kunde des Verlöbnisrechts bemühten, ist es also müßig, aufgrund dieser Bestimmungen eine beständige Rechtsnatur aufspüren zu wollen, die alle Zweifelsfragen klären würde. Zudem hat die Rechtsnatur des vorehelichen Verhältnisses im Laufe der Geschichte, wie oben angedeutet, mehrfach und grundsätzlich gewechselt. Im Familienrecht des BGB ist – abgesehen von der zwingenden Form der Eheschließung – insgesamt gesehen nahezu kein Rechtsinstitut mehr auf dem Stand vom Ende des 19. Jh, weder textlich, noch erst recht inhaltlich. Lediglich der Text des Verlöbnisrechts ist – von der Streichung des § 1300 abgesehen – textlich seit über 110 Jahren praktisch unverändert. An ihn immer noch dieselben Fragen zu richten, wie damals, und die alten Streitfragen weiterhin zu ruminieren, erscheint anachronistisch.

48 Die Frage nach der abstrakten „Rechtsnatur" des Verlöbnisses ist weithin obsolet, führt nicht weiter und kann auf sich beruhen. Entscheidend ist allein, welchen Stellenwert das Tatbestandsmerkmal „Verlöbnis" im jeweiligen konkreten Regelungszusammenhang einer gesetzlich bestimmten Konfliktlösung hat. Lebendes Recht sind nur noch zwei Regelungen: der Anspruch auf Schadensersatz wegen Rücktritts vom Verlöbnis in §§ 1298, 1299, 1302 sowie der Anspruch auf Kondiktion von Geschenken und Verlöbniszeichen in §§ 1301, 1302. Totes Recht ist hingegen § 1297, dem auch die inhaltliche Neuverkündung in LPartG § 1 Abs 3 nicht zu neuem Aufleben verhilft; die Streichung würde am geltenden Recht nichts ändern. Beide Regelungsbereiche beziehen das Verlöbnis ausdrücklich auf die Ehe. Daher ist ein Verständnis des „Verlöbnisses", welches dem heutigen Stand des Eherechts widerstreitet, im eigentlichen Sinne kein „geltendes" Recht mehr. Mit anderen Worten, dem Verlöbnis dürfen keine Eigenschaften mehr zugeschrieben werden, die mit dem, was nach GG Art 6 Abs 1 „Ehe" ausmacht, nicht zusammenstimmen. Das Tatbestandsmerkmal „Verlöbnis" im Schadensersatz- und im Herausgabeanspruch ist im Licht des Eheverständnisses des GG zu bestimmen und nicht in erster Linie vom historischen Kontext her.

B. Grundkonzeption des Verlöbnisses im geltenden Recht

I. Problematische Ansatzpunkte in den bisherigen Lehren vom Verlöbnis

49 Abgesehen davon, dass die historischen Besonderheiten des Verlöbnisrechts und sein Konnex zum Eherecht zu wenig genutzt werden, erschweren auch methodische Besonderheiten der herkömmlichen Lehre das Verständnis der noch aktuellen Verlöbnisnormen.

1. Das gescheiterte Verlöbnis als Ausgangspunkt

50 Obwohl das Verlöbnis auch außerhalb der §§ 1297 ff Rechtswirkungen hat, wird dieses einheitliche Lebensverhältnis nicht auch rechtlich einheitlich gesehen. Überdies legt man regelmäßig nicht das normal verlaufende, nämlich **in die Ehe mündende Verlöbnis** der Theoriebildung zugrunde, sondern erörtert die Rechtsnatur anhand der für gescheiterte Verlöbnisse erlassenen Regeln (das moniert schon GAUL FamRZ 1966, 624, 626). ERMAN/KROLL-LUDWIGS (Rn 11 f) spricht insofern von einem besonderen, nur relativ wirksamen Verhältnis mit öffentlich-rechtlichen Folgen; GERNHUBER/COESTER-WALTJEN (§ 8 Rn 9) reklamieren für Straf- und Prozessrecht eine „Freiheit vom Privatrecht" zur Bestimmung eines eigenen Verlöbnisbegriffs (so auch BRUNS MDR 1953, 458). HENRICH gibt einleitend der Argumentation wegen vor, „lediglich" §§ 1298 ff, 1301 seien Rechtsfolgen des Verlöbnisses (§ 2 I 1, anders III). Auch CANARIS geht auf Rechtsfolgen außerhalb der §§ 1297 ff nicht ein.

2.   Der Sonderfall „Minderjährigenverlöbnis" als Hauptproblem

Während das Privatrecht grundsätzlich vom Geschäftsfähigen ausgeht und die Be-   **51**
teiligung beschränkt Geschäftsfähiger, also Minderjähriger, als Sonderfall regelt, ist
im Verlöbnisrecht der **Sonderfall der eigentliche Anlass der Theoriebildung**, eine
methodisch eher bedenkliche Vorgehensweise. Überdies wird dabei zu gering gewichtet, dass sich das rechtliche Umfeld, in dem sich das Verlöbnisrecht im weitem
Umfang als sperrig und schwierig handhabbar erwiesen hatte – beim Verlöbnis
Minderjähriger nämlich –, bereits seit mehr als einer Generation völlig gewandelt
hat. Seit 40 Jahren sind es nicht mehr die 18–21-Jährigen (CANARIS 16), die der Hilfe
der verschiedenen Theorien bedürfen, um sie aus der als unangemessen empfunde-
nen rechtlichen Gleichstellung mit Kindern und Jugendlichen und aus der Bindung
an ihre gesetzlichen Vertreter zu befreien. Die Beurteilung der Angemessenheit
bestimmter Rechtsfolgen eines Verlöbnisses und der diesbezüglichen Rechtsstellung
der Erziehungsberechtigten fällt möglicherweise anders aus, wenn es unter dem
Stichwort „Minderjährigenverlöbnis" seit 1. 1. 1975 um die Rechte und Pflichten
17-jähriger und jüngerer Jugendlicher geht.

3.   Das Postulat der Rechtspflicht zur Eheschließung

Die hL erachtet eine **Rechtspflicht zur Eheschließung** für die Legitimation der Er-   **52**
satzpflichten weiterhin als notwendig (GERNHUBER/COESTER-WALTJEN § 8 Rn 4 u Fn 60;
MünchKomm/ROTH § 1297 Rn 17) und glaubt, vor allem deswegen am Vertragscharakter
festhalten zu müssen. Dabei übersieht sie den historischen Befund der fortlaufenden
Auflösung des einstmals voll ausgebauten Rechtsinstituts „Verlöbnisvertrag". Seine
einstmals natürliche Rechtsfolge, die erzwingbare, mindestens durch Schadensersatz
wegen Nichterfüllung gesicherte Rechtspflicht zur Erfüllung durch Eheschließung,
ist dem geltenden Verlöbnisrecht unstreitig fremd. Dass heute gleichwohl aus § 1297
eine unerzwingbare und unsicherbare Rechtspflicht zur Teilnahme am Eheschließungsakt ableitbar sein soll (GERNHUBER/COESTER-WALTJEN § 8 Rn 27), steht mit dem
Grundrecht auf Eheschließungsfreiheit offenbar in Widerspruch (vgl STECH ZZP 77,
178 f). Die hL entscheidet vielmehr die ihr von der Gesetzgebungskommission zum
BGB ausdrücklich zugeschobene dogmatische Fragestellung **entgegen dem damaligen geschichtlichen Entwicklungsstand**.

Zu wenig wird beachtet, dass **§ 1297** über das schon seit 1879 gültige Verbot der   **53**
Zwangsvollstreckung aus einem Verlöbnis weit hinausgeht. Er weist die Gerichte
vielmehr an, einen Bürger a limine abzuweisen, der die Erfüllung eines Verlöbnisses
oder eine Sanktion wegen Nichterfüllung begehrt. § 1297 ist in erster Linie als eine
retrospektive Absage an jenes schon damals in der überkommenen Ausgestaltung
nicht mehr zeitgemäße Rechtsinstitut zu verstehen; seine Rechtsfolge ist heute so
selbstverständlich, dass selbst die Streichung der Vorschrift keine Rückkehr zu klagbaren Verlöbnissen bewirken würde. Daran ändert auch nichts, dass § 1 Abs 3 S 1
LPartG dies inhaltlich und S 2 HS 1 sinngemäß jüngst wiederholt; totes Recht
kommt durch Wiederholung nicht wieder zu Kräften. Für die Rechtspraxis ist die
Frage nach der Rechtspflicht zur Erfüllung des sog Eheversprechens überdies belanglos (idS auch LÜDERITZ/DETHLOFF § 2 Rn 6: Illusion einer Rechtspflicht).

4. Das Verlöbnis als Fall der §§ 311 Abs 2, 241 Abs 2 (cic)

54 Entgegen CANARIS (Rn 36) lassen sich die Schadensersatzansprüche wegen fehlgeschlagener Vorbereitungen in contrahendo (scil matrimonio) mit der typischen Haftung wegen **cic nicht gleichsetzen**. Gemeinsam ist beiden Fällen zwar das allgemeine Prinzip des Vertrauensschutzes, im Übrigen unterscheiden sie sich signifikant, insbesondere hinsichtlich des Ausmaßes des Schutzes, der schädigenden Maßnahmen und des Grundes der **Einstandspflicht**. Sie folgt bei cic aus verbotenem Verhalten, nämlich der rechtswidrigen und schuldhaften Verletzung von Sorgfaltspflichten. Der Rücktritt vom Verlöbnis hingegen ist nicht rechtswidrig, sondern erlaubt. Bei cic verursacht typischerweise der Ersatzpflichtige den Schaden durch pflichtwidriges Einwirken auf die Rechtsgüter des anderen. Beim Verlöbnis aber wirkt der **Geschädigte selbst** auf seine eigenen Rechtsgüter ein. Er allein bestimmt ja, und zwar ohne rechtlich notwendige Mitwirkung des Ersatzpflichtigen, über Ob und Wie seiner Ehevorbereitungen; der Ersatzpflichtige ist rechtlich nicht in der Lage, diese schadenstiftenden Vermögenseinwirkungen zu vermeiden. Überdies ergibt sich bei cic typischerweise schon im Zeitpunkt der Vermögensänderung, ob sie nachteilig, also ein Schaden ist. Beim Verlöbnis ist die Vermögensänderung zunächst eine **zweckvolle Maßnahme**; erst der spätere Zweckwegfall macht sie zu einem Schadensposten. Das setzt aber wiederum nicht notwendig eine Pflichtwidrigkeit des Ersatzpflichtigen voraus; denn ein Schaden entsteht auch dann, wenn der Zweckwegfall mit wichtigem Grund oder durch den Tod erfolgt. Schließlich ist nicht jeder eingetretene Schaden, wie bei cic, zu ersetzen, sondern nur der wegen **angemessener Maßnahmen**. Die Regelung der §§ 1298 ff als Fall der cic aufzufassen, widerspricht nicht nur dem historischen Befund, dass in dieser Materie familienrechtliche Rechtsverhältnisse gegenüber schuldrechtlichen eine Sonderentwicklung durchlaufen haben (STRÄTZ, Verlobungskuß 19 f), sondern erschwert auch den Blick auf die Besonderheiten des Verlöbnisrechts.

II. Das Verlöbnis als ehevorbereitendes Rechtsverhältnis mit eigener Risikoverteilung

55 Die historische Ausgangslage lässt erwarten, dass sich die Verlöbnisnormen nicht zu einem vollständigen und in jeder Beziehung widerspruchsfreien System zusammenfügen lassen. Verbindende Bezüge sind jedoch zu erkennen.

1. Gesetzliche Förderung von Ehevorbereitungen

56 Das Verlöbnis ist im BGB ausschließlich **auf die Ehe hin** zu lesen und dient **ihrer Vorbereitung**.

57 a) Allein der Ehevorbereitung dienen auch die gesetzlich eröffneten Möglichkeiten, wichtige güter-, scheidungs- und erbrechtliche Verhältnisse schon vor der Eheschließung verbindlich regeln zu dürfen, damit sie sogleich mit der Eheschließung ihre Wirkung entfalten können; die Gültigkeit oder Ungültigkeit des Verlöbnisses zwischen den Vertragspartnern spielt dabei keine Rolle. Soweit das Gesetz es auch Minderjährigen ermöglicht, diese Rechtsverhältnisse verbindlich zu regeln, stellt es sicher, dass allein die **künftigen Ehegatten selbst** und nicht ihre Sorgeberechtigten dies verantwortlich tun können.

b) Ausdrücklich bestätigen §§ 1298, 1299 die ausschließlich ehevorbereitende **58** Ausrichtung des Verlöbnisses; denn die Regelung bezieht sich nur auf die „in Erwartung der Ehe" getroffenen Maßnahmen.

c) Mittelbar bestätigt auch § 1353 Abs 1 S 2 diesen Sinn des Verlöbnisses. Danach **59** sind nämlich die Gatten unmittelbar ab Eheschließung von Rechts wegen zur ehelichen Lebensgemeinschaft berechtigt und verpflichtet. Zwar gebietet § 1353 den künftigen Gatten nicht, dass und wie sie sich auf diese Änderung ihres Personenstandes vorbereiten müssen, aber die Vorschrift legt dem, der sie ernst nimmt, immerhin **hinreichende Vorbereitungen** nahe. Darauf verweist auch § 1408 Abs 1, der die **Güterstandsregelung vor der Ehe** als Normalfall ansieht. § 14 Abs 1 PStG geht ebenfalls davon aus, dass die „Eheschließenden" sich **vor der Trauung** über den **Ehenamen** klar geworden sind. Angemessene Ehevorbereitungen anerkennt auch das Sozialrecht. Beendet ein verlobter Arbeitnehmer sein Arbeitsverhältnis, um vom Tage der Eheschließung an seiner Rechtspflicht aus § 1353 Abs 1 S 1 nachkommend die eheliche Lebensgemeinschaft am Ort der gemeinsamen Ehewohnung aufnehmen zu können, so darf er nicht wegen der daraus entstandenen Arbeitslosigkeit mit einer Sperrfrist nach § 144 SBG III belegt werden. Das gilt auch, wenn wegen der bestehenden Kündigungsfristen und der Nichtbereitschaft des Arbeitgebers, einen Aufhebungsvertrag zum Eheschließungstag abzuschließen, eine termingenaue Beendigung des Arbeitsverhältnisses nicht möglich ist und der Arbeitnehmer daher zum letzten Kündigungstermin vor dem Hochzeitstag kündigt. Eine andere Handhabung würde die Eheschließungsfreiheit grundgesetzwidrig einschränken (vgl BSG NJW 1989, 1628).

d) Schließlich erweist auch die wegen der Formpflicht der Eheschließung gege- **60** bene **faktische Unausweichlichkeit** des Verlöbnisses diesen Vorbereitungszweck. Die nach § 1310 Abs 1 unabdingbare Mitwirkung eines Staatsorganes setzt einen rechtzeitigen Antrag voraus. Die Eheschließung kann also nicht ohne ein Mindestmaß an Vorbereitung, an der beide Verlobte bzw Eheschließende beteiligt sind, stattfinden. Eine Eheschließung ohne Verlöbnis ist rechtlich undenkbar, wenn es auch für die Gültigkeit der Eheschließung darauf nicht ankommt. Daran ist auch gegen KNÜTEL (in: FS Jayme [2004] Bd 2, 1498 f) festzuhalten, weil sein Argument abirrt, denn es besteht keine auch nur konkludente rechtliche Verpflichtung der die Begründung ihrer ehelichen Lebensgemeinschaft Vorbereitenden, dieses Vorhaben rechtlich zu realisieren.

2.   Vorwirkung des ehelichen Standes

Weniger Vorbereitung als Vorwirkung der Ehe sind die schon den Verlobten einge- **61** räumten Privilegien als Angehörige, insbesondere im Straf- und im Prozessrecht sowie im öffentlichen Dienstrecht. Im Erbrecht werden Verlobte bei Abschluss und Aufhebung von Erbverträgen (§§ 2278 Abs 3, 2276 Abs 2, 2290 Abs 3) und Erbverzichtsverträgen (§§ 2347 Abs 1, 2351) ebenso wie bei der widerlegbaren Vermutung nach § 2077 Abs 2 den Ehegatten gleichgestellt (dazu MAYER ZEV 1997, 280). Im Ausländerrecht hingegen begründet ein Verlöbnis mit einem Deutschen zumindest dann keinen Anspruch auf die Ermöglichung des weiteren Aufenthalts, wenn die Eheschließung nicht unmittelbar bevorsteht (OVG Thüringen DÖV 1996, 570; BVerwG InfAuslR 1995, 150). Bei der Erbschaftssteuer hingegen reicht auch die unmittelbar bevorstehende Eheschließung nicht aus, um dem überlebenden Verlobten wie den überlebenden Ehegatten zu besteuern (so mit Recht BFH NJW RR 1999, 1). Ebenso wenig können Verlobte gemeinschaftlich mit der Formerleichterung, die § 2267 vorsieht, testieren; diese Beschränkung in § 2265 („kann nur von Eheleuten errichtet werden"; jetzt auch von eingetragenen Lebenspartnern, § 10 Abs 4 LPartG) ist verfassungsrechtlich gebilligt (BVerfG NJW 1989, 1986).

3.   Freiheit der Eheschließung

62 In Spannung mit diesen offensichtlichen Absichten des Gesetzes, die Vorbereitung der Ehe zu favorisieren, steht die **Freiheit der Eheschließung**. Dass Eheschließende von Rechts wegen ungehindert noch vor dem Standesbeamten die Frage aus § 1312 Abs 1 verneinen dürfen, bestreitet niemand (MünchKomm/Roth § 1297 Rn 1). Wenn gleichwohl eine Rechtspflicht zur Teilnahme am Eheschließungsakt bestehen soll, entbehrt sie jedenfalls jedes greifbaren Bezuges zur Rechtswirklichkeit; denn das Gesetz verbietet in § 1297 den Richtern ausdrücklich, eine irgendwie geartete Durchsetzung dieser Rechtspflicht zu unterstützen. Die Haftung aus §§ 1298 ff kann daher **nicht als Sanktion für Unrecht** aufzufassen sein (idS aber Gernhuber/Coester-Waltjen § 8 Rn 7; wie hier Zech ZZP 77, 181). Frühere öffentlich-rechtliche Einschränkungen der Eheschließungsfreiheit sind wegen Unvereinbarkeit mit Art 6 Abs 1 GG beseitigt; Zölibatsklauseln können weder öffentlich- noch privatrechtlich den freien Zugang zur Ehe beschränken (BVerfGE 31, 67; BVerfGE 36, 162 ff). Ebenso wenig kann die (angeblich sittliche, aber mehr als fragwürdige) Pflicht des Mannes, der ein Kind gezeugt hat, die Mutter seines Kindes zu heiraten, gemäß der Wertordnung des GG weder direkten noch indirekten Rechtszwang zur Ehe begründen (BGH FamRZ 1963, 83 gegen Ableitung einer Rechtspflicht aus § 170c aF StGB – Verlassen Schwangerer; BDStR-Hof FamRZ 1965, 379 verneint Dienstpflicht des Soldaten zur Heirat der Kindesmutter). Vielmehr geht das Eheschließungsrecht davon aus, dass wegen der auf Lebenszeit gewollten (§ 1353 Abs 1 S 1), die ganze Persönlichkeit einbeziehenden Bindung der Ehepartner und zum Schutz der Ehe als Institution weder noch so bindend gewollte Zusagen, noch gar abgeschlossene Vorbereitungen die Freiheit des Einzelnen beeinträchtigen, erst vor dem Standesbeamten die verbindliche Entscheidung treffen zu müssen (BGHSt 18, 102 = FamRZ 1963, 83 = NJW 1963, 214; OLG Düsseldorf FamRZ 1962, 429; Stech ZZP 77, 182).

4.   §§ 1298, 1299 als Ausgleichsordnung im gesetzlichen Zielkonflikt

63 a)   Im Widerstreit der Ziele, die **Eheschließungsfreiheit uneingeschränkt** zu gewährleisten, aber auch die **Ehevorbereitung zu fördern**, ermöglicht die Schadensersatzregelung den mit Rücksicht auf die Billigkeit (Mot IV 3) sachgerechten Ausgleich für den Fehlschlag der erwünschten Vorbereitung. Sie erreicht, dass jeder seine verbürgte Freiheit gebrauchen kann, nur nicht zum Schaden des Partners, der das Fehlschlagen seiner Vorbereitungsmaßnahmen nicht voraussehen musste. Ein werdender Ehegatte darf zwar darauf vertrauen, dass beide Partner das Projekt „Eheschließung" verwirklichen, aber eine rechtliche Sicherheit für die Erfüllung der Heiratspläne hat er nicht. Sein Ersatzanspruch ist daher zu Recht auf den Ersatz der tatsächlich erlittenen Vermögensschäden beschränkt, der – unbestrittenermaßen – kein Nichterfüllungsschaden ist (vgl nur Gernhuber/Coester-Waltjen § 8 Rn 45 ff).

b) Dieser Schadensersatzpflicht liegt eine spezielle gesetzliche Wertung zugrun- **64** de; sie deckt sich nicht mit der Haftung aus §§ 311 Abs 2, 241 Abs 2 (cic). Sie unterscheidet sich aber auch grundlegend von der Situation, dass ein geplanter und womöglich schon ausverhandelter schuldrechtlicher Austauschvertrag noch platzt. Grundsätzlich muss dann jede Seite ihre vergeblichen Vorbereitungsmaß- nahmen bei sich abschreiben, auch wenn die Verantwortung für das Scheitern des Vertragsprojekts eindeutig auf einer Seite liegt; Ersatz von der anderen Seite kommt nur in Ausnahmefällen in Betracht. Scheitert jedoch das Projekt „Eheschließung", dann trägt der Ex-Verlobte, der das „Platzen der Verlobung" (wie man landläufig sagt) zu verantworten hat, auch das volle Risiko für die vergeblichen Vorbereitungs- maßnahmen der anderen Seite. Diese **verlöbnisspezifische Risikoübernahme** ist ge- rechtfertigt, weil das mit der Verlobung auf den Weg gebrachte Projekt Eheschlie- ßung von prinzipiell anderer Qualität ist als ein schuldrechtlicher Austauschvertrag, selbst wenn er starke personale Elemente enthält. Allein die Eheschließung jedoch verpflichtet Mann und Frau zur „Verantwortung füreinander" und zu einer „ehe- lichen Lebensgemeinschaft auf Lebenszeit" (§ 1353 Abs 1), sie sind „einander zu Fürsorge und Unterstützung sowie zur gemeinsamen Lebensgestaltung verpflichtet", nicht weniger als eingetragene Lebenspartner (§ 2 LPartG). Diese personalen (und weitere materielle) Verpflichtungen wollen werdende Ehegatten aufgrund ihres gemeinsamen Entschlusses künftig auf sich nehmen. Verlobte beabsichtigen also eine tiefgreifende Änderung ihrer Rechtsbeziehung, die den durch schuldvertrag- liche Abmachungen möglichen Änderungen weder nach Dauer und Intensität noch nach der Qualität der berührten höchstpersönlichen Rechtsgüter vergleichbar ist. Daher ist es angemessen, nach dem Scheitern des Projekts Eheschließung nicht nur die Rückforderung bereits übertragener Werte (vgl § 1301) zu normieren, sondern auch denjenigen Ex-Verlobten mit Schadensersatzpflichten zu belasten, der das Scheitern zu verantworten hat. Erklärt der Teil den Rücktritt vom Projekt Ehe- schließung, der den Rücktritt nicht zu verantworten hat, liegt es auf der Hand, dass er nichts Verbotenes getan hat. Aber auch der Rücktritt des Teils, der das Scheitern zu verantworten hat, ist nicht ein rechtswidriges, sondern ein rechtmäßiges und sogar erwünschtes Verhalten, weil auf diese Weise eine scheiternde Ehe weniger geschlos- sen wird (RGZ 163, 280, 286).

Das Verlöbnis ist also wegen seiner Hinordnung auf die Ehe ein **eigenständiges 65 familienrechtliches Rechtsverhältnis** (so ausdrücklich FLUME, Rechtsgeschäft § 13 Nr 10 [212]; vgl BGHZ 20, 195 f; 28, 377; 35, 103, 107; 45, 259; LG Saarbrücken NJW 1970, 327 f), worauf ja auch die Einordnung in das Vierte Buch hinweist. Es ist kein besonders ausgestat- tetes Schuldverhältnis; die künftigen Ehegatten schulden einander (im Rechtssinn) nichts, zwischen ihnen bestehen, solange sie (noch) verlobt sind, weder schuldrecht- liche noch familienrechtliche Ansprüche iSv § 194 Abs 1 u Abs 2. Das erkennt in Wirklichkeit auch die hL – wenn auch von anderen Standpunkten aus – an, wenn sie die allgemeinen schuldrechtlichen Regeln über Verträge nicht eo ipso auf das Ver- löbnis anwendet.

c) Wird die ausschließliche Hinordnung des Verlöbnisses auf die Ehe anerkannt, **66** erscheint auch der **Rücktritt vom Verlöbnis** in anderem Licht, nämlich als das privatrechtliche Mittel, das die **unbeschränkte Eheschließungsfreiheit gewährleistet**. Unrichtig und vom Wortlaut des Gesetzes nicht gedeckt ist es daher, wenn die hM zwischen berechtigtem und unberechtigtem Rücktritt unterscheidet. Der Rücktritt selbst ist stets erlaubt, also **niemals rechtswidrig**. Wäre der fälschlich so genannte unberechtigte Rücktritt grundsätzlich rechtswidrig, würde man dem Gesetz unterstellen, es verlange den Abschluss absehbar unglücklicher Ehen, nämlich solcher, die einer der Eheschließenden schon vor der Heirat verabscheut. Der Rücktritt aus wichtigem Grund ist ebenso rechtmäßig wie der aus nichtigem Grunde. Deutlich zeigt schon das Gesetz, dass nicht die Rechtshandlung „Rücktritt" die Schadensersatzpflicht auslöst, sondern die Bewertung des Rücktrittsgrundes (gemäß §§ 1298 Abs 3, 1299 HS 1) als „wichtig"; das wird besonders deutlich im Fall des beiderseitigen wichtigen Grundes.

67 d)   Die Regelung der §§ 1298, 1299 lässt sich im Kern so kennzeichnen: Besteht zwischen einem Mann und einer Frau wirksam das Rechtsverhältnis Verlöbnis, dann darf jeder von beiden auf dieser Grundlage seine eigenen Vorbereitungsmaßnahmen für die gemeinsam gewollte eheliche Lebensgemeinschaft tätigen. Der andere Teil trägt das materielle Risiko der Zweckverfehlung dieser Maßnahmen mit, wenn er für das Scheitern des gemeinsamen Projekts Eheschließung verantwortlich ist und dafür keinen wichtigen Grund hat. Aber auch dann ist die Ersatzpflicht auf die angemessenen „Fehlinvestitionen" des anderen (und seiner Seite) begrenzt. Hat der, welcher das gemeinsame Projekt platzen ließ, jedoch einen wichtigen Grund dafür, dann verbleibt dem anderen der Schaden, auch wenn seine Maßnahmen zweifelsfrei angemessen waren.

C.   Das Verlöbnis unter Geschäftsfähigen

I.   Zustandekommen des Verlöbnisses

1.   Die Verlobung

68 a)   Da die weitreichende Risikoübernahme gem §§ 1298 ff, die Rechte aus § 1301 und die Rechte Dritter vom Vorliegen des Verlöbnisses abhängen, müssen die tatbestandlichen Voraussetzungen dieses Rechtsverhältnisses hinreichend bestimmt sein: dem genügen die von CANARIS genannten Kriterien nicht. Im Privatrecht werden schwerwiegende Rechtsfolgen nicht schon auf Bereitschaft und Vertrauen gegründet, sondern üblicherweise durch eine rechtsgeschäftliche Vereinbarung, hinfort solle zwischen den Beteiligten ein besonderes Rechtsverhältnis bestehen. Am Erfordernis wechselseitiger **Verlobungserklärungen** ist daher nach einhelliger Meinung festzuhalten.

69 b)   Diese Erklärungen sind **rechtsgeschäftliche Willenserklärungen**, denn sie bezwecken die Änderung der Rechtsbeziehungen des Mannes und der Frau in dem Sinne, dass sie sich darüber einig sind, sich auf die künftige eheliche Lebensgemeinschaft und ihre Begründung in Form der bürgerlichen Eheschließung vorzubereiten. Zweifel an der Rechtsgeschäftlichkeit der Erklärungen lassen sich nicht damit begründen, die Verlobten „wollten" die Risikoverteilung der §§ 1298 ff nicht; denn auch sonst wird nicht gefordert, dass die gesetzlichen Abwicklungsregeln für gescheiterte Verträge von den dem Vertragsschluss zugrundeliegenden Willenserklärungen umfasst sein müssten (BEITZKE, in: FS Ficker 82). Das Verlöbnis ist ein (nicht nur) in Deutschland allgemein bekanntes und immer noch gebräuchliches Rechtsverhältnis. Ebenso ist man sich dessen bewusst, dass beim Scheitern möglicherweise Schadensersatz zu leisten ist; daher muss die Abwicklungsregelung nicht ausdrücklich in den Willen aufgenommen werden (BGB-RGRK/Roth-Stielow Vorbem 8). Die Möglichkeit, abweichende Bestimmungen zu vereinbaren, spricht ebenfalls für den rechtsgeschäftlichen Charakter der Verlobung.

c) Die Erklärungen sind **formfrei** gültig; jedoch kann gem § 125 S 2 eine Form **70** vereinbart werden, zB die Bekanntgabe an die Eltern oder die Familie. Im Zweifel erfolgt aber die Verlobung im Rechtssinn längst vor der Verlobungsfeier; auf gesellschaftliche Förmlichkeiten kommt es nicht an, sie erleichtern nur den Nachweis.

d) Die **inhaltlichen Anforderungen** an die Verlobungserklärungen dürfen nicht **71** überspannt werden. Aus ihnen erwachsen ja keine klagbaren Ansprüche iSv § 194, sondern lediglich das fragile familienrechtliche Rechtsverhältnis Verlöbnis, das jederzeit einseitig auflösbar ist. Lässt sich feststellen, dass ein geschäftsfähiger Mann und eine geschäftsfähige Frau sich darüber geeinigt haben und noch einig sind, miteinander die Ehe einzugehen, besteht zwischen ihnen das Rechtsverhältnis Verlöbnis, sofern keine Willensmängel vorliegen oder die Verlobungserklärungen nicht nichtig sind. Wegen der Formfreiheit und wegen des Umstandes, dass die rechtlich maßgebenden Erklärungen eher selten öffentlich, sondern **unter vier Augen ohne viel Worte** – vielleicht nur im **Verlobungskuss** im eigentlichen Sinne – ausgetauscht werden, ist es in der Regel müßig, die Einzelumstände (Einzelheiten vgl Münch-Komm/Roth § 1297 Rn 9) auszuleuchten, unter denen das Einverständnis erzielt wurde, miteinander eine eheliche Lebensgemeinschaft zu begründen (vgl die Formulierung in § 1 Abs 3 S 1 LPartG).

e) Die bloße Feststellung, das Rechtsverhältnis Verlöbnis sei wirksam begründet **72** worden, genügt aber nicht, um die in §§ 1298 ff normierten Rechtsfolgen eintreten zu lassen. Vielmehr muss auch festgestellt werden, ob das wirksam begründete Verlöbnis zu dem **Zeitpunkt**, in dem Maßnahmen getroffen wurden, die unter dem Schutz der §§ 1298 ff stehen sollen, so konkretisiert war, dass dieser Schutz im Hinblick auf den einzigen Zweck des Verlöbnisses (die Vorbereitung der ehelichen Lebensgemeinschaft) gerechtfertigt erscheint. Die **zeitliche Perspektive** spielt also eine Rolle, also die Frage, ob die Eheschließung nur unbestimmt ins Auge gefasst oder bereits ernsthaft geplant ist, mit anderen Worten, ob die Verlobten tatsächlich als „künftige, werdende Ehegatten" gehandelt haben. Ist die **Eheschließung zeitlich noch nicht konkretisiert**, sondern aufgeschoben, zB um dem einen Verlobten seine Witwenrente zu erhalten, dann liegt solange kein die Rechtsfolgen der §§ 1298 ff rechtfertigendes Verlöbnis vor, wie es unbestimmt ist, wann die Ehe geschlossen werden soll (BayObLG RPfleger 1983, 440; OLG Celle NJW 1983, 1065). Dieser strikten Ausrichtung des Verlöbnisses auf die konkret bevorstehende Eheschließung trägt auch der Gesetzgeber in zunehmendem Maße Rechnung. Daraus folgt, dass die im Folgenden erörterten rechtsgeschäftlichen Gültigkeitsvoraussetzungen der Verlobung notwendige, nicht aber hinreichende Voraussetzungen für die aus dem Verlöbnis erwachsenden Rechte (zB im Verfahrensrecht) und die aus dem beendeten Verlöbnis möglichen Rückgabe- und Schadensersatzpflichten sind.

f) **Aufschiebende Bedingungen**, zB Schwangerschaft der Frau (OLG Hamburg **73**

OLGE 16, 23; zust Gernhuber/Coester-Waltjen § 8 Rn 18 u Fn 27; MünchKomm/Roth § 1297 Rn 13), Zustimmung der Eltern (Strätz, Verlobungskuß 12; BGB-RGRK/Roth-Stielow § 1297 Rn 3), Bestehen eines Examens, günstiges Ergebnis einer ärztlichen Untersuchung, Ehedispens (Rn 78 f), können vereinbart werden, ebenso ein bestimmter **Anfangstermin**, zB die Verlobungsfeier. Eine echte **auflösende Bedingung**, die die Rücktrittsregelung überspielt (MünchKomm/Roth § 1297 Rn 13; BGB-RGRK/Roth-Stielow § 1297 Rn 3), dürfte allenfalls unter Juristen vorkommen. Eine derartige Abrede, zB für das Nichtbestehen einer Prüfung, ist im Zweifel keine Bedingung, sondern warnt vor unangemessenen Vorbereitungen; sie klärt, dass der eine ein Ereignis als Auflösungsgrund nehmen will, wirkt jedoch weder automatisch, noch entbindet sie von der Prüfung des wichtigen Grundes. Ein **befristetes** Verlöbnis ist kein Verlöbnis im Rechtssinn, weil ihm sein Wesenselement, die Hinordnung auf die Eheschließung, fehlt.

74 g) Die **Vertretung im Willen** nach §§ 164 ff ist ausgeschlossen; personenbezogene familienrechtliche Entscheidungen können grundsätzlich nicht delegiert werden. Hingegen ist die Einschaltung eines Boten („Rosenkavalier") zulässig.

2. Willensmängel

75 a) Weil die Einigung, die eheliche Lebensgemeinschaft vorzubereiten, durch korrespondierende Willenserklärungen zustande kommt, sind Willensmängel grundsätzlich beachtlich. Keine besonderen Probleme werfen die §§ **116** (RGZ 149, 143, 148), **117** auf; im einen Fall liegt ein Verlöbnis vor, im anderen Fall nicht. Hat der eine Teil aber eine unerwarteterweise doch ernst genommene Verlobungserklärung iS von § **118** abgegeben, kommt es auf den Zeitpunkt an, zu dem die Ehevorbereitungsmaßnahme, die sich nachträglich als Schaden erwiesen hat, vorgenommen wurde. Zunächst liegt gemäß § 118 objektiv kein Verlöbnis vor (München OLGE 26, 210). Schadensersatz nach § 122 Abs 1 steht dem anderen Teil gemäß Abs 2 zu, wenn er den Unernst ernst genommen hatte und ernst nehmen durfte. Hielt er sich subjektiv für verlobt und durfte er sich objektiv dafür halten, kann er nur in dem Maße Schadensersatz wie bei gültigem Verlöbnis verlangen, also nach Maßgabe der §§ 1298, 1299. Hält der Teil, der die nicht ernst gemeinte Verlobungserklärung abgegeben hat, den daraus entstandenen Anschein des Verlöbnisses über eine gewissen Zeit aufrecht, insbesondere auch noch, wenn der andere Teil bzw die durch § 1298 geschützten Personen Maßnahmen in Erwartung der Ehe tätigen, dann entfällt die Schranke des § 122 Abs 2; dieses Verhalten kann als Willenserklärung nach § 116 zu werten sein, jedenfalls kann dem getäuschten redlichen Teil nicht mehr Fahrlässigkeit gegenüber sich selbst vorgeworfen werden. Anders als bei Schuldverträgen, die bestimmte Rechte und Pflichten von Gläubigern und Schuldnern begründen und bei denen daher auf den Vertragsabschluss abzustellen ist, ist bei dem familienrechtlichen Verhältnis Verlöbnis jeweils der Zeitpunkt maßgebend, in dem die sich ex post als schadensbegründend erweisende Vorbereitungsmaßnahme getroffen wurde. Die rechtlich wirkungslose Abrede künftiger Eheleute, sich alsbald wieder scheiden zu lassen, beeinträchtigt die Abrede, die Ehe eingehen zu wollen, grundsätzlich nicht; das Verlöbnis besteht somit in der Regel und begründet, wenn die Eheschließung unterbleibt, die Konsequenzen der §§ 1298, 1299, 1301, wobei dem Kriterium der Angemessenheit besondere Bedeutung zukommt (LG Wiesbaden FamRZ 1965, 272 f).

b) Zum Schutze des Irrenden ist auch die Irrtumsanfechtung nach § 119 ausge- **76** schlossen (heute hM; anders noch RG JW 1936, 863). Dem rechtlich belanglosen Vorteil der Auflösungsfiktion ex tunc steht nämlich die volle Haftung aus § 122 gegenüber. Fasst man die Auflösungserklärung jedoch mit der hM als Rücktritt auf, kann der Anfechtungsgrund evtl als wichtiger Grund zum Wegfall der Ersatzpflicht führen, die jedenfalls iSv § 1298 Abs 2 beschränkt ist.

c) Entbehrlich ist, ebenfalls mit der hM, die Anfechtung wegen arglistiger Täu- **77** schung oder Drohung nach § 123; denn es lässt sich kaum vorstellen, dass dieser Anfechtungsgrund nicht auch wichtiger Grund iS von §§ 1298 Abs 3, 1299 ist. Die Begrenzung des Anspruchs gem § 1298 Abs 2 schadet insofern nicht, als Ansprüche aus §§ 823, 825, 826, 847 auch ohne Anfechtung möglich sind.

3.   Nichtigkeit wegen gesetzlichen Verbots

a) Als Verbotsnorm iS von § 134 kommt praktisch nur das Inzestverbot des § 1307 **78** in Betracht, das einzige indispensable und unheilbare Eheverbot (GERNHUBER/COES-TER-WALTJEN § 8 Rn 22). Hatten sich zB **Halbgeschwister** unwissend verlobt, trifft bei der Entdeckung ihrer Verwandtschaft und der damit gesetzlich eintretenden Beendigung des Verlöbnisses keinen eine Ersatzpflicht. Auch die analoge Anwendung hilft nicht weiter; die Verwandtschaft ist zwar ein wichtiger Rücktrittsgrund (§ 1298 Abs 3), aber den andern trifft keine Schuld (§ 1299). Tritt ein Teil vor der Aufdeckung des Eheverbotes von diesem Scheinverlöbnis zurück, gilt dasselbe; denn die Ersatzpflicht ist keine Strafe für den Rücktritt, sondern bestimmt sich nach Maßgabe des wichtigen Grundes, auch wenn dieser nicht zur Begründung herangezogen wurde. Kannten beide das Hindernis, ist keiner schutzwürdig. War einer bösgläubig, ist Schadensersatz nach § 826 oder jedenfalls nach Maßgabe der §§ 311 Abs 2, 241 Abs 2 zu leisten.

b) Steht der beabsichtigten Eheschließung ein anderes **Eheverbot** oder **Ehehin- 79 dernis** entgegen, ist das Verlöbnis gleichwohl nicht nichtig, denn es kann in der Regel als unter der aufschiebenden Bedingung der Befreiung vom Eheverbot (zB nach §§ 1308 Abs 2, 1309 Abs 2) eingegangen angesehen werden (GERNHUBER/COES-TER-WALTJEN § 8 Rn 23; MünchKomm/ROTH § 1297 Rn 14). Aufgrund Art 1 Abs 1 GG Nichtigkeit wegen zu **großen Altersunterschieds** zu behaupten, ist abwegig (so aber BGB-RGRK/ROTH-STIELOW § 1297 Rn 6). Kam schon § 306 aF tatbestandlich nicht in Betracht, weil das geltende Recht keine objektive Eheunfähigkeit kennt, so gilt dasselbe für § 311a Abs 1, weil das gegenseitige Eheversprechen keine Leistungspflichten nach § 275 begründet.

4.   Nichtigkeit wegen Sittenverstoßes

a) Abreden über die künftige Ehe, die dem Wesen der Ehe iSv § 1353 wider- **80** sprechen, können auch das Verlöbnis **sittenwidrig** und nichtig machen. Welche Abreden die Wirkung haben sollen, dass vergebens getroffene Ehevorbereitungen nicht ersatzpflichtig sind, obwohl oder gerade weil diese mit Sittenwidrigkeit behaftete Ehe nicht geschlossen wurde, ist im Einzelnen zu prüfen. **Abreden über Kinderlosigkeit oder Kinderzahl**, ob aus persönlichen oder wirtschaftlichen Gründen, widersprechen heute nicht dem Wesen der Ehe (anders noch RG JW 1908, 28). Die rechtlich wirkungslose **Abrede der alsbaldigen Scheidung** hat mit der Abrede, die Ehe zunächst eingehen zu wollen, grundsätzlich nichts zu tun; das Verlöbnis ist mithin in der Regel gültig. Anstatt des Alles oder Nichts empfiehlt es sich, diese Abrede bei der Angemessenheit „den Umständen nach" (§ 1298 Abs 2) zu berücksichtigen. Stand hingegen hinter der Verabredung einer Kurz-Ehe der Wunsch, einem künftigen Ehegatten einen **besonderen Namen** oder einem **Ausländer** den Schutz von Art 6 Abs 1 GG zu verschaffen, und kommt es dennoch nicht zur Eheschließung, ist das Verlöbnis selbst nichtig. Wer damit einverstanden ist und sich dann auch tatsächlich anschickt, eine aufhebbare, wenn auch heilbare Ehe einzugehen (vgl §§ 1314 Abs 2 Nr 5, 1315 Abs 1 Nr 5), verdient keinen Schutz für seine fehlgeschlagenen Vorbereitungsmaßnahmen. Dieses Verlöbnis ist vielmehr sittenwidrig und nichtig.

81 b)   Allerdings ist auch hier beim Streit um die **Rechtsfolgen eines nichtigen Verlöbnisses** der Zeitfaktor bedeutsam. Der **maßgebliche Zeitpunkt** für die Anwendung des § 138 ist nicht der früheste Austausch der Verlobungserklärungen. Festzustellen ist vielmehr, ob im Zeitpunkt, in dem eine Maßnahme zur Ehevorbereitung getroffen wurde oder ein Zeugnisverweigerungsrecht in Anspruch genommen wird (dazu vgl LG Duisburg NJW 1950, 714), jenes sittenwidrige Motiv noch bestand. War es von beiden beiseitegelegt, ist das Verlöbnis nicht mehr sittenwidrig; die Rechtsfolgen des gescheiterten Verlöbnisses treten ein hinsichtlich der nach diesem Zeitpunkt getroffenen Maßnahmen. Das einseitige Abgehen von der Scheidungsabrede reicht nicht aus, vielmehr ist zu prüfen, ob der andere Teil nicht auch stillschweigend von der Scheidungsabrede abgerückt war. Das ist insbesondere dann anzunehmen, wenn er von den Vorbereitungsmaßnahmen erfahren und sich nicht dagegen verwahrt hat.

82 c)   Ist beiden Ehewilligen die **noch bestehende Ehe** eines von ihnen bekannt, so ist ihr einverständliches Streben nach einer neuen Ehe kein gültiges Verlöbnis; Rechtsschutz für dieses Vorhaben zu begehren, verstößt gegen § 138; ihn zu gewähren, verletzt Art 6 Abs 1 GG. Der dort verankerte favor matrimonii lässt Ausnahmen auch nicht während des **Getrenntlebens** zu. Daraus folgt, dass auch dann, wenn der eine die Scheidung seiner Ehe in Aussicht stellt und verspricht, den anderen anschließend zu heiraten, Schadensersatzpflichten nicht entstehen (LG Saarbrücken NJW 1987, 2241; **aA** OLG Hamm NJW 1983, 2809). Unerheblich ist, ob die Scheidung wirklich geplant war oder nicht, weil der neue Partner jedenfalls wusste, dass er es mit einem Verheirateten zu tun hatte. Auch die Anhängigkeit des Scheidungsverfahrens ermöglicht noch keine wirksame Verlobung mit einem neuen Partner (für Straf- und Prozessrecht so BayObLG NJW 1983, 831 = FamRZ 1983, 277; BGH NStZ 1983, 564 mit Anm Pelchen = FamRZ 1984, 386; BVerfG NJW 1987, 2807); ergibt sich jedoch in der entscheidenden mündlichen Verhandlung, dass die Eheleute unversöhnlich sind, die Rechtskraft der Scheidung mithin nur noch eine Frage des Verkündungstermins ist, können wenigstens die personenrechtlichen Folgen anerkannt werden; die Ehe bedarf in diesem Falle keines Schutzes mehr (vgl Strätz JR 1984, 127, Anm zu BayObLG aaO). Mit **Rechtskraft** der Scheidung entsteht jedoch das Verlöbnis, sofern die Parteien an ihrer Eheschließungsabsicht festhalten (MünchKomm/Roth § 1297 Rn 14). Kommt es dann nicht zur Eheschließung, gelten §§ 1298 ff nach dem Rechtsgedanken des § 141 Abs 2 auch für die früheren Maßnahmen.

83 d)   Bestanden begründete **Zweifel** am Fortbestand der Ehe, wie bei Vermissten oder bei längerer Verschollenheit, kann ausnahmsweise Gültigkeit des Verlöbnisses angenommen werden (SchlHOLG SchlHAnz 1969, 198; Palandt/Brudermüller Einf v § 1297 Rn 1; Erman/Kroll-Ludwigs Rn 14).

e)　War ein Teil **redlich** hinsichtlich des **Nichtbestehens der Ehe** des anderen, ist das **84** Verlöbnis nicht wegen § 138 als ungültig zu beurteilen, sofern die Sittenwidrigkeit nur dem anderen Teil zur Last fällt. Der getäuschte Dritte iS von § 1298 Abs 1 wird in seinem Vertrauen geschützt (vgl Rn 23; vgl auch BGH FamRZ 1969, 474, 475 f, der bei Gutgläubigkeit den andern trotz Nichtigkeit des Verlobtseins den Anspruch aus § 1301 gewährt). Wird der Sittenverstoß aufgedeckt, entfällt der Schutz nur für die danach getroffenen Maßnahmen. Verlangt jedoch der Verheiratete vorher nach § 1299 Ersatz für seine Vorbereitungen, kann der Redliche ihm diesen Anspruch wegen der von Anfang an bestehenden Bösgläubigkeit gemäß dem Rechtsgedanken aus § 819 aus der Hand schlagen; wer nämlich schon Leistungen, die er bösgläubig oder unter Sittenverstoß entgegennimmt, in vollem Umfang herausgeben muss, kann erst recht nicht Ersatz für die in dieser Lage selbst und im eigenen Bereich getroffenen Dispositionen verlangen.

f)　Eine **weitere Verlobung** eines werdenden Ehegatten ist nicht wegen § 138 **85** nichtig, wenn der neue Partner die bestehende Bindung nicht kennt; das frühere Verlöbnis bleibt unberührt. Entgegen der hM ist auch bei Kenntnis des neuen Partners das spätere Verlöbnis nicht stets nichtig mit der Folge, dass bei einseitiger Auflösung die Schutzansprüche aus §§ 1298 ff von vornherein außer Betracht bleiben. Der Schutz des neuen Partners, dem die Auflösung des früheren Verlöbnisses versprochen wurde, hängt nicht davon ab, ob er seine Maßnahmen vor oder nach der Auflösung des früheren Verlöbnisses traf; er kann diesen Zeitpunkt nämlich in der Regel nicht feststellen. Entscheidend ist, ob er nach den tatsächlichen Gegebenheiten auf die Einhaltung der Auflösungszusage vertrauen durfte (ähnlich Canaris 23, der jedoch zu Unrecht dasselbe für das Verlöbnis eines Verheirateten gelten lassen will). Andererseits ist der mehrfach Verlobte bei grundlosem Rücktritt oder Verschulden des neuen Partners nicht per se schutzlos, falls er Maßnahmen trifft oder Geschenke macht, bevor sein Rücktritt dem anderen zugegangen ist. Unterlässt er den Rücktritt, erhöht sich sein Risiko gegenüber dem früheren Verlobten, befreit jedoch den neuen Partner nicht von den Pflichten aus §§ 1298–1301.

II.　Rechte und Pflichten der Verlobten

1.　Das Verlöbnis als Projekt Eheschließung

Das Verlöbnis bezweckt nach seiner gesetzlichen Gestaltung im BGB heute nichts **86** anderes als die Möglichkeit, weitgehend risikofrei **Eheschließung und Ehe vorzubereiten**, ohne damit die Freiheit der Eheschließung irgendwie zu beschneiden. Die künftigen Ehegatten haben keinerlei gegenseitige Ansprüche iSv § 194 Abs 1. Das Gesetz enthält keine Verpflichtung der künftigen Ehegatten, das Projekt Eheschließung zu fördern (aA BGB-RGRK/Roth-Stielow Vorbem 4). Ob und wie die Verlobten die gesetzlichen Möglichkeiten nutzen, ist ihnen überlassen. Lediglich für den Fall des Scheiterns ihres „Projekts Eheschließung" enthebt das Verlöbnis sie der Sorge, auf den Kosten für die nach den Umständen des Einzelfalls angemessenen Maßnahmen für die Realisierung ihres Vorhabens „sitzen zu bleiben". Das unterscheidet das Verlöbnis vom Vorhaben, ein schuldvertragliches Rechtsverhältnis anzustreben;

　Martin Löhnig

in diesem geht es darum, gegensätzliche Interessen zum Ausgleich zu bringen, hier aber darum, eine Lebensgemeinschaft bis zum Tode vorzubereiten und durch die Eheschließung rechtlich zu begründen. Das Verlöbnis lässt sich sachgerecht auch nicht als gesellschaftsähnliches Rechtsverhältnis begreifen; denn es verpflichtet die Verlobten gerade nicht, das Erreichen eines gemeinsamen Zwecks zu fördern (vgl § 705). Es handelt sich vielmehr um ein **einverständlich beschlossenes Vorhaben**, die Ehe anzustreben und vorzubereiten. Dieses Projekt Eheschließung wandelt die persönliche Beziehung der Verlobten nicht in ein Gefüge von Ansprüchen und Erfüllungspflichten. Da es keine durchsetzbaren Leistungspflichten kennt, ist das Verlöbnis nicht ein gegenseitiger Vertrag auf Austausch von Leistungen („ich heirate dich, damit du mich heiratest"), sondern ein vertraglich begründetes Rechtsverhältnis zu einem gemeinsamen Ziel („wir wollen heiraten"). Die Verlobung leitet einen neuen Abschnitt der Entwicklung des persönlichen Verhältnisses mit dem Endziel ein, die eheliche Lebensgemeinschaft rechtlich zu begründen.

87 Als unverbindliches Vorhaben, die Ehe miteinander einzugehen, kann aus dem Verlöbnis selbst **niemals eine Unterhaltspflicht** entstehen; daher kann die Tötung eines Verlobten dem anderen keinen Anspruch nach § 844 Abs 2 verschaffen (OLG Frankfurt VersR 1984, 449). Allerdings erkennt der BFH in Ausnahmefällen **eine sittliche Verpflichtung** zur Unterhaltsleistung steuerrechtlich an (FRITZ/GRAMKOW SteuerStud 2005, 406 f). Eine solche Verpflichtung besteht, wenn die Bedürftigkeit gemeinschaftsbedingt ist und besondere Umstände vorliegen, die die Unterhaltsgewährung bei einer Gesamtwürdigung als unausweichlich erscheinen lassen (BFH BStBl II 1990, 294). Dabei ist bei Verlobten, also werdenden Ehegatten, die alsbald erfolgte Eheschließung zu berücksichtigen, da die – „unter dem Schutz des Art 6 Abs 1 GG stehende – eheliche Lebensgemeinschaft gewisse Vorwirkungen hat" (BFH BStBl II 1994, 31; vgl Rn 63). Deshalb kann eine im Zuge der Ehebegründung auftretende Unterhaltsbedürftigkeit des Partners steuerlich als außergewöhnliche Belastung iSd § 33a Abs 1 EStG berücksichtigt werden.

2. Freiheit der Inhaltsbestimmung

88 Da nach geltendem Recht die Eheleute die Ausgestaltung ihrer Ehe weitgehend selbst regeln, kann auch Verlobten nicht verwehrt sein, die gesetzlich vorgesehenen **Verlöbnisfolgen zu modifizieren oder auszuschließen**. Die Aussage, man wolle heiraten, sich aber nicht vorher verloben, ist auslegungsfähig und -bedürftig. Falls damit nur gesagt werden soll, das Paar wolle auf eine Verlobungsfeier und dergleichen verzichten, liegt gleichwohl das Rechtsverhältnis Verlobung mit den Rechtsfolgen aus §§ 1298 ff vor. Möglicherweise wollen die Verlobten jedoch diese gerade ausschließen; das steht ihnen frei. Damit ist jedoch nicht gesagt, dass sie auf die Rechtswohltaten eines Verlöbnisses, zB das Aussageverweigerungsrecht vor Gericht, verzichten wollen. Zwischen diesen unterschiedlichen Rechtsfolgen eines Verlöbnisses besteht kein zwingender Zusammenhang des Alles oder Nichts. Und damit ist auch nicht gesagt, dass sie auf das Verlöbnis, das nach zutreffender Auffassung mit der Anmeldung beim Standesamt erfolgt, verzichten könnten, denn spätestens in diesem Zeitpunkt haben beide Beteiligte deutlich gemacht, dass sie dabei sind, eine gemeinsame Ehe vorzubereiten.

89 Ebenso steht es den Verlobten frei zu verabreden, dass bestimmte **Vorbereitungen**

nur einvernehmlich getroffen werden sollen. Abredewidrige einseitige Maßnahmen können dann nicht als Schadensposten nach §§ 1298 Abs 1, 1299 berücksichtigt, einvernehmliche nicht als unangemessene nach § 1298 Abs 1 ausgeschieden werden.

3.   Unterlassungs-, Handlungspflichten

Für das Verlöbnis spielt das aus dem Gebot von Treu und Glauben ableitbare **90** Verbot, der Verwirklichung des vereinbarten Ziels entgegenzuwirken, das für Rechtsverhältnisse mit ungewissem Erfolgseintritt typisch ist (vgl §§ 162, 815), nur insofern eine Rolle, als dass seine Verletzung zum Rücktritt vom Verlöbnis führt und der wichtige Grund iSv § 1298 Abs 3 zu beurteilen ist.

Entgegen BGHSt 6, 46, 54 (= FamRZ 1960, 402) und der hM ist nicht der Verlobte als **91** solcher unter Strafandrohung verpflichtet, den **Selbstmord des Partners** zu verhindern; diese sog Garantenstellung ist allenfalls aus dem (seinerzeit gegebenen) **Zusammenleben** ableitbar (vgl GEILEN FamRZ 1961, 149 f; HEINITZ JR 1955, 105 gegen BGH LM Nr 25 zu § 222 StGB = JR 1955, 104).

III.   Beendigung des Verlöbnisses

1.   Bestimmungsgemäße Beendigung durch Eheschließung

Das Verlöbnis endet bestimmungsgemäß mit der Eheschließung gemäß § 1310 **92** Abs 1; damit ist das „Projekt Eheschließung" verwirklicht. Ist diese Ehe fehlerhaft, richtet sich ihre vermögensrechtliche Abwicklung ausschließlich nach Eherecht (§ 1318), ohne dass für die vorehelichen Maßnahmen auf das Verlöbnisrecht zurückgegriffen werden kann. Auch bei der Ehescheidung bleibt das Verlöbnisrecht unanwendbar.

Dies kann zu Unbilligkeiten führen, wenn bereits in der Verlobungszeit erhebliche **93** Zuwendungen (zB der Bau eines Hauses auf dem Grundstück des Verlobten) gemacht wurden. Da der andere Teil sie mit in die Ehe einbringt, gehören sie zu seinem Anfangsvermögen und unterliegen damit nicht dem Zugewinnausgleich. Nach Ansicht des BGH kann sich hier zugunsten des Zuwendenden wegen **Wegfalls der Geschäftsgrundlage** ein ergänzender Ausgleichsanspruch ergeben (BGH FamRZ 1992, 160, zust Anm SMID JR 1993, 62). Gehen die vorehelichen Leistungen über bloße Gefälligkeiten weit hinaus, ohne dass zuvor besondere Abreden getroffen worden sind, so ist die Interessenlage mit derjenigen bei unbenannten Zuwendungen unter Ehegatten im Güterstand der Gütertrennung vergleichbar (vgl dazu BHG JZ 1982, 805). Die Höhe dieses Ausgleichsanspruchs richtet sich nach Ansicht des BGH grundsätzlich nach dem hypothetischen Zugewinnausgleich, der bestünde, wenn die Zuwendungen erst nach der Eheschließung erbracht worden wären (insoweit krit TIEDTKE JZ 1992, 1025).

2.   Auflösung des Verlöbnisses

a)   Mit jeder anderen, sozusagen irregulären Beendigung des Verlöbnisses entfal- **94** len die **personenrechtlichen Wirkungen** ex nunc.

95 b)   Das übereinstimmend beschlossene Projekt Eheschließung können die Partner natürlich jederzeit formlos und **einvernehmlich aufheben**. Gesetzlich sind sie dann zur Rückgabe von Schenkungen und Gaben nach § 1301 S 1 verpflichtet, sofern sie nichts anderes bestimmt haben. Erbrechtliche Verfügungen werden in der Regel ungültig (§§ 2077, 2279 Abs 2); für vorab geschlossene güterrechtliche Vereinbarungen bedarf es keiner Bestimmung, weil sie erst mit der Eheschließung gültig geworden wären. Im Übrigen geht das Gesetz davon aus, dass die anderen vermögensrechtlichen Fragen ebenso einvernehmlich geregelt werden.

96 c)   Die **einseitige Beendigung** des Verlöbnisses löst die Ansprüche nach § **1301** aus. Verhindert der **Tod** eines Verlobten die Eheschließung, darf der Überlebende im Zweifel die Geschenke und Verlobungszeichen, die der Verstorbene ihm gegeben hat, behalten (S 2). Insbesondere aber gibt die einseitige Beendigung durch **Rücktritt** die Möglichkeit, Schadensersatz für die bisherigen Vorbereitungsmaßnahmen nach Maßgabe der §§ **1298 ff** zu beanspruchen. Daneben können selbstredend auch Ansprüche aus evtl neben dem Verlöbnis bestehenden anderen Rechtsverhältnissen, zB wegen geleisteter Dienste oder unerlaubter Handlungen, in Betracht kommen. Die speziellen verlöbnisrechtlichen Rechtsfolgen schließen diese nicht aus.

97 d)   Die Spezialregelung für den **Ersatz des Nichtvermögensschadens** ist mit dem Inkrafttreten des EheschlRG zum 1. 7. 1998 (BGBl 1998 I 833 ff) entfallen. Die sog **Kranzgeldregelung** des § 1300 ist aufgehoben; sie lautete: Abs 1: „Hat eine unbescholtene Verlobte ihrem Verlobten die Beiwohnung gestattet, so kann sie, wenn die Voraussetzungen des § 1298 oder des § 1299 vorliegen, auch wegen des Schadens, der nicht Vermögensschaden ist, eine billige Entschädigung in Geld verlangen." Abs 2: „Der Anspruch ist nicht übertragbar und geht nicht auf die Erben über, es sei denn, daß er durch Vertrag anerkannt oder daß er rechtshängig geworden ist." Die bereits bei der Schaffung des BGB sehr umstrittene Norm (dazu MOSER, in: FS Kramer [1976] 140 f) sollte im Ergebnis vor allem einen Ausgleich für die Nachteile erreichen, die nur der Frau aus ihrer besonderen Lage und infolge der sozialen Missbilligung gerade ihres Verhaltens entstanden. Diese soziale Missbilligung hatte mit der Zeit zunehmend an Bedeutung verloren.

98   Die Streichung von § 1300 kann jedoch nicht bedeuten, dass nicht auch in Zukunft ein Anspruch auf **Ersatz des immateriellen Schadens** in bestimmten Fällen erforderlich sein kann. Dies gilt insbesondere im Hinblick auf das Risiko der Schwängerung (vgl AG St Ingbert FamRZ 1987, 941). Da die Frau dieses Risiko heute letztlich beherrschen kann, ist anzunehmen, dass eine künftige Ehefrau, die ein Kind bekommt, es wegen der bevorstehenden Eheschließung nicht verhütet hat. Gerade die alleinerziehende Mutter erfährt aber noch immer nicht unerhebliche soziale Benachteiligungen. Dies ist angesichts der bedauerlichen Deutlichkeit, mit der Heiratsanzeigen von Männern und Frauen ein Kind als „Anhang" oder „Altlast" verunglimpfen, evident. Der Gesetzgeber hat 1998 gleichwohl auf eine modifizierte Regelung verzichtet, die auch und gerade den auf Schwangerschaft und Geburt eines Kindes zurückgehenden Nachteilen der wider Erwarten unverheirateten Frau Rechnung trüge, und sie auf §§ 825, 253 Abs 2 sowie den Schadensersatzanspruch wegen Verletzung des allgemeinen Persönlichkeitsrechts verwiesen. Anders als 1967 im Referentenentwurf eines Gesetzes zur Änderung und Ergänzung schadensersatzrechtlicher Vorschriften, der die Streichung von § 825 als in der Rechtspraxis nahezu bedeutungslos vorgeschlagen hatte (Art 1 Nr 6), hat der Gesetzgeber jetzt § 825 also ausdrücklich beibehalten und ausgeweitet (zur Gesetzgebungsgeschichte STRÄTZ, Wundersame Entwicklung: § 825 nF, JZ 2003, 448–456; ferner BÜCHNER, Alles nur gelogen. Heiratsversprechen und Liebesschwüre, Jura 2004, 406–415; dies, Die Schadensersatzpflicht aus § 825 [Diss Konstanz 2009]). Diese Regelung ist freilich kein adäquater Ersatz für § 1300, weil die Tatbestandsmerkmale Hinterlist, Drohung oder Missbrauch eines Abhängigkeitsverhältnisses beim Geschlechtsverkehr künftiger Ehegatten im Regelfall nicht vorliegen werden. Der Verweis auf einen Ersatzanspruch wegen Verletzung des allgemeinen Persönlichkeitsrechts hilft kaum weiter, weil die Rechtsprechung diesen bislang nur „in klaren Fällen schwerwiegender Eingriffe und Übergriffe mit ernsten und nachhaltigen Schäden" zubilligt (BGHZ 35, 363). Ein Anspruch der Ex-Verlobten auf Ersatz des Nichtvermögensschadens wird danach zukünftig auf besonders schwerwiegende Einzelfälle beschränkt sein.

e) Bei **nachträglicher Unmöglichkeit**, das Projekt Eheschließung zu realisieren, ist **99** entsprechend den §§ 1298–1302 zu verfahren. Geisteskrankheit mit der Folge der Unzurechnungsfähigkeit (BGB-RGRK/ROTH-STIELOW Vorbem 10) löst daher § 1301 aus, führt jedoch nicht zur Risikoverwirklichung der §§ 1298, 1299; auf den Rücktritt kommt es für die Ersatzpflicht nämlich nicht an.

D.   Das Verlöbnis Minderjähriger

I.   Allgemeines

1.   Zulässigkeit

Ungeachtet der seit der Änderung des Mündigkeitsalters reduzierten Problematik **100** ist mit Verlöbnissen Minderjähriger zu rechnen. Wegen der gesetzlichen Ehefähigkeit ab vollendetem 16. Lebensjahr (§ 1303 Abs 2) sind Verlöbnisse Sechzehn- oder Siebzehnjähriger grundsätzlich möglich. Mangels einer weiteren gesetzlichen Grenze oberhalb der absoluten des § 104 Nr 1 hängt die Wirksamkeit einer Verlobung eines noch nicht 18-Jährigen von seiner individuellen Einsichtsfähigkeit in die Tragweite seines Entschlusses ab; sie ist bei noch nicht ehefähigen Menschen nur unter außergewöhnlichen Umständen anzuerkennen. Der Einwand, dieses Kriterium sei zu unbestimmt, überzeugt angesichts der allgemeinen gesetzlichen Pflicht zur Rücksichtnahme auf die wachsende Selbständigkeit des Kindes (vgl §§ 1626 Abs 2, 1671 Abs 1 S 2 Nr 1) nicht mehr.

2.   Selbstbestimmung und elterliche Sorge

a) Ein Verlöbnis kommt **weder gegen noch ohne den eigenen Willen des Minder- 101 jährigen** zustande. Als Konsequenz dieses ungeschriebenen Rechtssatzes erscheint die gesetzlich erweiterte Geschäftsfähigkeit Minderjähriger für bestimmte Ehevorbereitungen, bei denen der Sorgeberechtigte auf die nachträgliche Kontrolle beschränkt oder ganz ausgeschaltet ist. Bei der Verlobung selbst kann der Sorgeberechtigte allenfalls als Bote, nie aber als Stellvertreter handeln.

b) **„Zwangsverlobungen"**, also Heiratsabreden allein zwischen den Sorgeberech- **102**

tigten oder nur mit dem Sorgeberechtigten der minderjährigen Frau, scheinen in gesellschaftlichen Gruppen mit Migrationshintergrund nicht nur vereinzelt vorzukommen; seltener dürfte die Zwangsverlobung eines minderjährigen Mannes sein. Derartige Vereinbarungen begründen keine Verlobung iS des BGB. Dem Sorgeberechtigten fehlt die Vertretungsmacht. Wer im Vertrauen auf eine derartige Pseudoverlobung ehevorbereitende Maßnahmen trifft, die an sich unter §§ 1298 ff fallen, handelt auf eigenes Risiko. Erklärt die Frau, ob noch als Minderjährige oder erst als Volljährige, den „Rücktritt", löst dies keinerlei Schadensersatzpflichten gegen sie aus, weil es an der Grundvoraussetzung eines gültigen Verlöbnisses fehlt. Hat sie selbst Maßnahmen ergriffen bzw unfreiwillig ergreifen müssen, die für sie einen Vermögensschaden, insbesondere iS von § 1298 Abs 1 S 3, darstellen, kommt für sie Schadensersatz sowohl nach § 823 Abs 1 wegen Verletzung ihres allgemeinen Persönlichkeitsrechts und nach § 823 Abs 2 iVm den freiheitsschützenden Normen des StGB, als auch nach § 826 in Betracht; denn ein Eheversprechen über den Kopf der betroffenen Frau (wie meistens) hinweg verstößt in besonders grober und nicht hinnehmbarer Weise gegen die guten Sitten. Seit 17. 3. 2011 stellt § 237 StGB die Nötigung zur Eingehung einer Ehe unter Strafe; bereits der Versuch ist strafbar, Abs 3.

103 **c)** Bei der Streitfrage, ob die ratifizierende **Mitwirkung des Sorgeberechtigten** für das Verlöbnis schlechthin, dh für alle seine Rechtsfolgen, erforderlich ist, ist gem § 107 zu differenzieren. Schon die hM wendet § 107 mit Recht entgegen dem Wortlaut weder an, wenn das Verlöbnis einverständlich aufgehoben wird, noch wenn der Minderjährige vom Verlöbnis zurücktritt (RGZ 98, 13 ff), selbst wenn er sich schadensersatzpflichtig macht; diese Wertung stimmt mit der in §§ 2290 Abs 2, 2351 überein. Ebenso wenig hängen aber auch die günstigen Verlöbnisfolgen von der Zustimmung des gesetzlichen Vertreters ab. Der minderjährige Verlobte kommt daher in den Genuss der **personenrechtlichen Vorteile** ohne Rücksicht auf die Zustimmung oder Ablehnung des Sorgeberechtigten; dies ist für die prozessualen Privilegien anerkannt.

104 **d)** Da ein Verlöbnis, das bestimmungsgemäß in die Eheschließung mündet, für den Minderjährigen keine rechtlichen Nachteile hat, sind **Verlöbnisse** mit oder unter einsichtsfähigen **Minderjährigen grundsätzlich** ohne Zustimmung der gesetzlichen Vertreter **wirksam** (so LG Koblenz FamRZ 1957, 325; FLUME § 13 Nr 10 [212]; **aA** RG JW 1906, 9; RGZ 61, 267; RGZ 98, 13; vgl auch den beantragten § 1280a E III bei MUGDAN IV 676 ff, 1187). Im Übrigen kann die einmal gegebene elterliche Zustimmung später weder widerrufen noch angefochten werden (LG Saarbrücken FamRZ 1970, 319; Hamburg FamRZ 1981, 309).

II. Die Risikoübernahme

105 Die **Risikoübernahme** wegen vergeblicher Ehevorbereitungen ist kein notwendiger Bestandteil des Rechtsverhältnisses Verlöbnis. Nichts rechtfertigt die Annahme, dass beim Fehlen dieser Regelung auch die übrigen Verlöbnisfolgen ausgeschlossen sein müssten. Ebenso wenig ist die Risikoübernahme zwingend wechselseitig; die Verlobten können nämlich vereinbaren, nur einer solle das Risiko übernehmen. Beim Verlöbnis Minderjähriger ist also für jeden Partner zu prüfen, ob er das Risiko für die Vorbereitungen des anderen übernommen hat.

1. Risikoübernahme seitens des Minderjährigen

a) Bei Verlöbnissen zwischen Volljährigen und Minderjährigen wird vermutlich **106** auf die Risikoübernahme durch den Jugendlichen von vornherein **kein besonderer Wert** gelegt. Einerseits wissen nämlich beide, dass der Minderjährige Rechtsnachteile nicht ohne seinen Sorgeberechtigten wirksam übernehmen kann, und andererseits ist es lebensfremd anzunehmen, der Geschäftsfähige gehe prinzipiell davon aus, ein erst 17-Jähriger oder jüngerer Partner wolle die finanziellen Folgen für die fehlschlagenden Vorbereitungen des anderen übernehmen.

b) Die Risikoübernahme ist bei **Einwilligung** des gesetzlichen Vertreters in das **107** Verlöbnis, die die Einwilligung in die Risikoübernahme einschließt, wirksam; jedoch trifft den Volljährigen die Beweislast, dass die Risikoübernahme des Minderjährigen nicht von vornherein ausgeschlossen war.

c) **Fehlt die Einwilligung** des Sorgeberechtigten und will der Volljährige die **108** Risikoübernahme des minderjährigen Partners herbeiführen, kann er nach § 108 noch die Genehmigung einholen, weil die Risikoübernahme kein einseitiges Rechtsgeschäft, sondern Teil eines vertraglichen Rechtsverhältnisses ist. Die Entschließung des gesetzlichen Vertreters betrifft aber nur diesen Teil des Rechtsverhältnisses; die Nichteinholung der Genehmigung oder ihre Verweigerung berühren das Verlöbnis im Übrigen nicht. In der Schwebezeit kann der Volljährige seine Risikoübernahme nicht widerrufen, da sie nicht in einem Austauschverhältnis zu der des Minderjährigen steht. Allenfalls kann er die Verweigerung der Genehmigung oder ein unter § 109 Abs 2 fallendes Verhalten des Partners als wichtigen Grund für eine Auflösung des Verlöbnisses nehmen, dann allerdings in der Regel nur nach Maßgabe der §§ 1298 ff, also auf sein Risiko.

2. Risikoübernahme seitens des Geschäftsfähigen

a) Da die Risikoübernahme allein durch den Geschäftsfähigen den Minderjäh- **109** rigen nur begünstigt, ist sie ohne Zustimmung des gesetzlichen Vertreters wirksam. Der Geschäftsfähige kann seine Risikoübernahme zwar ausschließen, ist jedoch dafür beweispflichtig. Da es nicht um den Schutz des Minderjährigen gegen selbst übernommene Nachteile geht, bleibt es bei der allgemeinen Regel, dass derjenige, der regelmäßige Folgen eines Rechtsverhältnisses ausschließen will, selbst für Klarheit zu sorgen hat.

b) Will der Geschäftsfähige sich nur **unter Ausschluss seiner Risikoübernahme** **110** verloben, und geht der Minderjährige darauf ein, kommt das Verlöbnis so zustande, wie die Partner es wollen. Da der Minderjährige dann nur eine von vornherein eingeschränkte Verlobungserklärung annimmt, belastet er sich nicht mit einem Rechtsnachteil, sodass es nach § 107 auf die Zustimmung des Sorgeberechtigten nicht ankommt. Dieser kann auch nicht nachträglich einseitig einen Bestandteil, den die Verlobten nicht wollten, in das Rechtsverhältnis einfügen. Gefahren bringt diese Sicht dem Minderjährigen praktisch nicht. Es liegt an ihm, evtl nachteilige Vorbereitungen zu unterlassen. Überdies können die Verlobten den anfänglichen **Ausschluss jederzeit revidieren**; er ist zB aufgehoben, soweit der Geschäftsfähige bestimmte Maßnahmen veranlasst oder billigt, ohne dabei eindeutig klarzustellen, dass der Minderjährige ganz auf eigenes Risiko handelt.

111 c)   Hat der Geschäftsfähige seine Risikoübernahme nicht schon bei der Verlobung ausnahmsweise ausgeschlossen, kann sie der Minderjährige wegen § 107 **nachträglich** nur mit Zustimmung des gesetzlichen Vertreters ausschließen.

3.   Verlöbnis zweier Minderjähriger

112 Das Verlöbnis eines minderjährigen Mannes mit einer minderjährigen Frau ist, hinreichende Einsichtsfähigkeit beider vorausgesetzt, rechtswirksam. Für die Risikoübernahme wegen der Vorbereitungen des anderen bedarf jeder der Zustimmung seiner Sorgeberechtigten, die in der Zustimmung zum Verlöbnis eingeschlossen ist. Fehlt sie, trägt jeder das Risiko für seine Vorbereitungen selbst; es ist gering, weil die einzelnen Maßnahmen zur Ehevorbereitung regelmäßig der Zustimmung der Sorgeberechtigten bedürfen, um wirksam zu werden.

§ 1297
Unklagbarkeit, Nichtigkeit eines Strafversprechens

(1) Aus einem Verlöbnis kann nicht auf Eingehung der Ehe geklagt werden.

(2) Das Versprechen einer Strafe für den Fall, dass die Eingehung der Ehe unterbleibt, ist nichtig.

Materialien: E I 1227; II 1203; III 1280; Mot IV
1 ff; Prot IV 1, 9; Jakobs/Schubert §§ 1297–
1302.

1 Abs 1 ist heute selbstverständlich und daher eigentlich entbehrlich (Stech ZZP 77, 161, 181). Das Ziel von Abs 2 verwirklicht bereits § 344; Abs 2 schließt auch den Rückgriff auf § 815 im Rahmen von § 1301 aus (vgl § 1301 Rn 18).

2 Die nach Abs 1 nicht verschlossene Möglichkeit einer selbständigen **Feststellungsklage** nach § 256 ZPO scheint nie praktische Bedeutung erlangt zu haben; eine Inzident-Feststellung dagegen erfolgt regelmäßig, wenn das Verlöbnis Anspruchsvoraussetzung ist (vgl LG Kassel DAVorm 1974, 119).

3 Ausländische **Verurteilungen zur Eingehung der Ehe** sind wegen des deutschen ordre public (Art 6 EGBGB) nicht anerkennungsfähig (§ 328 Abs 1 Nr 4 ZPO); eine Vollstreckung scheitert an § 120 Abs 3 FamFG.

§1298
Ersatzpflicht bei Rücktritt

(1) Tritt ein Verlobter von dem Verlöbnis zurück, so hat er dem anderen Verlobten und dessen Eltern sowie dritten Personen, welche anstelle der Eltern gehandelt haben, den Schaden zu ersetzen, der daraus entstanden ist, dass sie in Erwartung der Ehe Aufwendungen gemacht haben oder Verbindlichkeiten eingegangen sind. Dem anderen Verlobten hat er auch den Schaden zu ersetzen, den dieser dadurch erleidet, dass er in Erwartung der Ehe sonstige sein Vermögen oder seine Erwerbsstellung berührende Maßnahmen getroffen hat.

(2) Der Schaden ist nur insoweit zu ersetzen, als die Aufwendungen, die Eingehung der Verbindlichkeiten und die sonstigen Maßnahmen den Umständen nach angemessen waren.

(3) Die Ersatzpflicht tritt nicht ein, wenn ein wichtiger Grund für den Rücktritt vorliegt.

§1299
Rücktritt aus Verschulden des anderen Teils

Veranlasst ein Verlobter den Rücktritt des anderen durch ein Verschulden, das einen wichtigen Grund für den Rücktritt bildet, so ist er nach Maßgabe des §1298 Abs. 1, 2 zum Schadensersatz verpflichtet.

Materialien: E I 1228; II 1204, 1205; III 1281, 1282; Mot IV 3 f, 8; Prot IV 3 f, 7, 9; JAKOBS/ SCHUBERT § 1297–1302.

Systematische Übersicht

Martin Löhnig

Alphabetische Übersicht

I.   Allgemeines

1 §§ 1298, 1299 regeln die Risikoverteilung bei **einseitiger Beendigung** des Verlöbnisses. Die Normen bestimmen die Einstandspflicht nach Grund und Umfang.

Selbst in diesem Kernstück des Verlöbnisrechts ist das Gesetz **missverständlich** for- **2** muliert, da der Wortlaut die Risikozuweisung ohne einsichtigen Grund von unterschiedlichen Voraussetzungen abhängig macht. Wer zurücktritt, kann sich nämlich seiner Einstandspflicht nach § 1298 Abs 1 durch den Nachweis eines objektiv wichtigen Grundes entledigen, ohne dass es nach Abs 3 darauf ankommt, ob er diesen Grund zu verantworten hat. Beansprucht der Zurückgetretene hingegen Schadensersatz, muss er nach § 1299 neben dem wichtigen Grund für seinen Schritt auch das Verschulden des anderen nachweisen. Der Buchstabe des Gesetzes legt also dem, der einen wichtigen Grund für das Scheitern des Projekts Eheschließung schuldhaft herbeiführt, nahe, als erster zurückzutreten, um sich eine günstige Position zur Abwehr seiner Einstandspflicht zu verschaffen. Nach einhelliger Meinung darf es jedoch nicht auf den Zeitpunkt des Rücktritts ankommen, maßgebend ist vielmehr die Verantwortlichkeit für das Scheitern der beabsichtigten Eheschließung. Erst **zusammen** ergeben die **§§ 1298 und 1299** die Regelung der Risikoübernahme für Ehevorbereitungen; die Aufteilung auf zwei Normen dient nur der Klärung der Beweislast. Erst aus diesem Zusammenhang ergibt sich auch eine Lösung für den gesetzlich nicht geregelten Fall des beiderscitigen wichtigen Grundes.

II. Rücktritt

1. Rechtsnatur

a) Der Rücktritt im Sinne der §§ 1298, 1299 ist die einseitige Erklärung, das **3** gemeinsame Projekt, einander zu heiraten, aufgegeben zu haben. Er ist als Rechtsgeschäft anzusehen. Die **Rücktrittserklärung** hat eine doppelte Funktion: Sie beendet das Verlöbnis insgesamt und begrenzt zugleich das Risiko auf die bis dahin vorgenommenen Vorbereitungsmaßnahmen. Die zweite Funktion kann sie nur erfüllen, wenn sie dem anderen zur Kenntnis gebracht wird; insofern ist die Rücktrittserklärung also **empfangsbedürftig**. Sie kann ausdrücklich oder durch ein schlüssiges Verhalten erfolgen, aus dem der Partner den Willen des anderen, ihn nicht zu ehelichen, entnehmen können muss. Unklarheiten der Erklärung oder des Verhaltens gehen zu Lasten dessen, von dem sie ausgehen.

b) Der **Rücktritt** wirkt nicht zurück, sondern beendet das Verlöbnis nur für die **4** **Zukunft**. Es handelt sich daher eher um eine Kündigung; die allgemeinen Rücktrittsvorschriften der §§ 346 ff sind nicht anwendbar.

Da die §§ 1298, 1299 nur die Risikozuweisung wegen vergeblicher Vorbereitungs- **5** maßnahmen regeln, zu den Auswirkungen auf die weiteren Rechtsfolgen des Verlöbnisses aber schweigen, sind diese aus dem jeweiligen Regelungszusammenhang der Norm zu bestimmen.

2. Rücktritt des Minderjährigen

Der minderjährige Verlobte kann **nur selbst** und in eigener Verantwortung zurück- **6** treten. Die deshalb möglicherweise auf ihn zukommenden Ersatzpflichten zwingen nicht zur Anwendung des § 107; denn die Personensorge des gesetzlichen Vertreters reicht nicht soweit, den Minderjährigen gegen seinen Willen an einer geplanten

Martin Löhnig

Eheschließung festhalten zu können. Andererseits kann der gesetzliche Vertreter auch nicht anstelle des Minderjährigen zurücktreten.

3. Unregelmäßige einseitige Beendigung

7 **a)**   Lässt der eine Partner den anderen über seinen Entschluss, das Projekt Eheschließung aufzugeben, zwar im Unklaren, handelt aber dementsprechend, indem er sich zB anderweitig verlobt oder verheiratet, wird – jedenfalls im letzten Fall – das erste Verlöbnis wegen **Undurchführbarkeit unwirksam**. Gleichwohl steht dem gutgläubigen Partner auch ohne eigenen Rücktritt Schadensersatz zu, und zwar für alle in Unkenntnis des Endes des Verlöbnisses getätigten Vorbereitungen (Gernhuber/Coester-Waltjen § 8 Rn 42–44). Da es für die Verpflichtung zum Schadensersatz auf den wichtigen Grund und nicht auf die Rücktrittserklärung ankommt, liegt der Rücktritt überwiegend im Eigeninteresse des Zurücktretenden; nur so kann er nämlich seine Ersatzpflicht auf die Vorbereitungen begrenzen, die der andere bis zum Ende des Verlöbnisses in die Wege geleitet hat. Wer den anderen im Unklaren lässt, erhöht also sein Schadensersatzrisiko; ob das Verlöbnis hinsichtlich der übrigen Rechtswirkungen noch fortbesteht oder nicht, ist davon unabhängig.

8 **b)**   Setzt der **gutgläubige Partner** jedoch selbst auch einen **wichtigen Grund** und erklärt der andere nun erst den Rücktritt, ist er dennoch nicht nach § 1298 Abs 3 befreit und nach § 1299 berechtigt. Wegen seines früheren verlöbniswidrigen Verhaltens steht einem Anspruch § 242 mit der Folge entgegen, dass er entweder seine Forderung aus § 1299 verliert, und daher beide ihren Schaden selbst tragen (Palandt/Brudermüller § 1298 Rn 8 ff; Erman/Kroll-Ludwigs § 1298 Rn 7), oder dass ihm die Berufung auf § 1298 Abs 3 wegen seiner früheren Abwendung vom Verlöbnis versagt wird, und er daher dem Gutgläubigen zwar haftet, aber auch selbst nach § 1299 berechtigt bleibt (MünchKomm/Roth § 1299 Rn 4; BGB-RGRK/Roth-Stielow § 1299 Rn 4; Soergel/Fischinger § 1299 Rn 7). Diese Lösung verdient den Vorzug: Wie der § 254 zugrundeliegende Rechtsgedanke zeigt, soll bei beiderseitigem Verschulden der entstandene Schaden von beiden getragen werden – das entspricht dem auf ein gemeinsames Ziel ausgerichteten Verlöbnis und dem Scheitern dieses Zieles aufgrund beiderseitigen Verschuldens. § 1298 Abs 3 einzuschränken, entspricht auch der Intention des Gesetzes; denn in § 1298 ist die Befreiung des Zurücktretenden als Ausnahmefall geregelt und Zweifel hinsichtlich des wichtigen Grundes gehen zu seinen Lasten, § 1299 ist nur Ergänzung dieser Regelung (Mot IV 3, 7; Gernhuber/Coester-Waltjen § 8 Rn 37). Dem Zurücktretenden auch den Anspruch aus § 1299 zu versagen, weil er nach seiner Abwendung vom Verlöbnis vom anderen Partner nicht mehr ein verlöbniskonformes Verhalten erwarten durfte, geht zu weit, weil der Gutgläubige sich bei seinem verlöbniswidrigen Verhalten für verlobt hielt und daher mit Schadensersatzforderungen rechnen musste; dass der andere sich bereits früher vom Verlöbnis abgewandt hatte, ist für den Gutgläubigen ein Zufall, der ihm nicht zugutekommen darf. Mit dieser Lösung lassen sich überdies schwer beweisbare Prioritätsfragen vermeiden.

9 **c)**   Dieselben Grundsätze gelten, wenn zwar die **Erklärung des Rücktritts** nicht gegen § 242 verstößt, sich aber **beide auf einen wichtigen Grund** berufen können. Zieht in diesem Fall nur einer daraus die Konsequenz und erklärt den Rücktritt vom Verlöbnis, oder wollen dies zwar beide tun, aber eine Erklärung geht rascher oder

beide gehen gleichzeitig zu, so kann weder der Zufall des Zeitpunkts noch die raschere Entschlusskraft des einen über den Schadensausgleich entscheiden. Daher haben auch in diesen Fällen beide Partner, die Eltern und die Dritten die Möglichkeit, nach Maßgabe des jeweiligen wichtigen Grundes vom anderen Schadensersatz zu verlangen.

4. Beseitigung des Rücktritts

a) Als rechtsgeschäftliche Willenserklärung unterliegt der Rücktritt der **Anfech-** 10 **tung**; als Anfechtungsgrund kommt wohl nur und auch nur theoretisch der Irrtum über den Erklärungswert eines Verhaltens, das der andere als Rücktritt aufgefasst hat, in Betracht. Die Anfechtung muss unverzüglich erfolgen; der andere kann Schadensersatz nach § 122, zB für Kosten wegen rückgängig gemachter Vorbereitungsmaßnahmen, verlangen.

b) Das durch Rücktritt beendete Verlöbnis kann weder einseitig durch Widerruf 11 des Rücktritts noch einverständlich durch entsprechende Abreden rückwirkend aufleben. **Wiederverlobung ist neue Verlobung.** Fraglich ist, wie sie auf die noch **nicht abgewickelten Schadensersatzansprüche** aus dem ersten Verlöbnis einwirkt, wenn keine weiteren Abreden erfolgen. Die den Eltern oder Dritten entstandenen Schadensersatzansprüche können die Verlobten nicht beeinträchtigen. Im Übrigen wollen die verschiedenen Lösungsvorschläge dasselbe erreichen: Schadensersatzansprüche sollen während des zweiten Verlöbnisses nicht geltend gemacht werden müssen, jedoch bei Scheitern auch des neuen Verlöbnisses dem Geschädigten nicht endgültig verloren sein. Gegen den Versuch, dieses Ergebnis durch die Annahme eines hinsichtlich der Rechtsfolgen vom ersten Verlöbnis an einheitlichen Rechtsverhältnisses zu begründen, spricht, dass die Zeit zwischen beiden Verlöbnissen nicht einbezogen werden darf. Die Annahme eines bloßen „pactum de non petendo" (GÖBEL 98 f mit Hemmung über den Arglisteinwand) berührt die Ansprüche ihrem Bestande nach nicht; sie blieben vielmehr sogar während einer an das neue Verlöbnis anschließenden Ehezeit bestehen und könnten nach der Scheidung vom Berechtigten selbst oder nach seinem Tod von den Erben, soweit sie nicht verjährt wären, realisiert werden. Das ist keine interessengerechte Lösung. Auszugehen ist vielmehr davon, dass mit der neuen Verlobung alle bisher entstandenen, noch **nicht erfüllten Schadensersatzansprüche erlassen** sind. Scheitert die zweite Verlobung, kann der Betroffene die erlassenen Ansprüche nach § 1301 als Schenkung kondizieren (GERNHUBER/COESTER-WALTJEN § 8 Rn 34).

c) Ein **Minderjähriger** kann auf entstandene Ansprüche wirksam nur mit Zustim- 12 mung des gesetzlichen Vertreters verzichten. Dieser kann sie kraft der Vermögenssorge durchsetzen. Gefährdet er damit das Verlöbnis, ist zu prüfen, ob sein Verhalten nach § 1666 gerichtlich zu unterbinden ist; so ist im Einzelfall eine sachgerechte Entscheidung möglich.

III. Wichtiger Grund

1. Verhältnis zum Rücktritt

Für die Schadensersatzpflicht ist nach §§ 1298, 1299 entscheidend, ob der Rücktritt 13 durch einen wichtigen Grund veranlasst ist. Unerheblich ist, ob der wichtige Grund beim Rücktritt genannt wurde; eine Begründungspflicht für den Rücktritt besteht nicht. Rücktrittsgründe können noch im Prozess nachgeschoben werden; nach dem Rücktritt auftauchende Gründe reichen nicht aus, weil sie nicht Anlass für den Rücktritt gewesen sein können (RG WarnJb 1914 Nr 164). Vor dem Verlöbnis liegende Umstände können dann als wichtiger Grund anerkannt werden, wenn derjenige, der sich darauf beruft, sie bei der Begründung des Verlöbnisses noch nicht gekannt hat. Bei beiderseits wichtigem Grund kann der, welcher nicht oder nach dem anderen Teil zurückgetreten ist, sich auf diesen Grund zur Abwehr oder Begründung von Schadensersatzansprüchen stützen.

2. Wertungsgesichtspunkte

14 a) Welche Umstände einen wichtigen Grund bilden, ist eine **Wertungsfrage**. Da die Antwort auf diese Frage nur für die Schadensersatzpflicht aufgrund des übernommenen Risikos relevant ist, reicht es nicht aus nur festzustellen, der fragliche Umstand rechtfertige das einseitige Aufkündigen des Projekts Eheschließung; vielmehr ist zugleich festzustellen, er rechtfertige auch, dass einer der Partner seinen eigenen und den Schaden des anderen wegen der fehlgeschlagenen Vorbereitungen trage. Ein wichtiger Grund liegt demnach nicht schon vor, wenn es „bei vernünftiger Betrachtung und Berücksichtigung des Wesens der Ehe nicht mehr zumutbar erscheint, das Verlöbnis aufrecht zu erhalten und die Ehe einzugehen" (so die zur Formel erstarrte Aussage des RG JW 1907, 178). Nach heutigem Eheverständnis lässt sich nämlich schwerlich ein Fall denken, der es von Rechts wegen zumutbar erscheinen ließe, ein Verlöbnis fortzusetzen oder gar eine Ehe einzugehen, wenn auch nur ein Partner das nicht mehr wünscht – ob aus angeblich vernünftigen oder unvernünftigen Gründen.

15 Wichtiger Grund sind die geltend gemachten Umstände vielmehr, wenn es trotz des gemeinsam beschlossenen und ins Werk gesetzten Projekts Eheschließung als recht und billig zu beurteilen ist, dass der davon Zurückgetretene von dem übernommenen Risiko für die Vorbereitungsmaßnahmen des anderen frei gestellt wird, bzw. allein der andere zum Schadensersatz für die Vorbereitungsmaßnahmen des Zurückgetretenen herangezogen wird, ungeachtet ob der andere möglicherweise am Verlöbnis festhalten möchte.

16 b) Daher trifft die bisweilen als Paradox formulierte, schon bislang allgemein anerkannte Auffassung zu, der wichtigste Grund der Entlobung – die nachträgliche einseitige **Erkenntnis, nicht zueinander zu passen** – sei **kein wichtiger Grund**, nämlich kein von der Ersatzpflicht gemäß §§ 1298, 1299 befreiender Grund (Schwab Rn 41; MünchKomm/Roth § 1298 Rn 10; aA Erman/Kroll-Ludwigs § 1298 Rn 6; BGB-RGRK/Roth-Stielow § 1298 Rn 23, 25). Abgesehen von der Schwierigkeit, einen derartigen Grund vor Gericht zu überprüfen, ist diese Wertung deswegen gerechtfertigt, weil sonst ein Teil nachträglich das Fundament der Planung des anderen Teils – ihre gemeinsame Überzeugung, zueinander zu passen und einander heiraten zu wollen – folgenlos beseitigen könnte. Die nachträgliche Erkenntnis, dass schon die eigene Ausgangsposition bei der Verlobung unzulänglich war, kann ebenso wenig wie ein Motivirrtum bei schuldrechtlichen Rechtsgeschäften davon befreien, den Schaden, den der andere wegen seines Vertrauens auf die Tragfestigkeit des Entschlusses erleidet, ausgleichen zu müssen.

c) Können sich Verlobte über **Vorbereitungsmaßnahmen, die sie nur einvernehm-** 17 **lich regeln können,** zB über die Wahl oder Nichtwahl eines Ehenamens, die Rollenverteilung im Haushalt oder ehevertragliche Vereinbarungen nach § 1408, nicht einigen, und tritt einer – ohne sich auf ausdrückliche Zusagen vor der Verlobung berufen zu können – deswegen zurück, wird er nicht nach § 1298 Abs 3 befreit; denn er hat keinen Anspruch, seinen Willen durchzusetzen. Aber auch der andere Teil, der die Wünsche des Zurückgetretenen kompromisslos zurückgewiesen hat, setzt damit einen wichtigen Grund für das Scheitern der Projekts Eheschließung, sodass der Zurückgetretene nach § 1299 auch schadensersatzberechtigt ist. Wie beim beiderseits wichtigen Grund trifft beide Seiten ein Vorwurf, sodass es gerechtfertigt ist, jedem Partner den Anspruch auf Ausgleich für seine Vorbereitungsmaßnahmen zu geben.

d) Hingegen passt der Begriff der Zerrüttung nicht für die Auflösung von Verlöb- 18 nissen, da das Verlöbnis keine Lebensgemeinschaft (vgl § 1565 Abs 1) begründet.

3. Beispiele

Die Umstände, die als wichtige Gründe in Betracht kommen, lassen sich danach 19 **unterscheiden,** ob sie dem eigenen Lebensbereich dessen, der sich auf sie beruft, oder dem des anderen zuzuordnen sind, ob sie aus persönlichen, vermögensbezogenen oder sonstigen Gegebenheiten herrühren, ob sie unverschuldet oder zu verantworten sind, ob sie vor oder nach der Verlobung entstanden sind. Dabei kann die **ältere Judikatur** (vgl STAUDINGER/DIETZ[10/11] § 1298 Rn 11 ff, § 1299 Rn 4; SOERGEL/LANGE[12] Rn 5), die nicht von einem pluralistischen Meinungs- und Wertbild bezüglich der Ehe ausging bzw auf überholten medizinischen Bedenken beruhte, heute **kaum mehr beispielgebend** sein.

a) Umstände, die **bereits bei der Verlobung** vorlagen, jedoch damals dem einen 20 Teil unbekannt waren, rechtfertigen die Freistellung vom Risiko zwecklos gewordener Vorbereitungsmaßnahmen jedenfalls, wenn die Unkenntnis auf täuschendes Verhalten des anderen zurückgeht.

aa) Wurden **ausdrückliche Fragen** falsch oder ausweichend beantwortet, kommt es 21 nicht auf die objektive Erheblichkeit der erfragten Umstände an; maßgebend ist, ob für den Befragten erkennbar war, dass die Antwort für den fragenden Teil entscheidende Bedeutung hatte. War sich der Befragte über die Erheblichkeit seiner falschen oder ausweichenden Antwort im Unklaren, entlastet ihn das nicht; denn seine zu Tage getretene Unwahrhaftigkeit allein ist ein wichtiger Grund für den Rücktritt vom Projekt Eheschließung.

bb) Schwerwiegende Umstände, nach denen vor der Verlobung **nicht ausdrücklich** 22 **gefragt** worden war, sind nur dann wichtiger Grund für die Freistellung vom übernommenen Risiko, wenn die Nichtaufklärung ebenso schwer wiegt wie eine Täuschung, auch wenn sie nicht arglistig (vgl § 1314 Abs 2 Nr 3) herbeigeführt wurde. In Betracht kommen nur Umstände, die nach übereinstimmender Anschauung der

Martin Löhnig

gesellschaftlichen Kreise, denen beide Verlobte angehören, so **selbstverständlich vorausgesetzt** werden, dass die ausnahmsweise gegebene Andersartigkeit unter redlichen Partnern nicht unangesprochen bleiben durfte; auch die in § 1314 Abs 2 Nr 3 ausgeschlossenen Gründe können beim Verlöbnis berücksichtigt werden (Rn 34). Die Nichtaufklärung ergibt aber dann **keinen wichtigen Grund**, wenn die Umstände Anlass gaben, die Gretchenfrage – wenn sie denn tatsächlich eine war – zu stellen; denn der Vorwurf mangelnder Aufklärung darf nicht als Vorwand dienen, um mit anfänglich nicht für wichtig gehaltenen Fragen nachträglich das eigene Risiko zu beseitigen.

23 cc) Generell ist das Verschweigen von **Vorerkrankungen** oder Eigenschaften, die die **eheliche Lebensgemeinschaft behindern**, ein wichtiger Grund, **insbesondere**: Unmöglichkeit oder Erschwerung des Geschlechtsverkehrs und der Zeugung (OLG Düsseldorf HRR 1940 Nr 884); eigene schleichende oder ansteckende (OLG Jena Recht 1911, Nr 2440) sowie vererbliche oder familiär gehäuft auftretende Krankheiten; eine bestehende, nicht vom Partner gezeugte Schwangerschaft (vgl BGH JZ 1986, 555 zum früheren § 32 EheG 1946); erhebliches Abweichen des scheinbaren vom wirklichen Alter (KG DRW 1940, 1114); homosexuelle Veranlagung (Habscheid FamRZ 1963, 8); das Vorhandensein von Kindern; die unaufgebbare Bindung an einen bestimmten räumlichen oder sachlichen Lebensbereich aus beruflichen oder persönlichen Gründen (vgl OLG Rostock SeuffA 77 Nr 38 mit heute unzutreffender Begründung); Vorstrafen wegen krimineller Taten.

24 dd) Ob auch **andere Umstände** ungefragt zu offenbaren sind, hängt von den persönlichen Verhältnissen der Partner ab, zB die Zugehörigkeit oder Nichtzugehörigkeit zu Religionsgemeinschaften; Strafen wegen nicht schwerwiegender Taten; auch die bereits feststehende Missbilligung des Verlöbnisses seitens der Familie (RG Recht 1915 Nr 1099; OLGE Hamburg 30, 34).

25 ee) Hingegen sind nach den heutigen Lebensgewohnheiten in der Regel **nicht mehr ohne ausdrückliche Nachfrage zu offenbaren**: früherer Geschlechtsverkehr (RG JW 1906, 65; WarnR 1937 Nr 18); früheres Konkubinat (aA BGB-RGRK/Roth-Stielow § 1298 Rn 6); frühere Schwangerschaften (schon bei Gerücht: Celle OLGZ 33, 355). Mit derartigen Stationen im Leben des Partners muss man heutzutage gewöhnlich rechnen. Wer diesbezüglich andere Wertvorstellungen hat, muss daher ausdrücklich nach diesen Umständen fragen. Erst recht obliegt die Fragepflicht dem, der Wert darauf legt, sich vor dem Verlöbnis über die Vermögensverhältnisse des anderen aufklären zu lassen (dazu Rn 34).

26 b) Umstände, die **nach der Verlobung** auftreten, können allenfalls dann wichtige, dh von der Risikoübernahme befreiende Gründe iSd §§ 1298 Abs 3, 1299 sein, wenn sie **gravierende Änderungen** der personalen oder vermögensbezogenen oder sonstigen Verhältnisse bewirken, die es – abgesehen von der Aufkündigung des Projekts Eheschließung – als recht und billig erscheinen lassen, Ersatz für die zwecklos gewordenen eigenen Vorbereitungsmaßnahmen bzw die des anderen zu gewähren. Das liegt insbesondere bei erst nach der Verlobung zu Tage getretenen Verhaltensweisen vor, die als Ausfluss charakterlicher Mängel oder aus anderen Gründen mit dem Projekt Eheschließung unvereinbar sind.

aa) Aus dem **persönlichen Bereich** sind das vor allem schwere körperliche und 27
psychische **Erkrankungen** und Leiden, insbesondere nicht völlig ausheilbare (RG
Recht 1907 Nr 1447; RG HRR 1933 Nr 1189). Sie reichen nur für § 1298 Abs 3 aus: Verlangt
der Erkrankte nach § 1298 Schadensersatz (vgl LG Dessau JW 1927, 1225 mAnm LANDS-
BERG), ist dem anderen, der wegen der Erkrankung das Verlöbnis auflöst, die Berufung auf diese Änderung nicht abzuschneiden, da das Verlöbnis noch keine Lebensgemeinschaft darstellt. Tritt der Erkrankte selbst zurück, ist dem Gesunden ein
Schadensersatzanspruch zu versagen, weil er damit vor Lasten bewahrt wird, die
schwerer wiegen als sein materieller Schaden.

Für § 1299 ist zusätzlich erforderlich, dass der Kranke seinen **Zustand verschuldet** 28
hat, also sein Verhalten mit dem Projekt Eheschließung unvereinbar war. Gefährliche Unternehmungen begründen kein Verschulden, wenn der andere mit ihnen
rechnen musste; wer sich mit einem Rennfahrer verlobt, der durch einen Unfall
entstellt wird und verarmt, kann nicht verlangen, von ihm für die eigenen Aufwendungen entschädigt zu werden. Dasselbe gilt beim gewöhnlichen Lebensrisiko, zB
bei dauernder Entstellung nach einem Verkehrsunfall (vgl BGH FamRZ 1961, 260).

bb) Nicht geringfügige **Straffälligkeit** ist ein wichtiger Grund, ausnahmsweise sogar 29
schon ein letztlich ungerechtfertigter Verdacht, den einer nicht ohne eigenes Zutun
auf sich lenkt, und der daraus entstandene schlechte Ruf (vgl Braunschweig OLGE 21,
210).

cc) Wichtiger Grund ist auch schwer erträgliches **Fehlverhalten** aufgrund persön- 30
licher Eigenschaften, die dem ehelichen Zusammenleben abträglich sind (zB Streit-
sucht, Unverträglichkeit, unbegründete Eifersucht, Lieblosigkeit, Rücksichtslosig-
keit gegenüber dem Partner und seinen Angehörigen), ebenso schwere
Charakterfehler, die erst nach der Verlobung manifest wurden oder ein gravierendes
Ausmaß annahmen.

Hierher gehört auch die **Unzuverlässigkeit**, die sich in der Nichterfüllung ausdrück- 31
licher Zusagen, auf die der andere unverkennbar besonderen Wert gelegt hatte,
äußert. Insofern ist unerheblich, ob der andere einen Anspruch auf Erfüllung hat,
entscheidend ist der Wortbruch, zB: Unterlassen eines versprochenen Konfessions-
wechsels (OLG Königsberg HRR 1938 Nr 1279); Nichterfüllung von Zusagen, zB die
bisherige Berufsausbildung zu beenden oder den Beruf bzw Wohnort zu wechseln;
Nichteinhalten der abgesprochenen Wahl des Familiennamens.

dd) Schließlich ist wichtiger Grund ein Verhalten, das direkt oder indirekt dem 32
Projekt **Eheschließung widerspricht**: Geschlechtsverkehr mit Dritten (OLG Düsseldorf
FamRZ 1962, 429; OLG Nürnberg FamRZ 1959, 114; OLG Koblenz NJW-RR 1995, 899 obiter
dictum); unübliche Vertraulichkeiten und Zärtlichkeiten mit Dritten; Misshandlungen des Partners oder seiner Angehörigen; uU das Hinauszögern der Heirat (RG
WarnR 1925 Nr 132); Unterlassen ärztlicher Behandlung bei ansteckenden (RG JW 1920,
979 mAnm BLUME) oder die spätere Ehe beeinträchtigenden Leiden (RG Recht 1907
Nr 1447; vgl Rn 23); Weigerung, nach der Heirat den Wohnsitz zu verlegen (vgl Rn 31);
insbesondere die Erklärung, in der Ehe nicht zur Geschlechtsgemeinschaft bereit zu
sein.

33 Hingegen sind **keine wichtigen Gründe**: Verweigerung vorehelichen Geschlechtsverkehrs; Ablehnung von Verhütungsmitteln; Drängen auf baldige Eheschließung; ein nicht auf vorwerfbares Verhalten rückführbares Zerwürfnis mit der Familie des Partners (vgl RG Recht 1915 Nr 1099).

34 **ee)** Während nach § 1314 Abs 2 Nr 3 aE die Täuschung über die **Vermögensverhältnisse** die Ehe nicht aufhebbar macht, ist sie beim Verlöbnis wichtiger Grund (OLG Posen SeuffA 56 Nr 153; zurückhaltend Erman/Kroll-Ludwigs § 1298 Rn 4; vgl Rn 26), sofern sie dem Partner selbst und nicht etwa Dritten vorzuwerfen ist; sie ist abzugrenzen von der eigenen unzutreffenden Erwartung (OLG Naumburg SeuffA 58 Nr 100). Die nachträgliche Verschlechterung der Vermögensverhältnisse berechtigt hingegen nicht zum Schadensersatz (OLG Hamburg SeuffA 68 Nr 15).

35 **ff)** Sonstige Umstände aus dem Lebensbereich des anderen sind nur in **Ausnahmefällen** wichtige Gründe. Hat zB der eine Teil bei oder nach der Verlobung zugesagt, in den Familienbetrieb der anderen Seite einzutreten, so berechtigt die ungünstige wirtschaftliche Entwicklung des Betriebes allenfalls zur Rücknahme dieser Zusage, nicht aber zur risikolosen Lösung des Verlöbnisses. Ebenso sind nachträgliche Missbilligung des Verlöbnisses durch Eltern oder andere Angehörige des Partners (RGZ 80, 88), Nichtbestätigung der Risikoübernahme durch den gesetzlichen Vertreter bei Minderjährigen, schlechter Ruf und Vorstrafen von Angehörigen des Partners (**aA** OLG Düsseldorf JW 1934, 2082) grundsätzlich kein wichtiger Grund iSd §§ 1298, 1299.

4. Beweislast und Verschulden

36 **a)** Ob ein wichtiger Grund im Einzelfall den Schadensersatzanspruch ausschließt oder begründet, entscheidet die Fallkonstellation. Wer nach § 1299 Schadensersatz verlangt, muss einen wichtigen Grund aus dem Lebensbereich des anderen vorbringen und zusätzlich dessen persönliche Verantwortlichkeit **(Verschulden)** dartun (vgl Rn 2, 38). Entsprechend ist bei Abwehr eines Schadensersatzanspruchs über § 1298 Abs 3 zu unterscheiden, ob der wichtige Grund aus dem eigenen Lebensbereich oder dem des anderen herrührt. Im ersten Fall muss hinzukommen, dass der Zurückgetretene den wichtigen Grund nicht zu verantworten hat. Ob man dieses Ergebnis konstruktiv damit begründet, der wichtige Grund werde begrifflich eingeengt (Gernhuber/Coester-Waltjen § 8 Rn 38) oder die Berufung darauf sei als venire contra factum proprium verboten (OLG Königsberg HRR 1937 Nr 555; Erman/Kroll-Ludwigs § 1298 Rn 6; iE ebenso bei extensiver Auslegung von § 1299: Palandt/Brudermüller § 1299 Rn 1), kann dahinstehen; entscheidend ist im Prozess vielmehr die Beweislast.

37 Nach § 1299 muss der Zurückgetretene, der vom anderen Schadensersatz fordert, das Verschulden des anderen nachweisen. Es ist kein Grund ersichtlich, für § 1298 eine andere Wertung vorzunehmen. Demnach obliegt es auch dem, der nach § 1298 Schadensersatz verlangt, den Einwand aus Abs 3 zu entkräften, indem er dem, der aus einem wichtigen Grund aus dem eigenen Lebensbereich zurückgetreten ist, das Verschulden für diesen Grund nachweist. Nach § 1298 ist daher **schadensersatzpflichtig, wer für seinen Rücktritt keinen wichtigen oder einen zwar wichtigen, aber selbstverschuldeten Grund hat.**

b) **Verschulden** bedeutet den Vorwurf, das gezeigte Verhalten sei mit dem Projekt **38** Eheschließung nicht vereinbar. Daher begründen gefährliche Unternehmungen diesen Vorwurf nicht, wenn der Partner damit von vornherein rechnen musste oder sie gebilligt hatte. Verschulden ist das Außerachtlassen der für die Verwirklichung des konkreten Projekts Eheschließung erforderlichen Sorgfalt. Wegen der Höchstpersönlichkeit des Verlöbnisses kann einem minderjährigen Verlobten ein Fehlverhalten seiner gesetzlichen Vertreter nicht über § 278 zugerechnet werden (ERMAN/KROLL-LUDWIGS § 1299 Rn 2; BGB-RGRK/ROTH-STIELOW § 1299 Rn 2).

Die makabre Frage, ob der **Selbstmord** eines Verlobten als Verschulden anzusehen **39** ist und seine Erben daher dem anderen Teil Schadensersatz leisten müssen (so RGZ 39, 190 wegen Erfüllungsvereitelung), ist heute in jedem Falle zu verneinen (MünchKomm/ROTH § 1298 Rn 2). Wer sich tötet, will weder eine Rücktrittserklärung abgeben noch darf der andere sie so verstehen; überdies fehlt es an Pflichtwidrigkeit und Sorgfaltspflichtverletzung.

5. Wegfall des wichtigen Grundes

a) Wer sich in **Kenntnis eines wichtigen Grundes** verlobt, kann sich darauf nicht **40** zwecks Beseitigung der Risikoübernahme berufen. Dasselbe gilt für den später entstandenen verschuldeten wichtigen Grund, der verziehen wurde, oder einen unverschuldeten Grund (zB ein zu Tage getretener Charakterfehler), der dissimuliert wurde; denn die Verzeihung oder die Fortsetzung des Verhältnisses in Kenntnis des Grundes ist, wie die Möglichkeiten für die Bestätigung einer Ehe in § 1305 Abs 1 Nr 1–4 zeigen, ein rechtserhebliches Verhalten, mit dem man sich nachträglich nicht in Widerspruch setzen darf, ohne selbst gegen Treu und Glauben zu verstoßen.

b) Fehlt es an einem Verhalten mit diesem Erklärungswert, kann auch der **Zeit-** **41** **ablauf** die Berufung auf einen wichtigen Grund abschneiden. Wie bei Schuldverhältnissen Gestaltungsrechte ohne Zögern oder in kurzer Frist auszuüben sind (zB §§ 121, 174, 574b Abs 2, 563 Abs 3, 626 Abs 2) und die Fortsetzung einer aufhebbaren Ehe in Kenntnis der zur Aufhebung berechtigenden Umstände das Aufhebungsrecht beseitigt (vgl § 1305 Abs 1 Nr 1–4), gilt auch beim Verlöbnis: ein Verhalten, das dem anderen signalisiert, aus seinem fehlerhaften Verhalten oder aus den anderen Umständen werde der eine Teile keine Konsequenzen ziehen, ist wie eine Verzeihung zu behandeln. Ob die Fortsetzung oder die Aufnahme von Geschlechtsverkehr bereits als Verzeihung zu werten sind (so OLG Nürnberg FamRZ 59, 115), lässt sich nur aus den Fallumständen ermitteln.

c) Die in Rechtsverhältnissen mit besonderer persönlicher Bindung (vgl §§ 627 **42** Abs 2, 671 Abs 2, 723 Abs 2) begründete Schadensersatzpflicht wegen Beendigung zur Unzeit gilt auch beim Verlöbnis. Wer den Rücktritt trotz wichtigen Grundes hinauszögert, ohne dass Verzeihung vorliegt (Rn 40 f), haftet gleichwohl für Schäden, die nach dem Zeitpunkt, zu dem er nach Treu und Glauben hätte handeln müssen, entstanden sind.

d) Die Verzeihung enthält keine Verfügung über den Schadensersatzanspruch (aA **43** RGZ 98, 13, 15; OLG Königsberg HRR 1942 Nr 51), da er nicht vor der Lösung des

Verlöbnisses entsteht. Daher kann auch der Minderjährige wirksam verzeihen oder
dissimulieren.

IV. Schadensersatz

1. Gläubiger

44 Berechtigte nach §§ 1298, 1299 sind neben dem Ex-Verlobten auch seine **Eltern**
(nämlich Vater und Mutter, Stiefeltern, ohne dass es auf eine Einbenennung nach
§ 1618 ankäme sowie Adoptiveltern) und **Dritte**, die an Stelle der Eltern gehandelt
haben. Gemeint sind Personen, die die Eltern repräsentieren, die also aus einer
sittlichen Verantwortung, wie sie Eltern empfinden, Aufwendungen im Blick auf die
künftige Ehe gemacht haben; sie können auch zusätzlich zu den Eltern gehandelt
haben (BGB-RGRK/ROTH-STIELOW Rn 6). Nicht erforderlich ist, dass die von Eltern bzw
Dritten gemachten Aufwendungen und eingegangenen Verpflichtungen in das Vermögen ihres verlobten Kindes oder gar des anderen Verlobten eingegangen sind;
erforderlich und ausreichend ist allein, dass sie in Erwartung der Ehe – einschließlich
der Eheschließung – getätigt wurden, zB das Ausrichten der Hochzeitsfeier. Soweit
die Aufwendungen und Verpflichtungen das Vermögen des Kindes oder des anderen
Ex-Verlobten vermehrt haben, sind sie in diesem Verhältnis im Zweifel als gewöhnliche Geschenke anzusehen. Sie können gegebenenfalls nach Schenkungs- oder
Bereicherungsrecht vom Empfänger zurückverlangt werden. Schadensersatz kann
jedoch nur unter den Voraussetzungen der §§ 1298, 1299 beansprucht werden. Berechtigt dazu ist nur, wer die Aufwendungen selbst erbracht hat. Der Schadensersatzanspruch ist abtretbar (BGH FamRZ 1956, 179), pfändbar und vererblich.

2.   Umfang und Höhe des Anspruchs

45 Der Schadensersatzanspruch, in dem sich das Risiko des Scheiterns des Projekts
Eheschließung verwirklicht, ist **zweifach beschränkt**. Dem Grunde nach kommen nur
die **in Erwartung der Ehe** einschließlich der Eheschließung getätigten Maßnahmen in
Betracht, insbesondere Aufwendungen und Verbindlichkeiten, wobei Maßnahmen
der künftigen Ehegatten selbst in weiterem Umfang als die von Eltern und Dritten
einbezogen werden (§ 1298 Abs 1). Die Höhe des geschuldeten Schadensersatzes ist
auf die **Angemessenheit** der Maßnahmen begrenzt, die wiederum nach den konkreten Umständen des Einzelfalls zu bestimmen ist (Abs 2).

46 Der Schadensersatzanspruch umfasst nur den Vermögensschaden, der aus dem **Vertrauen auf die Durchführung des Projekts Eheschließung** entstanden ist (GERNHUBER/
COESTER-WALTJEN § 8 Rn 46; teilweise abw BGB-RGRK/ROTH-STIELOW Rn 7; MünchKomm/ROTH
§ 1298 Rn 1; ERMAN/KROLL-LUDWIGS § 1298 Rn 10, RGZ 163, 286). **Gesundheitsschäden** aufgrund des seelischen Leids wegen des Verlöbnisbruchs sind nicht nach §§ 1298, 1299,
sondern allenfalls nach Deliktsrecht zu beurteilen (OLG Düsseldorf FamRZ 1962, 429 f
berücksichtigt sie auch als Maß für den erlittenen Nichtvermögensschaden; RG Recht 1907 Nr 1447,
1911 Nr 259, WarnJB 1924 Nr 181).

47 a)   Maßnahmen, welche **in Kenntnis des Rücktritts** oder schon **vor der Verlobung**
erfolgten (KG OLGE 18, 249), sind nicht ersatzfähig, es sei denn, der Partner habe
dafür nachweislich das Risiko übernommen. Diese Risikoübernahme ist auch an-

zunehmen gegenüber dem gutgläubigen Partner eines unwirksamen Verlöbnisses (vgl MünchKomm/Roth § 1298 Rn 6).

Bei Verlöbnissen **Minderjähriger** sind die seit der Verlobung, nicht erst die seit der **48** Zustimmung des gesetzlichen Vertreters getroffenen Maßnahmen, ersatzfähig.

b) Nicht ausgleichspflichtig sind die **unangemessenen Maßnahmen**. Diese Ein- **49** schränkung entfällt bei Maßnahmen im **gegenseitigen Einverständnis** (vgl Prot IV 6). Unangemessen kann eine Maßnahme wegen ihrer Art und des Zeitpunktes (noch weit entferntes Hochzeitsdatum) sowie wegen der Höhe des Aufwandes (OLG Oldenburg NJW-RR 2009, 938) sein. Unangemessen wegen des Zeitpunktes **(verfrüht)** ist zB die spontane Berufsaufgabe nach kurzem Kennenlernen und ohne Einigung über die weitere Konkretisierung des Projekts Eheschließung (BGH FamRZ 1961, 424; OLG Stuttgart NJW 1977, 1779 = FamRZ 1977, 545, 546; OLG Frankfurt/ain NJOZ 2008, 490). Unangemessen sind grundsätzlich die Maßnahmen, welche den Vermögensverhältnissen oder Gepflogenheiten dessen, der sie trifft, nicht entsprechen; gleichwohl können sie angemessen sein, wenn sie in Erwartung der künftigen gesellschaftlichen Stellung sowie der Wohn- und Lebensverhältnisse der künftigen Eheleute getroffen wurden. Im Zweifel dient der höhere Lebensstandard des einen Verlobten als Maßstab. Für die **Geschenke unter den Verlobten** ist § 1301 lex specialis (KG LZ 1922, 691, 693).

c) Auch wenn es sich um Maßnahmen im Rahmen von § 1298 Abs 1 und 2 **50** handelt, ist nicht der gesamte Aufwand auszugleichen, sondern nur der **Schaden**, den der Gläubiger im Zeitpunkt der Entscheidung über seinen Anspruch noch hat. Soweit Anschaffungen anderweitig verwendet wurden oder in absehbarer Zeit werden, zB wegen bevorstehender anderweitiger Eheschließung, fehlt ein Schaden. Die Anspruchshöhe wird auch durch die Grundsätze vom Vorteilsausgleich und des Mitverschuldens nach § 254 Abs 2 HS 2 beeinflusst. Danach sinkt der Anspruch in der Regel auf die Hälfte, wenn die Möglichkeit, angeschaffte Sachen zurückzugeben oder eingegangene Verpflichtungen zu stornieren, nicht genutzt, oder zB ein Nachmieter für die angemietete Wohnung nicht oder verspätet gesucht wird. Entsprechendes gilt bei Verdienstausfall wegen Aufgabe der Stellung, soweit die Vermögensminderung durch Annahme einer zumutbaren Beschäftigung oder durch Bemühung um eine entsprechende Stelle hätte gemindert werden können.

3. Einzelfälle

a) Ersatzfähig sind **Maßnahmen zur unmittelbaren Vorbereitung der ehelichen 51 Lebensgemeinschaft:** zB Beschaffen der Aussteuer (Hamburg OLGE 14, 243); Anmieten einer Wohnung für die Eheleute (RGZ 58, 248, 255) oder zur Aufnahme der Eltern (zur Mitarbeit beim Bau des künftigen gemeinsamen Hauses auf dem Grundstück des anderen Verlobten s Rn 60); evtl ausnahmsweise der Ankauf eines Geschäftes (RG JW 1903 Beil 144); Darlehensaufnahme zur Deckung entsprechender Aufwendungen (RG ebd OLG Hamburg aaO); Verlobungsgeschenke Dritter (iSv Abs 1) für den gemeinsamen Hausstand des künftigen Ehepaares (OLG Stuttgart Recht 1910 Nr 2835; OLG Naumburg Recht 1922 Nr 608). Dazu gehören auch die Vorbereitungen der **Eheschließung** (LG Wiesbaden FamRZ 1965, 272) einschließlich der Hochzeitsfeier und der Hochzeitsreise. Nicht ersatzfähig sind die Kosten der Verlobungsfeier (Rn 53).

Martin Löhnig

52 b) Ersatzpflichtig sind uU auch **Aufwendungen zum Erhalt und zur Festigung des Verlöbnisses**: zB gegenseitige Besuchsreisen der Verlobten (OLG Königsberg DRiZ 33, 303; **aA** Hamburg OLGE 16, 203); die ständige Beköstigung des Verlobten (Hamburg OLGE 16, 203; nicht das gelegentliche Beköstigen BGH FamRZ 56, 179), soweit es sich nicht um einen Konkubinat handelt; ggf Aufwendungen und Hilfeleistungen in Beruf und Gewerbe des Verlobten (BGH FamRZ 1961, 434). Hingegen sind **nicht ersatzfähig** Maßnahmen, für die den Umständen nach **Ersatz nicht erwartet** wurde, insbesondere kleinere Aufwendungen, die das durch Sitte und Anstand unter Verlobten oder gemäß dem künftigen Schwiegerverhältnis gegebene Maß nicht wesentlich überschreiten (Theaterbesuche, Ausgaben in Restaurants).

53 c) **Nicht** nach §§ 1298, 1299 ersetzbar sind die Kosten für die **Feier der Verlobung** (**aA** hM unter Bezugnahme auf OLG Hamburg OLGE 14, 243). Die damalige Erwartung, das Projekt Eheschließung werde verwirklicht werden, macht das Verlobungsfest nicht zu einer Aufwendung in Erwartung der Ehe. Sein Zweck ist es, anlässlich der Verlobung die Gelegenheit zur Pflege der familiären und gesellschaftlichen Bindungen zu geben; dieser Zweck ist mit der Durchführung des Festes erfüllt, sodass er nicht mehr nachträglich wegfallen kann.

54 d) **Nicht in Erwartung der Ehe** sind Maßnahmen getroffen, die der Verwirklichung der vorehelichen faktischen Lebensgemeinschaft dienen, zB Haushaltsführung, Unterhalt (BGH NJW-RR 2005, 1089; vgl auch OLG Celle OLGZ 1970, 326; OLG Frankfurt NJW 1971, 470 = FamRZ 1971, 646; OLG München FamRZ 1980, 240; OLG Düsseldorf FamRZ 1981, 770; mit überholter Begründung aus § 138 als „unangemessen" beurteilt von BGH FamRZ 1960, 129 mit krit Anm Bosch, Richter, Krüger ebd 129, 267, 326 und Erman/Heckelmann Rn 19 f). Auch die Gebrauchsüberlassung einer Wohnung an die Verlobten reicht nicht aus, wenn damit das voreheliche Zusammenleben ermöglicht werden soll (OLG Frankfurt NJW-RR 1995, 899 f; in diesem Sinne auch OLG Oldenburg FamRZ 1996, 287 für die Überlassung eines Pkws).

55 e) Dasselbe gilt für die durch **Schwangerschaft und Geburt** eines Kindes verursachten Aufwendungen (OLG Hamm FamRZ 1995, 296; krit dazu Bosch FamRZ 1995, 483, Soergel/Hohloch Nachtrag zu § 1298 Rn 12; KG OLGE 10, 274; OLG Köln RdA 1960, 440) bzw Maßnahmen zu deren Vermeidung (Sterilisation: OLG Düsseldorf FamRZ 1981, 355, zust Soergel/Lange[12] Rn 12).

4. Besondere Ansprüche der Verlobten

56 Nur der Ex-Verlobte selbst, nicht Eltern oder Dritte, hat nach Abs 1 S 2 Ansprüche auch wegen der Vermögensschäden, die er durch sein Vermögen oder seine Erwerbsstellung berührende Maßnahmen erlitten hat, vorausgesetzt sie erfolgten in Erwartung der Ehe und waren nicht unangemessen. Die **Erwerbsstellung** berühren zB: Abbrechen der Ausbildung; Verlassen der bisherigen Stellung; Aufgeben des Berufes (RG WarnR 1935 Nr 69); Ausschlagen einer günstigen Arbeitsstelle. Das **Vermögen** berühren zB Ankauf eines Geschäftes, das der Verlobte nicht allein halten kann (RG JW 1903 Beil 144); unentgeltliche Dienstleistungen zugunsten des Verlobten, sofern sie den eigenen Erwerb gemindert haben (BGH FamRZ 61, 424). Keine Maßnahme in Erwartung der geplanten Ehe ist das Ausschlagen eines anderen Heiratsantrags (RG JW 1902 Beil 259).

V. Prozessuales

Verlöbnissachen sind sonstige Familiensachen, § 266 Abs 1 Nr 1 FamFG. **Örtlich** **57**
zuständig ist ausweislich § 267 Abs 2 FamFG das Gericht des allgemeinen Gerichtsstandes des Beklagten gemäß §§ 12 ff ZPO, nicht das des Ortes der beabsichtigten
Eheschließung (so aber BGB-RGRK/ROTH-STIELOW Rn 19); denn weder die Eheschlie
ßung, noch das Unterlassen des Rücktritts ist eine Verpflichtung aus dem Verlöbnis
iSv § 29 Abs 1 ZPO (in Abwendung von der früheren Rechtsprechung des RG jetzt auch BGH
FamRZ 1996, 601, vgl Vorbem 54 f). Die Ersatzpflicht betrifft nicht einen Nichterfüllungsschaden, sie ist daher wie andere Schulden nach § 269 grundsätzlich am Wohnsitz des
Schuldners zu erfüllen. Der Wohnsitz der verlobten Frau kann nicht aufgrund einer
möglicherweise noch bestehenden Verkehrssitte als Erfüllungsort mit der Folge der
Gerichtsstandsänderung angesehen werden.

VI. Konkurrierende Ansprüche

Zur Anfechtung des Verlöbnisses vgl Vorbem 78 f. Soweit der Regelungsgehalt der **58**
§§ 1298, 1299 reicht, also wegen aller Maßnahmen zur Vorbereitung der Ehe, enthalten diese Vorschriften eine erschöpfende Sonderregelung des Schadensersatzes.
Im Übrigen bleiben andere Ansprüche unberührt, soweit sie auf nicht verlöbnisspezifische Umstände zurückgehen:

a) **Dienstleistungen**, die der künftige Ehegatte dem anderen erbracht hat, sind **59**
nach § 612 angemessen zu entgelten, wenn die Parteien – auch stillschweigend –
einig waren, dass sie nicht unentgeltlich sein sollten. Über Leistungen in Erwartung
der Übernahme des Geschäfts der künftigen Schwiegereltern vgl BAG FamRZ 1960,
361; BGH FamRZ 1965, 317.

b) Sofern die werdenden Ehegatten über die Vorbereitung der Eheschließung **60**
und der ehelichen Lebensgemeinschaft hinaus (BGH FamRZ 1958, 15) einen **weiteren**
Zweck gemeinsam verfolgten, sind Ausgleichsansprüche nach Gesellschaftsrecht
möglich (BGH FamRZ 1965, 368); die strengeren Voraussetzungen für die Annahme
einer Innengesellschaft unter Ehegatten (vgl OLG Düsseldorf DNotZ 1974, 169 mwNw)
gelten bei Verlobten nicht. Setzt ein Verlobter nur seine Arbeitskraft – und zwar
berufsfremd – ein und leistet damit einen Beitrag, der das Vermögen des anderen
bleibend vermehrt (zB Errichten eines Hauses, das als künftige gemeinsame Ehewohnung dienen sollte), ist ein sachgerechter Ausgleich dieser Arbeitsleistungen
über die Annahme einer Innengesellschaft zu erreichen (zutreffend AG Augsburg
FamRZ 1987, 1141), weil die berufsfremd eingesetzte Arbeitskraft typischerweise keinen Vermögenswert hat, sodass beim Scheitern des Verlöbnisses ein Schaden iSv
§§ 1298, 1299 nicht gegeben ist. Zur Anwendung der Grundsätze über den **Wegfall**
der Geschäftsgrundlage vgl LG Gießen FamRZ 1994, 1522.

c) Da der Rücktritt vom Verlöbnis keine unerlaubte Handlung ist, sind **delikti-** **61**
sche Ansprüche neben den Schadensersatzansprüchen aus §§ 1298, 1299 grundsätzlich möglich (GERNHUBER/COESTER-WALTJEN § 8 Rn 52–54; ERMAN/KROLL-LUDWIGS Rn 14;
MünchKomm/ROTH Rn 18; RGZ 163, 280, 286), sofern sie nicht Schäden iSv §§ 1298 ff
betreffen (OLG Düsseldorf FamRZ 1962, 429). Für **Gesundheitsschäden** gilt also § 823,
auch sofern sie durch psychischen Einfluss entstanden sind; verursacht der bloße

Rücktritt vom Verlöbnis eine lang andauernde psychische Erkrankung, genügt das nicht zur Begründung eines Schmerzensgeldanspruchs, weil es an einer unerlaubten Handlung fehlt (AG St Ingbert FamRZ 1987, 941). Für **Heiratsschwindel** sind § 823 Abs 2 iVm § 263 StGB bzw § 826 maßgebend (BGH FamRZ 1960, 192; RG JW 1909, 415); dasselbe gilt, wenn die Ehebereitschaft nur noch scheinbar aufrecht erhalten wird, um den anderen oder Dritte zu besonderen Aufwendungen zu veranlassen. Hingegen gibt es keinen Grund, eine entschädigungspflichtige Verletzung des **allgemeinen Persönlichkeitsrechts** anzuerkennen, wenn eine Frau über Jahre hinweg mit einem Verheirateten Geschlechtsbeziehungen unterhält, der ihr wahrheitswidrig die Scheidung seiner Ehe in Aussicht stellt und verspricht, sie anschließend zu heiraten (so OLG Hamm NJW 1983, 1436); es handelt sich um eine Zahlung an die Ehestörerin (mit Recht hart abl Pawlowski NJW 1983, 2809). Einen der Ehestörungsklage entsprechenden Schutz des Verlöbnisses gibt es nicht; das Verlöbnis begründet keine absoluten Rechtspositionen (Erman/Kroll-Ludwigs Rn 14); es bleibt allenfalls der Rückgriff auf § 826 gegenüber böswilligen Dritten (vgl RGZ 58, 255).

62 d) Ansprüche aus **Geschäftsführung** sind zB möglich, wenn ein Verlobter Berufskenntnisse für den anderen einsetzt (BGH FamRZ 1961, 424, 427); hingegen gilt § 1298 für den Kauf eines Hauses als künftige Ehewohnung (anders im Fall späterer Scheidung: OLG Düsseldorf FamRZ 1976, 344).

63 e) Der Ausgleich für **unberechtigte Vermögensmehrungen** nach §§ 812 ff ist stets möglich, nicht nur bei Leistungen auf ein unwirksames oder fehlendes Verlöbnis (vgl AG Stuttgart FamRZ 1977, 545), sondern insbesondere auch bei ausdrücklichen oder stillschweigenden Zweckabreden (BAG FamRZ 1974, 89; LG Gießen FamRZ 1994, 1522) oder erheblicher Mehrarbeit im Gewerbebetrieb des Verlobten (OLG Stuttgart FamRZ 1977, 545; weitergehend BAG FamRZ 1960, 361 aus der Fiktion der stillschweigenden Vereinbarung gem § 612 Abs 1; vgl BGH FamRZ 1958, 15). Eine Schenkungsabrede schließt die Annahme einer Zweckbestimmung nicht aus.

64 f) Was ein künftiger Ehegatte mit dem Geld des anderen angeschafft hat, wird regelmäßig vereinbarungsgemäß des anderen Eigentum geworden sein (RGZ 100, 190, 193), gemeinsame Sachen sind nach §§ 741 ff aufzuteilen.

§ 1300
(weggefallen)

§ 1301
Rückgabe der Geschenke

Unterbleibt die Eheschließung, so kann jeder Verlobte von dem anderen die Herausgabe desjenigen, was er ihm geschenkt oder zum Zeichen des Verlöbnisses gegeben hat, nach den Vorschriften über die Herausgabe einer ungerechtfertigten Bereicherung fordern. Im Zweifel ist anzunehmen, dass die Rückforderung ausgeschlossen sein soll, wenn das Verlöbnis durch den Tod eines der Verlobten aufgelöst wird.

Materialien: E I 1229; II 1207; III 1284; Mot IV 6; Prot IV 10; JAKOBS/SCHUBERT §§ 1297–1302.

Systematische Übersicht

I. Allgemeines

Der Anspruch der Ex-Verlobten auf Rückgabe der Brautgeschenke bei Auflösung **1** des Verlöbnisses steht in der römischen und gemeinrechtlichen Tradition, dass Schenkungen unter Verlobten im Zweifel unter dem Vorbehalt der Eheschließung stehen (Mot IV 6 mwNw). § 1301 ist ein Anspruch eigener Art, der von den anderen Ansprüchen wegen des Risikos der Ehevorbereitungen (§§ 1298, 1299) unabhängig ist und Elemente der Geschäftsgrundlagenstörung und des Bereicherungsrechts in sich vereinigt (zutreffend SOERGEL/FISCHINGER Rn 1).

Zum Teil (NK-BGB/KAISER Rn 3) wird § 1301 als überholt angesehen. Grund für das **2** Rückforderungsrecht sei die enttäuschte Erwartung, das Geschenk werde nach Ehe-schließung „in der Familie bleiben"; von einer derartigen Erwartung könne heut-zutage – angesichts hoher Scheidungsraten und weil Geschenke nicht in den Zu-gewinnausgleich fallen – nicht mehr ausgegangen werden. Der besondere Schutz der Verlobten, die auf das Projekt Eheschließung hinarbeiten, im Vergleich zu einer bloßen FaktLG überzeugt jedoch noch immer (zutreffend SOERGEL/FISCHINGER Rn 2)

II. Voraussetzungen

1. Verlöbnis

a) Der gegenüber § 530 erleichterte Rückforderungsanspruch setzt voraus, dass **3** die betreffenden Gegenstände im Zusammenhang mit einem **Verlöbnis** gegeben wurden. Es genügt, wenn das Verlöbnis bei der Annahme des Geschenkes bestand (FENN FamRZ 1975, 42) oder das Angebot während des Verlöbnisses erfolgte (BGHZ 45, 260). Für Geschenke vor und nach dem Verlöbnis gelten die allgemeinen Regeln der

Martin Löhnig

§§ 516 ff; für Geschenke und Zuwendungen im Rahmen des Konkubinates gilt § 1301 grundsätzlich nicht.

4 b) Bei nichtigem Verlöbnis gilt § 1301 grundsätzlich nicht. Kannte aber der Schenker die Nichtigkeitsursachen nicht, ist zu seinen Gunsten § 1301 anzuwenden (BGH FamRZ 1969, 474; OLG Schleswig BeckRS 2014, 17793); die Gegenmeinung verkennt, dass der gutgläubige künftige Ehegatte auch insoweit Schutz verdient. Wer in Kenntnis der Nichtigkeit des Verlöbnisses dem anderen etwas geschenkt hat, kann sich nicht auf § 1301 berufen.

5 c) Einer Anfechtung des Verlöbnisses nach § 142 geht § 1301 als spezielle Regelung vor.

6 d) Für das Verlöbnis mit **Minderjährigen** gilt nichts Besonderes. Da es – abgesehen von der Risikoübernahme – ohne Zustimmung des gesetzlichen Vertreters gültig ist, steht dem Volljährigen und dem Minderjährigen der Rückgabeanspruch aus § 1301 zu. Möglicherweise ist aber ein Geschenk des Minderjährigen an den Partner schon wegen §§ 107 ff unwirksam, da das Verlöbnis die Verfügungsbefugnisse des Minderjährigen nicht erweitert; das Geschenk kann dann nach den allgemeinen Vorschriften (zB §§ 985 ff) vindiziert werden.

2. Unterbleiben der Eheschließung

7 a) Da das Gesetz für § 1301 nur auf das Unterbleiben der Eheschließung abstellt, kommt es für die Rückforderung der Geschenke nicht auf die Bewertung des Auflösungsgrundes an. Auch wer aus nicht wichtigem Grund zurücktritt und daher dem anderen schadensersatzpflichtig ist (§§ 1298, 1299), kann gleichwohl seine Geschenke zurückverlangen. Im Zweifel bedeutet das Rückgabeverlangen die Auflösung des Verlöbnisses.

8 b) Die Auslegungsregel in § 1301 S 2 für den Sonderfall des durch den **Tod** des einen Teils beendeten Verlöbnisses geht davon aus, dass der Verstorbene für diesen Fall stillschweigend auf die Rückforderung verzichtet hat; daher verbleiben im Regelfall seinen Erben auch die Geschenke des Überlebenden. Da S 2 nur eine Auslegungsregel aufstellt, kann sich hinsichtlich jedes einzelnen von § 1301 S 1 umfassten Geschenkes oder Gegenstandes eine andere Beurteilung ergeben. Schon die Art des Geschenkes kann die Vermutung widerlegen; daher ist zB Familienschmuck im Regelfall zurückzugeben, empfangene Briefe hingegen kann der Überlebende behalten und seine an den Verstorbenen gerichteten herausverlangen.

3. Berechtigte

9 Der Anspruch aus § 1301 steht nur den Verlobten zu, nicht anderen Schenkern; eine Gesetzeslücke liegt insoweit nicht vor. Dritte können sich auf §§ 812 ff (sofern die Eheschließung der Verlobten causa der Schenkung war) oder auf §§ 527, 530 (jedoch mit der Einschränkung aus §§ 534, 814) stützen. Der den Eltern und ihren Repräsentanten in § 1298 Abs 1 zugebilligte besondere Schutz gilt nicht für die Rückforderung ihrer Geschenke; jedoch kann insoweit, je nach den Umständen der Auflösung des Verlöbnisses, § 530 helfen. War die beabsichtigte Eheschließung Geschäftsgrundlage der Zuwendung, kommt auch ein Anspruch wegen **Wegfalls der Geschäftsgrundlage** gemäß § 313 in Betracht (LG Gießen FamRZ 1994, 1522).

III. Gegenstände

Der Herausgabeanspruch geht auf alle während des Verlöbnisses gemachten Gaben, ob sie angemessen waren oder nicht. **10**

1. Geschenke

Als Geschenk kann jede **unentgeltliche Zuwendung** in Betracht kommen, **zB** der **11** Erlass einer Kfz-Reparaturforderung für einen vom Verlobten verursachten Schaden (OLG Köln FamRZ 1961, 441 = NJW 1961, 1726) oder der Einsatz der eigenen Arbeitskraft als Mithilfe beim Hausbau. Die Auffassung des OLG Hamburg (OLGE 12, 298; so auch Soergel/Fischinger Rn 5), nach § 1301 seien nur Geschenke im herkömmlichen Sinne auszugleichen, ist zu eng und wird dem Normzweck, einen vollständigen Wertausgleich herbeizuführen (Mot IV 6), nicht gerecht. Allerdings gilt auch für Geschenke unter Verlobten die in §§ 534, 814 Alt 2 ausdrücklich angeordnete Einschränkung, sodass Anstandsgeschenke oder kleinere Aufmerksamkeiten nicht der Rückgabepflicht unterliegen; außerdem fehlt es insoweit regelmäßig schon an der Bereicherung iSv § 818 Abs 3.

2. Verlobungszeichen

Für sie gilt diese Einschränkung nicht. In Betracht kommen neben den Verlobungs- **12** ringen uU auch andere Zuwendungen.

3. Briefe, E-Mails etc

Obwohl Briefe und andere persönliche Geschenke wie Photographien weder Ge- **13** schenke noch Verlöbniszeichen sind, sind sie nach hM (Gernhuber/Coester-Waltjen § 8 Rn 56; Palandt/Brudermüller Rn 4; MünchKomm/Roth Rn 3 Erman/Kroll-Ludwigs Rn 6; **aA** BGB-RGRK/Roth-Stielow Rn 5) zurückzugeben; da § 1301 vollständigen Wertausgleich herbeiführen soll, sind nicht nur materielle Werte, sondern insbesondere auch – schon wegen des Urheberschutzes und des allgemeinen Persönlichkeitsrechts – die immateriellen, häufig besonders empfindlichen Güter einzubeziehen. Bei E-Mails, SMS und anderen nicht verkörperten Kommunikationsakten dürfte sich der Herausgabeanspruch inhaltlich in einen Löschungsanspruch wandeln; soweit man dies für eine Überdehnung des § 1301 (so Soergel/Fischinger Rn 8) hält, kommt ein inhaltsgleicher Anspruch aus § 1004 Abs 1 iVm dem APR in Betracht.

IV. Herausgabepflicht

1. Rechtsfolgenverweisung

§ 1301 verweist nur auf die Rechtsfolgen der §§ 812 ff (RGZ 81, 205; 13, 922; **aA** BGHZ **14** 132, 108). Soweit die engeren Voraussetzungen der Kondiktionen vorliegen, sind die §§ 812 ff neben § 1301 mögliche Anspruchsgrundlagen; das kann wegen des gegenüber § 1302 veränderten Beginns der Verjährungsfrist, § 199 Abs 1, vorteilhaft sein.

2. Einschränkung der Herausgabepflicht nach § 815

15 a) Ob ein Verlobter die Geschenke mit der Begründung behalten darf, der andere habe die Eheschließung wider Treu und Glauben verhindert (§ 815 Alt 2; dazu OLDENBURGER) ist streitig (die direkte oder analoge Anwendungen von § 815 befürworten: BGHZ 45, 263; RG JW 1925, 2110 dazu kritisch JAKOBI ebd; OLG Rostock 41, 42; OLG Naumburg SeuffA 57, 23; PALANDT/BRUDERMÜLLER Rn 3; GERNHUBER/COESTER-WALTJEN § 8 Rn 55; Münch-Komm/ROTH Rn 6; BGB-RGRK/ROTH-STIELOW Rn 7).

16 b) Diese einem für das Verlöbnis insoweit unpassenden Billigkeitsdenken verhaftete Meinung (vgl NEUMANN-DUESBERG MDR 1968, 639) ist abzulehnen, § 815 ist im Rahmen des § 1301 unanwendbar (im Ergebnis ebenso: HENRICH § 2 V; GÖPPINGER JuS 1968, 407 ff; KG LZ 1922, 691).

17 aa) § 815 bezieht sich ausdrücklich auf den Fall der causa data, causa non secuta des § 812 Abs 1 S 2 Alt 2, während § 1301 ein spezielles Instrument zur Abwicklung beendeter Verlöbnisse darstellt. Die Verweisung in § 1301 ist nicht Rechtsgrundverweisung, sodass § 815 nicht direkt anwendbar ist. Auch die analoge Anwendung scheitert: die Rechtsprechung darf bei einem Geschenk unter Verlobten den uU gewollten Zweck, den anderen damit zur Eheschließung zu bewegen, nicht begünstigen, damit nicht ein die Eheschließungsfreiheit beeinträchtigender Druck aufgebaut werden kann.

18 bb) Der allgemeine Grundsatz, dass niemand aus selbst begangenem Unrecht Rechte herleiten kann, ist bei Beendigung des Verlöbnisses unanwendbar, weil der Rücktritt vom Verlöbnis kein Unrecht ist. Die Gegenmeinung steht zudem vor dem Problem, dass nicht jeder Rücktritt ohne wichtigen Grund iS von § 1298 als Verhinderung der Eheschließung wider Treu und Glauben angesehen werden kann. Das Abstellen auf besonders erschwerende Umstände (RG JW 25, 2110), die Unehrenhaftigkeit oder Anstößigkeit der Rückforderung (MünchKomm/ROTH Rn 6), belastet § 1301 mit einer Verschuldensprüfung, die diese Vorschrift im Unterschied zu §§ 1298, 1299 gerade nicht enthält.

19 cc) Dem Beschenkten nach § 815 einen Vermögenswert entgegen § 1301 zu belassen, steht zudem in offenem Widerspruch zu dem speziellen Verbot des § 1297 Abs 2, weil damit in der Sache eine Vermögensstrafe für das Unterbleiben der Eingehung der Ehe anerkannt würde.

3. Weitere Anspruchsmodalitäten

20 a) Da die Parteien über die Rechtsfolgen der Auflösung ihres Verlöbnisses schon vorab disponieren können, ist der Einwand des Beschenkten, die Rückforderung sei auch für den Fall der Auflösung ausgeschlossen, möglich; der Beschenkte hat sie jedoch zu beweisen.

21 b) Da die Schenkung während des Verlöbnisses ihren Zweck in sich trägt und die

Eheschließung kein mit der Schenkung erreichbarer Erfolg sein kann, entfällt die verschärfte Haftung nach § 820.

c) Bei nichtigem Verlöbnis ist § 1301 unanwendbar (Ausnahme für den Gutgläu- **22** bigen, vgl Rn 4). Die Rückforderung aus §§ 812 ff scheitert für den, der die Nichtig- keitsursachen kannte, an § 814 Alt 1.

d) § 814 ist im Rahmen von § 1301 grundsätzlich unanwendbar (AG Köln NJW 1961, **23** 1726), weil Leistungen während des Verlöbnisses zumindest auch mit Rücksicht auf dieses erfolgen und daher nicht von anderen Anstands- und Sittenpflichten getrennt werden können.

e) § 817 greift heutzutage nicht mehr ein, wenn die Schenkung im Zusammen- **24** hang mit vorehelichem Geschlechtsverkehr steht.

f) Für §§ 818 Abs 3, 819 Abs 1 kommt es auf den Zeitpunkt an, in dem der **25** Beschenkte erfährt, dass die Eheschließung nicht erfolgen wird (GÖPPINGER JuS 1968, 405).

g) Der Anspruch aus § 1301 ist übertragbar, vererblich und verzichtbar; für Min- **26** derjährige gelten jedoch §§ 107 ff.

V. Erweiterte Anwendung

Die entsprechende Anwendung von § 1301 auf Rechtsverhältnisse, die nur auf Ge- **27** brauchsüberlassung gerichtet waren, zB Leihe oder Darlehen, ist möglich. Die Be- endigung des Verlöbnisses kann als stillschweigend gesetzte auflösende Bedingung angesehen werden, sodass Kündigungsfristen nicht gelten.

VI. Beweislast

Die Beweislast für den Bestand des Verlöbnisses, seine Auflösung und das Geschenk **28** obliegt demjenigen, der das Geschenk zurückfordert, während der Beschenkte seine Entreicherung nachzuweisen hat.

VII. Konkurrenzen

1. Schenkungsrecht und Wegfall der Geschäftsgrundlage

Da § 1301 die Rückforderung von Geschenken gegenüber §§ 527, 530 nur erleich- **29** tert, sind diese Vorschriften auch unter Verlobten und für Geschenke, die im Zu- sammenhang mit dem Verlöbnis stehen, anwendbar. Groben Undank im Sinne von § 530 begeht nicht, wer sein Recht, das Verlöbnis zu beenden, wahrnimmt. Jedoch kann sich die Art und Weise der Auflösung oder auch das Verhalten gegenüber den Familienangehörigen des Partners als grober Undank darstellen. Die Verweigerung des Geschlechtsverkehrs während des Verlöbnisses ist auch heute nicht als grober Undank zu bewerten (BGH FamRZ 1961, 361).

In Betracht kommt zudem ein Anspruch wegen Wegfalls der Geschäftsgrundlage **30** (vgl OLG Oldenburg NJW-RR 2009, 938; LG Gießen FamRZ 1994, 1522) des partnerschaftsbezogenen Vertrages eigener Art, der einer partnerschaftsbezogenen Zuwendung, die nicht Schenkung ist, zugrundeliegt; die Geschäftsgrundlagenstörung wird regelmäßig in der Beendigung des Verlöbnisses liegen.

2. Bereicherungsrecht und Deliktsrecht

31 §§ 812 ff und § 823 sind neben § 1301 grundsätzlich anwendbar, insbesondere § 823 Abs 2 iVm § 263 StGB bei Betrug durch Vortäuschen einer rechtskräftigen Scheidung (BGH JZ 1969, 474; OLG Düsseldorf FamRZ 1962, 430).

3. Verfahren

32 Sämtliche Ansprüche, die im Zusammenhang mit der Beendigung der Verlöbnisses stehen, sind als sonstige Familiensachen, §§ 111 Nr 10, 266 Abs 1 Nr 1 FamFG, vor dem Familiengericht geltendzumachen. Die örtliche Zuständigkeit richtet sich nach dem allgemeinen Gerichtsstand des Antragsgegners, § 267 Abs 2 FamFG, §§ 12 ff ZPO (ERBARTH FPR 2011, 89, 95).

§ 1302
Verjährung

Die Verjährungsfrist der in den §§ 1298 bis 1301 bestimmten Ansprüche beginnt mit der Auflösung des Verlöbnisses.

Materialien: E I 1200; II 1208; III 1285; Mot IV 7; Prot IV 11; JAKOBS/SCHUBERT §§ 1297–1302; BT-Drucks 16/13543 S 1 f.

1. Geltungsbereich

1 § 1302, der zum 1. 1. 2010 neu gefasst wurde, bestimmt für **alle Ansprüche** wegen Auflösung des Verlöbnisses aus den §§ 1298–1301, dass die dreijährige Regelverjährung, § 195, nicht nach Maßgabe des § 199, sondern abweichend davon taggenau mit der Auflösung des Verlöbnisses beginnt. Im Falle der einseitigen Beendigung des Verlöbnisses beginnt die Verjährung damit erst zu laufen, wenn der andere Teil davon Kenntnis erlangt (anders wohl SOERGEL/FISCHINGER § 1302 Rn 6), denn die Rücktrittserklärung ist eine empfangsbedürftige Willenserklärung, die erst mit Zugang, § 130 Abs 1, wirksam wird. Für die Fristberechnung gelten die §§ 187, 188; für Hemmung, Ablaufhemmung und Neubeginn der Verjährung gelten die allgemeinen Vorschriften der §§ 203 ff.

2 2.   Mit §§ 1298 ff konkurrierende Ansprüche folgen ihren eigenen Verjährungsvorschriften.

Faktische Lebensgemeinschaft (FaktLG)

Schrifttum

ARENS, Familienunternehmen, FPR 2005, 263

ARMBRÜSTER, Regress des Gebäudeversicherers gegen Mieter, NJW 2006, 3683

BALKE, Der Haushaltsführungsschaden, SVR 2006, 321

ders, Die Beeinträchtigung der Haushaltsführung in der nichtehelichen Lebensgemeinschaft, SVR 2007, 16

BARTON, Cohabitation contracts. Extra-marital partnerships and law reform (Aldershot 1985)

BATTES, Neue Rechtsprechung und Literatur zum nichtehelichen Zusammenleben, JZ 1988, 908, 957

BAUMANN, Die zivilrechtliche Bedeutung des Konkubinats in rechtsvergleichender Darstellung (Diss Erlangen 1932)

BAUMBACH/LAUTERBACH/ALBERS/HARTMANN, ZPO (69. Aufl 2011)

BAMMEL, Zur Abwicklungsproblematik nichtehelicher Lebensgemeinschaften aus rechtsvergleichender Sicht. Eine konzeptionelle Betrachtung des deutschen und spanischen Rechts (2007)

ders, Die nichteheliche Lebensgemeinschaft (Konkubinat) in der Rechtsgeschichte, in: LANDWEHR (1978) 13

BERGSCHNEIDER, Der Tod des Unterhaltsverpflichteten – Praktische Anmerkungen zu § 1586b BGB, FamRZ 2003, 1049

BERNAU, Der Einzug der Patchwork-Familie in den juristischen Sprachgebrauch – eine Definition, KJ 2006, 320

BEUERMANN, Aufnahme in Mietwohnung bedarf der Erlaubnis, Grundeigentum 2003, 1588

BOELE-WOELKI, Die nichteheliche Lebensgemeinschaft im niederländischen Recht (2005)

dies, Beziehungsgewalt in unverheirateten Partnerschaften (Diss Freiburg 2006)

BÖTTCHER, Gesetzliche Vermutung des Alleineigentums nach BGB § 1362 bei nichtehelichen Lebensgemeinschaften, FamRZ 2007, 459

BORN, Die neue Hausfrauen-Rechtsprechung des BGH – Meilenstein oder erster Schritt?, FF 2001, 183

ders, Bestrafung durch die Hintertür? – Die unterhaltsrechtliche Behandlung geldwerter Versorgungsleistungen nach der neuen Hausfrauen-Rechtsprechung, FamRZ 2002, 1603

ders, Ein österreichisches Familienrechts-System aus der Sicht eines Nicht-Österreichers, FamRZ 1988, 1

ders, Staatliches und kirchliches Eherecht in Harmonie oder im Konflikt, FamRZ 1988, 665

ders, Unterhaltsverwirkung bei Zusammenleben mit neuem Partner nur, wenn Ehe möglich ist?, FF 2001, 53

ders, Der unsichtbare Dritte – auch im Unterhaltsrecht, NJW 2012, 496

BRAUN, Eingetragene Lebenspartnerschaft und Ehe (2002)

BROCKE, Die eheähnliche Gemeinschaft – definitorische Schwierigkeiten, SGb 1988, 433

BRUDERMÜLLER, Wohnungszuweisung bei Beendigung einer nichtehelichen Lebensgemeinschaft, FamRZ 1994, 207

ders, Zuweisung der Mietwohnung bei Ehegatten, Lebenspartnern, Lebensgefährten, FuR 2003, 433

ders, Familienrecht, NJW 2006, 3695

BRUNS, Steuerliche Behandlung der eingetragenen Lebenspartnerschaft ist verfassungswidrig, DStZ 2004, 271

ders, Lebenspartnerschaftsrecht. Handkommentar (2. Aufl 2005)

BÜCHERL, Die vermögensrechtliche Rückabwicklung nach Beendigung nichtehelicher Lebensgemeinschaften (2008)

BÜLTMANN, Steuerrechtliche Behandlung der nichtehelichen Lebensgemeinschaft und der eingetragenen Lebenspartnerschaft, insb. im Lichte des Verfassungsrechts, StuW 2004, 131

Martin Löhnig

Büttner, Unterhalt für die nichteheliche Mutter, FamRZ 2000, 781

ders, Zur Frage des Anspruchs auf nachehelichen Unterhalt gegen den Erben sowie die Möglichkeit der Berufung auf die Härtefallklausel des § 1579 Nr 8 BGB, FamRZ 2004, 616

Büttner/Niepmann, Die Entwicklung des Unterhaltsrechts seit Mitte 2004, NJW 2005, 2352

Burger, Grundsätze über den Vermögensausgleich bei gescheiterter nichtehelicher Lebensgemeinschaft, FamRZ 2003 1543

ders, Die sonstigen Familiensachen nach dem FamFG, FamRZ 2009, 1017

ders, Die aktuelle Rechtsprechung zum Vermögensausgleich nach beendeter nichtehelicher Lebensgemeinschaft, FamRB 2010, 214

Burhoff, Handbuch der nichtehelichen Lebensgemeinschaft (3. Aufl 2009)

ders, Vermögensrechtliche Auseinandersetzung der nichtehelichen Lebensgemeinschaft bei Trennung der Partner, ZAP Fach 11, 575 (2000)

ders, Anwendbarkeit von Normen des Deliktsrechts, Verfahrens- und Prozessrechts auf nichteheliche Lebensgemeinschaften, FPR 2001, 18

ders, Muster eines Partnerschaftsvertrages für die nichteheliche Lebensgemeinschaft, ZFE 2002, 94

ders, Ersatzzustellung an den Partner der nichtehelichen Lebensgemeinschaft?, ZFE 2002, 207

ders, Zwangsvollstreckung gegen den Partner einer nichtehelichen Lebensgemeinschaft, ZFE 2002, 272

Buschmann, Kollisionsrecht bei Partnerschaften außerhalb der traditionellen Ehe, RNotZ 2010, 149

Carro-Werner, Die nichteheliche Lebensgemeinschaft in der spanischen Rechtsordnung (Diss Passau 2003)

Christ, Steuerliche Folgen der nichtehelichen Lebensgemeinschaft, Fam RB 2003, 373

Clausius, Bereicherungsansprüche nach Auflösung der nichtehelichen Lebensgemeinschaft, AnwZert FamR 2009, Anm 1

Coester, Entwicklungslinien im europäischen Nichtehelichenrecht, ZeuP 1993, 534

ders, Verfassungsrechtliche Vorgaben für die gesetzliche Ausgestaltung des Sorgerechts nicht miteinander verheirateter Eltern, FPR 2005, 60

ders, Sorgerecht nicht miteinander verheirateter Eltern, FamRZ 2012, 1337

Coester-Waltjen, Das neue FamFG, Jura 2009, 358

Coing, Die Auseinandersetzung um kirchliches und staatliches Eherecht im Deutschland des 19. Jahrhunderts, in: Dilcher-Staff 360

Dahm, Eheähnliche Lebensgemeinschaften und Lebenspartnerschaften, BG 2003, 114

Decurtins, Konkubinat. Vertrauen ist gut – Verträge sind besser (Bern 1983)

Deichfuss, Recht des Kindes auf Kenntnis seiner blutsmäßigen (genetischen) Abstammung?, NJW 1988, 113

Deixler-Hübner, Scheidung, Ehe und Lebensgemeinschaft (2004)

Delerue, Eingetragene Lebenspartnerschaft (2. Aufl 2002)

Dethloff, Nichteheliche Lebensgemeinschaft und Kinder (2005)

De Witt/Huffmann, Nichteheliche Lebensgemeinschaft (4. Aufl 2006)

Diederichsen, Rechtsprobleme der nichtehelichen Lebensgemeinschaft, FamRZ 1988, 889

ders, Die Reform des Kindschafts- und Beistandschaftsrechts, NJW 1998, 1977

ders, Ansprüche naher Angehöriger von Unfallopfern, NJW 2013, 641

Dietlein, Der Schutz nichtehelicher Lebensgemeinschaften in den Verfassungen und Verfassungsentwürfen der neuen Länder, DtZ 1993, 136

Drewes, Ehen ohne Trauschein (2006)

Duderstadt, Die nichteheliche Lebensgemeinschaft (2. Aufl 2004)

Eberl-Borges, Anspruch auf Betreuungsunterhalt trotz Zusammenlebens mit nicht erwerbstätigem Partner, NJW 2001, 1309

Eckebrecht, Neuere Gesetze zur Stärkung der Vaterrechte, FPR 2005, 205

Eekelaar, Friendship, in: Liber memorialis Petar Sarcevic (2006) 265–278

Ehinger, Unterhaltsansprüche in der nichtehelichen Lebensgemeinschaft, FPR 2001, 25

Ehlers, Nichteheliche Lebensgemeinschaften, AkTStR 1996, 439

Ehmann, Partner ohne Trauschein – Rechte

und Pflichten in einer nichtehelichen Lebensgemeinschaft (2. Aufl 1999)

EMMERICH, Dissonante Begleitmusik zum In-Kraft-Treten des „neuen Mietrechts", NZM 2001, 777

Empfehlungen des 4. Deutschen Familiengerichtstages 1981, FamRZ 1981, 1204

Empfehlungen des 7. Deutschen Familiengerichtstages an den Gesetzgeber, FamRZ 1988, 468

EPPLE, Lebensversicherung/Altersvorsorge in der eingetragenen Lebenspartnerschaft, FPR 2005, 305

ERMAN, Bürgerliches Gesetzbuch Handkommentar, Bd II (11. Aufl 2004; 9. Aufl 1993)

ESER (Hrsg), Die nichteheliche Lebensgemeinschaft (1985)

FINGER, Zur Frage der Kündigung eines Mietverhältnisses nach Trennung einer nichtehelichen Lebensgemeinschaft, WuM 1996, 768

ders, §§ 1626a ff, 1672 BGB – verfassungswidrig?, FamRZ 2000, 1204

ders, Gemeinsame elterliche Sorge für nichteheliche Kinder, FuR 2003, 341

ders, Zuweisung der Ehe-/Partnerschaftswohnung; GewSchutzG, FuR 2006, 241

FRANK, Rechtsvergleichende Betrachtungen zur Entwicklung des Familienrechts, FamRZ 2004, 841

GEISER, Die eheähnliche Lebensgemeinschaft in der neueren Rechtsprechung des Schweizer Bundesgerichts, in: ESER 47

GERHARDT, Neubewertung der ehelichen Lebensverhältnisse, FamRZ 2003, 272

ders, Beck'sches Formularbuch Familienrecht, NJW 2006, 2536

GERNHUBER, Ehe und Familie als Begriffe des Rechts, FamRZ 1981, 721

ders, Eherecht und Ehetypen (1981)

GERNHUBER/COESTER-WALTJEN, Lehrbuch des Familienrechts (6. Aufl 2010)

GESSNER, Benachteiligungen der Ehe gegenüber der nichtehelichen Lebensgemeinschaft im Einkommenssteuerrecht und Vorschläge zu deren Verhinderung (Diss Würzburg 2000)

GEISSLER/SCHLÜNDER, Schenkungsteuer bei der Immobilienfinanzierung durch nichteheliche Lebenspartner?, ZEV 2007, 64

GLATZER, Nichteheliche Lebensgemeinschaften, SuP 1999, 363

GÖPPINGER/WAX, Unterhaltsrecht (9. Aufl 2008)

GOODY, Die Entwicklung von Ehe und Familie in Europa (1989)

GRIESCHE, Verwirkung eines Unterhaltsanspruchs aus § 1615 II 2 bis 5 BGB beim Zusammenleben in einer verfestigten Lebensgemeinschaft, FamFR 2011, 51

GROHMANN, Die verfestigte Lebensgemeinschaft i.S. des § 1579 Nr. 2 BGB, FamRZ 2013, 670

GROSS, Zur Problematik der §§ 1626a und 1672 BGB, FPR 2002, 176

GROSSE, Freie römische Ehe und nichteheliche Lebensgemeinschaft (Diss Berlin 1990)

GRZIWOTZ, Vollmachten in der nichtehelichen Lebensgemeinschaften, FPR 2001, 45

ders, Erbrechtliche Gestaltungen bei gleichgeschlechtlichen Paaren, ZEV 2002, 52

ders, Rechtsfragen des nichtehelichen Zusammenlebens (2. Aufl 2002)

ders, Rechtsprechung zur nichtehelichen Lebensgemeinschaft, FamRZ 2003, 1417

ders, Vertragsstrafen- und Abfindungsklauseln in Partnerschaftsverträgen, FPR 2005, 156

ders, Vermögensauseinandersetzung bei Trennung und Scheidung, FPR 2005, 261

ders, Die nichteheliche Lebensgemeinschaft (4. Aufl 2006)

ders, Rechtsprechung zur nichtehelichen Lebensgemeinschaft, FamRZ 2006, 1069

ders, Partnerschaftsvertrag für die nichteheliche und nicht eingetragene Lebensgemeinschaft (4. Aufl 2006)

ders, Ausgleichsansprüche bei der Beendigung einer nichtehelichen Lebensgemeinschaft, FF 2009, 435

ders, Rechtsprechung zur nichtehelichen Lebensgemeinschaft, FamRZ 2009, 750

ders, Von der faktischen Lebensgemeinschaft zur Zusammenlebensgemeinschaft, FPR 2010, 369

ders, Partnerschaftsverträge für nichteheliche Lebensgemeinschaften, FF 2010, 429

ders, Rechtsprechung zur nichtehelichen Lebensgemeinschaft, FamRZ 2011, 697

ders, Vereinbarungen der nichtehelichen Lebensgemeinschaft, FPR 2013, 326

ders, Rechtsprechung zur nichtehelichen Lebensgemeinschaft, FamRZ 2014, 257
GÜNTHER, Gesellschaftsrechtliche Ausgleichsansprüche bei Beendigung der nichtehelichen Lebensgemeinschaft in der Praxis, FF 2012, 194
HAIBACH, Das Mandat im Familienrecht, NJW 2006, 423
HALBWACHS, „... quia valde me bene ames." – Verpflichtung aus Liebe? (2006)
HAUSSLEITER, Zum Ausgleichsanspruch bei einer Ehegatteninnengesellschaft neben einem Anspruch auf Zugewinnausgleich, NJW 2006, 2741
HAUSSLEITER-SCHULZ, Vermögensauseinandersetzung bei Trennung und Scheidung (5. Aufl 2011)
HAUSMANN, Entwicklungstendenzen im dt Familienrecht, in: VOLLKOMMER (Hrsg), Die Familie in Wirtschaft, Recht und Gesellschaft (1990) 39
HAUSMANN, Nichteheliche Lebensgemeinschaften und Vermögensausgleich (1996)
HAUSMANN/HOHLOCH (Hrsg), Das Recht der nichtehelichen Lebensgemeinschaft (2. Aufl 2004)
HEILMANN, Die Reform des Sorgerechts nicht miteinander verheirateter Eltern – das Ende eines Irrwegs, NJW 2013, 1473
HELLE, Der schlagende Mitbewohner – Schutz durch einstweilige Verfügung?, NJW 1991, 212
HENRICH, Familienrecht (5. Aufl 1995)
ders, Internationales Familienrecht (2. Aufl 2000)
ders, Entwicklungen des Familienrechts in Ost und West, FamRZ 2010, 333
HENSGENS, Wirtschaftliches Eigentum bei Bauten auf fremdem Grund und Boden, NJW 2004, 264
HEUMANN, Eltern ohne Sorgerecht – Gedanken zu „Familie und Recht", FuR 2003, 293
HINZ, Wechsel des Vertragspartners auf der Mieterseite, ZMR 2002, 640
HÖFELMANN, Das „Gesetz zur Umsetzung familienrechtlicher Entscheidungen des Bundesverfassungsgerichts", FamRZ 2004, 65
dies, Das neue Gesetz zur Änderung der Vorschriften über die Anfechtung der Vaterschaft und das Umgangsrecht von Bezugspersonen des Kindes, FamRZ 2004, 745

HÖVELBERNDT, Ehe, Familie und Erziehungsrecht als Thema internationaler Regelungen zum Schutze der Menschenrechte, der Verfassungen der EU-Mitgliedstaaten und der deutschen Bundesländer, FPR 2004, 117
HOFER/KLIPPEL/WALTER, Perspektiven des Familienrechts, in: FS Dieter Schwab (2005)
HOHLOCH, Anwendung der „Hausmann-Rechtsprechung" auf nichteheliche Lebensgemeinschaften, JuS 2001, 611
ders, Zum Wegfall des Anspruchs auf nachehelichen Unterhalt wegen Bestehens einer nichtehelichen Lebensgemeinschaft, FF 2002, 32
HOHNERLEIN, Sozialversicherungsrechtliche und versicherungsvertragliche Probleme der nichtehelichen Lebensgemeinschaft, FPR 2001, 49
HOLLATZ, Neue Entwicklungen zur doppelten Haushaltsführung bei nichtehelicher Lebensgemeinschaft, NWB Fach 6, 4215 (08/2001)
HORNDASCH, Unterhaltsvereinbarungen in der nichtehelichen Lebensgemeinschaft, RuR 2013, 623
HUBER, Unterhaltsverpflichtung des nichtehelichen Vaters gegenüber Kind und Mutter, FPR 2005, 189
ders, Nichteheliche Lebensgemeinschaft (2007)
ders, Nichteheliche Lebensgemeinschaft – Ersatz nur bei Erfüllung einer gesetzlichen Unterhaltspflicht?, NZV 2007, 1
HUBER/ANTOMO, Die Neuregelung der elterlichen Sorge nicht miteinander verheirateter Eltern, FamRZ 2012, 1257
dies, Zum Inkrafttreten der Neuregelung der elterlichen Sorge nicht miteinander verheirateter Eltern, FamRZ 2013, 665
HUBER/MÖLL, Die elterliche Sorge nicht miteinander verheirateter Eltern, FamRZ 2011, 765
HÜLSMANN, Ehegattenauszug und Mietvertragskündigung, NZM 2004, 124
HUININK, Liebe und Arbeit in Paarbeziehungen (2005)
HUMPHREY, Das Sorgerecht des nichtehelichen Vaters in rechtsvergleichender Kritik, FPR 2003, 578
HOPPE, Die Berücksichtigung der Eingetragenen Lebenspartnerschaft im Aufenthaltsgesetz (2003)

JAHNKE, Die nicht-eheliche Gemeinschaft im Schadenfall, MDR 2005, 668

JÄNTERÄ-JAREBORG, Das neue schwedische Gesetz über die nichteheliche Lebensgemeinschaft, FamRZ 2004, 1431

JAKOB, Die eingetragene Lebenspartnerschaft im internationalen Privatrecht (2002)

JAUERNIG (Hrsg), Bürgerliches Gesetzbuch (13. Aufl 2009)

JAYME, Dänisches PartnerschaftsG und IPR, IPRax 1990, 197

JOHANNSEN/HENRICH, Eherecht (4. Aufl 2003)

JONAS, Typisierung contra Einzelfallgerechtigkeit – Anmerkung zum Urteil des Bundesverfassungsgerichts vom 29. Januar 2003, JAmt 2003, 332

KAMPS, Erbrechtliche Konsequenzen bei nichtehelichen Lebensgemeinschaften, ErbStB 2005, 242

KAUFMANN, Zukunft der Familie im vereinigten Deutschland (1995)

KATSANOU, Übereinkommen über die Geltendmachung von Unterhaltsansprüchen im Ausland – „New Yorker-Unterhaltsübereinkommen", FPR 2006, 255

KETT-STRAUB, Zeugnisverweigerungsrecht für Kinder auch gegenüber „Nenn-" und Pflegeeltern, ZRP 2005, 46

KEUTER, Vereinfachtes Verfahren zur Übertragung der gemeinsamen elterlichen Sorge – ein Fremdkörper in Kindschaftssachen, FamRZ 2012, 825

KINGREEN, Die verfassungsrechtliche Stellung der nichtehelichen Lebensgemeinschaft im Spannungsfeld zwischen Freiheits- und Gleichheitsrechten (Diss Münster 1995)

KINNE, Mietrecht in der nichtehelichen Lebensgemeinschaften, FPR 2001, 36

KLEFFMANN, Ehe und andere Lebensgemeinschaften nach Landes- und Bundesverfassungsrecht (Diss Köln 2000)

KLEIN/LAUTERBACH (Hrsg), Nichteheliche Lebensgemeinschaften, Analysen zum Wandel partnerschaftlicher Lebensformen (1999)

KLINKHAMMER, Gewaltopferentschädigung – Witwenrente – Waisenrente – nichteheliche Lebensgemeinschaft – nicht ..., FamRZ 2005, 596

KLUGE, „Wilde Ehen?" – Mitbestimmungspraxis und -bedarf in der New Economy, GM 2001, 229

KNOBE, Sind nichteheliche Lebensgemeinschaften im Privatrecht wie „Familien" zu behandeln, MDR 1988, 743

KNÖPFEL, Erforderliche Änderung im Nichtehelichenrecht, ZRP 1990, 234

KÖHLER/KOSSMANN, Handbuch der Wohnraummiete (6. Aufl 2003)

KOFLER, Die Verwirkung von Unterhaltsansprüchen, NJW 2011, 2470

KOFLER/PINTENS, Entwicklungen im europäischen Personen- und Familienrecht 2013–2014, FamRZ 2014, 1498

KOLB, Absprachen über die Verwendung empfängnisverhütender Mittel (1992)

KOUTSOURADIS, Rechtsprechung zur nichtehelichen Lebensgemeinschaft, FamRZ 2006, 1069

ders, Nennenswerte Entwicklungen auf dem Gebiet des Familienrechts in Griechenland von Januar 2003 ..., FamRZ 2004, 1425

KOUTSES, Nichteheliche Lebensgemeinschaft und das Erbrecht, FPR 2001, 41

KRAUSE, Abwicklungsprobleme bei der nichtehelichen Lebensgemeinschaft, JuS 1989, 455

ders, Der Lebenspartnerschaftsvertrag in der anwaltlichen und notariellen Praxis (2002)

KRETSCHMER, Die nichtehelichen Lebensgemeinschaft in ihren strafrechtlichen und strafprozessualen Problemen, JR 2008, 51

KRINGS, Verfassungsrechtliche Vorgaben für eine rechtliche Ordnung nichtehelicher Lebensgemeinschaften, FPR 2001, 7

KROISS/ECKERT, Das Erbrecht und die nichteheliche Lebensgemeinschaft, NJW 2012, 3768

KROPPENBERG, Rechtsregeln für nichteheliches Zusammenleben (2009)

KRÜGER, Sittenwidrige Mithaftung: Der Schlussstein in der Rechtsprechung des BGH, NJW 2009, 3408

KULL, Die Mütter nichtehelicher Kinder in unserer Gesellschaft, FPR 2005, 517

LACK, Ein Jahr Gesetz zur Reform der elterlichen Sorge nicht miteinander verheirateter Eltern, FamRZ 2014, 1337

LAKEBRINK, Nichteheliche Lebensgemeinschaften – Neue Rechtsfragen und Regelungsaufgaben im In- und Ausland, ZRP 2000, 540

LANGENFELD, Ausgleichsansprüche eines Partners einer nichtehelichen Lebensgemeinschaft wegen Verwendungen auf ein im Alleineigentum des anderen Partners stehendes Grundstück bei Auflösung der nichtehelichen Lebensgemeinschaft, LMK 2003, 227

ders, Vertragsgestaltung (3. Aufl 2004)

ders, Der Ehevertrag (11. Aufl 2004)

ders, Münchener Vertragshandbuch Bd 6 (6. Aufl 2010)

ders, Das Recht der nichtehelichen Lebensgemeinschaft, DNotZ 2005, 560

ders, Handbuch der Eheverträge und Scheidungsvereinbarungen (6. Aufl 2011)

LEIPOLD, Zur Anwendung der §§ 2077 und 2078 Abs 2 BGB bei Scheitern einer nichtehelichen Lebensgemeinschaft, ZEV 2003, 330

LEITMEIER, Die Zweckkondition – eigentlich Treu und Glauben, NJW 2010, 2006

LEUTHEUSSER-SCHNARRENBERGER, Nichteheliche Lebensgemeinschaften können den Ehen „gleicher" werden, ZRP 1993, 190

LIEBL, Die eingetragene Lebenspartnerschaft in der Einkommenssteuer, DStZ 2011, 129

dies, Familienplanung und Familienarbeit in nichtehelichen Lebensgemeinschaften, in: LIMBACH/SCHWENZER (Hrsg), Familie ohne Ehe (1988) 31

LIST, Die eheähnliche Gemeinschaft in steuerrechtlicher Sicht, DStR 1997, 1101

LÖHNIG, Änderungen im Wohnraummietrecht durch das Lebenspartnerschaftsgesetz, FamRZ 2001, 891

ders, Ausgleich unbenannter oder ehebedingter Zuwendungen nach der Schuldrechtsmodernisierung, FamRZ 2003, 1521

ders, Der Haushaltsführungsschaden des Mitglieds einer Solidargemeinschaft, FamRZ 2005, 2030

ders, Faktische Lebensgemeinschaft, JA 2008, 895

ders, Neue Partnerschaften der gemeinsam sorgeberechtigt gebliebenen Eltern – Welche Rechte haben die neuen Partner?, FPR 2008, 157

ders, Unterhaltsrückgriff beim Betreuungsunterhalt nach § 1570 BGB, FamRZ 2003, 1354

LÖHNIG/GIETL/PREISNER, Das Recht des Kindes nicht miteinander verheirateter Eltern (3. Aufl 2010)

LÖHNIG/HEISS/PREISNER, Die faktische Lebensgemeinschaft im Spiegel der Rechtsprechung seit 2006, FuR 2008, 521

LORENZ, Nichteheliche Lebensgemeinschaft und Verlöbnis im Internationalen Privat- und Verfahrensrecht oder: „Was es nicht gibt, knüpf' ich nicht an!" (2005)

LOUVEN, Eheverbot für gleichgeschlechtliche Paare, ZRP 1993, 12

MAJER, Ausgleichsansprüche in der nichtehelichen Lebensgemeinschaft – zugleich Anmerkung zu BGH, NJW 2008, 3277 = FPR 2008, 519 und BGH, NJW 2008, 3282, NJOZ 2009, 114

MARBURGER, Nichteheliche Lebensgemeinschaften – eingetragene Lebenspartnerschaften (2009)

MARTINS, Eheähnliche Lebensgemeinschaften im brasilianischen Recht, StAZ 2006, 227

MARTINY, Erbrechtliche Stellung von Partnern einer nichtehelichen Lebensgemeinschaft im europäischen Vergleich, FPR 2010, 399

MAUS, Scheidung ohne Trauschein – Die vermögensrechtliche Auseinandersetzung bei Beendigung einer nichtehelichen Lebensgemeinschaft (Diss Mainz 1984)

MAYER, Hausbau bzw. Hauserwerb durch nichteheliche Partner bei Miteigentum beider Partner, ZEV 2003, 453

MENNE, Ausländisches Familienrecht, FPR 2006, 262

MERRATH, 45. Deutscher Verkehrsgerichtstag, SVR 2007, 117

MESSERLE, Zivilrechtliche Probleme der nichtehelichen Lebensgemeinschaft, JuS 2001, 28

MEYER/MITTELSTÄDT, Das Lebenspartnerschaftsgesetz (2001)

MÖRSDORF-SCHULTE, Vermögensschutz beim one-night-stand, NJW 2007, 964

MÖSCHL, Die nichteheliche Lebensgemeinschaft (3. Aufl 2007)

MOTZER, Das Umgangsrecht in der gerichtlichen Praxis seit der Reform des Kindschaftsrechts, FamRZ 2000, 925

ders, Die Entwicklung des Rechts der elterlichen Sorge und des Umgangs seit 2002, FamRZ 2004, 1145

MUSCHELER, Das Recht der Eingetragenen Lebenspartnerschaft (2. Aufl 2004) ders, Das Recht der Stieffamilie, FamRZ 2004, 913

G MÜLLER, Adoption in der gleichgeschlechtlichen Partnerschaft – de lege lata et de lege ferenda?, FF 2011, 56

R MÜLLER, Die eheähnliche Gemeinschaft Gleichgeschlechtlicher, Härtegrund nach § 1579 Nr. 7 BGB?, FuR 2002, 441

MÜLLER-FREIENFELS, Cohabitation and marriage law – comparative study, International Journal of Law and the Family 1. Jg (Oxford 1987) 259

ders, Die „Naien" – Beziehung des japanischen Rechts – Zur Typologie nichtehelicher Lebensgemeinschaften, in: FS Rebmann (1989) 643

vMÜNCH, Ehe und eheähnliches Zusammenleben – ein geschichtlicher Überblick, in: LIMBACH/SCHWENZER (Hrsg), Familie ohne Ehe (1988) 1

dies, Ehe und Familie, in: Hdb d Verfassungsrechts (2. Aufl 1994) 293

dies, Zusammenleben ohne Trauschein (7. Aufl 2001)

MUSCHELER, Anmerkung zu Ausgleich gemeinschaftsbezogener Zuwendungen nach Beendigung der nichtehelichen Lebensgemeinschaft durch den Tod des Zuwendenden, ZEV 2010, 145

NAVE-HERZ, Die nichteheliche Lebensgemeinschaft – eine soziologische Analyse, FPR 2001, 3

dies, Familie heute (4. Aufl 2009)

NEHLSEN VAN STRYK, Zur unterhaltsrechtlichen Relevanz des „auf Dauer angelegten Verhältnisses" (2006)

NEUMANN, Bericht vom 3. Deutschen Familiengerichtstag, DRiZ 1981, 85

NIEDER, in: Münchner Vertragshandbuch, Bd IV/2 (3. Aufl 1992) Form XVI. 31

NIEMEYER, Entspricht das Vetorecht der nichtehelichen Mutter den verfassungsrechtlichen Vorgaben bei der gesetzlichen Gestaltung des Sorgerechts des nichtehelichen Vaters?, FuR 2001, 491

NIESEL, Sozialgesetzbuch: Arbeitsförderung SGB III; Kommentar (1998)

OBERTO, I regimi patrimoniali della famiglia di fatto (1991)

ders, Partnerverträge in rechtsvergleichender

Sicht unter besonderer Berücksichtigung des italienischen Rechts, FamRZ 1993, 1

OEHLMANN, Die nichteheliche Lebensgemeinschaft, FPR 2004, 493

OEHLMANN/STILLE, Ausgleich von Vermögensdispositionen nach Gesellschaftsrecht bei Beendigung einer nichtehelichen Lebensgemeinschaft, FamRZ 2004, 151

ORTNER, Auswirkungen des Verbraucherinsolvenzverfahrens auf familienrechtliche Unterhaltsleistungen, FPR 2006, 87

OTTO, Zum Begriff der nichtehelichen Lebensgemeinschaft und zum Umgangsrecht des nichtehelichen Partners, FamRZ 2000, 44

PALANDT, BGB (70. Aufl 2011)

PAULING, Unterhaltsbedarf und Darlegungslast beim Betreuungsunterhalt, FamFR 2010, 77

PAUST, Vermögensrechtliche Beziehungen der Partner einer nichtehelichen Lebensgemeinschaft im spanischen, portugiesischen und lateinamerikanischen Recht (1992)

PESCHEL-GUTZEIT, Verwirkung des Unterhaltsanspruchs nicht verheirateter Eltern, FPR 2005, 344

PFEIFFER, Eigentumsverhältnisse an beweglichen Sachen in der nichtehelichen Lebensgemeinschaft (2001)

PLATE, Neue Rechtsprechung zum nichtehelichen Zusammenleben, FuR 1995, 212 u 273

POLL, Die vermögensrechtliche Auseinandersetzung der nichtehelichen Lebensgemeinschaft, FamRZ 1993, 266

PROFF, Ausgleichsansprüche der Erben gegen den überlebenden Partner einer nichtehelichen Lebensgemeinschaft, FPR 2010, 382

ders, Tod des nichtehelichen Partners und Vermögensausgleich, NJW 2010, 980

PULVER, Unverheiratete Paare – Aktuelle Rechtslage und Reformvorschläge (2000)

RAKETE-DOMBEK, Aktuelle Entwicklungen im Familienrecht, NJW 2010, 1313

RAUCH, Lebensformenneutralität in der niederländischen Familienbesteuerung – Modell für Deutschland? (2006)

RAUSCHER, Die Haushaltsführung beim „Neuen" als Surrogat?, FuR 2002, 337

ders, Reformfragen des gesetzlichen Erb- und Pflichtteilsrecht, Bd 2 Teilbd 1 (1993)

REINECKE, Rechtsprechungstendenzen zur

nichtehelichen Lebensgemeinschaft von Mann und Frau, FPR 2001, 56

REINSTORF, Die nichteheliche Lebensgemeinschaft und das Erbrecht (Deutsches Forum für Erbrecht eV 1999)

BGB-RGRK, Kommentar von Reichsgerichtsräten und Bundesrichtern (12. Aufl)

RIJSBERGEN, Der besondere Schutz von Ehe und Familie (1. Aufl 2005)

RIXE, Stiefkinder und Leistungen nach dem UVG, FPR 2004, 92

RÖTHEL, Nichteheliche Lebensgemeinschaften – Neue Rechtsfragen und Regelungsaufgaben im In- und Ausland, ZRP 1999, 511

dies, Ehe und Lebensgemeinschaft im Personenschadensrecht, NZV 2001, 329

RÜTHERS, Die Verbindlichkeit des Unverbindlichen, NJW 1992, 879

RULAND, Familienprivileg nicht nur für eheähnliche Gemeinschaften, JuS 1988, 663

ders, Wohl dem, der ein Verhältnis hat – das BVerfG und die eheähnliche Gemeinschaft, NJW 1993, 2855

SALGO, Verbleibensanordnung bei Bezugspersonen (§ 1682 BGB), FPR 2004, 76

ders, Zur nichtehelichen Lebensgemeinschaft im internationalen Privatrecht, StAZ 1981, 176

SALZGEBER/FICHTNER, Sachverständigengutachten zum Sorgerecht bei nicht miteinander verheirateten Eltern, FamRZ 2011, 945

SANDWEG, Partnerschaftsvertrag für die nichteheliche und nicht eingetragene Lebensgemeinschaft, DNotZ 2003, 558

SCHAAL, International-Privatrechtliche Probleme der nichtehelichen Lebensgemeinschaft in der notariellen Praxis, ZNotP 2010, 207

SCHACH, Ansprüche nach dem Scheitern – Wilde Ehen, Grundeigentum 2002, 702

ders, Lebenspartner, Eheleute und Gewaltschutz im Mietverhältnis, Grundeigentum 2002, 313

SCHATTE, Die Rechtslage der nichtehelichen Lebensgemeinschaft im kanadischen Familien- und Sozialrecht (1990)

SCHEELE, Wilde Ehe oder Trauschein? Im Vergleich: freie Partnerschaft und Ehe (2. Aufl 1982)

SCHEEPERS, Ächtung des Konkubinats mit rechtlichen Folgerungen?, ZRP 1978, 13

SCHELD, Unterhaltsversagung wegen grober Unbilligkeit, FamRZ 1978, 651

ders, Höchstrichterliche Humanisierung der Trennungs- und Scheidungsfolgen, DRPflZ 1981, 253

SCHELLHORN, Reform des Nichtehelichenrechts, FuR 1992, 37

SCHENK, Freie Liebe – wilde Ehe. Über die allmähliche Auflösung der Ehe durch die Liebe (2. Aufl 1988)

SCHERPE, Vermögensrechtliche Abwicklung nichtehelicher Lebensgemeinschaften, JZ 2014, 659

SCHERPE/YASSARI, Die Rechtsstellung nichtehelicher Lebensgemeinschaften (2005)

SCHIRMER, Ausdehnung des Familienprivilegs auf eheähnliche Lebensgemeinschaften, DAR 1988, 289

ders, Die nichteheliche Lebensgemeinschaft im Versicherungs- und Verkehrsrecht (2007)

SCHLÖGEL, Die Vermögensauseinandersetzung der nichtehelichen Lebensgemeinschaft in der notariellen Praxis, MittBayNot 2009, 100

SCHLÜNDER, Schenkungsteuer bei der Immobilienfinanzierung durch nichteheliche Lebenspartner?, ZEV 2007, 64

SCHLÜTER, BGB Familienrecht (12. Aufl 2006)

SCHMIDT, EStG (26. Aufl 2007)

SCHMIDT-BURBACH, Die nichteheliche Lebensgemeinschaft und ihre erbrechtlichen Verfügungsmöglichkeiten (2004)

SCHMIDT-FUTTERER, Mietrecht (9. Aufl 2006)

SCHNITZLER, Verwirkung des Anspruchs auf nachehelichen Unterhalt nach § 1579 Nr 8 BGB, auch wenn die Partner einer eheähnlichen Lebensgemeinschaft in verschiedenen Wohnungen leben?, FF 2001, 82

ders, Zur Kürzung des nachehelichen Unterhalts beim Bestehen einer eheähnlichen Lebensgemeinschaft, FF 2001, 102

ders, Differenzmethode statt Anrechnungsmethode bei Versorgungsleistungen für den neuen Partner?, FF 2003, 42

ders, Die verfestigte Lebensgemeinschaft in der Rechtsprechung der Familiengerichte: Zugleich ein Beitrag zu § 1579 Nr. 2 BGB n.F. nach dem Referentenentwurf zur Änderung des Unterhaltsrechts, FamRZ 2006, 239

SCHÖNKE/SCHRÖDER, StGB (28. Aufl 2010)

SCHOLZ, Von der Anrechnungs- zur Differenz-
methode – Wirft das Urteil des BGH v. 13. 6.
2001 neue Gerechtigkeitsprobleme auf?,
FamRZ 2003, 265
ders, Änderungen des SGB II und ihre Aus-
wirkungen auf den Unterhalt, FamRZ 2006,
1417
SCHOPP, Nichteheliche Gemeinschaft und
Moral, MDR 1990, 99
SCHOTT, Lebensgemeinschaft zwischen Ehe und
Unzucht – ein historischer Überblick, in:
ESER 13
SCHRADER, Die Beendigung einer Wohngemeinschaft von Partnern einer nichtehelichen
Lebensgemeinschaft, NZM 2010, 257
SCHREIBER, Folgen der Trennung bei nichtehelichen Lebensgemeinschaften, FPR 1997, 26
dies, Die nichteheliche Lebensgemeinschaft: Ein
Handbuch für die Praxis (2. Aufl 2000)
dies, Definition der nichtehelichen Lebensgemeinschaft, FPR 2001, 12
dies, Das Recht der nichtehelichen Lebensgemeinschaft, FPR 2005, 524
dies, Nichteheliche Lebensgemeinschaft, FPR
2006, 394
ders, Vertragliche Unterhaltsansprüche in der
nichtehelichen Lebensgemeinschaft, FPR 2010,
287
SCHRÖDER/BERGSCHNEIDER, Familienvermö-
gensrecht (2003)
SCHRÖTER, „Wo zwei zusammenkommen in
rechter Ehe …" (1990)
ders, Zum gesetzlichen Regelungsbedarf für
nichteheliche Lebensgemeinschaften, FamRZ
1994, 857
SCHÜMANN, Nichteheliche Lebensgemeinschaften und ihre Einordnung im Internationalen
Privatrecht (Diss Frankfurt 2001)
SCHULZ, Vermögensauseinandersetzung der
nichtehelichen Lebensgemeinschaft, FamRZ
2007, 593
ders, ausgleich gegenseitiger Leistungen bei
Scheitern der nichtehelichen Lebensgemeinschaft, FPR 2010, 373
SCHUMANN, Erfüllt das neue Kindschaftsrecht
die verfassungsrechtlichen Anforderungen an
die Ausgestaltung des nichtehelichen Vater-
Kind-Verhältnisses?, FamRZ 2000, 389
SCHWAB, Familie, in: BRUNNER/CONZE/KOSSE-

LECK (Hrsg), Geschichtliche Grundbegriffe,
Band 2 (1975)
ders, Konkurs der Familie? (1994)
ders, Die eingetragene Lebenspartnerschaft
(2002)
ders, Gemeinsame elterliche Verantwortung –
ein Schuldverhältnis, FamRZ 2002, 1297
ders, Alles, nur nicht eheähnlich! – Eine Szene
aus dem Rechtsleben, FamRZ 2003, 16
ders, Ehe und eheloses Zusammenleben heute –
Eine Reflexion, in: FS Ingrid Groß (2004) 215
ders, Zur Reform des Unterhaltsrechts, FamRZ
2005, 1417
ders, Von gefallenen Mädchen, Zahlvätern und
sozialen Familien: Eine rechtshistorische
Betrachtung zum Kindschaftsrecht, JAmt 2006,
549
ders, Familie und Staat, FamRZ 2007, 1
ders, Koinzidenz – Zur gegenwärtigen Lage der
Unterhaltsrechtsreform, FamRZ 2007, 1053
ders, Die Rechtsprechung des BVerfG und seine
Bedeutung für die Entwicklung des Familienrechts, FF 2009, 481
ders, Handbuch des Scheidungsrechts
(6. neu 2010)
ders, Familienrecht (18. Aufl 2010)
ders, Die Vermögensauseinandersetzung in
nichtehelichen Lebensgemeinschaften, FamRZ
2010, 1701
SCHWAB/WAGENITZ, Das neue Kindschaftsrecht, FamRZ 1997, 1377
SCHWENZER, Vom Status zur Rechtsbeziehung
(1987)
SCHWIDICH, Die nichteheliche Lebensgemeinschaft im deutschen und im niederländischen
Recht (2007)
ders, Die nichteheliche Lebensgemeinschaft im
deutschen und im niederländischen Recht,
FamRZ 2009, 1206
SEIDEL, Was gilt, wenn der rechtliche Vater
nicht der biologische Vater ist?, FPR 2005, 181
SEIKEL, Die nichteheliche Lebensgemeinschaft
im Steuerrecht: Entwicklung und Perspektive
(Diss Trier 1998)
SIMITIS, Familienrecht, in: SIMON (Hrsg),
Rechtswissenschaft in der Bonner Republik
(1994) 390
SORGE, Condictio ob rem und Rückabwicklung
gemeinschaftsbezogener Zuwendungen in

nichtehelichen Lebensgemeinschaften, JZ 2011, 660

SOYKA, Die neue Partnerschaft und Ehegattenunterhalt, FuR 2004, 1

SPRANGER, Die Einbeziehung des Lebensgefährten in die eigentumsrechtliche Position des Mieters, ZMR 2001, 11

STAB, 4. Deutscher Familientag 1981, NJW 1982, 151

ders, Was ist eine nichteheliche Lebensgemeinschaft?, ZRP 1988, 355

STEFFEN, Nichteheliche Lebensgemeinschaften in England und Deutschland. Rechtsprobleme während ihres Bestehens (1991)

STEIN, Ausgleichsansprüche nach Scheitern einer nichtehelichen Lebensgemeinschaft, FamFR 2011, 409

ders, Zuwendungen in der nichtehelichen Lebensgemeinschaft, NZFam 2014, 303

STINZING, Nichteheliche Lebensgemeinschaft und rechtliche Regelung – ein Widerspruch? (1992)

STÖCKER, Dammbruch bei der steuerlichen Absetzbarkeit von Aus- und Fortbildungskosten, NJW 2004, 249

STOLLENWERK, Lexikon des Vermögensausgleichs zwischen Ehegatten und Lebenspartnern (2004)

ders, Rechtsfragen des Konkubinats im Überblick, FamRZ 1980, 301 u 434

ders, Ein italienischer Gesetzesvorschlag zur Regelung des nichtehelichen Zusammenlebens, FamRZ 1988, 897

ders, Die „Bürgerliche Ehe" – ein Auslaufmodell?, in: Karlsruher Begegnung (1998)

TEGETHOFF, Die Feststellung einer eheähnlichen Gemeinschaft im Sozialrecht, ZFSH/SGB 2001, 643

THOFERN, Die nichteheliche Lebensgemeinschaft im deutschen und italienischen Mietrecht (Diss Bonn 1993)

THOMAS/PUTZO, Zivilprozeßordnung (32. Aufl 2011)

TRIMBACH/EL ALAMI, Die nichteheliche Lebensgemeinschaft – eine Herausforderung für die Gesellschaft, NJ 1996, 57

TRINKNER, Der Unterhalt für den nichtehelichen Lebensgefährten im Römischen Recht

und seine Beziehungen zur modernen Rechtsprechung, BB 1986, 1520

TRÖNDLE/FISCHER, StGB (58. Aufl 2011)

TUCHTFELDT, Die Familie aus ökonomischer Sicht, in: VOLLKOMMER (Hrsg), Die Familie in Wirtschaft, Recht und Gesellschaft (1990) 7

TYRELL, Herrschaft und Liebe, FamRZ 1985, 884

TZSCHASCHEL, Vereinbarungen bei nichtehelichen Lebensgemeinschaften (2005)

UHLENBROCK, Gesetzliche Regelungen für nichteheliche Lebensgemeinschaften in Deutschland und Frankreich (2005)

URMERSBACH, Die nichteheliche Lebensgemeinschaft als wichtiger Grund im Sinne des § 121 Abs 4 Satz 7 SGB III?, NZS 2004, 414

VANGOETHEM, Living together (2005)

VEIT, Kleines Sorgerecht für Stiefeltern (§ 1687b BGB), FPR 2004, 67

VENGER, Gesetzliche Regelung der Rechtsverhältnisse nichtehelicher Lebensgemeinschaften (2004)

dies, Gesetzliche Regelungen für nichteheliche Lebensgemeinschaften in Deutschland und Frankreich (2005)

VERSCHRAEGEN, Neuere Tendenzen der Rechtsprechung zu § 1579 BGB, insbesondere zu den Nrn 6 und 7, FPR 2005, 328

VIEFHUES, Einstweiliger Rechtsschutz bei Maßnahmen nach dem Gewaltschutzgesetz innerhalb und außerhalb eines Scheidungsverfahrens, FPR 2005, 32

VOGEL, Familienrecht und Erbrecht, FPR 2006, 162

ders, Steuerliche Gestaltungsmöglichkeiten bei Trennung und Ehescheidung, FPR 2005, 159

VOLLKOMMER, Die Familie in Wirtschaft, Recht und Gesellschaft (1990)

VOSS, Ein Gesetzesvorschlag für die vermögens- und unterhaltsrechtliche Auseinandersetzung nichtehelicher Lebensgemeinschaften in Deutschland nach dem Beispiel des De facto relationships act 1984 von Neusüdwales (Australien) (1993)

WACKE, Die Registrierung homosexueller Partnerschaften in Dänemark, FamRZ 1990, 347

WALDNER, Eheverträge, Scheidungs- und Partnerschaftsvereinbarungen für die notarielle und anwaltliche Praxis (2. Aufl 2004)

WANITZEK, Die Rechtsprechung zum Recht der elterlichen Sorge und des Umgangs im Jahr 2011, FamRZ 2012, 1344

dies, Rechtsprechungsübersicht zum Recht der elterlichen Sorge und des Umgangs, FamRZ 2013, 1169

WEBER, Die Entwicklung des Familienrechts seit Mitte 2010, NJW 2011, 3067

ders, Die Entwicklung des Familienrechts seit Mitte 2011, NJW 2012, 3134

ders, Die Entwicklung des Familienrechts seit Mitte 2012, NJW 2013, 3071

WEGNER, Die nichteheliche Lebensgemeinschaft im deutschen Ausländerrecht (Diss Bremen 1998)

WEIMAR, Ausgleichsansprüche bei Auflösung nichtehelicher Lebensgemeinschaften, MDR 1997, 713

WEINREICH, Die vermögensrechtliche Auseinandersetzung der nichtehelichen Lebensgemeinschaft, FuR 1999, 356

ders, Vermögensrecht in der nichtehelichen Lebensgemeinschaft, FPR 2001, 29

ders, Ausgleich bei Tod des zuwendenden Partners, FPR 2010, 379

ders, Aktuelle Probleme zur nichtehelichen Lebensgemeinschaft, FuR 2011, 492

WEIRICH, Erben und Vererben (6. Aufl 2010)

WELLENHOFER-KLEIN, Unterhaltsrechtliche Risiken in der Lebensgestaltung bei Trennung/ Scheidung für den Unterhaltsberechtigten, FPR 2003, 163

dies, Die eingetragene Lebenspartnerschaft (2003)

WENDL/STAUDIGL, Das Unterhaltsrecht in der familienrichterlichen Praxis (7. Aufl 2008)

WENDT, Dienstmädchenprivileg bei nichtehelichen Lebensgemeinschaften, FR 1999, 1191

WENZEL, Die Ehegattenvertretung in der Wohnungseigentümerversammlung, NZM 2005, 402

WESSING, Ausgleichsansprüche zwischen Partnern einer nichtehelichen Lebensgemeinschaft, AnwZert FamR 2008, Anm 3

WIEGMANN, Zölibat für Hausfrauen?, FF 2001, 118

WILL, Wer ist Vater im Sinne des Gesetzes?, FPR 2005, 172

WINDE, Regelungsbedarf und Regelungsmöglichkeiten bei nichtehelichen Lebensgemeinschaften unterschiedlichen Typs (Diss Berlin 2002)

WIRTH, Artikel 6 Abs 1 des Grundgesetzes und die demografische Entwicklung in Deutschland (Diss Frankfurt a M 2008)

WOHLGEMUTH, Ehegattenunterhalt und Anspruch auf Versorgungsentgelt bei neuer Partnerschaft, FamRZ 2003, 983

WOLF, Die Verfassungsmäßigkeit von § 1626a BGB, FPR 2002, 173

WUSSOW, Ist der Lebensgefährte des Versicherungsnehmers versicherungsrechtlich als Familienangehöriger zu Betrachten, Inf 1990, 57

ZEIDLER, Ehe und Familie, in: BENDA/MAIHOFER/VOGEL (Hrsg), Handbuch des Verfassungsrechts (1. Aufl 1983) 555 (2. Aufl 1994)

ZÖLLER, ZPO (28. Aufl 2010)

ZUCK, Die verfassungsrechtliche Gewährleistung der Ehe im Wandel des Zeitgeistes, NJW 2009, 1449

ZWISSLER, Vorhandene gesetzliche Regelungen für nichteheliche Lebenspartner, FPR 2001, 15.

Zum älteren Schrifttum siehe STAUDINGER/ LÖHNIG (2012).

Systematische Übersicht

Alphabetische Übersicht

I. Vorbemerkungen

1. Geschichte

Das Nebeneinander von Ehe, dh einer im Recht herausgehobenen Form der Ge- **1**
meinschaft von Mann und Frau, und anderen Formen andauernden Zusammenlebens von Mann und Frau ist nicht neu. Im **römischen Recht** war der **Konkubinat** als
Ersatzform des matrimonium geregelt und hat in seiner spätantiken Form bis in das
Mittelalter bestanden. Bei den germanischen Völkerschaften scheint die **Friedel-
schaft** entsprechende Funktionen erfüllt zu haben (STRÄTZ FamRZ 1980, 301). Unter
dem Einfluss des christlichen Eheverständnisses und des kirchlichen Eherechts wurden später derartige Verbindungen teilweise zurückgedrängt, niemals aber völlig
unterbunden. Illegitime, sogar ehebrecherische Verbindungen waren in bestimmten
Kreisen an der Tagesordnung (STRÄTZ FamRZ 1980, 301). Allerdings waren die nichtehelichen Formen des Zusammenlebens weniger wählbare Alternative als subsidiäre
Form für Personen, denen die Ehe aus rechtlichen, sozialen oder wirtschaftlichen
Gründen verschlossen war (HOLZHAUER, in: FS Jayme [2004] 1447). Generell war das

öffentliche Zusammenleben nicht miteinander verheirateter Paare bis weit in die zweite Hälfte des 20. Jahrhunderts hinein gesellschaftlich verpönt und häufig auch rechtlich sanktioniert (zur rechtsgeschichtlichen Entwicklung BECKER, in: LANDWEHR 13 ff; WAGNER, in: SCHERPE/YASSARI, Die Rechtsstellung nichtehelicher Lebensgemeinschaften [2005] 15 ff).

2 Neben straf- (BGHSt 6, 46 f) und polizeirechtlichen Maßnahmen (zB Art 25 BayLStVG idF v 3. 1. 1967 u § 72 BadPolStG v 1923 [in Kraft bis 1970]; weitere Nachw OHLENBURG-BAUER 13 f) war im zivilrechtlichen Bereich die Bewertung sog „Verhältnisse" als **unsittlich** (BGH FamRZ 1980, 548 u 664 f) das bevorzugte Mittel, um privatrechtliche Maßnahmen des einzelnen zur Absicherung seiner außer- oder nebenehelichen Beziehung abzuwehren. Hauptbeispiel ist die frühere Judikatur zum sog Geliebten-Testament (DEUERLER, Vermögenszuwendungen in eheähnlichen Verhältnissen in Urteilen der Obergerichte seit 1900 [Diss Konstanz 1979]). Erst in der Nachkriegszeit wurde außereheliches Zusammenleben zunächst in der Form der **Rentenkonkubinate** („Onkelehen") weitgehend stillschweigend gebilligt. Das Motiv, auf diesem Wege dem Verlust der Kriegerwitwenversorgung vorzubeugen, wurde angesichts der finanziellen Situation solcher Paare gesellschaftlich kaum missbilligt, vor allem dann nicht, wenn diese Paare zum Bekannten- oder Freundeskreis oder zur Verwandtschaft zählten.

3 Seit den 1960er Jahren nahm die Zahl außerehelich Zusammenlebender stetig zu (Rn 6). Ein Grund dafür mag in der Verbreitung der „Pille" liegen, die das Risiko unehelicher Elternschaft auf einfache Weise minimierte. Hauptursache dürfte jedoch der Umstand sein, dass religiöse und konventionelle Auffassungen zunehmend an Verbindlichkeit verloren haben. Ließ sich schon Mitte der 1980er Jahre nicht mehr eine allgemeingültige Auffassung feststellen, das Zusammenleben unverheirateter Personen sei sittlich missbilligenswert (BGH NJW 1985, 130), so stößt eine solche Fragestellung heute bei der großen Mehrheit der nach 1960 aufgewachsenen Deutschen schlicht auf völliges Unverständnis.

4 Diesen Wandel spiegeln mittlerweile zahlreiche Einzelregelungen der deutschen Rechtsordnung (STRÄTZ, Karlsruher Begegnung 19 ff) bis hin zum Verfassungsrecht wider. Landesverfassungen, etwa von Berlin, Art 12 Abs 2, und Brandenburg, Art 26 Abs 2, schützen neben Ehe und Familie auch andere, auf Dauer angelegte Lebensgemeinschaften. Im Rahmen der Diskussion um eine Grundgesetzreform gab es 1992 verschiedene Vorstöße für eine ähnliche Ergänzung von Art 6 Abs 1 GG (Entwurf der SPD-Fraktion Art 6 Abs 1 S 2, BT-Drucks 12/6323 und Entwurf der Fraktion Bündnis 90/ Die Grünen Art 6, BT-Drucks 12/6686 sowie die Begründung der diese Vorstellungen nicht aufgreifenden Beschlussempfehlung BT-Drucks 12/8165, 39 f). Darüber hinaus sind auch auf einfachgesetzlicher Ebene in den letzten Jahren Regelungen entstanden, die nicht mehr an die Ehe, sondern an einen „auf Dauer angelegten gemeinsamen Haushalt" anknüpfen, § 563 Abs 2 S 4 BGB oder § 2 Abs 1 GewSchG; diese beschränken sich jedoch nicht auf nichteheliche oder lebenspartnerschaftsähnliche, also **faktische** (Rn 10) Lebensgemeinschaften, denn nach der Vorstellung des Gesetzgebers soll beispielsweise von § 563 Abs 2 S 4 auch das Zusammenleben älterer Menschen („Alters-WG") erfasst werden; auch die Rechtsprechung des Bundesgerichtshofs (BGH NJW 2008, 3277 = DNotZ 2009, 52 mAnm LÖHNIG) entwickelt nunmehr Rechtsregeln für das Scheitern von Solidargemeinschaften im weitesten Sinne. Bei diesen Ge-

meinschaften muss es sich aber zum einen gerade nicht um reine Zweierbeziehungen mit sexueller Komponente handeln, zum anderen dürften derartige Beziehungen regelmäßig reine Wirtschafts- und Wohngemeinschaften darstellen. Trotzdem ist Folge dieser Rechtsprechung eine gewisse Verrechtlichung faktischer Lebensgemeinschaften (GRZIWOTZ FamRZ 2014, 257).

Der Sprung vom informellen ehelosen Zusammenleben zu einer rechtlichen Bin- 5 dung geschieht durch gemeinsame Kinder der Partner, denn bei gemeinsamem Sorgerecht (oder Umgangsrecht des nichtsorgeberechtigten Vaters, § 1684) ist die gemeinsame rechtliche Verantwortung für die Kinder und die Kooperation bei ihrer Erziehung schwerlich im rechtsfreien Raum angesiedelt (SCHWAB FamRZ 2007, 1, 3); vielmehr besteht zwischen den rechtlichen Eltern eines Kindes – unabhängig davon, ob sie miteinander verheiratet sind oder nicht – ein gesetzliches Schuldverhältnis, aus dem sich beispielsweise die in § 1627 angeordnete Kooperationspflicht ergibt (eingehend hierzu MAREIKE PREISNER, Das gesetzliche mittreuhänderische Schuldverhältnis kraft gemeinsamer Elternschaft. Ein Beitrag zur gegenwärtigen Dogmatik des Familienrechts [2014]). DIETER SCHWAB (JAmt 2006, 549, 557) stellt die Frage, welche Funktion das staatliche Eherecht noch habe, wenn gemeinsame Elternschaft mit allen rechtlichen Konsequenzen auch ohne Ehe zu haben sei. Vom Kind her gedacht, in dessen Interesse die Elternschaft als treuhänderisches Rechtsverhältnis besteht (eingehend SOERGEL/LÖHNIG/ PREISNER[13] vor §§ 1626 ff Rn 1 ff), hat jedoch bei näherem Hinsehen das eine mit dem anderen nichts zu tun: Das zwischen Eltern bestehende gesetzliche mittreuhänderische Schuldverhältnis regelt Pflichten, die die Eltern im Interesse des Kindes einander gegenüber haben. Ganz unabhängig davon steht ggf die Ehe der Kindeseltern als ein Rechtsverhältnis, das eine umfassende und lebenslang angelegte Rechtsverbindung zwischen Frau und Mann mit partnerschaftlichen Pflichten, die in § 1353 nur unzureichend geregelt sind, und besonderer gesellschaftlicher Funktion kennzeichnet (dazu STAUDINGER/LÖHNIG Vorbem 58 zu §§ 1303 ff).

2.   Soziale Wirklichkeit

a)   Statistik
Die Zunahme offen gelebter faktischer Lebensgemeinschaften in allen Bevölke- 6 rungsschichten hat sich bis in die jüngste Zeit fortgesetzt. Der Mikrozensus des Statistischen Bundesamtes über Bevölkerung und Erwerbsleben weist für 2012 2 700 000 nichteheliche Lebensgemeinschaften aus. In 855 000 derartigen Haushalten leben Kinder, in Ostdeutschland deutlich häufiger als im Westen; ganz überwiegend handelt es sich dabei nicht um gemeinsame Kinder der Partner.

b)   Motive
Die Motive für das Eingehen einer faktischen Lebensgemeinschaft sind vielfältig. 7 Bei jungen Menschen steht der Wunsch nach Unabhängigkeit im Vordergrund; sie wollen sich nach der Loslösung vom Elternhaus nicht sofort wieder in eine institutionalisierte Bindung begeben. Viele Paare wollen vor einer Heirat auch den gemeinsamen Alltag erproben („Probeehe"), sodass die faktische Lebensgemeinschaft ein gängiges Durchgangsstadium auf dem Weg zur Ehe ist; dieser Umstand führt aber offenbar nicht zu einer Senkung der Scheidungsrate. Nur eine Minderheit der unverheirateten Paare lehnt eine Eheschließung aus grundsätzlichen Erwägungen ab, etwa weil sie ideologische Vorbehalte haben oder zumindest ein Partner – über-

wiegend der Mann – eine dauerhafte Festlegung oder die Übernahme von Verantwortung vermeiden will. Möglicherweise werden die ideologisch motivierten faktischen Lebensgemeinschaften angesichts einer vielfach behaupteten „Renaissance der Ehe" in Zukunft weiter abnehmen. Auch die nacheheliche faktische Lebensgemeinschaft ist wegen der rechtlichen Unmöglichkeit, nach dem tatsächlichen Scheitern einer Ehe während der ein- oder mehrjährigen Trennungsfristen erneut zu heiraten, oft nur vorläufiger Eheersatz. Allerdings dürften in diesen Fällen – wie früher beim Rentenkonkubinat – die finanziellen, vor allem unterhaltsrechtlichen Auswirkungen einer weiteren Eheschließung ebenfalls eine Rolle spielen. Ältere Menschen begründen von gegenseitigem Beistand getragene Lebensgemeinschaften, ohne dass die in der Regel verwitweten Partner eine rechtliche Bindung in Form einer erneuten Ehe eingehen wollen; diese Form faktischer Lebensgemeinschaft dürfte angesichts sinkender Renten in Zukunft weiter an Bedeutung gewinnen; davon zu unterscheiden sind geschwisterliche und andere verwandtschaftliche „Einstandsgemeinschaften" (dazu BVerfG NJW 2002, 2543, 2550) sowie „Alterswohngemeinschaften" und andere nicht an verwandtschaftlichen Beziehungen orientierte Solidargemeinschaften (BGH NJW 2008, 3277 = DNotZ 2009, 52 mAnm LÖHNIG).

3. Definition

a) Terminologisches

8 Für das im europäischen Rechtskreis mit dem Begriff **Konkubinat** bezeichnete Verhältnis hat sich in Deutschland der Begriff „nichteheliche Lebensgemeinschaft" eingebürgert (STRÄTZ FamRZ 1980, 301; GERNHUBER FamRZ 1981, 722 f). Mit der Einführung der eingetragenen Lebenspartnerschaft für gleichgeschlechtliche Paare durch das LPartG (Gesetz über die eingetragene Lebenspartnerschaft – LPartG – verkündet als Art 1 des Gesetzes zur Beendigung der Diskriminierung gleichgeschlechtlicher Gemeinschaften: Lebenspartnerschaften vom 16. 2. 2001, BGBl I 266) besteht seit 1. 8. 2001 neben der Ehe eine weitere Form gesetzlich ausgestalteter Partnerbeziehung. Sie ist begrifflich zwar nichtehelich, aber strukturell insofern eheähnlich, als Ehe und Lebenspartnerschaft förmliche Rechtsinstitute sind, die weitgehend inhaltsgleichen Regelungen unterliegen und sich grundlegend von nicht förmlich begründeten Paarbeziehungen unterscheiden.

9 Bis zum Inkrafttreten des Lebenspartnerschaftsgesetzes war umstritten, ob auch gleichgeschlechtliche Paare als „nichteheliche" Lebensgemeinschaften behandelt werden müssen. Die Ehe steht nur verschiedengeschlechtlichen Paaren offen und ihr verfassungsrechtlicher Schutz durch Art 6 Abs 1 GG bezieht sich nur auf diese Beziehungen (BVerfG NJW 1993, 3058 = FamRZ 1993, 1419). Ein gleichwertiges Ersatzinstitut für gleichgeschlechtliche Paare fehlte. Daher sprach vieles dafür, die für die nichteheliche Lebensgemeinschaft entwickelten Grundsätze – ceteris paribus – auf gleichgeschlechtliche Paare zu übertragen. Die Gerichte hatten diesen Schritt teilweise bereits vollzogen (AG Nürnberg Streit 1994, 185; LG Hannover FamRZ 1993, 547; AG Wedding FamRZ 1994, 1322; anders aber BGH NJW 1993, 999 = FamRZ 1993, 533 obiter dictum). Nach Inkrafttreten des LPartG stellt sich für **nicht eingetragene** gleichgeschlechtliche Paare die Frage nach einer Anwendung der Rechtsprechung zur nichtehelichen Lebensgemeinschaft unter veränderten Vorzeichen: Es existiert ein Gegenstück zur Ehe und es spricht deshalb alles dafür, daneben auch die für heterosexuelle nichteheliche Lebensgemeinschaften entwickelten Grundsätze auf homosexuelle nicht eingetragene Lebensgemeinschaften anzuwenden (RÖTHEL ZRP 1999, 513, 518).

Das Inkrafttreten des LPartG hat auch terminologische Folgen: Die in dieser **10** Kommentierung verwendete Bezeichnung „faktische Lebensgemeinschaft" (FaktLG) erfasst heterosexuelle nichteheliche wie homosexuelle nicht eingetragene Partnerschaften und soll überdies den Verzicht auf die Schutzmechanismen und Gewährleistungen, welche die gesetzlich ausgeformten Rechtsinstitute bieten, verdeutlichen. Wo ausnahmsweise eine Unterscheidung zwischen heterosexuellen und homosexuellen Partnerschaften erforderlich ist, kann dies wie bisher deutlich gemacht werden. Gewöhnlich wird freilich stillschweigend an eine heterosexuelle Partnerschaft gedacht, weil diese sowohl quantitativ als auch in der öffentlichen Wahrnehmung die weitaus häufigere Form nicht rechtlich ausgeformten Zusammenlebens darstellt.

b)   Die FaktLG als umfassende Lebensgemeinschaft
Unter einer **faktischen Lebensgemeinschaft** ist im Folgenden also eine Gemeinschaft **11** zweier Personen zu verstehen, die auf unbestimmte Dauer eine umfassende Lebensgemeinschaft verwirklichen wollen, ohne Form und Folgen der Ehe oder eingetragenen Lebenspartnerschaft auf sich nehmen zu wollen; eine faktische Lebensgemeinschaft kann hiernach auch neben einer Ehe oder eingetragenen Lebenspartnerschaft begründet werden (SCHREIBER FPR 2001, 15).

Uneinigkeit besteht allerdings bezüglich der Frage, welche Anforderungen an die **12** Voraussetzung einer **umfassenden Lebensgemeinschaft** zu stellen sind. Lange Zeit wurde die Rechtsprechung zu dieser Frage von einer Entscheidung des BVerfG (BVerfGE 9, 29 = NJW 1959, 283) geprägt, derzufolge eine eheähnliche Gemeinschaft im Sinne des damaligen Gesetzes über Arbeitsvermittlung und Arbeitslosenversicherung dann vorliege, wenn wie in einer Ehe **aus einem Topf gewirtschaftet** werde. Dementsprechend urteilte der BGH (FamRZ 1981, 1042), dass eine nichteheliche Lebensgemeinschaft **nicht** vorliege, wenn zwar eine Wohn-, aber keine Wirtschaftsgemeinschaft bestehe und auch keine gewichtigen Betreuungs- und Versorgungsleistungen erbracht würden. Anderen Gesichtspunkten wie inneren Bindungen oder gegenseitigen Unterhaltsverpflichtungen wurde hingegen keine Bedeutung beigemessen. Ein Beschluss des OVG Berlin vom 1. 3. 1982 (FEVS 31, 358), in dem das Gericht mit dem Argument, getrennte Kassen gebe es auch in Ehen, auf die positive Feststellung einer Wirtschaftsgemeinschaft verzichtete und sich stattdessen auf die Bereitschaft der gegenseitigen finanziellen Unterstützung in Notlagen konzentrierte, blieb die Ausnahme.

Im Jahr 1992 hat sich das **BVerfG** erneut aufgrund eines sozialhilferechtlichen Sach- **13** verhalts mit dieser Frage beschäftigt und erstmals den in verschiedenen sozialhilferechtlichen Normen enthaltenen Begriff der eheähnlichen **Gemeinschaft** definiert (BVerfGE 87, 234, 264 = NJW 1993, 643 = FamRZ 1993, 164): Es handle sich um eine **auf Dauer angelegte Lebensgemeinschaft** zwischen Mann und Frau, die **keine weitere Gemeinschaft gleicher Art** zulasse und die sich durch innere Bindungen, die ein **gegenseitiges Einstehen der Partner füreinander** begründen, auszeichne (krit RULAND NJW 1993, 2855). Das BVerfG verschärfte mit dieser Entscheidung die Anforderungen an das Vorliegen einer derartigen Gemeinschaft. Die Beziehung der beiden Partner muss danach nämlich über eine reine Haushalts- und Wirtschaftsgemeinschaft hinausgehen (BVerfG FamRZ 1999, 1053) und eine Verantwortungs- und Einstehensgemeinschaft darstellen (so schon OVG Berlin FEVS 31, 358). In der Verwaltungspraxis ist diese subjektive Komponente nach Auffassung des BVerfG durch Indizien – Dauer des Zusammenlebens, Versorgung von Kindern und Angehörigen im gemeinsamen Haushalt, Verfügungsbefugnis über das Einkommen des Partners – zu ermitteln. Die nachgeordneten Gerichte haben sich der neuen Rechtsprechung des BVerfG angeschlossen (BVerwG NJW 1995, 2802 = FamRZ 1995, 1352; BayVGH BayVBl 2003, 179).

14 Die sozialhilferechtliche Gleichbehandlung von eheähnlichen Gemeinschaften und Ehen ist geboten, um eine verfassungswidrige Benachteiligung von Ehepartnern bei der Gewährung von Sozialleistungen zu vermeiden; Personen, die in eheähnlicher oder lebenspartnerschaftsähnlicher Gemeinschaft leben, dürfen hinsichtlich der Voraussetzungen sowie des Umfangs der Sozialhilfe nicht besser gestellt werden als Ehegatten, vgl § 20 SGB XII. Weil jedoch der Nachweis des Vorliegens einer eheähnlichen Gemeinschaft oftmals auf Schwierigkeiten stieß, wurde durch das SGB II der Anknüpfungspunkt der eheähnlichen Gemeinschaft durch den der **Bedarfsgemeinschaft** (§ 7 Abs 2 SGB II) ersetzt, für deren Vorliegen jedoch auf ähnliche Kriterien zurückzugreifen ist (Rn 269), während der Begriff „eheähnliche Gemeinschaft" etwa in § 20 SGB XII oder §§ 6, 12 BErzGG weiterhin verwendet wird. Unabhängig von der Tauglichkeit des Begriffs der eheähnlichen Gemeinschaft im Bereich des Sozialhilferechts lässt sich die vom BVerfG gefundene Definition über das Sozialhilferecht hinaus **nicht auf andere Fallgestaltungen übertragen**. Sie wird zwar dem Umstand gerecht, dass faktisch zusammenlebende Paare sich grundsätzlich keinen Unterhalt schulden. An anderen Stellen, etwa bei der Bewertung von gegenseitigen Ausgleichsansprüchen nach Trennung, erweist sie sich dagegen als untauglich. Würde man auch hier auf das Vorliegen einer Verantwortungs- und Einstehensgemeinschaft abstellen, müsste bei zahlreichen faktisch zusammenlebenden Paaren eine eheähnliche oder faktische Lebensgemeinschaft verneint werden. Das entscheidende Merkmal der faktischen Lebensgemeinschaft ist nämlich nach wie vor gerade die **rechtliche Unverbindlichkeit** der Beziehung (PALANDT/BRUDERMÜLLER Einl v § 1297 Rn 11). Infolgedessen fänden die besonderen Regeln, die die Rechtsprechung für die Trennung faktischer Partner entwickelt hat (Rn 65 ff), in vielen Fällen keine Anwendung.

15 In der Literatur besteht weitgehend Einigkeit in der Frage, dass intime Beziehungen zwischen den Partnern regelmäßig einen Kernbereich der faktischen Lebensgemeinschaft bilden und damit ein wichtiges Definitionselement dieses Begriffs darstellen (LIEB, Gutachten zum 57. DJT 1988, A 10; SCHIRMER DAR 1988, 289, 294). Im Gegensatz dazu betrachtet das BVerfG das Vorliegen **intimer Beziehungen** nicht als konstitutives Element einer faktischen Lebensgemeinschaft (BVerfGE 9, 20, 32 = NJW 1959, 283; SCHREIBER FPR 2001, 14). Die Fachgerichte verzichten daher in ihren Entscheidungen durchgehend auf die positive Feststellung einer Geschlechtsgemeinschaft zwischen den betroffenen Personen. Sind allerdings intime Beziehungen bekannt, so können sie als Indiz für eine faktische Lebensgemeinschaft gewürdigt werden (BVerwG NJW 1995, 2802 = FamRZ 1995, 1352). Diese Auffassung verdient Zustimmung. Der Staat würde das allgemeine Persönlichkeitsrecht verletzen, wenn er die Intimsphäre seiner Bürger ausforschen müsste. Die Rechtsprechung des BVerfG zeigt, dass sich in diesen Fällen mittels eines Rückgriffs auf andere Kriterien ebenfalls ein sachgerechtes Ergebnis erzielen lässt. Umgekehrt erfüllt auch ein Verhältnis, in dem die Partner zwar intime Beziehungen unterhalten, aber weder einen gemeinsamen Haushalt führen noch irgendeine Leistung im Haushalt des anderen erbringen, nicht die Voraussetzungen der faktischen Lebensgemeinschaft. Daher vermeidet das OLG Koblenz (FamRZ 1988, 295) zu Recht diesen Begriff und spricht in der zitierten Entscheidung etwas verschwommen von dem „Erscheinungsbild" einer festen bzw dauerhaften „sozialen Bindung", die gleichwohl Rechtsfolgen nach sich ziehen könne (Rn 223 ff).

Die faktische Lebensgemeinschaft muss einerseits vom **Verlöbnis** (Vorbem 2 zu **16** §§ 1297 ff) und andererseits von den sogenannten **formlosen Ehen**, dh Ehen ohne staatlichen Formalakt (THOMAS, Formlose Ehen. Eine rechtsgeschichtliche und rechtsvergleichende Untersuchung [1973]; KNITTEL, Die formlose Ehe in den USA, FamRZ 1965, 57; STAUDINGER/MANKOWSKI [2011] Art 13 EGBGB Rn 682 ff), abgegrenzt werden.

4. Rechtspolitische Perspektiven

Die steigende Zahl faktischer Lebensgemeinschaften hat die Frage aufgeworfen, ob **17** die Beziehungen der Partner untereinander und zu Dritten einer **gesetzlichen Regelung** bedürfen. In einigen Bereichen hat sich eine Notwendigkeit hierzu ergeben, auf die der Gesetzgeber inzwischen zum Teil reagiert hat.

Der **Deutsche Juristentag 1988** hat sich mit diesem Thema befasst. Dabei hat sich **18** MANFRED LIEB als Gutachter gegen eine umfassende Regelung der faktischen Lebensgemeinschaft ausgesprochen. Aufgabe der Rechtsordnung könne es lediglich sein, einzelne besonders dringende Folgefragen angemessen zu normieren. Dabei müsse der Gesetzgeber grundsätzlich einen hinreichenden Abstand zu den Ehewirkungen wahren (LIEB, Empfiehlt es sich, die rechtlichen Fragen der faktische Lebensgemeinschaft gesetzlich zu regeln?, Gutachten zum 57. Deutschen Juristentag [1988] 107). Allerdings empfiehlt LIEB eine gesetzliche Regelung der gegenseitigen Ausgleichsansprüche nach Trennung der Partner (Rn 65 f). Erwägungen, das Eltern-Kind-Verhältnis in der faktischen Lebensgemeinschaft sowie sozialrechtliche Tatbestände näher gesetzlich auszugestalten, fanden unter den Teilnehmern des Juristentages große Zustimmung. Mit beachtlicher Mehrheit wurde vor allem ein Unterhaltsanspruch bei Bedürftigkeit wegen der Betreuung gemeinsamer Kinder und überhaupt bei gemeinschaftsbedingter Bedürftigkeit befürwortet. Dieses Anliegen wurde durch Einführung des § 1615l im Zuge des KindRG 1998 und dessen Anpassung an den nachehelichen Betreuungsunterhalt durch das Gesetz zur Änderung des Unterhaltsrechts zum 1. Januar 2008 weitgehend erfüllt (Rn 83 f). Gleiches gilt für das Recht der elterlichen Sorge im Anschluss an die Entscheidung des EGMR vom 3. 12. 2009 (FamRZ 2010, 103, hierzu LÖHNIG FamRZ 2010, 338 ff), welche zu einer Neufassung des § 1626a zum 19. Mai 2013 geführt hat.

Die Auseinandersetzung um den gesetzlichen Regelungsbedarf für faktische Le- **19** bensgemeinschaften hat auf wissenschaftlicher und politischer Ebene allerdings an Brisanz verloren. Anfang der 1990er Jahre wurde noch behauptet, die Diskussion habe ein Stadium erreicht, in dem sich die anstehenden Probleme durch Richterrecht und Einzelbestimmungen nicht mehr zufriedenstellend lösen ließen. Erforderlich sei eine Kodifikation, die „mit dem Mut zur Lücke (…) die aus heutiger Sicht am dringendsten gebotenen und am ehesten konsensfähigen Regelungen" einführe

(SCHUMACHER FamRZ 1994, 857, 863). Die Bundestagsfraktion Bündnis 90/Die Grünen legte in der 13. Legislaturperiode den Entwurf eines „Gesetzes zur Regelung der Rechtsverhältnisse nichtehelicher Lebensgemeinschaften (NeLgG)" vor (BT-Drucks 13/7228). Inzwischen konzentriert sich die Familienpolitik freilich nicht zu Unrecht auf andere Problemfelder.

20 Eine **umfassende gesetzliche Regelung** der faktischen Lebensgemeinschaft, wie sie etwa in Schweden, Australien, Neuseeland, Kanada und zT in Südamerika besteht (dazu SCHERPE/YASSARI [2005]), ist **abzulehnen**. Aus verfassungsrechtlichen Gründen stößt eine gesetzliche Regelung, die faktische Lebensgemeinschaft und Ehe im Ergebnis rechtlich weitgehend gleichstellt, auf erhebliche Bedenken. Insbesondere der Vorschlag, nach einer bestimmten Dauer des Zusammenlebens eine faktisch geschlossene Ehe anzunehmen, verstößt gegen die Eheschließungsfreiheit und stellt keine brauchbare Lösung dar; gleiches gilt für eine faktisch geschlossene eingetragene Lebenspartnerschaft. Ein Rechtsinstitut eigener Art zu schaffen, begegnet in einem freiheitlichen Staat dem schwerwiegenden Einwand, dass die Partner einer faktischen Lebensgemeinschaft ihre Beziehungen allenfalls individuell vertraglich regeln und gerade nicht in eine Institution hineingedrängt werden möchten. Das gilt auch, wenn – wie häufig – lediglich einer der Partner nicht zur Eheschließung bereit ist und der andere Partner aus dieser Verweigerung nicht die Konsequenz der Trennung zieht, sondern sich mit einer faktischen Lebensgemeinschaft zufrieden gibt. Auch durch die Einführung des Rechtsinstituts der eingetragenen Lebenspartnerschaft und der damit verbundenen Tatsache, dass heterosexuellen Paaren der Zugang zu diesem Institut verwehrt ist, ergibt sich mit Blick auf Art 3 GG keine zwingende Notwendigkeit zur Schaffung einer umfassenden Regelung, denn im Gegensatz zu den gleichgeschlechtlichen Paaren steht ihnen, wenn sie sich auf Dauer rechtsverbindlich zusammenschließen wollen, das Institut der Ehe offen (BVerfG FamRZ 2002, 1169).

21 Eine weitere Schwierigkeit ergibt sich aus der Unklarheit, auf welchen objektiven sozialen Tatbestand abgestellt werden muss, welches Gewicht der Dauer der Beziehung und ihrer tatsächlichen Ausgestaltung zukommen soll, und welche Bedeutung subjektive Momente haben dürfen, um eine praktikable abstrakte Regelung zu erreichen (BOSCH FamRZ 1980, 850). Stellt man auf einen allgemein anerkannten Typ der faktischen Lebensgemeinschaft ab, lassen sich gerade die schwierigen Grenzfälle nicht befriedigend lösen, die sich daraus ergeben, dass das Maß der Verfestigung einer Lebensgemeinschaft sehr unterschiedlich sein kann und zum Teil nicht eindeutig festzustellen ist, ob die Schwelle von einer eher unverbindlichen Beziehung zu einer faktischen Lebensgemeinschaft überschritten ist. Geht man umgekehrt von den vielfältigen Erscheinungsbildern der faktischen Lebensgemeinschaft aus, dann erscheint wiederum eine einheitliche Regelung dieser Lebensform ausgeschlossen. Der Gesetzgeber stünde angesichts der vielen Unsicherheiten hinsichtlich Art und Dauer dieser Beziehungen ständig vor der Wahl, entweder durch eng gefasste Bestimmungen willkürliche Grenzen zu ziehen oder durch offen gehaltene Tatbestände eine erhebliche Rechtsunsicherheit zu riskieren. Daher verdient nach wie vor die den Einzelfall berücksichtigende Rechtsprechung den Vorzug vor einer umfassenden gesetzlichen Regelung. Nach der Grundstruktur unserer Rechtsordnung kann die Rechtsprechung allerdings grundsätzlich nur für den durch Gestaltungsfreiheit der Bürger gekennzeichneten vermögensrechtlichen Bereich Antworten finden. Im personenrechtlichen und im sozialversicherungsrechtlichen Bereich ist der Gesetzgeber hingegen dazu verpflichtet, die notwendigen Regelungen selbst vorzusehen.

Die **Regelung von Einzelfragen** ist dagegen verfassungsrechtlich möglich und zum **22** Teil auch wünschenswert. Insbesondere erscheint es sinnvoll, die Vorschriften, in denen das Gesetz die besondere Nähebeziehung zwischen Familienangehörigen oder Verwandten berücksichtigt, auch auf die Partner einer faktischen Lebensgemeinschaft anzuwenden. Die damit verbundenen Abgrenzungsschwierigkeiten dürften für die Rechtsprechung eine zumutbare Herausforderung darstellen.

II. Rechtliche Einordnung

1. Verfassungsrecht

Verfassungsrechtlicher Maßstab zur Beurteilung der nichtehelichen Lebensgemein- **23** schaft ist in erster Linie Art 6 Abs 1 GG, für alle faktischen Lebensgemeinschaften überdies aber auch Art 2 Abs 1 GG und Art 3 GG, auch wenn diese Form des Zusammenlebens dort nicht ausdrücklich angesprochen ist (ZEIDLER, in: BENDA/MAIHOFER/VOGEL, Handbuch des Verfassungsrechts, 574 ff; KINGREEN, Die verfassungsrechtliche Stellung der nichtehelichen Lebensgemeinschaft im Spannungsfeld zwischen Freiheits- und Gleichheitsrechten [Diss Berlin 1995] 66 ff, 301 ff).

Art 6 GG verbietet weder das Zusammenleben außerhalb der Ehe, noch verlangt er **24** Maßnahmen des Gesetzgebers gegen die faktische Lebensgemeinschaft (MAUNZ-DÜRIG/BADURA Art 6 Rn 55 f; Bonner Kommentar/PIRSON Art 6 Abs 1 Rn 17; vMÜNCH, in: LANDWEHR 137 ff; BVerfG FamRZ 1981, 429, 433; BVerfG NJW 1990, 1593 = FamRZ 1990, 727). Ein Verbot jeder anderen als der ehelichen Form des Zusammenlebens wäre außerdem mit dem Grundrecht der allgemeinen Handlungsfreiheit, **Art 2 Abs 1 GG**, unvereinbar (BVerfGE 87, 234, 267; BVerfGE 92, 213, 219; LG Bonn NJW 1976, 1690 m abl Anm LEHNHARDT ZMR 1978, 68). Daher hat die faktische Lebensgemeinschaft insgesamt – und nicht lediglich als Gegenform oder Experimentierfeld – ein verfassungsrechtliches Existenzrecht. Das faktische Zusammenleben fällt unter den Familienbegriff in Art 6 Abs 1 GG – als „Kern" der Familie ist keine Ehe erforderlich (BVerfG FamRZ 2008, 816; BVerfG FamRZ 2013, 521; CLASSEN DVBl 2013, 1086, 1090).

Allerdings verbietet es der besondere Schutz der Ehe gemäß Art 6 Abs 1 GG, **25** faktische **Lebensgemeinschaft und Ehe völlig gleichzustellen** oder die Ehe gar zu benachteiligen (MAUNZ-DÜRIG/BADURA Art 6 Rn 55 f; Bonner Kommentar/PIRSON Art 6 Abs 1 Rn 17; SCHOLZ 38 ff; GIESEN FamR Rn 460). Die höchstrichterliche Rechtsprechung lehnt daher nach wie vor zu Recht – selbst vor dem Hintergrund von Art 3 Abs 1 GG – eine Gleichbehandlung von ehelicher und faktischer Lebensgemeinschaft ab. Das BVerfG hat wiederholt die Differenzierung zwischen Ehepartnern und nichtehelichen Lebensgefährten im Erbschaftssteuerrecht für verfassungsgemäß erklärt (BVerfG NJW 1990, 1593 = FamRZ 1990, 364; BVerfG StE 1990, 255). Das Gericht (BVerfG NJW 1994, 1168 = FamRZ 1994, 1318) hält auch eine Gleichstellung der beiden Lebensformen im Besoldungsrecht für nicht geboten. Da es bei der Frage der Gleichstellung jedoch auf eine Gesamtbetrachtung ankommt, ist die Anwendung einzelner begünstigender eherechtlicher Vorschriften auf die faktische Lebensgemeinschaft nicht schon aus verfassungsrechtlichen Gründen ausgeschlossen (vMünch, in: Land-wehr 150; krit Scholz 38 ff). Überdies sollte die besondere verfassungsrechtliche Stellung von Ehe und Familie nicht den Blick auf die Notwendigkeit pragmatischer Lösungen für einzelne im Zusammenhang mit faktischen Lebensgemeinschaften auftretende Fragen verstellen. Dabei ist jedoch auch nach dem Urteil des BVerfG zum LPartG (BVerfG NJW 2002, 2543 = FamRZ 2002, 1169) darauf zu achten, dass insgesamt ein gewisser Abstand zur Ehe gewahrt bleibt, der bei der eingetragenen Lebenspartnerschaft als aliud zur Ehe nicht in dieser Weise zu beachten war.

26 Umgekehrt finden sich höchstrichterliche Urteile, in denen die Gerichte trotz einer **punktuellen Benachteiligung der Ehe** einen Verstoß gegen die Art 3 und 6 GG ablehnen (BVerfG NJW 1995, 1667 = NVwZ 1995, 370). So betrachtet es der BFH (NJW 1990, 853) nicht als eine Diskriminierung der Ehe, wenn für die steuerliche Beurteilung von Verträgen zwischen Ehegatten andere Grundsätze gelten als für Verträge zwischen Partnern von eheähnlichen Gemeinschaften und dies zu einer Schlechterstellung der Eheleute führt. In dem zitierten Urteil hat der BFH entschieden, dass Zahlungen eines Ehegatten an den anderen Ehegatten aufgrund eines Arbeits- oder Mietverhältnisses nur dann Betriebsausgaben darstellen, wenn sie auf ein Konto überwiesen werden, über das lediglich der Empfänger alleine verfügungsberechtigt ist. Das BVerfG (StE 1993, 419) hat in einer vergleichsweise höheren Steuerschuld von Ehepartnern, die dadurch entsteht, dass im Rahmen der getrennten Veranlagung bestimmte Ausgaben, die die allgemeine Lebensführung betreffen, nur in der bei einer Zusammenveranlagung in Betracht kommenden Höhe als steuermindernd berücksichtigt werden, ebenfalls keinen Verstoß gegen Art 3 Abs 1 iVm Art 6 Abs 1 GG gesehen. Eine vereinzelte und sachlich begründete Benachteiligung sei verfassungsrechtlich zulässig, solange das Gesetz Eheleute nicht generell schlechter stelle als unverheiratete Paare; das erscheint freilich äußerst fragwürdig.

27 Unter diesem Gesichtspunkt ist die Verfassungsmäßigkeit der **Schlüsselgewalt**, § 1357, und der **Eigentumsvermutung unter Eheleuten**, § 1362, in der Literatur angezweifelt worden (Struck MDR 1975, 449; Bosch FamRZ 1963, 421, 1968, 439; Brox FamRZ 1981, 1125; Löhnig/Würdinger FamRZ 2007, 1856). Beide Vorschriften – so die Kritik – dienten vorrangig dem Schutz von Gläubigerinteressen und führten letztlich zu einer erheblichen Schlechterstellung der Ehe. Das BVerfG hat jedoch die Verfassungsmäßigkeit des § 1357 bestätigt und dabei auf die Funktion der Ehe als Wirtschaftsgemeinschaft hingewiesen (BVerfG NJW 1990, 175 = FamRZ 1989, 1273; krit Derleder FuR 1990, 104; zur analogen Anwendung des § 1357 Rn 48 ff); eine andere Frage ist es freilich, ob § 1357 nicht auch im Eherecht als überholte Regelung gestrichen werden sollte (Holzhauer JZ 1977, 729, 730; Brox, in: FS Mikat [1989] 853). Zur Anwendung des § 1362 auf faktische Lebensgemeinschaften Rn 266 ff.

2. Bürgerliches Recht

a) Allgemeines

28 Die juristische Bewältigung der Probleme einer faktischen Lebensgemeinschaft steht vor dem Dilemma, einerseits die faktische Lebensgemeinschaft als Ganze nicht einer im Gesetz vorgesehenen oder sonst bekannten Rechtsfigur unterordnen zu können und zu dürfen (Rn 39 ff), und andererseits bei der Aufspaltung dieses

„gesellschaftlichen Faktums ohne Rechtsnatur" (LIPP JuS 1982, 17) die dogmatisch passende Norm zu finden. Die faktische Lebensgemeinschaft ist nämlich grundsätzlich nicht unter die familienrechtlichen Institutionen zu subsumieren, vor allem Ehe- und Verlöbnisrecht sind also unanwendbar (Rn 39 ff). Vielmehr ist der – weithin akzeptierte und zutreffende – Ausgangspunkt, dass eine Gesamteinordnung nicht stattfindet, sondern im Streitfall grundsätzlich das gesamte bürgerliche Recht anwendbar ist. Daraus folgt wiederum, dass von den Partnern einer faktischen Lebensgemeinschaft ausdrücklich oder konkludent geschlossene Verträge Vorrang vor gesetzlichen Lösungsmodellen haben.

Da es in einem Rechtsstaat **keine geltendem Recht unzugänglichen Räume** gibt, führt **29** es – wenn die Partner keine vertragliche Regelung vereinbart haben (Rn 30 ff) – nicht weiter, die faktische Lebensgemeinschaft als rechtliches Nichts oder „völliges aliud" (OLG Saarbrücken FamRZ 1979, 1021) anzusehen (SCHWAB, in: LANDWEHR 61; BATTES ZHR 1979, 405; anders wohl OLG Düsseldorf FamRZ 1979, 581), und es ist unzutreffend, das Unterlassen der staatlichen Eheschließung als generelle Verneinung jeglichen Rechtsbindungswillens der Partner zu interpretieren. Die früher bisweilen vertretene, wohl ideologisch motivierte Unterstellung, die Partner hätten bewusst einen rechtsfreien Raum gewählt (in diese Richtung wohl BGH FamRZ 1983, 1213, 1214), verkennt den Parteiwillen genauso wie die Struktur unserer Rechtsordnung, die für alle Streitfälle eine rechtliche Klärung ermöglichen muss.

b)　Partnerschaftsverträge
aa)　Bei vertraglichen Abmachungen unter den Partnern ist zwischen dem persön- **30** lichen und dem vermögensrechtlichen Bereich zu unterscheiden. Im **personalen Bereich** können höchstpersönliche Rechte und Pflichten, wie sie das Gesetz zB in § 1353 für Eheleute vorsieht, nicht wirksam durch Vertrag begründet werden; etwas anderes gilt jedoch für sonstige Vereinbarungen im personalen Bereich, die beispielsweise wechselseitige Kooperation oder gegenseitigen Beistand betreffen. Der Grund für die Unzulässigkeit solcher Vereinbarungen liegt nicht in der vermeintlichen Anstößigkeit der faktischen Lebensgemeinschaft, sondern in der damit verbundenen sittenwidrigen Einschränkung der Selbstbestimmung in einem höchstpersönlichen Lebensbereich (SCHWAB FamR Rn 839), denn sogar das Eherecht scheut vor dem Einsatz von Rechtszwang zur Erfüllung personaler Ehepflichten zurück, § 120 Abs 3 FamFG. Die Rechtsordnung erkennt entsprechende persönliche Verpflichtungen außerdem nur für die Ehe an (LIPP 569; BATTES, Nichteheliches Zusammenleben Rn 8; SOERGEL/LANGE NehelLG Rn 9). Gleichwohl getroffene Vereinbarungen entfalten folglich keine Rechtsbindung. In gewisser Weise ähneln sie freilich im Ergebnis den persönlichen Ehepflichten, die zwar Rechtspflichten darstellen, aber nicht durchsetzbar sind, § 120 Abs 3 FamFG.

Die Partner können deshalb die **jederzeitige Auflösbarkeit** ihrer Lebensgemeinschaft **31** nicht rechtswirksam ausschließen. Eine andere Bewertung würde mit dem Grundsatz des Bürgerlichen Rechts kollidieren, dass rechtsgeschäftlich eingegangene Dauerverpflichtungen immer, sogar wenn sie (wie die Ehe) auf Lebenszeit übernommen wurden, aufkündbar sind. Die rechtliche Anerkennung einer Bindung auf Lebenszeit ist den Rechtsinstituten Ehe und eingetragene Lebenspartnerschaft vorbehalten. Derartige rechtlich nicht bindende persönliche Verpflichtungen können auch nicht indirekt durch Vereinbarung von Vertragsstrafen abgesichert werden (STRÄTZ

FamRZ 1980, 306, 335; Schwab FamR Rn 839; Battes, Nichteheliches Zusammenleben Rn 8). Das OLG Hamm hat zu Recht einer **Abfindungsvereinbarung**, durch die ein noch verheirateter Mann seiner außerehelichen Partnerin für den Fall der Auflösung der Verbindung 40 000 DM versprochen hatte, gemäß § 138 Abs 1 die Wirksamkeit abgesprochen, weil es sich um den Versuch handelte, eine personale Verhaltensweise, nämlich die Nichtrückkehr zur Ehefrau, durch eine Vertragsstrafe zu erzwingen (OLG Hamm FamRZ 1988, 618 = JZ 1988, 249 mit Anm Finger).

32 Deshalb versucht die Rechtspraxis zum Teil, den Fortbestand der faktischen Lebensgemeinschaft durch eine **Prämienklausel** zu sichern, die als Schenkungsversprechen der Form des § 518 bedarf, um damit das gleiche Ziel auf anderem Weg zu erreichen (Oberto FamRZ 1993, 1). Dabei wird eine bestimmte Verhaltensweise, etwa die Treue über einen gewissen Zeitraum oder die Zeugung eines Kindes, vertraglich durch eine materielle Zuwendung belohnt. Hier verliert der Partner im Falle einer Trennung nur einen Vorteil, ihm droht aber – anders als bei einer Vertragsstrafe – kein finanzieller Nachteil. Trotzdem kann auch eine derartige Vereinbarung gegen § 138 Abs 1 BGB verstoßen. Im Erbrecht ist anerkannt (BVerfG ZEV 2004, 241), dass Bedingungen in letztwilligen Verfügungen, die einen letztwillig Bedachten zu einem bestimmten Tun oder Unterlassen bewegen sollen, sittenwidrig sind, wenn sie unerträglich in das Selbstbestimmungsrecht des Bedachten eingreifen. Das ist der Fall, wenn die bedingte Zuwendung so erheblich ist, dass sie dazu geeignet erscheint, die Willensentschließung des Bedachten zu beeinflussen, indem sie unzumutbaren Druck zumal in Fragen der persönlichen Lebensgestaltung, auf ihn ausübt. Überträgt man diese Erwägungen auf die Prämienklausel, so unterfällt eine derartige Klausel § 138 Abs 1 BGB, wenn die Prämie so erheblich ist, dass sie im konkreten Fall dazu geeignet erscheint, den betreffenden Partner letztlich zur Fortsetzung der faktischen Lebensgemeinschaft oder zur Zeugung eines Kindes zu bestimmen.

33 **bb)** Im **vermögensrechtlichen Bereich** hingegen sind vertragliche Abmachungen auch umfassender Art, etwa über Unterhalt oder Versorgung nach dem Ende des Zusammenlebens, grundsätzlich zulässig (OLG Köln FamRZ 2001, 1608; Schwab FamR Rn 838; Giesen FamR Rn 463; Oberto FamRZ 1993, 1). Ihre Rechtswirksamkeit scheitert nicht an § 138 Abs 1, da keine für die Handhabung der Rechtsordnung von Verfassungs wegen verantwortliche Autorität das dauernde Zusammenleben von Mann und Frau außerhalb der Ehe als unerträglichen Verstoß gegen das Sittengesetz verurteilt. Bislang ungeklärt ist die Frage, ob und gegebenenfalls unter welchen Voraussetzungen ein Partnerschaftsvertrag, der einen völligen Verzicht auf alle oder bestimmte nach einer Trennung bestehenden Ansprüche (Rn 65 ff) enthält, sittenwidrig sein kann; hier können trotz aller Unterschiede zu den Ansprüchen nach Scheidung einer Ehe Parallelen zu sittenwidrigen eheverträglichen Vereinbarungen gezogen werden, bei denen nach der Funktion des jeweiligen Anspruchs zu unterscheiden ist; so kommt ein Ausschluss des allein im Interesse des Kindes bestehenden Unterhaltsanspruchs aus § 1615l nicht in Betracht (vgl Löhnig/Preisner NJW 2012, 1479).

34 Wird eine **Abfindungsvereinbarung** für den Fall der Auflösung der Gemeinschaft getroffen, so sollte ein besonderes Interesse des Begünstigten an einem vermögensrechtlichen Ausgleich sichtbar gemacht werden (etwa für geleistete Dienste), damit nicht der Eindruck einer **Vertragsstrafe** entsteht (OLG Hamm FamRZ 1988, 618 = JZ 1988,

249; BATTES JZ 1988, 908). Wie schwierig die Abgrenzung zwischen einer zulässigen Abfindungsvereinbarung und einer sittenwidrigen Klausel mit Vertragsstrafencharakter sein kann, zeigt eine Entscheidung des LG Paderborn (FamRZ 1999, 790). Dort hatte sich der noch verheiratete Kläger in einem notariellen Vertrag verpflichtet, im Fall des Scheiterns der faktischen Lebensgemeinschaft 10 Jahre lang seiner Partnerin monatlich einen Betrag von 800 DM zu zahlen. Aufgrund der Tatsache, dass die Vereinbarung noch während der bestehenden Ehen beider Partner geschlossen wurde, zog das Gericht den Schluss, diese Klausel sei sittenwidrig. Da die Vertragsverpflichtung insbesondere auch im Fall des Nichtzustandekommens der Lebensgemeinschaft entstehe, und damit der Kläger zahlen müsse, wenn er sich nicht von seiner Ehefrau trenne, regle die Klausel eine Sanktion mit Vertragsstrafencharakter. Träfe dies zu, so wäre eine Unterhaltsvereinbarung von noch verheirateten Partnern, die eine faktische Lebensgemeinschaft begründen möchten, nicht möglich. Die Selbstbestimmung, ob die Ehe fortgesetzt werden soll oder nicht, ist jedoch nur dann eingeschränkt, wenn die vereinbarte Summe eine erhebliche wirtschaftliche Belastung des Zahlungspflichtigen darstellt, die Druck auf seine Entschließungsfreiheit in persönlichen Angelegenheiten auszuüben vermag, was im Einzelfall zu ermitteln ist. Außerdem kann die Annahme der Sittenwidrigkeit in Betracht kommen, wenn der andere Ehepartner oder Familienangehörige durch die Zahlungsverpflichtung erheblich getroffen werde. Mit dieser Argumentation hat das OLG Hamm als Berufungsinstanz zu Recht die Entscheidung des LG Paderborn aufgehoben (OLG Hamm, FamRZ 2000, 95, 96).

cc) Die Parteien können, auch wenn sie keinen Partnerschaftsvertrag geschlossen **35** haben, zumindest anlässlich ihrer Trennung eine vertragliche Einigung herbeiführen. Eine derartige Trennungsvereinbarung über die gegenseitigen Ansprüche anlässlich der Auflösung der faktischen Partnerschaft ist sehr ratsam. Sie bedarf keiner besonderen Form; die Formvorschriften, die für das eheliche Güterrecht und für scheidungsrechtliche Versorgungsausgleichsvereinbarungen gelten, sind nicht analog anzuwenden (OLG Köln FamRZ 2001, 1608). Die Vereinbarung zwischen den Partnern ist jedoch insgesamt unwirksam, solange nicht die für die Regelung des Kindesunterhalts erforderliche gerichtliche Genehmigung eingeholt wurde (OLG Zweibrücken NJW-RR 1993, 1478 = FamRZ 1994, 982).

dd) In der Mehrzahl der faktischen Lebensgemeinschaften wird allerdings kein **36** umfassender Vertrag abgeschlossen, sondern es werden allenfalls gewisse **Einzelabreden** getroffen; insbesondere bei Bau oder Renovierung eines Hauses auf dem Grundstück eines Partners mit den Mitteln (auch) des anderen Partners wird häufig ein **Darlehensvertrag** unter den faktischen Partnern geschlossen (vgl etwa BGH FuR 2001, 366), der Grundlage einer Rückzahlungsverpflichtung nach Trennung der Partner sein kann (OLG Karlsruhe FamRZ 2004, 1028; OLG Naumburg FamRZ 2013, 55: Soweit es an einem Darlehensvertrag fehlt, sind Ansprüche aus Wegfall der Geschäftsgrundlage zu erwägen, vgl Rn 128 ff). Die seit langem vorliegenden umfangreichen **Musterverträge** scheitern zumeist am Desinteresse der Beteiligten, sich vertraglich (oder gar in einer öffentlichen Urkunde) einem Geflecht von Rechten und Pflichten zu unterwerfen (STRÄTZ FamRZ 1980, 301). Liegt jedoch eine Abrede vor, gibt es keine allgemeine Auslegungsregel, dass rechtsgeschäftliche Vereinbarungen der Partner im Zweifel nur für die Dauer der Beziehung gelten sollen (BGH NJW 1986, 374 mAnm BATTES). Es ist zulässig, anstelle der vermögensrechtlichen Auseinandersetzung bei Beendigung einen pauschalierten Ersatz zu vereinbaren (Strätz FamRZ 1980, 301; Grziwotz, Partnerschaftsvertrag 29).

37 ee) Der Rückgriff auf einen **umfassenden** und **angeblich stillschweigend geschlossenen** – also letztlich vom Richter fingierten – **Partnerschaftsvertrag** ist abzulehnen. Weder folgt aus der gesetzlichen Berücksichtigung eheähnlicher Verhältnisse im Sozialrecht die besondere Schutzwürdigkeit der faktischen Lebensgemeinschaft noch lässt sich die (fragwürdige) Anerkennung der sogenannten faktischen Arbeitsverträge und Gesellschaften auf die faktische Lebensgemeinschaft übertragen. Anders als im Arbeits- und Sozialrecht geht es hier nämlich nicht um grundsätzlich gewollte, aber rechtlich unwirksame Rechtsbindungen. Die Beteiligten haben sich vielmehr (mehr oder weniger) bewusst gegen eine umfassende Regelung ihrer beidseitigen Rechte und Pflichten entschieden. Diese Entscheidung stellt eine zulässige Wahrnehmung der allgemeinen Handlungsfreiheit dar und muss von der Rechtsprechung akzeptiert werden.

38 Aus diesem Grund führt auch eine Rückbesinnung auf die Grundsätze von Treu und Glauben, § 242, zu keinem anderen Ergebnis, zumal diese Grundsätze nur innerhalb bestehender Schuldverhältnisse gelten: Man kann Personen, die das Eherecht und seine Folgen (noch) nicht auf sich nehmen wollen, nicht ein anderes engmaschiges Netz unwägbarer, aber umfänglicher, ja sogar nachwirkender Rechte und Pflichten überwerfen. Dagegen ist die **konkludente Regelung einzelner rechtsgeschäftlicher Beziehungen** zwischen den Lebensgefährten praktisch gebräuchlich und rechtlich **zulässig** (Schwab FamR Rn 840 ff).

c)   Eherecht/Lebenspartnerschaftsrecht

39 Über die **Unanwendbarkeit** des Eherechts besteht weitgehend Einigkeit (Battes, Nichteheliches Zusammenleben Rn 6; Schwab FamR Rn 834; anders noch Roth-Stielow JR 1978, 233 f). Die gleichen Erwägungen gelten für die Unanwendbarkeit des LPartG auf homosexuelle faktische Lebensgemeinschaften. Die Anwendung des für Ehegatten geltenden Rechts scheitert einmal am zwingenden Erfordernis des staatlichen Eheschließungsaktes nach §§ 1310 ff, andererseits an dem ausdrücklichen Willen der Partner, keine Ehe nach Maßgabe der gesetzlichen Vorgaben zu führen. Daher bestehen zwischen den Partnern einer faktischen Lebensgemeinschaft weder gesetzliche Unterhaltsansprüche oder ein gesetzliches Erbrecht noch gilt ein besonderer Güterstand. Da die Lebensgefährten auch keinen Ehevertrag iSv § 1408 abschließen können, ist die vertragliche Vereinbarung einer Zugewinngemeinschaft oder einer Gütergemeinschaft ebenfalls nicht möglich. Allerdings können die Partner durchaus bestimmte Folgen eines gesetzlichen Güterstandes herbeiführen, indem sie etwa vereinbaren, dass alle Vermögensgegenstände gemeinsam erworben werden oder dass der wohlhabendere Teil bei Trennung einen Ausgleich in Höhe der Hälfte des erwirtschafteten Überschusses an den ärmeren Teil zahlt (Gernhuber/Coester-Waltjen § 44 Rn 1; Oberto FamRZ 1993, 1). Eine Übertragung von Renten- oder Pensionsanwartschaften lässt sich allerdings auch auf diesem Wege nicht erreichen; die Bedeutung dieser Anwartschaften wird freilich in Zukunft ohnehin zugunsten privater Vorsorge abnehmen. Umgekehrt gelten aber auch die Verpflichtungen und Nachteile, die mit einer Ehe verbunden sind, nicht. Die Geltung des gesetzlichen Eherechts kann auch nicht pauschal durch Vertrag vereinbart werden.

d)   Verlöbnisrecht

Die §§ 1297 ff sind unanwendbar, da es (noch oder überhaupt) an der Grundvoraus-   **40**
setzung fehlt, nämlich dem gemeinsam gefassten Plan einer künftigen Eheschließung
oder Lebenspartnerschaft. Freilich können zwischen den Partnern **gleichzeitig** ein
Verlöbnis und eine faktische Lebensgemeinschaft bestehen. Jedoch sind die Schadensersatzansprüche der §§ 1298 ff wegen ihrer Einschränkungen für die Abwicklung von faktischen Lebensgemeinschaften ohnehin ungeeignet (STRÄTZ FamRZ 1980,
304).

e)   Gesellschaftsrecht

In einer faktischen Lebensgemeinschaft gestalten die Partner in aller Regel nicht nur   **41**
ihre persönlichen, sondern auch ihre wirtschaftlichen Verhältnisse gemeinsam. Es
entsteht so eine durch **besondere personale Verhältnisse geprägte Wirtschaftsgemeinschaft**. Das Gesetz regelt in den §§ 705 ff eine in mancher Hinsicht vergleichbare
Situation. Dies legt auf den ersten Blick die Anwendung des Gesellschaftsrechts
nahe, selbst wenn ein Gesellschaftsvertrag nicht geschlossen wurde (für eine weitgehende Anwendung vor allem die ältere Literatur: MEIER-SCHERLING DRiZ 1979, 299; BATTES,
Nichteheliches Zusammenleben Rn 9 ff; ders JZ 1988, 908; ders, in: FS Heinz Hübner [1984] 973 ff;
SCHWENZER, Vom Status zu Rechtsbeziehungen [1987]; einschränkend: STRÄTZ FamRZ 1980, 434,
436; grundsätzlich ablehnend: SCHLÜTER-BELLING FamRZ 1986, 405 ff; LIEB, Gutachten zum 57.
Deutschen Juristentag [1988] A 70; FRANK, in: FS Müller-Freienfels [1986] 131 ff; ders FamRZ 1983,
541 ff). Folglich finden sich auch in der Rechtsprechung vereinzelt Urteile, in denen
schon aufgrund des bloßen nichtehelichen Zusammenlebens eine Gesellschaft angenommen wurde (AG Hamburg NJW-RR 1989, 271; AG Potsdam FamRZ 1995, 1142 = WM
1994, 528). Einer generellen Anwendung des Gesellschaftsrechts kann jedoch nicht
zugestimmt werden.

Zwar wären auf diese Weise sowohl der persönliche als auch der wirtschaftliche   **42**
Bereich der faktischen Lebensgemeinschaft vollständig erfasst. Abgesehen davon,
dass dies dem mutmaßlichen Parteiwillen nicht entspricht, regeln die §§ 705 ff die
persönlichen Beziehungen einerseits zu wenig (LIPP AcP 180, 572), andererseits dürfen
sie die ihrem Charakter nach höchstpersönlichen Beziehungen der Partner aus
verfassungsrechtlichen Gründen auch nicht umfassend und sanktionierbar regeln,
da dies der Ehe vorbehalten ist (SCHWAB FamR Rn 859). Auch eine pauschale Einordnung nur des wirtschaftlichen Bereichs in das Gesellschaftsrecht kommt ohne eine
ausdrückliche Parteivereinbarung nicht in Betracht. Die faktische Lebensgemeinschaft als solche ist keine nach allgemeinen Grundsätzen abzuwickelnde Rechtsgemeinschaft (BGH NJW 1980, 1520 = FamRZ 1980, 664; BGH NJW 1981, 1502 = FamRZ 1981,
530; BGH NJW 1983, 2375 = FamRZ 1983, 791; DIEDERICHSEN NJW 1983, 1017, 1023). Eine
derartige Abwicklung würde im Ergebnis zu einem oktroyierten Zugewinnausgleich
führen, der prinzipiell der Ehe vorbehalten und selbst dort disponibel ausgestaltet ist
(STRÄTZ FamRZ 1980, 434, 436; LIEB, Gutachten zum 57. Deutschen Juristentag [1988] A 61).

Auch die Befürworter einer umfassenden Anwendung des Gesellschaftsrechts wol-   **43**
len dieses Ergebnis vermeiden, indem sie alle Leistungen aus laufendem Einkommen zur Deckung **täglicher Bedürfnisse** von einer Erstattung nach § 733 Abs 2 S 1
ausnehmen (BATTES, Nichteheliches Zusammenleben Rn 85, 86; ders JZ 1988, 908). Dies ist
zunächst schon ein Gebot der Vernunft: Eine Rückabwicklung, die auch das gemeinsame Haushalten und Wirtschaften mit einschließen wollte, würde angesichts der

Verwobenheit aller Leistungen in der Praxis zu einem unlösbaren Beweisproblem führen (STINZING, Nichteheliche Lebensgemeinschaft und rechtliche Regelung [Diss Konstanz 1992] 307). Auf jeden Fall kommt die oben (Rn 41) dargestellte Meinung durch diese etwas umständliche Regelung letztlich ebenfalls zu einer Art Einzelfallanwendung. Der Unterschied zur hier vertretenen und inzwischen auch von der höchstrichterlichen Rspr geteilten (BGH NJW 2008, 3277 = DNotZ 2009, 52 mAnm LÖHNIG) Auffassung liegt im Wesentlichen nur darin, dass dort bei mehreren gemeinsamen Vermögensgegenständen nicht jeweils das Vorliegen einer entsprechenden gesellschaftsrechtlichen Abrede zu prüfen ist, sondern eine einzige Gesellschaft insgesamt abgewickelt werden kann. Das entscheidende Gegenargument liegt aber im Fehlen eines entsprechenden Rechtsbindungswillens: Die Partner einer faktischen Lebensgemeinschaft unterstützen einander jedenfalls im Bereich des täglichen Lebens nicht aus rechtlicher Unterhaltsverpflichtung, sondern allein aus persönlicher Zuneigung (zur gesellschaftsrechtlichen Auseinandersetzung eingehend Rn 95 ff).

f)   Einzelansprüche

44   In Betracht kommt hingegen eine Anwendung einzelner zivilrechtlicher Ansprüche, insbesondere aus dem Bereich des Gesellschaftsrechts und des Rechts der Geschäftsgrundlagenstörung. So kann Gesellschaftsrecht Anwendung finden, wenn die Partner – ähnlich den Ehegatten bei einer Ehegatten-Innengesellschaft – einen bestimmten Zweck gemeinschaftlich verfolgen. Eine am Einzelfall orientierte Anwendung des Gesellschaftsrechts ermöglicht somit eine differenzierte Abwicklung der zerbrochenen faktischen Lebensgemeinschaft. Dagegen bietet das Gesellschaftsrecht für das Gros der Streitfälle, in denen es schlicht um die Auseinandersetzung einer vormals gemeinsamen Existenzgrundlage (zB Hausrat, Wohnraum) geht, keinen praktikablen Lösungsweg (eingehend Rn 93 f).

45   In Betracht kommen auch Ausgleichsansprüche gegen den ehemaligen Partner wegen Wegfalls der Geschäftsgrundlage, § 313. Sogenannten lebensgemeinschaftsbedingten Zuwendungen (Rn 128 ff) liegt (genauso wie ehebedingten Zuwendungen) ein Vertrag eigener Art zugrunde, dessen Geschäftsgrundlage, der Fortbestand der faktischen Lebensgemeinschaft, mit der Trennung der Partner wegfällt, sodass Ansprüche nach §§ 313, 346 ff genauso wie nach einer Ehescheidung in Betracht kommen. Die Rückabwicklung von lebensgemeinschaftsbedingten Zuwendungen erfasst diejenigen Fälle, in denen es mangels Schaffung eines gemeinsamen Wertes nicht zu einer gesellschaftsrechtlichen Rückabwicklung kommen kann, also etwa die Überschreibung eines halben Hauses auf den Partner, um dessen Absicherung zu erreichen; Ansprüche aus §§ 313, 346 ff sind daneben auch bei Mitarbeit eines Partners im Geschäft oder Unternehmen des anderen Partners möglich (Rn 123 ff und 128 ff).

III.   Rechtslage bei Bestehen der faktischen Lebensgemeinschaft

1.   Partnerschaftsvermittlung

46   Der BGH wendet § 656 – entgegen seinem Wortlaut – auch auf die Anbahnung einer faktischen Lebensgemeinschaft an (BGH NJW 1990, 2550 m abl Anm PETERS = FamRZ 1990, 1211 m zust Anm BECKMANN; KARSTEN SCHMIDT JuS 1990, 935). Das Gericht begründet diese Analogie mit dem schützenswerten Diskretionsbedürfnis der Kunden einerseits und der aussichtslosen Differenzierung zwischen Ehe- und Partnerschaftsvermittlung andererseits. Allerdings spricht gegen eine Analogie, dass § 656 derartige Verträge diskriminiert und rechtspolitisch äußerst umstritten ist (LARENZ, SchuldR[13] II § 54; VOLL-KOMMER/GRÜN JZ 1991, 96; PETERS NJW 1990, 2552; STAUDINGER/STRÄTZ [2000] Rn 62). Das eine analoge Anwendung der Vorschrift rechtfertigende vergleichbare Diskretions-bedürfnis (OLG Koblenz NJW-RR 1993, 888 = MDR 1993, 420) kann jedoch nach wie vor bestehen, auch wenn heute zumal angesichts zahlreicher einschlägiger und gesell-schaftlich akzeptierter Internetportale gewerbliche Ehe- oder Partnerschaftsvermitt-lung nicht mehr als anstößig angesehen wird. Gegen die Analogie kann auch nicht angeführt werden, dass vielfach und zu Recht die Aufhebung des § 656 gefordert wird. Solange die Norm existiert, ist die Rechtsprechung zu ihrer – auch analogen – Anwendung verpflichtet.

2.   Personenstand, Güterstand, Namensführung

Der Personen- und Güterstand ändert sich durch die faktische Lebensgemeinschaft **47** nicht. Haushaltsführung und Erwerbstätigkeit unterliegen weder dem Schutz noch den Einschränkungen des § 1356. Die Namensführung bleibt ebenfalls gleich. Straf-rechtlich ist das Unterschreiben mit dem Namen des Partners nach den allgemeinen Grundsätzen zumindest dann nicht relevant, wenn der Betreffende sich an seiner Erklärung festhalten lassen will, und es ihm nur darum ging, den wirklichen Namen ungenannt zu lassen (OLG Celle FamRZ 1987, 104).

3.   Gemeinsames Wirtschaften und Vermögenszuordnung

a)   Bedeutung

Die faktische Lebensgemeinschaft ist in der Regel durch gemeinsames Wirtschaften **48** geprägt. Dadurch entstehen **Rechtsbeziehungen** sowohl unter den Partnern wie auch mit Dritten. Das Spektrum der **schuldrechtlichen Beziehungen** der Partner unterein-ander kann von der Berechtigung am gemeinsamen Bankkonto, über Dienst- und Arbeitsverhältnisse bis hin zu einer Innengesellschaft reichen. Während des Beste-hens der faktischen Lebensgemeinschaft sind die daraus erstehenden Rechtsproble-me idR ohne Relevanz, weil die Partner sich meist – wenn auch nur stillschweigend – einig sind. Die rechtlich uneingeschränkt mögliche, zwangsweise Durchsetzung etwaiger Ansprüche würde mit großer Wahrscheinlichkeit das Zusammenleben be-enden. So stellt sich denn in der Praxis meist erst post festum die Frage, ob und wie ein Ausgleich wegen dieser Rechtsbeziehungen stattzufinden hat (Rn 65 ff).

b)   Schuldrechtliche Verhältnisse und Handeln für den Partner

Wenn die Partner gemeinsam wirtschaften, handeln sie automatisch auch füreinan- **49** der. Allerdings ist § 1357, der für Eheleute eine gesetzliche **Verpflichtungsermächti-gung** vorsieht, als spezielle Norm des Eherechts **nicht analog anwendbar**. Die Mög-lichkeit, ohne weiteres auch den anderen Partner zu verpflichten, widerspricht dem Wesen der faktischen Lebensgemeinschaft, die eben keine Rechtsgemeinschaft ist (STRÄTZ FamRZ 1980, 301, 307; PALANDT/BRUDERMÜLLER § 1357 Rn 6; krit STRUCK MDR 1975, 449; WEIMAR MDR 1977, 464, 466; DERLEDER FuR 1990, 104) und also auch keine unter-haltsrechtlichen Verpflichtungen erzeugt. Deshalb fehlt es an einer Vergleichbarkeit der Sachverhalte als Voraussetzung für einen Analogieschluss.

Eine analoge Anwendung des § 1357 auf die faktische Lebensgemeinschaft ist zu- **50**

dem auch nicht erforderlich, weil die allgemeinen Vertretungsregeln zu sachgerechten Lösungen führen (Grziwotz FPR 2001, 45 ff). Liegt eine **rechtsgeschäftliche Vertretungsmacht** vor, ist allerdings grundsätzlich nur der vertretene, nicht auch der
handelnde Lebensgefährte aus dem Geschäft berechtigt und verpflichtet. Der handelnde Partner kann jedoch mit Wirkung für sich und den anderen Partner kon-
trahieren, sodass die Partner Gesamtschuldner, § 421, und Gesamtgläubiger, § 428,
werden; das ist dann der Fall, wenn sich zumindest aus den Umständen ein derartiger
Wille des handelnden Partners entnehmen lässt.

51 Aus dem bloßen Zusammenleben allein lässt sich allerdings noch keine stillschweigende Bevollmächtigung des Partners ableiten. Haben sich die Partner keine Vollmacht erteilt, so können die Regeln über die **Anscheins-** und **Duldungsvollmacht**
angewandt werden, vorausgesetzt, der Dritte hat Kenntnis vom Bestehen der Lebensgemeinschaft und es besteht darüber hinaus der erforderliche Rechtsschein
gegenseitiger Bevollmächtigung, der durch wiederholtes unbeanstandetes Auftreten
auch im Namen des faktischen Partners gesetzt werden kann. Der Umfang der
Vollmacht ist dann im Zweifel nach Maßgabe des § 1357 zu bestimmen (Rogalski
AnwBl 1983, 358, 361; Strätz FamRZ 1980, 301, 307; krit Grziwotz FPR 2001, 45, 46 f). Fehlt es
auch an einer Anscheins- oder Duldungsvollmacht, so haftet jeder Partner nur für
seine eigenen Schulden und ist auch aus den von ihm abgeschlossenen Rechtsgeschäften nur allein berechtigt. Für den internen Ausgleich der Partner kommt jedoch
§ 670 in Betracht (Rn 136 ff).

c) Eigentumsverhältnisse

52 Die Eigentumsverhältnisse innerhalb einer faktischen Lebensgemeinschaft lassen
sich kaum anhand von festen Regeln klären. Es entscheidet der **Einzelfall**; dabei
kommt der widerlegbaren Beweisregelung des § **1006** häufig entscheidende Bedeutung zu (krit Krebs FamRZ 1994, 281; zutr H Roth JZ 2007, 530 f). Dagegen findet § 1362
keine Anwendung, der nur zugunsten der Gläubiger eines faktischen Partners eine
widerlegliche Eigentumsvermutung aufstellt (Rn 266 ff). Alleineigentum besteht an
den jeweils eingebrachten Gegenständen, da die faktische Lebensgemeinschaft die
Güterzuordnung nicht ändert.

53 Werden eingebrachte Haushaltsgegenstände ersetzt, so erwirbt der bisherige Eigentümer regelmäßig auch das **Surrogat**. Der Eigentumserwerb richtet sich nach den
allgemeinen Erwerbsgrundsätzen bei Einschaltung Dritter: Sind sich die Partner
darüber einig, dass derjenige Partner, der einen bestimmten Haushaltsgegenstand
mitgebracht hat, auch Eigentum am Ersatzgegenstand erwerben soll, dann erwirbt er
den Ersatzgegenstand ohnehin, wenn er selbst handelt; handelt der andere Partner,
so erfolgt der Eigentumserwerb in der Regel nach den Grundsätzen über das Geschäft für und gegen den, den es angeht (dazu Soergel/Leptien vor § 164 Rn 23 ff). Es
entspricht im Übrigen der Lebenserfahrung, dass die Partner auch das Eigentum an
persönlichen Gegenständen, § 1362 Abs 2, durch entsprechende stillschweigende
Übertragungsgeschäfte so geregelt haben, wie es unter Eheleuten nach § 1362 der
Fall ist.

54 Ansonsten richtet sich bei Gegenständen, die einer der Partner **neu erwirbt**, der
Eigentumserwerb nach den allgemeinen Regeln und den jeweiligen Vertretungs-
verhältnissen (Rn 50 f). Zum Teil wird gesagt, einen Erfahrungssatz, der für Allein-

eigentum oder für Miteigentum spreche, gebe es nicht (OLG Düsseldorf NJW 1992, 1706 = FamRZ 1992, 670; K SCHMIDT JuS 1992, 884). Das erscheint unzutreffend. In der Regel erwirbt vielmehr die unmittelbar handelnde Person das **Alleineigentum**. Etwas anderes gilt nur, wenn der Handelnde offenlegt, dass er auch (oder nur) für den anderen Partner erwerben möchte, § 164 Abs 1. Darüber hinaus kann bei alltäglichen Bargeschäften, die Verbrauchsgüter und kleine Haushaltsgegenstände betreffen, über die Figur des **Geschäfts für und gegen den, den es angeht**, ein unmittelbarer **Miteigentumserwerb** beider Partner erreicht werden (WEINREICH FPR 2001, 29, 30); dafür ist jedoch Voraussetzung, dass sich ein dahingehender Wille des handelnden Partners aus den Umständen entnehmen lässt (so zutreffend für Eheleute STAUDINGER/VOPPEL § 1357 Rn 92). Auf diese zusätzliche Voraussetzung kann deshalb nicht verzichtet werden, weil andernfalls über entsprechende Fiktionen ein Partnerschaftsvermögen geschaffen würde, wie es nicht einmal für Eheleute im gesetzlichen Güterstand vorgesehen ist, § 1363.

In Betracht kommt auch eine spätere Übertragung des vom handelnden Partner **55** erworbenen Eigentums auf den anderen Partner; davon ist grundsätzlich auszugehen, wenn sich aus Abreden im Innenverhältnis der Partner eine entsprechende Pflicht ergibt. Bei Anschaffung „gemeinsamer" Haushaltsgegenstände kann etwa die Begründung von **Miteigentum** nach §§ 741 ff gewollt sein (LG Aachen FamRZ 1983, 61).

Mit wessen Geld ein Gegenstand erworben wurde, ist ein wichtiges, aber kein **56** zwingendes Indiz für die Eigentumszuordnung: So kann beispielsweise die Übergabe von Geld zum Kauf eines Gegenstandes eine Schenkung bedeuten oder eine Gegenleistung für die Haushaltsführung darstellen. Auch ein größerer Beitrag zum Kaufpreis hindert nicht die Annahme von Miteigentum zu gleichen Teilen, wenn beide Lebensgefährten als Käufer aufgetreten sind (OLG Hamm FamRZ 2003, 529 zum Kauf eines Wohnmobils). Die Eigentumslage kann nur aufgrund sorgfältiger Erhebung der Umstände im Einzelfall geklärt werden. Lässt sich auf diese Weise keine eindeutige Eigentumslage feststellen, ist im Prozess nach den allgemeinen Beweislastregeln zu entscheiden.

4. Haftung der Partner im Innenverhältnis

a) Haftungsmaßstab
Die Partner haften einander nur nach **Maßgabe des § 277** (BOSCH FamRZ 1988, 397; **57** MEYER Juristisches Büro 1986, 1635; STRÄTZ FamRZ 1980, 301, 307 f). Wegen Schäden am oder durch den gemeinsam genutzten Hausrat ergibt sich das schon aus §§ 599, 690. Im Übrigen ist die für Ehegatten, eingetragene Lebenspartner und Gesellschafter wegen der engen persönlichen Verbundenheit in §§ 1359, 708 und § 4 LPartG angeordnete Haftungsbeschränkung (diligentia quam in suis rebus adhibere solent) richtungsweisend. Zwar kommt eine direkte oder analoge Anwendung des § 1359 nicht in Betracht (OLG Karlsruhe FamRZ 1992, 940; aA OLG Oldenburg NJW 1986, 2259 = FamRZ 1986, 675 m zust Anm BOSCH). Die Partner einer faktischen Lebensgemeinschaft suchen sich aber ebenso wie Eheleute und Gesellschafter den künftigen Partner selbst aus und müssen sich folglich genauso auf dessen gewöhnliche Nachlässigkeiten einstellen. Deshalb ist von einem stillschweigenden Haftungsausschluss auszugehen (OLG Celle FamRZ 1992, 941; aber OLG Koblenz NJW-RR 1995, 24).

b) Besondere Fälle

58 Im **Straßenverkehr** gilt – wie bei Eheleuten – die Haftungserleichterung allerdings nicht, weil sich in diesem Bereich niemand auf die eigenübliche Sorgfalt berufen darf (BGH NJW 1974, 2124 für Ehegatten). Der somit für Schäden des anderen haftende Partner kann sich im Gegensatz zum haftenden Ehegatten auch nicht darauf berufen, der andere dürfe seine Ansprüche nicht geltend machen; das Gebot zur Herstellung der ehelichen Lebensgemeinschaft nach § 1353 gilt für den Partner einer faktischen Lebensgemeinschaft nicht.

59 Eine unter den Partnern getroffene Abrede über den Gebrauch **empfängnisverhütender Mittel** ist keine wirksame rechtsgeschäftliche Regelung. Dieser zutiefst personale Bereich ist einer Rechtsbindung nicht zugänglich. Die abredewidrige Geburt eines Kindes begründet daher weder vertragliche noch deliktische Schadensersatzansprüche (BGH FamRZ 1986, 773 = JZ 1986, 1008).

5. Gegenseitiger Unterhalt der Partner einer faktischen Lebensgemeinschaft

a) Gesetzliche Lage

60 Die faktische Lebensgemeinschaft als solche begründet **keine gesetzlichen Unterhaltspflichten** (BGH NJW 1980, 124 = FamRZ 1980, 40; OLG Hamm FamRZ 1983, 273; SCHREIBER NJW 1993, 624; SCHUMACHER FamRZ 1994, 860; SCHWAB FamR Rn 851). Eine Analogie zu den Unterhaltspflichten wegen Abstammung, Ehe, eingetragener Lebenspartnerschaft oder Adoption ist nicht möglich (STRÄTZ FamRZ 1980, 301, 307). Die engen Grenzen des gesetzlichen Verwandtenunterhalts und das Anknüpfen an einen öffentlichen Rechtsakt schließen einen allgemeinen Grundsatz des Inhalts aus, einander persönlich nahestehende Personen hätten schon kraft ihrer Zusammengehörigkeit gegenseitige Unterhaltsansprüche.

61 Allerdings hat derjenige Partner, der ein **gemeinsames Kind betreut**, einen grds auf drei Jahre nach der Geburt des Kindes begrenzten Unterhaltsanspruch aus § 1615l Abs 2, der jedoch seinen Grund nicht im Bestehen der Partnerschaft, sondern in der Betreuungsbedürftigkeit des Kindes hat (LÖHNIG/PREISNER FamRZ 2010, 2029). Diese Frage wird aber regelmäßig erst nach der Auflösung der faktischen Lebenspartnerschaft relevant (eingehend Rn 83 ff), weil bei intakter Partnerschaft regelmäßig entsprechende Unterhaltsleistungen erbracht werden. Zahlt der Ex-Ehemann seiner Ex-Frau, die inzwischen in faktischer Lebensgemeinschaft lebt, Unterhalt nach § 1570 wegen der Betreuung eines vermeintlich gemeinsamen Kindes, das tatsächlich jedoch vom faktischen Partner der Mutter abstammt, so hat der Ex-Ehemann **Regressansprüche** aus § 1607 Abs 3 S 2 analog gegen den tatsächlichen Vater, soweit dessen Unterhaltspflicht nach § 1615l reicht (LÖHNIG FamRZ 2003, 1354).

62 Da es an einem gesetzlichen Unterhaltsanspruch fehlt, lässt sich selbst bei zu missbilligendem Verlassen des Partners ein **Schadensersatzanspruch nach § 826 BGB** mangels Vermögensschaden nicht begründen. Ebenso wenig begründet die faktische Lebensgemeinschaft eine wechselseitige Pflicht zur **Altersvorsorge**. Langjähriges Zusammenleben führt aber dazu, dass die Frage der Sittenwidrigkeit einer letztwilligen Verfügung zugunsten des Partners keinesfalls mehr aufgeworfen werden kann (BGH FamRZ 1983, 53, 55; Rn 155 ff), auch nicht vor dem Hintergrund der Zurücksetzung naher Angehöriger.

b) Vertragliche Regelungen

Die Partner können jedoch gegenseitige Unterhaltspflichten durch Vertrag begrün- **63** den (Strätz FamRZ 1980, 301, 307; Schwab, in: Landwehr 67; Oberto FamRZ 1993, 1). Dabei ist zu beachten, dass eine entsprechende Vereinbarung schriftlich abgefasst werden sollte (§§ 759, 761 – Leibrente) und – wenn es sich um eine einseitige Leistung handelt – sogar notariell beurkundet werden muss (§§ 516, 518 – Schenkung). Der Vorwurf der Sittenwidrigkeit kann gegen eine derartige Vereinbarung allenfalls dann erhoben werden, wenn dadurch bestehende gesetzliche Unterhaltsverpflichtungen gefährdet werden (Schwab FamR Rn 853).

Bei der Annahme **stillschweigender Unterhaltsverträge** ist große Zurückhaltung ge- **64** boten. Nicht einmal langanhaltende Übung lässt einen entsprechenden Rechtsbindungswillen ohne weiteres vermuten. Sofern allerdings der Unterhalt **tatsächlich** gewährt wird und der Unterhaltsempfänger daher von einer eigenen Erwerbstätigkeit absieht, ist diese Zahlung als durch stillschweigende Abrede begründet anzusehen und daher nicht kondizierbar.

IV. Rechtslage nach Auflösung der faktischen Lebensgemeinschaft

1. Allgemeines

Die Auflösung einer faktischen Lebensgemeinschaft führt häufig zu schweren Aus- **65** einandersetzungen um die Aufteilung des gemeinsamen Vermögens und um den Ausgleich von Zuwendungen oder Dienstleistungen. Dass die Partner die Folgen ihrer Trennung in einem Partnerschafts- oder Auflösungsvertrag ausdrücklich geregelt haben, ist eine seltene Ausnahme; etwas häufiger sind vertragliche Einzelvereinbarungen anzutreffen (Rn 30 ff). Auch das Gesetz schweigt zu dieser Problematik. Die Abwicklung erfolgt daher im Normalfall anhand der **allgemeinen gesetzlichen Vorschriften**. Es kommen für die Auflösung je nach den streitigen Gegenständen sämtliche sachen- und schuldrechtlichen Regelungen des BGB in Betracht.

Nachdem der BGH stets vom **Grundsatz der Nichtausgleichung** ausgegangen war **66** (BGH NJW 1980, 1520 = FamRZ 1980, 664), hat der XII. Zivilsenat des Gerichts mit zwei Urteilen v 9. 7. 2008 (BGH NJW 2008, 3277 = DNotZ 2009, 52 mAnm Löhnig) ein Vermögensausgleichsrecht für Solidargemeinschaften aller Art geschaffen, das diese Gemeinschaften hinsichtlich der Ausgleichsansprüche nach ihrer Auflösung mit Eheleuten, die Gütertrennung vereinbart haben, gleichstellt. Dem ist vorbehaltlos zuzustimmen, weil diese Ausgleichsmechanismen im Bereich des Eherechts gerade keine Ehe voraussetzen und deshalb gerade nicht Ausfluss des besonderen Schutzes der Ehe aus Art 6 Abs 1 GG sind (so schon Staudinger/Löhnig [2007] Rn 65 ff). Das allgemein-zivilistische Nebengüterrecht gilt freilich mit all seinen Schwächen: Die Ausgleichsansprüche sind keineswegs so umfassend, dass nun ein umfassender Vermögensausgleich erfolgen würde. Denn der Vermögensausgleich wird unter Anwendung verschiedener Rechtsinstitute durchgeführt, die kein in sich geschlossenes Ausgleichssystem bilden. Die zur Verfügung stehenden Rechtsinstitute sind in ihren Voraussetzungen oft unscharf und ihr Anwendungsbereich ist zudem in vielen Details ungeklärt. Die Rechtsfolgen sind je nach angewendetem Rechtsinstitut ganz unterschiedlich und die Ausgleichsansprüche hängen ihrem Umfang nach oft davon ab, wie unbestimmte Rechtsbegriffe, etwa „unzumutbar", im Einzelfall angewendet werden (vgl LÖHNIG, Vermögensauseinandersetzung bei faktischen Lebensgemeinschaften, in: GRZIWOTZ [Hrsg], Notarielle Gestaltung bei geänderten Familienstrukturen [2012] S 70).

67 Die Auflösung der faktischen Lebensgemeinschaft erfolgt durch den **Tod** eines Partners oder durch **Trennung**. In beiden Fällen entstehen im Grunde dieselben Ansprüche, nur richten sie sich im ersten Fall gegen die Erben des verstorbenen Partners oder werden von diesen geltend gemacht. Die folgenden Ausführungen gelten daher mutatis mutandis für beide Fälle; Besonderheiten bei der Auflösung durch Tod werden jeweils ausdrücklich angemerkt. Zu beachten ist jedoch: Die Leitentscheidung des BGH (NJW 2008, 3277 = DNotZ 2009, 52 mAnm LÖHNIG) hatte lediglich den Vermögensausgleich bei Beendigung der Faktischen Lebensgemeinschaft durch Trennung der Partner zum Gegenstand, nicht aber die Rechtslage bei Beendigung der Partnerschaft durch den Tod eines Partners; bis dato fehlt es an einer ähnlich grundlegenden Entscheidung für diese Fälle. Auch der Ausgleich bei Beendigung durch Trennung der Partner war zudem nicht vollumfänglich Gegenstand der Leitentscheidung, weil sich das Problem des Schuldenausgleichs im vorliegenden Fall nicht gestellt hatte.

2. Beendigungsfreiheit

a) Grundsatz

68 Jeder der beiden Partner hat das Recht, die faktische Lebensgemeinschaft **form- und fristlos** und grds auch rechtsfolgenlos (unten Rn 71) zu beenden. Dieses Recht kann vertraglich weder ausgeschlossen noch eingeschränkt werden; unmittelbar entgegenstehende Vereinbarungen sind daher ebenso nichtig wie Vertragsstrafen, die eine Auflösung verhindern sollen (oben Rn 31 f). Auch das Verbot des § 723 Abs 2 spricht nicht gegen eine jederzeitige Auflösbarkeit der faktischen Lebensgemeinschaft. Die Vorschrift bestimmt gerade nicht die Unwirksamkeit der unzeitigen Kündigung, sondern verpflichtet nur zum Schadensersatz, der nicht die Auflösung als solche, sondern den Umstand, dass die Auflösung zur Unzeit geschieht, sanktioniert.

b) Schadensersatz- oder Unterhaltsansprüche

69 Die einseitige Beendigung der faktischen Lebensgemeinschaft löst grundsätzlich – soweit sie nicht mit einer unerlaubten Handlung verbunden ist (SCHWAB, in: LANDWEHR 76, zu § 826) – **keine** besonderen **Schadensersatzpflichten** aus.

70 aa) Eine Schadensersatzpflicht kommt nur in **besonders gelagerten Ausnahmefällen** in Betracht. Lässt sich zB innerhalb einer faktischen Lebensgemeinschaft der eine Teil von dem anderen zur Finanzierung einer größeren Anschaffung einen beträchtlichen Geldbetrag zuwenden, so handelt er grob sittenwidrig und hat nach § 826 BGB Schadensersatz zu leisten, wenn er bereits bei der Entgegennahme der Zuwendung entschlossen war, den anderen zu verlassen (OLG Celle NJW 1983, 1065; BGH FamRZ 1960, 192).

71 bb) Darüber hinaus bestehen keine weiteren Ansprüche. Zum Teil wird behauptet, die einseitige Auflösung der faktischen Lebensgemeinschaft mache trotz der grundsätzlichen Beendigungsfreiheit auch dann schadensersatzpflichtig, wenn sie zur Unzeit oder schikanös geschehe. Zur **Unzeit** beendet die Lebensgemeinschaft hiernach, wer den Partner in einer nur auf absehbare Zeit schwierigen Situation unvermittelt verlässt, zB kurz vor dem Examen oder der Niederkunft oder unmittelbar nach dem Eintritt einer schweren Erkrankung. Dieser Schadensersatzanspruch wird auf eine Analogie zu § 723 Abs 2 gestützt (MünchKomm/WACKE[4] nach § 1302 Rn 46 aE). Das erscheint freilich problematisch, weil die faktische Lebensgemeinschaft also solche gerade keine rechtlich gefasste Gemeinschaft wie die Gesellschaft bürgerlichen Rechts ist. Jedenfalls für Vermögensnachteile, die infolge der Geburt eines Kindes entstehen, bedarf es im Anwendungsbereich des § 1615l eines solchen Anspruchs nicht.

Zum Teil wird darüber hinaus auch gesagt, eine Beendigung ohne jeden nach Treu **72** und Glauben anzuerkennenden Grund mache schadensersatzpflichtig. Gegen **Treu und Glauben** handle, wem es nach dem Zuschnitt des Verhältnisses auch unter voller Berücksichtigung der der faktischen Lebensgemeinschaft eigenen Beendigungsfreiheit zuzumuten ist, eine angemessene Zeitspanne bis zur Verwirklichung seines Beendigungswunsches zu warten, um dem anderen die Einstellung auf die neue Situation zu ermöglichen. Auch die Beendigungsfreiheit legitimiere nicht ein grob unbilliges, mit § 242 unvereinbares Verhalten (DE WITT/HUFFMANN Rn 329). Allerdings ist § 242 nur im Rahmen von Schuldverhältnissen anwendbar und die faktische Lebensgemeinschaft als solche ist gerade kein Schuldverhältnis.

cc) Der **BGH** (FamRZ 2005, 347) hat demgegenüber keinen Schadenersatzanspruch **73** zugesprochen, sondern entschieden, dass sich die grobe Unbilligkeit, § 1615l Abs 2 aF, die eine Ausdehnung des Unterhaltsanspruchs des faktischen Partners wegen Betreuung eines gemeinsamen Kindes über drei Jahre hinaus rechtfertigte, auch aus der Paarbeziehung selbst ergeben kann, und damit einen Vertrauensschutz des faktischen Partners in bestimmten Fällen anerkannt.

Von dieser Rechtsprechung hat das Gericht jedoch **zu Recht wieder Abstand genom- 74 men** (BGH FamRZ 2010, 444). In dieser Entscheidung ist der XII. Zivilsenat allerdings zu der zentralen Aussage gelangt, eine Verlängerung des Betreuungsunterhalts nach § 1615l Abs 2 S 5 komme dann in Betracht, „wenn die Eltern – wie hier – mit ihrem gemeinsamen Kind zusammengelebt haben und außerdem ein besonderer Vertrauenstatbestand als Nachwirkung dieser Familie entstanden ist" (aaO Rn 26). Ob ein derartiger anspruchsbegründender Vertrauenstatbestand aus der gelebten Familie hergeleitet werden kann, erscheint jedoch fragwürdig. Die Familie ist, genauso wenig wie die faktische Partnerschaft, ein Rechtsverhältnis, an das sich derartiges Vertrauen knüpfen könnte (LÖHNIG/PREISNER FamRZ 2010, 1422 ff; unten Rn 82 ff).

Soweit man einen derartigen Anspruch anerkennt, bemisst er sich nach den kon- **75** kreten Vertrauensdispositionen im Einzelfall.

dd) Im Übrigen haben die Partner ihre Beziehungen **sorgfältig** abzuwickeln und **76** haften einander dabei nach den **allgemeinen Regeln**.

3. Auswirkungen der Auflösung

a) Grundsatz
Die Auflösung der faktischen Lebensgemeinschaft lässt sowohl die **außenrechtlichen 77 Beziehungen** der Partner (Mietrecht Rn 182 ff; Kinder Rn 170 ff), als auch die bestehenden

Eigentumsverhältnisse unberührt. Relevant wird die Auflösung vor allem für das **gegenseitige Verhältnis** der Ex-Partner; zumeist geht es dann um Ausgleichsansprüche für die während der faktischen Lebensgemeinschaft erbrachten Leistungen. Eine von vornherein ausdrücklich vereinbarte Regelung dieser Frage wird nur in wenigen Fällen vorliegen. Möglich und ratsam ist es, sich wenigstens anlässlich der Auflösung über alle gegenseitigen Ansprüche beweissicher zu einigen (Rn 30 ff).

78 Fehlt ein solcher Vertrag, so kann der Leistende einen umfassenden Schutz nur dann erlangen, wenn er seine Leistungen unter die **auflösende Bedingung** der Beendigung der Lebensgemeinschaft gestellt hat. Eine solche Bedingung kann formfrei, sogar stillschweigend, beim Vollzug des Rechtsgeschäftes vereinbart werden; ein innerer Vorbehalt genügt nach § 116 freilich nicht. Bei Eintritt der Bedingung kann der Leistende dann seine Leistung zurückverlangen. Eine solche stillschweigend vereinbarte Bedingung sollte jedoch nur mit Vorsicht bejaht werden, zumal wenn es um finanzielle Verpflichtungen geht, die bereits Dispositionen des anderen Partners ausgelöst haben; darlegungs- und beweispflichtig ist der rückfordernde Partner, der sich auf eine derartige Vereinbarung beruft. Im Übrigen gibt es **keine allgemeine Auslegungsregel**, dass rechtsgeschäftliche Vereinbarungen der Partner einer faktischen Lebensgemeinschaft im Zweifel nur für die Dauer derselben gelten (BGH NJW 1986, 374 = JZ 1986, 239 mAnm BATTES); vielmehr gilt hier, wie stets, dass eine schuldrechtliche oder dingliche Einigung im Zweifel unbedingt erfolgt.

79 Haben die Lebensgefährten weder einen umfassenden Partnerschaftsvertrag noch eine sonstige Einzelvereinbarung (etwa einen Darlehensvertrag anlässlich eines Hausbaus) geschlossen und liegt auch keine Leistung unter auflösender Bedingung vor, sind **Ausgleichsansprüche** wegen erbrachter Leistungen nur unter den in Rn 88 erörterten Voraussetzungen möglich. Die faktische Lebensgemeinschaft stellt eben keine umfassende Rechtsgemeinschaft dar, sondern wird von den persönlichen Beziehungen der Beteiligten geprägt.

b) Unterhaltsansprüche

80 Die infolge der Trennung der Partner entstehenden wirtschaftlichen Nachteile des weniger leistungsfähigen Ex-Partners werden dadurch verstärkt, dass ohne eine ausdrückliche Vereinbarung grundsätzlich weder Ansprüche auf **Unterhalt** noch auf **Altersversorgung** bestehen (OLG Hamm FamRZ 1983, 273). Die Dauer des Zusammenlebens und sogar langjährige freiwillige Unterhaltsleistungen ändern daran nichts. Zahlt allerdings ein Partner nach der Trennung in der irrtümlichen Annahme einer Rechtspflicht hierzu Unterhalt, so kann die Rückforderung an § 814 scheitern.

81 aa) Die Partner können jedoch gegenseitige **Unterhaltspflichten durch Vertrag** begründen (STRÄTZ FamRZ 1980, 301, 307; SCHWAB, in: LANDWEHR 67; HAUSMANN/HOHLOCH/ HAUSMANN Rn 13/34 ff; OBERTO FamRZ 1993, 1). Besteht ein vertraglicher Anspruch, so ist er nach den allgemeinen Regeln einklagbar. Ein vertraglich begründeter Unterhaltsanspruch kann durch notarielle Urkunde auch für sofort vollstreckbar erklärt werden, § 794 Abs 1 Nr 5 ZPO. Der berechtigte Partner kann dann ohne langwierigen Prozess direkt aus der Urkunde gegen seinen ehemaligen Lebensgefährten vorgehen. Wird nach Beendigung des Zusammenlebens aus einem Unterhaltsvertrag geklagt, so ist durch Auslegung zu ermitteln, ob die übernommene Verpflichtung zur

Unterhaltsleistung auch über die Dauer des Zusammenlebens hinaus gelten sollte. Bei einer allein für die Zeit nach Auflösung der Partnerschaft auferlegten Zahlungspflicht ist zu prüfen, ob es sich um eine verdeckte unzulässige Vertragsstrafe handelt (Rn 31 f). In der Praxis sind solche Unterhaltsverträge selten. Wird vereinbart, dass ein Teil dem anderen Unterhalt zahlen muss, bis dieser einen neuen Partner gefunden hat, dann kann der Unterhaltsschuldner vom Unterhaltsgläubiger Ersatz der **Detektivkosten** verlangen, die erforderlich waren, um eine geheimgehaltene neue Partnerschaft nachweisen zu können (OLG Koblenz NJW 2007, 1010).

bb)   Ein **gesetzlicher Unterhaltsanspruch** des Ex-Partners besteht nur, wenn dieser **82** ein gemeinsames Kind betreut, § 1615l. Zum 1. Januar 2008 hat der Gesetzgeber den nachehelichen Betreuungsunterhalt, § 1570, und den Betreuungsunterhalt der nicht mit dem Vater verheirateten Mutter, § 1615l, einander weitgehend angeglichen; die Angleichung auf niedrigem Niveau ist aus Kindeswohlgesichtspunkten jedoch äußerst kritikwürdig. In Einzelfragen bestehen noch immer Probleme; allein durch die Schaffung eines einheitlichen Betreuungsunterhaltstatbestands könnte für ehelich wie nichtehelich geborene Kinder die von Rechts wegen gebotene, Art 6 Abs 5 GG, gleiche und ausschließlich am Kindeswohl orientierte gesetzliche Verankerung der als geboten angesehenen Zeit und Höhe des Betreuungsunterhalts einschließlich der denkbaren Dispositionsmöglichkeiten festgeschrieben werden (eingehend dazu LÖHNIG/ PREISNER FamRZ 2010, 2029 ff).

Der Anspruch aus § 1615l Abs 2 ist grds auf drei Jahre nach der Geburt des Kindes **83** begrenzt und hat seinen Grund nicht in der aufgelösten faktischen Lebensgemeinschaft, sondern in der Betreuungsbedürftigkeit des gemeinsamen Kindes; er erlischt nicht mit dem Tod des Unterhaltsschuldners, § 1615l Abs 3 S 5, und kann mangels Verweisung auf diese Norm nicht nach § 1579 Nr 2 verwirkt werden. Der Unterhaltsanspruch kann aus Billigkeitsgründen (nicht mehr: grobe Unbilligkeit) über die Dreijahresgrenze hinaus bestehen, § 1615l Abs 2. Dabei sind die Belange des Kindes und die bestehenden Möglichkeiten der Kinderbetreuung zu berücksichtigen, § 1615l Abs 2 S 4 (hierzu LÖHNIG/PREISNER FamRZ 2011, 1537 ff).

Bei der Verlängerung des Anspruchs können nach Auffassung des BGH (NJW 2006, **84** 2687) aber auch **elternbezogene Gründe** („insbesondere", § 1615l Abs 2 S 4) eine Rolle spielen (vgl OLG Oldenburg FamRZ 2012, 556; OLG München FamRZ 2012, 558; OLG Celle FamRZ 2013, 1141; OLG Karlsruhe FamRZ 2014, 1646). Solche Gründe sollen beispielsweise vorliegen, wenn der Unterhaltspflichtige gegenüber dem Unterhaltsberechtigten einen besonderen Vertrauenstatbestand geschaffen hat, zB weil die Partner das Kind in der gemeinsamen Erwartung eines dauernden Zusammenlebens gezeugt haben. Der BGH führt aus, der Vater setze sich mit seinem **früheren Verhalten in Widerspruch**, wenn in der nichtehelichen Lebensgemeinschaft ein gemeinsamer Kinderwunsch verwirklicht wurde und Einigkeit bestand, dass die Mutter das gemeinsame Kind betreut, während der Vater den hierfür benötigten Unterhalt zur Verfügung stellt. Es erscheint jedoch unzutreffend, § 1615l im Gleichlauf mit § 1570, der elternbezogene Verlängerungsgründe ausdrücklich nennt, anzuwenden. Dies war vom Gesetzgeber offensichtlich nicht gewollt, sonst hätte er beide Normen parallel formuliert. Folge einer gleichlaufenden Anwendung wäre, dass für nicht miteinander verheiratete Eltern durch rein faktisches Handeln aus der Partnerschaft als solche beruhende rechtliche Ansprüche – nämlich dieselben, die

sich aus der Eheschließung ergeben – begründet würden. Diese Angleichung
ehelicher und nichtehelicher Partnerschaften dürfte, auch in den Fällen, in denen
ein Paar gemeinsame Kinder hat, dem in Art 6 Abs 1 GG verfassungsrechtlich
verankerten Schutz der Ehe widersprechen (eingehend dazu LÖHNIG/PREISNER FamRZ
2010, 2029 ff).

c) Ausgleichsansprüche

85 Erbrachte Leistungen, für die nach der Beendigung einer faktischen Lebensgemeinschaft häufig Ausgleichung verlangt wird, lassen sich in drei Gruppen einteilen
(STRÄTZ FamRZ 1980, 435; LIPP AcP 180, 575; OLG Karlsruhe FamRZ 1986, 1095):

86 **aa)** Leistungen, die das **tägliche Zusammenleben** ermöglichen sollen, werden **in
keinem Fall ausgeglichen** (BGH NJW 1980, 1520 = FamRZ 1980, 664; BGH NJW 1997, 3371 =
FamRZ 1997, 1533; BGH FamRZ 2013, 1295 = NJW 2013, 2187; OLG Bremen FamRZ 2013, 1826;
OLG Hamm FamFR 2013, 360 mAnm VOPPEL). Das gilt auch dann, wenn ein Partner
derartige Leistungen erst nach dem Ende der faktischen Lebensgemeinschaft aufgrund einer vorher begründeten Verpflichtung erbringt (BGH NJW 1983, 1055 = FamRZ
1983, 349 – Handwerkerrechnungen). Es macht grundsätzlich auch keinen Unterschied, ob
die Leistungen aus Barmitteln oder mit Krediten finanziert wurden (OLG Oldenburg
NJW 1986, 1817 = FamRZ 1986, 465; LG Essen NJW-RR 1990, 837 – Konsumentenkredit; OLG
Düsseldorf OLG-Report 1993, 310). Für die Abgrenzung zwischen alltäglichen und nicht
alltäglichen Zuwendungen oder Arbeitsleistungen ist in der Weise zu differenzieren,
dass Zuwendungen und Arbeitsleistungen, die zwischen Ehegatten zum Familienunterhalt nach §§ 1360, 1360a BGB gehören würden, nicht auszugleichen sind,
soweit die Partner (analog zur unterhaltsrechtlichen Situation in einer Ehe, § 1360
S 2 BGB) ihre Beiträge zur bestehenden faktischen Lebensgemeinschaft als gleichwertig angesehen haben (WELLENHOFER, in: SCHERPE/YASSARI [Hrsg], Die Rechtsstellung
nehel Lebensgemeinschaften [2005] S 101, 109; vPROFF RNotZ 2008, 313, 316 f). Von der Rechtsprechung wird die Grenzziehung bislang nicht in dieser Weise vorgenommen,
sondern der Bereich der prinzipiell ausgleichsfähigen Posten eher restriktiver ge-
handhabt. Aber auch bei Anerkennung der Grenzziehung nach dem Muster des
§ 1360 BGB sind nicht alle Abgrenzungsprobleme gelöst: Wann von einer Anerkennung der Beiträge als gleichwertig auszugehen ist, kann mangels gesetzlicher
Geltung einer Gleichwertigkeitsvermutung, wie sie § 1360 S 2 BGB aufstellt, im
Einzelfall erhebliche Schwierigkeiten aufwerfen; allerdings wird man mangels entgegenstehender Anzeichen grds auch in der faktischen Partnerschaft von einem
derartigen Beziehungsmodell auszugehen haben.

87 **bb)** Leistungen, die **weit** über das in einer faktischen Lebensgemeinschaft **Übliche**
hinausgehen, können unter Umständen ausgeglichen werden (unten Rn 93 f). Dabei
handelt es sich meistens um die Konstellationen, in denen ein Partner

– erhebliche (also deutlich über die Höhe der ansonsten aufzubringenden Mietkos-
  ten hinausgehende) Beiträge zum Bau oder Erwerb einer **Immobilie** geleistet hat,
  die im Alleineigentum des anderen Partners steht,

– eigene oder gemeinsame **Schulden tilgt**, die im Zusammenhang mit der Lebensgemeinschaft eingegangen wurden,

– dem anderen **Vermögensgegenstände** von erheblichem Wert **überträgt** oder

– im **Betrieb** des anderen Partners mitarbeitet.

cc) Leistungen, **die nicht in unmittelbarem Zusammenhang** mit der faktischen **88**
Lebensgemeinschaft erbracht wurden, bleiben von der Auflösung an sich **unberührt.**
Die Abwicklung erfolgt nach allgemeinen Regeln.

4.   Sachenrechtliche Auseinandersetzung

Grundsätzlich kann jeder Partner sein **Eigentum** (Rn 52 ff) nach § 985 vom anderen **89**
herausverlangen und gegebenenfalls Folgeansprüche aus §§ 987 ff geltend machen.
Ob die Vindikation Erfolg hat, hängt allerdings von der schwierigen **Beweislage**
desjenigen ab, der sein Eigentum an bestimmten Sachen behauptet. Handelt es sich
um persönliche Gegenstände, so kann man stillschweigende Übereignungsgeschäfte
der Partner untereinander annehmen und entsprechend der Lebenserfahrung von
Alleineigentum ausgehen, vgl § 1362 Abs 2. Etwas anderes gilt dagegen bei neu
angeschafften und von beiden Partnern benutzten Sachen: Wegen der Vermutung
des § 1006 Abs 2 wird häufig **Miteigentum** in Betracht zu ziehen sein (OLG Düsseldorf
NJW 1992, 1706; HAUSMANN/HOHLOCH/HOHLOCH Rn 1/36; krit KREBS FamRZ 1994, 281).

Die **Auseinandersetzung von Miteigentum** erfolgt über das Gemeinschaftsrecht nach **90**
§§ 741 ff, wobei gemäß § 742 im Zweifel anzunehmen ist, dass beiden Teilhabern
gleiche Anteile zustehen sollen. In der Rechtspraxis hat diese Vermutung besondere
Bedeutung, weil eine anderslautende Parteivereinbarung eine seltene Ausnahme
sein dürfte und besondere Umstände, die gegen gleiche Anteile sprechen, ebenfalls
kaum vorliegen werden. Eine abweichende Beurteilung kann sich nicht ausschließlich auf die Finanzierungsbeiträge der Partner stützen (DERLEDER NJW 1980, 545, 548 f;
LIEB, Gutachten zum 57. Deutschen Juristentag, A 77 ff), soweit beide Partner finanzielle
Beiträge zu verschiedenen Gegenständen erbracht haben, weil die isolierte Betrachtung der Finanzierung einer einzelnen Sache das Bild verzerren würde.

Die hälftige Teilung ist jedoch bei einer faktischen Hausfrauen- oder Hausmann- **91**
Lebensgemeinschaft ausgeschlossen, weil ansonsten die **Hausarbeit** oder sonstige
Dienstleistungen des nichtverdienenden Teils über die Anwendung des § 742 entgol-
ten würden. Dies wäre jedoch nur dann möglich, wenn dem Innenverhältnis der
Lebensgefährten ein Arbeits- oder Gesellschaftsvertrag zugrunde läge (Rn 95 ff und
123 ff). Ansonsten schützt nur die Ehe den nichtverdienenden Partner durch die
Gewährung eines Anspruchs auf Zugewinnausgleich. In der faktischen Lebensgemeinschaft darf wegen der dort im Gegensatz zur Ehe fehlenden Solidaritätspflichten ein derartiger Ausgleich nicht über eine großzügige Annahme von Miteigentum
gewährt werden.

Das Sachenrecht ist also nur bedingt geeignet, die vermögensrechtlichen Probleme **92**
bei der Auflösung einer faktischen Lebensgemeinschaft zu lösen. Darüber hinaus ist
zu bedenken, dass die Eigentumsverhältnisse, und dabei im besonderen Maße die im
Grundbuch niedergelegten Eigentumsverhältnisse, zwar den Ist-Zustand des Eigentums wiedergeben, nicht aber die von den Partnern beabsichtigte und gewollte
Vermögensverteilung, wie sie sich zB aus den jeweiligen Finanzierungsanteilen ab-

lesen lässt; eine rein sachenrechtliche Auseinandersetzung führt dann notwendigerweise zu wirtschaftlich unrichtigen Ergebnissen, die über schuldrechtliche Ansprüche zu korrigieren sind.

5. Schuldrechtliche Auseinandersetzung

93 Bei der Frage nach der schuldrechtlichen Auseinandersetzung der faktischen Lebensgemeinschaft ist der BGH bis zu seiner Grundsatzentscheidung vom 9. 7. 2008 (BGH NJW 2008, 3277 = FamRZ 2008, 1822 = DNotZ 2009, 52 mAnm Löhnig) stets vom Grundsatz der Nichtausgleichung ausgegangen. In **Abkehr von dieser Rechtsprechung** hält das Gericht (aaO Rn 26) nun insb auch Ansprüche aus §§ 730 ff, §§ 313, 346 ff und §§ 812 ff nach Scheitern einer faktischen Lebensgemeinschaft für möglich.

94 Soweit hiernach eine schuldrechtliche Auseinandersetzung in Betracht kommt, entstammen die zu prüfenden Ansprüche also ganz unterschiedlichen Bereichen, wie beispielsweise Gesellschaftsrecht, Bereicherungsrecht, Dienstvertragsrecht, Schenkungsrecht, Auftragsrecht oder Geschäftsgrundlagenstörung. Die Vielfalt der Ansprüche und der zu beurteilenden Sachverhalte erschwert einen Überblick. Eine Regel gilt weiterhin: **Beiträge des täglichen Zusammenlebens** werden **nicht** ausgeglichen.

a) Auseinandersetzung nach Gesellschaftsrecht

95 **aa) BGB**-Gesellschaftsrecht, §§ 730 ff, kann angewendet werden, wenn die Parteien ausdrücklich oder durch schlüssiges Verhalten einen entsprechenden Gesellschaftsvertrag geschlossen haben. Eine rein faktische Willensübereinstimmung reicht für eine nach gesellschaftsrechtlichen Grundsätzen zu beurteilende Zusammenarbeit dagegen nicht aus (BGH NJW 2008, 3277 = FamRZ 2008, 1822 = DNotZ 2009, 52 mAnm Löhnig, Rn 18).

96 Gesellschaftsverträge zwischen faktischen Partnern werden regelmäßig stillschweigend geschlossen. Deshalb bereitet die Feststellung des erforderlichen **Rechtsbindungswillens der Partner** (BGH FamRZ 2010, 277 Rn 22) zum Teil Schwierigkeiten. Auf einen zumindest stillschweigenden Vertragsschluss kann freilich nicht verzichtet werden. Die schlichte Mehrung des Alleinvermögens eines Partners löst – für sich betrachtet – keine gesellschaftsrechtlichen Ausgleichsansprüche aus (BGH NJW 1980, 1520 = FamRZ 1980, 664; NJW 1983, 2375 = FamRZ 1983, 791 und FamRZ 2003, 1542 mAnm Burger). Die gesellschaftsrechtliche Abwicklung entsprechend der §§ 730 ff scheidet also dann aus, wenn sich die Partner über die Verwirklichung der Lebensgemeinschaft hinaus keine weiteren Vorstellungen gemacht haben (OLG Naumburg NJW-RR 2003, 578).

97 Vom Vorliegen eines durch schlüssiges Verhalten geschlossenen Gesellschaftsvertrages kann hiernach idR nur ausgegangen werden, wenn die faktischen Partner (1.) einen Wert schaffen (Immobilie, Unternehmen) wollen (BGH FamRZ 2003, 1542), zu dessen Schaffung (2.) beide Partner Beiträge leisten, und der (3.) unabhängig von der Lebensgemeinschaft beiden gemeinsam gehören soll (gemeinsame Wertschöpfung).

Auch vor dem Hintergrund dieser Voraussetzungen ist aber nicht stets kalkulierbar, **98** wann die Grenze zur Gesellschaft bürgerlichen Rechts überschritten ist. Sicher nicht durch das Eingehen der Partnerschaft als solches. Einen über das normale Zusammenleben hinausgehenden **Zweck** müssen die Partner dabei jedoch **nicht verfolgen.** Da Leistungspflichten, wie sie in der Ehe aufgrund der Rechtspflicht zur ehelichen Lebensgemeinschaft bestehen, § 1353 Abs 1 S 2, und für die ein Ehegatte bei Scheidung einer im gesetzlichen Güterstand geführten Ehe grundsätzlich bereits durch den Zugewinnausgleich einen angemessenen Ausgleich erhält, in der faktischen Lebensgemeinschaft fehlen, können bei faktischen Partnern nicht dieselben Voraussetzungen wie unter Eheleuten angewandt werden, welche im gesetzlichen Güterstand der Zugewinngemeinschaft leben (BGH FamRZ 1999, 1580, 1582; BGH NJW 2008, 3277 = FamRZ 2008, 1822 = DNotZ 2009, 52 mAnm Löhnig Rn 20).

Verfolgen die Partner einen Zweck, der **nicht über die Verwirklichung** der nichtehe- **98a** lichen Lebensgemeinschaft hinausgeht, bestehen nach Auffassung des BGH (NJW 2008, 3277 = FamRZ 2008, 1822 = DNotZ 2009, 52 mAnm Löhnig Rn 22; vgl auch BGH FamRZ 2010, 277; BGH FamRZ 2013, 1295 = NJW 2013, 2187 Rn 15 f; OLG Bremen FamRZ 2013, 1826; OLG Hamm FamFR 2013, 360 mAnm Voppel) allerdings grds Zweifel an dem erforderlichen Rechtsbindungswillen, denn in diesem Bereich haben Partner regelmäßig keine über die Ausgestaltung ihrer Gemeinschaft hinausgehende rechtliche Vorstellungen; insb kann allein der Umstand, dass es sich um eine für die Beteiligten besonders „risikobehaftete Entscheidung" handelte, die Unterstellung eines stillschweigenden Gesellschaftsvertragsschlusses nicht rechtfertigen (BGH FamRZ 2010, 277 Rn 23). Es erscheint also gegenwärtig zweifelhaft, ob die Rspr künftig das Recht der BGB-Gesellschaft in weiterem Umfang als bisher schlicht bei jeder nicht unerheblichen gemeinsamen Wertschöpfung der Partner als Ausgleichsinstrument einsetzen wird. Insb hinsichtlich der gemeinsam bewohnten Familienwohnung werden deshalb häufig Ansprüche wegen Wegfalls der Geschäftsgrundlage in Betracht zu ziehen sein (vgl Rn 133a).

bb) Die Frage, ob es sich im Einzelfall um **Gesellschaftsvermögen** der Partner **99** handelt, ist nach dem Innenverhältnis, den Vorstellungen der Partner, zu beurteilen. Dabei spielen wiederum die gemeinsamen Beiträge, die das Erfordernis der Absicht gemeinsamer Wertschöpfung aber nicht ersetzen (BGH FamRZ 2003, 1542), und das gemeinsame Nutzungsrecht eine Rolle. Eine **nicht-finanzielle Leistung** muss in diesem Zusammenhang ebenfalls berücksichtigt werden, § 706 Abs 3. Daher kann der erforderliche Beitrag des einen Teils (anders als bei der sachenrechtlichen Auseinandersetzung) durchaus auch in der **Erbringung von Familienarbeit** (Haushaltsführung und Kindererziehung) liegen. Dagegen kommt es auf die formal-dingliche Zuordnung des fraglichen Vermögensgegenstandes nicht an. Das Grundbuch, das insoweit „falsch" sein kann, oder der Kfz-Brief sind also nicht entscheidend. Auch für den BGH ist die äußere Eigentumslage nicht mehr das ausschlaggebende Kriterium (anders noch BGHZ 77, 55 = NJW 1980, 1530 = FamRZ 1980, 664), denn inzwischen erkennt der BGH an, dass die formal-dingliche Zuordnung eines Gegenstandes auch völlig in den Hintergrund treten kann. Bei der Beurteilung der Frage, ob eine gemeinsame Wertschöpfung gewollt ist, stellt das Gericht nunmehr auf die Art des geschaffenen Vermögenswertes und auf die finanziellen Verhältnisse der Partner ab (BGH NJW 1992, 906 = FamRZ 1992, 408; BGH NJW-RR 1993, 774 = FamRZ 1992, 939; BGH NJW 1997, 3371 = FamRZ 1997, 1533; OLG Braunschweig OLG-Report Braunschweig 1998, 206).

100 Nach welcher **Quote** sich die Partner auseinanderzusetzen haben, richtet sich nach den von ihnen erbrachten Leistungen. Vorrangiges Ziel ist ein angemessener Ausgleich nach den in der faktischen Lebensgemeinschaft ursprünglich bestehenden Verhältnissen (STRÄTZ WuB II J 2. 92). Ausgangspunkt ist dabei – im Einklang mit §§ 706 Abs 1, 722 Abs 1, 733 Abs 2 – eine hälftige Mitberechtigung der Partner an dem geschaffenen Vermögen (BGH NJW 1982, 2863 = FamRZ 1982, 1065; OLG Düsseldorf FamRZ 1978, 109; BATTES, Nichteheliches Zusammenleben Rn 84).

101 cc) Die Rechtsprechung greift häufig auf gesellschaftsrechtliche Grundsätze zurück, wenn **auf dem Grundstück** des einen Partners **ein Haus errichtet** wurde und sich der andere Teil am Kauf oder Bau durch Geld- oder Werkleistungen beteiligt hat. Grundsätzlich bejahen die Gerichte in diesen Fällen eine Abwicklung nach Gesellschaftsrecht (BGH FamRZ 1965, 368; BGH NJW 1986, 51 = FamRZ 1985, 1232; BGH NJW 1992, 906 = FamRZ 1992, 408; BGH NJW-RR 1996, 1473; KG NJW 1982, 1894). Der Umstand, dass ein Partner das Alleineigentum an dem Grundstück erwirbt, steht einem Rückgriff auf die §§ 705 ff nicht entgegen (BGH NJW 1992, 906 = FamRZ 1992, 408). Übersteigen allerdings die Beiträge des Nichteigentümer-Partners nicht das Maß, das er für die Miete vergleichbaren Wohnraums aufwenden müsste, scheiden Ausgleichsansprüche aus (BGH FamRZ 2013, 1295 = NJW 2013, 2187). Entscheidend ist die Absicht der Lebensgefährten, einen gemeinsamen wirtschaftlichen Wert zu schaffen, der von ihnen für die Dauer der Partnerschaft nicht nur gemeinsam benutzt werden darf, sondern der ihnen nach ihrer Vorstellung auch gemeinsam gehören soll (BGH NJW-RR 1993, 774 = FamRZ 1993, 939; krit NICOLAI DNotZ 1994, 860).

101a Häufig wird eine Erstattung deshalb an den Voraussetzungen, die der BGH für eine Anwendung des Gesellschaftsrechts aufgestellt hat, scheitern. Das Gericht hat zwar darauf hingewiesen, dass bei Partnern eine etwas großzügigere Anwendung der gesellschaftsvertraglichen Regeln geboten sei; zu Recht, weil Leistungspflichten, wie sie in der Ehe aufgrund der Rechtspflicht zur ehelichen Lebensgemeinschaft bestehen, § 1353 Abs 1 S 2, zwischen Partnern nicht existieren. Zugleich hat es aber betont, es bestünden jedoch auch bei Partnern Zweifel am Rechtsbindungswillen, wenn sich die Beiträge der Lebensgefährten auf die Verwirklichung der Lebensgemeinschaft als solcher beschränkten (oben Rn 98). Die OLG-Rspr (vgl etwa KG Berlin NJW-RR 2010, 295 = FamRZ 2010, 476; OLG Bremen NJW-Spezial 2011, 550) weist auf dieser Grundlage eine eher restriktive Tendenz auf.

102 dd) Häufig erbringt ein Partner auch erhebliche finanzielle Leistungen oder Dienstleistungen für den **Betrieb** oder das **Geschäft** des anderen. Überschneidungen mit etwaigen dienst- oder arbeitsvertragsrechtlichen Ansprüchen sind in diesen Fällen ausgeschlossen. Die Anwendung des Gesellschaftsrechts setzt nämlich voraus, dass ein arbeitsrechtliches Über- und Unterordnungsverhältnis gerade nicht besteht (BGH FamRZ 1974, 592); die gleichgeordnete Stellung als Gesellschafter muss allerdings nur inter partes zum Ausdruck kommen. Das OLG Hamm (NJW 1980, 1530) hat eine Innengesellschaft in einem Fall angenommen, in dem die Partner während ihres 17-jährigen Zusammenlebens unter ständigem und sehr weitreichendem Arbeitseinsatz des Anspruchstellers einen Gastronomiebetrieb aufgebaut hatten. In einem vom BGH ebenfalls positiv entschiedenen Fall hatte die Anspruchstellerin ihrem Partner Werksträume überlassen und außerdem im Betrieb mitgearbeitet (BGH NJW 1982, 2863 = BGH FamRZ 1982, 1065 mAnm BOSCH).

ee) Eine Innengesellschaft kann grundsätzlich auch beim Kauf eines **Pkw** (Rn 136) **103** oder anderer **gehobener Konsumgüter** vorliegen (KG NJW 1982, 1886 = FamRZ 1983, 271 – Wohnungseinrichtung). Allerdings wird sich der nach § 705 erforderliche Rechtsbindungswille im Einzelfall nur schwer nachweisen lassen. Indiz für einen derartigen Willen soll ein außerordentlicher finanzieller Aufwand sein (DE WITT/HUFFMANN Rn 342). Das erscheint fragwürdig, weil die individuelle wirtschaftliche Lage der Partner nichts über eine Zwecksetzung aussagt, die über die Verwirklichung der Gemeinschaft hinausgeht.

Die Entscheidung des OLG Düsseldorf (FamRZ 1978, 109), wegen eines Pkw, zu **104** dessen Erwerb die Nichteigentümerin beigetragen hatte, eine Innengesellschaft anzunehmen, betrifft einen Ausnahmefall und sollte nicht verallgemeinert werden. So hat das OLG Saarbrücken zu Recht wegen Fehlens eines Rechtsbindungswillens und der fehlenden Absicht gemeinsames Vermögen zu schaffen einen Anspruch auf Rückzahlung einer aus freien Stücken gezahlten Zuwendung in Höhe von 30 000 DM zum Kauf eines Kfz nach Beendigung der Lebensgemeinschaft abgelehnt (OLG Saarbrücken DAR 2002, 70).

ff) Die **Auseinandersetzung** wird nach §§ 730 ff durchgeführt (OLG Köln FamRZ **105** 1993, 432). Danach ist der Vermögensgegenstand gemäß § 732 an den Eigentümer herauszugeben. Der Vermögensinhaber ist umgekehrt verpflichtet, den Partner nach Abzug der Verbindlichkeiten an dem gemeinsam geschaffenen Vermögenswerten zu beteiligen, § 733 Abs 1.

Nach § 733 Abs 2 kann der jeweilige Partner zunächst den **Wert seiner Einlagen 106** ersetzt verlangen. Dabei steht § 733 Abs 2 S 3 der Berücksichtigung von **Arbeitsleistungen** nicht entgegen, soweit sich diese im Gesellschaftsvermögen als bleibender Wert niedergeschlagen haben (nicht bei einem Wert von 4,5 % an der gesamten Wertschöpfung, OLG Schleswig FamRZ 2002, 884). Werk- oder dienstvertragsähnliche Leistungen sind dann grundsätzlich wie andere Gesellschafterbeiträge dem Wert nach zu erstatten (BGH FamRZ 1985, 1232; BATTES ZHR 1979, 397 f).

Leistungen im **Haushalt** oder die **Pflege** des Partners und die **Kindererziehung** wer- **107** den dagegen von der Rechtsprechung nicht berücksichtigt (OLG Frankfurt NJW 1982, 1885 = FamRZ 1982, 265; OLG München FamRZ 1980, 239; OLG Schleswig FamRZ 2002, 884). Die Bestimmung des § 733 Abs 2 S 3 ist zwar prinzipiell dispositiv. Eine entsprechende Parteivereinbarung wird aber in den seltensten Fällen vorliegen. Daher werden Partner, die ihre Beiträge zur faktischen Lebensgemeinschaft in Form von Diensten oder durch Deckung von laufenden Bedürfnissen erbringen, bei der Abwicklung einer Beziehung gegenüber Partnern, die wertbeständige Beiträge leisten, benachteiligt. Diese Ungleichbehandlung wird mit der Prägung der faktischen Lebensgemeinschaft durch die persönliche Beziehung der Partner und dem daraus folgenden Grundsatz der Nichtabwicklung einerseits und mit der Privilegierung der Ehe, die als einziges Rechtsinstitut einem Paar umfassenden Schutz – ua durch den Zugewinnausgleich – bietet, andererseits begründet. Das erscheint **unzutreffend**, weil der Grundsatz der Nichtabwicklung und die Privilegierung der Ehe nur den originär eherechtlichen Bereich betreffen (Rn 66) und nicht die Gefahr besteht, über den nur selten möglichen gesellschaftsrechtlichen Ausgleich zu Ergebnissen zu ge-

langen, die auch nur annähernd einem Vermögensausgleich nach Scheidung entsprechen.

108 Der schuldrechtliche Anspruch aus § 733 Abs 2 ist grundsätzlich nur auf Geld gerichtet (BGH NJW 1983, 2375 = FamRZ 1983, 791). Der jeweilige Partner ist so zu stellen,
als ob er am Gesamthandsvermögen teilgehabt hätte. Nur ausnahmsweise ist der
Vermögensinhaber bei Auflösung der Innengesellschaft verpflichtet, dem ehemaligen Lebensgefährten Miteigentum in der Höhe seines Anteils einzuräumen (BGH
NJW 1983, 2375 = FamRZ 1983, 791, 792).

109 Bei der anschließenden Verteilung des **Überschusses** nach §§ 734, 722 Abs 1 wird
häufig von einer hälftigen Berechtigung auszugehen sein (OLG Düsseldorf FamRZ 1978,
108 f; KG NJW 1982, 1886). Hier können auch nach Auffassung der Rechtsprechung
erbrachte **Dienste**, die nach § 733 Abs 2 BGB unberücksichtigt bleiben, durch eine
Teilhabe an der gemeinsamen Wertschöpfung mittelbar abgegolten werden (BGH
NJW 1982, 2863 = FamRZ 1982, 1065). Freilich dürfen die Parteien auch vereinbaren, dass
die jeweils geleisteten Beiträge für die Verteilung maßgeblich sein sollen. Davon
muss beispielsweise ausgegangen werden, wenn bei der Vermietung eines Grund-
stücks die Mieteinnahmen entsprechend den vorherigen Beitragsleistungen geteilt
wurden.

110 **gg)** Endet die faktische Lebensgemeinschaft durch den **Tod eines Partners**, so
endet ggf auch eine Innengesellschaft zwischen den Partnern, § 727; die Erben treten
also nicht in die Gesellschaft ein. Infolgedessen entsteht ein Anspruch der Erben des
Verstorbenen aus § 738. Allerdings ist zu prüfen, ob der Verstorbene zu Lasten
seiner Erben auf die Rechte nach § 738 BGB verzichtet hat. Hierfür spricht nicht
ohne weiteres eine Vermutung, zumal auf diese Weise ein erheblicher Teil des
Vermögens des Verstorbenen am Nachlass und damit an den Erben vorbei im Wege
der Anwachsung des Gesellschaftsanteils auf 100 % an den überlebenden Partner
fällt. Je weiter sich das auf diese Weise erzielte Ergebnis von den Kriterien der
Teilhabegerechtigkeit und der Absicherung des Überlebenden entfernt und je höher
der Anteil des in der Gesellschaft gebundenen Vermögens am Gesamtvermögen des
Verstorbenen ist, desto zweifelhafter wird die Annahme eines Verzichts zulasten der
Erben, zumal wenn eine letztwillige Verfügung vorliegt, die positive Erbeinsetzun-
gen enthält (hierzu Rn 128 ff; vgl LÖHNIG, Vermögensauseinandersetzung bei faktischen Lebensgemeinschaften, in: GRZIWOTZ [Hrsg], Notarielle Gestaltung bei geänderten Familienstrukturen
[2012] S 77).

111 Ein solcher Verzicht kann zB konkludent für den Fall vereinbart sein, dass der durch
Zuwendungen begünstigte Alleineigentümer des gemeinsamen Hausgrundstücks
überlebt. **Überlebt** also derjenige, der **Leistungen erbracht** hat und Nichteigentümer
ist, so spricht manches für eine solche Vereinbarung zu seinen Gunsten. Angesichts
der Tatsache, dass kraft Gesetzes keine Partizipation des überlebenden Partners am
Vermögen des verstorbenen Partners stattfindet, geht die Rspr von einem solchen
Willen in aller Regel aus: Der Überlebende soll die Leistungen des Verstorbenen
behalten dürfen (BGH NJW 1980, 1520 = FamRZ 1980, 664; im Ergebnis genauso BATTES JZ
1988, 912). In einem 1983 entschiedenen, ähnlich gelagerten Fall blieb die Klage der
Erben des verstorbenen Partners erfolglos, weil ihr Erblasser als Gegenleistung für
seine Dienste beim Hausbau ein lebenslanges Wohnrecht erhalten hatte und somit

auch unter Lebenden eine gesellschaftsrechtliche Abwicklung nicht stattgefunden
hatte (BGH NJW 1983, 2375 = FamRZ 1983, 791).

Ein **Ausgleichsanspruch des Überlebenden** gegen die Erben des begünstigten Allein- **111a**
eigentümers kommt dagegen regelmäßig in Betracht.

b)   Auseinandersetzung nach Bereicherungsrecht
aa)   Eine bereicherungsrechtliche Abwicklung der faktischen Lebensgemeinschaft **112**
nach § 812 Abs 1 S 2 Alt 1 (condictio ob causam finitam) scheidet aus, weil die
faktische Lebensgemeinschaft als rein tatsächliches Verhältnis **kein Rechtsgrund** im
Sinne dieser Norm ist (LIPP AcP 180, 537, 579; DE WITT/HUFFMANN Rn 365; anders zu Unrecht
vereinzelte Urteile: OLG Frankfurt FamRZ 1971, 646; OLG Saarbrücken FamRZ 1979, 796; OLG
Stuttgart Justiz 1985, 201; OLG Frankfurt DStR 1991, 1535).

bb)   Eine Abwicklung über § 812 Abs 1 S 2 Alt 2 (condictio causa data non secuta) **113**
kommt jedoch in Betracht. Will man die Zweckverfehlungskondiktion anwenden,
muss eine **Zweckabrede** der Partner vorliegen; sie muss im Einzelfall jeweils genau
ermittelt werden. Es muss mit dem Empfänger der Leistung eine Willensübereinstimmung erzielt worden sein; einseitige Vorstellungen genügen nicht. Eine stillschweigende Einigung in diesem Sinne kann aber angenommen werden, wenn der
eine Teil mit seiner Leistung einen bestimmten Erfolg bezweckt und der andere Teil
dies erkennt und die Leistung entgegennimmt, ohne zu widersprechen (BGH NJW
1992, 427).

Auf § 812 Abs 1 S 2 Alt 2 kann zurückgegriffen werden, wenn sich die Partner zwar **114**
nicht vorgestellt hatten, gemeinsames Vermögen zu schaffen, sodass ein gesell-
schaftsrechtlicher Ausgleich nicht in Betracht kommt, aber ein Partner durch erhebliche Beiträge das Vermögen des anderen Partners vermehrt hat. Diese **gemeinsame Zweckabrede** kann dann in der erkennbaren Vorstellung liegen, an dem
Gegenstand längere Zeit partizipieren zu können, ohne ihn jedoch zum gemeinsamen Vermögen zu machen (SCHLÜTER-BELLING FamRZ 1986, 405, 414). Dies gilt ungeachtet der rechtlichen und tatsächlichen Labilität des Verhältnisses. Erforderlich
ist also eine „finale Ausrichtung der Leistung auf einen nicht erzwingbaren Erfolg"
(BGH NJW 2011, 2880 = FamRZ 2011, 1563 Rn 32). Freilich werden die Partner bei der
Vornahme der Vermögensverschiebung in der Regel nicht an das Scheitern ihrer
Partnerschaft denken, weshalb die Rspr mit der Annahme einer Zweckabrede restriktiv verfährt. Das erstaunt, denn hier ist ein Schluss von den äußeren auf die
inneren Tatsachen ebenso möglich wie bei partnerschaftsbezogenen Zuwendungen
(hierzu Rn 128 ff; vgl LÖHNIG, Vermögensauseinandersetzung bei faktischen Lebensgemeinschaften,
in: GRZIWOTZ [Hrsg], Notarielle Gestaltung bei geänderten Familienstrukturen [2012] S 74).

Eine entsprechende Vereinbarung wird sich unter anderem dann unschwer feststel- **115**
len lassen, wenn die Leistungen erfolgten, weil die **Ehe versprochen** war. So hat das
OLG Stuttgart (FamRZ 1977, 545) einer Frau, die in Erwartung der Ehe unentgeltlich
im Betrieb des Partners mitgearbeitet hatte, bei der Trennung einen solchen Anspruch zugesprochen. Wird jedoch in solchen Fällen die Ehe geschlossen, so ist der
vereinbarte Zweck erfüllt (OLG Hamm FamRZ 1983, 494). Auch in der **Verwirklichung
einer gemeinsamen Lebensführung** kann nach Auffassung des OLG Karlsruhe bereits
eine Zweckabrede liegen (NJW 1994, 948). Dagegen soll eine **versprochene Erbein-**

setzung keine hinreichende Zweckabrede darstellen (OLG Frankfurt FamRZ 1981, 253 trotz 24-jährigen Zusammenlebens der Partner).

116 cc) Eine Abwicklung über die condictio causa data non secuta ist sachgerecht, wenn es um langlebige und hochwertige Güter geht, die der Nichteigentümer finanziert hat, und verhindert werden soll, dass dem Eigentümer nach der Trennung die alleinigen Nutzungs- und Verwertungsrechte zufallen. Die vorausgesetzte Zweckverfehlung liegt in der enttäuschten Vorstellung, über einen längeren Zeitraum hinweg eine gemeinsame Lebensführung zu verwirklichen bzw an der Nutzung der Sache weiterhin partizipieren zu können. Hat ein Partner den Gegenstand allein genutzt und liegt deshalb eine Zweckverfehlung nicht vor, so kommen nur **Aufwendungsersatzansprüche** in Frage. In beiden Fällen ist es belanglos, ob die Finanzierung durch den Nichteigentümer mittels eines Kredits oder durch Bargeld erfolgte (anders BGH NJW 1981, 1502, wonach nur die im Zeitpunkt der Trennung bestehende Restschuld ersatzfähig sein soll, Rn 136). Hingegen kommen Bereicherungs- oder Aufwendungsersatzansprüche **nicht** in Betracht, wenn die Zahlungen an den Partner als Gegenleistung für seine Leistungen gedacht waren, so zB wenn der nichtverdienende Teil das Auto zum Ausgleich dafür finanzierte, dass er am Verdienst des Partners partizipierte. Eine Vermutung für ein solches Gegenseitigkeitsverhältnis besteht aber zumindest bei den hier in Frage stehenden höherwertigen Gegenständen nicht.

117 dd) Leistungen, die im Rahmen des **täglichen Zusammenlebens** (vgl Rn 89) erbracht wurden, können über das Bereicherungsrecht nicht ausgeglichen werden (STRÄTZ FamRZ 1980, 435; OLG München FamRZ 1980, 329; OLG Frankfurt FamRZ 1981, 253). Das gilt selbst dann, wenn ein Partner entsprechende Verpflichtungen erst nach Auflösung der faktischen Lebensgemeinschaft begleicht (BGH NJW 1983, 1055 = FamRZ 1983, 349 – Handwerkerrechnung). Etwas anderes sollte aber zumindest dann gelten, wenn die Leistung nur dem Vermögen des anderen zugutegekommen ist (OLG Karlsruhe FamRZ 1986, 1095 – Übernahme einer Altschuld des Partners). Im Voraus geleistetes **Haushaltsgeld** ist ebenfalls kondizierbar. Sogar eine Geldsumme, die gezahlt wurde, um den Partner zur Rückkehr zu bewegen, soll bei Ausbleiben des Erfolges über § 812 Abs 1 S 2 Alt 2 zurückgefordert werden können (OLG Brandenburg NJWE-FER 1997, 35).

118 ee) Bei der bereicherungsrechtlichen Rückabwicklung ist der Ausschlussgrund des § 814 nicht anwendbar, weil er sich nur auf die condictio indebiti bezieht (STAUDINGER/ LORENZ [2007] § 812 Rn 78). Auch § 815 schließt die Kondiktion nicht aus, weil eine beabsichtigte lebenszeitliche Dauer der faktischen Lebensgemeinschaft nicht von Anfang an unmöglich war.

119 Die Höhe eines gegebenen Bereicherungsanspruchs bestimmt sich nach § 818 Abs 2; die Saldo-Theorie ist nicht anwendbar (BEYERLE, Die bereicherungsrechtliche Abwicklung der nichtehelichen Lebensgemeinschaft [1981] 92 f). Auch die verschärfte Haftung nach § 820 Abs 1 greift nicht ein. Der Bestand der faktischen Lebensgemeinschaft stellt schließlich gerade keinen beabsichtigten Erfolg dar, dessen Eintritt ungewiss war. Die Partner wissen zwar um die leichte Auflösbarkeit ihres Verhältnisses, wollen dieses Ereignis aber nicht als gemeinsamen Zweck (SOERGEL/LANGE[12] NehelLG Rn 94; **aA** LIPP AcP 180, 586).

ff)   Bei Bereicherungsansprüchen bei Auflösung der Lebensgemeinschaft durch **120** den **Tod eines Partners** ist zu differenzieren: Verstirbt der **Leistende**, so wird man nicht von einer Zweckverfehlung ausgehen können; vielmehr hat die faktische Lebensgemeinschaft ihr natürliches Ende gefunden und ist nicht gescheitert; ein Anspruch der Erben aus § 812 Abs 1 S 2 Alt 2 kommt deshalb idR nicht in Betracht (COESTER JZ 2008, 315; M SCHWAB ZJS 2009, 115, 122; BGH FamRZ 2010, 277 Rn 35). Unabhängig von diesen Ansprüchen aus dem allgemein-zivilistischen Güterrecht der Solidargemeinschaft sind Pflichtteils- und Pflichtteilsergänzungsansprüche der Erben des Zuwendenden in Betracht zu ziehen.

Verstirbt der **Leistungsempfänger**, so kann eine Zweckverfehlungskondiktion in Be- **121** tracht kommen, wenn das Geleistete nun an die Erben des verstorbenen Partners fällt. Im Zweifel wird der Zuwendende auch über den Tod des Empfängers hinaus in den Genuss des Zugewendeten kommen und nicht den Erben diesen Gegenstand zuwenden wollen, weil dies oftmals zum Ausschluss der eigenen Partizipationsmöglichkeit des Zuwendenden führen wird.

gg)   Zuwendungen der **Eltern eines Partners** sieht der BGH (NJW 2010, 2022) nicht **122** mehr als unbenannte Zuwendungen, sondern als **Schenkungen** an. Bauen die Partner gemeinsam ein Haus, und haben die Eltern des einen Lebensgefährten im erheblichen Maße zum Hausbau – sei es durch finanzielle Unterstützung oder Arbeitsleistungen – beigetragen, kann ihnen ein Rückforderungsanspruch aus Zweckverfehlungskondiktion zustehen, § 812 Abs 1 S 2 Alt 2 (BGH aaO Rn 47), wenn die faktische Lebensgemeinschaft scheitert.

c)   Auseinandersetzung nach Arbeits- und Dienstvertragsrecht
In der faktischen Lebensgemeinschaft werden häufig **Dienstleistungen** in Form von **123** Haushaltsführung, Kindererziehung oder Mitarbeit im Beruf bzw im Betrieb des Partners erbracht. Die Lebensgefährten können die damit verbundenen Fragen in einem entsprechenden Arbeitsvertrag regeln. Die faktische Lebensgemeinschaft steht einer solchen Beschäftigungsvereinbarung nicht entgegen (BAG AP Nr 15 zu § 612 BGB; KOSSENDY, Eheähnliche Verhältnisse im Arbeitsrecht 64 f). Fehlt aber – wie im Regelfall – eine ausdrückliche Vereinbarung, dann ist wegen der personalen Struktur der faktischen Lebensgemeinschaft anzunehmen, dass diese Leistungen von Anfang an nicht zum eigenen Gelderwerb, sondern zur Verwirklichung der Lebensgemeinschaft erbracht wurden. Die daraus entstandenen sozialen Nachteile (vor allem die fehlende Altersversorgung) können nicht nachträglich durch einen richterlich fingierten Vertragsschluss ausgeglichen werden (GRZIWOTZ, NehelLG Rn 16/14; SCHOLZ, 51; ROGALSKI AnwBl 1983, 363; HAUSMANN/HOHLOCH/HAUSMANN Rn 4/28). Die Rechtsprechung ist deshalb zu Recht zurückhaltend in der Annahme einer Vergütungspflicht (BAG FamRZ 1959, 500; LG Berlin FamRZ 1979, 503; OLG München FamRZ 1980, 239).

aa)   Ein Vergütungsanspruch für geleistete **Hausarbeit** besteht – sofern sie nicht auf **124** einer vertraglichen Grundlage beruht – nicht (OLG Frankfurt NJW 1982, 1885 = FamRZ 1982, 265; OLG Köln FamRZ 1997, 1437 = OLG-Report 1997, 79; HAUSMANN/HOHLOCH/HAUSMANN Rn 4/8). Die faktische Lebensgemeinschaft bildet in der Regel den Anlass für eine unentgeltliche Mitarbeit des Partners. In einer solchen Beziehung erbringt jeder Teil ohne Rücksicht auf eine objektive Äquivalenz die Leistungen, zu denen er gerade in der Lage ist (BAG NJW 1959, 1511 = FamRZ 1959, 500). Für Dienstleistungen, die gerade auf die Verwirklichung des gemeinschaftlichen Lebens abzielen, kann daher nach einer Trennung kein Ausgleich verlangt werden. Auch bei langjähriger **Krankenpflege** kann eine Vergütungsvereinbarung nicht unterstellt werden (LG Berlin FamRZ 1979, 503, 504; OLG Frankfurt NJW 1982, 1885 = FamRZ 1982, 265; BFH NJW 1989, 1696 = FamRZ 1989, 276; FG München UVR 1995, 119). Selbst wenn sich jemand beispielsweise mit einem Künstler zusammenschließt, um an seiner Entfaltung Anteil zu nehmen, und dafür die **Erledigung der laufenden geschäftlichen Angelegenheiten** übernimmt, so löst der Bruch der Verbindung keine Vergütungspflicht aus (OLG Saarbrücken NJW 1979, 2050 = FamRZ 1979, 796).

125 Davon zu unterscheiden ist die Frage, ob ein Gläubiger des den Haushalt besorgenden Partners in einen fiktiven Vergütungsanspruch gegen den anderen Partner, dem die Hausarbeit zugutekommt, **zwangsvollstrecken** kann, § 850h Abs 2 S 1 ZPO. Die Gerichte lassen dies sowohl bei Eheleuten (BAG NJW 1978, 343) wie auch bei unverheiratet zusammenlebenden Paaren (LAG Köln NZA 1989, 686) zu. Die konkrete Höhe der pfändbaren Entgeltforderung bemisst sich nach allen Umständen des Einzelfalls, § 850h Abs 2 S 2 ZPO.

126 bb) Allerdings sind auf Grundlage der Rspr des BAG **Ausnahmen** von diesen Grundsätzen denkbar (vgl aber Rn 128). Eine Ausgleichpflicht kommt insbesondere dann in Betracht, wenn der eine Partner im Betrieb seines Lebensgefährten erhebliche Dienstleistungen erbracht hat und dabei davon ausgegangen ist, der andere werde zum Ausgleich für eine materielle Zukunftssicherung sorgen. Diese Annahme kann dann gerechtfertigt sein, wenn eine Eheschließung, eine Erbeinsetzung oder die Mitübernahme des Geschäfts **in Aussicht gestellt** war. In diesen Fällen konnte der begünstigte Partner nicht mehr von der Unentgeltlichkeit der erbrachten Dienstleistungen ausgehen. Hier ist der Grundsatz des BAG anwendbar, dass immer dann, wenn einer üblicherweise zu vergütenden Dienstleistung eine Vergütungserwartung zugrunde liegt, eine Vergütung für den Fall des Fehlschlagens dieser Erwartung als vereinbart anzusehen ist (BAG Betrieb 1965, 1562). Anspruchsgrundlage ist dann § 611 iVm § 612 (LAG Rheinland-Pfalz FamRZ 1983, 489; BAG AP Nr 26 zu § 612 = RdA 1970, 160 – versprochene Erbeinsetzung; BAG FamRZ 1960, 361 – versprochene Mitübernahme eines Geschäfts).

127 Ein solcher Vergütungsanspruch kann dem betroffenen Partner jedoch nur unter **zwei einschränkenden Voraussetzungen** eingeräumt werden: Zum einen muss es sich um eine Arbeitsleistung handeln, die auch im Rahmen einer faktischen Lebensgemeinschaft nur gegen ein Entgelt erwartet werden kann. Dies ist aber bei Diensten, die Lebensgefährten füreinander erbringen, im Allgemeinen nicht der Fall (ArbG Passau MDR 1990, 576). Daher kommt eine Vergütung nur dann in Betracht, wenn Qualität und Umfang der Leistungen dies ausnahmsweise rechtfertigen. Zum anderen muss die Arbeitsleistung in der berechtigten Erwartung erbracht worden sein, dafür in absehbarer Zukunft einen konkreten Vermögensvorteil zu erlangen. Die bloße Hoffnung auf eine spätere Zuwendung genügt insofern nicht. Der begünstigte Partner muss die Erwartungshaltung seines ehemaligen Lebensgefährten vielmehr gekannt und bestätigt haben.

d)   Ausgleichsansprüche wegen Wegfalls der Geschäftsgrundlage
aa)   Arbeitsleistungen
Vorzugswürdig im Vergleich zur Rechtsprechung des BAG (Rn 126 f) ist die nun vom **128**
BGH (NJW 2008, 3277 = FamRZ 2008, 1822 = DNotZ 2009, 52 mAnm Löhnig, Rn 32; NJW 2011,
2880 = FamRZ 2011, 1563 Rn 20) vorgenommene Übertragung der Grundsätze, die der
BGH für Ehegattenmitarbeit entwickelt hat, auf die faktische Lebensgemeinschaft.
Hiernach werden Arbeitsleistungen, die lediglich das Vermögen des anderen Teils
mehren und über dasjenige hinausgehen, was sich Ehegatten im Rahmen ihrer
gegenseitigen Beistands- oder Unterhaltspflichten schulden, auf Grundlage eines
familienrechtlichen Kooperationsvertrages erbracht (BGH NJW 1994, 2425 = FamRZ
1994, 1167 = ZEV 1995, 113 mAnm Hausmann). Erforderlich für die Annahme eines
solchen Vertrages ist es, dass die Mitarbeit regelmäßig und dauerhaft stattfindet
und Aufgaben erfüllt werden, für die gewöhnlich Arbeitskraft zugekauft wird. Nach
Auffassung des BGH (aaO) liegt die Annahme eines solchen Kooperationsvertrages
vor allem dann nahe, wenn ein Ehegatte über Jahre hinweg im Unternehmen des
anderen Ehegatten mitarbeitet und die soziale Absicherung des mitarbeitenden
Gatten vor allem durch die Existenz dieses Unternehmens gewährleistet werden
soll. Scheitert dann die Ehe, so entfällt die Geschäftsgrundlage des Kooperationsvertrages und es entstehen Ausgleichsansprüche aus §§ 313, 346 ff. Aber auch erhebliche (vgl Rn 129a aE) Arbeitsleistungen, die im Rahmen der Errichtung oder
Renovierung einer im Eigentum des anderen Partners stehenden Immobilie erbracht werden, sind ausgleichsfähig.

Diese Grundsätze lassen sich auf faktische Lebensgemeinschaften ohne weiteres **129**
übertragen: Auch die Mitarbeit eines Partners etwa im Unternehmen oder der
Arztpraxis des anderen Partners, die so umfänglich und dauerhaft stattfindet, dass
der Zukauf lebensgemeinschaftsfremder Arbeitskraft dadurch reduziert oder erspart
wird, erfolgt regelmäßig auf Grundlage eines **Kooperationsvertrages eigener Art**. Und
auch die **Geschäftsgrundlage** dieses Vertrages wird infolge der Auflösung der faktischen Lebensgemeinschaft gestört (vgl sogleich Rn 131). Es lassen sich nämlich zwischen Ehegatten und faktischen Lebenspartnern keine Unterschiede darin feststellen, dass die Mitarbeit ohne Abschluss eines Dienst- oder Arbeitsvertrages erfolgt
und dem Bestreben dient, die Lebensgemeinschaft in der gewünschten Weise zu
verwirklichen (eingehend Hausmann 479 ff). Die verfassungsrechtliche Sonderstellung
der Ehe steht der Anwendung dieser Grundsätze nicht entgegen, weil der Koope-
rationsvertrag gerade neben die Ehe tritt und Leistungen betrifft, die anstelle des
Ehegatten oder faktischen Lebenspartners auch ein Dritter hätte erbringen können.
Zutreffend führt der BGH (NJW 2008, 3277 = FamRZ 2008, 1822 = DNotZ 2009, 52 mAnm
Löhnig Rn 32) aus, das Argument, der leistende Partner einer faktischen Lebensgemeinschaft habe deren Scheitern bewusst in Kauf genommen, mithin nicht auf deren
Bestand vertrauen dürfen, könne nicht länger überzeugen. Zwar wisse der Partner,
dass die Lebensgemeinschaft jederzeit beendet werden kann, seiner Zuwendung
werde aber regelmäßig die Erwartung zu Grunde liegen, dass die Gemeinschaft
gerade von Bestand sein werde. Soweit er hierauf tatsächlich und für den Empfänger
der Leistung erkennbar vertraut habe, erscheine dies schutzwürdig. Dass nur das
Vertrauen von Ehegatten in die lebenslange Dauer ihrer Verbindung rechtlich
geschützt sei, könne mit Blick auf die hohe Scheidungsquote eine unterschiedliche
Behandlung nicht rechtfertigen.

129a Nicht gewährt werden bislang Ausgleichsansprüche bei **Familienarbeit**, etwa bei Pflege der Schwiegereltern durch einen Partner, die dem anderen Partner Aufwendungen für den „Kauf" von Pflegeleistungen erspart hat (vgl Wellenhofer, in: Scherpe/ Yassari [Hrsg], Die Rechtsstellung nehel Lebensgemeinschaften [2005] 101, 112 f). Etwas anderes gilt nur, wenn nachweisbar ein gesetzeskonformes Arbeitsverhältnis begründet wurde; ansonsten schützt nur die Ehe den nichtverdienenden Partner durch die Gewährung eines Anspruchs auf Zugewinn- oder Versorgungsausgleich, während bei faktischen Lebensgemeinschaften wegen der dort im Gegensatz zur Ehe fehlenden Solidaritätspflichten aus § 1353 ein derartiger Ausgleich gerade nicht in Betracht kommt. Fragwürdig erscheint die Nichtausgleichung freilich, sobald die Leistungen eines Partners deutlich das Maß übersteigen, welches bei Ehegatten von § 1353 BGB umfasst wäre.

bb) Unbenannte Zuwendungen

130 Ausgleichsansprüche gegen den ehemaligen Partner wegen **Wegfalls der Geschäftsgrundlage** nach §§ 313, 346 ff kommen auch in anderen Fällen als der Erbringung von Arbeitsleistungen in Betracht (BGH NJW 1991, 830 = FamRZ 1991, 168; OLG Karlsruhe FamRZ 1994, 377; OLG Frankfurt ZEV 1999, 404), nämlich bei sog unbenannten Zuwendungen. Solche Zuwendungen werden um der faktischen Lebensgemeinschaft Willen oder als Beitrag zur Verwirklichung oder Ausgestaltung der Lebensgemeinschaft erbracht und reichen deutlich über Beiträge zur Ausgestaltung des tagtäglichen Lebens hinaus, vgl Rn 86. Die Rückabwicklung von und benannten oder lebensgemeinschaftsbedingten Zuwendungen erfasst Fälle, in denen es mangels Schaffung eines gemeinsamen Wertes nicht zu einer gesellschaftsrechtlichen Rückabwicklung kommen kann, also etwa die Überschreibung eines halben Hauses oder eines Depotbestands auf den Partner oder die Zuwendung der Bezugsberechtigung einer Lebensversicherung (vgl OLG Köln FamFR 2012, 456), um dessen Absicherung im Alter zu erreichen oder um Teilhabegerechtigkeit für den Partner, der den Haushalt führt und Kinder erzieht, herzustellen.

131 Eine partnerschaftsbezogene Zuwendung (oder Arbeitsleistung), die auf Grundlage eines partnerschaftsbezogenen Vertrages eigener Art erbracht wird, liegt hiernach vor, wenn ein Partner dem anderen einen Vermögenswert um der Gemeinschaft willen und als Beitrag zur Verwirklichung und Ausgestaltung, Erhaltung oder Sicherung der Partnerschaft zukommen lässt. Es ist also auf das Entstehen eines Vertrages eigener Art abzustellen, wie auch der Vergleich zu der Situation bei Ehegatten zeigt: Bei der Rückabwicklung ehebedingter Zuwendungen (grundlegend BGH NJW 1972, 580) wird nicht auf die Ehe als Vertrag iSd § 313 abgestellt, sondern auf einen der Zuwendung zugrundeliegenden familienrechtlichen Vertrag eigener Art. Ein solcher Vertrag entsteht nach zutreffender Auffassung des BGH (BGH NJW 1996, 2727 = FamRZ 1996, 1141; BGH NJW 1997, 3371 = FamRZ 1997, 1533) aber gerade nicht dadurch, dass sich zwei Partner zu einer faktischen Lebensgemeinschaft zusammenschließen. Sofern keine ausdrücklichen Absprachen vorliegen, handelt es sich vielmehr um einen rein tatsächlichen Vorgang, der keine Rechtsgemeinschaft begründet.

cc) Voraussetzungen des § 313 Abs 1 und 3

132 Geschäftsgrundlage sind nach ständiger Rechtsprechung die bei Abschluss eines Vertrages zutage getretenen, dem anderen Teil erkennbar gewordenen und von ihm nicht beanstandeten Vorstellungen der einen Partei oder die gemeinsamen Vorstellungen beider Parteien von dem Vorhandensein oder dem künftigen Eintritt bestimmter Umstände, sofern der Geschäftswille der Parteien auf diesen Vorstellungen aufbaut (BAG NJW 1991, 1562). Genauso wie die Geschäftsgrundlage eines familienrechtlichen Vertrages eigener Art zwischen Ehegatten mit der Ehescheidung gestört wird, liegt den **lebensgemeinschaftsbedingten Zuwendungen** ein gemeinschaftsbezogener Vertrag eigener Art zugrunde, dessen Geschäftsgrundlage die Erwartung des Fortbestands der faktischen Lebensgemeinschaft bildet, welche mit der Trennung der Partner gestört wird, sodass Ansprüche aus § 313 iVm §§ 346 ff in Betracht kommen. Dies ist jeweils für den Einzelfall zu prüfen. In der Praxis muss letztlich von äußeren Tatsachen, insbesondere dem Wert der Zuwendung (oder Arbeitsleistung), auf innere Tatsachen – Vorstellungen und Erwartungen – geschlossen werden. An einer entsprechenden Geschäftsgrundlage fehlt es zB, wenn eine Immobilie nur aus Haftungsgründen formal einem Ehegatten zugeordnet war (OLG Oldenburg FamRZ 2012, 1656).

Der Weg zu Ausgleichszahlungen ist jedoch nicht bereits dann eröffnet, wenn diese **132a** Geschäftsgrundlage durch die Trennung der Partner entfallen ist. Vielmehr müssen weitere Voraussetzungen erfüllt sein: Es muss im konkreten Einzelfall die Grenze der Unzumutbarkeit der erfolgten Vermögensverschiebung überschritten sein und sich auch die gegenwärtig bestehende Vermögensaufteilung unter dem Gesichtspunkt von Treu und Glauben als unhaltbar darstellen (NJW 2008, 3277 = FamRZ 2008, 1822 = DNotZ 2009, 52 mAnm LÖHNIG Rn 44). Diese Schwelle wird in der Regel hoch angesetzt, weil der Zuwendende (oder Mitarbeitende) die geschaffene Vermögenslage einmal für angemessen erachtet habe. Wichtiges Kriterium für die Ermittlung der Unzumutbarkeit ist die Zeitspanne zwischen Zuwendung oder Arbeitsleistung und Trennung der Partner, während die Geschäftsgrundlage Bestand hatte und damit etwa das Ziel der Herstellung von Teilhabegerechtigkeit in der Partnerschaft erreicht worden ist.

dd)   Umfang

Bei der Abwägung, ob und gegebenenfalls in welchem Umfang Zuwendungen zu- **133** rückerstattet oder Arbeitsleistungen ausgeglichen werden müssen, berücksichtigt der BGH, dass der Partner es einmal für richtig erachtet hat, dem anderen diese Leistungen zu gewähren. Soweit Unzumutbarkeit bejaht wird, ist der Ausgleichsanspruch aus §§ 313, 346 ff BGB durch den Betrag, um den das Vermögen des anderen Partners zur Zeit des Wegfalls der Geschäftsgrundlage noch vermehrt (BGH NJW 2011, 2880 = FamRZ 2011, 1563 Rn 25) ist, bei Arbeitsleistungen überdies durch die ersparten Kosten einer fremden Arbeitskraft (BGHZ 177, 193 = NJW 2008, 3277 = FamRZ 2008, 1822) **begrenzt**. Die erste dieser von der Rechtsprechung angewendeten Begrenzungsregeln mutet freilich sehr bereicherungsrechtlich an, vgl § 818 Abs 3 BGB, und hat in einem Rechtsinstitut der Geschäftsgrundlagenstörung, das seit 2002 auf die Regeln der Rückabwicklung nach Rücktritt verweist, nichts mehr verloren; trotzdem verfährt die Rechtsprechung weiterhin in dieser Weise.

Auszuscheiden sind freilich die im Rahmen des **täglichen Zusammenlebens** ersatzlos **133a** erbrachten Leistungen (vgl Rn 89). Die Grenze zwischen Alltäglichem und Nichtalltäglichem ist hier besonders schwer zu ziehen: Wann enden Leistungen innerhalb der tagtäglich gelebten Gemeinschaft und beginnen Zuwendungen etwa zur Her-

stellung von Teilhabegerechtigkeit, wenn ein Partner dem anderen Partner beispielsweise monatlich einen bestimmten Geldbetrag überweist? Wann ist die Grenze des
alltäglichen überschritten, wenn ein Partner im gemeinsam bewohnten Haus des
anderen Partners mit handwerklichem Geschick immer wieder Verbesserungen oder
Renovierungen vornimmt, die der gemeinsamen Lebensqualität der Partner zugutekommen, aber auch den Wert des Hauses, das im Alleineigentum des anderen
Partners steht, erheblich steigern (vgl Löhnig, Vermögensauseinandersetzung bei faktischen
Lebensgemeinschaften, in: Grziwotz [Hrsg], Notarielle Gestaltung bei geänderten Familienstrukturen [2012] S 74)?

ee)   Insbesondere: Familienwohnung

133b   Verfährt der BGH bei der Anwendung des Gesellschaftsrechts (vgl Rn 95 ff) restriktiv,
so wird in vielen Fällen der gemeinsamen Anschaffung oder Renovierung einer
selbst bewohnten Eigentumswohnung, welche im Eigentum eines Partners steht, nur
ein Ausgleich nach den Grundsätzen über den Wegfall der Geschäftsgrundlage in
Betracht kommen, soweit partnerschaftsbezogene Zuwendungen geflossen sind oder
Arbeitsleistungen erbracht wurden. Die Ausgleichsbeträge werden – im Vergleich zu
einer Anwendung gesellschaftsvertraglicher Mechanismen – eher gering sein; bei der
Bemessung ist insb zu berücksichtigen, ob und in welchem Umfang derjenige, der
Zuwendungen oder Arbeitsleistungen erbracht hat, selbst von den Resultaten pro-
fitieren konnte. Der gegenwärtige Rechtszustand ist insofern unbefriedigend, als
keine trennscharfe Abgrenzung zwischen den Rechtsinstituten der Auseinandersetzung nach Gesellschaftsrecht und des Wegfalls der Geschäftsgrundlage erkennbar
ist. Eine solche wäre allenfalls dann möglich, wenn man die Rückabwicklung part-
nerschaftsbezogener Zuwendungen oder Arbeitsleistungen auf die Fälle beschränkte, in denen gerade kein gemeinsamer Wert geschaffen wurde, also etwa bei der
Überschreibung eines halben Hausgrundstücks oder eines Depotbestands auf den
Partner, um dessen Absicherung im Alter zu erreichen und/oder um Teilhabegerechtigkeit für den Partner, der den Haushalt führt und Kinder erzieht, herzustellen,
während bei Schaffung eines gemeinsamen Wertes stets das Gesellschaftsrecht heranzuziehen wäre.

ff)   Ausgleich im Todesfall

134   Nach dem **Tod des Partners**, der eine **Zuwendung gemacht** oder seine Arbeitskraft
eingesetzt hat, und dadurch bedingter Auflösung der faktischen Lebensgemeinschaft
kommt ein Anspruch der Erben wegen Geschäftsgrundlagenstörung idR nicht in
Betracht, denn es fehlt an einer solchen Störung. Vielmehr hatte die faktische
Lebensgemeinschaft solange Bestand, bis sie durch den Tod eines Partners ein
natürliches Ende gefunden hat, sodass die faktische Lebensgemeinschaft gerade
nicht gescheitert ist. Diese Annahme sichert also den überlebenden Partner vor
Ansprüchen der Erben des Zuwendenden. Nach zutreffender Auffassung des BGH
ist deshalb mit dem Ableben des Zuwendenden sein früherer Partner grds nicht zu
einem Ausgleich verpflichtet, auf den der Zuwendende zu Lebzeiten selbst keinen
Anspruch gehabt hätte (BGH NJW 2010, 998 Rn 26). Die Geschäftsgrundlage muss
jedoch nicht stets in der Weise beschaffen sein, dass eine Störung nur durch Trennung, aber nicht durch Tod eintritt. Wendet ein Partner dem anderen Partner einen
großen Geldbetrag zu, weil er im Voraus Teilhabegerechtigkeit in der aufgrund des
Lebensalters der Partner erwarteten langjährigen Partnerschaft herstellen möchte,
und verstirbt dann kurze Zeit später, so mag man an der generellen Geltung der vom

BGH aufgestellten Annahme zweifeln. Unabhängig von diesen Ansprüchen aus dem allgemein-zivilistischen Güterrecht der Solidargemeinschaft sind Pflichtteils- und Pflichtteilsergänzungsansprüche der Erben des Zuwendenden in Betracht zu ziehen.

Etwas anderes wird hingegen häufig gelten, wenn die faktische Lebensgemeinschaft **135** durch den **Tod des Zuwendungsempfängers** beendet worden ist, sodass der Zuwendende nun nicht mehr an dem zugewendeten Vermögensgegenstand oder den Früchten der erbrachten Arbeitsleistungen partizipieren kann, weil die betreffenden Gegenstände an die Erben gefallen sind. Gleiches gilt, wenn die Zuwendung zur Herstellung von Teilhabegerechtigkeit und zur Absicherung im Alter diente: Hier kann nach dem Tode des Zuwendungsempfängers genauso abgerechnet werden wie nach der Beendigung der faktischen Lebensgemeinschaft durch Trennung; die Geschäftsgrundlage dürfte ganz regelmäßig auch in dieser Weise gefasst sein.

e) Ausgleichsansprüche aus Auftrag und Geschäftsbesorgung
Wendet man §§ 705 ff, §§ 313, 346 ff und §§ 812 ff konsequent an, so erübrigt es sich **136** zumeist, Leistungen, die im Interesse des Zusammenlebens erbracht wurden, nach § **670** abzuwickeln. Auftragsrecht kann jedoch anwendbar sein, wenn die **Leistung** mit der faktischen Lebensgemeinschaft in keinem unmittelbaren Zusammenhang steht. Erfolgt die Leistung hingegen in unmittelbarem Zusammenhang mit der Verwirklichung der faktischen Lebensgemeinschaft, ist Auftragsrecht **nicht** anwendbar (LG Bamberg NJW 1988, 1219 = FamRZ 1988, 59; OLG Oldenburg NJW 1986, 1817, 1818 = FamRZ 1986, 465; BGH NJW 1983, 1055 = FamRZ 1983, 349). Allerdings hat das OLG Köln (OLG-Report Köln 1995, 51) schon im Fall der Verwaltung eines Sparkontos für den Partner ein Auftragsverhältnis angenommen.

Von dem betroffenen Partner wird es regelmäßig als besonders hart empfunden, **137** wenn er nach der Trennung einen **Kredit** abzahlen muss, der ausschließlich dem anderen Partner zugutegekommen ist und nicht der bloßen Verwirklichung des täglichen Zusammenlebens diente. Die Rechtsprechung hat es vor allem mit Fällen zu tun, in denen der eine Teil durch die Aufnahme eines Kredits eine Altschuld des anderen Partners tilgte oder in denen der eine Partner mit einem Kredit eine Sache finanzierte, die im Alleineigentum des anderen blieb. Der BGH (NJW 1981, 1502 = FamRZ 1981, 530; krit HAUSMANN/HOHLOCH/HAUSMANN Rn 4/212 ff; SCHWAB FamR Rn 841) differenziert hier zwischen den Leistungen, die während des Bestehens der faktischen Lebensgemeinschaft erfolgten, und denen, die nach der Trennung erfolgten bzw noch zu leisten sind; ein Erstattungsanspruch nach § 670 kommt nach Auffassung des BGH nur für die nach der Trennung bestehende Restschuld in Betracht (genauso OLG Frankfurt NJW 1985, 810 = FamRZ 1984, 1013, 1014; OLG Düsseldorf OLG-Report 1993, 310; OLG Saarbrücken FamRZ 1998, 738).

Der BGH (NJW 1981, 1502 = FamRZ 1981, 530) hat **Geschäftsbesorgung** in einem Fall **138** angenommen, in dem beide Partner einen eigenen Pkw fuhren und einer von ihnen einen über die Trennung hinauswirkenden Kredit für die Anschaffung des nur beruflich genutzten Pkw des anderen aufgenommen hatte, also zu dessen **alleiniger Nutzung**. Ein Ausgleichsanspruch wurde allerdings nur auf den Darlehensteil zuerkannt, der nach Auflösung der faktischen Lebensgemeinschaft noch zu begleichen war (dazu auch OLG Celle NJW 1983, 1063). Die Zins- und Tilgungsleistungen während des Bestehens der faktischen Lebensgemeinschaft sah das Gericht als nicht ersatzfähig an, weil sie der gemeinsamen Lebensführung dienten. Das OLG Oldenburg (NJW 1986, 1817 = FamRZ 1986, 465) hat hingegen ein Auftragsverhältnis zwischen den Partnern zu Recht abgelehnt, wenn der Kredit zur Finanzierung eines **gemeinsam genutzten** Pkw aufgenommen wurde. Die in diesem Zusammenhang geleisteten Zahlungen stellen lediglich einen Beitrag zur Verwirklichung der Lebensgemeinschaft dar und könnten nach der Trennung vom Partner nicht abgerechnet werden.

139 Der **Aufteilung** des BGH zwischen den Tilgungsleistungen während und nach der faktischen Lebensgemeinschaft kann **nicht zugestimmt** werden. Die Art der Finanzierung rechtfertigt keine unterschiedliche Behandlung desjenigen Partners, der finanzielle Aufwendungen gemacht hat. Ein Erstattungsanspruch ist vielmehr unabhängig davon zu prüfen, ob die Zuwendung durch einen Kredit ermöglicht wurde oder aus Barmitteln erfolgte. Im Ergebnis ist freilich der oben genannten Entscheidung zuzustimmen, da immerhin ein Anspruch gewährt wurde, was bei Barzahlung möglicherweise nicht geschehen wäre. Offensichtlich will die Rechtsprechung hier verhindern, dass sich im Fall einer Darlehensschuld die faktische Lebensgemeinschaft noch nachträglich negativ auswirkt. Dagegen verweigerte das OLG Oldenburg (NJW 1986, 1817 = FamRZ 1986, 465) einen Ausgleichsanspruch mit der Begründung, ein Partner, der langlebige Güter anschaffe, dürfe nicht besser gestellt werden als einer, der für den täglichen Bedarf einkaufe.

140 Unklar ist die Linie der Rechtsprechung bei der Umschuldung von **Altschulden** des einen Partners auf den anderen. Das OLG Frankfurt (NJW 1985, 810 = FamRZ 1984, 1013) hat einem Partner, der im alleinigen Interesse seines Lebensgefährten einen von diesem schon vor der faktischen Lebensgemeinschaft aufgenommenen Kredit durch einen neuen Kredit abgelöst hatte, einen Aufwendungsersatzanspruch zugesprochen. Dagegen versagte der IV. Senat des OLG Karlsruhe (FamRZ 1986, 1095; dazu KOCH FamRZ 1987, 240 u WEBER JR 1988, 309, 315) in einem ähnlich gelagerten Sachverhalt jegliche Ansprüche und nahm eine Schenkung der gesamten, zur Zeit der Trennung noch nicht abgelösten Kreditsumme an. Der XI. Senat des OLG Karlsruhe (NJW-RR 1994, 1157) wickelt diese Fälle nach den Regeln über den Wegfall der Geschäftsgrundlage ab.

f)   Innenausgleich bei Gesamtschuldnern und -gläubigern; Bürgschaft
141 Vor allem im geschäftlichen Verkehr mit Banken werden die Partner im Außenverhältnis häufig als Gesamtschuldner haften bzw (zB im Fall eines gemeinsamen Kontos) als Gesamtgläubiger berechtigt sein. Auch im übrigen Rechtsverkehr ist eine gesamtschuldnerische Haftung denkbar.

142 aa)   Eine entsprechende Mitverpflichtung (bzw Mitberechtigung) des Partners wird jedoch nicht bereits über § 1357 begründet, da diese Vorschrift im Rahmen der faktischen Lebensgemeinschaft keine Anwendung findet. Ob ein Lebensgefährte neben dem anderen Partner Mitdarlehensnehmer ist oder lediglich im Wege des Schuldbeitritts die Mithaftung übernommen hat, beurteilt sich nicht nach der im Darlehensvertrag gewählten Formulierung, zB „Mitdarlehensnehmer" oder „Mitschuldner", sondern allein nach den Verhältnissen auf Seiten der Vertragsgegner des Kreditgebers. Eine echte Mitdarlehensübernahme liegt nur dann vor, wenn der Partner des Kreditnehmers ein eigenes Interesse an der Kreditaufnahme hat und damit im Wesentlichen gleichberechtigt über die Auszahlung sowie über die Verwendung der Darlehensvaluta mitentscheiden darf (BGH NJW 2002, 744). Bei der Prüfung der Wirksamkeit eines Schuldbeitritts ist an § 138 Abs 1 zu denken.

Haften die Ex-Partner als Gesamtschuldner, so kommt es im Innenverhältnis nach **143** § 426 Abs 1 S 1 grundsätzlich zu einer **hälftigen Teilung** der Verbindlichkeit. Die Rechtsprechung geht allerdings davon aus, dass die Partner einer faktischen Lebensgemeinschaft regelmäßig eine anderweitige Bestimmung im Sinne dieser Vorschrift getroffen haben (BGH NJW 1980, 1530 = FamRZ 1980, 664). Eine solche Vereinbarung muss nicht auf einer ausdrücklichen Absprache beruhen, sondern kann sich auch aus der Natur der Sache oder dem Inhalt des in Frage stehenden Rechtsgeschäfts ergeben.

Zu den Eigenarten einer faktischen Lebensgemeinschaft gehört, dass Leistungen, **143a** die im gemeinsamen Interesse liegen, von demjenigen Teil erbracht werden, der gerade dazu in der Lage ist. Ein späterer Ausgleich ist nicht vorgesehen. Daher lehnen die Gerichte bei gemeinsamer Kreditaufnahme einen Ausgleichsanspruch nach § 426 für die erbrachten Tilgungsleistungen im Normalfall ab. Denn die oben Rn 89 erörterte Grundregel gilt auch hier: Ein Ausgleich für die während des Bestehens der faktischen Lebensgemeinschaft geleistete Tilgung erfolgt jedenfalls dann nicht, wenn das Darlehen der **Finanzierung des täglichen Lebens** diente (BGH FamRZ 2010, 277, 279).

Für die im Zeitpunkt der Trennung bestehende **Restschuld** der Finanzierung des **143b** **Alltäglichen** aber dürfte der BGH, dies jedenfalls legt ein Blick auf die jüngste Rechtsprechung zum Umgang mit Schulden nach Ehescheidung nahe, § 426 Abs 1 mit der Vermutung hälftiger Haftung im Innenverhältnis anwenden. Dies dürfte auch dann gelten, wenn die Partner ein Hausfrauenmodell gelebt hatten und deshalb der Mann bislang das Darlehen getilgt hat, während die Familienarbeit der Frau als gleichwertig angesehen worden war. Dieser Halbteilungsgrundsatz gilt für den BGH (BGH NJW-RR 2010, 1513, 1514 = FamRZ 2010, 1542, 1544) unabhängig davon, wer formal Darlehensnehmer ist, also auch – so jüngst für Ehegatten – wenn die Partner „nicht Gesamtschuldner eines Darlehens sind, sondern ein Ehegatte im Interesse auch des anderen ein Darlehen aufgenommen hat und zu entscheiden ist, ob ein Ausgleichs- oder Freistellungsanspruch des Darlehensnehmers" besteht; die Ausgleichspflicht ergebe sich „aus besonderer Vereinbarung" (vgl Löhnig, Vermögensauseinandersetzung bei faktischen Lebensgemeinschaften, in: Grziwotz [Hrsg], Notarielle Gestaltung bei geänderten Familienstrukturen [2012] S 77).

Diente die Aufnahme des Darlehens hingegen der Finanzierung des **Nichtalltägli-** **143c** **chen**, bleibt vor dem Hintergrund der jüngsten BGH-Rechtsprechung (BGH NJW 2010, 998 = FamRZ 2010, 277) unklar, wie sich Ansprüche desjenigen, der eine Zuwendung an den Partner darlehensfinanziert hat, aus § 426 zu Ansprüchen wegen Geschäftsgrundlagenstörung des Zuwendungsvertrages verhalten, die in der Regel weniger weit reichen. Nach folgerichtigen Erwägungen kann es für den Vermögensausgleich nach Scheitern der faktischen Lebensgemeinschaft nicht auf die Frage ankommen, ob eine Zuwendung finanziert war oder nicht. Ein Erstattungsanspruch ist vielmehr unabhängig davon zu prüfen, ob die Zuwendung durch einen Kredit ermöglicht wurde oder aus Barmitteln erfolgte.

144   Im Fall des **Todes** eines Partners geht eine eventuelle hälftige Verpflichtung des Verstorbenen auf seine Erben über. Ausschlaggebend sind hier – wie auch im gesetzlichen Regelfall des § 426 – die ausdrücklichen bzw stillschweigenden Absprachen im Innenverhältnis der Partner. Bloße Zumutbarkeitserwägungen können hingegen nicht zu einer vollen Verpflichtung des Überlebenden führen. Im Extremfall müssen die Erben ihre Erbschaft ausschlagen, um den entstandenen Verbindlichkeiten zu entgehen.

145 bb)   Häufig übernehmen die Partner einer faktischen Lebensgemeinschaft durch schriftliche Erklärung eine **Bürgschaft** für Verbindlichkeiten des anderen Teils. Die Grundsätze, die die Rechtsprechung zur Sittenwidrigkeit einer Bürgschaft durch einen Ehepartner oder Angehörigen entwickelt hat, finden dann entsprechende Anwendung (OLG Zweibrücken NJW-RR 1995, 433; BGH NJW 1995, 592 = FamRZ 1995, 469; BGH NJW 1997, 1005 = FamRZ 1997, 481; BGH NJW 1997, 3372 = FamRZ 1998, 85; BGH FamRZ 2000, 736; OLG Dresden WM 2003, 277; PALANDT/BRUDERMÜLLER Einl v § 1297 Rn 23). Danach ist ein Bürgschaftsvertrag unwirksam, wenn er mit **ungewöhnlichen Belastungen** für den Bürgen verbunden ist und das Ergebnis einer strukturell ungleichen Verhandlungsstärke darstellt (BVerfG NJW 1994, 36 = FamRZ 1994, 151; BVerfG NJW 1996, 2021 = ZIP 1996, 956; LÖHNIG JA 1998, 760). Insbesondere ist eine Bürgschaft dann nichtig, § 138 Abs 1, wenn der aus emotionaler Verbundenheit mit dem Hauptschuldner handelnde Bürge finanziell krass überfordert wird und sich die Bürgschaft aus Sicht eines vernünftig denkenden Gläubigers deshalb als wirtschaftlich sinnlos erweist (BGH FamRZ 2001, 736, 737).

146   Eine **krasse Überforderung** wird regelmäßig dann zu bejahen sein, wenn der Bürge noch nicht einmal die laufenden Zinsen aufzubringen vermag. In der genannten BGH-Entscheidung hatte der nichteheliche Lebensgefährte eine Bürgschaft für die Finanzierung des Baus einer Villa in Höhe von 1 650 000 DM übernommen. Die monatliche Zinsbelastung betrug 12 375 DM bei einem Erwerbseinkommen von 4000 DM. In dem bloßen Mitbewohnen der Villa sieht der BGH keinen Vorteil, der die hoffnungslose Überschuldung und ein Handeln allein aus emotionaler Verbundenheit auszugleichen vermag (BGH FamRZ 2001, 736, 738). Etwas anderes gilt jedoch vielfach dann, wenn für den Bürgen eine rechtliche Beteiligung an dem finanzierten Objekt – hälftiges Miteigentum an einem Hotelbetrieb – konkret vorgesehen ist (BGH FuR 2003, 464, 466 f). Das OLG Dresden hat ein eigenes, die emotionale Verbundenheit voll ausgleichendes wirtschaftliches Eigeninteresse bejaht für den Fall, dass der Bürge im Betrieb des Hauptschuldners eine mitunternehmerähnliche Stellung innehat (OLG Dresden WM 2003, 277, 279). Allerdings kann aus der rechtlichen Beteiligung des Partners an dem finanzierten Objekt allein nicht stets auf fehlende Sittenwidrigkeit geschlossen werden, vor allem dann nicht, wenn diese Beteiligung auf Veranlassung des Kreditgebers geschieht, der auf diese Weise die Bürgschaft aus dem Anwendungsbereich des § 138 Abs 1 herausnehmen möchte (LEISS MittBayNot 2005, 199 ff).

147   Liegt nach diesen Maßstäben eine wirksame Bürgschaft vor, so stellt sich die Frage, ob der vom Gläubiger in Anspruch genommene Bürge nach einer Trennung bei seinem ehemaligen Partner Rückgriff nehmen kann, § 774 Abs 1. Die Rechtsprechung der Instanzgerichte ist hier nicht einheitlich. Das LG Bamberg (NJW 1988, 1219 = FamRZ 1988, 59) hat einen solchen – selbst anteiligen – Ausgleichsanspruch grundsätzlich abgelehnt. Wenn der vom Schuldner aufgenommene Kredit zur Anschaffung gemeinsam genutzter Gegenstände eingesetzt worden sei, dann leiste auch der Bürge mit seiner Zahlung an den Gläubiger lediglich einen Beitrag zur Verwirklichung des Zusammenlebens. Der höchstrichterliche Grundsatz, dass gegenseitige Ausgleichsansprüche nach Auflösung einer nichtehelichen Gemeinschaft prinzipiell ausgeschlossen sind, gelte konsequenterweise auch in diesem Fall. Es mache keinen Unterschied, ob eine Leistung an einen Gläubiger oder direkt an den Partner erfolgt ist. Das OLG Hamm (NJW-RR 1989, 624) hat dem zahlenden Bürgen dagegen einen vollen Rückgriffsanspruch gegen seinen ehemaligen Lebensgefährten zugesprochen. Dafür spreche, dass die Parteien bei der Ausgestaltung ihrer Rechtsverhältnisse eine Bürgschaft und nicht etwa einen Schuldbeitritt oder ein eigenes Darlehen des späteren Bürgen gewählt hätten. Das Zusammenleben in einer nichtehelichen Lebensgemeinschaft und das gemeinsame Interesse an dem Kredit genügten nach Auffassung des Gerichts nicht, um eine abweichende Vereinbarung iSv § 774 Abs 1 S 3 zu vermuten. Hier sei der Schuldner vielmehr in vollem Umfang beweispflichtig.

Vor dem Hintergrund der gewandelten Rechtsprechung des BGH zur Auseinander- **148** setzung von faktischen Lebensgemeinschaften kann die Argumentation des LG Bamberg nicht mehr überzeugen. Dem OLG Hamm ist allerdings entgegenzuhalten, dass es oftmals auf Zufällen beruht, ob die Parteien eine Bürgschaft oder einen Schuldbeitritt vereinbaren. Beide Konstellationen sollten vielmehr nach den gleichen Grundsätzen behandelt werden. Grundsätzlich besteht also ein Rückgriffsanspruch. Etwas anderes gilt jedoch bei Vorliegen einer Abrede, in der die Partner einen Rückgriff des Bürgen nach § 774 Abs 1 ausgeschlossen haben. Bei der Beantwortung der Frage nach einem solchen stillschweigenden Ausschluss kommt es auf den Darlehenszweck (Rn 142) an.

cc)   Haben die Partner ein **gemeinsames Konto** in Form eines Oder-Kontos (also **149** mit Einzelverfügungsbefugnis) errichtet, so sind sie Gesamtgläubiger, § 428 (KG NJW 1976, 807). Nach § 430 besteht im Innenverhältnis eine hälftige Berechtigung, wenn nichts anderes vereinbart ist. Unterschiedliche Beiträge allein sind kein zwingendes Indiz für unterschiedliche Berechtigung. Für die Teilung ist der Tagessaldo zur Zeit der Trennung entscheidend. Hebt ein Partner in böser Absicht vor der Trennung höhere Beträge für sich ab, so macht er sich ausgleichspflichtig. Haben die Partner das gemeinsame Konto als Und-Konto errichtet, sodass sie über das Konto nur gemeinsam verfügen können, liegt regelmäßig eine Bruchteilsgemeinschaft vor, bei der die Partner Mitgläubiger der Forderung sind (vgl BGH NJW 1991, 420).

Lautet das Konto **auf den Namen eines Partners**, so steht es in der Regel auch diesem **150** zu, selbst wenn Beiträge des anderen auf dieses Konto geflossen sind (OLG Frankfurt NJW 1982, 1885 = FamRZ 1982, 265; OLG Düsseldorf FamRZ 1979, 581). Handelt es sich bei diesen Zahlungen um Beiträge zur Verwirklichung der faktischen Lebensgemeinschaft, so kommt eine gesellschaftsrechtliche Auseinandersetzung im Innenverhältnis nicht in Betracht; eine Ausnahme sollte aber dann zugelassen werden, wenn die **gemeinsame Benutzung** des Kontos auf Grundlage einer Kontovollmacht des anderen Partners auf eine Bruchteilsgemeinschaft der Partner an dem Konto hinweist (so für Ehegatten OLG Brandenburg FamRZ 1997, 363). Etwas anderes gilt darüber hinaus dann, wenn durch die Gelder ein vom Bestand der nichtehelichen Lebensgemeinschaft unabhängiges **gemeinsames Vermögen** etwa zur Altersversorgung (Wertpapierdepot, Sparbücher etc) geschaffen werden sollte. In diesen Fällen ist eine Abwicklung nach den gesellschaftsrechtlichen Regeln denkbar. Hat ein Partner das Konto seines Lebensgefährten verwaltet, so muss er ihm Rechenschaft über den Verbleib der abgehobenen Geldbeträge ablegen. Das OLG Köln, das von einem Auftragsverhältnis zwischen den Parteien ausgeht, stützt diesen Anspruch auf § 666 BGB und lehnt eine Umkehr der Beweislast ab (OLG Köln OLG-Report 1995, 51).

g) Widerruf von Schenkungen

151 **aa)** Vor Prüfung der Widerrufsvoraussetzungen ist zunächst zu klären, ob **überhaupt eine Schenkung** iSd §§ 516 ff vorliegt (BGH FamRZ 1984, 141 mAnm OLZEN JR 1984, 413). Das wird vor allem bei Zuwendungen, die dem täglichen Zusammenleben dienen, nicht anzunehmen sein. Eine Schenkung liegt vielmehr nur vor, wenn die Zuwendung nach dem Willen der Partner unentgeltlich im Sinne echter Freigiebigkeit erfolgt und nicht an die Erwartung des Fortbestehens der faktischen Lebensgemeinschaft geknüpft ist, sondern zur freien Verfügung des Empfängers geleistet wird (BGH NJW 2008, 3277 = FamRZ 2008, 1822 = DNotZ 2009, 52 mAnm LÖHNIG Rn 15 f). Eine lebensgemeinschaftsbezogene Zuwendung (dazu Rn 128 ff)) erfolgt im Gegensatz dazu nach dem Willen der Parteien gerade nicht unentgeltlich, sondern im Hinblick auf die Beiträge des anderen Teils zur Verwirklichung der Lebensgemeinschaft.

152 Der **Widerruf** einer Schenkung ist wegen Verarmung des Schenkers, § 528, und wegen groben Undanks, § 530, möglich. **Grober Undank** liegt jedoch nicht allein in der Auflösung der faktischen Lebensgemeinschaft, weil der Schenker damit jederzeit rechnen musste (BGH FamRZ 1970, 19, 23; GRZIWOTZ FamRZ 2014, 257, 259). Vielmehr müssen Verfehlungen gegenüber dem Schenker vorliegen. Das ist zB der Fall, wenn ein Partner noch Geschenke annimmt, obwohl er schon entschlossen ist, die Gemeinschaft aufzulösen (OLG Hamm NJW 1978, 224; OLG Celle NJW 1983, 1065) oder wenn er andere im Widerspruch zur Lebensgemeinschaft stehende Beziehungen unterhält.

153 Eine wider besseres Wissen erstattete Strafanzeige gegen den Lebensgefährten rechtfertigt ebenfalls den Widerruf von Zuwendungen. Darüber hinaus kann nach der Rechtsprechung des BGH aber auch eine berechtigte Strafanzeige groben Undank darstellen (BGH NJW 1991, 830 = FamRZ 1991, 168). Dies komme zumindest dann in Betracht, wenn der Beschenkte mit seiner Anzeige keine eigenen Interessen verfolge, sondern lediglich allgemeine staatsbürgerliche Rechte wahrnehme. Ausschlaggebend sei, ob der Partner mit seiner Strafanzeige unter Berücksichtigung aller Umstände die geschuldete Dankbarkeit gegenüber dem Schenker vermissen lasse.

154 § 1301, der die Rückforderung erleichtert, kann nicht analog auf die faktische Lebensgemeinschaft angewendet werden. Während Geschenke unter Verlobten typischerweise im Hinblick auf die künftige Ehe, also auch zu einem irgendwie gearteten Vorteil des Schenkers gegeben werden, ist bei Schenkungen im Rahmen einer faktischen Lebensgemeinschaft gewöhnlich anzunehmen, dass sie allein zur Sicherung des Partners gegeben werden. Daher ist § 1301 nur dann anzuwenden, wenn die Partner der faktischen Lebensgemeinschaft gleichzeitig miteinander verlobt waren

und es um die Rückgabe typischer Verlobungsgeschenke (Verlobungsring, Familienschmuck etc) geht (OLG Köln NJW 1995, 2232; STAUDINGER/LÖHNIG § 1301 Rn 2).

Wird eine Schenkung ausnahmsweise zu Recht widerrufen, können die Zuwendungen nach § 531 Abs 2 iVm §§ 812 ff zurückgefordert werden. Dieser Anspruch scheitert auch nicht an **§ 817 S 2**, weil die faktische Lebensgemeinschaft als solche nicht sittenwidrig ist. Auch **Art 6 Abs 1 GG** steht einer Rückforderung nicht entgegen (BGH NJW 1991, 830 = FamRZ 1991, 168). Der Schutz von Ehe und Familie gebietet es nicht, eventuelle Rückgabeansprüche schon deshalb auszuschließen, weil sie die Rückkehr des verheirateten Teils einer faktischen Lebensgemeinschaft zu seinem Ehepartner gefährden könnten. **155**

bb)   Zuwendungen der **Eltern eines Partners** sieht der BGH (NJW 2010, 2022) nunmehr nicht mehr als unbenannte Zuwendungen, sondern als **Schenkungen** an, Bauen die Partner gemeinsam ein Haus, und haben die Eltern des einen Lebensgefährten in erheblichen Maße zum Hausbau – sei es durch finanzielle Unterstützung oder Arbeitsleistungen – beigetragen, kann ihnen ein Ausgleichsanspruch nach den Grundsätzen des Wegfalls der Geschäftsgrundlage zustehen, weil die Geschäftsgrundlage des Schenkungsvertrages mit der Trennung der Partner entfallen ist; das gilt trotz der Existenz spezieller Regelungen zur Geschäftsgrundlagenstörung im Schenkungsrecht (zB § 530). **156**

V.   Faktische Lebensgemeinschaft im Erbrecht

1.   Erbeinsetzung

a)   Der Partner einer faktischen Lebensgemeinschaft kann de lege lata **nicht gesetzlicher Erbe** des anderen sein (OLG Saarbrücken NJW 1979, 2050 = FamRZ 1979, 796; SCHWAB, FamR Rn 868). De lege ferenda wird eine Beteiligung am Nachlass zumindest in Härtefällen diskutiert (DEUPLER ZRP 1975, 136, 142; BOSCH FamRZ 1980, 849, 853; LEIPOLD AcP 180, 160, 180 f; LANGE JZ 2010, 1133). Haben die Partner also keine testamentarische Erbregelung getroffen, so fällt der Nachlass des Verstorbenen ohne weiteres den gesetzlichen Erben zu. Dies gilt selbst dann, wenn darin wesentliche Vermögenswerte des überlebenden Teils enthalten sind (OLG Frankfurt FamRZ 1981, 253). Bei Bestehen einer testamentarischen Erbregelung kommt bei Fehlen einer Ersatzerbeneinsetzung eine analoge Anwendung des § 2069 in Betracht, sodass ersatzweise die Kinder des Bedachten erben; dies ist für den Einzelfall zu prüfen und kommt vor allem dann in Betracht, wenn es sich um sozial gemeinsame Kinder handelt (GRZIWOTZ FamRZ 2014, 257, 261). **157**

b)   Die **Testierfreiheit** zugunsten des Partners wird – wie stets – lediglich durch **§ 138 Abs 1** beschränkt. Die bloße Erwartung, die letztwillige Verfügung zugunsten des Partners werde auch das intime Zusammenleben fördern, reicht nicht aus, um derartige Verfügungen als sittenwidrig zu beanstanden. Es gilt vielmehr die Regel, dass in einer auf Dauer angelegten und von inneren Bindungen getragenen nichtehelichen Lebensgemeinschaft eine Zuwendung an den Partner nicht gegen die guten Sitten verstößt. Spätestens seit Inkrafttreten des Prostitutionsgesetzes kann zudem auch eine letztwillige Zuwendung, durch die ausschließlich sexuelle Kontakte entlohnt werden sollen, nicht mehr als sittenwidrig angesehen werden (ARMBRÜSTER **158**

NJW 2002, 2763, 2765). Wenn § 1 S 1 dieses Gesetzes die Vereinbarung eines Entgelts für sexuelle Kontakte für rechtsverbindlich erklärt, kann eine solche Vereinbarung nicht gleichzeitig wegen Sittenwidrigkeit für nichtig gehalten werden. Dann aber können auch entlohnende Zuwendungen von Todes wegen nicht als sittenwidrig angesehen werden, denn für Verfügungen von Todes wegen kann insoweit kein strengerer Sittenwidrigkeitsmaßstab gelten.

159 Die Erbeinsetzung eines Partners kann jedoch ausnahmsweise dann als **sittenwidrig** angesehen werden, wenn hierdurch der Ehepartner oder nahe Angehörige des Erblassers in kränkender Weise zurückgesetzt werden. Dabei ist jedoch zu beachten, dass gerade nach langjährigem faktischen Zusammenleben aber ganz im Gegenteil gerade sogar eine moralische Pflicht zur Unterhalts- bzw Alterssicherung des Partners bestehen kann (BGH FamRZ 1983, 53, 55 = JZ 1983, 606). Eine **Zurücksetzung** etwa der ehelichen Familie liegt nicht schon in der Enterbung zugunsten eines faktischen Lebenspartners, denn ein Minimum familiärer Solidarität wird bereits durch das Pflichtteilsrecht erzwungen. Etwas anderes kann ausnahmsweise dann gelten, wenn der Enterbte trotz des Pflichtteils in wirtschaftliche Not gerät (BayObLG FamRZ 2002, 915). Vor allem beim Vorhandensein minderjähriger oder im Studium befindlicher Kinder des Erblassers kann die alleinige Erbeinsetzung des Partners zu missbilligen sein, wenn nicht auf andere Weise für diese Kinder vorgesorgt wurde. Feste Regeln bestehen allerdings nicht – es kommt hier auf den Gesamtcharakter der Verfügung und auf die Lebensverhältnisse im konkreten Fall an (zur Abwägung BGH NJW 1970, 1273, 1275; BGH FamRZ 1983, 53, 55 = JZ 1983, 606; BayObLG FamRZ 1984, 1153; BayObLG FamRZ 1992, 226; SOERGEL/HEFERMEHL § 138 Rn 223). Wesentliche Umstände sind die Dauer der nichtehelichen Lebensgemeinschaft und der Ehe, die Verhältnisse während der Ehe und die Nähe der Verwandtschaft.

160 Eine kränkende und deshalb sittenwidrige Zurücksetzung kann auch anzunehmen sein, wenn die eheliche Familie zu **ständigen Kontakten** mit dem Partner gezwungen wird, die nach dem bisherigen Verlauf der Dinge unzumutbar sind (OTTE JA 1985, 192, 197). Das kann etwa dann der Fall sein, wenn der Partner als Testamentsvollstrecker eingesetzt wird (MICHALSKI, Erbrecht Rn 408) und bisher keine Kontakte oder allein Zwistigkeiten zwischen der ehelichen Familie und ihm bestanden. Es ist jedoch darauf zu achten, dass über den Umweg der „ideellen Kränkung" nicht doch wieder moralisierende Aspekte (Ehebruch, angebliche Nähe zur Prostitution) Eingang in die Beurteilung finden.

161 c) Ein **gemeinschaftliches Testament** können die Partner nicht errichten, weil dies Eheleuten, § 2265, und eingetragenen Lebenspartnern, § 10 Abs 4 LPartG, vorbehalten ist (OLG Düsseldorf FamRZ 1997, 518; SCHWAB, FamR Rn 868; GRZIWOTZ ZEV 1994, 267). Diese Privilegierung hat das BVerfG bestätigt (BVerfG NJW 1989, 1986). Die Ungleichbehandlung gegenüber Verlobten und nichtehelichen Lebensgefährten ist verfassungsrechtlich nicht zu beanstanden, weil die Besonderheiten des ehelichen Güterrechts es nahelegen, den Ehepartnern die gemeinschaftliche Regelung ihrer erbrechtlichen Verhältnisse zu erleichtern. Eine entsprechende Verfügung faktischer Lebenspartner kann aber gem § 140 BGB in Einzeltestamente umgedeutet werden (OLG Frankfurt FamRZ 1979, 347; OLG Braunschweig ZEV 2005, 484; RADDATZ, Die zivilrechtliche Stellung des überlebenden nichtehelichen Partners [1985] 67 ff; BGH NJW-RR 1987, 1410 = DNotZ 1988, 178, wo sogar nur ein Partner unterschrieben hatte).

2. Keine automatische Unwirksamkeit der Erbeinsetzung bei Trennung

Wird die faktische Lebensgemeinschaft schon vor dem Tod des Erblassers beendet, **162** so gilt seine testamentarische Verfügung zugunsten des Partners grundsätzlich fort. Streitig ist, ob § 2077 Abs 2 analog anzuwenden ist und deshalb eine letztwillige Verfügung zugunsten des Partners **automatisch unwirksam** ist, wenn die nichteheliche Lebensgemeinschaft vor dem Erbfall aufgelöst wurde. Die Antwort wirkt sich im Hinblick auf § 2077 Abs 3 vor allem auf die Beweislastverteilung aus: Bejaht man eine analoge Anwendung, hat der überlebende Ex-Partner die Fortgeltung der letztwilligen Verfügung nach § 2077 Abs 3 zu beweisen. Verneint man diesen Automatismus, obliegt es den interessierten Dritten – also in der Regel den gesetzlichen Erben – nachzuweisen, dass das Testament nach dem Willen des Erblassers nur gelten solle, wenn die Partnerschaft bis zum Tode fortbestanden habe, § 133, oder dass der Erblasser zumindest eine entsprechende Erwartung hegte, deren Fehlschlagen zur Anfechtung berechtigt, § 2078.

Die gängige Auffassung wendet § 2077 Abs 2 **nicht analog** an (BayObLG FamRZ 1983, **163** 1226; OLG Celle ZEV 2003, 328 mAnm Leipold; MünchKomm/Leipold § 2077 Rn 11; Soergel/ Loritz § 2077 BGB Rn 13; AnwKomm/Beck § 2077 BGB Rn 16). Angesichts der Vielgestaltigkeit der nichtehelichen Beziehungen entspreche es eher der Gerechtigkeit, den Lebensgefährten bei der Beweislastverteilung grundsätzlich zu begünstigen. Eine derartige Begünstigung der Partner im Vergleich zu Ehegatten, deren Beziehungen auch recht vielgestaltig sein können, lässt sich jedoch nicht rechtfertigen. Hinzukomme, so wird gesagt, dass der Gesetzgeber mit Recht davon ausgehen konnte, dass Ehescheidungen und Verlöbnisauflösungen prinzipiell wegen gegenseitiger Abneigung und Zerrüttung des Verhältnisses erfolgen; derartiges könne bei nichtehelichen Lebensgemeinschaften nicht mit derselben Allgemeingültigkeit behauptet werden. Das erscheint insbesondere angesichts der häufigen Funktion der faktischen Lebensgemeinschaft als Probe- oder Ersatzehe freilich fraglich.

Entscheidendes Argument gegen die Analogie ist jedoch, dass § 2077 an formali- **164** sierte Voraussetzungen anknüpft, während die Beendigung einer nichtehelichen Beziehung nicht immer offenkundig und ebenso leicht nachweisbar ist. Dem Testator ist es angesichts dieser Unsicherheiten zuzumuten, seine letztwillige Verfügung einer neuen Situation anzupassen; die Unterschiede beider Auffassungen wiegen jedoch deshalb nicht so schwer, wie es scheint, weil in vielen Fällen bereits im Wege der Auslegung ein eindeutiges Ergebnis erzielt werden kann, sodass es auf §§ 2077, 2078 überhaupt nicht ankommt. Den Partnern ist jedenfalls zu empfehlen, gegebenenfalls eine entsprechende Unwirksamkeitsklausel in das Testament aufzunehmen.

3. Rechte und Pflichten des überlebenden Partners

Beim Tod eines Partners können den Überlebenden die **Auskunftspflichten** aus **165** §§ 2027, 2028 treffen, wenn die Partner zusammengelebt haben. Hält sich der überlebende Partner zu Unrecht für den Erben des Verstorbenen und hat deshalb Erbschaftsgegenstände in Besitz genommen, so hat er als Erbschaftsbesitzer, § 2018, dem Erben Auskunft über den Bestand der Erbschaft und den Verbleib der Erbschaftsgegenstände zu geben, § 2027. Aber auch in anderen Fällen ist er als Hausgenosse des Verstorbenen zu diesen Auskünften verpflichtet, die er gegebenenfalls beeiden muss, § 2028.

166 Aufgrund des Zusammenlebens ist der überlebende Partner andererseits auch in den Schutzbereich des § 1969 einbezogen und hat einen Anspruch gegen die Erben auf den **Dreißigsten** (OLG Düsseldorf NJW 1983, 1566 = FamRZ 1983, 274; STAUDINGER/MAROTZKE [2008] § 1969 Rn 4; LIEB, Gutachten zum 57. Deutschen Juristentag [1988] A 83 f; HAUSMANN 33; SCHWAB, FamR Rn 868; **aA** STEINERT NJW 1986, 683, 686). Er kann also von den Erben seines verstorbenen Partners in den ersten dreißig Tagen nach dem Tod in der gleichen Weise Unterhalt verlangen, wie ihn der Verstorbene geleistet hat; auf eine gesetzliche Unterhaltspflicht kommt es nicht an. § 1969 erfasst alle dem Erblasser nahestehenden und deshalb in seinem Haushalt lebende Personen, denen nach dem Tod des Erblassers eine Dreißigtagesfrist zur Einstellung auf die neue Situation gegeben werden soll. Dieser Normzweck, ein gleichsam auf dreißig Tage begrenzter Vertrauensschutz, trifft auch auf den überlebenden Teil einer faktischen Lebensgemeinschaft zu.

167 Dagegen steht dem überlebenden Partner ein Recht auf den **Voraus**, § 1932, nicht zu. De lege ferenda erscheint eine Regelung sinnvoll, die den kleinen Voraus, § 1932 Abs 1 S 2, bei Vorliegen eines auf Dauer angelegten gemeinsamen Haushalts dem jeweiligen Partner zuweist. Das ist insbesondere für die immer zahlreicher werdenden faktischen Lebensgemeinschaften oder Solidargemeinschaften älterer Menschen von existentieller Bedeutung. Nach geltender Rechtslage muss nämlich der überlebende Partner den Hausrat, mit dem die Partner über Jahre hinweg gelebt haben, an die Erben des Verstorbenen herausgeben, für die er oft ohne materiellen und ideellen Wert ist (HAUSMANN/HOHLOCH/KOUTSES Rn 7/21); der überlebende Partner ist deshalb allein auf das nicht stets vorhandene Wohlwollen der Erben angewiesen.

168 Machen Pflichtteilsberechtigte gegen den überlebenden Partner **Pflichtteilsergänzungsansprüche** aus §§ 2325, 2329 geltend, weil der Erbe zur Ergänzung des Pflichtteils nicht verpflichtet ist, so muss zunächst festgestellt werden, ob überhaupt eine Schenkung vorlag (Rn 151). Lebenspartnerschaftsbezogene Zuwendungen sollen in diesem Zusammenhang als **Schenkungen** anzusehen sein, weil es im Verhältnis zu Dritten nur auf die objektive Unentgeltlichkeit und nicht auf den Parteiwillen ankomme (so für ehebedingte Zuwendungen BGH NJW 1992, 564 ff). Das erscheint fragwürdig, weil erhebliche Unsicherheiten bei der Vermögenszuordnung unter Partnern die Folge sind (zur identischen Problemlage bei Ehegatten KUES FamRZ 1992, 924; KLINGELHÖFER NJW 1993, 1097; LANGENFELD ZEV 1994, 129). Jedoch lässt sich – anders als bei Zuwendungen unter Ehegatten – nicht der Schutz des überlebenden Ehegatten aus Art 6 Abs 1 GG gegen pflichtteilsberechtigte gemeinsame Abkömmlinge ins Feld führen, sondern es besteht vielmehr die Gefahr der Aushöhlung des Pflichtteilsrechts der ehelichen Familie. Allerdings ist zu prüfen, ob die Schenkung nicht möglicherweise dem Anstand entsprach, § 2330, sodass Ansprüche nach §§ 2325 ff ausgeschlossen sind. Das ist vor allem dann der Fall, wenn eine moralische Pflicht zur Unterhaltssicherung bestand (BGH FamRZ 1983, 53, 55 = JZ 1983, 606 m zust Anm FINGER). Liegen die Voraussetzungen der §§ 2325, 2329 vor, so muss der beschenkte überlebende Partner das Geschenk herausgeben, soweit er noch bereichert ist, §§ 2329 Abs 1 S 1, 818 Abs 3. Seine ideellen Interessen werden dadurch geschützt, dass er über § 818 Abs 2 hinaus auch dann den Wert des Geschenkes in Geld ersetzen kann, wenn eine Herausgabe möglich ist, § 2329 Abs 2.

Der überlebende Partner kann außerdem Ansprüchen wegen **Schenkungen, die ei-** **169** **nen Vertragserben beeinträchtigen**, ausgesetzt sein, § 2287; diese Norm ist analog anzuwenden, sobald nach dem Tode eines Ehegatten eine Bindungswirkung wechselbezüglicher Verfügungen in einem Ehegattentestament eingetreten ist, § 2271 Abs 2 (BGH NJW 1958, 547; BGH NJW 1983, 1487; STAUDINGER/KANZLEITER [2013] § 2287 Rn 2). Voraussetzung eines solchen Anspruchs des Erben gegen den überlebenden Partner ist neben der objektiven Beeinträchtigung der Position des Anspruchsstellers eine konkrete Beeinträchtigungsabsicht des Erblassers. Sie erfordert das Wissen des Erblassers darum, dass er durch die unentgeltliche Verfügung das Erbe mindert, und den bewussten Missbrauch des Rechts zu lebzeitigen Verfügungen, § 2286, durch den Erblasser. Von einem solchen Missbrauch ist auszugehen, wenn der Erblasser kein legitimes lebzeitiges Eigeninteresse an der Schenkung hat. Es kommt also darauf an, ob ein billig denkender Erbe die Gründe des Erblassers respektieren müsste. Kein legitimes Eigeninteresse liegt vor, wenn der Erblasser seinen Erbvertrag betreffend einen Sinneswandel durchgemacht hat, weil er beispielsweise nach seiner Errichtung eine faktische Lebensgemeinschaft begründet hat; gleiches gilt für die Begründung einer faktischen Lebensgemeinschaft nach dem Tode des Ehegatten.

VI. Kinder und faktische Lebensgemeinschaft der Eltern

1. Gemeinsame Kinder

Der Gesetzgeber hat das Kindschaftsrecht zum 1. 7. 1998 in weiten Teilen umge- **170** staltet. Dabei wurde auch die rechtliche Stellung von Kindern, die aus einer nichtehelichen Verbindung stammen, grundlegend neu geregelt. Die Neuregelung geht endlich, Art 6 Abs 5 GG, weitestgehend vom Grundsatz der Gleichbehandlung von Kindern miteinander verheirateter und nicht miteinander verheirateter Eltern aus.

a) Abstammung

Werden faktische Lebenspartner Eltern, so steht lediglich die Elternschaft der ge- **171** bärenden Frau als **Mutter**, § 1591, fest.

In **heterosexuellen** faktischen Lebenspartnerschaften kann der Partner der Mutter **171a** dem Kind nur durch Anerkennung, § 1592 Nr 2, auch pränatal, § 1594 Abs 4 oder gerichtliche Feststellung, § 1592 Nr 3, als **Vater** von Rechts wegen zugeordnet werden. Ist nach §§ 1592 Nr 1, 1599 Abs 2 der Ehemann der Mutter rechtlicher Vater, so muss der Lebensgefährte der Mutter zunächst die Vaterschaft des Ehemannes beseitigen. Er ist zur Vaterschaftsanfechtung aber nur berechtigt, wenn er an Eides statt versichert, der Mutter des Kindes während der Empfängniszeit beigewohnt zu haben, § 1600 Abs 1 Nr 2. Mit dieser erhöhten Darlegungslast des Anfechtungsberechtigten will der Gesetzgeber Anfechtungsklagen „ins Blaue hinein" vorbeugen (BT-Drucks 15/2492, 9). Auch wenn der Anfechtende leiblicher Vater des Kindes ist, hat die Anfechtung nach § 1600 Abs 2 nur Erfolg, wenn zwischen dem rechtlichen Vater und dem Kind keine sozial-familiäre Beziehung, § 1600 Abs 3, besteht oder im Zeitpunkt seines Todes bestand. Mutter und Kind können freilich ohne diese Einschränkungen die Vaterschaft des Ehemannes anfechten und so dem faktischen Lebenspartner der Mutter den Weg zur Anerkennung nach § 1592 Nr 2 freimachen, § 1600 Abs 1 Nr 3 und 4, sodass das Anfechtungsrecht des leiblichen Vaters in der intakten faktischen Lebensgemeinschaft selten eine Rolle spielen wird.

171b In **homosexuellen** faktischen Lebensgemeinschaften kann die Lebensgefährtin der Mutter nur im Wege der Stiefkindadoption **Co-Mutter** des Kindes werden, § 9 Abs 7 LPartG. Sie konkurriert dabei aber mit dem biologischen Vater des Kindes. Dieser muss nämlich der Adoption zustimmen, § 1747 Abs 1 S 2, und hat ebenfalls die Möglichkeit, die rechtliche Elternschaft des Kindes anzustreben, § 1592 Nr 2 und 3. Hiergegen hilft auch nicht die Einschaltung eines unbeteiligten Mannes als „Sperrvater" im Wege der Vaterschaftsanerkennung, § 1592 Nr 2, welcher dann die Zustimmung erteilt, § 1747 Abs 1 S 1; denn es besteht die Möglichkeit der Anfechtung durch den leiblichen Vater, § 1600 Abs 1 Nr 2. Zustimmungserfordernis und Anfechtungsmöglichkeit bestehen nicht nur im Falle sexueller Kontakte des leiblichen Vaters mit der Mutter, sondern auch im Falle einer sog vertrauten Samenspende („Becherspende"), zumal wenn die leibliche Abstammung unter den Beteiligten ohnedies außer Zweifel steht; dem steht nicht die Voraussetzung der Beeidigung der „Beiwohnung" entgegen, welche nur Anfechtungen ins Blaue hinein verhindern soll (BGH FamRZ 2013, 1209 = NJW 2013, 2589, hierzu LÖHNIG/PREISNER FamFR 2013, 340). Zu den Grenzen der Anfechtung vgl oben Rn 171a.

b) Sorgerecht

172 Das Sorgerecht für ein gemeinsames Kind steht zunächst **allein der Mutter** zu, § 1626a Abs 3. Gemeinsame elterliche Sorge kann durch Heirat, § 1626a Abs 1 Nr 2, Abgabe zweier formwirksamer, übereinstimmender Sorgeerklärungen, § 1626a Abs 1 Nr 1, oder familiengerichtliche Entscheidung, § 1626a Abs 1 Nr 3, begründet werden.

173 aa) Das Gesetz regelt in den §§ 1626b–d verschiedene **formelle Erfordernisse**, die zwingend erfüllt sein müssen, damit die **Sorgeerklärungen** wirksam sind, § 1626e. Dazu gehören die Bedingungsfeindlichkeit, die Höchstpersönlichkeit und die Formbedürftigkeit der Erklärungen. Dagegen ist die Begründung eines gemeinsamen Sorgerechts nicht an eine bestimmte Frist gebunden. Folglich können die Eltern von der Zeugung, § 1626b Abs 2, bis zur Volljährigkeit des Kindes jederzeit entsprechende Erklärungen abgeben.

174 Inhaltlich genügt insofern die bloße **Absichtserklärung**, die elterliche Sorge gemeinsam übernehmen zu wollen. Sobald beide Elternteile übereinstimmende Erklärungen abgegeben haben, tritt ohne weitere Voraussetzungen und mit Wirkung für die Zukunft das gemeinsame Sorgerecht ein. Die Sorgeerklärungen sind parallel laufende Erklärungen (SCHWAB, in: FS Medicus [1999] 587 ff), die dem jeweils anderen Elternteil nicht zugehen müssen. Sie werden vielmehr bereits mit der bloßen Abgabe wirksam. Die Eltern müssen die Erklärungen nach § 1626a Abs 1 Nr 1 auch nicht zeitgleich oder wenigstens vor demselben Notar abgeben. Daher ist nicht auszuschließen, dass es im Einzelfall zu erheblichen Unsicherheiten über die tatsächliche Ausgestaltung des Sorgerechts an einem Kind kommt (SCHWAB FamR Rn 532).

Der elterlichen Gestaltungsfreiheit setzt **§ 1626b Abs 3** eine **wichtige Grenze**. Durch **175** die Sorgeerklärungen dürfen gerichtliche Sorgerechtsentscheidungen nicht unterlaufen werden. Für die Fälle der §§ 1671, 1672 ordnet dies § 1626b Abs 3 ausdrücklich an: Hat ein Familiengericht nach diesen Vorschriften das Sorgerecht einem Elternteil allein übertragen, so können die Eltern dieses Urteil nicht durch übereinstimmende Sorgeerklärungen aushebeln und zum gemeinsamen Sorgerecht zurückkehren. Sie müssen vielmehr versuchen, die unliebsame Entscheidung durch eine neue Entscheidung abändern zu lassen, § 1696. Nichts anderes kann in den Fällen des § 1666 (KG JAmt 2003, 606; LÖHNIG/GIETL/PREISNER, Recht des Kindes Rn 88), der in § 1626b Abs 3 nicht explizit genannt wird, gelten: Hat die Mutter ihr Sorgerecht verloren, weil das Familiengericht nur auf diese Weise eine Gefährdung des Kindeswohls abwenden konnte, so kann sie nicht gleichsam über die Hintertreppe beiderseitiger Erklärungen nach § 1626a Abs 1 Nr 1 die elterliche Sorge wiedererlangen. Dies würde die Schutzfunktion des § 1666 in Frage stellen. Das Gleiche gilt für den Fall der Heirat nach § 1626a Abs 1 Nr 2 (OLG Nürnberg FamRZ 2000, 1035; ausführliche Diskussion bei STAUDINGER/COESTER [2015] § 1626a Rn 20 ff).

Haben die nicht miteinander verheirateten Eltern einmal ein gemeinsames Sorge- **176** recht für ihr Kind nach § 1626a Abs 1 Nr 1 begründet, so können sie diese Entscheidung nicht mehr durch gegenläufige Erklärungen revidieren. Die Sorgerechtslage ist dann ihrer Privatautonomie weitgehend entzogen und kann nur noch durch eine gerichtliche Entscheidung geändert werden (LÖHNIG/GIETL/PREISNER, Recht des Kindes Rn 92). Selbst die Auflösung der faktischen Lebensgemeinschaft durch Trennung der Eltern berührt die gemeinsame Sorge nicht, § 1671.

bb) Kommt es nicht zur Abgabe von Sorgeerklärungen, kann jeder rechtliche **177** Elternteil die Begründung gemeinsamer elterlicher Sorge durch **Gerichtsentscheidung** beim Familiengericht beantragen. Das Gericht hat die gemeinsame elterliche Sorge zu begründen, wenn dies dem Kindeswohl nicht widerspricht, § 1626a Abs 2 S 1. Hierfür streitet eine Vermutung, wenn der andere Elternteil keine Gründe vorträgt, die der Übertragung der gemeinsamen elterlichen Sorge entgegenstehen können, und solche Gründe auch sonst nicht ersichtlich sind, § 1626a Abs 2 S 2 (hierzu PREISNER NZFam 2014, 389 ff). Das Verfahren richtet sich nach § 155a FamFG, welcher Sonderregelungen für das Verfahren nach § 1626a Abs 2 enthält, die der Entstehung von Verzögerungen bei der Begründung der gemeinsamen Sorge vorbeugen sollen. Ist die genannte Vermutung nicht widerlegt, so soll das Gericht im schriftlichen Verfahren ohne Anhörung des Jugendamtes und ohne persönliche Anhörung der Eltern entscheiden, § 155a Abs 3 S 1 FamFG. Ist die Vermutung widerlegt, so ist ein Regelverfahren in Kindschaftssachen unter Anwendung des Beschleunigungsgrundsatzes, § 155 FamFG, durchzuführen, § 155a Abs 4 S 1 FamFG.

c)   Umgangsrecht
aa)   Ist ein Elternteil, idR der Vater des Kindes, nicht sorgeberechtigt, so hat er ein **178** **originäres Elternrecht** (KG FamRZ 2002, 412) auf Umgang mit seinem Kind, auf das er sich insbesondere nach dem Scheitern seiner faktischen Lebensgemeinschaft mit der Mutter berufen kann. Dieses Umgangsrecht steht unter dem Schutz des Art 6 Abs 2 GG (BVerfG FamRZ 2009, 399) und ist einfachgesetzlich in § 1684 geregelt; es erwächst aus dem natürlichen Elternrecht und der damit verbundenen Elternverantwortung und ermöglicht dem umgangsberechtigten Elternteil, „sich von dem körperlichen

und geistigen Befinden des Kindes und seiner Entwicklung durch Augenschein und gegenseitige Absprache fortlaufend zu überzeugen, die verwandtschaftlichen Beziehungen zu ihm aufrechtzuerhalten und einer Entfremdung vorzubeugen, sowie dem Liebesbedürfnis beider Teile Rechnung zu tragen" (BVerfG FamRZ 2010, 1622). Einigen sich die Eltern nicht, so haben die Gerichte eine Entscheidung zu treffen, die sowohl die beiderseitigen Grundrechtspositionen der Eltern aus Art 6 Abs 2 GG als auch das Wohl des Kindes, § 1697a, und dessen Individualität als Grundrechtsträger berücksichtigt (BVerfG FamRZ 2009, 399).

179 Eine Einschränkung oder ein Ausschluss des Umgangsrechts nach § 1684 Abs 3 und 4 ist nur veranlasst, wenn nach den Umständen des Einzelfalls der Schutz des Kindes dies erfordert, um eine Gefährdung seiner seelischen oder körperlichen Entwicklung abzuwehren (BVerfG FamRZ 2010, 1622; BVerfG FamRZ 2009, 399; OLG Bamberg FamRZ 2000, 46; OLG Frankfurt FamRZ 2002, 978). Als milderes Mittel ist stets der Begleitete Umgang in Betracht zu ziehen (vgl BVerfG FamRZ 2008, 494 mAnm Luthin). Es genügt für eine Ablehnung des Umgangsrechts insb nicht, dass die sorgeberechtigte Mutter für das Kind eine störungsfreie Eingliederung in eine neue Familiengemeinschaft beabsichtigt (OLG Karlsruhe FamRZ 1999, 184; OLG Brandenburg FamRZ 2000, 1106). Auch die nur abstrakte Möglichkeit, dass der Kindesvater das Kind nach einer Umgangsausübung nicht an die Kindesmutter zurückgibt, rechtfertigt keine räumliche Beschränkung des Umgangsrechts (BVerfG FamRZ 2010, 109).

180 Der Vater hat überdies auch eine **Umgangspflicht dem Kind gegenüber**, die mit einem Umgangsrecht des Kindes als höchstpersönlichem Recht korrespondiert (BVerfG NJW 2008, 1287; BGH FamRZ 2008, 2020 mAnm Bienwald = JA 2008, 1334 mAnm Löhnig). Ein Umgang, der nur mit Zwangsmitteln gegen den Elternteil durchgesetzt werden kann, dient idR nicht dem Kindeswohl, sodass der durch die Zwangsmittelandrohung bewirkte Eingriff in das allgemeine Persönlichkeitsrecht des Elternteils nicht gerechtfertigt ist, es sei denn, ein erzwungener Umgang diente ausnahmsweise dem Kindeswohl (BVerfG NJW 2008, 1287). Gegen das allgemeine Persönlichkeitsrecht des Verpflichteten verstößt es auch, wenn zur Klärung der Frage des Umgangsrechts die zwangsweise Durchführung von Kontakten mit dem Kind unter Beobachtung eines Sachverständigen angeordnet wird (BVerfG FamRZ 2004, 523). Beide Elternteile sind einander im Interesse des Kindes zur Loyalität verpflichtet, § 1684 Abs 2 S 1. Sie dürfen den Umgang nicht vereiteln oder erschweren (AG Monschau FamRZ 2004, 287: Nichtherausgabe der Kleider des Kindes) und müssen vor allem die Umgangsbereitschaft des Kindes aktiv fördern (OLG München FamRZ 2003, 1957). Die Eltern können aber nicht verpflichtet werden, sich zur Anbahnung des Umgangs einer fachkundigen psychologischen Beratung und Behandlung zu unterziehen (OLG Karlsruhe FamRZ 2004, 56). Können sich die Eltern über den Umgang nicht einigen, so muss das Familiengericht Umfang und Ausübung des Umgangsrechts festlegen, § 1684 Abs 3 S 1.

181 Mehrkosten, die dem Umgangsberechtigten durch Umgangsvereitelung oder -erschwerung seitens des Sorgeberechtigten entstehen, führen zu **Schadensersatzansprüchen** des umgangsberechtigten Elternteils gegen den sorgeberechtigten Elternteil (BGH FamRZ 2002, 1099; BGH FamRZ 2013, 939 = NJW 2013, 2108, hierzu Löhnig/Preisner NJW 2013, 2080), die sich nachzutreffender Auffassung des BGH aus § 280 Abs 1 ergeben; Grundlage ist ein **gesetzliches Schuldverhältnis** zwischen den Eltern (eingehend hierzu PREISNER, Das gesetzliche mittreuhänderische Schuldverhältnis kraft gemeinsamer Elternschaft [2014] S 300 ff).

Neben dem Umgangsrecht steht dem nicht sorgeberechtigten Elternteil gegen den **182** sorgeberechtigten Elternteil ein **Auskunftsanspruch** über die persönlichen Verhältnisse des Kindes zu, § 1686. Damit hat der nichteheliche Vater die gleiche Stellung wie ein ehelicher Vater, der bei einer Scheidung sein Sorgerecht verloren hat.

bb) Ist der Vater des Kindes nur leiblicher, nicht aber rechtlicher Vater des Kindes, **183** so steht ihm ein Umgangs- und Auskunftsrecht nach Maßgabe des § 1686a zu. Voraussetzung ist, dass er ernsthaftes Interesse an dem Kind gezeigt hat und der Umgang dem Kindeswohl dient bzw die Auskunft dem Kindeswohl nicht widerspricht. Die Abstammung kann erforderlichenfalls in einem Verfahren nach § 1686a inzident festgestellt werden, § 167a Abs 2 FamFG (HOFFMANN FamRZ 2013, 1077, 1078). Diese Rechte des leiblichen, nicht rechtlichen Vaters wurden aufgrund einer Entscheidung des EGMR (FamRZ 2011, 1641 [Anayo ./. Deutschland]) geschaffen (krit hierzu LÖHNIG/PREISNER FamRZ 2012, 489 ff).

2.   Kinder eines Partners

Die Mehrzahl der Kinder, die in faktischen Lebensgemeinschaften aufwachsen, sind **184** Kinder nur eines Partners. Hier wird in der Regel dem Elternteil des Kindes die elterliche Sorge allein oder gemeinsam mit dem anderen Elternteil des Kindes zustehen. Der **faktische Lebenspartner** des betreuenden Elternteils hat **keine originären Befugnisse bezüglich des Kindes** seines Partners; ihm steht jedoch das sogenannte „Kleine Sorgerecht" nach § 1687b zu, wenn der betreuende Elternteil alleinsorgeberechtigt ist. Bei diesem „Kleinen Sorgerecht" handelt es sich jedoch lediglich um eine vom alleinsorgeberechtigten Elternteil abgeleitete Befugnis zur Ausübung von dessen Sorgerecht in Angelegenheiten des täglichen Lebens (eingehend dazu LÖHNIG FPR 2008, 157 ff). Eine „Stiefkindadoption" ist nicht möglich, § 1741 Abs 2 S 3. Auch wenn das Kind über Jahre hinweg in der faktischen Lebensgemeinschaft aufgewachsen ist, kann der andere Partner nach dem Tode des Elternteils nicht das Sorgerecht für das Kind erhalten und auch eine Verbleibensanordnung nach § 1682 scheidet aus. Das Kind ist vielmehr an den anderen Elternteil herauszugeben; das kann dem Kindeswohl widersprechen, wenn das Kind mit dem anderen Elternteil seit längerer Zeit keinen Umgang mehr gepflegt hat, weil der andere Elternteil kein Interesse an dem Kind gezeigt hat. Dies erscheint als Überbetonung des Elternrechts zu Lasten des Kindeswohls. Deshalb muss hier im Einzelfall das Kindeswohl das Elternrecht überstimmen können und eine dauerhafte Verbleibensanordnung möglich sein (DETHLOFF, in: SCHERPE/YASSARI, Die Rechtsstellung nichtehelicher Lebensgemeinschaften [2005] S 146 f); ein Eingriff in das Elternrecht des anderen Elternteils ist de lege lata freilich nur unter den Voraussetzungen des § 1666 zulässig.

Nach der Trennung der Partner steht dem heterosexuellen oder homo-sexuellen **185** (OLG Karlsruhe NJW 2011, 1012) Ex-Partner des Elternteils ein Recht zum **Umgang mit dem Kind** zu, wenn dies dem Kindeswohl dient. § 1685 gewährt jeder engen Bezugsperson ein Umgangsrecht, die eine sozial-familiäre Beziehung zum Kind hat oder hatte. Damit begründet auch eine lang andauernde nichteheliche Lebensgemeinschaft und eine intensive Beziehung zu dem Kind eines Teils für den anderen Teil als „sozialen Elternteil" ein Umgangsrecht (vgl BT-Drucks 15/2492, 9).

VII. Faktische Lebensgemeinschaft im Mietrecht

1. Allgemeines

186 **Mietverträge** mit Personen, die in einer faktischen Lebensgemeinschaft leben, verstoßen nicht gegen § 138 Abs 1. Da das außereheliche Zusammenleben heute generell akzeptiert ist, obliegt es heute demjenigen, der es ablehnt, Unverheiratete zu beherbergen, seine Auffassung beim Vertragsschluss deutlich zu machen. Eine mietvertragliche **Zölibatsklausel** ist sittenwidrig (STAUDINGER/EMMERICH [2014] Vorbem 115 zu § 535) und nach § 553 Abs 3 unwirksam, da die Rechte des Mieters unabdingbar sind. Ungeachtet der Klausel ist jedoch die Prüfung nach § 553 Abs 1 S 2, Abs 2 vorzunehmen. Zu beachten ist, dass bei Massenmietverträgen nun das **Verbot der Diskriminierung** eines Vertragspartners wegen seiner sexuellen Identität aus § 19 Abs 1 AGG gilt, auf das sich vor allem Partner einer gleichgeschlechtlichen faktischen Lebensgemeinschaft berufen können, wenn ihnen aufgrund ihrer Homosexualität der Vertragsschluss verweigert wird. Nach umstrittener Auffassung kann die Diskriminierung auch durch einen Anspruch des Diskriminierten auf Vertragsschluss beseitigt werden, § 21 Abs 1 AGG (dazu THÜSING/vHOFF NJW 2007, 21).

187 Beabsichtigt der Alleinmieter schon **bei Abschluss des Mietvertrages**, seinen Lebensgefährten mit in die Wohnung aufzunehmen, so muss er den Vermieter darüber **aufklären**. Die Überlassung der Wohnräume an den Partner geht nämlich über den normalen vertragsgemäßen Gebrauch der Mietsache hinaus. Allerdings hat der Mieter grundsätzlich ein berechtigtes Interesse an der Aufnahme des Partners (KINNE FPR 2001, 36, 38); aus dem konkreten Mietvertrag kann sich im Einzelfall etwas anderes ergeben. Unterlässt der Mieter eine entsprechende Mitteilung an den Vermieter, so kann sein eigentlich begründeter Wunsch nach Aufnahme des Lebensgefährten als unberechtigt angesehen werden (BGH NJW 1985, 130 = FamRZ 1985, 42). Dies gebietet der Schutz der Vertragsabschlussfreiheit des Vermieters. Vertragspartei wird immer nur der Lebensgefährte, der den Mietvertrag abgeschlossen, also insbesondere unterschrieben hat. Dies gilt auch dann, wenn beide Partner der faktischen Lebensgemeinschaft im Mietvertrag ausdrücklich als Mieter genannt werden (AG Osnabrück NJW-RR 1997, 774).

188 Nutzen die Partner einer faktischen Lebensgemeinschaft eine Wohnung, die im **Alleineigentum eines der Partner** steht, so beruht die Einräumung der Mitnutzung an den anderen Partner im Zweifel auf tatsächlicher, nicht auf vertraglicher Grundlage. Zur Annahme eines Miet- oder Leihvertrages bedarf es jedoch besonderer tatsächlicher Anhaltspunkte, die erkennbar werden lassen, dass die Partner gerade die Gebrauchsüberlassung aus ihrem wechselseitigen tatsächlichen Leistungsgefüge ausnehmen und rechtlich bindend regeln wollen (BGH NJW 2008, 2333).

2. Nachträgliche Aufnahme eines Partners in die Wohnung

a) Grundlage

189 Die Aufnahme des Partners in eine Wohnung, die der Mieter bereits (nur) für sich

gemietet hat, ist eine **Gebrauchsüberlassung an Dritte** iSd § 553 (OLG Hamm NJW 1982, 2876 = FamRZ 1983, 273; OLG Hamm NJW 1992, 513 = FamRZ 1992, 308; AG Neukölln NJW-RR 1997, 584; Lenhard ZMR 1978, 68; Strätz FamRZ 1980, 434, 438; Diederichsen NJW 1983, 1017; Schwab FamR Rn 843). Dabei spielt es keine Rolle, ob die Lebensgefährten im Innenverhältnis einen Untermietvertrag geschlossen haben.

Ausschlaggebend ist allein, ob der Mieter ein **berechtigtes Interesse** am Einzug seines **190** Lebensgefährten geltend machen kann. Dieser Begriff wird sehr weit ausgelegt (Staudinger/Emmerich [2014] § 553 Rn 5). Unter Berücksichtigung der gewandelten Wertanschauungen über faktische Lebensgemeinschaften hat der Mieter nach Auffassung des Gesetzgebers regelmäßig dann ein berechtigtes Interesse, wenn er zur Begründung oder Fortführung einer faktischen Lebensgemeinschaft seinen Partner aufnehmen möchte (BT-Drucks 14/4553, 49; genauso BGH FamRZ 2004, 91, 93). Für die Darlegung genügt grundsätzlich der – nicht näher zu begründende, weil auf höchstpersönlichen Motiven beruhende – Wunsch, eine derartige Gemeinschaft zu gründen bzw fortzusetzen.

Der Vermieter kann einer Aufnahme des Partners in die Wohnung jedoch aus **191** wichtigen Gründen widersprechen (Röthel ZRP 1999, 512; Kinne FPR 2001, 36, 38). Wegen **Überbelegung** kann die Aufnahme nur aus denselben Gründen wie bei Ehegatten oder Verwandten beschränkt werden. Der **wichtige Grund** muss unmittelbar die Person des Aufgenommenen betreffen. Allgemeine moralische Vorbehalte gegen das geplante faktische Zusammenleben stellen noch keinen schutzwürdigen Belang des Vermieters dar. Allerdings ist eine bloße Anzeige an den Vermieter nicht ausreichend, es bedarf vielmehr einer **Erlaubnis des Vermieters** (BGH FamRZ 2004, 91 m krit Anm Brudermüller), auf die der Mieter aber bei Vorliegen der Voraussetzungen des § 553 einen klagbaren Anspruch hat. Bei der Prüfung des Anspruchs auf Erlaubniserteilung ist die in § 563 zum Ausdruck kommende Wertentscheidung, neben der Ehe auch den auf Dauer angelegten gemeinsamen Haushalt zu schützen, zu beachten (BT-Drucks 14/4553, 49). Der Vermieter hat in der Regel nicht die Möglichkeit, die Aufnahme eines Partners abzulehnen (BGH FamRZ 2004, 359, 360 mAnm Brudermüller). In der Praxis wird sich daher die Frage nach der Erlaubnis kaum von einer lediglich bestehenden Anzeigepflicht bei nahen Angehörigen unterscheiden.

b) Besondere Fälle

Einen nachhaltigen Akzent erhält diese Interessenabwägung, wenn der Vermieter **192** aufgrund seiner Weltanschauung – insbesondere aufgrund seiner religiösen Überzeugungen – das nichteheliche Zusammenleben prinzipiell ablehnt. Dies betrifft vor allem **kirchliche Einrichtungen**, bei denen die Ehe als Institution einen besonderen Stellenwert hat. Auch wenn bereits der Mietvertrag eine entsprechende Verbotsklausel enthält, entbindet das wegen der Unwirksamkeit einer für den Mieter nachteiligen Vereinbarung, § 553 Abs 3, nicht von der Prüfung der Zumutbarkeit. Ausschlaggebend ist einerseits, ob der Mieter die Einstellung des Vermieters kannte, und andererseits, ob die vermietete Wohnung lediglich eine gewinnbringende Kapitalanlage darstellt oder vorrangig dem Zweck dient, die religiösen Ziele der jeweiligen kirchlichen Institution zu verfolgen (zB Wohnungsbau zur Förderung junger Familien). Lässt sich eine entsprechende Zweckbestimmung feststellen und musste der Mieter dies erkennen, ist es der kirchlichen Einrichtung grundsätzlich nicht zumutbar, das nichteheliche Zusammenleben zu dulden.

193 Ob eine solche Vorgehensweise dem vom Vermieter verfolgten Zweck dient, haben die Gerichte dabei nicht zu beurteilen. Sie haben jedoch im konkreten Einzelfall zu prüfen, ob ausnahmsweise das Recht des Mieters, sein Privatleben im Rahmen der allgemeinen Handlungsfreiheit zu gestalten und dies gerade in der gemieteten Wohnung zu tun, dem Recht des Vermieters auf freie Religionsausübung vorgeht (OLG Hamm NJW 1992, 513 = FamRZ 1992, 308 mAnm BOSCH FamRZ 1992, 311; s auch AG Aachen NJW-RR 1991, 1112; LG Aachen WuM 1991, 255; LG Aachen NJW 1992, 2897 = FamRZ 1993, 325 mAnm LISTL). Das LG Aachen mutete einer katholischen Kirchengemeinde als Vermieterin im Hinblick auf die besondere Lage der Wohnung in unmittelbarer Nachbarschaft einer Kirche und eines Klosters nicht zu, die Nutzung der Wohnung durch das nichteheliche Zusammenleben hinzunehmen. Das OLG Hamm (NJW 1992, 513 = FamRZ 1992, 308) stellt in seinem vorsichtig formulierten Urteil ebenfalls auf die Begleitumstände im Einzelfall ab. Dementsprechend ist die Aussage des Gerichts, bei Privatrechtsverhältnissen ohne Bezug zu seelsorgerischen oder karitativen Aufgaben dürfe die Kirche auch keine erhöhten Loyalitätsanforderungen an ihren Vertragspartner stellen, zu relativieren.

194 Besonderes Gewicht kommt den subjektiven Vorstellungen des Vermieters auch bei Mietverhältnissen in der eigenen Wohnung oder im selbst bewohnten Haus zu, weil hier seine Privatsphäre unmittelbar betroffen ist (OLG Hamm NJW 1982, 2876, 2880 = FamRZ 1983, 273). Bei Mehrfamilienhäusern hingegen fehlt es an diesem besonders engen Kontakt. Die Aufnahme eines unverheirateten Partners durch eine Mietpartei begründet daher keine Unzumutbarkeit für den Vermieter (OLG Frankfurt NJW 1982, 188 bei dreigeschossigem Haus).

c) Dingliches Wohnungsrecht

195 Der Inhaber eines dinglichen Wohnungsrechts nach § 1093 ist in der Regel **befugt**, den Partner in die Wohnung aufzunehmen. Der BGH hat in einer grundlegenden Entscheidung zu dieser Frage zwar offengelassen, ob eine nichteheliche Lebensgemeinschaft als „Familie" angesehen werden kann, aber § 1093 Abs 2 analog angewendet (BGH NJW 1982, 1868 = FamRZ 1982, 774 m krit Anm STÜRNER; HEINZ FamRZ 1982, 763 ff, 775 ff; GERNHUBER FamRZ 1981, 726). Zu beachten ist, dass hier, anders als im Mietrecht, stets ein vertraglicher Ausschluss des genannten Rechts möglich ist, da § 1093 Abs 2 abdingbar ist (BGH NJW 1982, 1868 = FamRZ 1982, 774).

d) Änderung des bestehenden Mietvertrages

196 Der Vermieter kann von dem aufgenommenen Partner **nicht verlangen**, dass dieser mit ihm einen **Mietvertrag abschließt** (STAUDINGER/EMMERICH [2011] § 540 Rn 5). Allenfalls in Einzelfällen kann eine Erhöhung des Mietzinses nach § 553 Abs 2 in Betracht kommen (LG Kassel NJW-RR 1987, 1495; AG Trier Fam NJW 1992, 513 = FamRZ 1992, 308 RZ 1993, 547; BOSCH FamRZ 1977, 321). In der Regel dürften sich jedoch nur die ohnehin gesondert abzurechnenden Nebenkosten erhöhen.

197 Tritt der aufgenommene Lebensgefährte dem Hauptmietvertrag nicht bei, so erlangt er keine eigene Rechtsposition gegenüber dem Vermieter. Umgekehrt haftet er allerdings auch nicht für den geschuldeten Mietzins. Der zu Recht mit in der Wohnung lebende Partner wird außerdem nach allgemeinen Grundsätzen (BGH NJW 1976, 1843) in den **Schutzbereich des Mietvertrages** einbezogen (STRÄTZ FamRZ 1980, 439; OLG Hamburg ZMR 1988, 420 m zust Anm KNOCHE ZMR 1989, 86). Der Mieter kann vom

Vermieter die Zustimmung zu baulichen Veränderungen oder sonstigen Einrichtungen verlangen, die für eine **behindertengerechte Nutzung** der Mietsache oder deren Zugang zu ihr erforderlich sind, wenn der Mieter ein berechtigtes Interesse daran hat, § 554a Abs 1. Ein berechtigtes Interesse liegt vor, wenn der Mieter oder dessen faktischer Lebensgefährte, auch wenn er nicht Mieter ist (BT-Drucks 14/5663, 78; STAUDINGER/EMMERICH [2011] § 554a Rn 5), behindert ist.

3. Beendigung des Mietvertrages durch den Vermieter

a) Eigenbedarf des Vermieters

Der **Entschluss eines Vermieters**, eine nichteheliche Lebensgemeinschaft einzugehen, **198** begründet das Recht, **Eigenbedarf** iSv § 573 Abs 2 Nr 2 geltend zu machen, da der Vermieter die Wohnung für sich und einen Angehörigen seines Haushalts benötigt (STAUDINGER/EMMERICH [2014] § 573 Rn 65–66; BATTES, Nichteheliches Zusammenleben Rn 159; **aA** HAUSMANN/HOHLOCH/STERNEL Rn 5/87). Das OLG Karlsruhe hat in einem Rechtsentscheid festgestellt, dass jeder „ernsthafte und vernünftige Eigenbedarf" als billigenswert anzusehen sei. Der Vermieter hatte die Klage auf den Wohnbedarf seines Sohnes gestützt, der in faktischer Lebensgemeinschaft mit einer Frau und deren beiden Kindern zusammenlebte (OLG Karlsruhe NJW 1982, 1884 = FamRZ 1982, 599 m krit Anm BOSCH FamRZ 1982, 600). Diese Rechtsprechung hat sich mittlerweile durchgesetzt (LG Frankfurt NJW 1990, 3277; LG Gießen ZMR 1994, 565). Nähere Angaben über den Partner und die Beziehung sind nur dann erforderlich, wenn der Verdacht eines Rechtsmissbrauchs besteht (BVerfG NJW 1994, 310 = WuM 1994, 561).

b) Unerlaubte Aufnahme des Partners

Eine nachträgliche **Aufnahme des Partners** in die Mietwohnung ohne Erlaubnis des **199** Vermieters nach § 553 erzeugt nicht ohne weiteres einen Grund zur außerordentlichen Kündigung des Mietvertrages durch den Vermieter; ein solcher Grund liegt vielmehr nur vor, wenn die Fortsetzung des Mietverhältnisses bis zur ordentlichen Beendigung unzumutbar ist, § 543 Abs 1 S 2. Das ist insbesondere dann der Fall, wenn der Mieter die Vermieterrechte durch unbefugte Überlassung der Wohnung an einen Dritten erheblich verletzt, § 543 Abs 2 Nr 2 aE. Daran fehlt es, wenn der Mieter einen Anspruch auf Erlaubnis nach § 553 hat (HAUSMANN/HOHLOCH/STERNEL Rn 5/92; KRAEMER NZM 2001, 553, 560).

c) Zwangsvollstreckung

Für die Räumungsvollstreckung gegen eine faktische Lebensgemeinschaft genügt **200** ein **Räumungstitel** gegen den Mieter (OLG Karlsruhe WuM 1992, 493, LG Baden-Baden FamRZ 1993, 227 = WuM 1992, 493; MünchKomm/SCHILKEN ZPO § 885 Rn 12). Insofern entspricht die Interessenlage der in einer Ehe, wo ebenfalls kein zweiter Titel gegen den Ehepartner, der nicht Vertragspartei wurde, erforderlich ist (STEIN/JONAS/BREHM, ZPO § 885 Rn 10). Die Gegenmeinung fordert einen eigenen Vollstreckungstitel gegen den Partner, weil dieser regelmäßig Mitbesitzer sei (AG Schönau NJW 1992, 3309, KG NJW-RR 1994, 713 = MDR 1994, 162; PALANDT/BRUDERMÜLLER Einl v § 1297 Rn 20 unter Berufung auf § 750 Abs 1 ZPO; differenzierend: BAUR/STÜRNER ZVR I 39. 10; BECKER-EBERHARD FamRZ 1994, 1296, 1303). Räumungsschutz besteht im Rahmen des § 721 ZPO (BATTES, Nichteheliches Zusammenleben Rn 169; DE WITT/HUFFMANN Rn 117; LG Wiesbaden FamRZ 1960, 152).

4. Beendigung des Mietvertrages durch den/die Mieter

a) Trennung der Partner

201 **aa)** Waren beide Parteien gemeinsam Mieter, so müssen auch **beide** die **Kündigung** aussprechen (Grziwotz NehelLG Rn 14/49 ff; Battes, Nichteheliches Zusammenleben Rn 164). Der Vermieter sollte aber zweckmäßigerweise eine Klausel in den Mietvertrag aufnehmen, wonach die Kündigung durch den einen Mieter für und gegen seinen Lebensgefährten wirkt. Weigert sich einer der Partner, das Mietverhältnis gemeinsam zu beenden, so greift der gesellschaftsrechtliche Grundsatz (BGH WM 1972, 419; OLG München ZMR 1994, 216) ein, dass jeder Gesellschafter bei Auflösung der Gesellschaft verpflichtet ist, an einer angemessenen Auseinandersetzung mitzuwirken. Die Lebensgefährten haben daher einen wechselseitigen Anspruch auf Zustimmung zur Kündigung des Mietvertrages (LG Köln NJW-RR 1993, 712 = MDR 1993, 441; LG München II NJW-RR 1993, 334 = FamRZ 1992, 1077; LG Karlsruhe FamRZ 1995, 94; LG Gießen NJWE-MietR 1996, 152 = MDR 1996, 898; AG Kiel NJW-RR 2001, 154). Gestützt wird dieses Recht entweder auf § 723 Abs 1 S 1 analog oder auf den Grundsatz von Treu und Glauben (Grziwotz, NehelLG Rn 14/51). Dieses Verlangen stellt grundsätzlich auch dann keinen Rechtsmissbrauch dar, wenn der eine in der Wohnung bleiben möchte und dem anderen im Innenverhältnis die Freistellung von allen Forderungen aus dem Mietverhältnis anbietet; eine entsprechende Vereinbarung der Partner untereinander ist freilich möglich (OLG Düsseldorf FamRZ 1998, 739). Das Risiko, trotz Auszugs aus der Wohnung weiterhin gesamtschuldnerisch für den Mietzins zu haften, muss der Betroffene aber nicht tragen, sodass nur eine gemeinsame Kündigung in Betracht kommt.

202 Schließen die Ex-Partner eine **Freistellungsvereinbarung** zugunsten des in der Wohnung verbleibenden Teils (Rn 201), so bleiben sie zwar im Außenverhältnis Gesamtschuldner, im Innenverhältnis gilt jedoch „ein anderes", § 426 Abs 1 S 1, denn nur während der bestehenden Partnerschaft wollen die Parteien füreinander einstehen. Nach der Trennung wünschen die Partner im Gegensatz zur Ehe gerade keine rechtlichen Beziehungen und Fürsorgepflichten mehr (LG Koblenz FamRZ 2001, 95, 96).

203 Ein Anspruch aus § 426 Abs 1 S 1 besteht aber dann, wenn der Mietvertrag mit Blick auf die **bevorstehende Hochzeit** abgeschlossen wurde und die Partner sich nach der Hochzeit trennen. In diesem Fall gehen die Ehegatten nämlich im Hinblick auf ihre Heirat schon bei Vertragsschluss davon aus, dass im Falle einer Trennung nicht der in der Wohnung verbleibende Teil allein die Kosten tragen soll (OLG Dresden FamRZ 2003, 158).

204 Für während der bestehenden Lebensgemeinschaft geleistete Mietzahlungen stehen den Lebensgefährten nach Beendigung der Partnerschaft **keine Ausgleichsansprüche** zu. Der Mietzins gehört zu den Leistungen, die das tägliche Zusammenleben ermöglichen sollen und nicht ausgeglichen werden. Auch wenn die Aufgabenverteilung in der faktischen Lebensgemeinschaft so strukturiert ist, dass ein Partner die Kosten der gemeinsamen Lebensführung übernimmt („Hausfrauen-FaktLG"), betrifft die für die Zeit des Zusammenlebens anzunehmende „anderweitige Bestimmung" iSd § 426 Abs 1 sämtliche Aufwendungen, die in dieser Zeit beglichen wurden oder zu begleichen gewesen wären (BGH NJW 2010, 868).

Die Unbilligkeiten, die sich aus dem Zwang zur Mitwirkung an der Kündigung **205** (Rn 196) ergeben, lassen sich nicht durch einen Anspruch des in der Wohnung verbleibenden Partners gegen den Vermieter auf Abschluss eines neuen Mietvertrages zu gleichen Bedingungen beseitigen (LG Konstanz WM 2000, 675); auch **§ 1568a** kann nicht analog angewendet werden (OLG Hamm FamRZ 2005, 2085). Ein entsprechender Lösungsvorschlag vernachlässigt die Interessen des Vermieters, der ursprünglich mit zwei Gesamtschuldnern kontrahiert hat und nun gegebenenfalls auf den solventeren Vertragspartner verzichten soll (FINGER WuM 1993, 581). Die übrigen Kosten, die anlässlich der Kündigung entstehen (zB Renovierungskosten) sind ebenfalls nach gesellschaftsrechtlichen Grundsätzen zu teilen.

bb) Freilich bleibt es dem Vermieter unbenommen, mit einem der beiden Partner **206** einen **neuen Mietvertrag** abzuschließen. Probleme entstehen jedoch, wenn sich die Partner nicht darüber einigen können, wer von ihnen in der gemeinsamen Wohnung bleiben darf. Eine analoge Anwendung der §§ 1361b, 14 LPartG und damit eine – notfalls gerichtliche – Wohnungszuteilung scheiden nach gängiger Auffassung aus, da diese Vorschriften auf das besonders geschützte Institut der Ehe (oder eingetragenen Lebenspartnerschaft) zugeschnitten seien (PALANDT/BRUDERMÜLLER § 1361b Rn 5; BRUDERMÜLLER FamRZ 1994, 207; SCHWAB FamR Rn 842, 845; LG Hagen FamRZ 1993, 187).

Auf Grundlage dieser Auffassung wird sich freilich regelmäßig der Stärkere durch- **207** setzen, was vor allem dann misslich ist, wenn **gemeinsame Kinder** vorhanden sind. Das LG München I (NJW-RR 1991, 834 = MDR 1990, 1014) hat deshalb **§ 1361b analog** angewendet; im Lichte des Art 6 Abs 2 S 2 GG erscheint diese Analogie beim Vorhandensein von Kindern zwingend und lässt sich nicht mit dem grundgesetzlichen Schutz der Ehe aus Art 6 Abs 1 GG ablehnen. Eine umfassende gesetzliche Regelung ist dringend erforderlich, denn **§ 2 GewSchG** ermöglicht eine zeitlich beschränkte Zuweisung der Wohnung nur bei häuslicher Gewalt innerhalb der faktischen Paarbeziehung, nicht jedoch unmittelbar aus Kindeswohlgründen (eingehend LÖHNIG FPR 2005, 36 ff). Eine Untersagung der Nutzung der Familienwohnung gegenüber einem Elternteil ist jedoch gem § 1666a Abs 1 S 2 und 3 auch aus Kindeswohlgründen möglich.

b) Besitzschutz des Nichtmieters
Ist nur ein Partner Mieter, stellt sich bei Beendigung der faktischen Lebensgemein- **208** schaft die Frage nach dem Schutz des aufgenommenen Lebensgefährten vor sofortiger **Ausweisung** aus der Wohnung. Dabei kommt es darauf an, wie die Parteien ihr Innenverhältnis geregelt haben. Wenn die Lebensgefährten einen **Untermietvertrag** abgeschlossen haben, erlangt der aufgenommene Partner in diesem Rahmen eine gesicherte Stellung. Allerdings genügt nicht schon der bloße Einzug in die gemeinsame Wohnung, um einen Vertragsschluss anzunehmen, da meist eine gemeinsame Nutzung der Räume geplant ist (AG Hamburg NJW-RR 1989, 271). Außerdem muss der Hauptmieter regelmäßig nur die ausgesprochen kurze Kündigungsfrist des § 573c Abs 3 beachten.

Bestehen zwischen den Lebensgefährten dagegen **keine vertraglichen Beziehungen**, **209** dann beruhen Mitbesitz und Mitgebrauch des aufgenommenen Partners an der Wohnung ausschließlich auf einer jederzeit widerruflichen Gestattung des Mieters (SCHWAB FamR Rn 845; OLG Braunschweig DtZ 1997, 163). Folglich kann der Mieter nach

Beendigung der faktischen Lebensgemeinschaft von seinem ehemaligen Partner die unverzügliche Räumung verlangen (AG Gelsenkirchen WuM 1994, 194; AG Potsdam FamRZ 1995, 1142 = WuM 1994, 528). Festzuhalten ist aber, dass dem mietenden Partner kein Selbsthilferecht zusteht (AG Bruchsal FamRZ 1981, 447 [Rechtsmissbrauch]). Sperrt er seinen Partner – etwa durch das Auswechseln der Türschlösser – kurzerhand aus der bislang gemeinsam genutzten Wohnung aus, so kann dieser nach den §§ 861, 858 wegen verbotener Eigenmacht die Wiedereinräumung des Mitbesitzes verlangen (AG Waldshut-Tiengen NJW-RR 1994, 712 = FamRZ 1994, 522; Schwab FamR Rn 845; Münch-Komm/Joost § 866 Rn 12). Dass der ehemalige Partner nach Beendigung der Lebensgemeinschaft und/oder Kündigung des Untermietvertrages über kein Besitzrecht mehr verfügt, spielt in diesem Zusammenhang keine Rolle, § 863. Der Mieter muss sein Recht daher notfalls im Klageweg durchsetzen.

210 Die Mieterschutzbestimmungen sind dabei regelmäßig nicht anwendbar (AG Köln ZMR 1964, 275; Soergel/Lange NehelLG Rn 117). Dies ergibt sich bereits daraus, dass der schlichten Aufnahme des Partners in die eigene Wohnung keine mietvertrags-begründende Wirkung zukommt. Im Falle einer Vollstreckung erreicht der Aufgenommene jedoch einen befristeten Vollstreckungsschutz, § 721 ZPO. Dabei empfiehlt sich aber eine restriktive Handhabung, da eine räumliche Zwangsgemeinschaft möglichst vermieden werden soll (OLG Hamm NJW 1986, 728). Die Wiederaufnahme des Geschlechtsverkehrs nach Erlangung eines Räumungstitels bedeutet für sich gesehen noch keinen Verzicht auf die Vollstreckung aus diesem Titel (LG Oldenburg NJW-RR 1990, 590 = FamRZ 1990, 1233).

5. Tod eines Partners

a) Mietvertrag mit beiden Partnern

211 Waren beide Partner Mieter, so wird durch den überlebenden Partner das Mietverhältnis fortgesetzt, §§ 563a Abs 1, 563 Abs 2 S 4, soweit die Partner einen auf **Dauer angelegten gemeinsamen Haushalt** geführt haben, wovon in der Regel auszugehen ist, zumal nach der Vorstellung des Gesetzgebers § 563 Abs 2 S 4 auch das Zusammenleben älterer Menschen („Alters-WG") erfasst werden soll. Bei diesen Gemeinschaften muss es sich aber gerade nicht um reine Zweierbeziehungen handeln; sie stellen überdies oftmals reine Wirtschafts- und Wohngemeinschaften dar (Staudinger/Emmerich [2011] § 563 Rn 25; Hinz ZMR 2002, 640, 642). Der überlebende Partner kann das Mietverhältnis innerhalb eines Monats, nachdem er vom Tod seines Partners Kenntnis erlangt hat, außerordentlich mit der gesetzlichen Frist kündigen, § 563a Abs 2. Bei der in § 563a angeordneten Fortsetzung eines Mietverhältnisses durch einen überlebenden Mitmieter handelt es sich um eine Form der **Sonderrechtsnachfolge** nach dem Verstorbenen in dessen Anteil am Mietverhältnis, die unabhängig von der Erbfolge eintritt und die Erben insoweit zurücktreten lässt.

b) Mietvertrag mit dem verstorbenen Partner

212 War nur der verstorbene Partner Mieter, so **tritt der Überlebende** in den Mietvertrag **ein**, § 563 Abs 2 S 4, wenn die Partner, wie regelmäßig, einen auf Dauer angelegten gemeinsamen Haushalt (Rn 211) geführt haben; erklärt der eingetretene Partner innerhalb eines Monats, nachdem er vom Tod des Mieters Kenntnis erlangt hat, dem Vermieter, dass er das Mietverhältnis nicht fortsetzen wolle, so gilt der Eintritt als nicht erfolgt, § 563 Abs 3 S 1. Bei dem Eintritt in das Mietverhältnis gemäß § 563 handelt es sich um eine Sonderrechtsnachfolge kraft Gesetzes, die dem Eintretenden unabhängig von einer Erbenstellung die Erhaltung seines bisherigen Lebensmittelpunktes gegen die Interessen des Vermieters und der Erben des Verstorbenen ermöglichen soll. Der Eintritt in das Mietverhältnis erfolgt kraft Gesetzes mit dem Tode des Mieters; das Mietverhältnis geht mit allen Rechten und Pflichten, die sich aus dem Mietvertrag zu diesem Zeitpunkt ergeben, auf den Sonderrechtsnachfolger über (eingehend LÖHNIG FamRZ 2001, 891 ff).

c) Verhältnis zu anderen nahestehenden Personen

§ 563 regelt nicht nur für Partner, sondern für Ehegatten/eingetragene Lebenspartner und andere Familienangehörige ein Eintrittsrecht in den Mietvertrag des verstorbenen Mieters. Deshalb stellt sich die Frage nach dem Verhältnis der Eintretenden zueinander. Personen, die mit dem verstorbenen Mieter einen auf Dauer angelegten gemeinsamen Haushalt geführt haben, also insbesondere Partner, § 563 Abs 2 S 4, treten nur ein, wenn Ehegatte oder eingetragener Lebenspartner den Eintritt ablehnen, § 563 Abs 2 S 3 und 4. Nicht ausdrücklich geregelt ist hingegen das Verhältnis zwischen anderen Familienangehörigen im Sinne des § 563 Abs 1 S 3 und dem überlebenden Partner. Es ist beispielsweise denkbar, dass ein Mieter mit seinem Partner zusammenlebt und nach einiger Zeit seinen pflegebedürftigen Vater dauerhaft bei sich aufnimmt, sodass diese drei Personen nunmehr einen gemeinsamen Haushalt führen. Mangels abweichender Anordnung ist hier von einem gemeinsamen Eintritt in das Mietverhältnis auszugehen. Stirbt also im Beispiel der Mieter, so treten Lebensgefährte und Vater gemeinsam als Sonderrechtsnachfolger in das Mietverhältnis ein (zum Problemkreis des Verhältnisses von Eintritt, § 563, und Fortsetzung, § 563a, LÖHNIG FamRZ 2001, 891 ff). **213**

VIII. Faktische Lebensgemeinschaft und vermögensrechtliche Nachwirkungen einer Ehe (Lebenspartnerschaft)

1. Veränderung des Unterhaltsanspruchs getrennt lebender oder geschiedener Ehepartner, § 1579 Nr 7 und 2 (§ 16 S 2 LPartG)

a) Begründung einer faktischen Lebensgemeinschaft (§ 1579 Nr 7)
aa) Trennung zur Begründung einer faktischen Lebensgemeinschaft

Der Unterhaltsanspruch getrennt lebender oder geschiedener Ehegatten kann entfallen, herabgesetzt oder zeitlich beschränkt werden, wenn dem Unterhaltsberechtigten ein **offensichtlich schwerwiegendes, eindeutig bei ihm liegendes Fehlverhalten gegen den Verpflichteten** zur Last fällt, §§ 1361 Abs 3, 1579 Nr 7 (Trennungsunterhalt) bzw § 1579 Nr 7 (Scheidungsunterhalt). **§ 1579 Nr 7** geht auf mehrere Entscheidungen des BGH aus den früheren 1980er Jahren zurück (BGH NJW 1980, 1686 = FamRZ 1980, 665; NJW 1981, 1214 = FamRZ 1981, 439; NJW 1981, 1782 = FamRZ 1981, 752), deren Leitlinien der Gesetzgeber dann 1986 als § 1579 Nr 6 aF in das BGB aufgenommen hat. Ein Fehlverhalten kann nach dieser Rechtsprechung in der Zuwendung des Unterhaltsberechtigten zu einem anderen heterosexuellen oder homosexuellen (BGH NJW 2008, 2779) Partner gegen den Willen des Ehepartners liegen, mit der Folge, dass diesem Partner nun die eigentlich dem Ehegatten geschuldete Hilfe und Betreuung zuteil wird. Dabei soll es weder entscheidend auf sexuelle Kontakte zu dem neuen Partner (OLG Hamm FamRZ 1981, 162; KG FamRZ 1989; 868 m krit Anm FINGER FamRZ 1989, 1180 u DIENER FamRZ 1990, 407) noch auf das Zusammenziehen in **214** eine gemeinsame Wohnung ankommen (BGH NJW 1984, 2692 = FamRZ 1984, 986; OLG Koblenz FamRZ 1988, 295; OLG Hamm FamRZ 1988, 730).

215 Am Merkmal des **schwerwiegenden Fehlverhaltens** fehlt es aber dann, wenn die Ehe bereits endgültig gescheitert war (BGH NJW 1981, 1214 = FamRZ 1981, 439; BGH NJW 1981, 2805 = FamRZ 1981, 1042; BGH NJW 1989, 1083 = FamRZ 1989, 487), sich also der andere Ehegatte zuvor ebenfalls von seinen ehelichen Bindungen losgesagt und zB seinerseits Beziehungen zu einem Dritten aufgebaut hat (OLG Koblenz FamRZ 1986, 999), oder wenn er als erster Scheidungsabsichten geäußert und den Auszug des anderen gewünscht hat (BGH NJW 1981, 1782 = FamRZ 1981, 752). Die **Einseitigkeit** wird verneint, wenn dem anderen Ehegatten ebenfalls schwerwiegende Verfehlungen vorzuwerfen sind (BGH FamRZ 1982, 463; KG NJW 1991, 113 = FamRZ 1990, 746). Diese Verfehlungen des anderen Teils sollen jedoch dann unbeachtlich sein, wenn sie dem Verhalten des Berechtigten zeitlich nachfolgen, weil sie unter diesen Umständen nicht die Ursache für das fragliche Fehlverhalten sein können (BGH NJW 1986, 722 = FamRZ 1986, 443). Im Ergebnis eröffnet so die Begründung einer faktischen Lebensgemeinschaft durch einen Ehepartner gegen den Willen des anderen die Reduzierung der Unterhaltsberechtigung bis hin zu ihrem völligen Ausschluss; welche **Rechtsfolge** greift, ist im Einzelfall unter Gesamtwürdigung aller Umstände zu ermitteln (PWW/Soyka § 1579 Rn 27).

216 Gegen diese Rechtsprechung zum schwerwiegenden Fehlverhalten bestehen jedoch **erhebliche Bedenken**. Dem BGH kann nicht darin gefolgt werden, dass Anknüpfungspunkt für die Prüfung eines schwerwiegenden Fehlverhaltens gerade oder zumindest vorrangig die Aufnahme einer faktischen Lebensgemeinschaft sein soll (zutreffend AG Bad Kreuznach FamRZ 2003, 680, das allein das Eingehen einer intimen Beziehung und die Begründung einer häuslichen Lebensgemeinschaft für ein Fehlverhalten iSd § 1579 Nr 7 nicht ausreichen lässt). Wenn jemand aus einer (angeblich) intakten Ehe ausbricht, dann kann es keinen rechtserheblichen Unterschied machen, ob er in eine eigene Wohnung, zu seinen Eltern oder zu einem Dritten zieht. Es kommt also nicht darauf an, wie der Unterhaltsbegehrende nach dem Scheitern der Ehe sein Leben einrichtet, sondern es ist darauf abzustellen, dass dieser Ehegatte seine **Rechtspflichten aus § 1353** nicht mehr erfüllt. Das AG Bad Kreuznach (FamRZ 2003, 680) verlangt zu Recht einen schwerwiegenden Verstoß gegen die aus der Ehe folgende Pflicht, den anderen Ehegatten fair zu behandeln. In einem zweiten Schritt ist dann zu prüfen, ob dieser Umstand im konkreten Fall als ein offensichtlich schwerwiegendes und eindeutig bei ihm liegendes Fehlverhalten gegenüber dem Ehepartner bewertet werden muss. Damit wird deutlich, dass es sich hier nicht um ein Problem der faktischen Lebensgemeinschaft handelt, sondern um ganz allgemeine Fragen des nachehelichen Unterhaltsrechts.

217 Bei der Beurteilung, ob die Aufkündigung der ehelichen Pflichten als Fehlverhalten **schwerwiegend** ist, muss geprüft werden, ob der unterhaltsbegehrende Ehegatte die Nichterfüllung seiner Rechtspflichten aus § 1353 **eindeutig allein** zu verantworten hat. Das wird aufgrund des komplexen Beziehungsgefechts nur selten klar festzustellen sein (Wellenhofer-Klein FPR 2003, 163, 164; Wegmann FF 2001, 118). Diese Voraussetzung ist im Gegensatz zur Rechtsprechungsauffassung vor allem nicht schon dann erfüllt, wenn der unterhaltsbegehrende Ehegatte gegen den Willen des anderen Ehepartners aus einer durchschnittlich verlaufenen Ehe „mutwillig" ausbricht, sei es mit oder ohne Aufnahme einer neuen Beziehung. Die Trennung an sich ist unterhaltsrechtlich nämlich unschädlich, auch wenn der andere nicht einwilligt, denn sie alleine sagt nichts darüber aus, wer dem anderen die Erfüllung der Pflichten aus § 1353 vorwerfbar verweigert hat.

Für die Annahme des **offensichtlich schwerwiegenden Fehlverhaltens** muss also auf **218** andere Verhaltensweisen abgestellt werden. Ein Fehlverhalten kann beispielsweise bejaht werden, wenn ein Ehepartner den anderen in schwerer Krankheit oder sonstiger Notlage verlässt (und zwar unabhängig davon, ob er eine neue Beziehung eingeht oder nicht) oder wenn er sich einem neuen Partner zuwendet, um bei ihm materielle Vorteile zu erlangen. Auch beim Ehebruch kann die Aufkündigung der ehelichen Pflichten ein offensichtlich schwerwiegendes Fehlverhalten gegenüber dem anderen Ehepartner sein (OLG Koblenz FPR 2002, 446 – die Unterhaltsberechtigte unterhielt über 20 Jahre eine intime Beziehung mit einem anderen Mann). Gerade in diesem Fall ist aber ein genaues Eingehen auf die Einseitigkeit der Pflichtenverletzung erforderlich. Es bedarf damit – trotz des seit 1977 im Scheidungsrecht geltenden Zerrüttungsgrundsatzes – einer Verschuldensanalyse, bei der alle für das Scheitern der Ehe wichtigen und beweisbaren Umstände berücksichtigt werden müssen. Hiernach wird die Hinwendung des Unterhaltsbegehrenden zu einem Dritten häufig nicht als Abkehr aus einer intakten Ehe, sondern als reaktive Flucht aus einer gescheiterten Ehe erscheinen (OLG Frankfurt FamRZ 1981, 455).

Von einem **Ausbruch aus einer intakten Ehe** (OLG Brandenburg FamRZ 2009, 1416) kann **219** nur dann ausgegangen werden, wenn die Ehe nach außen und aus Sicht des verlassenen Partners funktionierte. Daran fehlt es vor allem, wenn sich der verlassene Partner selbst von der Ehe losgesagt hatte oder wenn beide Partner längst eigene Wege gegangen sind. Dagegen wird man § 1579 Nr 7 im Einzelfall bejahen können, wenn sich die Ehe zwar in einer Krise befand, eine gemeinsame Bewältigung der Probleme aber an der grundsätzlich ablehnenden Haltung des Ehepartners scheiterte, der jetzt Unterhalt fordert (OLG Frankfurt NJW-RR 1994, 456 = FamRZ 1994, 169). Spannungen und Probleme in der Ehe geben einem Ehegatten, selbst wenn er die Ehe subjektiv für gescheitert hält, nicht das Recht (jedenfalls dann nicht, wenn die Trennung noch nicht vollzogen ist), die eheliche Treuepflicht aufzukündigen und andererseits von dem unterhaltspflichtigen Ehegatten die Erfüllung der aus der Ehe herrührenden Unterhaltspflicht zu verlangen. Etwas anderes gilt nur, wenn auch der andere Ehegatte nicht an der Fortsetzung der Ehe interessiert ist oder ihn selbst ein schwerwiegendes Fehlverhalten trifft (OLG Hamm FamRZ 2001, 1611). Im Ergebnis wird daher der **Ausschluss** oder auch nur eine **Herabsetzung oder Begrenzung** des Unterhaltsanspruchs nach § 1579 Nr 7 wegen der Begründung einer faktischen Lebensgemeinschaft aus laufender Ehe heraus ein **seltener Ausnahmefall** sein.

Die vollständige oder teilweise Verwirkung des Unterhaltsanspruchs nach § 1579 **220** Nr 7 ist eine **rechtsvernichtende Einwendung**, sodass der Unterhaltspflichtige das Vorliegen der tatsächlichen Voraussetzungen des Verwirkungsgrundes darzulegen und zu beweisen hat. Die einfache Schilderung von weniger gravierenden Eheverfehlungen genügt der Darlegungslast nicht (OLG Köln FamRZ 2003, 767 – dort hatte der Unterhaltspflichtige nur eine intime Beziehung seiner Frau behauptet, ohne dass sich diese aber dem anderen Mann in einer neuen Partnerschaft zugewendet hatte).

bb) Begründung einer faktischen Lebensgemeinschaft nach Trennung oder Scheidung

221 Begründet ein Ehegatte erst **nach Trennung oder Scheidung** eine faktische Lebensgemeinschaft mit einem neuen Partner, so hat dies grundsätzlich ebenfalls keine Auswirkungen auf seinen dem Grunde nach gegebenen Unterhaltsanspruch. Der Ausschlusstatbestand des § 1579 Nr 7 greift nicht ein, da eine neue Lebensgestaltung in diesen Fällen **kein schwerwiegendes Fehlverhalten** bedeutet. Das Zusammenleben mit einem neuen Partner nach dem Scheitern der alten Beziehung kann dem Unterhaltsberechtigten nicht vorgeworfen werden.

222 Unzutreffend erscheint deshalb beispielsweise eine Entscheidung des OLG Frankfurt (FamRZ 1999, 1335), das den Verwirkungstatbestand des § 1579 Nr 7 angenommen hatte, nachdem sich der unterhaltsbegehrende Ehegatte aufgrund von Meinungsverschiedenheiten getrennt und erst anschließend eine intime Beziehung zu einem anderen Partner aufgenommen hatte. Leben die Ehegatten bereits getrennt, kann als Fehlverhalten nicht allein eine später begründete faktische Lebensgemeinschaft in Betracht kommen. Es fehlt an dem Ausbrechen aus einer „intakten" Ehe. Das Gericht hätte zunächst prüfen müssen, ob der Unterhaltsbegehrenden bezüglich der Trennung ein schwerwiegendes Fehlverhalten vorzuwerfen ist. Die Aufgabe der ehelichen Solidarität mag zwar ein Fehlverhalten darstellen, ob dieses im konkreten Fall tatsächlich schwerwiegend war, muss genau geprüft werden. Es ist dem OLG Frankfurt auch nicht darin zuzustimmen, dass das schwerwiegende Fehlverhalten im Begründen einer neuen intimen Beziehung liege, weil der Unterhaltsberechtigte die geschuldete eheliche Solidarität während der Trennung verletze. Eine Trennung zeichnet sich gerade dadurch aus, dass mindestens ein Ehepartner nicht an der häuslichen Gemeinschaft festhalten will. Hat sich aber ein Ehepartner bereits für die Aufgabe der häuslichen Gemeinschaft entschieden, ohne dass ihm ein schwerwiegendes Fehlverhalten vorgeworfen werden kann, ist es verfehlt, das Fehlverhalten im Zuzug zu einem neuen Partner zu erblicken.

b) Verfestigte Lebensgemeinschaft (§ 1579 Nr 2)

223 Die Rechtsprechung nahm jedoch seit jeher in bestimmten Fällen eine **Unterhaltsverwirkung** aus objektiven Gründen unter Berufung auf die Generalklausel des § 1579 Nr 7 aF (jetzt § 1579 Nr 8) an, wenn ein geschiedener oder getrennt lebender Ehegatte eine neue Lebensgemeinschaft begründete und diese Lebensgemeinschaft sich verfestigte. Diesen Unterhaltsbeschränkungs- und Versagungsgrund hat der Gesetzgeber zum 1. 1. 2008 in § 1579 Nr 2 nF positiviert, sodass auf die bisherigen Rechtsprechungslinien weiterhin zurückgegriffen werden kann. Dieser Grund gilt bei verfestigter Beziehung des Unterhaltsberechtigten zu einem neuen Partner nicht nur für den nachehelichen Unterhalt, sondern über § 1361 Abs 3 auch für den **Trennungsunterhalt** (BGH FamRZ 2002, 810 mAnm BERGSCHNEIDER; OLG Zweibrücken FuR 2000, 438; AG Niebüll FF 2001, 68 m zust Anm POPPE; OLG Saarbrücken FF 2003, 252). Allgemeine Voraussetzung für die Verfestigung ist dabei eine gewisse Intensität der neuen Beziehung. Das bloße Zusammenleben mit einem neuen Partner nach der Scheidung reicht noch nicht aus (OLG Hamm FamRZ 1999, 239). Auch intime Kontakte zu einem anderen Partner erfüllen für sich betrachtet dieses Kriterium nicht (BGH NJW 1995, 655 = FamRZ 1995, 344). Auf den Unterhaltsanspruch aus § 1615l ist § 1579 Nr 2 nicht entsprechend anwendbar (OLG Nürnberg NJW 2011, 939).

aa) Von einer Verfestigung kann dann ausgegangen werden, wenn die Partner- **224** schaft des Unterhaltsberechtigten zu seinem neuen Lebensgefährten gleichsam an die Stelle einer Ehe getreten ist („Eheersetzende Gemeinschaft", OLG Zweibrücken FamRZ 2010, 1677; BGH NJW-RR 1995, 1154 = FamRZ 1995, 540; zur Rechtsprechung SCHNITZLER FamRZ 2006, 239), sodass der Unterhaltsschuldner zu erkennen gibt, dass er die bisherige eheliche Solidarität nicht mehr benötigt (BGH FamRZ 2011, 1498 mAnm MAURER; BGH FamRZ 2011, 1854 mAnm MAURER). Eine verfestigte Lebensgemeinschaft setzt eine **gewisse Dauerhaftigkeit** der neuen Beziehung voraus, in der Regel wird von etwa zwei bis drei Jahren (BGH FamRZ 2002, 23 mAnm SCHWAB; BGH NJW 1997, 1851 = FamRZ 1997, 671; OLG Hamm NJW-RR 1994, 707 = FamRZ 1994, 446; OLG Düsseldorf NJW 1992, 2302 = FamRZ 1992, 955; OLG Oldenburg NJW-RR 1992, 515 = FamRZ 1992, 443) aus-gegangen, wobei auch 18 Monate ausreichen können, wenn ein gemeinsamer Im-mobilienerwerb der Partner zeigt, dass sie eine Entscheidung für eine langjährige gemeinsame Zukunft getroffen haben (OLG Schleswig FamRZ 2005, 277; ähnlich OLG Karlsruhe FamRZ 2006, 706). Seit der Unterhaltsreform werden zT zutreffend auch **kürzere Zeitspannen** für ausreichend gehalten (1 Jahr, AG Essen FamRZ 2009, 1917; OLG Oldenburg FamRZ 2012, 1223). Entscheidende Bedeutung messen die Gerichte dem **Erscheinungsbild in der Öffentlichkeit** zu (OELKERS FamRZ 1996, 257, 265 f), etwa der Begleitung zu offiziellen Veranstaltungen (OLG Düsseldorf FamRZ 2011, 225); eine gemeinsame Faxnummer genügt jedoch nicht (OLG Koblenz FamRZ 2006, 705). Nicht zwingend erforderlich ist, dass es zwischen den Partnern zu Intimitäten kommt (BGH FamRZ 2002, 810; OLG Schleswig MDR 2002, 1252; OLG Köln FuR 2002, 531).

Unerheblich ist, ob die Lebensgefährten einen gemeinsamen Haushalt führen (OLG **225** Zweibrücken NJW 1993, 1660; OLG Koblenz FamRZ 1991, 1314; OLG Karlsruhe NJW-RR 2011, 655) und ob sie überhaupt in der Lage sind, einander Unterhalt zu gewähren (OLG Schleswig NJW-RR 1994, 457; OLG Celle FamRZ 1994, 1324). Der Annahme einer verfes-tigten Lebensgemeinschaft steht auch nicht die Tatsache entgegen, dass der neue Lebensgefährte wechselnde intime Beziehungen zu anderen Männern unterhält, wenn diese ohne Einfluss auf das Verhältnis zu seiner Lebensgefährtin geblieben sind (BGH FamRZ 2002, 810, 812 m krit Anm BERGSCHNEIDER); etwas anderes gilt jedoch bei mehreren faktischen Lebensgemeinschaften mit jeweils kurzer Dauer, die auf-einander folgen (OLG Köln FamRZ 2005, 279). Auch ist der Tatbestand nicht dadurch ausgeschlossen, dass die neuen Partner einander nicht heiraten können (BGH FamRZ 2002, 810, 812). Es kommt nämlich nur darauf an, ob der Unterhaltsberechtigte in einer Gemeinschaft lebt, die **tatsächlich** einer ehelichen Beziehung entspricht, und ob deshalb der neue **Lebensgefährte an die Stelle des Unterhaltsverpflichteten getre-ten** ist.

Halten die nichtehelichen Partner ihre Lebensbereiche tatsächlich getrennt und ist **226** damit ihre Beziehung bewusst auf Distanz angelegt, muss im Einzelfall genau ge-prüft werden, ob die Gemeinschaft von ihrer Intensität her gleichwohl einem ehe-lichen Zusammenleben entspricht und so verfestigt ist, dass sie gleichsam an die Stelle einer Ehe tritt. Unter Berücksichtigung dieses Gesichtspunktes lehnte der BGH die Annahme einer verfestigten Lebensgemeinschaft in einem Fall ab, in dem die unterhaltsberechtigte geschiedene Ehefrau ein länger dauerndes Verhältnis zu einem neuen Partner unterhielt, gleichwohl aber die Lebensbereiche getrennt ge-halten worden waren und die Beziehung bewusst auf Distanz angelegt war (BGH FamRZ 2002, 23 mAnm SCHWAB). Leben die nichtehelichen Partner nicht zusammen in einer Wohnung und führen keinen gemeinsamen Haushalt, müssen aber **andere eindeutige Merkmale** festgestellt sein, die auf eine Lebensgemeinschaft in getrennten Wohnungen hindeuten (OLG Frankfurt FamRZ 2000, 427; OLG Hamm FF 2001, 101). Gemeinsame Urlaube und Freizeitveranstaltungen sind kein Indiz für das Vorliegen einer eheähnlichen Partnerschaft (OLG Düsseldorf FamRZ 2011, 225). Ein rein „formales" Getrenntleben in zwei Wohnungen eines Zweifamilienhauses verhindert hingegen nicht die Annahme einer verfestigten faktischen Lebensgemeinschaft (OLG Stuttgart FamRZ 2005, 54). Der Annahme einer verfestigten Lebensgemeinschaft kann aber trotz längeren Zusammenlebens die Tatsache entgegenstehen, dass die Beziehung kriselt und in absehbarer Zeit zerbricht.

227 Eine Übertragung der für die heterosexuelle faktische Lebensgemeinschaft geltenden Grundsätze auf **gleichgeschlechtliche faktische Lebensgemeinschaften** lehnt der BGH mit der Begründung ab, in diesen Fällen gebe es kein allgemeingültiges Leitbild, wonach in einer solchen Verbindung die gegenseitige Versorgung der Partner gewährleistet sei (BGH NJW 1995, 655 = FamRZ 1995, 344; zu Recht krit Schwab FamR Rn 383 u Büttner FamRZ 1996, 136). Ob an dieser Auffassung mit Rücksicht auf das Lebenspartnerschaftsgesetz festzuhalten ist, lässt der BGH ausdrücklich offen (BGH FamRZ 2002, 810, 812 mAnm Bergschneider). Nach zutreffender Auffassung kann zwischen heterosexuellen und homosexuellen faktischen Lebensgemeinschaften auch hier kein Unterschied gemacht werden und es kommt lediglich darauf an, ob die Lebensgemeinschaft tatsächlich eheersetzend ist.

228 bb) Betreut der bedürftige und in neuer Partnerschaft lebende Ehegatte ein oder mehrere **Kinder aus der früheren Ehe**, so sind auch deren Belange zu berücksichtigen, § 1579. Dies wird häufig dazu führen, dass dem Unterhaltsberechtigten der Unterhaltsanspruch nicht völlig entzogen werden darf, sondern allenfalls gekürzt werden kann. Eine Herabsetzung der Unterhaltsforderung ist beispielsweise ausgeschlossen, wenn die ernsthafte Gefahr besteht, dass die unterhaltsbedürftige Mutter zur Deckung ihres eigenen Existenzminimums auf den Unterhalt des Kindes zurückgreift. Der Unterhaltsschuldner kann seinen früheren Ehegatten insofern auch nicht auf die Sozialhilfe verweisen (BGH NJW 1990, 253 = FamRZ 1989, 1279). Auf der anderen Seite gelten die Interessen des Kindes bereits dann als gewahrt, wenn der Unterhaltsberechtigte sein Auskommen in der festen Beziehung zu seinem neuen Partner findet (OLG Koblenz NJW-RR 1989, 5; OLG Hamm FamRZ 1993, 1450).

229 Außerdem erhöhen die Belange des Unterhaltsverpflichteten die Anforderungen an die **Erwerbsobliegenheiten des Unterhaltsberechtigten**. Nach einer Entscheidung des OLG Celle (NJW 2000, 2282 = FamRZ 2000, 1374) soll eine Versagung des nachehelichen Unterhalts auch dann in Betracht kommen, wenn der Unterhaltsberechtigte in einer verfestigten Lebensgemeinschaft lebt, und der Lebenspartner objektiv in der Lage ist, die aus der Ehe mit dem Unterhaltspflichtigen stammenden Kinder zu versorgen, sodass für die Unterhaltsberechtigte die Möglichkeit besteht, eine ihren Mindestbedarf deckende Erwerbstätigkeit aufzunehmen. Dabei ist zu beachten, dass der Gesetzgeber zum 1. 1. 2008 den nachehelichen Betreuungsunterhalt, § 1570, zeitlich auf die ersten drei Jahre nach der Geburt des Kindes begrenzt hat und seither vom Leitbild der ab dem dritten Lebensjahr des Kindes vollerwerbstätigen Mutter ausgeht.

cc) Wenn ein Unterhaltsberechtigter mit einem neuen Partner in fester sozialer **230** Bindung zusammenlebt, besteht nach § 242 die Pflicht, den Unterhaltsschuldner davon **in Kenntnis zu setzen** (OLG Hamm EzFamR aktuell 1998, 214). Verletzt der Unterhaltsberechtigte seine Verpflichtung und nimmt er die Zahlungen des Verpflichteten ohne weiteres entgegen, so kann dies eine vorsätzliche sittenwidrige Schädigung im Sinne des § 826 darstellen, die zum Schadensersatz verpflichtet (OLG Koblenz FamRZ 1987, 1156). So kann der Unterhaltsschuldner vom Unterhaltsgläubiger Ersatz der **Detektivkosten** verlangen, die erforderlich waren, um eine geheim gehaltene neue Partnerschaft mit Einfluss auf die Unterhaltsrechtslage nachweisen zu können (OLG Koblenz NJW 2007, 1010).

c) Reichweite des Ausschlusses
Die gesetzliche Unterhaltspflicht geht nach § 1586b unverändert auf den Erben des **231** Unterhaltsschuldners über. Der Unterhaltsberechtigte bleibt dabei aber weiterhin den Einwendungen aus § 1579 ausgesetzt (BERGSCHNEIDER FamRZ 2003, 1049, 1051). Das gilt auch dann, wenn sich der Erbe erstmals auf einen solchen Einwand beruft, es sei denn der Unterhaltspflichtige hätte auf diesen Einwand verzichtet (BGH FamRZ 2004, 614 mAnm BÜTTNER). Die Weiterzahlung des Unterhalts trotz Kenntnis der Umstände, die einen Verwirkungsgrund gem § 1579 begründen, führt zu keinem Vertrauensschutz des Unterhaltsberechtigten und stellt somit keinen stillschweigenden Verzicht dar, vor allem dann, wenn der unterhaltspflichtige Erblasser aus wirtschaftlich nachvollziehbaren Gründen den Unterhalt leistet (BGH FamRZ 2004, 614 – Verhinderung der Rentenkürzung).

Der **Ausschluss** des Unterhaltsanspruchs muss **nicht notwendig endgültig** sein (BGH **232** FamRZ 1987, 689; BGH FamRZ 1987, 1238). Der nach § 1579 Nr 2 verwirkte Unterhaltsanspruch kann vielmehr wieder aufleben, wenn die verfestigte Verbindung des Unterhaltsberechtigten mit einem anderen Partner nicht mehr besteht. In diesem Fall entfällt nämlich die Unzumutbarkeit der Pflicht zur Zahlung des Unterhalts (OLG Schleswig MDR 2000, 770). Allerdings wird durch die Beendigung der faktischen Lebensgemeinschaft nicht ohne weiteres die ursprüngliche unterhaltsrechtliche Lage wiederhergestellt. Erforderlich ist vielmehr eine umfassende Prüfung des Unterhaltsanspruchs unter Einbeziehung von eventuellen Kindeswohlbelangen und unter Berücksichtigung der zwischenzeitlichen Dispositionen des Unterhaltsschuldners (PALANDT/BRUDERMÜLLER § 1579 Rn 47; SOERGEL/HÄBERLE § 1579 Rn 36; SCHWAB FamR Rn 385).

2. Minderung des Unterhaltsanspruchs des getrennt lebenden oder geschiedenen Ehepartners, § 1577

Eine von den Ausschluss- und Begrenzungsgründen des § 1579 zu unterscheidende **233** Frage ist es, ob der dem Grunde nach begründete Unterhaltsanspruch wegen der Aufnahme einer faktischen Lebensgemeinschaft und der damit verbundenen gemeinsamen Haushalts- und Wirtschaftsführung mit dem neuen Partner **zu mindern ist, § 1577 Abs 1**. Die im Folgenden skizzierten Grundsätze wendet der BGH zu Recht auch auf **gleichgeschlechtliche** faktische Lebensgemeinschaften an (BGH NJW 1995, 655 = FamRZ 1995, 344, 346).

a) Berücksichtigung fiktiver Einkünfte aus geldwerten Versorgungsleistungen gegenüber einem neuen Partner

234 Erbringt der Unterhaltsberechtigte seinem neuen Partner Versorgungsleistungen in Form der Haushaltsführung, kann ihm ein angemessenes Entgelt als Einkünfte iSd § 1577 Abs 1 zugerechnet werden (krit WOHLGEMUTH FamRZ 2003, 983, 984). Umstritten ist in diesem Zusammenhang die Frage, ob der neue Lebensgefährte unterhaltsrechtlich leistungsfähig sein muss (dafür SCHWAB/BORTH Rn IV/1078 f; BORN FamRZ 2002, 1603, 1604 f; LUTHIN FamRZ 1986, 1166; BGH NJW 1989, 1083, 1084 = FamRZ 1989, 487, 488: „in der Regel"; dagegen BÜTTNER FamRZ 1996, 136; AG Neuwied FamRZ 2002, 1628; OLG Celle FamRZ 1994, 1324). Im Ergebnis spielt diese Frage aber regelmäßig keine Rolle. Selbst wenn der neue Lebensgefährte nicht dazu in der Lage ist, die Versorgungsleistungen seines Partners angemessen zu vergüten, kommt eine Kürzung des Unterhaltsanspruchs nach § 1577 Abs 1 in Betracht: Weil den geschiedenen Ehegatten grundsätzlich eine Erwerbsobliegenheit trifft, ist er in diesen Fällen auf die Aufnahme einer anderen Tätigkeit zu verweisen. Das dabei tatsächlich erzielte oder fiktiv angesetzte Einkommen wird regelmäßig an die zugrunde gelegte Vergütung einer Haushaltstätigkeit heranreichen und kann bei der Bedarfsbemessung berücksichtigt werden.

235 Da der Unterhalt in monatlichen Rentenleistungen zu zahlen ist, §§ 1361 Abs 4, 1585 Abs 1 BGB, müssen die Tatsachen, an denen sich die Bedürftigkeit orientiert, von einer **gewissen Dauer** sein. Daher kann von einer geringeren Bedürftigkeit oder von ihrem völligen Fehlen nur dann ausgegangen werden, wenn die fraglichen geldwerten Versorgungsleistungen über eine längere Zeit an den neuen Partner erbracht werden. Der **Umfang** der Haushaltstätigkeit wird objektiv entsprechend dem Rechtsgedanken des § 850h Abs 2 ZPO bewertet. Die Schätzung der **Höhe** des Werts der Tätigkeit obliegt dem Tatrichter gem § 287 Abs 2 ZPO, wobei zu berücksichtigen ist, welchen objektiven Wert die Versorgungsleistung für den neuen Partner hat (BGH FamRZ 2001, 1693, 1694). Bei einer Vollversorgung wird im Regelfall die Haushaltstätigkeit mit einem **Monatsbetrag** von mindestens 200 € anzusetzen sein (BGH FamRZ 2001, 1693: 400 DM; Unterhaltsrechtliche Leitlinien der Familiensenate in Bayern, Stand 1. 1. 2013, Ziff 6: 200–550 € bei Haushaltsführung für einen leistungsfähigen Partner).

236 Die geldwerten Versorgungsleistungen sind als Surrogat der früheren Haushaltstätigkeit in der Ehe anzusehen, sodass die **Differenzmethode** gilt. Die ehelichen Lebensverhältnisse werden nämlich nicht nur durch die Bareinkünfte des erwerbstätigen Ehegatten, sondern auch durch die Leistungen des anderen Ehegatten im Haushalt geprägt, denn die ehelichen Lebensverhältnisse umfassen alles, was während der Ehe für den Lebenszuschnitt nicht nur vorübergehend tatsächlich von Bedeutung ist. Die von den Ehegatten jeweils erbrachten Leistungen gelten hiernach unabhängig von ihrer ökonomischen Bewertung als gleichwertig (BGH, FamRZ 2001, 986, 989 = NJW 2001, 2254; BVerfG, FamRZ 2002, 527, 529 = NJW 2002, 1185). Nimmt also der haushaltsführende Ehegatte nach der Scheidung eine Erwerbstätigkeit auf, so kann sie als Surrogat für seine bisherige Tätigkeit angesehen werden, weil sich der Wert der Haushaltstätigkeit in dem erzielten Einkommen spiegelt (Differenzmethode).

237 Deshalb sind auch die Versorgungsleistungen des Unterhaltsberechtigten gegenüber dem neuen Lebensgefährten als Surrogat für die frühere **Haushaltstätigkeit** anzuse-

hen, sodass ihr Wert als **eheprägend** in die Unterhaltsberechnung einfließt. Die Haushaltsführung beim neuen Partner ist nämlich nicht anders zu bewerten, als wenn der Unterhaltsberechtigte eine bezahlte Tätigkeit als Haushälter bei Dritten annehmen würde (BGH FamRZ 2004, 1173 m zust Anm BORN; OLG Koblenz FamRZ 2006, 440). Das erscheint zutreffend, denn der Anspruch auf gleiche Teilhabe am gemeinsam Erwirtschafteten besteht nicht nur während der Ehe, sondern auch nach Trennung und Scheidung. Es kommt nicht auf ein während der Ehezeit tatsächlich erwirtschaftetes Entgelt an, sondern beruht auf der Gleichwertigkeit der Erwerbstätigkeit auf der einen und der Haushaltsführung und Kinderbetreuung auf der anderen Seite. Deshalb hat die Haushaltsführung die ehelichen Lebensverhältnisse geprägt, unabhängig davon, ob der unterhaltsberechtigte Partner nach der Trennung erwerbstätig ist oder einen neuen Partner versorgt. Gegen diese Rechtsprechung des BGH stellt sich ausdrücklich das OLG München (FamRZ 2006, 1535): Die Auffassung des BGH gehe an der Realität vorbei, weil weder in einer Ehe noch in einer faktischen Lebensgemeinschaft für die Haushaltstätigkeit etwas bezahlt werde.

Die Vergütung für Tätigkeiten, die der Unterhaltsberechtigte außerhalb seiner Er- **238** werbsobliegenheit aufnimmt, kann hingegen nicht als Einkommen iSd § 1577 Abs 1 gewertet werden; dazu gehören auch Versorgungsleistungen, etwa in Form der Hausarbeit, die neben einer vollschichtigen Erwerbstätigkeit gegenüber Verwandten oder dem neuen Partner erbracht werden. Die Auffassung des BGH (FamRZ 1995, 343), die tatsächliche Übernahme solcher Dienste spreche gerade für ihre Zumutbarkeit, ist in dieser Pauschalität nicht richtig (krit auch BÜTTNER FamRZ 1996, 136). Ein Einkommen aus unzumutbarer Arbeit kann aber im Rahmen eines billigen Interessenausgleichs nach § 1577 Abs 2 berücksichtigt werden (OLG Hamm FamRZ 1994, 1115; OLG Hamm NJW-RR 1997, 963).

b)   Berücksichtigung von sonstigen Vorteilen

Schwierigkeiten bereitet die **Bewertung der Ersparnis** durch die gemeinsame Haus- **239** halts- und Wirtschaftsführung bei der Festsetzung der Unterhaltshöhe. Dabei führen die allgemeinen Ersparnisse, die regelmäßig durch das Zusammenleben in einer Haushaltsgemeinschaft entstehen (OLG Hamburg FamRZ 1987, 1044: 20–25 % der Lebenshaltungskosten), nicht zu einer Kürzung des Unterhaltsanspruchs. Der geschuldete Unterhalt knüpft nämlich an die ehelichen Lebensverhältnisse an und berücksichtigt daher bereits die Vorteile des gemeinsamen Wirtschaftens (BGH FamRZ 1995, 343). Dagegen muss das fiktive Entgelt für die Aufnahme des Partners in die eigene Wohnung immer (OLG Hamm FamRZ 1984, 498) und die eigene Ersparnis bei Aufnahme in die Wohnung des Partners wenigstens dann, wenn sie ein Entgelt für Versorgungsleistungen darstellt, bei der Berechnung des Unterhaltsanspruchs berücksichtigt werden (BÜTTNER FamRZ 1996, 139).

Bei der **Behandlung von sonstigen Zuwendungen des Partners** hat sich in der Recht- **240** sprechung ein Wandel vollzogen. In früheren Entscheidungen gingen die Gerichte meist davon aus, dass jede Leistung, die der geschiedene Ehegatte von seinem neuen Lebensgefährten erhält, den Unterhaltsanspruch mindere (BGH NJW 1989, 1083 = FamRZ 1989, 487; OLG Koblenz FamRZ 1991, 1469 – Unterhaltsanspruch aus § 1602 BGB). Mittlerweile setzt sich jedoch die Erkenntnis durch, dass der Lebensgefährte solche freiwilligen Zuwendungen regelmäßig nicht erbringt, um den Unterhaltsschuldner zu entlasten, sondern um seinem Partner damit einen höheren Lebensstandard zu ermöglichen (BGH FamRZ 1995, 344; OLG Hamm FamRZ 1998, 767 – Unterhaltsanspruch aus § 1602 BGB zur Studienfinanzierung). Bei Zuwendungen, die nicht als Entgelt für eine Haushaltsführung oder sonstige Versorgungsleistungen zu behandeln sind, hängt die Anrechenbarkeit auf den Unterhaltsanspruch somit letztlich von der jeweiligen Zweckbestimmung ab. Unbilligkeiten lassen sich allenfalls über § 1579 Nr 8 korrigieren.

3. Auswirkungen auf den Versorgungsausgleich

241 Das Eingehen einer faktischen Lebensgemeinschaft lässt den Anspruch auf den Versorgungsausgleich **unberührt**.

4. Auswirkungen auf Ansprüche nach § 844 Abs 2 BGB

242 Nach der Rechtsprechung des BGH wird der Schadensersatzanspruch einer Witwe aus § 844 Abs 2 im Fall des Eingehens einer Ehe gekürzt oder sogar vollständig aberkannt (BGH NJW 1970, 1127). Gleiches muss für das Eingehen einer (nach dem Maßstab des § 1579 Nr 2) eheersetzenden faktischen Lebensgemeinschaft gelten. Nach der Rspr (BGH NJW 1984, 2520 = FamRZ 1984, 976 m abl Anm LANGE) kann eine **Kürzung** nur über die schadensersatzrechtliche Vorschrift des § 254 Abs 2 erfolgen, wenn die Witwe eine Erwerbsobliegenheit trifft und sie diese wegen der faktischen Lebensgemeinschaft nicht erfüllt. Diese rein schadensersatzrechtliche Argumentation verkennt aber, dass der Berechtigte vom Lebenspartner wie bei einer Ehe tatsächlich Unterhalt empfängt oder Leistungen erbringt. Eine Anrechnung dieser Leistungen ist daher angemessen.

5. Unterhaltsschuld des getrennt lebenden oder geschiedenen Ehepartners

243 Ein Ehepartner, der eine faktische Lebensgemeinschaft eingeht, kann dadurch seine Unterhaltsverpflichtungen gegenüber dem **Ehepartner** und **gemeinsamen Kindern** nicht mindern. Dieses Ziel kann der Unterhaltsschuldner auch nicht dadurch erreichen, dass er gegenüber dem neuen Lebensgefährten eine vertragliche Unterhaltspflicht begründet. Im Übrigen gelten die Regeln über den Rang von Unterhaltsansprüchen, § 1609.

244 Geht ein geschiedener Ehegatte eine neue Ehe ein, verhindert der unterhaltsrechtliche Gleichrang der Kinder aus erster und zweiter Ehe und des früheren Ehegatten, dass sich der unterhaltspflichtige Ehegatte auf die Sorge für die Mitglieder seiner neuen Familie beschränken kann. Seine unterhaltsrechtliche Obliegenheit, eine zumutbare Erwerbstätigkeit aufzunehmen, entfällt also nicht dadurch, dass der Unterhaltspflichtige im Einvernehmen mit dem neuen Ehegatten allein die **Haushaltsführung übernimmt**. Unterhaltsrechtlich wird durch diese Tätigkeit nur die neue Familie entlastet. Der unterhaltspflichtige Ehegatte ist seinem neuen Ehepartner gegenüber nicht verpflichtet, nur die neue Familie zu versorgen. Vielmehr trifft den neuen Ehegatten nach § 1356 Abs 2 die Verpflichtung, auf die insoweit bestehenden Unterhaltspflichten Rücksicht zu nehmen und dem unterhaltspflichtigen Ehegatten eine Erwerbstätigkeit zu ermöglichen.

245 Diese sog **Hausmann-Rechtsprechung** gilt auch für die faktische Lebensgemeinschaft

(BGH FamRZ 2001, 614 m zust Anm Büttner). Die Auffassung der Unverbindlichkeit einer nichtehelichen Lebensgemeinschaft entspricht nach Auffassung des BGH nicht der durch die Kindschaftsreform veränderten Rechtsstellung nichtehelicher Eltern, durch die nicht nur die beiderseitigen Rechte verstärkt, sondern auch Pflichten begründet worden seien. Deshalb könne von dem neuen nichtehelichen Partner entsprechend § 1356 Abs 2 verlangt werden, dass er die unterhaltsrechtlichen Altlasten des Lebenspartners mittrage (BGH FamRZ 2001, 614, 616). Also muss der Partner demjenigen Lebensgefährten, der gegenüber seiner alten Familie unterhaltspflichtig ist, durch Übernahme der Betreuung der gemeinsamen Kinder die Aufnahme einer Erwerbstätigkeit ermöglichen.

Die Wahl der Rolle als Hausmann oder Hausfrau ist nur in engen Ausnahmefällen **246** gerechtfertigt. Die Unterhaltsberechtigten müssen nur dann eine Einbuße ihrer Unterhaltsansprüche hinnehmen, wenn das Interesse des Unterhaltspflichtigen und seiner neuen Familie ihr eigenes Interesse an der Beibehaltung der bisherigen Unterhaltssicherung deutlich überwiegt. Nur dann ist auch der neue Partner nicht verpflichtet, insoweit auf die Unterhaltspflicht des anderen Teils außerhalb der faktischen Lebensgemeinschaft Rücksicht zu nehmen, zum Nachteil seiner Familie auf eine eigene Erwerbstätigkeit zu verzichten und stattdessen die Kinderbetreuung zu übernehmen (BGH NJW 2007, 139; AG Ludwigslust FamRZ 2005, 1114).

Darüber hinaus trifft den in einer neuen faktischen Lebensgemeinschaft lebenden **247** barunterhaltspflichtigen Ehegatten selbst dann, wenn die Rollenwahl in dieser Lebensgemeinschaft nicht zu beanstanden ist, eine Obliegenheit, erforderlichenfalls durch **Aufnahme eines Nebenerwerbs** zum Unterhalt von minderjährigen, unverheirateten ehelichen Kindern beizutragen. Wegen des Gleichrangs aller Unterhaltsansprüche minderjähriger Kinder, § 1609 Abs 1, darf die mit der Rollenwahl verbundene Verminderung der Leistungsfähigkeit des geschiedenen Ehegatten nicht in unzumutbarer Weise zu Lasten der ehelichen Kinder gehen. Unterhaltsrechtlich entlastet die häusliche Tätigkeit einen unterhaltspflichtigen Ehegatten nämlich nur gegenüber den Mitgliedern seiner neuen Familie, denen die Fürsorge allein zugute kommt. Deswegen und wegen der gesteigerten Unterhaltspflicht gegenüber seinen minderjährigen Kindern, § 1603 Abs 2 S 1 BGB, hat der Unterhaltspflichtige seine Leistungsfähigkeit über die Hausfrau- oder Hausmannrolle in der faktischen Lebensgemeinschaft hinaus in vollem Umfang auszuschöpfen und im Rahmen der individuellen Möglichkeiten eine Nebentätigkeit aufzunehmen. Die auf der Grundlage der Hausfrau-/Hausmannrolle und der Obliegenheit zur Aufnahme einer Nebenerwerbstätigkeit errechnete Unterhaltspflicht ist nicht durch eine fiktive Unterhaltspflicht begrenzt, wie sie sich ergäbe, wenn der Unterhaltspflichtige in seiner neuen Partnerschaft nicht die Haushaltsführung, sondern eine vollzeitige Erwerbstätigkeit übernommen hätte (BGH NJW 2007, 139).

Außerdem können sich infolge einer faktischen Lebensgemeinschaft die Unterhalts- **248** schulden **erhöhen** (OLG Celle FamRZ 1993, 1235; OLG Hamm FamRZ 1985, 958; OLG Frankfurt FamRZ 1985, 959; OLG München FuR 2001, 552; OLG Koblenz FamRZ 2003, 313; OLG München FamRZ 2004, 485), denn in Mangelfällen ist der Selbstbehalt des Unterhaltsschuldners wegen der allgemeinen Einsparungen, die durch eine gemeinsame Haushaltsführung möglich sind, um etwa 20 % zu kürzen (OLG München FamRZ 2004, 485: 25 %). Liegt das Einkommen des Unterhaltspflichtigen über dem Selbstbehalt, wird

sein Einkommen um die Ersparnis erhöht, die durch die gemeinsame Haushaltsführung mit dem neuen Partner eintritt (SOYKA FuR 2004, 1, 7 f; OLG Hamm FamRZ 2005,
366). Einkommenserhöhend wirkt sich auch der eheprägende Vorteil des Wohnens
im eigenen Haus aus. Nimmt der unterhaltspflichtige Ehegatte seinen neuen Lebensgefährten mit in die bisherige Ehewohnung, ist der eheprägende Wohnvorteil mit
der vollen objektiven Marktmiete zu bemessen. Der Unterhaltsschuldner nutzt den
durch die Trennung überflüssig gewordenen Wohnraum dadurch, dass er seinen
neuen Partner aufgenommen hat (OLG Schleswig FamRZ 2003, 603). Ansonsten kann
eine Erhöhung des anrechenbaren Einkommens in der Regel nicht festgestellt werden (OLG Hamm FamRZ 1989, 1305).

IX. Faktische Lebensgemeinschaft im Schadens- und Versicherungsrecht

1. Vertragliche und deliktische Schadensersatzansprüche

249 Im **Vertragsrecht** wird sich häufig die Frage stellen, ob ein verletzter Vertrag **Schutz-
wirkung für den Lebensgefährten** entfaltet. Hier gelten die allgemeinen Regeln (dazu
PWW/MEDICUS vor § 328 Rn 2 ff; STAUDINGER/JAGMANN [2009] § 328 Rn 100, 132, 196, 207).

250 Im **Deliktsrecht** kommt es auf die Verletzung eines eigenen Rechtsguts des Partners
an. Wegen der einer Ehe vergleichbaren engen persönlichen Beziehung der Partner
zueinander kann dem einen faktischen Partner bei schwerer Verletzung des anderen
Partners ein Anspruch auf Ersatz des Schockschadens zustehen.

251 Umstritten ist dagegen, ob den Angehörigen einer faktischen Lebensgemeinschaft
ein **Schadensersatzanspruch aus § 843** zusteht, wenn sie infolge einer drittverschul-
deten Körper- oder Gesundheitsverletzung bestimmte Leistungen zur Versorgung
ihres Partners nicht erbringen können (dagegen OLG Düsseldorf VersR 1992, 1418; OLG
Köln ZfS 1984, 132; OLG Nürnberg FamRZ 2005, 2069; OLG Celle NZV 2009, 400; KG NJW-RR
2010, 1687; dafür: LG Saarbrücken NJW 1993, 3207 = FamRZ 1994, 955 m abl Anm RAISER NJW
1994, 2672 u zust Anm GOTTHARDT JuS 1995, 12; HAUSMANN/HOHLOCH/HOLZHAUER Rn 6/25;
LÖHNIG FamRZ 2005, 2030; HUBER NZV 2007, 1). Gegen derartige Schadensersatzansprü-
che wird vorgebracht, dass solche Dienste bei unverheirateten Paaren nicht auf einer
Rechtspflicht beruhen. Bei Eheleuten sei dies hingegen zumindest im Ansatz der
Fall, wenn auch nicht der gesetzlich geschuldete, sondern der tatsächlich erbrachte
Unterhalt maßgeblich sei (BGH NJW 1974, 1651). Wolle man ohne Rücksicht auf eine
Rechtspflicht stets auch tatsächliche Leistungen berücksichtigen, würde man den
Kreis der Berechtigten sehr weit ziehen, weil aus Gründen der Gleichberechtigung
jeweils alle freiwilligen Leistungen gegenüber allen besonders nahestehenden Personen zu berücksichtigen wären. Darauf sei das Schadensersatzrecht jedoch nicht
angelegt, wie § 844 Abs 2 zeige. Dem verletzten Partner bleibt nach dieser Auffassung nur der Anspruch auf Ersatz des Wertes der Eigenversorgung sowie des eventuell ausgefallenen Lohnes.

252 Diese Auffassung kann jedoch nicht überzeugen. Ansprüche aus § 843 setzen nicht
das Bestehen einer Unterhaltspflicht voraus, sondern knüpfen allein an eine **Beeinträchtigung der Erwerbsfähigkeit** und die daraus resultierende Vereitelung einer
Erwerbsaussicht an. Es kommt also nur darauf an, dass der Verletzte seine Arbeitskraft nicht mehr wirtschaftlich sinnvoll einsetzen kann (so auch BGH NJW 1974, 1651 in

einem Ehegattenfall). Wirtschaftlich sinnvoll kann jedoch auch die Haushaltsführung in einer faktischen Lebensgemeinschaft sein, wenn dafür vom anderen Partner Unterhaltsleistungen erbracht werden. Für die Frage eines wirtschaftlichen Sinngehalts kommt es nämlich nicht auf eine Rechtspflicht zur Unterhaltsleistung an; denn auch wenn die faktische Lebensgemeinschaft jederzeit beendet werden kann, so stehen doch die tatsächlich erbrachten Leistungen (Haushaltsführung/Unterhalt) in einem Gegenseitigkeitsverhältnis, das diesen Sinngehalt erzeugt.

Außerdem fällt es schwer, eine Ablehnung von Ansprüchen aus § 843 in Einklang **253** mit der Rechtsprechung des BGH zu §§ 1569 ff, 1577 zu bringen. Danach sind Versorgungsleistungen innerhalb einer faktischen Lebensgemeinschaft sehr wohl beachtlich und können – über die Anrechnung einer tatsächlichen oder fiktiven Vergütung – zu einer Kürzung des Unterhaltsanspruchs gegen den früheren Ehepartner führen (Rn 233 ff). Hinzu kommt, dass das Sozialrecht die nicht geschuldete wechselseitige Solidarität in faktischen Lebensgemeinschaften (und anderen Bedarfsgemeinschaften) zur Grundlage einer Aberkennung von Ansprüchen auf staatliche **Sozialleistungen** macht. Dies lässt sich aber nur dann rechtfertigen, wenn die Rechtsordnung derartige faktische Solidargemeinschaften auch unter ihren Schutz stellt, was spätestens seit Einführung der §§ 563 f (Rn 211 ff) nicht mehr systemfremd ist. Andernfalls droht bei der Schädigung des Mitglieds einer derartigen Solidargemeinschaft durch einen Dritten das Auseinanderbrechen dieser Gemeinschaft, weil der Geschädigte seine Beiträge nicht mehr erbringt, was zur Folge haben kann, dass der Geschädigte aus seinem bisherigen Leben herausgerissen wird und der staatlichen Fürsorge anheimfällt (eingehend Löhnig FamRZ 2005, 2030 ff). Unhaltbar ist, dass das OLG Nürnberg (FamRZ 2005, 2069) seine Ablehnung eines Anspruchs aus § 843 durch einen Vergleich der faktischen Lebensgemeinschaft mit der Mitwirkung in einem Chor oder in einer Amateurfußballmannschaft begründet.

Für einen Anspruch aus **§ 844 Abs 2** fehlt es hingegen de lege lata an einer gesetz- **254** lichen Unterhaltspflicht, soweit nicht die Voraussetzungen des § 1615l erfüllt sind; eine analoge Anwendung kommt aufgrund des Abstellens der Norm auf **Unterhaltspflichten** nicht in Betracht (OLG Frankfurt FamRZ 1984, 790; MünchKomm/WAGNER § 844 Rn 26). Wegen der in der Rechtswirklichkeit erbrachten tatsächlichen Leistungen der Partner untereinander ist hier jedoch dringend eine Gesetzesänderung erforderlich (BECKER VersR 1985, 201).

2.   Schadensfall und Regress

Fügt ein Ehegatte dem anderen Schaden zu, für den der Geschädigte Versicherungs- **255** leistungen erhält, so verhindert § 86 Abs 3 VVG im Privatversicherungsrecht und § 116 Abs 6 S 1 SGB X im Sozialversicherungsrecht, dass versicherungsrechtlich **Rückgriff** beim **Schädiger** genommen wird.

Dieses Familienprivileg ist in analoger Anwendung beider Vorschriften dann bei **256** Partnern einer faktischen Lebensgemeinschaft **anzuwenden**, wenn die Lebens- und Wirtschaftsgemeinschaft der Partner im Zeitpunkt des schädigenden Ereignisses durch dauerhaftes Zusammenleben verfestigt ist (BGH FamRZ 2009, 1133; BGH FamRZ 2013, 697; RÖTHEL NZV 2001, 329, 331).

257 Folge der Rechtsprechung des BGH zu § 86 Abs 3 VVG ist es, dass in der Privat-haftpflichtversicherung der Anspruch des geschädigten Partners einer faktischen Lebensgemeinschaft wegen Familienidentität abgelehnt werden muss, weil der Part-ner folgerichtig auch insoweit als mitversicherter Familien- bzw Haushaltsangehö-riger eingestuft werden muss.

X. Faktische Lebensgemeinschaft und Prozessrecht

1. Zuständigkeit

258 Für Ansprüche im Zusammenhang mit einer faktischen Lebensgemeinschaft ist das **Prozessgericht**, §§ 23, 23a GVG, und nicht das Familiengericht zuständig. Etwas anderes kann gelten, wenn vom Kläger vermeintlich rein familienrechtliche Ansprü-che geltend gemacht werden (OLG Hamm FamRZ 1983, 273). Da das Familienrecht im Wesentlichen aber auf die faktische Lebensgemeinschaft nicht anwendbar ist, bleibt dies die Ausnahme. Zuständig ist das Familiengericht nach § 23a Abs 1 Nr 1 GVG allerdings in Gewaltschutzsachen, §§ 111 Nr 6, 210 FamFG.

2. Zustellung

259 Eine Ersatzzustellung an den Lebensgefährten des Empfängers ist in der Regel wirksam, § 178 Abs 1 ZPO. Wird der Zustellungsadressat in seiner Wohnung nicht angetroffen, so kann an einen ständigen Mitbewohner zugestellt werden. Faktische Lebenspartner sind dabei regelmäßig als **ständige Mitbewohner** anzusehen. Der Postzusteller muss nicht prüfen, ob eine gemeinsame Haushaltsführung oder häus-liche Gemeinschaft vorliegt; es genügt vielmehr bereits eine schlichte Wohngemein-schaft (eingehend LÖHNIG, Fristen und Termine Rn 381 ff). Das bedeutet aber auch, dass faktische Partner, die weiterhin in eigenen Wohnungen leben, bei Anwesenheit in der Wohnung des jeweils anderen Partners keine tauglichen Zustellungsempfänger sind. Mit der Zustellung an den Zustellungsempfänger beginnen Fristen zugunsten und zulasten des Zustellungsadressaten zu laufen. Das gilt selbst dann, wenn der Zustellungsempfänger das zugestellte Schriftstück niemals an den Zustellungsadres-saten weitergibt.

260 § 178 Abs 2 ZPO verbietet eine Ersatzzustellung in Fällen einer Interessenkollision zwischen Zustellungsempfänger und Zustellungsadressaten. Von einer solchen Kol-lision geht das Gesetz aus, wenn der Zustellungsadressat an dem Rechtsstreit, in dessen Rahmen die Zustellung erfolgt, als **Gegner** beteiligt ist. Ein Verstoß gegen das Verbot der Ersatzzustellung hat die Unwirksamkeit der Zustellung zur Folge. Nahe Angehörige dieser Personen (BGH NJW 1984, 56) und Personen, die in einem Weisungsverhältnis zu ungeeigneten Personen stehen, gelten ebenfalls als Gegner (LÖHNIG, Fristen und Termine Rn 396).

3. Prozesskostenhilfe

261 Die Gewährung von Prozesskostenhilfe (PKH) setzt voraus, dass ein Bürger nach seinen wirtschaftlichen Verhältnissen nicht in der Lage ist, einen Rechtsstreit zu finanzieren. Nach § 115 Abs 1 S 2 ZPO zählen dabei zu seinem Einkommen alle Einkünfte in Geld oder Geldeswert, wobei es auf einen Rechtsanspruch nicht ankommt. Hiernach könnten als Einkünfte auch freiwillige Unterhaltsleistungen eines Partners oder ein fiktives Arbeitseinkommen angerechnet werden (OLG Köln NJW-RR 1996, 1404 = FamRZ 1996, 1021; OLG Köln NJW-RR 1996, 837 = FamRZ 1995, 940; OLG Zweibrücken Rpfleger 1991, 424; OLG Hamm FamRZ 1984, 409). Dies widerspräche aber dem Sinn und Zweck der Prozesskostenhilfe. Im Extremfall müsste der Bedürftige eine **fiktive Vergütung** für erbrachte Dienste nämlich zunächst von seinem Lebensgefährten einklagen, um dann den eigentlich angestrengten Prozess finanzieren zu können. Dies wäre rein praktisch nicht zu realisieren (OLG Köln MDR 1995, 101 = FamRZ 1995, 372; OLG Koblenz FamRZ 2001, 1153), zumal sich die Frage stellen würde, wie der Betroffene den Prozess gegen seinen faktischen Partner finanzieren soll.

Eine Anrechnung verbietet sich zudem aus Gründen der Gerechtigkeit. Wenn näm- **262** lich der andere Partner Prozesskostenhilfe beantragen würde, könnten ihm **seine Unterhaltsleistungen an seinen faktischen Partner** nicht als Abzüge anerkannt werden, da der zu § 114 ZPO bestehenden Tabelle über die Einkommensgrenzen nur gesetzliche Unterhaltspflichten zugrunde gelegt sind (OLG Köln FamRZ 1988, 306); etwas anderes gilt lediglich, wenn die faktische Unterhaltsgewährung einer **sittlichen Pflicht** oder Rücksichtnahme auf den Anstand entspricht, was der Fall ist, wenn der PKH-Antragsteller mit seinem faktischen Partner und einem gemeinsamen Kind zusammenlebt und beide unterhält (OLG Stuttgart FamRZ 2005, 1182, 1183). Dann aber müssen derartige Leistungen auf beiden Seiten unberücksichtigt bleiben.

Eine Berücksichtigung von **Einkommen und Vermögen des Partners** kommt ebenfalls **263** nicht in Betracht (Zöller/Philippi § 115 ZPO Rn 10; OLG Köln FamRZ 1988, 306). Ein Anspruch auf Prozessfinanzierung besteht nur im Rahmen der gesetzlichen Unterhaltspflichten. Die §§ 1360a, 1361 sind aber weder direkt noch analog auf die faktische Lebensgemeinschaft anwendbar. Die ansonsten im Sozialrecht geltenden Grundsätze (Rn 267 ff) lassen sich auf die Prozesskostenhilfe deshalb nicht übertragen (BGH NJW 1980, 124 = FamRZ 1980, 40).

4.   Zeugnisverweigerungsrecht

Die Zeugnisverweigerungsrechte der §§ 383 ZPO, 52 StPO sind über den Verlobten **264** und den Ehegatten hinaus **auch dem Partner einer faktischen Lebensgemeinschaft** einzuräumen (Schreiber, Die nichteheliche Lebensgemeinschaft Rn 186; Burhoff FPR 2001, 19; tendenziell auch Schwab FamR Rn 835; ablehnend Kleinknecht/Meyer-Gossner § 52 Rn 5; Zöller-Greger § 383 Rn 9; Bosch FamRZ 1980, 853). In einer faktischen Lebensgemeinschaft besteht nämlich ein den gesetzlich anerkannten Tatbeständen gleichartiges Vertrauensverhältnis (Gernhuber/Coester-Waltjen § 42 I 2), das wegen des Gleichheitsgrundsatzes aus Art 3 Abs 1 GG berücksichtigt werden muss (Maunz-Dürig Art 104 Rn 43 f). Die Ausdehnung der Zeugnisverweigerungsrechte vermeidet zudem ein unerwünschtes Ausweichen auf ein angeblich (zu den leichten Anforderungen Staudinger/Strätz [2007] Vorbem 12 zu §§ 1297 ff) bestehendes Verlöbnis zumindest in den Fällen, in denen keiner der Partner verheiratet oder eingetragen ist.

Die Nichtberücksichtigung des nichtehelichen Lebensgefährten bei den jüngsten **265** Gesetzesänderungen steht dem nicht entgegen. Insbesondere aus der Tatsache, dass die ZPO zum 1. 1. 2002 umfassend reformiert wurde, ergibt sich nichts anderes. Der

Schwerpunkt dieser Reform lag in der Ausgestaltung eines effizienteren und transparenteren Zivilverfahrens (BT-Drucks 14/4722, 1, 58 ff). Mit einer Änderung des § 383 ZPO wäre notwendigerweise eine Neufassung des § 52 StPO verbunden gewesen. Eine Reform der Zeugnisverweigerungsrechte war aber nicht Gegenstand des Gesetzesvorhabens.

5. Verhältnis zu Gläubigern

266 a)   Im Verhältnis des Partners einer faktischen Lebensgemeinschaft zu seinen Gläubigern stellt sich die Frage, ob die Gläubiger sich auf die **Vollstreckungserleichterung** nach § 1362 Abs 1 iVm § 739 ZPO analog berufen können, soweit es um nicht zum persönlichen Gebrauch seines Partners bestimmte bewegliche Sachen geht (dafür Hausmann/Hohloch/Holzhauer Rn 6/16 ff; dagegen AG Gütersloh DGVZ 1979, 94; LG Frankfurt FamRZ 1985, 1284; Schwarz DNotZ 1995, 118). Der BGH (NJW 2007, 992) hat sich **gegen eine Analogie ausgesprochen**. Auch in der Literatur wird vielfach vorgebracht, § 1362 sei eine speziell auf Ehegatten abgestimmte nachteilige Ausnahmevorschrift und könne im Wege der Analogie weder auf das Zusammenleben von Geschwistern noch auf das Eltern-Kind-Verhältnis noch sonst auf unverheiratet zusammenlebende Personen angewendet werden (Strätz FamRZ 1980, 304; Brox FamRZ 1981, 1127; Hofmann ZRP 1990, 409; Staudinger/Voppel [2007] § 1362 Rn 9; OLG Köln NJW 1989, 1737 = FamRZ 1990, 623). § 1362 sei vor dem Hintergrund des gesetzlichen Leitbilds der lebenslangen Ehe zu sehen. Eine Vermengung des persönlichen Eigentums, wie sie in einer auf Lebenszeit geschlossenen Ehe üblich ist, finde in einer faktischen Lebensgemeinschaft – zumindest in den ersten Jahren – seltener statt. Außerdem komme eine Analogie auch deshalb nicht in Betracht, weil das Gesetz insofern keine planwidrige Regelungslücke aufweise: Der Gesetzgeber habe bei der Neufassung des § 1362 im Jahre 1957 und erst recht beim Erlass des LPartG 2001 bereits die faktische Lebensgemeinschaft gekannt und habe sie in der Vorschrift entsprechend berücksichtigen können (OLG Köln NJW 1989, 1737 = FamRZ 1990, 623). Deshalb sei die Benachteiligung der Ehegatten weder bedenklich im Hinblick auf Art 6 GG (BVerfG NJW 1968, 1771 = FamRZ 1968, 437; anders jedoch Bosch FamRZ 1968, 439; Brox FamRZ 1968, 406 u FamRZ 1981, 1127; Thran NJW 1995, 1458; Böttcher FamRZ 2007, 459), noch sei umgekehrt eine Ausdehnung dieser Belastung auf alle nicht allein Lebenden zum Vorteil der Gläubiger oder zur Verminderung eines (vermeintlichen) Rechtsnachteils für Ehepartner vollstreckungsrechtlich und rechtspolitisch wünschenswert. **Vorzugswürdig** erscheint jedoch eine analoge Anwendung des § 1362 auch auf faktische Lebensgemeinschaften, nicht hingegen auf reine Wohngemeinschaften (Palandt/Brudermüller vor § 1297 Rn 28 und § 1362 Rn 1; Gernhuber/Coester-Waltjen, Familienrecht § 43 Rn 7; H Roth JZ 2007, 530 ff; Löhnig/Würdinger FamRZ 2007, 1856). Eine Differenzierung zwischen diesen Lebensformen ist im Sozialhilferecht möglich, also kann sie auch für die widerlegliche Eigentumsvermutung des § 1362 und die damit korrespondierende unwiderlegliche Gewahrsamsvermutung des § 739 ZPO durchgeführt werden. Eine Vermengung des persönlichen Eigentums kann in einer faktischen Partnerschaft genauso stattfinden wie in einer Ehe; auch in den ersten Jahren einer Ehe werden die Partner zunächst möglicherweise noch Vorbehalte gegen eine derartige Vermengung haben. Die Behauptung, das Gesetz weise keine planwidrige Regelungslücke als Voraussetzung einer Analogie auf, erscheint fragwürdig: Der Gesetzgeber des Jahres 1957 wird, trotz der Tatsache, dass es auch damals bereits faktische Lebensgemeinschaften gab, nicht ernsthaft erwogen haben, diese Gemeinschaften in einer Rechtsnorm zu erwähnen. Der Gesetzgeber des Jahres 2001 hat ein Parallelinstitut zur Ehe für gleichgeschlechtliche Paare geschaffen; Fragen der faktischen Partnerschaft waren von vornherein nicht im Regelungsplan enthalten.

b)   Faktische Lebenspartner sind – anders als Ehegatten und eingetragene Lebenspartner nach LPartG – keine nahestehenden Personen iSd § 138 Abs 1 Nr 1 und 1a InsO, sodass eine **Anfechtung von Rechtshandlungen des Insolvenzschuldners** vor Eröffnung des Insolvenzverfahrens nach Maßgabe der §§ 129 ff InsO insoweit nicht in Betracht kommt (BGH NZI 2011, 448). **267**

XI.   Faktische Lebensgemeinschaft im Öffentlichen Recht

1.   Sozialrecht

a)   Bei der Gewährung von Arbeitslosengeld II („Hartz IV") nach SGB II und Sozialhilfe nach SGB XII ist die wirtschaftliche Entlastung der Lebensgefährten durch ihre gemeinsame Haushaltsführung angemessen zu berücksichtigen, da es sonst zu einer Besserstellung gegenüber Eheleuten käme. Daher muss sich der Hilfesuchende das Einkommen und Vermögen seines Partners im Rahmen der Bedürftigkeitsprüfung anrechnen lassen. **268**

Im Bereich des **Arbeitslosengeldes II** ist entscheidend, ob das Paar als **Bedarfsgemeinschaft**, § 7 Abs 2 SGB II, anzusehen ist. Ob es sich um eine eheähnliche Gemeinschaft handelt (Rn 13), ist hier nicht mehr entscheidend, weil der Gesetzgeber diese Figur zum 1. 7. 2006 aus dem SGB II getilgt hat (SPELLBRINK NZS 2007, 121 ff). Durch die Verwendung des Begriffs „Bedarfsgemeinschaft" im SGB II soll der Nachweis eheähnlicher Gemeinschaften vereinfacht und die lebenspartnerschaftsähnliche Gemeinschaft einbezogen werden. Durch ein Anknüpfen an das Vorliegen einer Bedarfsgemeinschaft soll außerdem verhindert werden, dass sich zusammenwohnende Menschen als bloße Wohngemeinschaft ausgeben. § 7 Abs 3a SGB II enthält deshalb eine **widerlegliche Vermutung** für das Vorliegen einer Bedarfsgemeinschaft: Der wechselseitige Wille Verantwortung füreinander zu tragen und füreinander einzustehen wird vermutet, wenn Menschen alternativ länger als ein Jahr zusammenleben, mit einem gemeinsamen Kind zusammenleben, Kinder oder Angehörige im Haushalt versorgen oder befugt sind, über Einkommen oder Vermögen des anderen zu verfügen. Für das **Sozialhilferecht** ordnet § 20 SGB XII an, dass Personen, die in **eheähnlicher oder lebenspartnerschaftsähnlicher Gemeinschaft** leben, hinsichtlich der Voraussetzungen sowie des Umfangs der Sozialhilfe nicht besser gestellt werden dürfen als Ehegatten nach § 19 SGB XII. Hier kommt es also noch auf die sozialhilferechtliche Definition der eheähnlichen Gemeinschaft (Rn 13) an. **269**

Die Aufgabe des Arbeitsplatzes infolge eines Umzugs zum Lebensgefährten löst keine zwölfwöchige **Sperrzeit** für den Anspruch auf Arbeitslosengeld aus, § 144 Abs 1 S 1 SGB III (BSG Arbeit und Beruf 2003, 87 ff m zust Anm HASE), weil **der Umzug zum Lebenspartner** einen wichtigen Grund iSd § 144 Abs 1 S 1 SGB III darstellt. Voraussetzung hierfür ist das Bestehen einer eheähnlichen Gemeinschaft iSd Rechtsprechung des BVerfG (NJW 1993, 643 = FamRZ 1993, 164; Rn 12). Als Kriterien für die Ernsthaftigkeit der Beziehung stellt das BSG auf die Dauerhaftigkeit, Kontinuität **270** und auf eine bestehende Haushalts- und Wirtschaftsgemeinschaft ab. Als Indiz für die Dauerhaftigkeit sah das BSG zunächst eine Beziehung von drei Jahren an, stellte später aber klar, dass diese Dreijahresgrenze nicht als absolute Mindestvoraussetzung zu verstehen sei, sondern dass die Umstände des Einzelfalles sorgfältig geprüft werden müssen (BSG Arbeit und Beruf 2003, 87, 92). Neben dem Bestehen der eheähnlichen Gemeinschaft muss der arbeitslose Partner alle zumutbaren Anstrengungen unternommen haben, um eine Arbeitslosigkeit wegen des Umzugs zu vermeiden. Ferner darf die bisherige Arbeitsstelle von der gemeinsamen neuen Wohnung nicht zumutbar erreichbar sein (BSG Arbeit und Beruf 2003, 87, 88). Zu beachten ist, dass der Ortswechsel zur **Begründung** einer zuvor nicht bestehenden faktischen Lebensgemeinschaft keinen wichtigen Grund iSd § 144 Abs 1 S 1 SGB III darstellt (so ausdrücklich BSG Arbeit und Beruf 2003, 87, 90).

271 **b)** **Sozialwohnungen** werden nach dem am 1. 1. 2002 in Kraft getretenen Wohnraumförderungsgesetz (WoFG v 13. 9. 2001, BGBl I 2376) auch an Partner einer faktischen Lebensgemeinschaft vergeben. Nach § 27 Abs 3 WoFG ist auf Antrag ein Wohnungsberechtigungsschein zu erteilen, wenn vom Wohnungssuchenden und seinen Haushaltsangehörigen die in § 9 Abs 2 WoFG genannten Einkommensgrenzen nicht überschritten werden. Zu den Haushaltsangehörigen gehören nach § 18 Abs 2 Nr 4 WoFG auch die Partner einer sonstigen auf Dauer angelegten Lebensgemeinschaft. Hierunter fallen sowohl hetero- als auch homosexuelle Beziehungen.

272 Nach § 7 Abs 3 WoGG bleibt bei der Gewährung von **Wohngeld** die Miete, die auf Personen entfällt, die zwar in der gleichen Wohnung leben, aber weder zu den Familienmitgliedern iSv § 5 WoGG zählen noch selbst Antragsberechtigte iSv § 3 WoGG sind, außer Ansatz. Bewohnt daher ein faktisches Paar eine gemeinsame Wohnung und ist nur der eine Partner Mieter, so wird sein Anspruch auf Wohngeld auch lediglich anhand seines Kopfanteils der Miete berechnet. Das BVerwG hat die Verfassungsmäßigkeit dieser Regelung ausdrücklich bestätigt (BVerwG NJW 1995, 1569 mAnm RULAND JuS 1995, 844). Bei der Ermittlung des nach §§ 9 ff WoGG maßgeblichen Einkommens ist dementsprechend allein auf die Einkünfte des die Wohnung mietenden Partners abzustellen. Die Gewährung von Wohngeld ist ferner ausgeschlossen, wenn der Antragsberechtigte mit Personen, die keine Familienmitglieder iSv § 5 WoGG sind, eine Wohn- und Wirtschaftsgemeinschaft bildet und besser gestellt würde als ein Familienhaushalt von vergleichbarer Größe.

273 **c)** Im Übrigen sind die Partner einer faktischen Lebensgemeinschaft idR von sozialrechtlichen **Vorteilen**, die Eheleuten ohne weiteres zustehen, **ausgeschlossen**, vgl etwa § 10 SGB V (Gesetzliche Krankenversicherung) oder § 23 Abs 1 BAföG. Als besonders belastend wird die Regelung der §§ 46 f SGB VI empfunden. Danach besteht ein Anspruch auf Witwen- bzw Witwerrente grds nur dann, wenn der Hinterbliebene und der Versicherte länger als ein Jahr, § 46 Abs 2a SGB VI, miteinander verheiratet waren. Eine analoge Anwendung dieser Vorschriften auf den überlebenden Teil einer faktischen Lebensgemeinschaft lehnt die Rechtsprechung ab (BSG NJW 1995, 3270 m krit Anm RULAND; BSG NJW 1995, 3224; HOHENLEIN FPR 2001, 49, 51).

274 Auch nach dem **Opferentschädigungsgesetz** (OEG) war nur eine Hinterbliebenenversorgung für Ehegatten vorgesehen, § 1 OEG iVm § 38 Abs 1 BVG. Das BVerfG sieht hierin keine Verletzung des Art 3 Abs 1 GG. Zwar würden faktische Lebensgemeinschaften durch die Regelung benachteiligt; diese Ungleichbehandlung sei aber gerechtfertigt. Sinn und Zweck der Hinterbliebenenrente sei, den Lebensunterhalt der Berechtigten sicher zu stellen, wenn der Staat seiner Pflicht, den Bürger vor Gewalttaten zu schützen, nicht nachkomme. Die Rente des OEG ersetze jedoch den Unterhaltsanspruch des überlebenden Ehegatten gegen den verstorbenen Ehegatten. Der nichteheliche Partner – jedenfalls der ohne Kinder – habe aber gerade keinen Rechtsanspruch auf Unterhalt, sodass er im Gegensatz zum Ehegatten nicht auf den Fortbestand der Unterhaltszahlungen vertrauen könne (BVerfG DVBl 2004, 36). Der Schutzbereich des Art 6 Abs 1 GG war im zu entscheidenden Fall nicht eröffnet, da die nichteheliche Lebensgemeinschaft kinderlos geblieben war.

In einem weiteren Fall von **Gewaltopfern**, die gemeinsame Kinder betreuten, hat das **275** BVerfG jedoch anders entschieden (BVerfG FamRZ 2005, 590). Infolgedessen wurde durch das Gesetz zur Änderung von Vorschriften des Sozialen Entschädigungsrechts und des Gesetzes über einen Ausgleich von Dienstbeschädigungen im Beitrittsgebiet vom 19. 6. 2006 (BGBl I 1305) § 1 Abs 8 S 2 OEG eingefügt, wonach auch **Partner einer nichtehelichen Lebensgemeinschaft** in entsprechender Anwendung der §§ 40, 40a, 40b, 41 BVG Leistungen erhalten, sofern ein Partner infolge der Schädigung verstorben ist und der andere Partner unter Verzicht auf eine Erwerbstätigkeit ein gemeinschaftliches Kind betreut; gleichartige Änderungen betreffen § 80 Soldatenversorgungsgesetz, § 47 Abs 1 Zivildienstgesetz und § 60 Abs 4 Infektionsschutzgesetz.

2.   Steuerrecht

a)   Nach § 33a Abs 1 S 1 EStG wird auf Antrag die Einkommenssteuer ermäßigt, **276** wenn dem Steuerpflichtigen Aufwendungen für den Unterhalt gegenüber gesetzlich **unterhaltsberechtigten Personen** erwachsen. Der Partner einer faktischen Lebensgemeinschaft hat mit Ausnahme des Anspruchs aus § 1615l Abs 1 keinen Rechtsanspruch auf Unterhalt (Rn 83 f). In Betracht kommt jedoch eine Berücksichtigung nach § **33 Abs 2 EStG**, wenn der unterhaltsleistende Partner sich einer Unterhaltsleistung aus rechtlichen, tatsächlichen oder sittlichen Gründen nicht entziehen kann; das kommt dann in Betracht, wenn der Unterhaltsempfänger den unterhaltsleistenden Partner pflegt oder dessen Kinder betreut (KIRCHHOF/MELLINGHOFF § 33 EStG Rn 58).

b)   Unterhaltsleistungen an den Lebensgefährten können grundsätzlich auch nicht **277** als **außergewöhnliche Belastung** von den Einkünften des steuerpflichtigen Partners abgezogen werden (BFH NJW 1981, 600 u NJW 1991, 2312; dazu ZELLER BWNotZ 1985, 13). Eine Ausnahme enthält jedoch § 33a Abs 1 S 2 EStG. Danach wird eine Person dann der unterhaltsberechtigten Person gleichgestellt, wenn bei ihr zum Unterhalt bestimmte inländische **öffentliche Mittel** mit Rücksicht auf die Unterhaltszahlungen des Steuerpflichtigen **gekürzt** werden. Damit erkennt das Steuerrecht Unterhaltsleistungen des Partners an. Voraussetzung ist, dass dem bedürftigen Partner tatsächlich Sozialleistungen gekürzt oder vollständig verweigert worden sind (BFH DStR 2004, 1035 ff). Grundsätzlich ist dafür zur Vorlage beim Finanzamt eine Bescheinigung der zuständigen Sozialbehörde erforderlich (BFH DStR 2004, 1035 ff). Die Unterhaltsleistungen sind, sobald auch nur eine teilweise Kürzung der Leistungen erfolgt, vollständig abziehbar, weil der Gesetzgeber das „soweit" in § 33a Abs 1 S 3 EStG durch ein „wenn" ersetzt hat.

278 Abzugsfähig als außergewöhnliche Belastungen sind auch **hauswirtschaftliche Arbeiten**, die ein Lebensgefährte für den mit ihm in eheähnlicher Gemeinschaft lebenden körperbehinderten Partner leistet, § 33b EStG. Ansonsten kommt eine Berücksichtigung als **haushaltsnahe Dienstleistung** iSd § 35a EStG in Betracht, die jedoch ausscheiden soll, wenn eigene Kinder betreut werden (KIRCHHOF/FISCHER § 35a EStG Rn 2).

279 c) Der Haushalt der faktischen Lebensgemeinschaft kann als Hausstand und damit als Grundlage für eine Steuervergünstigung wegen **doppelter Haushaltsführung** gem § 9 Abs 1 S 3 Nr 5 EStG anerkannt werden. Ausschlaggebend ist, ob der steuerpflichtige Partner den zweiten Hausstand bei seinem Lebensgefährten aus eigenem Recht nutzt und ob dieser zweite Hausstand den eigentlichen Lebensmittelpunkt des Paares darstellt (BFH NJW 1995, 983). Das Erfordernis der Nutzung aus eigenem Recht bedeutet aber nicht zwingend, dass der Steuerpflichtige die Wohnung mit angemietet haben muss; es genügt, wenn er sich mit Duldung seines Partners dort aufhält und sich finanziell in einem Umfang an der Haushaltsführung beteiligt, der auf eine gemeinsame Haushaltsführung schließen lässt; der Hausstand muss also vom außerhalb arbeitenden Partner mitunterhalten werden (BFH DStR 2000, 2182 f). Für die Frage des Lebensmittelpunktes können das Vorhandensein von abhängigen Zurechnungspersonen und die Größe der Wohnung am Beschäftigungsort wesentliche Indizien sein (BFH DStR 2000, 2182).

280 Zu beachten ist freilich, dass die Anwendbarkeit des § 9 Abs 3 Nr 5 EStG auf Partner einer faktischen Lebensgemeinschaft nicht das Erfordernis der Begründung des neuen Wohnsitzes aus **berufsbedingten** Gründen entfallen lässt. Daran fehlt es, wenn der Lebensgefährte seinen Hauptwohnsitz von seinem bisherigen Arbeits- und Wohnsitz wegverlegt, um am neuen Hauptwohnsitz mit seinem Partner zusammenzuleben, denn in diesem Fall ist die doppelte Haushaltsführung aus privaten Gründen veranlasst (BFH DStR 2001, 1025 f). In der Tatsache, dass die Gerichte eine berufsbedingte doppelte Haushaltsführung anerkennen, wenn Ehegatten bereits vor ihrer Heirat an verschiedenen Orten berufstätig waren, an ihren jeweiligen Beschäftigungsorten wohnten und nach der Eheschließung eine der beiden Wohnungen zum Familienwohnsitz gemacht haben, erblickt der BFH keine Verletzung des Art 3 Abs 1 GG, aus dem kein Anspruch auf eine steuerliche Gleichbehandlung mit Ehegatten folge (BFH DStR 2001, 1025 f). Die Gründung eines doppelten Haushalts kann aber bei nicht verheirateten Personen beruflich veranlasst sein, wenn sie vor der Geburt des gemeinsamen Kindes an verschiedenen Orten berufstätig sind, dort wohnen und im zeitlichen Zusammenhang mit Geburt des Kindes eine der beiden Wohnungen zur Familienwohnung machen (BFH DStR 2007, 795).

281 d) Dagegen sind die für die steuerrechtliche Beurteilung von **Verträgen zwischen Eheleuten** geltenden Grundsätze nicht auf Verträge zwischen Partnern einer faktischen Lebensgemeinschaft übertragbar (BFH NJW 1988, 2135 = FamRZ 1989, 177; auch BFH [GS] NJW 1990, 853).

Erwirbt der eine Lebensgefährte von dem anderen Partner einer faktischen Lebens- **282** gemeinschaft ein Grundstück, so wird der Erwerber nicht von der **Grunderwerbssteuer** gem § 3 Nr 4 GrEStG befreit, da diese Norm nur Grundstückserwerbe zwischen Partnern einer Ehe im Sinne des bürgerlichen Rechts erfasst (BFH FamRZ 2001, 1369). Die ausdrückliche gesetzliche Regelung verbietet nach BFH eine Einbeziehung der faktischen Lebensgemeinschaft. Ein Verstoß gegen Art 6 Abs 1 GG, selbst unter dem Gesichtspunkt, dass die nichtehelichen Partner gemeinsame Kinder haben, sieht der BFH nicht, da der Schutz der Familie nicht schlechthin einen Anspruch auf Steuerbegünstigung gewähre (BFH FamRZ 2001, 1369 f).

e) Der Partner einer faktischen Lebensgemeinschaft kann nach § 10e Abs 1 und 6 **283** EStG auch als wirtschaftlicher Miteigentümer, § 39 AO, die Wohnungseigentumsförderung in Anspruch nehmen, wenn er gemeinsam mit seinem Lebensgefährten auf dessen Grundstück ein Einfamilienhaus errichtet hat, und ihm im Fall des Scheiterns der faktischen Lebensgemeinschaft nach zivilrechtlichen Grundsätzen ein Ausgleichsanspruch (Rn 65 ff) gegen den zivilrechtlichen Eigentümer zusteht (BFH DStR 2001, 2019).

f) Das in einer faktischen Lebensgemeinschaft aufwachsende, nur von einem **284** Partner abstammende **Kind** wird grds nur seinem Elternteil steuerlich **zugeordnet**. Die steuerlichen Vorteile können jedoch unter den Voraussetzungen des § 32 Abs 6 S 7 EStG (Aufnahme in den gemeinsamen Haushalt) auch auf den Stiefelternteil übertragen werden.

g) Die Grundsätze des **Ehegattensplitting** nach §§ 26, 26b, 32a Abs 5 EStG sind **285** auf die Partner einer nichtehelichen Lebensgemeinschaft nicht anwendbar, da die Vergünstigung nur für Eheleute bestimmt ist (BVerfG NJW 1983, 271 = FamRZ 1983, 129; BFH NJW 1990, 734 = FamRZ 1990, 401; SOERGEL/LANGE NehelLG Rn 69; KIRCHHOF/SEILER § 26 EStG Rn 1).

h) Nach verfassungsgerichtlich bestätigter Rechtslage (BVerfG NJW 1990, 1593 = **286** FamRZ 1990, 364; NJW 1995, 2624 = JZ 1996, 40) gehört der überlebende Partner einer faktischen Lebensgemeinschaft erbschaftssteuerrechtlich **nicht** in **Steuerklasse I** wie ein Ehegatte, § 15 ErbStG. Der nichteheliche Lebensgefährte wird im Verhältnis zum Erblasser wie ein Fremder behandelt und fällt als „übriger Erwerber" lediglich in Steuerklasse III. Daher steht ihm nach § 16 ErbStG ein wesentlich **geringerer Freibetrag** zu (BFH FamRZ 1983, 486 = BB 1983, 430). Außerdem unterliegt der Nachlass einem erheblich höheren Steuersatz. Will der wirtschaftlich stärkere Partner daher seinem Lebensgefährten den Altersunterhalt sichern, sollte er der **privaten Altersversorgung** durch eine Versicherung gegenüber einer Erbeinsetzung den Vorzug geben (GRZIWOTZ ZEV 1994, 267).

Hinsichtlich der **Schenkungssteuer** kann im Wesentlichen auf die Ausführungen bei **287** der Erbschaftssteuer verwiesen werden. Hervorzuheben ist jedoch § 13 Abs 1 Nr 12 ErbStG, wonach Zuwendungen unter Lebenden zum Zwecke des angemessenen Unterhalts oder zur Ausbildung des Bedachten steuerfrei sind. Erfolgte die Zuwendung jedoch, um den Erbvorgang vorwegzunehmen, so findet die genannte Befreiungsvorschrift keine Anwendung (ZÖLLER BWNotZ 1985, 15). Bislang ungeklärt ist, ob bei der Mitfinanzierung einer im Eigentum des anderen Partners stehenden Immobilie Schenkungssteuer anfällt (dazu SCHLÜNDER/GEISSLER ZEV 2007, 64).

XII. Faktische Lebensgemeinschaft im Strafrecht

288 **1.** Das Strafgesetzbuch privilegiert in bestimmten ausdrücklich genannten Fällen Angehörige aufgrund der engen persönlichen Verbundenheit und dem damit vermuteten Interessenkonflikt, in dem sich der Täter befindet. **Privilegierung** heißt, dass die Tat straffrei bleibt, zB § 258 Abs 6 StGB, oder dass die Strafe gemildert wird, zB § 157 StGB. Wer Angehöriger ist, beurteilt sich nach § 11 Abs 1 Nr 1 StGB. Partner einer faktischen Lebensgemeinschaft werden dort trotz ihrer bestehenden engen persönlichen Verbundenheit nicht als Angehörige bezeichnet. In bestimmten Fällen wird der faktische Lebensgefährte aber als eine dem Täter „nahestehende Person", zB § 35 StGB, oder als eine zur „häuslichen Gemeinschaft" gehörende Person, zB § 247 StGB, privilegiert (SCHÖNKE/SCHRÖDER/ESER § 11 Rn 11).

289 Damit liegt freilich eine gestattete, weil täterbegünstigende **analoge Anwendung auch des § 11 Abs 1 Nr 1 StGB** auf die faktische Lebensgemeinschaft nahe (SCHÖNKE/SCHRÖDER/ESER § 11 Rn 11). Die Rechtsprechung lehnt eine solche Analogie ab, da der Gesetzgeber bewusst die faktischen Lebensgefährten nicht in § 11 Abs 1 Nr 1 StGB aufgenommen habe, und es somit an einer Regelungslücke fehle (BayObLG NJW 1983, 831 = FamRZ 1983, 277; BayObLG NJW 1986, 202 = FamRZ 1986, 466 m krit Anm KRÜMPELMANN/HENSEL JR 1987, 41; OLG Braunschweig NStZ 1994, 344 m krit Anm HAUF; OLG Celle NJW 1997, 1084). Ferner sei § 11 Abs 1 Nr 1 StGB zu entnehmen, dass es für das Angehörigenprivileg nicht auf die tatsächliche enge persönliche Verbundenheit ankomme, sondern auf formelle Voraussetzungen wie Verlöbnis, Eheschließung oder Verwandtschaft, die sich ohne weiteres belegen lassen (BayObLG NJW 1983, 831). An formelle Voraussetzungen kann jedoch beim Verlöbnis, auf das faktische Lebenspartner nach Möglichkeit ausweichen werden, gerade nicht zurückgegriffen werden. Außerdem darf nicht aus dem Blick verloren werden, dass der Täter falsch aussagt oder eine Strafe vereitelt, um seinem faktischen Partner aus persönlicher Verbundenheit zu helfen. Und genau dieser Umstand ist ratio der Privilegierung, der der Gesetzgeber gerecht werden muss. §§ 35, 247 StGB zeigen überdies, dass die Justiz in der Lage ist zu beurteilen, ob eine faktische Lebensgemeinschaft vorliegt oder nicht. Da § 11 Abs 1 Nr 1 StGB den Kreis der Angehörigen sehr weit zieht und neben lediglich verlobten und längst geschiedenen Paaren auch Schwägerschaft und Pflegeverhältnis berücksichtigt (STRATENWERTH ZStW 1964, 669), würde die zusätzliche Einbeziehung des faktischen Lebensgefährten den staatlichen Strafanspruch nicht unangemessen einschränken (STRÄTZ JR 1984, 127 Anm zu BayObLG JR 1984, 125).

290 Allein die Tatsache, dass eine Frau mit einem aus der U-Haft Entflohenen ein gemeinsames Zimmer bewohnt, sich als seine Ehefrau ausgibt und dabei den von ihm verwendeten falschen Namen führt, kann nicht als Strafvereitelung iSd § 258 Abs 1 StGB gewertet werden. Durch dieses Verhalten eröffnet sie dem Partner lediglich die Möglichkeit, sich kraft seiner freien Entscheidung des Mittels der Lebensgemeinschaft zu bedienen, um sich selbst einer Bestrafung zu entziehen (BGH NJW 1984, 135 m zust Anm RUDOLPHI JR 1984, 338).

291 **2.** Im Gegensatz zu Eheleuten haben die Angehörigen einer faktischen Lebensgemeinschaft grundsätzlich keine **Garantenstellung** gegenüber dem Partner. Weder eine Liebesbeziehung (Schönke/Schröder/Stree § 13 StGB Rn 17) noch eine Wohn- und Lebensgemeinschaft (BGH NStZ 1984, 163) als solche ist geeignet, eine rechtliche Pflicht zum Einschreiten gegen Gefahren, die dem Lebensgefährten drohen, zu begründen. Allerdings können die Umstände des Einzelfalls auch zu einer anderen Beurteilung führen. So liegt nach allgemeinen Grundsätzen eine Garantenstellung vor, wenn der eine Partner aufgrund einer ausdrücklichen oder stillschweigenden Vereinbarung tatsächlich beginnt, für einen gewissen Schutz zu sorgen und der andere Partner im Vertrauen auf diesen Schutz eigene Vorkehrungen unterlässt. Die zivilrechtliche Wirksamkeit dieser Vereinbarung ist dabei ohne Bedeutung. Auch ein unwirksamer Partnerschaftsvertrag kann daher eine Garantenstellung der Lebensgefährten für einander begründen.

Titel 2
Eingehung der Ehe

Einleitung zu §§ 1303–1312

Systematische Übersicht

Alphabetische Übersicht

I. Die Entwicklung der Gesetzgebung über die Eheschließung seit 1998

Der Erste Abschnitt des Vierten Buches des 1896 erlassenen BGB ist bis heute über- **1**
schrieben mit „Bürgerliche Ehe" und war von Anfang an in acht Titel untergliedert.

Die Titel 2–4 und 7 standen jedoch fast 60 Jahre lang leer: vom Inkrafttreten des EheG 1938 am 1. 8. 1938 an bis zum 30. 6. 1998. Das nationalsozialistische EheG 1938 hatte die dort geregelten Materien (2. Titel: „Eingehung der Ehe" §§ 1303–1322, 3. Titel: „Nichtigkeit und Anfechtbarkeit der Ehe" §§ 1323–1347, 4. Titel: „Wiederverheirathung im Falle der Todeserklärung" §§ 1348–1352 sowie den 7. Titel: „Scheidung der Ehe" §§ 1564–1587) aus dem BGB herausgenommen. Das vom Alliierten Kontrollrat erlassene EheG 1946 beließ es dabei. Der 7. Titel enthält bereits seit 1. 7. 1977 wieder das durch das 1. EheRG 1976 grundlegend veränderte Scheidungsrecht (Umstellung vom Verschuldens- auf das Zerrüttungsprinzip, Einführung des Versorgungsausgleichs). Die leeren Titel 2–4 hat erst das Eheschließungsrechtsgesetz (EheschlRG) vom 4. 5. 1998 (BGBl I 833) mit Wirkung vom 1. 7. 1998 wiederbelebt und (mit veränderter Paragraphenzählung) inhaltlich entsprechend neu gefüllt: 2. Titel „Eingehung der Ehe" §§ 1303–1304, 1306–1312, 3. Titel „Aufhebung der Ehe" §§ 1313–1318, 4. Titel „Wiederverheiratung nach Todeserklärung" §§ 1319–1320. Die §§ 1305, 1321–1352 sind „weggefallen" (so SMG 2001). Zur Entwicklung der Gesetzgebung über die Eheschließung seit Inkrafttreten des BGB bis zur Reform des Jahres 1998 vgl STAUDINGER/LÖHNIG (2012) Rn 1–36.

1. Wiedereingliederung des Eheschließungsrechts in das BGB

2 Jahrzehntelange und seit der Wiedereingliederung des Scheidungsrechts durch das 1. EheRG 1977 (vgl dazu SCHWAB, 20 Jahre „Erstes Eherechtsreformgesetz", JuS 1997, 587; WILLUTZKI, 20 Jahre Eherechtsreform, FamRZ 1997, 777) noch verschärfte systematische Kritik an der Ausgliederung des Eheschließungsrechts im seinerseits ebenfalls nur noch in Fragmenten gültigen EheG (s nur STAUDINGER/STRÄTZ[12] Rn 2; BOSCH FamRZ 1982, 862) und vor allem der Beitritt des Gebiets der Deutschen Demokratischen Republik zur Bundesrepublik Deutschland in Zuge der sog Wiedervereinigung haben eine Rekodifikation angestoßen: Bei der Aushandlung des Einigungsvertrages war man angesichts der divergierenden Regelungen des Familiengesetzbuchs und des EheG übereingekommen, das Eheschließungsrecht nur vorübergehend in die neuen Länder zu übertragen und alsbald insgesamt neu zu ordnen (WOLF DtZ 1995, 386, 390; Begr Reg-E EheschlRG BT-Drucks 13/4898, 13). In der damit angekündigten Eheschließungsrechtsreform hat sich das dahingehend ausgewirkt, dass das **EheschlRG** entsprechende Vorschriften mit Wirkung vom **1. 7. 1998** wieder in das BGB zurückversetzt hat. Das zeitgleiche Inkrafttreten mit dem KindschaftsrechtsreformG (BGBl 1997 I 2942), dem BeistandschaftsG (BGBl 1997 I 2846) und dem KindesunterhaltsG (BGBl 1998 I 666) markierte tiefgreifende Veränderungen im deutschen Familienrecht.

2. Straffung und Vereinfachung des neuen Eheschließungsrechts

3 Erleichtert wurde die Eheschließung vor allem durch Abschaffung des Aufgebots (§ 12 EheG), Streichung der Eheverbote bei Schwägerschaft (§§ 4, 7 EheG), Wartezeit (§ 8 EheG) und fehlendem Auseinandersetzungszeugnis (§ 9 EheG) sowie die vereinfachende Neuregelung der Eheschließung mit Auslandsbezug (§ 10 EheG). Ferner wurde das Recht der fehlerhaften Ehe gestrafft und vereinfacht, indem als Rechtsfolge aller fehlerhaften Eheschließungen einheitlich die Aufhebbarkeit einer solchen Ehe ex nunc festgelegt wurde. Die bisherigen Differenzierungen (§§ 16, 28 ff EheG) wurden aufgegeben. Im Verlöbnisrecht wurde § 1300 gestrichen. EheschlRG

Art 14 hob die unübersichtlichen und nicht bundeseinheitlich geltenden Durchführungsverordnungen zum EheG auf (VO zur Durchführung und Ergänzung des Gesetzes zur Vereinheitlichung des Rechts der Eheschließung und Ehescheidung in der bereinigten Fassung BGBl III 404-2; in den Ländern der ehemaligen britischen Zone Verordnung zur Ausführung des Ehegesetzes in der bereinigten Fassung BGBl III 404–4, Art 4 Abschn VI §§ 12 bis 16, 17 Abs 1 des Gesetzes Nr 555 zur Angleichung des saarländischen Rechts an das in der Bundesrepublik Deutschland geltende Recht auf dem Gebiete der Gerichtsverfassung, des Zivil- und Strafverfahrens und des bürgerlichen Rechts, ABl des Saarlandes S 1667, vgl Rn 32). Schließlich wurden, parallel zum KindRG, die Zuständigkeiten vom Vormundschaftsgericht auf das Familiengericht verlagert. Nicht mehr der Staatsanwaltschaft, sondern der zuständigen Verwaltungsbehörde obliegt nunmehr die Durchsetzung der besonders schwerwiegenden Eheverbote.

3.   Übergangsrecht

Das Übergangsrecht zum EheschlRG enthält Art 226 EGBGB. Er schafft für alle **4** bestehenden Ehen die gleiche Rechtslage, indem er die Anwendung des neuen Rechts auch auf alle vor dem 1. 7. 1998 geschlossenen Ehen anordnet, es sei denn, Aufhebungs- oder Nichtigkeitsklage waren an diesem Tag bereits erhoben.

4.   Weitere Gesetzesentwicklung

Inhaltlich war die Eheschließungsrechtsreform 1998, insbesondere im Vergleich zum **5** 1. EheRG 1976, trotz des zeitlichen Abstandes von 21 Jahren, bescheiden ausgefallen. Einige rechtspolitisch drängende Reformfragen waren offen geblieben, wurden aber zwischenzeitlich gesetzlich geregelt.

a)   Das erneuerte Personenstandsrecht ab 1. 1. 2009

Das gilt zum einen für die Erneuerung des **gesamten Personenstandsrechts** durch **6** Art 1 des Personenstandsreformgesetz **(PStRG)** vom 19. 2. 2007 (BGBl I 122 vom 23. 2. 2007), der das zum **1. 1. 2009** in Kraft getretene neue PStG enthält. Von den zahlreichen Neuerungen betreffen das Eheschließungsrecht und die damit zusammenhängenden Fragen insbesondere die folgenden Regelungen.

Die Personenstandsbücher, die bisher auf bestimmten Papiersorten und mit be- **7** stimmten Schreibmitteln zu führen waren, wurden auf **elektronische Personenstandsregister** umgestellt. Das **Heiratsbuch** führt nur der Standesbeamte (gemeint ist das Standesamt [Rn 46]), vor dem die Ehe geschlossen wurde; darin wird nur die Eheschließung beurkundet, aktualisiert wird es nur hinsichtlich der Tatsachen, die auf den Tag der Eheschließung zurückwirken (Nichtigerklärung und Aufhebung der Ehe nach dem Rechtszustand vor dem Inkrafttreten des EheschlRG 1998). Das zum 1. 1. 1958 eingeführte **„Familienbuch"** hingegen ist nun als „Wanderakte" (ein DIN-A4-Kartonblatt) ausgeformt, das mit den Ehegatten und den gemeinsamen Kindern von Wohnortsstandesamt zu Wohnortsstandesamt umzieht; das jeweilige Standesamt fertigt dann Personenstandsurkunden in Form von beglaubigten Abschriften und Auszügen aus dem Familienbuch (BT-Drucks 16/1831, 30); das Familienbuch enthält als „eigentlichen Kerneintrag" wie das Heiratsbuch „die Daten über die Eheschließung ..., erweitert um Angaben über die Eltern der Ehegatten und ihre gemeinsamen Kinder" (BT-Drucks 16/1831, 30). „Jährlich etwa 400 000 Eheschließungen lassen den Berg der Familienbücher, der auf über 20 Millionen geschätzt werden kann, weiter anwachsen. Die fortschreitende Mobilität der Bevölkerung hat zudem zur Folge, dass sich ein großer Teil der Familienbücher ständig auf dem Postweg zu einem anderen, durch Wohnungswechsel zuständig gewordenen Standesbeamten befindet" (ebd S 32). Der eigentliche Zweck der Neuerung von 1958, nämlich den Bürgern den raschen und kostengünstigen Zugriff auf Personenstandsurkunden zu ermöglichen, war wegen der Mobilität der Bevölkerung, aber auch der Veränderungen in den Lebensverhältnissen der Familien auf diese Weise kaum mehr zu erreichen, jedenfalls durch den Einsatz der modernen Technologien, die sich schon im Grundbuchwesen bewährt haben, besser zu gewährleisten. Daher ist an die Stelle von Heiratsbuch und Familienbuch das **Eheregister** getreten, das elektronisch geführt wird (§§ 3 Abs 1 Nr 2, 15), und, wenn die Länder das wollen, auch zentral geführt werden kann (§ 74 Abs 1 Nr 3).

8 **Gestrafft wurden persönliche Daten** in den Personenstandsregistern im Blick auf die Erfordernisse des Datenschutzes; Berufsangaben entfielen, andere Angaben erscheinen nunmehr nicht mehr im Beurkundungsteil, sondern sind nur noch in den Sammelakten enthalten.

9 Für die im **Ausland geschlossenen Ehen** kann an Stelle des bisher verwendeten Familienbuches die Eheschließung im Ausland im Eheregister des deutschen Wohnsitzstandesamts beurkundet werden (BT-Drucks 16/1831, 35).

10 Das aus der Kulturkampf-Ära des 19. Jahrhunderts fortgeschleppte, in seiner Verfassungsmäßigkeit sehr umstrittene Verbot der **kirchlichen Voraustrauung** (§§ 67, 67a PStG aF), ließ der Gesetzgeber sang- und klanglos fallen. Zum Umgang der großen Religionsgemeinschaften mit dem Wegfall des Verbots Heinig FamRZ 2010, 81; Hierold FamRZ 2011, 6.

11 Anzumerken sind ferner zwei terminologische Änderungen. Aus der Behörde „Der Standesbeamte" wurde das **„Standesamt"**, was umfangreiche redaktionelle Anpassungen im geltenden Recht zur Folge hat. Die Amtsbezeichnung „Standesbeamter" bzw „Standesbeamtin" bezeichnet die lebenden Urkundspersonen im Standesamt, die zur Führung der Personenstandsregister besonders bestellt sind. Unverändert ist die Beurkundungstätigkeit des Standesamtes auf die Personenstandsfälle in seinem Zuständigkeitsbereich beschränkt (BT-Drucks 16/1831, 42). Den vom EheschlRG 1998 bereits in den §§ 1310–1312 vollzogenen Bezeichnungswechsel von **„Verlobte"** in **„Eheschließende"** übernahm auch das PStG.

b)   Die Einführung und Entwicklung der eingetragenen Lebenspartnerschaft
12 Das **Gesetz über die eingetragene Lebenspartnerschaft** (LPartG), das am 1. 8. 2001 in Kraft getreten ist, wurde inzwischen mehrmals geändert. Für das Eheschließungsrecht des BGB ist vor allem wichtig das Urteil des BVerfG v 17. 7. 2002 (BVerfGE 105, 313). Darin wird die Verfassungsmäßigkeit des neuen Rechtsinstituts der eingetragenen Lebenspartnerschaft insbesondere mit dem Argument begründet (Leitsatz 3 S 3): „Dem Institut der Ehe drohen keine Einbußen durch ein Institut, das sich an Personen wendet, die miteinander keine Ehe eingehen können." Damit ist – entgegen manchen Tendenzen in der früheren Literatur und Rechtsprechung – klar-

gestellt, dass die Ehe ausschließlich einem heterosexuellen Paar offensteht. Daher ist die analoge Anwendung eherechtlicher Bestimmungen auf Lebenspartnerschaften homosexueller Paare unzulässig, es sei denn, der Gesetzgeber habe etwas anderes ausdrücklich angeordnet.

II. Ehe und Rechtsordnung

1. Zum Wesen der Ehe

Die zahlreichen „Ehelehren", die das Wesen der Ehe zu ergründen versuchen, sind **13** für das geltende Recht nicht ohne weiteres maßgebend. Sie beruhen nämlich auf der jeweiligen weltanschaulichen und religiösen Sicht der Interpreten. Christliche Lehren gehen von der Ehe als einer göttlich gestifteten Institution aus, nach katholischer und orthodoxer Lehre ist sie Sakrament. Sie gilt als die Grundlage jeder menschlichen Ordnung, auch des Staates. Andere Anschauungen, die die Freiheit der Lebensgestaltung betonen, messen diesem Aspekt der Ehe weniger Bedeutung zu. Sie wehren sich insbesondere gegen die mit dem Begriff der Ehe als Institution vorgegebene Verteilung von Rechten und Pflichten zwischen den Partnern. Demgegenüber muss das staatliche Eherecht, das der Pflicht zu religiöser und weltanschaulicher Neutralität zu genügen hat, eine Ehekonzeption zugrundelegen, die es den Bürgern ermöglicht, im Rahmen der allgemein akzeptierten und verbindlichen Grundelemente entsprechend ihrer persönlichen religiösen und weltanschaulichen Überzeugung eine Ehe zu führen (vgl zu religiösen und weltanschaulichen Ehemodellen MÜLLER-FREIENFELS, Ehe und Recht 4 ff; MIKAT FamRZ 1962, 81 ff, 273 ff, 497 ff; 1963, 65 ff).

Das Wort „Ehe" bedeutet ursprünglich „Gesetz", „Recht" und findet sich erst spät **14** im heutigen Sinne eingeschränkt (etwa seit dem Jahre 1000). Unter Berücksichtigung dieses Begriffsinhalts und in Kenntnis der in den unterschiedlichen Kulturen und historischen Perioden als Ehe aufgefassten sozialen Phänomene lässt sich **Ehe** allgemein als eine **von der jeweiligen Rechtsordnung anerkannte Verbindung von Mann und Frau zu dauernder Lebensgemeinschaft** umschreiben. Eine Zusammenstellung von Vorschriften des BGB außerhalb des Eheschließungsrechts, die bei einer Ehe Geschlechtsverschiedenheit der künftigen Ehegatten voraussetzen, findet sich bei STRÄTZ (in: STRÄTZ/BLUMENRÖHR/HESSELBERGER, Karlsruher Begegnung [1998] 5 f). Nahezu überall gibt es daneben andere Verbindungen von Mann und Frau, die diese Anerkennung nicht genießen und als Nebenehen, Minderehen oder gar bekämpfte Gegenerscheinungen gewertet werden. Jede Rechtsordnung sieht sich, wenn sie Einzelregelungen über die Ehe trifft, einem historisch gewachsenen Ehekonzept gegenüber, auf dem sie aufbauen muss, das aber seinerseits Änderungen unterworfen sein kann, die ihrerseits wiederum rasche Änderungen der Rechtsregeln erfordern. Gegenwärtig basiert die Ehe des staatlichen Rechts auf einem Ehebild, das als Produkt der Entwicklung des christlichen Abendlandes beschrieben werden kann.

2. Die Ehe in der Rechtsordnung

a) Art 6 Abs 1 GG
Das geltende Recht definiert weder den Rechtsbegriff Ehe, noch trifft es eine **15** Aussage darüber, worin es Sinn und Zweck der Ehe erblickt. Schon das Grundgesetz, das die Ehe unter besonderen staatlichen Schutz stellt, legt nicht fest, was es

unter dieser „Ehe" versteht. Deshalb könnte man behaupten, Art 6 Abs 1 GG garantiere das 1949 bei Erlass des GG vorhandene Eherecht. Ganz abgesehen davon, dass eine Verfassung grundsätzlich nicht als Versteinerungsinstrument zu verstehen ist, eliminierte das GG selbst durch Art 3 Abs 2 und Art 117 Abs 1 ein wesentliches Element des damaligen Eherechts, die Vorherrschaft des Ehemannes. Daraus folgt, dass der der Ehe in Art 6 Abs 1 GG zugesagte besondere Schutz nur die grundlegenden Strukturelemente der Institution Ehe betrifft und sich nicht auf Detailfragen der rechtlichen Ausgestaltung bezieht.

16 Zu den **konstitutiven Elementen** der Ehe im Rechtssinn hat das BVerfG in einer Entscheidung vom 17. 7. 2002 (BVerfGE 105, 313, Rn 87) ausgeführt: „Zum Gehalt der Ehe, wie er sich ungeachtet des gesellschaftlichen Wandels und der damit einhergehenden Änderungen ihrer rechtlichen Gestaltung bewahrt und durch das Grundgesetz seine Prägung bekommen hat, gehört, dass sie die Vereinigung eines Mannes mit einer Frau zu einer auf Dauer angelegten Lebensgemeinschaft ist, begründet auf freiem Entschluss unter Mitwirkung des Staates (vgl BVerfGE 10, 59 [66]; 29, 166 [176]; 62, 323 [330]), in der Mann und Frau in gleichberechtigter Partnerschaft zueinander stehen (vgl BVerfGE 37, 217 [249 ff]; 103, 89 [101]) und über die Ausgestaltung ihres Zusammenlebens frei entscheiden können (vgl BVerfGE 39, 169 [183]; 48, 327 [338]; 66, 84 [94])." Die Ehe, die als Institution durch Art 6 Abs 1 gewährleistet ist, ist für das BVerfG demnach die **Einehe**, dh die auf Lebensdauer eingegangene Gemeinschaft zweier Menschen verschiedenen Geschlechts, zu deren wesentlichem Inhalt das gemeinsame Leben der Partner, insb auch die Geschlechtsgemeinschaft und das Streben nach der Begründung einer Familie gehören (BVerfG 105, 313, Rn 48).

17 Der in Art 6 Abs 1 GG dieser so definierten Ehe zugesagte besondere staatliche Schutz bezieht sich einerseits auf das individuelle Interesse des Einzelnen, eine Ehe einzugehen, und auf das der Ehegatten am Bestand ihrer Ehe, an der ungestörten Gewährleistung ihrer ehelichen Lebensgemeinschaft, dh auf die konkrete Ehe; andererseits bezieht er sich auf das allgemeine Interesse, dh das der Gesellschaft und des Staates am Bestand und der Wirksamkeit der Institution Ehe als solcher.

18 Soweit Art 6 Abs 1 GG die Ehe als Institution garantiert, ist er eine **wertentscheidende Grundsatznorm**, die sowohl auf die Anwendung des geltenden Rechts, als auch auf das gestaltende Ermessen des Gesetzgebers und der Verwaltung einwirkt (vgl BVerfGE 17. 7. 2002 zit in Rn 48 [mwNw]). Er verpflichtet also den Staat, die Ehe in der Rechtsordnung zu verankern und sie durch Gesetzgebung und Verwaltung zu fördern. Nicht unbeachtet bleiben kann hierbei jedoch der soziale Wandel, in den jede Verfassung als Faktum hineingesetzt und dem ihre Auslegung, ohne vorschnell davon abhängig gemacht werden zu dürfen, ein Stück weit auch unterworfen sein muss, will sie nicht jeden Realitätsbezug und damit ihre Akzeptanz und Geltung in den Augen des Bürgers verlieren (vgl STEIGER, Verfassungsgarantie und sozialer Wandel. Das Beispiel Ehe und Familie, VVDStRL 1987, 45, 56). Verletzt der Staat die Pflicht zur Förderung zB durch Benachteiligung von Eheleuten gegenüber Unverheirateten, so erwächst dem einzelnen daraus ein **subjektives öffentliches Abwehrrecht** (BVerfGE 6, 386, 388 [1957]; BADURA, in: MAUNZ/DÜRIG, GG Art 6 Anm 73).

19 Wesentlicher Ausfluss des Verständnisses von Art 6 Abs 1 GG als Individualgrundrecht ist der Schutz der **Eheschließungsfreiheit**, also das Recht jedes Menschen zu entscheiden, ob und mit wem er eine Ehe eingehen möchte (BVerfGE 29, 166, 175 [1970]; 31, 58, 67 f [1971]; 36, 146, 161 [1973]; 76, 1, 42 [1987]; Badura, in: Maunz/Dürig, GG Art 6 Rn 47; zur negativen Eheschließungsfreiheit s BVerfG 56, 363, 384 [1981]). Art 6 Abs 1 GG ist zwar weder durch einen Gesetzesvorbehalt noch auf andere Weise eingeschränkt. Er impliziert aber, dass der Gesetzgeber für die Eingehung der Ehe gewisse Voraussetzungen und Formerfordernisse aufstellen kann und zum Schutz der an einem derartig bedeutsamen Rechtsgeschäft Beteiligten auch aufstellen muss. Hinsichtlich der Regelung der Form der Eheschließung, der Ehemündigkeit, sowie der Voraussetzungen der Auflösung steht dem Gesetzgeber ein normativer Gestaltungsspielraum zu. Die im Rahmen der Gesetzgebung gefundenen Lösungen müssen sich jedoch stets an Art 6 Abs 1 GG als vorrangiger Leitnorm messen lassen. Als **Freiheitsgarantie** ist Art 6 Abs 1 GG besonders bei der gesetzlichen Aufstellung von **Eheverboten** wichtig. Das Gesetz darf sich nur dort verbietend dem Wunsch eines ehefähigen Mannes und einer ehefähigen Frau, miteinander die Ehe einzugehen, entgegenstellen, wo dies Sachgründe zwingend erfordern. Das Individualrecht auf Eheschließung ist auch von der Exekutive zu achten. Es wirkt sich insbesondere aus, wenn eine zuständige Stelle um **Befreiung von einem Ehehindernis** ersucht wird. Die Entscheidung darüber, ob Befreiung zu erteilen ist oder nicht, ist nicht in das freie Ermessen der Behörde gestellt; sie darf das in Art 6 Abs 1 GG gewährte subjektive Recht auf Eheschließung nur aus sachlichen, einsichtigen Gründen verwehren (vgl auch die Erläuterung zu den einzelnen Befreiungsvorschriften). Unvereinbar mit dem Recht auf freie Eheschließung sind gesetzliche Vorschriften, nach denen Beamte oder andere Angehörige des **Öffentlichen Dienstes** zur Eheschließung einer dienstlichen **Erlaubnis** bedurften oder die Verheiratete von der Zugehörigkeit zu bestimmten Zweigen des Öffentlichen Dienstes (zB der Polizei) ausschlossen (Badura, in: Maunz/Dürig, GG Art 6 Rn 48).

b) Verbindung persönlicher und gemeinschaftsbezogener Komponenten
Von Art 6 Abs 1 GG ausgehend leuchtet es ein, dass die eheliche Gemeinschaft als 20 solche Gegenstand sozialverbindlicher Regelungen sein muss, deren rechtliche Verbindlichkeit die staatliche Rechtsordnung festlegt. Das von Sitte, Weltanschauung und Religion geprägte Lebensverhältnis wird so zu einem **Rechtsverhältnis** geformt. Die Rechtsordnung regelt daher zu Recht die Ordnung der Ehe, ihre Voraussetzungen, ihre Eingehung, ihre Wirkungen und ihre Auflösung. Ihr obläge es auch, auf einfachgesetzlicher Ebene deutlicher das **Eheleitbild** einer solidarischen, gleichberechtigten, lebenslangen und nach Familiengründung strebenden Ehe zu formulieren und zu fördern, ohne dass deswegen von diesem Leitbild abweichende Lebensvorstellungen ausgeschlossen wären. Trotz der Verpflichtung des Staates zu religiöser und weltanschaulicher Neutralität kommt ein Staat ohne die Bevorzugung bestimmter Ehezwecke im Einklang mit der abendländischen Tradition, auf der das geschilderte Ehebild der Grundgesetzes beruht, nicht aus.

Kennzeichnend für die Ehe ist die unlösbare Verbindung zwischen der persönlichen, 21 individuellen Komponente und der gemeinschaftsbezogenen, sozialen Komponente: Einerseits ist Ehe die einzigartige Verbindung zwischen **zwei menschlichen Individuen**, die geistige und körperliche Lebensgemeinschaft eines Mannes und einer Frau, in die beide ihre ganze Person einbringen, sich gegenseitig Unterstützung und Beistand leisten und die idealiter bis zum Tode reicht. Andererseits ist diese **Zweierbeziehung** ein **Ordnungselement** der Gemeinschaft. Insbesondere ist sie die

Grundlage der Familie und damit gleichzeitig Lebensgrundlage und Ordnungsform der im Staat zusammengeschlossenen menschlichen Gemeinschaft (vgl BVerfG JZ 1957, 270). Es ist deshalb ebenso zweckmäßig wie legitim, davon auszugehen, dass aus einer Ehe idealiter Kinder hervorgehen, und Ehen, die Grundlage einer Familie sind, deshalb in anderer Weise zu fördern als kinderlose Ehen; hier besteht noch immer von Verfassung wegen, Art 6 Abs 1 GG, Nachholbedarf, zumal der Begriff der „Familie" in Art 6 Abs 1 GG von der Rspr noch kaum entfaltet ist (eingehend dazu LÖHNIG, Familiengerechtigkeit, in: HELMS/LÖHNIG/RÖTHEL, Ehe, Familie, Abstammung – Blicke in die Zukunft [2010] S 33 ff). Aufgabe von Gesetzgebung und Rechtsanwendung ist es, die individuelle wie soziale Komponente gebührend zu berücksichtigen und zu spiegeln, dass Ehe sowohl eine Verbindung von Individuen, als auch eine überindividuelle Institution ist.

22 Überblickt man die Entwicklung des Eherechts seit dem Erlass des BGB, so zeigt sich ein grundlegender **Wandel** in der Abwägung der individuellen und der institutionellen Seite der Ehe (vgl dazu ausführlich STRÄTZ, in: STRÄTZ/BLUMENRÖHR/HESSELBERGER, Karlsruher Begegnung [1998] 36 ff). Zunächst überformte die Konzeption der Ehe als Institution stark die Regelung der individuellen Seite; die einzelne Ehe musste an den sich aus der Institution ergebenden Wertmaßstäben gemessen werden. Man folgerte daraus, die Ehe sei zwar ein Rechtsverhältnis zwischen Personen, aber seine Ausgestaltung könne nicht oder nur in beschränktem Umfang zur Disposition der Ehegatten gestellt werden. So übernahm die Rechtsordnung zB für die Frage, wie Partnerkonflikte oder die Rollenverteilung in der Ehe zu entscheiden waren, Vorgaben eines überlieferten Ehebildes. Die Rolle der Ehefrau war die der Hausfrau; wollte eine Frau einen Beruf ausüben, sollte sie nicht heiraten (Zölibatsklauseln für die Lehrerinnen). Ebenso wurde die überlieferte Entscheidungskompetenz des Mannes rechtlich fixiert. Dieses Ehebild musste sich jedoch wandeln, weil es die Frau rechtlich nicht als vollberechtigten Menschen anerkannte. Mit der gesetzlichen Anerkennung der Gleichberechtigung von Mann und Frau wurde die Beibehaltung der rechtlichen Konsequenzen des genannten Ehebildes unvereinbar. Sie wurden daher – spät, erst am 1. 4. 1953 (Art 117 Abs 1 GG) – aufgegeben.

23 Heute steht im Vordergrund der spärlichen rechtlichen Regelungen (vgl nur § 1353) und der Diskussionen um Reformen des Eherechts der individuelle Aspekt. Das große Gewicht, das auf den individuellen Aspekt gelegt wird, zeigt sich vor allem darin, dass eine sehr große Zahl von Männern und Frauen sich dem Eherecht nicht mehr unterwerfen und in gesetzlich nicht geregelter faktischer Lebensgemeinschaft zusammenleben (ausführlich dazu und zu den möglichen Ursachen STAUDINGER/LÖHNIG Anhang zu §§ 1297 ff FaktLG). Die jetzige **gesetzliche Ausformung** der Ehe hat die Auswirkungen des Verständnisses der Ehe als Institution stark zurückgedrängt und die Konkretisierung der Ehe weitgehend den Partnern selbst überantwortet (STRÄTZ, in: STRÄTZ/BLUMENRÖHR/HESSELBERGER, Karlsruher Begegnung [1998] S 47 f). Demzufolge können heute ganz zu Recht sehr unterschiedliche Ehebilder gelebt werden. So ist auch heute kein Paar, das sich dem oben genannten patriarchalischen Ehebild verpflichtet glaubt, gesetzlich gehindert, es zu verwirklichen. Genauso wenig ist ein Ehepaar daran gehindert, eine kinderlose Doppelverdienerehe zu führen, deren Partner die meiste Zeit an unterschiedlichen Orten leben. Das Zurücktreten des Verständnisses der Ehe als Institution darf jedoch nicht so weit führen, dass der Eindruck entsteht, es sei aufgrund der Freiheit der Ehegatten bei der Ausgestaltung ihrer individuellen

Ehe und auch aufgrund historischer Erfahrungen dem Staat versagt, unterschiedliche Ehen auch unterschiedlich zu behandeln. So darf und muss der Staat sehr wohl Ehen, die ihre gemeinschaftsbezogene Komponente erfüllen, besonders fördern, um das Funktionieren der Gesellschaft sicherzustellen. Umgekehrt darf und muss er etwa kinderlosen Ehegatten auf finanzieller Ebene deutlich umfangreichere Beiträge zB zu den sozialen Sicherungssystemen abverlangen als das bisher geschieht, weil diese Ehegatten nicht auch durch die Aufzucht von Kinder für die weitere Funktionsfähigkeit der Gesellschaft vorsorgen.

Als jedenfalls mit dem Wesen der Ehe **nicht vereinbar** sind auch heute gewisse **24** Vereinbarungen rechtsunwirksam, so zB die Beifügung von Bedingungen oder Befristungen, desgleichen die Abrede, die eheliche Lebensgemeinschaft sei ausgeschlossen oder sie erstrecke sich auf einen weiteren Partner. Da die Ehe als grundsätzlich lebenslange Gemeinschaft der Ehegatten konzipiert ist, kann ihr Fortbestand nicht in das Belieben der Partner gestellt werden. Andererseits verlangt die Berücksichtigung der Individualität des Rechtsverhältnisses, dass die Partner aus zerrütteten Verhältnissen loskommen können. Dass eine beide Gesichtspunkte optimal zum Ausgleich bringende Scheidungsregelung Utopie bleiben wird, hat die Geschichte der Scheidungsrechtsreform gezeigt.

III. Eherecht und Völkerrecht

Das Recht auf Eheschließung und auf Schutz der bestehenden Ehe ist als Menschen- **25** recht auch Gegenstand des Völkerrechts und vielfach in völkerrechtlichen Rechtsdokumenten verankert (vgl STAUDINGER/MANKOWSKI [2011] Vorbem 75 ff zu Art 13 EGBGB).

1. Menschenrechtsdeklaration der Vereinten Nationen vom 10. 12. 1948

Dass heiratsfähige Frauen und Männer ohne Beschränkung durch Staatsbürger- **26** schaft oder Religion das Recht haben sollen, eine **Ehe zu schließen** und eine Familie zu gründen, ferner dass sie bei der Eheschließung, während der Ehe und bei deren Auflösung **gleiche Rechte** haben sollen, bestimmt Art 16 Abs 1 S 1 der Allgemeinen Erklärung der Menschenrechte vom 10. 12. 1948 (SARTORIUS II Nr 19).

Diese Erklärung ist freilich nur eine Empfehlung der Generalversammlung der **27** Vereinten Nationen gemäß Art 10 der Charta der Vereinten Nationen, die kein unmittelbar verbindliches Recht, sondern lediglich eine Empfehlung ohne Befolgungszwang darstellt, also nur programmatischen Charakter und keine unmittelbar rechtliche Bindungswirkung hat, zudem keine Durchsetzungsmöglichkeit kennt (IPSEN, Völkerrecht [5. Aufl 2008] § 48 Rn 36). Ihre Grundsätze können jedoch zur Auslegung des Völkerrechts herangezogen werden und sogar zu allgemein anerkannten Grundsätzen des Völkerrechts erstarken, die dann wiederum gem Art 25 GG Bestandteile des Bundesrechts sind. Das wurde auch für das Recht auf Eheschließung festgestellt (OLG Stuttgart FamRZ 1963, 39).

2. Europäische Konvention zum Schutze der Menschenrechte und Grundfreiheiten (EMRK)

28 Die EMRK, der die Bundesrepublik am 3. 9. 1953 beigetreten ist, ist unmittelbar geltendes, einfaches Bundesrecht. Sie nimmt in der Präambel auf die Erklärung der Vereinten Nationen (Rn 61) Bezug. Der Schutz des Familienlebens nach **Art 8 Abs 1 EMRK** hat nach einhelliger Auffassung (vgl BVerwG NVwZ 1998, 745 [748]) zwar generell einen weiteren Schutzbereich als Art 6 Abs 1, keine eigenständige Bedeutung hat die Vorschrift aber für den Schutz der Ehe. **Art 12 EMRK** bestimmt, dass mit Erreichung des Heiratsalters alle Männer und Frauen das Recht haben, eine Ehe einzugehen und eine Familie zu gründen; ebenso Art 9 der EU-Grundrechte-Charta. Dieses Recht wird jedoch nur entsprechend den nationalen Gesetzen gewährleistet, die die Ausübung dieses Rechts regeln (BADURA, in: MAUNZ/DÜRIG, GG Art 6 Rn 19). Durch diese Verweisung wird deutlich, dass kein sich aus den jeweiligen Rechtsordnungen ergebendes Hindernis dadurch beseitigt werden soll.

29 Art 12 EMRK hat jedoch in unserer Rechtsordnung nur den Rang eines **einfachen Gesetzes**. Er ist nicht Ausdruck eines nach Art 25 GG einem einfachen Gesetz vorgehenden allgemeinen Grundsatzes des Völkerrechts (vgl BADURA, in: MAUNZ/DÜRIG, Grundgesetz Art 6 Rn 19). Da er somit Art 6 Abs 1 GG nachsteht und dieser jedoch auch die Eheschließungsfreiheit verbürgt, hat Art 12 EMRK innerstaatlich keine aktuelle materielle Bedeutung, jedoch eine prozessuale: Wer sich in seiner Eheschließungsfreiheit beeinträchtigt sieht, kann gem Art 24, 25 EMRK den **Europäischen Gerichtshof für Menschenrechte** in Straßburg anrufen.

3. Internationaler Pakt über bürgerliche und politische Rechte

30 Dieses internationale Abkommen vom 19. 12. 1966 (BGBl 1973 II 1533) schützt in **Art 7** das Privatleben, die Familie und die Wohnung. **Art 23** enthält einen Anspruch der Familie auf Schutz durch Gesellschaft und Staat und sichert die **Eheschließungsfreiheit** und die **Gleichberechtigung der Ehegatten**.

4. Schlussakte von Helsinki vom 1. 8. 1975

31 In der Schlussakte der KSZE (ArchVölkR 17 [1977/1978] 84 ff) haben 35 Staaten ihre Bereitschaft bekundet, die Kontakte auf Grundlage familiärer Beziehungen zu fördern sowie die Familienzusammenführung und Eheschließung zwischen Bürgern verschiedener Staaten zu ermöglichen. Nach dem Willen der Teilnehmerstaaten stellt diese Akte jedoch keinen völkerrechtlichen Vertrag dar, sondern nur eine außerrechtliche Abmachung.

Untertitel 1
Ehefähigkeit

§ 1303
Ehemündigkeit

(1) Eine Ehe soll nicht vor Eintritt der Volljährigkeit eingegangen werden.

(2) Das Familiengericht kann auf Antrag von dieser Vorschrift Befreiung erteilen, wenn der Antragsteller das 16. Lebensjahr vollendet hat und sein künftiger Ehegatte volljährig ist.

(3) Widerspricht der gesetzliche Vertreter des Antragstellers oder ein sonstiger Inhaber der Personensorge dem Antrag, so darf das Familiengericht die Befreiung nur erteilen, wenn der Widerspruch nicht auf triftigen Gründen beruht.

(4) Erteilt das Familiengericht die Befreiung nach Absatz 2, so bedarf der Antragsteller zur Eingehung der Ehe nicht mehr der Einwilligung des gesetzlichen Vertreters oder eines sonstigen Inhabers der Personensorge.

Materialien: Zu § 1303 aF: JAKOBS/SCHUBERT FamR I; E I 1233; E II 1209; E III 1286; Mot IV 17; Prot IV 19. Zu § 1 EheG 1938: DJ 1938, 1102. Zu § 1 Abs 2 EheG 1946: BT-Drucks 3/530 m Anl u 3/2812 m Anl. Zur Neufassung 1974: BT-Drucks 7/117, 1762. Zum bisherigen § 3 EheG: BT-Drucks 7/2060, 42. Zu § 3 EheG 1938: DJ 1938, 1103. Zu § 1303 nF: BT-Drucks 13/4898, 15; BR-Drucks 79/96; BT-Drucks 13/9416, 27. STAUDINGER/BGB-Synopse 1896–2005 § 1303.

Schrifttum

BEITZKE, Mündigkeit und Minderjährigenschutz, AcP 172 (1972) 240
BIENWALD, Zur Herabsetzung des Volljährigkeitsalters und zur Neuregelung der Ehemündigkeit, NJW 1975, 957
BÖHMER, Die Neuregelung des Eheschließungsrechts, StAZ 1975, 5
BÖKELMANN, Zur Ehemündigkeit nach neuem Recht, StAZ 1975, 329
BOSCH, Volljährigkeit, Ehemündigkeit, elterliche Sorge, FamRZ 1973, 489, 502 f und 1974, 169
CANARIS, Verstöße gegen das verfassungsrechtliche Übermaßverbot im Recht der Geschäftsfähigkeit und im Schadensersatzrecht, JZ 1987, 993 (1000 f)

KÖNNECKE-OTTO, Befreiung von dem Erfordernis der Ehemündigkeit – auch bei Ausländerbeteiligung, StAZ 1976, 112
KROTHE, Die Geschäftsfähigkeit der Minderjährigen in der geschichtlichen Entwicklung (Diss Köln 1980)
MAYER-MALY, Die Grundlagen der Aufstellung von Altersgrenzen durch das Recht, FamRZ 1970, 617
SCHULDHEIS, Befreiung vom Mangel der Ehemündigkeit, StAZ 1975, 49
SCHWARZ, Mündigkeit und Minderjährigenschutz, AcP 172 (1972) 266
VOS-LANKAMP, Ehemündigkeit. Kritik gegenwärtigen Rechts und Grundsätze für eine

rechtspolitische Entscheidung und ihre verfassungsmäßigen Grenzen (Diss Frankfurt 1972)
WAGENITZ/BORNHOFEN, Handbuch des Eheschließungsrechts (1998).
S auch STAUDINGER/STRÄTZ[12].

Systematische Übersicht

Alphabetische Übersicht

I. Einleitung

1. Normzweck

§ 1303 regelt die persönlichen Eheschließungsvoraussetzungen und konkretisiert **1** damit auf einfachgesetzlicher Ebene die Voraussetzungen der Ausübung der in Art 6 Abs 1 GG geschützten Eheschließungsfreiheit. Außerdem konkretisiert die Norm die Wahrung des Primats des Elternrechts aus Art 6 Abs 2 S 1 GG bei der Eheschließung Minderjähriger.

2. Inhalt und Normstruktur

Abs 1 stellt die Regel auf, dass die Ehe nicht vor Eintritt der Volljährigkeit ge- **2** schlossen werden soll. Abs 2 bis 4 enthalten eine Ausnahme von dieser Soll-Vorschrift für einen der Verlobten unter der Voraussetzung, dass dieser das 16. Lebensjahr vollendet hat; diese Ausnahme ist an eine familiengerichtliche Genehmigung (Befreiung) geknüpft, auf die der Verlobte bei Vorliegen der Voraussetzungen einen Anspruch hat.

3. Bedeutung und systematische Stellung

§ 1303 regelt abschließend die Geschäftsfähigkeit zur Eingehung einer Ehe und **3** enthält Spezialregelungen, die den allgemeinen Regeln zur Geschäftsfähigkeit in §§ 106 ff vorgehen, wobei Abs 1 aufgrund von Inhaltsgleichheit überflüssig ist.

Ob es sich – außer durch Herkommen – rechtfertigen lässt, die Altersgrenze der Eheschließungsgeschäftsfähigkeit (wenn auch nach gerichtlicher Prüfung) im Vergleich zur Altersgrenze der allgemeinen Geschäftsfähigkeit abzusenken, lässt sich angesichts der weitreichenden Folgen einer Ehekonsenserklärung und eines Ehebildes, das auf der gleichberechtigten Partnerschaft zweier Eheleute beruht, bezweifeln. Die in Art 6 Abs 1 GG geregelte Eheschließungsfreiheit dürfte dies jedenfalls nicht verlangen.

4. Entstehungsgeschichte

Abs 1 u 2 übernehmen fast wörtlich die Bestimmung über das Heiratsalter aus § 1 **4** EheG 1946 (STAUDINGER/BGB-Synopse 1896–2005 S 1213 ff). Abs 3 und 4 hingegen regeln in neuer Weise die zuvor in § 1 Abs 2 und § 3 EheG 1946 erfasste Problematik der Eheschließung beschränkt Geschäftsfähiger; das sind heute nur noch Minderjährige.

Martin Löhnig

5 **§ 1303 Abs 1 uF** bestimmte, dass der **Mann** nicht vor Eintritt der Volljährigkeit heiraten konnte, die damals (für beide Geschlechter) erst mit Vollendung des 21. Lebensjahres eintrat, § 2 uF; jedoch konnte eine minderjährige Person auch vorzeitig für volljährig erklärt werden, sobald sie das 18. Lebensjahr vollendet hatte (die in §§ 3–5 uF geregelte Volljährigkeitserklärung hat das VolljkG 1974 abgeschafft). Ein Mann unter 18 Jahren konnte daher nicht die Ehe schließen, für die **Frau** hingegen galt eine eigens festgelegte Altersgrenze bei 16 Jahren; ihr konnte aber die *venia aetatis,* also die Befreiung von dieser Altersgrenze erteilt werden, § 1303 Abs 2 uF. Da eine Eheschließung, bei der diese Altersgrenzen missachtet wurden, praktisch kaum vorkommen konnte, war eine dennoch geschlossene Ehe nicht ungültig.

6 Diese Regelung komplizierte § 1 EheG 1938 u EheG 1946 (STAUDINGER/BGB-Synopse 1896–2005 S 1213 ff) durch einen Rückgriff auf die Regelung in § 28 Abs 2 PStG 1875. Es wurde eigens die „Ehemündigkeit" (so die amtliche Überschrift vor § 1) auch beim Mann festgelegt, nämlich auf das vollendete 21. Lebensjahr; das war zwar gleichzeitig der Zeitpunkt der Volljährigkeit, Ehemündigkeit und allgemeine Mündigkeit war jedoch formell eigenständig geregelt. Zwar konnte nun auch der Mann gerichtlich von diesem Alterserfordernis befreit werden, allerdings nur, wenn er zuvor für volljährig erklärt worden war. Materiell änderte sich für den **Mann** nichts; jedoch mussten nun **zwei Gerichtsverfahren** durchgeführt werden: die Volljährigkeitserklärung, um ihn von der elterlichen Gewalt oder Vormundschaft zu befreien und ihm so zur Geschäftsfähigkeit zu verhelfen, und die Befreiung vom Alterserfordernis, die für die Eheschließung eines noch nicht 21-jährigen Mannes erforderlich war. Für die **Frau** blieb es dabei, dass sie ab 16 ohne weiteres heiraten konnte, mit gerichtlicher Befreiung von dieser Altersgrenze auch schon unter 16 Jahren, § 1303 Abs 2 uF, § 1 Abs 2 EheG 1938 u EheG 1946. Neben dem **staatlichen Dispens** vom Erfordernis der Volljährigkeit bzw der Ehemündigkeit benötigte die minderjährige Frau auch die **Einwilligung des gesetzlichen Vertreters**, § 1304 uF (STAUDINGER/BGB-Synopse 1896–2005). Waren Vater oder Mutter gesetzlicher Vertreter ihrer minderjährigen Tochter, so konnte diese bis zum Inkrafttreten des EheG 1938 am 1. 8. 1938 gegen oder ohne deren Willen nicht vor Eintritt der Volljährigkeit, also des 21. Lebensjahres, heiraten; die Einwilligung des gesetzlichen Vertreters war notwendig und konnte nicht gerichtlich ersetzt werden. Einen Ausweg bot allenfalls die vorzeitige Volljährigkeitserklärung, die jedoch ihrerseits voraussetzte, dass dem gesetzlichen Vertreter zuvor die Personen- und Vermögenssorge entzogen war, §§ 3–5 uF. Die vom gesetzlichen Vertreter verweigerte Heiratseinwilligung zu ersetzen, war nach § 1304 Abs 2 uF nur möglich, wenn der künftige Ehegatte unter Vormundschaft stand, also idR ein minderjähriges Waisenkind (oder ein entmündigter Volljähriger) war. Das Gericht musste die Einwilligung ersetzen, wenn die Eheschließung „im Interesse des Mündels" lag. Die wichtigste Neuerung brachte jedoch **§ 3 Abs 3 EheG 1938**. Nunmehr war nämlich jede erforderliche Zustimmung gerichtlich ersetzbar, wenn sie „ohne triftige Gründe" verweigert wurde. **§ 3 EheG 1946** behielt diese Regelung inhaltlich bei. Diese für Mann und Frau unterschiedliche Rechtslage blieb auch über das Inkrafttreten der Gleichberechtigung von Mann und Frau, Art 3 Abs 2 S 1 GG, am 1. 4. 1953, Art 117 Abs 1 GG, hinaus in Kraft.

7 Von der Einwilligung des gesetzlichen Vertreters **streng zu unterscheiden** war die sog **elterliche Einwilligung**, PStG 1875 §§ 29, 30; BGB uF §§ 1303–1308. Dieses Erfordernis sollte altem Herkommen gemäß den vom Kind den Eltern geschuldeten Respekt (reverentia paternalis) rechtsförmig absichern. Sie war ein höchstpersönliches Recht des Vaters, hilfsweise der Mutter (bei unehelichen Kindern stets der Mutter) und bestand unabhängig sowohl von der elterlichen Gewalt und der Personensorge, als auch von der Volljährigkeit des heiratswilligen Kindes. Nach § 29 PStG 1875 bedurften der elterlichen Einwilligung der Mann bis zum 25. und die Frau bis zum 24. Lebensjahr. Erst § 1305 uF setzte die Altersgrenze für beide Geschlechter auf das 21. Lebensjahr herab. Damit galt für beide Einwilligungen (die des gesetzlichen Vertreters und die der Eltern) dieselbe Altersgrenze, sodass sie in der Praxis immer weniger als begrifflich getrennte Einwilligungen wahrgenommen wurden; anders war das noch bei vorzeitig für volljährig erklärten Personen, die gleichwohl der elterlichen Einwilligung bedurften (sie konnte allerdings ersetzt werden, wenn sie grundlos verweigert wurde). Der Mangel der elterlichen Einwilligung war jedoch nur ein aufschiebendes Ehehindernis. Seine Nichtbeachtung berührte die Gültigkeit einer gleichwohl eingegangenen Ehe nicht, hatte jedoch vermögensrechtliche Nachteile für die Tochter zur Folge (vgl PLANCK, BGB-Komm Erl zu §§ 1305 f). Diese elterliche Einwilligung hat erst das EheG 1938 beseitigt (dazu DJ 1938, 1103). Stattdessen verlangte § 3 Abs 2 EheG 1938 außer der Einwilligung des gesetzlichen Vertreters (damals idR der Vater) auch die des allein oder neben ihm **Personensorgeberechtigten**; damit war insbesondere das Einwilligungsrecht der mit dem Vater verheirateten Mutter gesichert.

Das **FamRÄG 1961** stellte inhaltlich in § 1 Abs 2 EheG 1946 lediglich die Zustän-   **8** digkeit des Vormundschaftsgerichts klar, die schon bisher gegeben war. Formell wurde damit Abs 2 vom Kontrollratsrecht in deutsches Recht überführt. Erst die erneute Änderung von § 1 EheG 1946 durch Art 2 Nr 2 **VolljkG 1974** (§ 1 wurde so insgesamt Bundesrecht) führte auch im Eheschließungsrecht die Gleichberechtigung der Geschlechter ein. Seither ist wieder die Volljährigkeit, und zwar für beide künftige Ehegatten, Voraussetzung der Eheschließung; die Ehemündigkeit gibt es nicht mehr. Doch werden seither Mann und Frau bereits mit 18 Jahren volljährig, § 2 VolljkG 1974; eine vorzeitige Volljährigkeitserklärung gibt es nicht mehr, wohl aber den Dispens vom Erfordernis der Volljährigkeit. Dispensiert werden kann seither zwar auch der Mann, aber nur, wenn der andere künftige Ehegatte volljährig ist. Zudem ist die Befreiung erst zulässig, wenn der minderjährige künftige Ehegatte wenigstens 16 Jahre alt ist; daher können seither Kinder unter 16 Jahren in Deutschland nicht mehr eine Ehe schließen. Damit war eine bedeutsame Vereinfachung erreicht: im Falle von Minderjährigkeit musste nur noch ein Gerichtsverfahren durchgeführt werden, nämlich wegen des Dispenses vom Alterserfordernis des minderjährigen künftigen Ehegatten, statt möglicherweise drei nach alter Rechtslage (Volljährigkeitserklärung und Altersbefreiung für den künftigen Ehemann, Altersbefreiung für die minderjährige künftige Ehefrau). Materiell führt § **1303** in Abs 1 und Abs 2 hinsichtlich Heiratsalter und Befreiung den seit 1975 geltenden Rechtszustand unverändert weiter, nur die Zuständigkeit ist vom Vormundschaftsgericht auf das Familiengericht übergegangen. Die Befreiung vom Erfordernis der Volljährigkeit betrifft allein die Fähigkeit zur Eheschließung, führt also weder zur Geschäftsfähigkeit, noch befreit sie von der elterlichen Sorge; erst die Eheschließung schränkt das elterliche Sorgerecht über den minderjährigen Ehegatten gemäß §§ 8 Abs 2, 1633 ein. Daher gilt weiterhin: *Heirat macht nicht mündig.*

Martin Löhnig

9 Der Regierungsentwurf zum **EheschlRG 1998** (BT-Drucks 13/4898) wollte die Regelungen über das Heiratsalter und die über die Einwilligung der gesetzlichen Vertreter wie bisher fortführen. Inhaltlich erfolgte eine weitere beträchtliche **Vereinfachung**. Nach bisherigem Recht benötigte der heiratswillige Minderjährige stets zwei Erklärungen (Rn 7), nämlich den staatlichen Dispens vom Alterserfordernis durch das Vormundschaftsgericht, § 1303 S 2 uF, § 1 Abs 2 EheG 1938 u EheG 1946, und die Zustimmung des gesetzlichen Vertreters, § 1304 uF, § 3 EheG 1938 u EheG 1946. Wurde sie verweigert, kam es zu zwei Verfahren, die inhaltlich zumeist um dieselben Fragen kreisten, um die Prognose des Eheverlaufs. Seit 1. 7. 1998 **genügt die Befreiung vom Alterserfordernis**; in diesem Verfahren sind die Einwände des gesetzlichen Vertreters und ggf des Personensorgeberechtigten zu berücksichtigen, § 1303 Abs 3 u 4. Auf Vorschlag des Rechtsausschusses (BT-Drucks 13/9416) wurde die Zuständigkeit für die Befreiung, ähnlich wie im Bereich des KindRG, auf das Familiengericht übertragen. Der Ersatz des bisher in § 3 Abs 3 EheG 1946 verwendeten Begriffs „**Verlobter**" durch „künftiger Ehegatte" in § 1303 Abs 2 hat bedauerlicherweise einen wesentlichen Schritt in die Richtung getan, das Verständnis des Rechtsinstituts Verlöbnis zu verdunkeln (vgl dazu STAUDINGER/LÖHNIG § 1297 Rn 3).

II. Rechtsnatur

10 § 1303 Abs 1 ist ein **aufschiebendes** (durch bloßen Zeitablauf endendes) **Ehehindernis**, Abs 2 bis 4 regeln die Voraussetzungen eines familiengerichtlichen Dispenses.

III. Die Eheschließung des volljährigen Verlobten (Abs 1)

11 Abs 1 knüpft die Geschäftsfähigkeit zur Eingehung einer Ehe an die Volljährigkeit an. Diese liegt vor, wenn der Verlobte 18 Jahre alt ist, § 2. Die Ehe kann daher am Tage des 18. Geburtstages, § 187 Abs 2 S 2, geschlossen werden. Die Volljährigkeit braucht erst bei der Eheschließung, § 13 Abs 1 PStG, erreicht zu sein, noch nicht bei der Anmeldung zur Eheschließung gemäß §§ 12 Abs 1, 13 Abs 4 S 3 PStG.

12 Die gemäß § 1310 zur Eheschließung erforderliche Konsenserklärung jeder über 18 Jahre alten Person ist grundsätzlich wirksam. Das gilt auch, wenn der Volljährige bei der Eheschließung im Zustande der Bewusstlosigkeit oder der vorübergehenden Störung der Geistestätigkeit gewesen sein sollte, § 105 Abs 2; die Ehe ist in einem solchen Fall jedoch aufhebbar, sofern sie nicht bestätigt wurde, §§ 1314, 1315. Weder die Betreuungsbedürftigkeit selbst, noch die Bestellung eines Betreuers, §§ 1896 ff, hindern einen Volljährigen, eine Ehe gültig zu schließen. Die Wirksamkeit der Konsenserklärung eines **betreuten Volljährigen** hängt niemals von der Einwilligung seines Betreuers ab, da gemäß § 1903 Abs 2 ein Einwilligungsvorbehalt für die Eingehung einer Ehe nicht statthaft ist. Allein der nach § 104 Nr 2 **geschäftsunfähige Volljährige** kann keine Ehe eingehen, § 1304.

13 Eine unter Verstoß gegen Abs 1, aber unter Beachtung von §§ 1310, 1311 geschlossene Ehe ist auch dann wirksam zustande gekommen, wenn einer oder beide Ehegatten am Tag der Eheschließung nicht volljährig waren. (1.) Liegt eine Befreiung nach Abs 2 vor, ist die Ehe von Anfang an voll wirksam. (2.) Fehlt es an der Befreiung oder wurde sie einer Person erteilt, die noch nicht 16 Jahre alt war, so ist die Ehe gem § 1314 Abs 1 aufhebbar, solange dieser Mangel nicht nach § 1315

Abs 1 geheilt ist. Ein Verstoß gegen § 1303 Abs 1 und Abs 2 ist jedoch in der Praxis nahezu ausgeschlossen. Abs 1 verbietet nämlich dem Standesbeamten, eine Eheschließung vorzunehmen, solange Zweifel daran bestehen, ob die Heiratswilligen volljährig sind, und ihm keine Befreiung gem Abs 2 vorgelegt wird.

IV. Die Eheschließung eines Minderjährigen

1. Allgemeines

Ein Minderjähriger kann eine Ehe schließen, die von Anfang an nicht wegen Ver- **14** stoßes gegen das Alterserfordernis aufhebbar ist, wenn das Familiengericht ihm die Befreiung vom Alterserfordernis erteilt hat. Unter den in Abs 2 bis 4 geregelten Voraussetzungen besteht ein **Anspruch auf Befreiung vom Alterserfordernis**, der sich aus dem durch Art 6 Abs 1 GG geschützten Recht auf Eheschließung ergibt (OLG Hamm FamRZ 1965, 562). Obschon **Abs 2** als „**Kann**"-**Vorschrift** formuliert ist, liegt die Entscheidung deshalb nicht im Ermessen des Gerichts.

Der Minderjährige, den das Familiengericht vom Alterserfordernis befreit hat, be- **15** darf nicht der Einwilligung seiner gesetzlichen Vertreter oder sonstiger Personensorgeberechtigter. Obwohl er im Übrigen weiterhin beschränkt geschäftsfähig bleibt, wird er durch die Befreiung also für eine bestimmte Eheschließung „eheschließungsfähig" (nicht aber für weitere damit im Zusammenhang stehende Rechtsgeschäfte wie etwa den Abschluss eines Ehevertrages). Im Befreiungsverfahren gemäß Abs 2 sind die Eltern bzw Personensorgeberechtigten jedoch zu hören und ihre Einwände werden gemäß Abs 3 geprüft. Versagt das Familiengericht die Befreiung rechtswirksam, ist der Weg zur Eheschließung (auf höchstens zwei Jahre) versperrt, auch wenn die Sorgeberechtigten mit der Heirat einverstanden sind. Die Zustimmung des gesetzlichen Vertreters ist nur dann noch erforderlich, wenn ein Minderjähriger eine Ehe im Zustand der völligen Geschäftsunfähigkeit oder der vorübergehenden Störung der Geistestätigkeit geschlossen hat und diese nach Beendigung dieser Zustände bestätigen möchte, § 1315 Abs 1 S 3.

Die Befreiung nach Abs 2 kann nur für eine **bestimmte Eheschließung** erteilt werden. **16** Daher ist der andere volljährige Verlobte im Befreiungsbeschluss namentlich genau zu bezeichnen. Sollte der oder die Minderjährige eine andere Person heiraten wollen, muss die Befreiung erneut beantragt und erteilt werden. Die Befreiung ist unter folgenden Voraussetzungen **statthaft**.

2. Mindestalter

Der Minderjährige selbst muss **mindestens 16 Jahre alt** sein. Kinder unter 16 Jahren **17** dürfen in Deutschland nicht heiraten. Zweifel an der Verfassungsmäßigkeit dieser Regelung (CANARIS JZ 1987, 993, 1000 f) überzeugen nicht (so auch GERNHUBER/COESTER-WALTJEN § 9 Rn 11). Ein Jugendlicher unter 16 Jahren besitzt in aller Regel nicht die persönliche Reife zu dem weitreichenden Entschluss, eine grds lebenslange Ehe einzugehen. Jedenfalls seit der Kindschaftsrechtsreform 1998 ist dieses Mindestalter auch vor Art 6 Abs 2 GG gerechtfertigt, denn der Schutz eines von einer unter 16-jährigen Mutter geborenen Kindes rechtfertigt keine frühere Heiratsmöglichkeit, da es für die Rechtsstellung des Kindes nicht mehr entscheidend ist, ob es in oder

außer einer Ehe geboren wird. Ein ausländisches Sachrecht kann bei starkem Inlandsbezug gegen den deutschen ordre public verstoßen, wenn seine Anwendung
dazu führen würde, dass ein 14-jähriges Mädchen wirksam die Ehe geschlossen hat
(KG FamRZ 2012, 1495; dazu auch FRANK StAZ 2012, 129).

3. Volljährigkeit des anderen Ehepartners

18 Der andere Ehepartner muss spätestens am Tage der Eheschließung 18 Jahre alt
sein. Mit dem zwingenden Erfordernis, dass wenigstens **ein Ehegatte volljährig** sein
muss, stellt das Gesetz auch weiterhin sicher, dass einer der Ehegatten die für die
eheliche Lebensgemeinschaft erforderlichen Rechtsgeschäfte allein vornehmen
kann, und dass das Sorgerecht über ein gemeinsames Kind nicht einem Vormund
übertragen werden muss, §§ 1626, 1673 Abs 2.

4. Kindeswohl

19 a)   Die materiellen **Voraussetzungen** des Befreiungsanspruchs hat der Gesetzgeber nicht ausformuliert. Die schlichte Feststellung der in Abs 2 ausdrücklich als
Voraussetzung genannten Altersstufen würde jedoch keine gerichtliche Tätigkeit
erfordern. Das Gericht muss vielmehr zusätzlich als **ungeschriebenes Tatbestandsmerkmal** das Wohl des Kindes berücksichtigen, denn § 1697a schreibt dem Gericht,
wenn kein anderer Maßstab vorgegeben ist, als allgemeine Leitlinie vor, so zu
entscheiden, wie es dem Wohl des Kindes am besten entspricht.

20 b)   Im Lichte der in Art 6 Abs 1 GG geschützten Eheschließungsfreiheit bedeutet
dies: Das Gericht hat zu prüfen, ob die Eheschließung zum geplanten Zeitpunkt das
Wohl des Minderjährigen nicht beeinträchtigt. Nur wenn die Eheschließung vor
Vollendung des 18. Lebensjahres das Kindeswohl voraussichtlich beeinträchtigen
wird, ist die Befreiung zu versagen, andernfalls ist sie auszusprechen. Das Gericht
hat hingegen nicht zu prüfen, ob die Eheschließung zum geplanten Zeitpunkt das
Beste für den Minderjährigen sei. Da es in diesem Verfahren nur darum geht, ob der
Minderjährige heiraten darf oder nicht, sind auch Interessen Dritter, insbesondere
der Eltern oder gar anderer Familienmitglieder, grundsätzlich ungeeignet, um die
Befreiung vom Alterserfordernis zu versagen.

21 Entgegen der Auffassung in den Gesetzgebungsmaterialien, die Zusammenführung
der zwei Verfahren zur Befreiung vom staatlichen Alterserfordernis und zur Ersetzung einer verweigerten Einwilligung der Sorgeberechtigten in ein einziges Verfahren sei nur eine Verfahrensvereinfachung (BT-Drucks 13/4898, 29; 13/9416, 27; vgl auch
BOSCH NJW 1998, 2007; HEPTING FamRZ 1998, 716), hat das **einheitliche Befreiungsverfahren** auch eine **neue Qualität** (zutr STAUDINGER/STRÄTZ [2007] Rn 15). Das ergibt sich aus
Aufgabe und Stellung des Familienrichters bei der Entscheidung über den Befreiungsantrag. Da es sich um ein Offizialverfahren handelt, muss der Richter sowohl
die generellen Aspekte für und gegen eine vorzeitige Eheschließung, als auch die
speziellen, sich im Laufe des Verfahrens ergebenden Aspekte des Einzelfalles daraufhin bewerten, ob sich eine Beeinträchtigung des Wohles des Kindes durch die
vorzeitige Heirat prognostizieren lässt. Bei einem Offizialverfahren ist es grundsätzlich belanglos, wer die tatsächlichen Anhaltspunkte für derartige Beeinträchtigun-

gen in das Verfahren eingeführt hat. Sache des Richters ist zunächst nur ihre Bewertung.

c) Die Befreiung vom Alterserfordernis besagt inhaltlich, dass das Wohl des 16- **22**
oder 17-jährigen Minderjährigen durch die bevorstehende Eheschließung voraussichtlich nicht beeinträchtigt werden wird. Wegen der Bedeutung der Ehe und der
Rechtsfolgen der Eheschließung ist insbesondere zu beurteilen, ob der unter 18-Jäh-
rige so reif und einsichtsfähig ist, um das Gewicht der Entscheidung für eine
Lebensgemeinschaft bis zum Tode zu ermessen, ferner ob die beabsichtigte Ehe
Bestand haben wird. Dabei ist zu prüfen, ob eine echte wechselseitige Bindung
zwischen den Partnern besteht und ob sie die mit der Ehe verbundenen Pflichten
übernehmen können und wollen; der Heiratswunsch muss dem eigenen inneren
Antrieb der Verlobten entspringen und darf nicht nur auf dem Einfluss der Umwelt
oder wirtschaftlichen Überlegungen beruhen (OLG Saarbrücken NJW-RR 2007, 1302). Da
sich die Einzelgesichtspunkte vielfach überschneiden, kommt es entscheidend auf
die **Gesamtbewertung** aller für und gegen die Eheschließung sprechenden Umstände
an (zur früheren Rechtslage schon BayObLG FamRZ 1983, 66 ff). Ergibt diese, dass das
Kindeswohl voraussichtlich beeinträchtigt sein wird, ist die Befreiung zu versagen,
also dem Kind eine höchstens 2-jährige Wartezeit zuzumuten.

aa) Zu beurteilen ist, ob der **Minderjährige geeignet** erscheint, schon jetzt in der **23**
geplanten ehelichen Verbindung zu leben (vgl BIENWALD NJW 1975, 957, 959 mwNw).
Abzustellen ist vor allem auf Belastungen oder gar Gefährdungen, die auf den
Minderjährigen zukommen können, sei es aus der Persönlichkeit des Minderjährigen selbst oder der seines künftigen Ehegatten, sei es aus den tatsächlichen
Gegebenheiten, wie dem Wechsel in eine andere Kultur, sei es aus finanziellen
und wirtschaftlichen Konsequenzen. Angesichts des jugendlichen Alters des künftigen Ehegatten wäre es aber übertrieben, die Befreiung vom Nachweis einer siche-
ren Existenz abhängig zu machen (BIENWALD NJW 1975, 957, 959).

Die Befreiung ist zu versagen, wenn dem Minderjährigen seelische und geistige **24**
Reife für eine Ehe fehlen. Dabei darf jedoch nicht eine allgemeine Frühreife des
Minderjährigen verlangt werden (so auch MünchKomm/WELLENHOFER § 1303 Rn 7; *missverständlich* AG Ravensburg DAVorm 1976, 433). Es reicht aus, wenn er die Belastungen
verständig einschätzen kann und wahrscheinlich damit auch so umgehen kann, dass
die Ehe nicht gleich daran zerbricht.

Ist abzusehen, dass die Eheschließung zu einer Lebensweise führen wird, die den **25**
bisherigen Lebensgewohnheiten des Minderjährigen stark kontrastiert, ist eine besonders sorgfältige Prüfung der Eignung angezeigt. Zu fragen ist, ob die Entscheidung des Minderjährigen nicht voreilig und überstürzt, in Unkenntnis oder Ver-
kennung der zu erwartenden Schwierigkeiten und Probleme getroffen wurde. Das
hat besonderes Gewicht, wenn der Minderjährige durch die Eheschließung in eine
fremdartige Umwelt kommt. Ganz von den Gegebenheiten des Einzelfalles hängt es
ab, ob erwartet werden kann, dass der minderjährige künftige Ehegatte durch einen
Ehevertrag effektiv und ausreichend in den absehbaren Konflikten und gegen die
misslichen Folgen einer gescheiterten Ehe geschützt werden kann. Lässt sich das
feststellen und wird ein entsprechender Ehevertrag abgeschlossen, kann die Befreiung erteilt werden, wenn dem Minderjährigen hinreichende Reife attestiert wird (vgl

OLG Neustadt FamRZ 1963, 443; LG Berlin DAVorm 1963, 193; KRÜGER FamRZ 1977, 114, 118; SCHNITZERLING StAZ 1965, 89, 90). Sonst ist im Zweifel die Befreiung zu versagen und den Heiratswilligen zuzumuten, in längstens zwei Jahren diese Risiken auf eigene Verantwortung auf sich zu nehmen.

26 Hingegen ist der bloße Umstand, dass der künftige Ehegatte **ausländischer Staatsangehörigkeit** ist, für die Befreiung belanglos. Die durch äußere Umstände drohende Trennung der Verlobten, etwa wegen drohender Abschiebung des ausländischen Verlobten, rechtfertigt allein nicht die Befreiung des Minderjährigen vom Erfordernis der Volljährigkeit (AG Pankow-Weißensee DAVorm 1992, 518).

27 Kein ausreichender Versagungsgrund ist hingegen – für sich allein gesehen – ein möglicher oder gewiss bevorstehender **Wechsel der bisherigen Religionszugehörigkeit**. Denn nach § 5 RKEG kann bereits ein 14-jähriges Kind über sein religiöses Bekenntnis frei bestimmen (vgl schon BGHZ 21, 340 mAnm BEITZKE MDR 1957, 91; LG Mannheim ZBlJugR 1960, 187; MünchKomm/WELLENHOFER § 1303 Rn 22). Anders kann die Beurteilung ausfallen, wenn wegen der Glaubensverschiedenheit solche Spannungen zu erwarten sind, die den Bestand der künftigen Ehe ernsthaft in Frage stellen.

28 Ist abzusehen, dass die Eheschließung die schulische oder berufliche **Ausbildung des Minderjährigen** ungünstig beeinflussen wird, ist die Befreiung in der Regel zu versagen. Einer abgeschlossenen Ausbildung kommt in der heutigen Zeit ein hoher Stellenwert zu (vgl § 1631a). Die Nachteile einer abgebrochenen Ausbildung wiegen heute schwerer, als die Vorteile einer vorzeitigen Eheschließung. Daher kann der Familienrichter die Befreiung in diesem Fall selbst dann versagen, wenn die Sorgeberechtigten der vorzeitigen Eheschließung nicht widersprechen.

29 **bb)** Da die Ehe laut § 1353 Abs 1 S 1 auf Lebenszeit abzuschließen ist, hat der Richter auch zu prüfen, ob die geplante **Ehe Bestand haben** wird (vgl BÖKELMANN StAZ 1975, 329, 330; MünchKomm/WELLENHOFER § 1303 Rn 8). Ist dies unsicher oder unwahrscheinlich, darf die Befreiung nicht erteilt werden. Abzustellen ist dabei aber allein auf die im konkreten Fall beteiligten Personen und die konkreten Umstände dieser geplanten Ehe. Die statistische Erkenntnis allein, dass **Frühehen** besonders häufig scheitern, reicht nicht aus, um im Einzelfall die Befreiung zu versagen; denn der Gesetzgeber hat diesem Umstand bereits durch die Einführung der Befreiungsmöglichkeit bis zu der Untergrenze von 16 Jahren Rechnung getragen. Weder vorhandene Vorstrafen des zukünftigen Ehemannes noch dessen fehlende Einkünfte stehen der Erteilung einer Befreiung vom Erfordernis der Ehemündigkeit zwingend entgegen. Etwa vorhandene Vorstrafen müssen nämlich den Schluss zulassen, dass entweder die Ehe voraussichtlich scheitern wird, oder dass ein weiterer Umgang aufgrund der Art der Vorstrafe nicht dem Kindeswohl entspricht (OLG Hamm FamRZ 2010, 1801).

30 Kein hinreichender Grund für die Befreiung vom Alterserfordernis ist es, dass der Minderjährige bereits mit dem Partner **zusammenlebt** (MünchKomm/WELLENHOFER § 1303 Rn 10; GERNHUBER/COESTER-WALTJEN § 9 Rn 22; vgl auch BayObLG FamRZ 1983, 66, 67 f). Noch weniger rechtfertigt allein der Umstand, dass das Paar ein **Kind erwartet**, die Befreiung vom Alterserfordernis (MünchKomm/WELLENHOFER § 1303 Rn 9; SCHLIPP-HAK-REUTHER ZBlJugR 1964, 292; 1967, 13; vgl auch LG Landshut StAZ 1973, 122). Seit der

Kindschaftsrechtsreform 1998 sind die Vorteile der Geburt als eheliches Kind gegenüber dem Stand eines außerhalb der Elternehe geborenen Kindes praktisch ausgeglichen. Daher ist jetzt erst recht die Befreiung, die allein aus diesem Grund gewünscht wird, in der Regel zu versagen, weil sie dem Wohl des minderjährigen Elternteiles wahrscheinlich widerstreitet (GERNHUBER/COESTER-WALTJEN § 9 Rn 21). Es dürfte im wohlverstandenen Interesse des Minderjährigen selbst (und sogar seines Kindes) liegen, wenn er vor den Rechtsfolgen einer gescheiterten Ehe bewahrt wird.

5. Elterlicher Widerspruch

a) Der Widerspruch des gesetzlichen Vertreters oder sonstigen Inhabers der **31** Personensorge, also idR der Eltern, nach Abs 3 spielt erst und nur dann eine Rolle, wenn Richter und Sorgeberechtigte den vorzeitigen Heiratswunsch des noch nicht 18-jährigen Kindes gegensätzlich bewerten. Ein **Widerspruch** iSv Abs 3 liegt vor, wenn sich einer der gesetzlichen Vertreter oder ein sonstiger Inhaber der Personensorge bis zum Zeitpunkt der Entscheidung des Familienrichters über den Befreiungsantrag gegen die vorzeitige Eheschließung seines minderjährigen Schutzbefohlenen ausspricht. Wann und wie er seinen Widerspruch in das Verfahren einbringt, ist unerheblich. Der Widerspruch ist keine rechtsgeschäftliche Willenserklärung, die außerhalb des Befreiungsverfahrens Rechtswirkungen entfalten könnte. Die Frage nach Gültigkeit, Anfechtbarkeit, Bedingung oder Befristung stellt sich daher nicht. Es genügt, wenn das Familiengericht erkennen kann, dass der Sorgeberechtigte sich gegen die beantragte Befreiung, also gegen die vorzeitige Eheschließung des Minderjährigen, ausspricht.

Auch wenn **nur ein Sorgeberechtigter** dem Antrag in diesem Sinne widerspricht, kann **32** das Gericht gemäß Abs 3 entscheiden. Das gilt auch bei gemeinschaftlichem Sorgerecht der Eltern (STAUDINGER/PESCHEL-GUTZEIT [2007] § 1628 Rn 21). Aus Gründen der Prozessökonomie wird man nämlich davon auszugehen haben, dass kein Fall des § 1628 vorliegt und das Familiengericht nicht in einem separaten Verfahren einem Elternteil die Entscheidung über die Einlegung oder Rücknahme des Widerspruchs übertragen kann, sondern der Streit der Eltern im laufenden Verfahren auszuräumen ist (MünchKomm/WELLENHOFER § 1303 Rn 16). **Wechselt die Person** des gesetzlichen Vertreters oder eines sonstigen Personensorgeberechtigten noch **während des Verfahrens** über den Antrag auf Befreiung vom Alterserfordernis, so ist der Widerspruch des bisherigen Berechtigten gegenstandslos. Der neu Berechtigte kann prüfen und entscheiden, ob er selbst Widerspruch erhebt. Dieser Fall kann vor allem eintreten, wenn das Vertretungsrecht oder die Personensorge entzogen worden sind.

Der jetzt ausdrücklich als Verbotsnorm („darf ... nur") und somit konform mit der **33** in Art 6 Abs 2 GG vorgegebenen Aufgabenverteilung zwischen Sorgeberechtigtem und Staat formulierte Abs 3 gebietet dem Richter grundsätzlich, die den vorzeitigen Heiratswunsch ihres Schutzbefohlenen ablehnende Wertung der Sorgeberechtigten zu respektieren und den Befreiungsantrag zurückzuweisen. Der Richter darf sich nur dann über die Beurteilung der „zuvörderst" zur Sorge für das Kindeswohl berufenen Sorgeberechtigten hinweg- und seine Ansicht entgegen ihrem Widerspruch durchsetzen, wenn er überzeugt ist, dass der elterliche Widerspruch nicht

auf „triftigen Gründen" beruht. Diese Voraussetzung ist erforderlich, denn die Erteilung der staatlichen Erlaubnis zur vorzeitigen Eheschließung greift in das grund-
gesetzliche Vorrecht der Sorgeberechtigten ein, weil nach der Befreiung vom Alterserfordernis diese laut § 1303 Abs 4 kein Mitentscheidungsrecht mehr haben. Der
befreite Minderjährige entscheidet allein, ob er die Ehe schließen will oder nicht.

34 b)   Aus dieser Rangordnung der Bewertungskompetenzen lassen sich allgemeine
Kriterien herleiten, um die **Triftigkeit** der Gründe zu beurteilen, auf die die Sorgeberechtigten ihren Widerspruch gegen die Eheschließung des Minderjährigen
stützen. Dies ist ein neuer, spezifisch kindschaftsrechtlicher Maßstab. § 1304 Abs 2
S 2 uF hatte das Gericht zur Ersetzung der einem Mündel verweigerten Einwilligung
verpflichtet, wenn die Eingehung der Ehe „im Interesse des Mündels" lag. Nur die
einem Volljährigen verweigerte sog elterliche Einwilligung konnte bereits dann
ersetzt werden, wenn sie „ohne wichtigen Grund verweigert" wurde, § 1308 Abs 2
S 2 uF. Erstmals hat sich der Staat mit dem EheG 1938 das Recht zugeschrieben, die
elterliche Entscheidung gegen die Eheschließung des Minderjährigen umzustoßen,
wenn sie ihre Einwilligung „ohne triftige Gründe" verweigerten. Dabei ist einerseits
zu bedenken, dass auch damals der Mann das Heiratsalter erst mit 21 Jahren
erreichte und die Frau ebenfalls bis zur Volljährigkeit mit 21 Jahren die elterliche
Zustimmung benötigte. Andererseits war die erleichterte Ersetzung einer verweigerten Zustimmung 1938 auch durch Rücksicht auf die „vom Standpunkt der Volks-
gemeinschaft" erwünschte Eheschließung sowie durch die Verhütung der Stigmati-
sierung einer unter 21-jährigen Frau als „ledige" Mutter motiviert (vgl E Volkmar ua,
Großdeutsches Eherecht [1939] 62 Nr 5 zu § 3 EheG 1938). Aus dem EheG 1938 wurde dieser
Maßstab in § 3 Abs 3 EheG 1946 übernommen. Er wurde auch dann unbesehen
fortgeführt, als das Volljährigkeitsalter auf das 18. Lebensjahr zurückgesetzt worden
war. Damit war jedoch in Wirklichkeit eine qualitative Änderung eingetreten. War
es bis dahin in der Gerichtspraxis in der Regel um Minderjährige zwischen 18 und
21 Jahren gegangen, denen die Eltern die Heirat verweigern wollten, so geht es seit
der Herabsetzung des Volljährigkeitsalters um 16- und 17-jährige Kinder. Diese
qualitative Änderung gebietet einen erhöhten Schutz der Entscheidung der Sorgeberechtigten.

35   „Triftige Gründe" verlangt das Gesetz derzeit außer in § 1303 Abs 3 und dem kor-
respondierenden § 1315 Abs 1 S 3 in entsprechendem Zusammenhang noch in
§ 1746 Abs 3 (Ersetzung der vom Vormund – nicht etwa den Eltern – verweigerten
Zustimmung zur Adoption) sowie in § 1696 Abs 1; diese Fassung verpflichtet die
Gerichte zur Anpassung ihrer Entscheidungen, wenn dies aus „triftigen, das Wohl
des Kindes nachhaltig berührenden Gründen angezeigt ist". In das BGB eingeführt
hatte diesen Maßstab das FamRG 1961 in §§ 1734 und 1745b. § 1734 erleichterte die
Ehelicherklärung eines Kindes; sie konnte erfolgen, wenn sie „dem Wohle des
Kindes entspricht und ihr keine triftigen Gründe entgegenstehen". Die Vorschrift
wurde durch das NEhelG 1969 aufgehoben und inhaltlich durch § 1723 ersetzt, der
nun jedoch „schwerwiegende Gründe" verlangte, um die Ehelicherklärung zu verhindern. Denselben Maßstabswechsel erfuhr § 1745b Abs 1; laut der ersten Fassung
1961 war die Befreiung eines künftigen Adoptivelternteils vom hohen Alterserfordernis des 35. Lebensjahres zulässig, wenn ihr nicht „triftige" Gründe entgegenstanden, seit 1969 konnten nur „schwerwiegende" Gründe dies verhindern. Das
Merkmal „schwerwiegend" findet sich im BGB ebenfalls nur im Familienrecht

(§§ 1576, 1579, 1600d Abs 2, 1757 Abs 4, 1763, 1905). Der Begriffswechsel bei §§ 1734 aF, 1745b aF ergibt, dass triftige Gründe weniger sind als schwerwiegende, die Neufassung des § 1696 Abs 1, dass triftige Gründe nicht das Kindeswohl nachhaltig berühren. Der Richter darf daher den Widerspruch der Sorgeberechtigten gegen die vorzeitige Heirat ihres Schutzbefohlenen nicht mit der Begründung zurückweisen, ihre Gründe seien nicht schwerwiegend, sie ließen keine nachhaltige Gefahr für das Kindeswohl erkennen. Vielmehr verbietet ihr Widerspruch die Befreiung vom Alterserfordernis schon dann, wenn er nicht als willkürlich erscheint, sondern auf nachvollziehbaren Erwägungen, die das Kindeswohl mitbedacht haben, beruht. Daher sind die älteren Entscheidungen zur Ersetzung der verweigerten Zustimmung der Sorgeberechtigten (zu EheG 1938 und EheG 1946 jeweils § 3), jedenfalls die vor der Herabsetzung des Volljährigkeitsalters Anfang 1977 ergangenen, nicht mehr maßgebend.

Wegen Art 6 Abs 2 GG sperrt jetzt ein nachvollziehbar begründeter, das Kindeswohl mitbedenkender Widerspruch der Sorgeberechtigten die Befreiung vom Alterserfordernis. Mit anderen Worten: **„triftig begründet" ist der Widerspruch** der Sorgeberechtigten, wenn sie aufgrund ihrer Kenntnis und Erfahrungen mit dem 16- oder 17-jährigen Kind seinen Wunsch nach „Heirat jetzt" nicht als selbständiges, verantwortungsbewusstes Handeln (vgl § 1626 Abs 2 S 1) beurteilen und ihr Urteil dem Gericht gegenüber nachvollziehbar begründen. Dabei ist jedoch zu beachten, dass das Widerspruchsrecht als Ausfluss der Personensorge ein treuhänderisch gebundenes Recht ist, das allein im Interesse des Minderjährigen auszuüben ist. Als triftige Gründe kommen daher nur Umstände in Betracht, die in der Person eines Verlobten liegen oder die unmittelbar die beabsichtigte Ehe betreffen, nicht aber persönliche Interessen des Widersprechenden oder der Familie (MünchKomm/WELLENHOFER § 1303 Rn 20). Geben die Eltern keine Gründe für ihren Widerspruch an, ist der Richter nicht gehindert, nach dem Ergebnis des Verfahrens die Befreiung zu erteilen. Das gilt auch, wenn ein Sorgeberechtigter dem Befreiungsantrag des Kindes aus bloßer Schikane, also **missbräuchlich**, oder aus eigensüchtigen Gründen widersprechen sollte; der Widerspruch beruht dann nicht auf triftigen Gründen und hindert die Befreiung gem Abs 2 nicht. Eine andere Frage ist, ob dieses Verhalten eine sonstige Maßnahme gemäß §§ 1666, 1666a erforderlich macht. **36**

V. Befreiungsverfahren

Die Entscheidung gemäß § 1303 Abs 2, 3 ergeht im FamFG-Verfahren (§§ 111 Nr 2, 151 Nr 1 FamFG). Der Familienrichter hat von Amts wegen (§ 26 FamFG) die Umstände des Einzelfalles zu erforschen. Daher müssen die **beiden künftigen Ehegatten „(Verlobten"**; OLG Saarbrücken FamRZ 2003, 1662), **die Eltern** und etwaige **sonstige Sorgeberechtigte** des Minderjährigen sowie das **Jugendamt angehört werden** (§ 159 ff FamFG). **37**

1. Zuständigkeit

Die Entscheidung obliegt dem **Richter** (§ 14 Abs 1 Nr 13 RPflG). Die örtliche **Zuständigkeit** bestimmt sich nach § 152 FamFG. Der Beschluss, der die Befreiung ausspricht, wird mit Bekanntgabe an den Minderjährigen **wirksam**, § 40 Abs 1 FamFG. **38**

Martin Löhnig

2. Antragsberechtigung

39 Antragsberechtigt ist nach Abs 2 („Antragsteller") nur der **minderjährige Verlobte selbst**, nicht der andere Verlobte. Abs 2 weist ausschließlich ihm die Verfahrensherrschaft zu. Sollten also die gesetzlichen Vertreter des Minderjährigen den Antrag eingereicht haben (OLG Hamm OLGZ 1965, 363 = FamRZ 1965, 562), ist er als unzulässig abzuweisen, es sei denn, der Minderjährige stimmt ihm ausdrücklich zu. Der Minderjährige ist persönlich anzuhören, § 159 FamFG. Der Wortlaut von Abs 2 ist hinsichtlich der Altersgrenze für den Antrag nicht eindeutig. Da Abs 2 die Befreiungsmöglichkeit gibt, erweitert er damit die **Eheschließungsfreiheit auf 16- und 17-Jährige**. Um dies effektiv werden zu lassen, ist Abs 2 so zu verstehen, dass ein Minderjähriger bereits an seinem 16. Geburtstag heiraten darf. Daher kann er das Verfahren bereits vorher, also als Fünfzehnjähriger, einleiten.

40 Die Bestellung eines **Verfahrensbeistands** für den minderjährigen Antragsteller ist möglich, § 158 FamFG, weil es sich um ein seine Person betreffendes Verfahren handelt. Sie ist aber zumeist nicht erforderlich. Ein Fall der Regelbestellung nach § 158 Abs 2 FamFG liegt nicht vor, weil es allein um die Interessen des Kindes geht, denen keine rechtlich beachtlichen Interessen der gesetzlichen Vertreter gegenüberstehen.

3. Die beteiligten Sorgeberechtigten

41 a) Anzuhören sind in erster Linie die **gesetzlichen Vertreter** des minderjährigen künftigen Ehegatten, § 160 FamFG. Das sind in der Regel **Vater und Mutter**, wenn ihnen die **elterliche Sorge gemeinschaftlich** zusteht.

42 b) Anzuhören sind ferner **Vater** und **Mutter** auch dann, § 159 Abs 2 FamFG, wenn ihnen weder die gesetzliche Vertretung noch die Personensorge für den minderjährigen Verlobten zukommt (OLG Saarbrücken FamRZ 2003, 1662). Das Familiengericht kann davon nur absehen, wenn ihre Anhörung voraussichtlich nichts für die Entscheidung über den Befreiungsantrag beitragen wird. Dasselbe gilt bei **Pflegeeltern**, wenn der Minderjährige seit längerer Zeit in Familienpflege bei ihnen lebt, § 160 FamFG. Nur wenn ein Kind adoptiert ist, sind seine natürlichen Eltern nicht anzuhören, § 1755 Abs 1.

43 c) Ziel der Anhörung ist es, dem Familienrichter die tatsächlichen Anhaltspunkte für seine Entscheidung zu liefern, ob er dem Minderjährigen die vorzeitige Eheschließung ermöglichen kann. Er hat alle für diese Entscheidung erheblichen Gesichtspunkte zu berücksichtigen, ungeachtet ob sie von den in Abs 3 ausdrücklich genannten Sorgeberechtigten (gesetzlichen Vertretern oder sonstigen Personensorgeinhabern) oder den sonstigen anzuhörenden Personen oder Institutionen (nicht sorgeberechtigte Elternteile, Pflegeeltern, Jugendamt) vorgebracht werden. Kommt der Richter zu dem Ergebnis, die Befreiung sei wegen absehbarer Nachteile für das Kindeswohl nicht gerechtfertigt, hat er den Antrag auch dann zurückzuweisen, wenn die in Abs 3 genannten Sorgeberechtigten dem Befreiungsantrag des Minderjährigen nicht widersprechen. Will er dem Antrag jedoch stattgeben, ist zu prüfen, ob ein triftig begründeter **Widerspruch** eines in Abs 2 genannten Sorgeberechtigten ihm dies verwehrt; er hat den Antrag dann ebenfalls zurückzuweisen.

4. Rechtsbehelfe

a) Wird die Befreiung **erteilt**, so können sowohl die in Abs 3 genannten Sorge- **44** berechtigten, als auch die nur anzuhörenden Eltern und Pflegeeltern (Rn 42) gegen den Beschluss **Beschwerde** einlegen, § 58 FamFG. Der Richter selbst kann die Befreiung – freilich nur bis von ihr durch die Eheschließung Gebrauch gemacht wurde – nach § 48 FamFG wieder **zurücknehmen**; gegen diese Entscheidung ist ebenfalls Beschwerde statthaft.

b) Wird die Befreiung **abgelehnt**, können der Minderjährige selbst bzw sein gesetz- **45** licher Vertreter mit seinem Einverständnis Beschwerde einlegen, § 60 FamFG.

c) Hingegen hat der **andere Verlobte** kein eigenes Beschwerderecht. Wohl aber **46** hat das Jugendamt ein eigenes Beschwerderecht nach Maßgabe des § 162 Abs 3 FamFG.

§ 1304
Geschäftsunfähigkeit

Wer geschäftsunfähig ist, kann eine Ehe nicht eingehen.

Materialien: Zu § 1325: Jakobs/Schubert, FamR I; E I 1250 Nr 2, 1251; E II 1231; E III 1308; Mot IV 48; Prot IV 53, 57, 60, VI 269. Zu § 2 EheG: DJ 1938, 1103. Zu § 1304 nF: BT-Drucks 13/4898, 15. Staudinger/BGB-Synopse 1896–2005 § 1304.

Schrifttum

Böhmer, Das Betreuungsgesetz und seine Bedeutung für die Tätigkeit des Standesbeamten, StAZ 1992, 65
Bosch, Neuregelung des Eheschließungsrechts, FamRZ 1997, 65 (1. Teil)
Coester-Waltjen, Ehefähigkeit und das Ord-
nungsinteresse des Staates – zugleich eine Besprechung von BGH, Urt v 11. 4. 2012 – XII ZR 99/10, FamRZ 2012, 1185
Finger, Eheschließung Geschäftsunfähiger?, StAZ 1996, 225.

Alphabetische Übersicht

I. Einleitung

1. Normzweck

1 § 1304 regelt die persönlichen Eheschließungsvoraussetzungen und konkretisiert damit auf einfachgesetzlicher Ebene die Voraussetzungen der Ausübung der in Art 6 Abs 1 GG geschützten Eheschließungsfreiheit.

2. Inhalt und Normstruktur

2 Die Norm ordnet das Unvermögen Geschäftsunfähiger zur Eingehung einer Ehe an.

3. Bedeutung und systematische Stellung

3 § 1304 regelt abschließend die Ehegeschäftsfähigkeit und enthält damit eine Spezialregelung, die der allgemeinen Regel zur Geschäftsunfähigkeit in §§ 104 Nr 2, 105 Abs 2 BGB vorgeht, wobei § 1304 aufgrund von Inhaltsgleichheit überflüssig ist.

4. Entstehungsgeschichte

4 Das BGB uF enthielt keine § 1304 entsprechende Bestimmung. § 1304 übernimmt wörtlich § 2 EheG 1946, der wiederum wörtlich mit § 2 EheG 1938 übereinstimmte. Damals war es sinnvoll, wegen der Herauslösung des Eheschließungsrechts aus dem BGB ausdrücklich klarzustellen, was im BGB wegen §§ 104, 105 Abs 2 selbstverständlich war. Die Wiedereingliederung des Eheschließungsrechts in das BGB durch das EheschlRG 1998 macht diese Vorschrift entbehrlich. Die insoweit lapidare Gesetzesbegründung nimmt dies nicht wahr (vgl Begr Reg-E BT-Drucks 13/4898, 15). Daher stellt sich die Frage, ob § 1304 als spezielle familienrechtliche Vorschrift enger als die allgemeine Regelung der Geschäftsunfähigkeit zu verstehen sei, insbesondere keinen Raum für die Anerkennung einer partiellen, für die Eheschließung ausreichenden Geschäftsfähigkeit lasse und folglich wegen Verletzung der Eheschließungsfreiheit gegen Art 6 Abs 1 GG verstoße; einen entsprechend begründeten Vorlagebeschluss des AG Köln hat das BVerfG am 18. 12. 2002 als unzulässig erachtet und sich der „in Rechtsprechung und Literatur vertretenen Auffassung" (vgl BayObLG FamRZ 1997 S 294 [295]; LG Osnabrück FPR 2002 S 90; HELLMANN BtPrax 1997 S 173 [174]; FINGER StAZ 1996, S 225 [228 f]; BÖHMER StAZ 1992 S 65 [67]; MünchKomm/WELLENHOFER § 1304 Rn 4; BGB-RGRK/LOHMANN[12] § 1304 Rn 7) angeschlossen, § 1304 könne sehr wohl verfassungs-

konform dahin ausgelegt werden, dass er sich nur auf die Ehegeschäftsfähigkeit
beziehe (BVerfG FamRZ 2003, 359 Rn 11).

II. Rechtsnatur

§ 1304 Abs 1 ist ein **Ehehindernis**, von dem das Familiengericht nicht dispensieren **5**
kann. Soweit absehbar ist, dass wenigstens der Zustand der beschränkten Geschäftsfähigkeit des Volljährigen erreicht werden wird, handelt es sich um ein aufschiebendes Ehehindernis.

III. Eheschließungsgeschäftsunfähigkeit

1. Geschäftsunfähigkeit gem § 104 Nr 2

§ 1304 wiederholt für das Eheschließungsrecht lediglich, was §§ 104 Nr 2, 105 Abs 1 **6**
generell normieren: Wer an einer dauerhaften krankhaften Störung der Geistestätigkeit leidet, kann eine **Ehe nicht schließen**, denn es fehlt dem Heiratswilligen die
Eheschließungsgeschäftsfähigkeit. Eine Befreiung vom Erfordernis der Ehegeschäftsfähigkeit sieht das Gesetz zu Recht nicht vor (MünchKomm/WELLENHOFER § 1304
Rn 1; ERMAN/ROTH § 1304 Rn 4). Auch die Einwilligung eines gesetzlichen Vertreters zur
gewünschten Eheschließung kann dieses Ehehindernis nicht beseitigen.

§ 1304 trifft nicht den Fall der **Bewusstlosigkeit** und **vorübergehenden Geistesstörung**
gem § 105 Abs 2, da diese nichts an der Geschäftsfähigkeit ändern. Die Aufhebbarkeit der Ehe in diesen Fällen regelt § 1314 Abs 2 Nr 1 gesondert.

2. Ausnahmen

Die Ehe ist jedoch wirksam, wenn die Eheschließung zu einem Zeitpunkt erfolgt, in **7**
dem der Zustand krankhafter Störung gerade nicht besteht oder wenn der Zustand
des Heiratswilligen die freie Willensbestimmung in anderen Lebensbereichen, nicht
aber bezüglich der Eheschließung ausschließt.

a) Die erste Möglichkeit wird zumeist erst entscheidungsrelevant, wenn die Ehe- **8**
schließung bereits erfolgt ist. Wenn also die anhaltende Geistesstörung durch sog
„lichte Intervalle" (vgl MünchKomm/SCHMITT § 104 Rn 7) unterbrochen wird, ist zu prüfen, welcher Zustand im maßgeblichen Zeitpunkt (§ 1310) obwaltete. Daraus ergibt
sich, ob die Ehe uneingeschränkt wirksam oder wirksam, aber aufhebbar ist.

b) Die zweite Möglichkeit, ungeachtet andauernder, die freie Willensbestimmung **9**
aber nur **partiell einschränkender krankhafter Störung** der Geistestätigkeit heiraten
zu können, wird vor allem vor einer gewünschten Eheschließung problematisch,
wenn der Standesbeamte bei der Prüfung der Anmeldung zur Eheschließung den
krankhaften Zustand bemerkt. In der Praxis ist ein besonderes wichtiges Indiz dafür
der Umstand, dass ein Ehegatte unter rechtlicher Betreuung steht.

An die Ehegeschäftsfähigkeit dürfen **keine sehr hohen Anforderungen** gestellt wer- **10**
den (BGH FamRZ 2012, 940 f; m Anm COESTER-WALTJEN FamRZ 2012, 1185); das folgt aus der
uneingeschränkten Gewährleistung der Eheschließungsfreiheit, Art 6 Abs 1 GG.

Zudem geht es dabei um andere Fähigkeiten als die bei der Teilnahme am allgemeinen Rechtsgeschäftsverkehr dem Betroffenen abverlangten Abwägungen (BayObLG FamRZ 1997, 294 f; LG Osnabrück StAZ 2001, 176–177). Bei der Ehegeschäftsfähigkeit geht es um ein besonderes „Rechtsgeschäft", dessen Inhalt wesentlich mehr als sonstige typische Rechtsgeschäfte von in der Gesellschaft fest verankerten Vorstellungen geprägt wird. Es muss deshalb im Einzelfall geprüft werden, ob sich die Beeinträchtigung der Geistestätigkeit auch auf die Ehe erstreckt und ob der Ehewillige insoweit die notwendige Einsichtsfähigkeit besitzt und zur freien Willensentscheidung in der Lage ist, mag diese Einsichtsfähigkeit auch für andere Rechtsgeschäfte fehlen (OLG Brandenburg Urteil vom 7. 7. 2010 13 UF 55/09 BeckRS 2010, 17186). Ein Indiz dafür ist die Fähigkeit, dezidiert Wünsche zu äußern und auf die Erfüllung von Bedürfnissen hinzuwirken. Die Wahrscheinlichkeit, dass dem Heiratswilligen aus der von ihm gewollten Ehe erhebliche wirtschaftliche oder besondere persönliche Probleme erwachsen werden, berechtigt nicht dazu, ihm die Eheschließung zu versagen. Vielmehr hat gegebenenfalls das Gericht durch die Ausgestaltung der Betreuung, zB durch Anordnung von Einwilligungsvorbehalten, dagegen vorzusorgen (BVerfG FamRZ 2003, 359 Rn 14).

3. Insbesondere: Betreuung

11 Weder die Betreuungsbedürftigkeit noch die Anordnung einer Betreuung gem §§ 1896 ff schränken die Geschäftsfähigkeit ein (LG Osnabrück StAZ 2001, 176–177; BayObLG München FamRZ 2003, 373 – 374). Ob die Konsenserklärung eines Betreuten wirksam war oder nicht, beurteilt sich allein nach §§ 1304, 104 Nr 2, 105 Abs 2. Da sich nach § 1903 Abs 2 ein Einwilligungsvorbehalt niemals auf Willenserklärungen zur Eingehung einer Ehe erstrecken kann, ist auch ein betreuter Volljähriger fähig, ohne Mitwirkung seines Betreuers eine Ehe zu schließen. Dies verlangt die in Art 6 Abs 1 GG uneingeschränkt gewährleistete Eheschließungsfreiheit (vgl BÖHMER StAZ 1992, 65, 67; FINGER StAZ 1996, 225, 227; AG Bremen StAZ 1992, 272; BVerfG FamRZ 2003, 359). Allerdings steht der **Betreute dadurch schutzlos** (SCHWAB, in: FS Rebmann S 692 ff), sodass die Überbetonung der Eheschließungsfreiheit gegenüber dem Schutzbedürfnis des Betreuten zu einseitig erscheint.

12 Besteht eine rechtliche Betreuung für einen Verlobten, dann wird das für den Standesbeamten je nach den weiteren Umständen im Einzelfall ein Anlass sein, die Geschäftsfähigkeit zu prüfen (BOSCH FamRZ 1997, 65, 73, zum bisherigen Recht BayObLG StAZ 1996, 229; AG Bremen StAZ 1992, 272; AG Rottweil FamRZ 1990, 626, wonach Debilität bei freier Bestimmbarkeit des Willens einer Eheschließung ggf nicht entgegensteht). Die Betreuung als solche ist aber kein Indiz für das Vorliegen von Eheschließungsgeschäftsunfähigkeit (BayObLG FGPrax 2003, 32). Bleiben Zweifel, ob die Ehegeschäftsfähigkeit gegeben ist, so hat der Standesbeamte nach § 49 Abs 2 PStG die **Entscheidung des Amtsgerichts** herbeizuführen. Insbesondere bei einem sog totalen Einwilligungsvorbehalt tut der Standesbeamte in der Regel gut daran, die Eheschließung abzulehnen. Es steht dann den Heiratswilligen frei, gemäß § 49 Abs 1 PStG die gerichtliche Entscheidung herbeizuführen. Sie sind in dem Verfahren anzuhören (BayObLG München FamRZ 2003, 373). Bestehen Zweifel, so hat der Standesbeamte selbst nach § 49 Abs 2 PStG die gerichtliche Entscheidung herbeizuführen. Das Gericht klärt die Eheschließungsgeschäftsfähigkeit im Rahmen des Amtsermittlungsgrundsatzes nach § 26 FamFG durch Sachverständigengutachten (LG München StAZ 1994, 258; BayObLG FamRZ 1997, 294).

IV. Rechtsfolgen

1. Ehehindernis

Liegt Eheschließungsgeschäftsunfähigkeit vor, hat der Standesbeamte die Eheschlie- **13** ßung zu unterlassen.

Ist absehbar, dass die Geschäftsunfähigkeit bis zum Zeitpunkt der vorgesehenen **14** Eheschließung eintreten wird, darf der Standesbeamte schon die **Anmeldung der Eheschließung** ablehnen oder aufschieben. Der betroffene Heiratswillige kann dagegen nach § 49 Abs 1 PStG das Amtsgericht anrufen.

2. Aufhebbarkeit

a) Wird entgegen § 1304 Eheschließung vorgenommen, so ist die Erklärung des **15** Heiratswilligen nach § 105 Abs 2 zwar nichtig, jedoch sind die Auswirkungen auf die Ehe speziell geregelt. Der Verstoß gegen § 1304 ist nach § 1314 nur ein Aufhebungsgrund. Die Ehe ist also **wirksam**, aber aufhebbar. Die Aufhebung kann aber nach § 1313 nur durch einen rechtskräftigen Beschluss auf Antrag erfolgen, sodass die Ehe unter Umständen über längere Zeit rechtlich wirksam bestehen kann.

b) Die aufhebbare Ehe kann aber gem § 1315 Abs 1 Nr 2 auch durch **Bestätigung** **16** im geschäftsfähigen Zustande geheilt werden. Ist der Betroffene minderjährig, ist gem § 1315 Abs 1 S 3 auch noch die Zustimmung des gesetzlichen Vertreters erforderlich. Verweigert der gesetzliche Vertreter diese Zustimmung zur Bestätigung ohne triftige Gründe, so kann sie wiederum auf Antrag des Minderjährigen vom Familiengericht ersetzt werden.

§ 1305
(weggefallen)

Vgl dazu § 1303 Rn 6 und STAUDINGER/BGB-Synopse 1896–2005.

Martin Löhnig

Untertitel 2
Eheverbote

Vorbemerkung zu §§ 1306–1308

Systematische Übersicht

Alphabetische Übersicht

I. Abschließende Regelung der Ehehindernisse

1 Der zweite Unterabschnitt des Zweiten Titels „Eingehung der Ehe" (§§ 1306–1309) befasst sich mit den **Eheverboten**, einer Erscheinungsform der **Ehehindernisse**. Das geltende Recht kennt nur noch die **drei Eheverbote** der „Bigamie" im erweiterten Sinn und des Inzests bei natürlicher oder rechtlicher Verwandtschaft. §§ 1306, 1307 und 1308 regeln die Eheverbote abschließend.

II. Einteilung der Ehehindernisse

2 Die aus dem kanonischen Recht überkommene Einteilung der Ehehindernisse in aufschiebende und trennende, in absolute und dispensable, in ein- und zweiseitige gibt für die Systematik des deutschen Eheschließungsrechts seit der Reduktion auf drei ausdrückliche Eheverbote durch das EheschlRG 1998 nicht mehr viel her. Zur

Zuordnung der früheren Ehehindernisse vgl Staudinger/Strätz[12] Vorbem zu § 4 ff EheG.

Die Einteilung in **aufschiebende und trennende** Ehehindernisse unterscheidet da- **3** nach, ob eine unter Missachtung eines gesetzlichen Ehehindernisses geschlossene Ehe gleichwohl wirksam (zwar unerlaubt, aber rechtsgültig geschlossen) oder doch unwirksam (unerlaubt und ungültig geschlossen, das Ehehindernis wirkt hier also gleichsam „trennend") ist. Von den drei Eheverboten ist nur noch das **absolute Eheverbot** der Verwandtenehe in § 1307 in gewisser Weise „trennend", weil eine unter Verwandten entgegen § 1307 geschlossene Ehe auf Antrag der zuständigen Verwaltungsbehörde wieder aufgehoben werden soll (§ 1316 Abs 1, 3). Die beiden übrigen Eheverbote, das der Doppelehe (§ 1306) und das der Adoption (§ 1308), können hingegen beseitigt werden, schieben also, sofern dem Standesamt bekannt, die Eheschließung nur bis zur Beseitigung hinaus. Wird die Ehe gleichwohl vor der Beseitigung dieser Eheverbote geschlossen, ist zu unterscheiden: Eine Doppelehe ist nur dann aufhebbar, wenn nicht einmal die Auflösung der früheren Ehe vor der neuen Eheschließung erfolgt war, § 1315 Abs 2 Nr 1. Eine Eheschließung zwischen Adoptivverwandten hingegen ist in keinem Fall aufhebbar, sondern unbeschränkt gültig, aufgehoben ist vielmehr das Adoptionsverhältnis durch die Eheschließung, § 1766. Zudem ist das Eheverbot des § 1308 gemäß Abs 2 **dispensabel**. Die Einteilung in **ein- und zweiseitige** Eheverbote betrifft die Unterscheidung zwischen Eheverboten, die nur einen Partner betreffen, und Eheverboten, die beide Partner betreffen. Das zweiseitige Eheverbot der Doppelehe (§ 1306) verbietet die Eheschließung des von ihm Betroffenen mit jedem anderen Partner, die zweiseitigen Eheverbote der Verwandtschaft und Annahme als Kind (§§ 1307, 1308) verbieten nur die Eheschließung der beiden Personen, die in der tatbestandlichen Beziehung zueinander stehen, während sie andere Partner ehelichen können.

III. Reduzierung der Eheverbote

Diese Eheverbote bestehen der Sache nach schon seit Jahrhunderten, das BGB uF **4** regelte sie in den §§ 1309–1311, das EheG 1938 in den §§ 8, 6, 10, das EheG 1946 in den §§ 5, 4, 7. Das EheschlRG 1998 fügte sie in derselben Reihenfolge wie im BGB uF, jedoch inhaltlich neu umschrieben, wieder in das BGB ein. **Frühere Eheverbote** des BGB, die im EheG 1938 und EheG 1946 unter der Rubrik „Eheverbote" zusammengeführt waren, sind entweder entfallen oder haben einen anderen Stellenwert bekommen.

1. Schon **vor dem EheschlRG 1998 waren entfallen**: die Eheverbote der **Ge- 5 schlechtsgemeinschaft** (§ 1310 Abs 2 BGB uF, aufgehoben durch das EheG 1938, wieder eingeführt durch § 4 Abs 2 EheG 1946, außer Wirksamkeit gesetzt durch 1. EheRG 1976), des **Ehebruchs** (§ 1312 BGB uF, § 9 EheG 1938, § 6 EheG 1946, außer Wirksamkeit gesetzt durch 1. EheRG 1976), der **Heiratserlaubnis** für Soldaten und bestimmte Beamtengruppen (§ 1315 Abs 1 BGB uF, § 13 EheG 1938, nicht mehr im EheG 1946). Die in §§ 4 und 5 EheG 1938 genannten Eheverbote der „**Blutsverschiedenheit**" (eingeführt durch das BlutschutzG 1935) und des „**Mangels der Ehetauglichkeit**" (eingeführt durch das EhegesundheitsG 1935) waren als typisch nationalsozialistische Normen bereits vor dem EheG 1946 aufgehoben worden.

6 **2.** Das **EheschlRG 1998 beseitigte** das Eheverbot der **Schwägerschaft** (§ 1310 BGB uF, mit einer Befreiungsmöglichkeit versehen durch § 7 FamRÄG 1938, jeweils § 4 im EheG 1938 und EheG 1946), das das SorgeRG 1979 durch Neufassung von § 7 EheG 1946 auf die durch Adoption begründete Schwägerschaft ausgedehnt hatte. In der Praxis wurde davon weitgehend, auch nachträglich, Befreiung erteilt. Es kann naturgemäß weder auf erbbiologische noch auf medizinische Gründe gestützt werden (Begr Reg-E BT-Drucks 13/4898, 13) und stieß wegen der Einschränkung der Eheschließungsfreiheit auf verfassungsrechtliche Bedenken (STAUDINGER/STRÄTZ[12] § 4 EheG Rn 23). Zwar ist mit BOSCH (FamRZ 1997, 65, 75) daran festzuhalten, dass außer den leiblichen Kindern auch „Stief-, Schwieger- und Adoptivkinder sexuell ‚absolut tabu' sein" sollen. Wer aber dieses ethische Gebot missachtet, dürfte heute durch die Aussicht, dieses Verhältnis nicht durch Eheschließung legitimieren zu können, nicht von seinem Verhalten abgehalten werden, zumal schon seit mehr als 50 Jahren die Dispensmöglichkeit bestand und kaum einmal versagt wurde. Erst 1998 entfiel auch das **Eheverbot der Wartezeit** (§ 1313 BGB uF, § 11 EheG 1938, § 8 EheG 1946); es war schon bisher nicht sanktionsbewehrt. Zudem wurde „von ihm fast ausnahmslos Befreiung erteilt" (Begr Reg-E BT-Drucks 13/4898, 13). Zweck dieses zeitlich befristeten Eheverbots war es, im Falle einer neuen Ehe kurz nach Auflösung der vorhergehenden Ehe die Abstammungsverhältnisse von Kindern auf natürliche Weise zu klären. Da heutzutage in der „Endphase" einer Ehe gezeugte Kinder in der Regel bereits vom neuen Partner ihrer Mutter abstammen, der mit ihr kurz darauf die Ehe eingeht (ebenso BOSCH FamRZ 1997, 65, 74), ordnete bereits § 1600 aF sie der zweiten Ehe zu, wenn die Ehelichkeitsvermutung beide Ehen betreffen konnte (Begr Reg-E BT-Drucks 13/4898, 13); heute regelt dies § 1593 S 3. Ebenfalls entfallen ist (als „systemfremd und entbehrlich" so Begr Reg-E BT-Drucks 13/4898, 21 f) das in § 44 Abs 2 EheG 1938 und § 39 Abs 2 EheG 1946 enthaltene Eheverbot, das dem **aufgrund einer falschen Todeserklärung wiederverheirateten Ehegatten**, der seine neue Ehe aus diesem Grund aufheben ließ, jede andere als die Eheschließung mit seinem früheren Ehegatten untersagte. Der Sache nach ergab sich Entsprechendes im BGB uF aus dem Recht des wiederverheirateten Ehegatten, seine neue Ehe anzufechten; damit wurde seine – fälschlich für aufgelöst erklärte – frühere Ehe wieder voll rechtswirksam, während sie nach § 43 Abs 2 EheG 1938, § 38 Abs 2 EheG 1946 durch die neue Eheschließung aufgelöst war.

7 **3.** Einen **anderen Stellenwert** haben jetzt die früheren Eheverbote des fehlenden Auseinandersetzungszeugnisses (§ 1314 BGB uF, § 12 EheG 1938, § 9 EheG 1946) und des fehlenden Ehefähigkeitszeugnisses (§ 1315 Abs 1 BGB uF, § 14 EheG 1938, § 10 EheG 1946): Das vom Vormundschaftsgericht auszustellende **Auseinandersetzungszeugnis** sollte sicherstellen, dass die Vermögensverhältnisse zwischen dem Elternteil, der für ein Kind aus einer früheren Verbindung zu sorgen hatte, und diesem Kind geklärt waren, bevor der Sorgeberechtigte eine (weitere) Ehe einging; fehlte dieses Zeugnis, durfte der Standesbeamte die Eheschließung nicht vornehmen, es handelte sich also um ein aufschiebendes Ehehindernis. Außerdem verpflichtet das BGB den Inhaber der Vermögenssorge seit jeher, vor seiner Eheschließung ein Verzeichnis des Kindesvermögens einzureichen und die Auseinandersetzung herbeizuführen (§ 1669 BGB uF; seit dem GleichberG 1957 ersetzt durch § 1683). Bei der Rückführung des Eheschließungsrechts in das BGB verzichtete der Gesetzgeber auf dieses förmliche Ehehindernis. Um die Einhaltung der Pflicht aus § 1683 abzusichern, ist der Standesbeamte verpflichtet, dem Vormundschafts- bzw Familiengericht die Eheschließungsanmeldung eines Elternteils, dem die Vermögenssorge obliegt, mitzuteilen (§ 5 Abs 5 PStG aF). Ob und wann und wie die Vermögensauseinandersetzung mit dem Kind erfolgt, berührt den Fortgang der Eheschließung nicht mehr. Das PStRG hat diese Mitteilungspflicht in einen neuen Abs 4 von § 1684 verschoben („Das Standesamt, bei dem die Eheschließung angemeldet worden ist, teilt dem Familiengericht die Anmeldung mit"). Das Erfordernis des **Ehefähigkeitszeugnisses** ist nicht mehr als Eheverbot, sondern unter eigener Rubrik in § **1309** geregelt. Das indirekte (nämlich nur als Nichtigkeitsgrund ausgestaltete) Eheverbot der **Namensehe** hatte das EhemissbrauchsG 1933 noch in das BGB als § 1325a eingefügt; § 23 EheG 1938 hatte es übernommen und um das Eheverbot der **Staatsangehörigkeitsehe** erweitert. § 19 EheG 1946 führte nur das Verbot der Namensehe weiter, bis die Vorschrift durch das 1. EheRG 1976 außer Wirksamkeit gesetzt wurde. Diese Problematik regelt jetzt § 1314 Abs 2 Nr 5 als möglichen Aufhebungsgrund (vgl aber Rn 8).

IV. Übergangsrecht

Das Übergangsrecht in Art 226 EGBGB sieht vor, dass die vor Inkrafttreten des **8** EheschlRG am **1. 7. 1998** geschlossenen Ehen aufgrund der beseitigten Eheverbote nicht mehr aufgehoben werden können, sofern nicht zu diesem Zeitpunkt die nach bisherigem Recht bestehenden Klagemöglichkeiten ergriffen waren. Andererseits verhindert Art 226 Abs 1 EGBGB, eine vor dem 1. 7. 1998 geschlossene und damals nicht aufhebbare Ehe nach neuem Recht aufzuheben; gemeint ist der in § 1314 Abs 2 Nr 5 erfasste Fall (vgl Rn 7), dass die Eheschließenden sich bei der Eheschließung darüber einig gewesen waren, keine auf Lebenszeit angelegte und zur ehelichen Lebensgemeinschaft und gegenseitigen Verantwortung verpflichtende Ehe gemäß § 1353 Abs 1 eingehen zu wollen.

§ 1306
Bestehende Ehe oder Lebenspartnerschaft

Eine Ehe darf nicht geschlossen werden, wenn zwischen einer der Personen, die die Ehe miteinander eingehen wollen, und einer dritten Person eine Ehe oder Lebenspartnerschaft besteht.

Materialien: Zu § 1309 uF: Jakobs/Schubert, FamR I; E I 1234; E II 1215 Abs 1; E III 1292; Mot IV 18; Prot IV 22, 60 ff; VI 265, 268. Zu § 8

EheG 1938: DJ 1938, 1104. Zu § 1306 nF: BT-Drucks 13/4898, 15. Staudinger/BGB-Synopse 1896–2005 § 1306.

Schrifttum

Bosch, Die geplante Neuregelung des Eheschließungsrechts, Teil 2, FamRZ 1997, 138
Finger, Keine Doppel- und Mehrehen: Voraussetzungen und Rechtsfolgen, FuR 2008, 419
Grasshof, Keine Doppelehe nach fehlerhaftem Rechtskraftzeugnis, NJW 1981, 437

Heintzmann, Doppelehe nach fehlerhaftem Rechtskraftzeugnis?, NJW 1981, 208
ders, nochmals: Rechtskraft und Doppelehe, FamRZ 1981, 329
Knott, Die fehlerhafte Ehe im internationalen Privatrecht (1997)

NIED, Rechtskraft von Scheidungsurteilen,
StAZ 1980, 317
OTTO, Heilung unrichtiger Rechtskraftvermerke
und mangelhafter Zustellungen bei Scheidungsurteilen, StAZ 1980, 226
PAGENSTECHER, Über die Doppelehe, Rheini-
sche Zeitung 10 (1919/20) 20, 134

REICHARD, Wiederholung der Eheschließung
infolge unrichtigen Rechtskraftbescheides,
StAZ 1980, 27
RIEZLER, Rechtswirkung der bigamischen Ehe,
JherJb 66 (1916) 400
VÖLKER, Immer wieder Bigamie, StAZ 1951, 19.

Systematische Übersicht

Alphabetische Übersicht

I. Einleitung

1. Normzweck

Das Eheverbot der Doppelehe oder Bigamie dient dem Schutz des infolge der **1** Christianisierung das Eherecht in weiten Teilen der Welt bestimmenden **Grundsatzes der Monogamie** (Einehe).

2. Inhalt und Normstruktur

Die Norm verbietet die Eheschließung, wenn zwischen einem der Heiratswilligen **2** und einem Dritten eine wirksame Ehe oder eingetragene Lebenspartnerschaft nach dem LPartG besteht.

3. Bedeutung und systematische Stellung

§ 1306 regelt eines der im Untertitel 2 abschließend aufgezählten Eheverbote. Kor- **3** respondierend stellt § 172 StGB das Eingehen einer Doppelehe unter Strafe.

4. Entstehungsgeschichte

§ 1309 Abs 1 S 1 BGB uF, § 8 EheG 1938, § 5 EheG 1946 stellten darauf ab, dass eine **4** frühere Ehe aufgelöst oder für nichtig erklärt war. Dies machte deutlich, dass es sich um ein zwar absolutes, aber durch die Auflösung der bestehenden Ehe beseitigbares Eheverbot handelte. Da die Beseitigung erst mit der Rechtskraft eines entsprechenden Urteils eintritt, diese aber im Verbundverfahren, gemäß dem 1. EheRG 1976 erst eintrat, wenn alle verbundenen Sachen entschieden waren, kam es zu „nichtigen" Ehen, bis das ProzesskostenhilfeG 1980 das EheG 1946 in § 20 durch einen Abs 2 ergänzte; heute vgl dazu § 1315 Abs 2 Nr 1. Andererseits stellt die jetzige Formulierung klar, dass eine Wiederholung der Eheschließung zwischen denselben Personen (dazu Rn 11) nicht unter dieses Eheverbot fällt, ferner, dass das Verbot beide Heiratswilligen erfasst (dazu Rn 6). Schließlich hat das Gesetz zur Überarbeitung des Lebenspartnerschaftsrechts 2004 mit Wirkung vom 1. 2. 2005 durch die Hereinnahme der eingetragenen Lebenspartnerschaft (eLP) das **Bigamieverbot erweitert** und die Rubrik entsprechend ausgeweitet. Es fehlt nämlich ein kurzer Oberbegriff für das gleichzeitige Nebeneinander von (zwei oder mehr) Ehen und (zwei oder mehr) eLP. Aber der Begriff „Bigamie" kann dafür durchaus verwendet werden, weil er nicht eindeutig umschrieben ist. Schon bisher umfasste das „Bigamieverbot" nicht nur, wie es wörtlich heißt, die „Doppel-Ehe", sondern jede „polygame", also nicht „monogame" Ehe. Andererseits ist der griechische Bestandteil des Wortes nicht in derselben Weise wie der Rechtsbegriff Ehe auf die Heterosexualität der Verbindung festgelegt. Im Folgenden wird also „Bigamie" in dieser ausgeweiteten Bedeutung verwendet.

II. Rechtsnatur

§ 1306 ordnet ein aufschiebendes Ehehindernis in Form eines Eheverbotes an, von **5** dem das Familiengericht nicht dispensieren kann.

Martin Löhnig

III. Reichweite des Verbotes

6 Das Verbot der Bigamie untersagt (1.) jedem In- und Ausländer, der in einer noch nicht rechtskräftig aufgelösten Ehe oder in einer eingetragenen Lebenspartnerschaft gemäß LPartG lebt, im Geltungsbereich des BGB eine weitere Ehe bzw neben der eingetragenen Lebenspartnerschaft auch eine Ehe zu schließen. (2.) verbietet es jeder dem deutschen Recht unterstehenden, verheirateten Person, einen bereits verheirateten Partner zu ehelichen (**allseitige Wirkung** dieses Verbotes, vgl RGZ 152, 28, 36; OLG Frankfurt FamRZ 2002, 705). Für eingetragene Lebenspartner enthält § 1 Abs 2 Nr 1 LPartG das korrespondierende Bigamieverbot (vgl STAUDINGER/VOPPEL [2008] § 1 LPartG).

7 **1.**   **Zeitlich** gilt das Eheverbot grundsätzlich solange, wie eine andere Ehe oder eingetragene Lebenspartnerschaft von Rechts wegen besteht. Erst die Rechtskraft eines Aufhebungs- oder Scheidungsbeschlusses über die Ehe gem §§ 1313 S 2, 1564 S 2 bzw eines Aufhebungsbeschlusses über die eingetragene Lebenspartnerschaft gem § 15 Abs 1 LPartG beseitigt das Hindernis (HERMANN FuR 2001, 348–349, BGHZ 149, 357–363). Bis dahin darf der Standesbeamte die beabsichtigte Eheschließung nicht vornehmen.

8 **2.**   § 1306 gilt **nicht im Falle der Todeserklärung**, obwohl nicht schon diese, sondern erst die neue Eheschließung die frühere Ehe gem § 1319 Abs 2 S 1 auflöst, wenn nicht beiden Ehegatten bei der Eheschließung das Überleben des für tot Erklärten bekannt war. Nur in diesem Fall kommt gemäß § 1319 Abs 1 auch die Aufhebung der neuen Ehe wegen § 1306 in Betracht.

9 **3.**   Ein Verstoß gegen das Verbot der Bigamie liegt auch dann vor, wenn eine der beiden Ehen oder die eingetragene Lebenspartnerschaft an einem Fehler leidet, der einen Aufhebungsgrund nach § 1314 bzw § 15 Abs 2 S 2 LPartG darstellt. Die nach bisherigem Recht mögliche Nichtigkeit (eigentlich „Vernichtbarkeit") einer Eheschließung ist als „bedeutsamste Neuerung" (BOSCH FamRZ 1997, 138, 141) des EheschlRG 1998 entfallen. Da nunmehr alle Mängel der Eheschließung nur noch zur Aufhebung der Ehe für die Zukunft führen können, steht künftig bei jeder mangelhaften Ehe auch die Problematik der Doppelehe im Raum.

10 **4.**   **Keine Doppelehe** liegt vor, wenn die Ehe nach dem Recht eines Ehegatten erst später als nach dem Recht des anderen wirksam wird (OLG Hamm StAZ 1976, 102 m zust Anm BEITZKE). Denn begrifflich kann zwischen zwei Ehegatten nicht mehr als eine Ehe bestehen.

11 **5.**   § 1306 verbietet die Eheschließung zwischen zwei Personen nur, wenn eine von ihnen mit einer dritten Person verheiratet ist. Nicht verboten ist also die **Wiederholung der Eheschließung** unter denselben Partnern. Dies will die sprachliche Änderung des § 1306 gegenüber § 5 EheG 1946 klarstellen (Begr Reg-E BT-Drucks 13/4898, 15). Die nun in § 1306 selbst den Ehegatten ermöglichte Neuvornahme der Eheschließung ist sinnvoll, wenn einer oder beide Gatten Zweifel hegen, ob ihre Ehe rechtswirksam ist. Das kann zB der Fall sein, wenn ihre Ehe im Ausland geschlossen wurde und die Einhaltung der Form oder die Anerkennung fraglich sind (StAZ 2003, 50). Jedes berechtigte Interesse rechtfertigt die Wiederholung der Eheschließung.

Diese wirkt aber nur für die Zukunft, also **ex nunc**. Die Ehegatten können bei der wiederholten Eheschließung erklären, die Ehe fortsetzen zu wollen. Der Standesbeamte darf, da es nur auf die Zweifel der Ehegatten ankommt, seine Mitwirkung nur dann verweigern, wenn der Antrag **offenbar rechtsmissbräuchlich** ist.

6. Haben zwei gleichgeschlechtliche Partner eine eingetragene Lebenspartner- **12** schaft begründet, können beide nach Geschlechtsumwandlung eines Partners die Ehe schließen (LG Berlin NJW-RR 2008, 1318).

IV. Besondere Rechtslagen

1. Unzutreffende Annahme einer rechtskräftigen Scheidung

Infolge der nicht hinreichend durchdachten Rechtskraftregelungen des 1. EheRG **13** 1976 wurden mehrfach Ehen geschlossen, obgleich die frühere Ehe eines oder beider Partner noch nicht rechtskräftig geschieden war. Der Gesetzgeber musste daher durch die Einfügung von Abs 2 in § 20 EheG 1946 nachbessern. Dementsprechend schließt jetzt § 1315 Abs 2 Nr 1 die Aufhebung der späteren Ehe wegen Verstoßes gegen § 1306 dann aus, wenn die Scheidung oder Aufhebung der früheren Ehe bereits durch Beschluss ausgesprochen war, dieses aber erst nach der Eheschließung rechtskräftig wurde.

2. Rückwirkende Beseitigung einer Ehescheidung oder -auflösung

Das Eheverbot der Doppelehe entfällt und eine weitere Eheschließung ist erlaubt, **14** sobald die frühere Ehe rechtswirksam aufgelöst ist. Wird ein rechtskräftiger Scheidungs- oder Auflösungsbeschluss im Wege der **Wiederaufnahme des Verfahrens** – aufgrund einer Wiedereinsetzung in den vorherigen Stand (§§ 17 ff FamFG) oder aufgrund erfolgreichem Nichtigkeits- oder Restitutionsantrag (§ 118 FamFG, §§ 578 ff ZPO) – zwar beseitigt, im Ergebnis aber ebenso entschieden wie in dem beseitigten Beschluss, so ist die frühere Ehe erst mit Rechtskraft des neu ergehenden Beschlusses aufgelöst; die vorher geschlossene weitere Ehe war also Doppelehe. Die Heilungsregelung in § 1315 Abs 2 Nr 1 passt für diesen Fall nicht. Da das Gesetz dort aber sogar einem noch nicht rechtskräftigen Beschluss Heilungswirkung zumisst, muss dasselbe erst recht gelten, wenn die weitere Eheschließung aufgrund eines rechtskräftigen Beschlusses erfolgte und dieses und der neue Beschluss dasselbe Ergebnis, die Beendigung der früheren Ehe, haben (vgl MünchKomm/WELLENHOFER § 1307 Rn 8: Der Bestandsschutz der zweiten Ehe hat Vorrang; ebenso wegen EheG 1946 § 20 Abs; PIEPENBROCK IPRax 2001, 119).

3. Eheauflösung im Ausland

Grundsätzlich ist es unerheblich, ob die frühere Ehe oder eingetragene Lebenspart- **15** nerschaft eines oder beider Eheschließenden im In- oder Ausland aufgelöst wurde. Die Prüfung, ob eine **ausländische Eheauflösung als wirksam anzuerkennen ist**, obliegt jedoch nicht dem Standesbeamten im Anmeldeverfahren gemäß §§ 12, 13 PStG, sondern erfolgt durch eine entsprechende Feststellung nach § 107 FamFG. **Anders** ist es, wenn die Eheauflösung von einem Gericht innerhalb der **Europäischen Union** entschieden wurde – diese Entscheidung ist gem Art 21 der EG-VO Nr 2201/2003

(EheGVO) unmittelbar anzuerkennen. Anderes gilt auch, wenn die Scheidung von einem Gericht (und nicht von einer anderen Stelle) des Staates ausgesprochen wurde, dem beide Partner der aufgelösten Ehe im Zeitpunkt der Entscheidung angehörten. Bei Eheschließungen von oder mit Ausländern bietet das Erfordernis eines besonderen Ehefähigkeitszeugnisses gem § 1309 eine weitere Sicherung gegen Doppelehen.

V. Rechtsfolgen

1. Aufhebbarkeit

16 Eine verbotenerweise eingegangene **zweite oder weitere Ehe** ist nicht nichtig, sondern nur **aufhebbar** (BGHZ 149, 357). Bis zur Rechtskraft des Aufhebungsbeschlusses ist sie also voll wirksam, §§ 1313 ff. Die Aufhebung der weiteren Ehe wirkt nur ex nunc. Andererseits wird die **früher geschlossene Ehe** durch die neue Ehe in ihrem Rechtsbestand **nicht berührt**, sodass der mehrfach verheiratete Ehegatte aus allen Ehe-Rechtsverhältnissen berechtigt und verpflichtet ist (vgl auch RIERING MittBayNot 2003, 149), denn bis zur Aufhebung bestehen wirksam zwei Ehen nebeneinander. BOSCH (FamRZ 1997, 138, 142) sieht darin mit Recht einen Widerspruch zum Prinzip der Einehe, der jedoch hinzunehmen ist. Der Vorrang der früheren Ehe mindert grundsätzlich nicht – abgesehen von der Pflicht zur ehelichen Lebensgemeinschaft – die aus der verbotenen späteren Ehe entstandenen Rechte und Pflichten. Zum Übergangsrecht für fehlerhafte Ehen s Art 226 EGBGB.

2. Anspruchskonkurrenzen, vermögensrechtliche Folgen

17 Die aus dem Nebeneinander mehrerer rechtswirksamer Ehe-Rechtsverhältnisse entstehenden Probleme sind **gesetzlich nicht geregelt**. § 1318 Abs 2 erklärt jedoch differenzierend danach, welcher der Ehegatten den Verstoß gegen das Verbot der Doppelehe gekannt hat, die Vorschriften über den nachehelichen Unterhalt für entsprechend anwendbar. Für den Zugewinnausgleich und den Versorgungsausgleich gilt § 1318 Abs 3, für den Hausrat § 1318 Abs 4 und das Ehegattenerbrecht § 1318 Abs 5.

3. Unheilbarkeit der bigamischen Ehe

18 Die aufhebbare Doppelehe ist **nur** im Fall des § 1315 Abs 2 Nr 1 **heilbar**, also wenn im Verfahren zur Auflösung der früheren Ehe der Aufhebungs- oder Scheidungsbeschluss bereits ergangen war, als die nächste Ehe geschlossen wurde (OEHLMANN/ STILLE, Antrag auf Aufhebung einer Ehe als unzulässige Rechtsausübung, FuR 2003, 494). Ist diese zeitliche Reihenfolge nicht eingehalten, bleibt die neue Ehe aufhebbar. Aufhebungsverfahren können nämlich gemäß § 1317 Abs 3 bis zur Auflösung dieser Ehe, zB durch den Tod eines Ehegatten, von den nach § 1316 Antragsberechtigten eingeleitet werden. Keine Heilung der Doppelehe tritt auch durch eine neue Eheschließung des irrtümlich für tot erklärten Ehegatten der Erstehe ein (BGH FamRZ 1994, 498). Das Aufhebungsverfahren kann nicht bis zur Scheidung der Erstehe ausgesetzt oder zum Ruhen gebracht werden, da die Zweitehe auch durch die Scheidung der Erstehe nicht geheilt werden kann und noch aufhebbar wäre (AG Offenbach StAZ 2009, 13).

VI. Internationales Privatrecht

Bei einer Eheschließung von oder mit Ausländern, die bereits eine Ehe eingegangen **19** waren, ergeben sich besondere Probleme, wenn die Auflösung dieser Ehe entweder nach dem Heimatrecht des Betroffenen (zB bei Scheidung in einem Drittstaat) oder des anderen Verlobten nicht anerkannt wird; so konnten zB katholische Spanier geschiedene Ausländer nicht heiraten. Bei der Prüfung, ob eine weitere Ehe in Deutschland geschlossen werden darf, ist zu unterscheiden, ob die frühere Ehe durch eine Entscheidung eines deutschen Gerichtes oder durch die einer ausländischen Stelle aufgelöst wurde.

1. Inländische Eheauflösung

Hat ein deutsches Gericht eine Ehe mit einem Ausländer oder von Ausländern nach **20** deutschem Recht aufgelöst (vgl Nachweise bei STAUDINGER/MANKOWSKI [2011] Art 17 EG-BGB Rn 88; AG Groß-Gerau StAZ 2002, 343) und **erkennt das Heimatrecht des ausländischen Ehegatten die Ehescheidung nicht an**, weil es zB eine „Scheidung dem Bande nach" nicht anerkennt, dann gilt der ausländische Verlobte nach seinem Heimatrecht noch als verheiratet. Das führt zu der unbefriedigenden Situation, dass diesen Verlobten gem Art 13 EGBGB das **Verbot der Doppelehe** trifft, obwohl ein deutsches Gericht die frühere Ehe aufgelöst hat. Einer einfachen Lösung dieser Problematik in dem Sinne, gemäß der im deutschen Recht anerkannten Scheidungsmöglichkeit dem geschiedenen Ausländer eine weitere Ehe zu ermöglichen, steht entgegen, dass dann eine sog **hinkende Ehe** zustande kommt; die Partner dieser Ehe sind nach inländischem Recht in jeder Beziehung Ehegatten, nach dem Heimatrecht des „weiterhin verheirateten" Ausländers aber keine Ehegatten, möglicherweise sogar wegen Bigamie und Ehebruchs strafbar; auch für die Kinder gelten im Ausland nicht die Vorschriften für eheliche Kinder. Deshalb müssen die aus der Sicht des Heimatrechts des ausländischen Verlobten entgegenstehenden Hindernisse ausgeräumt werden; etwas anderes gilt nur unter den Voraussetzungen des Art 13 Abs 2 EGBGB (MünchKomm/COESTER § 13 EGBGB Rn 77).

2. Ausländische Eheauflösung

Liegt eine ausländische Entscheidung über die **Auflösung oder das Bestehen einer** **21** früheren Ehe eines oder beider Verlobten vor, die nicht von einem EU-Gericht stammt (s Rn 15), richtet sich deren Anerkennung in EU-Mitgliedsstaaten nach Art 21, 22 Brüssel IIa-VO, ansonsten nach § 107 Abs 1 S 1, Abs 3 FamFG. Wird die Anerkennung der ausländischen Entscheidung **versagt**, bleibt das Verbot der Doppelehe bestehen, obwohl die Anerkennung nur deklaratorischer Art ist. Hat ein Gericht oder eine Behörde jenes Staates eine Eheauflösungsentscheidung erlassen, dem **beide Ehegatten** zur Zeit der Entscheidung angehörten, so bedarf diese Entscheidung gem § 107 Abs 1 S 2 FamFG **keiner förmlichen Anerkennung**; der Standesbeamte muss sie jedoch gem Ziff 5.1.2. PstG-VwV der zuständigen Verwaltungsbehörde zur Überprüfung **vorlegen**. Hatte zur Zeit der Entscheidung einer der Ehegatten auch die **deutsche Staatsangehörigkeit**, so ist grundsätzlich die Anerkennung erforderlich (PALANDT/THORN Art 17 EGBGB Rn 33; BayObLG FamRZ 1990, 897, 898 mwNw); das gilt nicht, wenn die deutsche Staatsangehörigkeit für eine Anknüpfung an S 1 nicht als effektiv anzusehen ist (vgl BGH NJW 1980, 2645 mAnm SAMTLEBEN). Hat ein Drittstaat entschieden, so bedarf es der Prüfung, ob der Beschluss in den Heimatstaaten anerkannt wird (OLG Frankfurt OLGZ 1989, 406, 407).

VII. Erstinstanzliches Verfahren

22 Geht der Standesbeamte, bei dem die künftigen Ehegatten die Eheschließung angemeldet haben, davon aus, dass das Eheverbot der Doppelehe vorliegt, und weigert sich daher, die Anmeldung anzunehmen und die Trauung zu vollziehen, können die Betroffenen beim Amtsgericht das Verfahren gemäß § 49 Abs 1 PStG betreiben. Dort wird geprüft, ob eine Doppelehe iSv § 1306 vorliegt; zum Umfang der Ermittlungspflicht und Beweiswürdigung hinsichtlich des Bestehens einer Ehe eines der Eheschließenden s BayObLG FamRZ 1997, 817 f.

§ 1307
Verwandtschaft

Eine Ehe darf nicht geschlossen werden zwischen Verwandten in gerader Linie sowie zwischen vollbürtigen und halbbürtigen Geschwistern. Dies gilt auch, wenn das Verwandtschaftsverhältnis durch Annahme als Kind erloschen ist.

Materialien: Zu § 1310 Abs 1 bis 3: JAKOBS/ SCHUBERT, FamR I; E I 1236; E II 1216; E III 1293; Mot IV, 21; Prot IV 23; VI 34. Zu § 1310 Abs 4: DJ 1938, 619. Zu §§ 6, 7 EheG 1938: DJ 1938, 1103. Zu § 4 Abs 3 EheG 1946: BT-Drucks 3/530 m Anl u 3/2812 m Anl. Zu § 4 Abs 1 EheG 1946: BT-Drucks 5/3719, 23. Zu § 4 Abs 1 S 2 EheG 1946: BT-Drucks 7/3061, 56. Zu § 4 Abs 2, 3 EheG 1946: BT-Drucks 7/4361, 53 f. Zu § 1307 nF: BT-Drucks 13/4898, S 15. STAUDINGER/ BGB-Synopse 1896–2005 § 1307.

Schrifttum

BÖHMER, Sind noch alle Eheverbote zeitgemäß?, StAZ 1991, 125
BOSCH, Die geplante Neuregelung des Eheschließungsrechts, 1. Teil FamRZ 1997, 65
KATHOLLNIGG, Der Einfluß des Art 6 Abs 1 GG auf die Eheverbote wegen Schwägerschaft, Geschlechtsgemeinschaft und Ehebruchs, FamRZ 1964, 123
LÖSCHER, Die Befreiung von den Eheverboten wegen Schwägerschaft (§ 4 EheG) und des Ehebruchs (§ 6 EheG) und ihre kostenrechtli-

che Behandlung (§ 97a KostO), JVerwBl 1967, 150
LÜKE, Die Eheverbote wegen Schwägerschaft und Ehebruch, NJW 1962, 2177
MARCKS, Verwandtschaft und Schwägerschaft als Eheverbote, StAZ 1966, 245
RAMM, Eheverbot und Ehenichtigkeit, JZ 1963, 47, 81
SCHOLL, Die statistische Relevanz relativer Eheverbote, StAZ 1973, 153.

Systematische Übersicht

Alphabetische Übersicht

I. Einleitung

1. Normzweck

Die Regelung dient dem Schutz des Inzestverbots, das die Eindeutigkeit der Rolle **1** jedes Familienmitglieds sichert und zu einem exogamen Heiratsverhalten zwingt (LÖHNIG, in: LÖHNIG/KROPPENBERG, Fragmentierte Familien [2010] S 207 ff).

2. Inhalt und Normstruktur

Die Norm verbietet die Eheschließung zwischen Verwandten in gerader Linie sowie **2** zwischen Voll- und Halbgeschwistern.

3. Bedeutung und systematische Stellung

§ 1307 regelt eines der im Untertitel 2 abschließend aufgezählten Eheverbote. Kor- **3** respondierend stellt § 173 StGB Inzest unter Strafe (s zur Fragwürdigkeit dieser Straf-drohung LÖHNIG, in: LÖHNIG/KROPPENBERG, Fragmentierte Familien [2010] S 207 ff).

4. Entstehungsgeschichte

4 Die Reichweite des Eheverbots wegen Verwandtschaft und Schwägerschaft hat sich im Laufe der **Geschichte** vielfach geändert. Die erhebliche Ausweitung dieses Verbots gegenüber dem römischen Recht, zu der es vor allem infolge der Christianisierung gekommen war, wurde seit dem Hochmittelalter schon im kanonischen Recht immer weiter zurückgenommen.

5 Bei der Vereinheitlichung des staatlichen Eheschließungsrechts hatte § 33 PStG 1875 umfangreiche Eheverbote beibehalten, die aber bereits § 1310 BGB uF einschränkte. Das Eheverbot wegen **Blutsverwandtschaft** galt bereits damals im heutigen Umfang. Das Eheverbot wegen **Schwägerschaft** betraf nur die Schwägerschaft in gerader Linie, also Schwiegervater und Schwiegertochter, Schwiegersohn und Schwiegermutter. Das **Eheverbot der Geschlechtsgemeinschaft** untersagte die Heirat zwischen Personen, „von denen die eine mit Eltern, Voreltern oder Abkömmlingen der anderen Geschlechtsgemeinschaft gepflogen" hatte (§ 1310 Abs 2 uF), gemeint war die Ehe zwischen der Geliebten des Vaters und dem Sohn oder des Freundes der Mutter mit ihrer Tochter. Für beide Eheverbote hatte bereits das FamRÄG 1938 in § 1310 Abs 4 die Möglichkeit der Befreiung geschaffen. Das EheG 1938 hatte das Eheverbot der Geschlechtsgemeinschaft gestrichen, das EheG 1946 hat es aber wieder in § 4 Abs 2 aufgenommen. Die Feststellung des BVerfG vom 14. 11. 1973 (E 36, 146, 161 = NJW 1974, 545), dieses Eheverbot stehe im Widerspruch zur Eheschließungsfreiheit aus Art 6 Abs 1, Art 2 Abs 1 GG führte zur Beseitigung von § 4 Abs 2 durch das 1. EheRG 1976. § 4 EheG 1946 war im Übrigen infolge der zahlreichen Änderungen nach 1946 **vollständig Bundesrecht** und damit verfassungsrechtlich nachprüfbar geworden. Mit dem EheschlRG 1998 ist das Eheverbot der Schwägerschaft in gerader Linie ab 1. 7. 1998 ersatzlos entfallen.

6 Die Anerkennung der zwischen dem Vater und seinem nichtehelichen Kinde bestehenden **Blutsverwandtschaft** brachte eine Vereinfachung von § 4 Abs 1 EheG (vgl Art 1 Nr 3 NEhelG 1969). Das Erlöschen des Verwandtschaftsverhältnisses bei der **Volladoption** nach § 1755 idF des AdoptG vom 2. 7. 1976 (BGBl I 1749) bedingte die Ergänzung in § 4 Abs 1 S 2 EheG 1946, um das Eheverbot bei Blutsverwandtschaft aufrechtzuerhalten (BT-Drucks 7/3061, 56).

II. Rechtsnatur

7 § 1307 ordnet ein trennendes Ehehindernis in Form eines Eheverbotes an, von dem das Familiengericht nicht dispensieren kann.

III. Reichweite des Eheverbots wegen natürlicher Verwandtschaft

1. Biologische Verwandtschaft in gerader Linie

8 Ohne Ausnahme sind Ehen zwischen Personen verboten, die miteinander in gerader Linie iSv § 1589 Abs 1 S 1 verwandt sind, also zwischen **Eltern** oder Voreltern **und Kindern** oder deren weiteren Abkömmlingen. Das gilt auch dann, wenn die Blutsverwandtschaft nicht gemäß § 1592 Nr 2 anerkannt oder Nr 3 rechtlich festgestellt ist, aber nicht ausgeschlossen ist, dass **biologische Verwandtschaft** zwischen den

Ehewilligen besteht. Lassen sich im Verfahren nach § 49 PStG die Zweifel nicht ausräumen, bleibt das Eheverbot bestehen (GERNHUBER/COESTER-WALTJEN § 10 Rn 23; ERMAN/ROTH § 1307 Rn 2).

2. Biologische Verwandtschaft in der Seitenlinie

Nur sehr eingeschränkt wirkt das Eheverbot zwischen Verwandten in der Seitenlinie **9** iSv § 1589 S 2. Es gilt nämlich nur zwischen Personen, die entweder beide Elternteile gemeinsam haben **(vollbürtige Geschwister)** oder nur denselben Vater bzw die dieselbe Mutter haben (halbbürtige Geschwister, **Halbgeschwister**); das Eheverbot beschränkt sich also heute auf den 2. Grad absteigender Seitenlinie. Kinder aus früheren Verbindungen, die Eheleute in die neue Familie mitbringen, haben untereinander keinen eherechtlich relevanten Status, da sie untereinander weder verwandt noch verschwägert sind; missverständlich ist die für sie manchmal gebrauchte Bezeichnung **Stiefgeschwister**, die – wie bei Stiefkind – eigentlich ein Schwägerschaftsverhältnis meint. Bekommen die Eheleute gemeinsame Kinder, sind diese Halbgeschwister zu den mitgebrachten Kindern. Alle **weiteren Seitenverwandten** erfasst das Eheverbot nicht mehr; Ehen unter Geschwisterkindern (Cousin und Cousine, 4. Grad), mit den Geschwistern der Eltern oder Abkömmlingen der eigenen Geschwister (Onkel und Nichten, Tanten und Neffen: 3. Grad) sind also ohne weiteres erlaubt.

3. Verwandtschaft von Rechts wegen

Das Eheverbot wegen Verwandtschaft gilt, soweit die Rechtsordnung eine Ver- **10** wandtschaft anerkennt, also auch in den Fällen, in denen ein **natürliches Abstammungsverhältnis fehlt**. Die Verwandtschaftsregelung des § 1592 kann weder vom Standesbeamten noch im Verfahren nach § 49 PStG durch den Nachweis korrigiert werden, Blutsverwandtschaft liege nicht vor. Vielmehr gilt das Eheverbot solange, bis die Abstammung in den dafür vorgesehenen besonderen Verfahrensformen geklärt ist. Daher können ein Ehemann bzw seine Verwandten iSv § 1307 S 1 und ein Kind der Ehefrau einander nicht heiraten, solange die **Vermutung des § 1593** nicht beseitigt ist; gleichwohl gilt im Verhältnis zum natürlichen Vater und seinen Verwandten das Eheverbot ebenfalls. Für die durch **Adoption** begründete „gesetzliche Verwandtschaft", §§ 1754, 1770, enthält § 1308 eine Sonderregelung.

IV. Rechtsfolgen verbotswidriger Verwandtenehe

1. Aufhebbarkeit

Eine entgegen § 1307 zwischen Blutsverwandten geschlossene Ehe ist gem § 1314 **11** Abs 1 ohne Heilungsmöglichkeit mit Wirkung **ex nunc** aufhebbar (zum Übergangsrecht s Art 226 EGBGB).

2. Unrichtigkeit des Verwandtschaftsverhältnisses

Das Eheverbot wegen Verwandtschaft gilt auch, wenn zwischen den Ehewilligen nur **12** eine von Rechts wegen begründete Verwandtschaft besteht. Ist nachträglich jedoch die **Unrichtigkeit** dieses Verwandtschaftsverhältnisses rechtskräftig festgestellt, kann die Ehe nicht mehr nach §§ 1307, 1313 durch Beschluss aufgehoben werden.

3. Rechtsmissbrauch

13 Jeder der Ehepartner darf bereits vor der gerichtlichen Aufhebung der entgegen § 1307 geschlossenen Ehe die Herstellung der ehelichen Gemeinschaft gem § 1353 verweigern, weil ein entsprechendes Verlangen des anderen einen Rechtsmissbrauch darstellt, wie § 173 StGB zeigt (vgl § 1353 Abs 2).

§ 1308
Annahme als Kind

(1) Eine Ehe soll nicht geschlossen werden zwischen Personen, deren Verwandtschaft im Sinne von § 1307 durch Annahme als Kind begründet worden ist. Dies gilt nicht, wenn das Annahmeverhältnis aufgelöst worden ist.

(2) Das Familiengericht kann auf Antrag von dieser Vorschrift Befreiung erteilen, wenn zwischen dem Antragsteller und seinem zukünftigen Ehegatten durch die Annahme als Kind eine Verwandtschaft in der Seitenlinie begründet worden ist. Die Befreiung soll versagt werden, wenn wichtige Gründe der Eingehung entgegenstehen.

Materialien: Zu § 1311: JAKOBS/SCHUBERT, FamR I; E I 1240; E II 1217; E III 1294; Mot IV 31, 978, 1001; Prot IV 34. Zu § 10 EheG 1938: DJ 1938, 1104. Zu § 7 idF des AdoptG 1976: BT-Drucks 7/3061, 57; 7/5087, 23. Zu § 1308 nF: BT-Drucks 13/4898, 15. STAUDINGER/BGB-Synopse 1896–2005 § 1308.

Schrifttum

PETERS, Eheverbot der Adoptionsverwandtschaft, StAZ 1960, 249 (altes Recht).

Systematische Übersicht

Alphabetische Übersicht

I. Einleitung

1. Normzweck

Die Regelung dient dem Schutz des Inzestverbots, das die Eindeutigkeit der Rolle **1** jedes Familienmitglieds sichert und zu einem exogamen Heiratsverhalten zwingt, für Fälle der durch Adoption begründeten Verwandtschaft.

2. Inhalt und Normstruktur

Abs 1 verbietet als Soll-Vorschrift in Fällen der durch Adoption begründeten Ver- **2** wandtschaft die Eheschließung zwischen Verwandten in gerader Linie sowie zwischen Voll- und Halbgeschwistern. Abs 2 eröffnet eine Dispensmöglichkeit in Fällen der Geschwisterehe.

3. Bedeutung und systematische Stellung

§ 1308 ist mit Blick auf § 1307 überflüssig, aus dem sich das Eheverbot bereits **3** ergäbe. Die Bedeutung der Norm liegt vielmehr darin, dass sie das in § 1307 angeordnete Eheverbot in Fällen der durch Adoption begründeten Verwandtschaft modifiziert, indem das Verbot als bloße Soll-Vorschrift (§ 1307: „darf nicht") ausgestaltet und zum Teil dispensabel gemacht wird. Die in § 1308 geregelten Modifikationen zu § 1307 erscheinen insgesamt fragwürdig, weil sie dem Eheverbot der zu nahen Verwandtschaft eine allzu biologistische Komponente geben. Vor allem gilt dies für Abs 2. Das Inzestverbot beruht kulturgeschichtlich nicht nur auf genetischen Kriterien, sondern dient auch der Wahrung der Eindeutigkeit der sozialen Rolle jedes Familienmitglieds. Bei einer Adoption mehrerer Kinder in sehr jungem Alter (das ist der Regelfall) besteht auf der Ebene der Familienstruktur kein Unterschied zwischen dem geschwisterlichen Aufwachsen von genetischen Geschwistern und Adoptivgeschwistern, denn beide nehmen in der gelebten Familie in gleicher Weise die Geschwisterrolle ein. Damit rechtfertigt sich auch in gleicher Weise ein Eheverbot. Dem lässt sich nicht entgegenhalten, dass bei sozialen Geschwistern aus Patchwork-Familien kein Ehehindernis besteht. In aller Regel ist die soziale Familie in Patchwork-Familien anders als bei Familien mit Adoptivkindern nicht als Fiktion einer auch genetischen Familie konstruiert, sondern wird bewusst als Zusammenschluss mehrerer Elemente gelebt. Davon abgesehen zeigt der Hin-

Martin Löhnig

weis auf Patchwork-Familien weniger die Sinnlosigkeit eines Eheverbots zwischen Adoptivgeschwistern als das Regelungsbedürfnis nach einem Eheverbot für soziale Geschwister aus dauerhaften Patchwork-Familien.

4. Entstehungsgeschichte

4 Die Unvereinbarkeit von Adoptions- und Eheverhältnis zwischen denselben Personen war schon im **älteren Recht** normiert (§ 33 Abs 1 Nr 4 PStG 1875, § 1311 BGB uF, § 10 EheG 1938, § 7 EheG 1946). Sie war als Eheverbot ohne Befreiungsmöglichkeit ausgestaltet, um die Heiratswilligen zu zwingen, das in der Regel nur sie selbst erfassende Adoptionsverhältnis vor der Eheschließung aufzulösen. Geschah dies nicht und wurde die Ehe verbotswidrig geschlossen, trat dieselbe Rechtsfolge kraft Gesetzes ein (§ 1771 Abs 1 BGB uF, jetzt § 1766).

5 Da nach der Umstellung der Minderjährigenadoption auf die sog **Volladoption** der minderjährige Adoptierte nicht nur mit dem Adoptierenden selbst, sondern auch mit dessen Verwandten verwandt wird, musste das Eheverbot erweitert werden. Der vor dem EheschlRG geltende § 7 EheG 1946 wurde durch Art 3 Nr 1 u 3 AdoptG 1976 (BGBl I 1749) eingeführt. Das EheschlRG fasste durch Art 1 Nr 2 die Vorschrift in Abs 2 neu und setzte sie als § 1308 hierher. Wichtigste Neuerung ist die Übertragung der Zuständigkeit für die Befreiung vom Vormundschaftsgericht auf das Familiengericht.

II. Rechtsnatur

6 § 1308 ordnet ein aufschiebendes Ehehindernis in Form eines Eheverbots an, von dem das Familiengericht teilweise dispensieren kann.

III. Reichweite des Eheverbots

1. Adoption eines Minderjährigen

7 **a)** Wer als Minderjähriger adoptiert wird, erhält dieselbe Rechtsstellung wie ein leiblicher Abkömmling des Annehmenden und tritt dadurch auch mit dessen Verwandten und Verschwägerten in ein **familienrechtliches Verhältnis**, §§ 1754 f. Deswegen regelt § 1308 Abs 1 rein deklaratorisch, dass auch im Verhältnis zu ihnen das Eheverbot aus § 1307 S 1 eingreift.

8 **Verboten** sind daher, wie zwischen Blutsverwandten, Ehen zwischen Adoptivvater bzw -mutter und Adoptivtochter bzw -sohn und zwischen weiteren **Verwandten in gerader Linie**. Eine **Befreiung** vom Eheverbot wegen Adoptivverwandtschaft in gerader Linie ist nach Abs 2 S 1 **nicht möglich**. Das Eheverbot kann nur dadurch beseitigt werden, dass das Adoptionsverhältnis selbst vorweg gelöst wird (vgl Abs 1 S 2; §§ 1759 ff).

9 **Verboten** sind Ehen unter Personen, die im zweiten Grad der absteigenden Seitenlinie miteinander verwandt sind, also mit **Geschwistern**. Das Verbot gilt zwischen Geschwistern ohne Rücksicht darauf, ob dieses Verwandtschaftsverhältnis auf Blutsverwandtschaft beruht oder durch Adoption begründet wurde, also sowohl zwischen dem leiblichen Kind eines oder beider Adoptivelternteile und dem Adoptivkind, als auch zwischen Adoptivgeschwistern, die untereinander nicht blutsverwandt sind.

b) Das Eheverbot gilt nach Abs 1 S 2 nur solange, wie das Adoptionsverhältnis **10** besteht; nach der Auflösung wirkt es nicht mehr fort. Für das gem § 1755 **erloschene Verwandtschaftsverhältnis** zu den **Blutsverwandten** gilt § 1307, der auch auf die biologische Verwandtschaft abstellt.

2. Dispens

a) Nur vom **Eheverbot unter Adoptivgeschwistern** kann nach Abs 2 **dispensiert 11** werden; denn die bei Ehen zwischen leiblichen Geschwistern bestehenden Bedenken bestehen insoweit nicht. Die beantragte Befreiung **darf nur versagt** werden, wenn das Hintanstellen der allgemeinen ethischen und sozialen Bedenken im Einzelfall als unvertretbar und anstößig erscheint. Das Familiengericht muss also (vgl BVerwG FamRZ 1960, 435; mAnm Bosch) das Eheverbot im Einzelfall aufheben, wenn nicht wichtige Gründe gegen die beabsichtigte Ehe vorliegen; fehlen sie, hat der Richter keinen weiteren Ermessensspielraum. Erwägungen über die voraussichtliche Bestandskraft der Ehe haben dabei keinen Platz (KG FamRZ 1986, 993, 994; Gernhuber/ Coester-Waltjen § 10 Rn 26; MünchKomm/Wellenhofer § 1308 Rn 5 mwNw).

b) **Antragsbefugt** ist jeder Verlobte. Zuständig für die Erteilung der Befreiung ist **12** das Familiengericht, §§ 111 Nr 4, 186 Nr 4 FamFG; die örtliche **Zuständigkeit** richtet sich nach § 187 Abs 1–3 FamFG. Eine **Beschwerde** gegen den Beschluss des Familiengerichts ist nicht statthaft, § 198 Abs 3 FamFG; das erscheint angesichts der Tatsache, dass hier die in Art 6 Abs 1 GG geschützte Eheschließungsfreiheit betroffen ist (vgl auch BeckOK/Hahn § 1308 Rn 2), nicht unproblematisch.

3. Eheverbot bei Adoption eines Volljährigen

Die Adoption eines Volljährigen gem §§ 1767 ff begründet nach § 1770 Abs 1 nur ein **13** **Verwandtschaftsverhältnis** zwischen dem Annehmenden persönlich und dem Angenommenen und seinen Abkömmlingen; allen anderen Personen gegenüber bleibt der volljährig Adoptierte in den bisherigen familienrechtlichen Verhältnissen. Daher besteht das Eheverbot nur in der **geraden Linie** zwischen dem Adoptierenden und dem Adoptierten und seinen Abkömmlingen; es ist die **Befreiung** vom Eheverbot deshalb nicht möglich. Die Ehe darf erst nach Aufhebung des Adoptionsverhältnisses, §§ 1771, 1772 S 2, geschlossen werden. Eine Volljährigenadoption begründet hingegen **kein Hindernis** für eine Eheschließung zwischen der adoptierten Person und einem Abkömmling des Adoptierenden (AG Bad Hersfeld StAZ 2007, 275).

Erfolgte die Adoption ausnahmsweise in **Anpassung an die Minderjährigenadoption, 14** § 1772 S 1 (Annahme mit gesteigerten Wirkungen), so gilt das hierzu Gesagte.

IV. Rechtsfolgen

1. Aufschiebende Wirkung

Das Eheverbot hat **aufschiebende Wirkung**, dh die Ehe darf nicht geschlossen wer- **15**

Martin Löhnig

den, bevor entweder die Befreiung erteilt wurde oder das Adoptionsverhältnis aufgelöst ist.

2. Aufhebung des Adoptionsverhältnisses

16 Eine **Ehe**, die unter Missachtung des Eheverbotes geschlossen wurde, ist **gültig**, denn § 1308 schwächt das Eheverbot in Adoptionsfällen zu einer bloßen Soll-Vorschrift ab. Jedoch bewirkt die Eheschließung zwischen dem Annehmenden und dem Angenommenen bzw einem seiner Abkömmlinge, also eine Eheschließung entgegen dem indispensablen Verbot der Ehe in der geraden Linie, dass das **Adoptionsverhältnis aufgehoben ist, § 1766 S 1**. Verbotswidrig geschlossene Ehen unter **Adoptivgeschwistern** lassen das Adoptionsverhältnis hingegen unberührt (vgl PETERS StAZ 1962, 26).

V. Internationales Privatrecht

1. Maßgebliches Recht

17 Gem Art 13 EGBGB entscheidet das Heimatrecht jedes Verlobten, ob die Adoption als Ehehindernis gilt. Für den deutschen Verlobten ist das Eheverbot **zweiseitig** (ebenso STAUDINGER/MANKOWSKI [2011] Art 13 EGBGB Rn 347); es gilt auch dann, wenn das Heimatrecht des anderen die Ehe nur zwischen den an der Adoption Beteiligten verbietet. Strengeren Eheverboten ausländischer Rechte im Zusammenhang mit der Adoption steht der deutsche ordre public grundsätzlich nicht entgegen (STAUDINGER/MANKOWSKI [2011] Art 13 EGBGB Rn 347).

2. Rechtsfolgen für das Adoptionsverhältnis

18 Welche Folgewirkung eine verbotswidrig eingegangene Ehe auf das Adoptionsverhältnis hat, ist nach dem **Adoptionsstatut** (Art 22 EGBGB) im Wege der selbständigen Anknüpfung zu beurteilen (STAUDINGER/MANKOWSKI [2011] Art 13 EGBGB Rn 348, **aA** ERMAN/HOHLOCH Art 13 EGBGB Rn 29; MünchKomm/COESTER Art 13 EGBGB Rn 55).

Untertitel 3
Ehefähigkeitszeugnis

§ 1309
Ehefähigkeitszeugnis für Ausländer

(1) Wer hinsichtlich der Voraussetzungen der Eheschließung vorbehaltlich des Artikels 13 Abs. 2 des Einführungsgesetzes zum Bürgerlichen Gesetzbuche ausländischem Recht unterliegt, soll eine Ehe nicht eingehen, bevor er ein Zeugnis der inneren Behörde seines Heimatstaates darüber beigebracht hat, dass der Eheschließung nach dem Recht dieses Staates kein Ehehindernis entgegensteht. Als Zeugnis der inneren Behörde gilt auch eine Bescheinigung, die von einer anderen Stelle nach Maßgabe eines mit dem Heimatstaat des Betroffenen geschlossenen Vertrages erteilt ist. Das Zeugnis verliert seine Kraft, wenn die Ehe nicht binnen sechs Monaten seit der Ausstellung geschlossen wird; ist in dem Zeugnis eine kürzere Geltungsdauer angegeben, ist diese maßgebend.

(2) Von dem Erfordernis nach Absatz 1 Satz 1 kann der Präsident des Oberlandesgerichts, in dessen Bezirk das Standesamt, bei dem die Eheschließung angemeldet worden ist, seinen Sitz hat, Befreiung erteilen. Die Befreiung soll nur Staatenlosen mit gewöhnlichem Aufenthalt im Ausland und Angehörigen solcher Staaten erteilt werden, deren Behörden keine Ehefähigkeitszeugnisse im Sinne des Absatzes 1 ausstellen. In besonderen Fällen darf sie auch Angehörigen anderer Staaten erteilt werden. Die Befreiung gilt nur für die Dauer von sechs Monaten.

Materialien: Zu § 1315: JAKOBS/SCHUBERT, FamR I; E I 1243; II 1221; III 1298; Mot IV 33; Prot IV 35; VI 268. Zu § 14 EheG 1938: DJ 1938, 1104. Zu § 10 Abs 2: BT-Drucks III 530 mit Anl; III 2812 mit Anl. Zu § 1309 nF: BT-Drucks 13/4898, 15 ff. Übereinkommen über die Ausstellung von Ehefähigkeitszeugnissen BGBl 1997 II 1087. STAUDINGER/BGB-Synopse 1896–2005 § 1309.

Schrifttum

ARNDT, Erfahrungen eines OLG-Präsidenten bei der Erteilung der Befreiung vom Ehefähigkeitszeugnis, StAZ 1971, 243

ARNOLD-HAECKER, Die Befreiung von der Beibringung eines Ehefähigkeitszeugnisses und die Anerkennung ausländischer Entscheidungen in Ehesachen (1985)

BARTH/WAGENITZ, Zur Neuordnung des Eheschließungsrechts, FamRZ 1996, 833

BASEDOW, Auslandsscheidungen vor deutschen Gerichten und Behörden – Zwei Verfahrensfragen, StAZ 1977, 6

BÖHMER, Ehefähigkeitszeugnisse aus Kenia und Tansania, StAZ 1992, 13

DILLGER, Befreiung vom Ehefähigkeitszeugnis für Ausländer islamischen Glaubens, StAZ 1981, 229

DÖRRE, Ehefähigkeitszeugnis – Regel oder Ausnahme, StAZ 1975, 346

GAAZ, Der Beitritt der Bundesrepublik Deutschland zu den CIEC-Übereinkommen über die Ausstellung mehrsprachiger Auszüge aus Personenstandsbüchern und über die Aus-

Martin Löhnig

stellung von Ehefähigkeitszeugnissen, StAZ
1996, 289

HAUSMANN, Die kollisionsrechtlichen Schranken der Gestaltungsklage von Scheidungsurteilen (1980)

HEPTING, Der letzte Schritt zur Vollwirksamkeit nichtstandesamtlicher Eheschließungen:
Kommt die Heilung mit Statusfolge?, IPrax
1994, 355

KUBITZ, Ausstellung kroatischer Ehefähigkeitszeugnisse, StAZ 1997, 350

LEWENTON, Zur CIEC-Konvention über die
Ausstellung von Ehefähigkeitszeugnissen, StAZ
1980, 225

MENGRINGHAUS, Ehefähigkeitszeugnisse für
kroatische Staatsangehörige zur Eheschließung
mit jugoslawischen Staatsangehörigen, StAZ
1997, 147

MÜLLER-FREIENFELS, „Spanierheiraten"
Geschiedener im Meinungsstreit, in: FS Kegel
(1977) 55

NEUHAUS, Ehehindernisse der Religionsver-
schiedenheit und ordre public, StAZ 1965, 279

OTTO, Die Wiederverheiratung bei „hinkender"
Scheidung eines Ausländers, StAZ 1972, 78

ders, Die Wiederverheiratung in Deutschland
geschiedener Ausländer, StAZ 1972, 157

ders, Die Wiederverheiratung in Deutschland
geschiedener Italiener, StAZ 1972, 85

RIEDEL, Die Befreiung von der Beibringung des
Ehefähigkeitszeugnisses – Das Verfahren zwischen Oberlandesgericht und Standesamt, StAZ
1989, 241

RHEIN, Ermittlung ausländischen Rechts am
Beispiel von Ehefähigkeitszeugnissen, NZFam
2014, 124

SCHMITZ, Ausstellung von Ehefähigkeitszeugnissen, StAZ 1995, 153

ders, Familienstandsnachweise aus Israel, StAZ
1992, 354

ders, Sind ordnungsgemäße Ehefähigkeitszeugnisse aus den Nachfolgestaaten Jugoslawiens zu
erhalten?, StAZ 1994, 52

ders, Das Verfahren zur Befreiung von der
Beibringung des Ehefähigkeitszeugnisses, StAZ
2007, 107

SCHULZ, Verfahren und materielle Voraussetzungen der Befreiung von der Beibringung des
Ehefähigkeitszeugnisses, StAZ 1991, 32

SPICKHOFF, Eheschließung, Ehescheidung und
ordre public, JZ 1991, 323

STURM, Eheschließungsformen im Ausland, ihre
Gültigkeit und Nachweisbarkeit im Inland,
StAZ 1995, 343

THEIS, Ehefähigkeitszeugnisse aus Estland,
StAZ 1996, 212, vgl StAZ 1998, 22

VOIT, „Heilung durch Statutenwechsel" im
internationalen Eheschließungsrecht (1997)

WAGENITZ/BORNHOFEN, Handbuch des Eheschließungsrechts (1998)

ZIMMERMANN, Befreiung vom ausländischen
Ehefähigkeitszeugnis – Grundzüge, besondere
Fälle, Einzelfragen, StAZ 1980, 137

ZINKE, Ehefähigkeitszeugnis – Regel oder
Ausnahme?, StAZ 1975, 257.

Systematische Übersicht

Alphabetische Übersicht

I. Einleitung

1. Normzweck

1 Das Ehefähigkeitszeugnis bzw die Befreiung vom Erfordernis der Beibringung eines Ehefähigkeitszeugnisses durch den OLG-Präsidenten soll dem Standesbeamten die Prüfung erleichtern, ob das maßgebende Heimatrecht des Ausländers (Art 13 Abs 1 EGBGB) die Eheschließung erlaubt (ebenso PALANDT/BRUDERMÜLLER § 1309 Rn 2; WAGE-NITZ/BORNHOFEN, Handbuch des Eheschließungsrechts S 255 Rn 94), und dadurch eine Ehe verhindern, die den Vorschriften des Heimatrechts widerspricht.

2 Die Regelung sichert die Eheschließungsfreiheit ausländischer Verlobter auf ein-fachgesetzlicher Ebene. Der früher zu hörenden Auffassung, die Heiratserlaubnis für Ausländer sei ein „Gnadenakt" (so noch STAUDINGER/GAMILLSCHEG[11] Art 13 EGBGB Rn 732 f mwNw) und impliziere eine Ermessensentscheidung (vgl BGB-RGRK/WÜSTEN-BERG § 10 EheG Rn 36), ist spätestens seit der „Spanierentscheidung" des BVerfG (BVerfGE 31, 58 = FamRZ 1971, 414; schon BGHZ 41, 136, 138 f mwNw) der Boden entzogen; denn Art 6 Abs 1 GG verbürgt auch Ausländern die **Eheschließungsfreiheit** als Grundrecht, das als Schutzanspruch die zu treffende Entscheidung determiniert.

2. Inhalt und Normstruktur

3 Abs 1 regelt per Soll-Vorschrift, dass ein ausländischem Recht unterliegender Ver-lobter nur nach Vorlage eines Ehefähigkeitszeugnisses getraut werden soll; Abs 2 enthält eine Ausnahme von dieser Regel, indem dem zuständigen OLG-Präsidenten die Kompetenz gegeben wird, unter bestimmten Voraussetzungen von diesem Er-fordernis zu befreien, da ausländische Staaten zum größten Teil **Ehefähigkeitszeug-nisse nicht kennen**.

3. Bedeutung

4 Die Beachtung des **Heimatrechtes** derjenigen Ehewilligen, die ausländischem Recht unterliegen, hat zum Ziel, für über Staatsgrenzen hinaus wirkende Rechtsverhält-nisse eine gleichmäßige Anerkennung zu garantieren und damit im Bereich des Eherechts sog **hinkende**, dh eine vom Heimatrecht eines Verlobten nicht anerkannte **Ehe zu verhindern** (BGHZ 41, 136, 139; OLG Hamm FamRZ 1974, 93, 457; MünchKomm/ WELLENHOFER § 1309 Rn 1; Begr Reg-E BT-Drucks 13/4898, 15). Freilich ist dies **nicht immer zu vermeiden**; so besteht naturgemäß kein Einklang, wenn über Art 6 EGBGB ausländisches Eherecht in Deutschland nicht angewendet werden kann oder wenn zB das ausländische Recht die deutsche Form der Ziviltrauung nicht anerkennt. Wichtigster Fall dürfte die unterschiedliche Anerkennung von Scheidungen sein. § 1309 weist die verantwortliche Prüfung des Heimatrechts des Ausländers primär seinen Heimatbehörden zu.

Der **Ausländer** wird im Hinblick auf Art 12, 14 EMRK (Eheschließungsfreiheit und 5
Diskriminierungsverbot) und Art 16 AllgErklMenschenR auch **nicht** mittelbar **diskriminiert** (BVerfGE 31, 58, 71 ff; RIEDEL StAZ 1989, 241, 243).

4. Entstehungsgeschichte

Die Vorschrift wurzelt in den obrigkeitsstaatlichen **Verboten für Ehen mit Auslän-** 6
dern. So war auch für **Angehörige der deutschen Bundesstaaten** bis zum Gesetz des
Norddeutschen Bundes vom 4. 5. 1868 eine obrigkeitliche Heiratserlaubnis vorgeschrieben. Bis zum Inkrafttreten des BGB am 1. 1. 1900 bedurften Angehörige der
deutschen Einzelstaaten noch eines Ehefähigkeitszeugnisses, wenn sie in ein anderes
deutsches Land heiraten wollten (im Einzelnen OTTO StAZ 1972, 293; STAUDINGER/ENGEL-
MANN[9] § 1315 Anm 5). § 1315 Abs 2 uF behielt dies für die Ausländer bei, „für die nach
den Landesgesetzen zur Eingehung einer Ehe eine Erlaubnis oder ein Zeugnis
erforderlich" war; solche Heiratserlaubnisse wurden regelmäßig nach Zweckmäßigkeitserwägungen erteilt.

Die landesrechtlichen Vorschriften wurden erst mit der VO zur Vereinheitlichung 7
der Zuständigkeit in Familien- und Nachlasssachen vom 31. 1. 1934 (RGBl I 492)
aufgehoben. Das **Ehefähigkeitszeugnis** wurde zum **1. 8. 1934 reichsweit** eingeführt
und den OLG-Präsidenten eine Befreiungsmöglichkeit gegeben (vgl die Richtlinien
Nr 4 und 9 der Durchführungsbestimmungen vom 27. 7. 1934, RGBl I 738). Diese
Regelung übernahmen das EheG 1938 in § 14, den die §§ 8, 10 der 1. DVO ergänzten, und das EheG 1946 wortgleich als § 10. Art 2 Nr 1e FamRÄndG 1961 (BGBl I
1221) hob die Vorschriften der 1. DVO, soweit sie § 10 EheG 1946 ergänzten, bis auf
§ 15 bzw die diesem entsprechenden Vorschriften der AVO Britische Zone und des
SaarländRAG auf. Während § 10 Abs 1 EheG 1946 unverändert und mithin Kontrollratsrecht blieb, wurde sein Abs 2 durch das FamRÄG 1961 neu gefasst und
damit Bundesrecht. Das EheschlRG 1998 veränderte in Art 1 Nr 2 die Vorschrift
über das Ehefähigkeitszeugnis und fügte sie als § 1309 in das BGB ein. Die DVOen
zum EheG 1946 wurden aufgehoben.

II. Rechtsnatur

§ 1309 regelt kein Eheverbot und ist daher zutreffend nicht mehr unter den Ehe- 8
verboten aufgeführt, sondern enthält eine personenstandsrechtliche Verfahrensvorschrift (HEPTING FamRZ 1998, 713, 718). Das Ehefähigkeitszeugnis ist ein gesetzliches
Beweismittel (OLG Hamm NJW 1974, 1626).

III. Das Ehefähigkeitszeugnis

1. Begriff

Ehefähigkeitszeugnis iSv § 1309 ist eine von einer **inneren Behörde** (zu den Gründen vgl 9
OTTO StAZ 1972, 295) des maßgeblichen Heimatlandes ausgestellte Bescheinigung,
dass der beabsichtigten Eheschließung kein im Heimatrecht begründetes Ehehindernis entgegensteht.

Nicht ausreichend sind von Auslandsvertretungen des Heimatstaates ausgestellte 10

Bescheinigungen, wenn dies nicht nach § 1309 Abs 1 S 2 staatsvertraglich vereinbart war. Dabei spielt insbesondere die Konvention Nr 20 der Commission Internationale de l'Etat Civil (CIEC) eine Rolle (Gesetz zu dem Übereinkommen vom 5. 9. 1980 über die Ausstellung von Ehefähigkeitszeugnissen vom 5. 6. 1997, BGBl II 1086), der auch Italien, Luxemburg, Moldau, die Niederlande, Österreich, Portugal, die Schweiz, Spanien und die Türkei beigetreten sind.

11 Entfallen ist durch das EheschlRG 1998 die bisher erforderliche konsularische Bestätigung, dass die bescheinigende Behörde nach dem Heimatrecht befugt war, das Zeugnis auszustellen, soweit staatsvertraglich nichts anderes vereinbart war. Nach der Begr Reg-E BT-Drucks 13/4898, 23 (ebenso BARTH/WAGENITZ FamRZ 1996, 833, 838 f) hat dieses Erfordernis seinen Sinn verloren und stößt im Ausland auf Befremden, insbesondere bei Vertragsstaaten des Übereinkommens zur Befreiung ausländischer öffentlicher Urkunden von der Legalisation (BGBl 1965 II 875). Bei Zweifeln an der Zuständigkeit oder Echtheit der ausländischen Urkunde soll der Standesbeamte die Legalisation durch die deutsche Auslandsvertretung verlangen.

12 Viele Staaten stellen aber **keine Ehefähigkeitszeugnisse** aus, sodass ihre Staatsangehörigen die Befreiung vom Erfordernis der Beibringung eines Ehefähigkeitszeugnisses beantragen müssen. Zu den Staaten, die ein Ehefähigkeitszeugnis, das den Anforderungen des § 1309 Abs 1 genügt, ausstellen, siehe § 166 Abs 4 DA Standesbeamte (im Übrigen vgl STAUDINGER/MANKOWSKI [2011] Art 13 EGBGB Rn 598; WITTWER StAZ 2001, 340).

2. Notwendiger Inhalt des Ehefähigkeitszeugnisses

13 Das Ehefähigkeitszeugnis muss sich ausdrücklich auf die konkrete, beabsichtigte Eheschließung beziehen, also auch den anderen künftigen Ehegatten einbeziehen, Ziff 12.6.1. PStG-VwV. Wegen etwaiger zweiseitiger Eheverbote kann nur so die Wirksamkeit der beabsichtigten Eheschließung gesichert sein (BGHZ 41, 136, 142 = NJW 1964, 976; MünchKomm/WELLENHOFER § 1309 Rn 9; WAGENITZ/BORNHOFEN, Handbuch des Eheschließungsrechts S 262 Rn 109). Ein nur **einseitiges Ehefähigkeitszeugnis** oder **Ehe-Unbedenklichkeitszeugnis** (Israelisches Rabbinatszeugnis, OLG Hamm StAZ 1971, 86; Japan, KOBBE StAZ 1966, 121) **genügt nicht**, ist aber bei der Befreiungsmöglichkeit zu berücksichtigen (WAGENITZ/BORNHOFEN, Handbuch des Eheschließungsrechts S 262 Rn 110).

14 Das Zeugnis muss sich auf **alle materiellrechtlichen Voraussetzungen** der Eheschließung beziehen; es muss sowohl die **Ehefähigkeit** wie das **Nichtvorliegen von Ehehindernissen** bestätigen. Bescheinigungen hinsichtlich einzelner Punkte genügen nicht; die Vorsichtsklausel „soweit bekannt" ist ungefährlich (MARQUARDT StAZ 1965, 257, 258).

15 Hat die ausstellende Heimatbehörde nicht eigenes materielles, sondern **fremdes Recht** (zB das des Domizils) angewandt, ist das Ehefähigkeitszeugnis nur dann zuverlässig, wenn das ausländische Recht geprüft wurde. Da in einem solchen Fall die deutschen Behörden nicht kompetenter sind als diejenigen des Heimatstaates, steht der Anerkennung des Ehefähigkeitszeugnisses nichts entgegen.

3. Beschaffung des Ehefähigkeitszeugnisses

Der Standesbeamte **hilft** dem Ehewilligen, an die für ihn zuständige ausländische **16** Behörde zu gelangen (Ziff 12.4.4. PStG-VwV). Gegenüber einem **Staatsangehörigen** der **Schweiz, Luxemburgs** oder **Österreichs** (vgl dazu Vertrag v 11. 8. 1980: StAZ 1982, 83, 84, StAZ 1982, 186) hat der Standesbeamte eine **weitergehende**, allerdings gebührenpflichtige Möglichkeit, das Zeugnis zu beschaffen.

Weiß der Standesbeamte, dass der Heimatstaat kein anerkennungsfähiges Ehefähig- **17** keitszeugnis ausstellt, oder wartet der Ehewillige seit seinem Antrag schon mehr als **drei Monate** auf eine Antwort (Ziff 12.6.2. PStG-VwV), so hat ihn der Standesbeamte auf die Möglichkeit der Befreiung hinzuweisen.

4. Wirkung des Ehefähigkeitszeugnisses

Das Ehefähigkeitszeugnis ist ein bloßes Beweismittel. Es hat keine materiell-recht- **18** liche Wirkung. Der Standesbeamte ist daher an den Inhalt des Ehefähigkeitszeugnisses **nicht gebunden** (BGHZ 46, 87, 93; GERNHUBER/COESTER-WALTJEN § 11 Rn 35). Wenn er zB das betreffende Heimatrecht selbst kennt oder ermittelt hat (RIEDEL StAZ 1989, 241, 242) und deswegen entgegen dem vorgelegten Zeugnis die Eheschließungsfähigkeit verneint oder bezweifelt, hat er die Eheschließung je nach den Umständen abzulehnen oder hinauszuschieben. Der betroffene Ehewillige kann aber die Verweigerung der Anerkennung gem § 49 PStG überprüfen lassen. Andererseits ist der Standesbeamte zu **eigener Nachprüfung nur verpflichtet**, wenn berechtigte Zweifel an der Richtigkeit bestehen (hM BGHZ 46, 87, 93).

Zeitlich ist die Wirksamkeit des Ehefähigkeitszeugnisses auf sechs Monate be- **19** schränkt, wenn es nicht selbst eine kürzere Geltungsdauer vermerkt, § 1309 Abs 1 S 3.

IV. Voraussetzungen der Pflicht zur Beibringung eines Ehefähigkeitszeugnisses

1. Räumlicher Geltungsbereich

Ein Ehefähigkeitszeugnis (bzw die Befreiung von der Beibringungspflicht) ist bei **20** jeder Eheschließung **mit** einem **Ausländer** und **unter Ausländern** vorzulegen, die vor einem deutschen Standesbeamten **in Deutschland** erfolgen soll. Dasselbe gilt, wenn die Eheschließung **im Ausland** vor einer deutschen ausländischen Vertretung erfolgen soll, §§ 2, 8 KonsularG.

Für inländische Eheschließungen **unter Ausländern**, die **nicht vor einem deutschen** **21** **Standesbeamten** geschlossen werden, ist Art 13 Abs 3 EGBGB zu beachten.

2. Sachlicher Geltungsbereich

§ 1309 gilt nur für **Eheschließungen nach deutschem Recht**; er findet keine Anwen- **22** dung auf eine nach ausländischem Recht geschlossene Ehe, einschließlich der nach Art 13 Abs 3 EGBGB in Deutschland geschlossenen Ehe.

3. Persönlicher Geltungsbereich

a) Allgemeines

23 § 1309 Abs 1 S 1 hat den Personenkreis eingeschränkt, der ein Ehefähigkeitszeugnis vorzulegen hat (bzw die Befreiung von der Vorlagepflicht benötigt). Betroffen ist nicht mehr jeder Ausländer (so noch § 10 EheG 1946), sondern nur noch der Eheschließungswillige, bei dem die **Voraussetzungen der Eheschließung** nach **ausländischem Recht** zu beurteilen sind, und wenn die Ehe vor einem deutschen **Standesbeamten** geschlossen werden soll. Bei der Eheschließung vor einer dazu ermächtigten Person nach ausländischem Recht (Art 13 Abs 3 S 2 EGBGB) bleibt § 1309 also außer Betracht.

b) Einzelne Fallgestaltungen

24 Sind **beide künftigen Ehegatten Ausländer**, so hat jeder ein Ehefähigkeitszeugnis beizubringen; sind sie jedoch **Angehörige desselben Staates**, so genügt ein gemeinsames Zeugnis.

25 Besitzt ein werdender Ehegatte **mehrere Staatsangehörigkeiten** (Doppel- bzw Mehrstaater), so ist zu unterscheiden: Ist der Verlobte **auch Deutscher**, dann geht nach Art 5 Abs 1 S 2 EGBGB diese Rechtsstellung vor, ein auch deutscher Mehrstaater benötigt also kein Ehefähigkeitszeugnis. Dies gilt gem Art 5 Abs 1 S 2 EGBGB unabhängig davon, ob die deutsche Staatsangehörigkeit die effektive ist.

26 Besitzt ein Verlobter **mehrere Staatsangehörigkeiten**, aber **nicht auch die deutsche**, gilt für ihn nach Art 5 Abs 1 S 1 EGBGB das Recht des Staates, mit dem er am engsten verbunden ist (WAGENITZ/BORNHOFEN, Handbuch des Eheschließungsrechts S 257 Rn 99). Bei der Feststellung dieser **effektiven Staatsangehörigkeit** ist in erster Linie, aber nicht ausschließlich, auf den gewöhnlichen **Aufenthaltsort** und den Verlauf des Lebens abzustellen. Stellt der so ermittelte Heimatstaat kein Ehefähigkeitszeugnis aus, ist nach § 1309 Abs 2 zu verfahren und nicht auf eine Staatsangehörigkeit zurückzugreifen, unter deren Geltung ein Ehefähigkeitszeugnis ausgestellt wird.

27 **Verweist** das Heimatrecht eines Verlobten auf ein drittes Recht weiter oder auf deutsches Recht zurück, so zB Staaten, die auf das Recht des Domizils ihrer Staatsangehörigen verweisen, so hat der Ausländer eine Bescheinigung seines Heimatstaates über diese Verweisung **beizubringen** (Begr Reg-E BT-Drucks 13/4898, 15). Da der Standesbeamte mit der Nachprüfung fremden Rechts überfordert ist, soll auf diese Weise bestätigt werden, dass das Heimatrecht wiederum anderes Recht beruft; beruft es ein drittes Recht, so muss zudem bescheinigt werden, dass dieses Recht die Ehefähigkeit des Verlobten für gegeben erachtet. Im Zweifelsfall wird der Standesbeamte zweckmäßigerweise den Rat der zuständigen Verwaltungsbehörde oder die Entscheidung des Amtsgerichts herbeiführen. Liegt kein Ehefähigkeitszeugnis vor, so entscheidet der OLG-Präsident nach § 1309 Abs 2.

c) Staatenlose

28 Staatenlose haben nunmehr ein Ehefähigkeitszeugnis nur dann beizubringen, wenn auf ihre Eheschließung nicht deutsches Recht anzuwenden ist. Ihr Personalstatut knüpft gemäß dem New Yorker Übereinkommen über die Rechtsstellung der Staatenlosen vom 28. 9. 1954 (BGBl 1976 II 473; 1977, 235) an den gewöhnlichen Aufenthalt,

mangels eines solchen an ihren einfachen Aufenthalt, an. Liegt ihr (gewöhnlicher) Aufenthalt im Inland, benötigen sie somit kein Ehefähigkeitszeugnis. Der sachlich identische § 5 Abs 2 EGBGB wird nur angewandt, soweit das genannte Übereinkommen nicht eingreift (STAUDINGER/MANKOWSKI [2011] Art 5 EGBGB Rn 32, 40). Dies ist eine wesentliche Neuerung des EheschlRG, da bisher Staatenlose gemäß § 15 1. DVO EheG stets dem Erfordernis eines Ehefähigkeitszeugnisses unterlagen und sich davon mangels Heimatstaates, der ein solches Zeugnis hätte ausstellen können, stets befreien lassen mussten (Begr Reg-E BT-Drucks 13/4898, 15 f; WAGENITZ/ BORNHOFEN, Handbuch des Eheschließungsrechts S 257 Rn 100).

d) Verschleppte Personen, Flüchtlinge, Asylberechtigte

Verschleppte Personen und Flüchtlinge im Sinne des Art 10 lit a des Gesetzes Nr 23 **29** der AHK vom 17. 3. 1950 (AHKABl 140; im Saarland entspr angewandt, S 808; für Berlin Gesetz Nr 9 der AK v 28. 8. 1950 VOBl I 458) sind nach Art 4 von der Beibringung eines Ehefähigkeitszeugnisses **befreit**, sofern sie ihren **Wohnsitz im Bundesgebiet** haben. Auch **heimatlose Ausländer** im Sinne des Gesetzes über die Rechtsstellung heimatloser Ausländer im Bundesgebiet (HAG) v 25. 4. 1951 (BGBl 269; BGBl III 243-1; für Berlin GVBl 1952, 126; für das Saarland vgl Art 8 RAG; zuletzt geändert am 9. 7. 1990, BGBl I 1354) sind vom Erfordernis der Beibringung eines Ehefähigkeitszeugnisses **befreit**. Die von § 1 Abs 1 HAG erfassten Personen entsprechen den in AHKG Nr 23 Art 10 lit a genannten. **Flüchtlinge** im Sinne des Genfer Abkommens über die Rechtsstellung der Flüchtlinge vom 28. 7. 1951 (BGBl 1953 II 559) fallen unter den Begriff der Flüchtlinge im Sinne des AHKG Nr 23 und sind daher ebenfalls von der Beibringung eines Ehefähigkeitszeugnisses **befreit**. Anerkannte **Asylberechtigte** iSv Art 16a GG sind gleichfalls **befreit** (Köln NJW 1990, 644). Sie bedürfen des Ehefähigkeitszeugnisses nicht, da sie gleichzeitig Flüchtlinge nach Art 1 der Genfer Konvention sind und deswegen dem deutschen Personalstatut unterliegen.

Alle diese Befreiungen galten schon nach bisherigem Recht, durch die Neufassung **30** des § 1309 wurde aber klargestellt, dass auf diese Personen deutsches Recht Anwendung findet (Begr Reg-E BT-Drucks 13/4898, 16). Der Nachweis der Eigenschaft als Flüchtling, heimatloser Ausländer oder Asylberechtigter erfolgt durch Vorlage von Urkunden gemäß A 7.2. PStG-VwV.

e) Angehörige ausländischer Streitkräfte

Angehörige der **ausländischen Streitkräfte** unterliegen schon seit dem 5. 5. 1955 (vgl **31** BGBl II 628) dem Erfordernis des § 1309, sie sind also **nicht befreit** (dazu BACHMANN StAZ 1955, 189; 1963, 307; Runderlass JM Bad-Württ StAZ 1955, 178). Dies galt schon nach bisherigem Recht, wird aber auch von der Neufassung des § 1309 berücksichtigt, da auf diese Personen ausländisches Recht Anwendung findet.

V.   Wirkung der Pflicht zur Beibringung eines Ehefähigkeitszeugnisses

Der Standesbeamte hat die Eheschließung bis zur Vorlage des Ehefähigkeitszeug- **32** nisses bzw bis zur Befreiung **aufzuschieben**.

Wird die Ehe gleichwohl geschlossen, so ergibt schon die Fassung von § 1309 als Sollvorschrift, dass die Gültigkeit der Ehe nicht wegen des Fehlens des Ehefähigkeitszeugnisses (bzw des Fehlens der Befreiung) infrage gestellt sein kann (Münch-Komm/Wellenhofer § 1309 Rn 21, 22); nachträglich kann und braucht es nicht mehr vorgelegt zu werden (Otto StAZ 1975, 259).

33 Ganz unabhängig ist zu beurteilen, ob die Ehe nach **dem maßgebenden materiellen Heimatrecht** eines Ehegatten unwirksam ist. Das materielle Eherecht bleibt also von der Erteilung eines Ehefähigkeitszeugnisses stets **unberührt**. Ist die geschlossene Ehe demnach für den dem deutschen oder den dem ausländischen Recht unterliegenden Ehegatten fehlerhaft, so hängt ihr Bestand von den Rechtsfolgen ab, die das jeweilige Recht mit dem entsprechenden Fehler verknüpft.

VI. Befreiung von der Beibringungspflicht des Ehefähigkeitszeugnisses

1. Funktion der Befreiung

34 § 1309 will als Verfahrensvorschrift sicherstellen, dass ein Ausländer hinsichtlich der Ehefähigkeit **nach seinem Heimatrecht** behandelt wird. Die Befreiung ist somit nichts anderes, als die **Bescheinigung der Ehefähigkeit**, die der Standesbeamte sonst aus dem Ehefähigkeitszeugnis entnehmen würde (StAZ 2003, 306).

35 Da das Ergebnis des Prüfungsverfahrens an die Stelle des Ehefähigkeitszeugnisses tritt (Gernhuber/Coester-Waltjen § 11 Rn 35), kann der OLG-Präsident nur dann die Ehefähigkeit feststellen und demgemäß **Befreiung vom Erfordernis des Ehefähigkeitszeugnisses erteilen**, wenn die Nachprüfung des gem Art 13 EGBGB entscheidenden Heimatrechts ergibt, dass der geplanten Ehe **materiellrechtliche Hindernisse nicht entgegenstehen** (KG FamRZ 1961, 482; KG FamRZ 2013, 576). Die Prüfung des ausländischen Rechts stellt erhebliche Anforderungen, die ihrerseits leicht zu Rückfragen und längerer Verfahrensdauer führen können. Da dieses komplexe Verfahren jedoch als „Befreiung" etikettiert ist, lässt sich nachvollziehen, dass die Erwartungen der werdenden Ehegatten bisweilen frustriert werden und psychische Belastungen verursachen können (vgl Riedel StAZ 1989, 241, ebd). Daher sind die sorgfältige Aufklärung der Antragsteller und die sachkundige **Vorbereitung der Entscheidung durch das Standesamt** besonders wichtig. Dem trägt § 12 Abs 3 PStG Rechnung, der jedoch von den Eheschließenden ausdrücklich auch die Nachweise fordert, die „nach anzuwendendem ausländischen Recht" für die Prüfung der Eheschließungsfähigkeit erforderlich sind.

2. Rechtsnatur der Befreiung und Anspruch darauf

36 Die Entscheidung über die Befreiung ist ein (gerichtlich anfechtbarer) **Justizverwaltungsakt** (Gernhuber/Coester-Waltjen § 11 Rn 35; Wagenitz/Bornhofen, Handbuch des Eheschließungsrechts S 278 Rn 152 f). Die Befreiung (nur von der Pflicht zur Vorlage des Ehefähigkeitszeugnisses) steht **nicht im Ermessen** des OLG-Präsidenten, sondern ist zu erteilen, wenn die Eheschließungsfähigkeit gegeben ist oder vorhandene Ehehindernisse nach deutschem Recht nicht beachtet werden dürfen (BGH FamRZ 2012, 497). Ein gewisses **Erkenntnisermessen** besteht lediglich in der Frage, ob ein besonderer Fall iSv § 1309 Abs 2 S 3 vorliegt, wenn die Befreiung vom Erfordernis des Ehefähigkeitszeugnisses einem Angehörigen eines Staates erteilt werden soll, dessen Behörden Ehefähigkeitszeugnisse ausstellen; insoweit hat der Antragsteller aber

einen Anspruch auf **fehlerfreie Ausübung** des Ermessens, weil er in seinen Rechten betroffen ist (vgl BVerfGE 31, 58, 71 ff). Die Befreiung **darf nicht verweigert** werden, um **hinkende Ehen** und die daraus folgenden Nachteile für die Ehegatten und Kinder zu vermeiden, weil diese Risiken dem Selbstbestimmungsrecht der Eheschließenden überlassen sind (BVerGE 31, 58, 84 f).

3. Anwendungsbereich

a)   Nach § 1309 Abs 2 S 2 ist die Befreiung **stets zulässig**, wenn der Heimatstaat **37** des Verlobten **kein Ehefähigkeitszeugnis** erteilt oder nicht mehr erteilen kann, weil er nicht mehr besteht (OLG Zweibrücken StAZ 1977, 16). Die Voraussetzungen von Abs 2 S 2 sind auch gegeben, wenn Staaten zwar Ehefähigkeitszeugnisse ausstellen, diese aber nicht den Anforderungen des § 1309 Abs 1 entsprechen. Da nur wenige Länder akzeptable Ehefähigkeitszeugnisse ausstellen, ist im **Regelfall** die Befreiung vom Erfordernis des Abs 1 notwendig und zulässig.

b)   Nach **§ 1309 Abs 2 S 3** kann **in besonderen Fällen** ein Ausländer, dessen Hei- **38** matstaat grundsätzlich hinreichende Ehefähigkeitszeugnisse ausstellt, gleichwohl von der Beibringung befreit werden. Da damit die deutsche Behörde ihre Entscheidung an die Stelle der zur Entscheidung berufenen und grundsätzlich bereiten Heimatbehörde setzt, ist dieses Verfahren nur ausnahmsweise erlaubt. Das ist in erster Linie der Fall, wenn es dem **Ausländer nicht zumutbar** ist, sich an seine Heimatbehörde verweisen zu lassen.

Unzumutbarkeit in diesem Sinne ist anerkannt, wenn der Verlobte nachweisen kann, **39** dass der angefragte Heimatstaat **mehr als drei Monate untätig** geblieben ist (Ziff 12.6.2. PStG-VwV). Sie ist auch anzuerkennen, wenn sich **keine zuständige Stelle** finden lässt (Umgehung zeitraubender Formalitäten nicht ausreichend: OLG Karlsruhe FamRZ 1972, 507), oder wenn **schwere Nachteile** drohen (OLG Hamm StAZ 1970, 2023; OLG Zweibrücken StAZ 1977, 16). Die Absicht, durch baldige Heirat Erbschaftssteuern zu sparen, ist nicht ausreichend (OLG Hamm FamRZ 1974, 457; vgl auch MünchKomm/ WELLENHOFER § 1309 Rn 15, 16); ggf muss der Ehewillige sich zunächst darum bemühen, dass sein Heimatstaat einen in Deutschland ergangenen Scheidungsbeschluss anerkennt (OLG Hamm StAZ 2003, 169–170).

Ein besonderer Fall ist auch gegeben, wenn das Ehefähigkeitszeugnis wegen eines **40** **Ehehindernisses** verweigert wird, das nach deutschem Recht **nicht anzuerkennen** ist.

Wegen der grundrechtlich geschützten Eheschließungsfreiheit ist ein besonderer Fall **41** immer dann anzuerkennen, wenn die Heimatbehörde das Ehefähigkeitszeugnis **aus Gründen verweigert, die nichts mit dem Eherecht zu tun haben**, und mit diesem Vorgehen andere staatsbürgerliche Pflichten durchsetzen will (zB Verweigerung wegen ungeklärter Militärdienstpflicht, OLG StAZ 1969, 181 = FamRZ 1969, 335, oder weil der Asylbewerber in seinem Heimatland als Kurde verfolgt wird, OLG Oldenburg StAZ 1989, 75).

4. Materielle Prüfung

a) Grundsatz

42 Die Befreiungsbehörde, nämlich der zuständige OLG-Präsident, muss materiell prüfen, ob nach dem Heimatrecht des ausländischen künftigen Ehegatten Ehehindernisse bestehen. Es ist deshalb ungeschriebenes Tatbestandsmerkmal, dass die Staatsangehörigkeit des Antragstellers für die Befreiung von der Beibringung geklärt sein muss und keine Zweifel an seiner Identität bestehen (OLG Rostock FamRZ 2009, 1324). Dem Antragsteller im Befreiungsverfahren ist es regelmäßig auch bei Anhängigkeit eines Asylverfahrens zumutbar, das Konsulat seines Heimatstaates aufzusuchen, um dort die Ausstellung eines Nationalpasses zu beantragen (OLG Hamm FamRZ 2007, 1555).

43 Zunächst ist das über Art 13 EGBGB **anzuwendende Heimatrecht** festzustellen (KG Berlin InfAuslR 2002, 95). Das über Art 13 EGBGB berufene Heimatrecht der werdenden Ehegatten bestimmt zunächst über seine eigene **Anwendbarkeit**; es kann auch weiter verweisen. Bei einer Zurückverweisung durch Art 4 Abs 1 S 2 EGBGB ist § 1309 Abs 1 ebenfalls anzuwenden (MünchKomm/WELLENHOFER § 1309 Rn 2, ERMAN/ROTH § 1309 Rn 3; **aA** PALANDT/THORN Art 13 EGBGB Rn 22). Die Frage der Zurückverweisung des Heimatrechts wird nämlich „von dem das Ehefähigkeitszeugnis erteilenden Heimatstaat beantwortet oder im Befreiungsverfahren geklärt" (Begr Reg-E BT-Drucks 13/4898, 15, s Rn 16).

44 Das danach zuständige Recht regelt sodann **Ehefähigkeit, Ehehindernisse** und **Befreiungsmöglichkeiten** (OLG Karlsruhe FamRZ 2003, 1663). Bei **zweiseitigen Ehehindernissen** ist sowohl zu prüfen, ob das Recht des einen Verlobten auch den anderen als ehefähig ansieht, als auch, ob das Recht des anderen Verlobten die beabsichtigte Ehe nicht ausschließt (so darf ein Moslem zwar mehrere Frauen heiraten, jedoch kann eine Deutsche wegen § 1306 einen verheirateten Moslem nicht heiraten).

45 Stellt sich heraus, dass der in Deutschland vorgesehenen Eheschließung ein Ehehindernis des anzuwendenden ausländischen Rechts entgegensteht, von dem Befreiung erteilt werden kann, so kann der OLG-Präsident **weder** anstelle der nach dem Heimatrecht berufenen Stellen **von einem Ehehindernis befreien** noch die Befreiung versagen (BGHZ 46, 87, 93; 56, 180, 183 f; MünchKomm/WELLENHOFER § 1309 Rn 14; GERNHUBER/COESTER-WALTJEN § 11 Rn 35; WAGENITZ/BORNHOFEN, Handbuch des Eheschließungsrechts S 277 Rn 151). Seine Entscheidung über die Befreiung vom Erfordernis eines Ehefähigkeitszeugnisses hat sich allein aus dem Heimatrecht zu ergeben. In Betracht kommt dann nur die teilweise Anwendung des deutschen Rechts gem Art 13 Abs 2 EGBGB.

b) Prüfungsumfang

46 In die Prüfung sind gem Art 13 Abs 3 EGBGB ausländische Ehevoraussetzungen, die das deutsche Recht als **Formvorschriften** qualifiziert, nicht einzubeziehen. So ist zB die Traubereitschaftserklärung eines Geistlichen für die zivile Trauung im deutschen Rechtsgebiet nicht notwendige Voraussetzung (MünchKomm/WELLENHOFER § 1309 Rn 13; **aA** noch OLG Celle NJW 1962, 1160), auch wenn die Ehe ohne geistliche Trauung unwirksam ist. Auf eventuelle Nachteile einer solchen hinkenden Ehe hat der Standesbeamte nach Ziff 12.8.1. PStG-VwV hinzuweisen. Auch ein **Heimataufgebot**

(Ziff 12.7. Nr 6 PStG-VwV) sowie die **Registrierung** der Ehe im Heimatstaat (Ziff 12.7. PStG-VwV) sind bloße **Formerfordernisse**. Dagegen ist das Erfordernis eines **Ehrerbietungsaktes** als materiellrechtliche Ehevorschrift zu beachten (Ziff 12.7. PStG-VwV). Im Befreiungsverfahren sind aber in der Regel die Gründe für eine Eheschließung nicht zu überprüfen (OLG Sachsen-Anhalt FamRZ 2002, 1115–1116).

Ehefremd und damit unbeachtlich sind solche Ehevoraussetzungen des ausländi- **47** schen Rechts, die als **öffentlich-rechtlich** oder **strafrechtlich** zu qualifizieren sind (vgl Ziff 12.7. PStG-VwV zum Gesundheitszeugnis; besondere Wartefristen für den an der Scheidung schuldigen oder ehebrechenden Ehegatten kannte zB Art 150 schw ZGB). Ist zweifelhaft, ob eine Ehevoraussetzung materiellrechtliches Ehehindernis oder lediglich öffentlich-rechtliche Bedingung ist, so ist von ihrem materiellrechtlichem Charakter auszugehen; jedoch ist weiter zu prüfen, ob dieses Ehehindernisses im Einzelfall am deutschen ordre public gem Art 6 EGBGB scheitert oder durch Anwendung deutschen Rechts nach Art 13 Abs 2 EGBGB ausgeschaltet werden kann.

c)   Beachtung der Grundrechte und des ordre public

Hat die Prüfung gem Art 13 Abs 1 EGBGB ergeben, dass das ausländische Recht **48** der beabsichtigten Ehe Hindernisse entgegenstellt, ist zu prüfen, ob diese vor dem **deutschen ordre public**, dem Einfallstor der Grundrechte, nach Art 6 EGBGB Bestand haben (grundlegend BVerfGE 31, 58 = NJW 1971, 1509, sog „Spanierentscheidung"; MünchKomm/WELLENHOFER § 1309 Rn 14; WAGENITZ/BORNHOFEN, Handbuch des Eheschließungsrechts S 276 f Rn 149; WEIZÄCKER, Eingeschränkte Eheschließungsfreiheit für Ausländer? Zur Vereinbarkeit des Verfahrens zur Überprüfung der Eheschließungsvoraussetzungen bei Ausländern mit Art 6 Abs 1 GG, InfAuslR 2003, 300). Hier ist vorrangig die spezielle ordre public-Klausel des Art 13 Abs 2 EGBGB anzuwenden, welche einen Vorbehalt zugunsten des deutschen Rechts regelt, bevor auf die allgemeine ordre public-Klausel des Art 6 EGBGB zurückgegriffen werden kann (eingehend hier zu MünchKomm/ COESTER Art 13 EGBGB Rn 24 ff). Die Zurückweisung fremden Rechts ist umso leichter möglich, je größer der Inlandsbezug der beteiligten Ausländer ist (BVerfGE aaO; BGH NJW 1977, 1014; OLG StAZ 1976, 310). Andererseits ist Zurückhaltung geboten, da die deutschen Behörden nicht Sittenrichter über fremdes Recht sind (zu Art 6 EGBGB vgl BayObLG 69, 70).

Im Rahmen des Haager Eheschließungsabkommens vom 12. 6. 1902 (RGBl 1904, 221; **49** s Einl 78 zu § 1303) findet der Grundsatz des ordre public nur Anwendung, soweit ihn das Abkommen ausdrücklich zulässt (vgl OLG München NJW 1964, 207 mAnm JAYME; OLG Hamm FamRZ 1973, 143).

Wegen Verstoßes gegen den ordre public können über Art 4 GG zB **religiöse Ehe- 50 hindernisse** zurückgewiesen werden (OLG Hamm FamRZ 1977, 323; BGHZ 56, 180 mAnm STRÜMPELL StAZ 1972, 228). Ein ausländisches Verbot **gemischtrassiger Ehen** ist wegen Verstoßes gegen Art 2 und 3 GG unbeachtlich.

d)   Nichtbeachtung ausländischen Rechts wegen Unvereinbarkeit
 mit der Eheschließungsfreiheit

Problematisch sind **ausländische Ehehindernisse**, die zwar mit Art 6 EGBGB nicht **51** auszuschalten sind, jedoch die von Art 6 Abs 1 GG gewährleistete **Eheschließungs-freiheit einschränken**. Art 13 Abs 2 EGBGB verpflichtet ausdrücklich zur Anwendung deutschen Rechts, wenn die Anwendung einer Voraussetzung des maßgeblichen Heimatrechts zur Versagung der Eheschließung führt und dieses Ergebnis mit der Eheschließungsfreiheit unvereinbar ist. Ob dies vorliegt und ob dementsprechend das ausländische Recht nach Maßgabe von Art 13 Abs 2 EGBGB unanwendbar ist, ist jedoch weiterhin im Befreiungsverfahren gem § 1309 Abs 2 zu entscheiden (ebenso STAUDINGER/MANKOWSKI [2011] Art 13 EGBGB Rn 107; aA SOERGEL/HEINTZMANN[12] § 10 EheG Rn 20); denn Art 13 Abs 2 EGBGB entbindet den Ausländer nicht von der Pflicht, entweder ein Ehefähigkeitszeugnis vorzulegen oder die Befreiung zu erwirken. So bedarf etwa die Beurteilung der Zumutbarkeit gem Art 13 Abs 2 Nr 2 EGBGB im Hinblick auf die Eheschließungsfreiheit der Prüfung, inwieweit den Besonderheiten des ausländischen Ehehindernisses in Gestalt einer niederländischen eingetragenen Partnerschaft auf einem anderen, den Verlobten weniger belastenden Wege Rechnung getragen werden kann (BGH FamRZ 2012, 497). Zu weiteren Einzelheiten s STAUDINGER/MANKOWSKI (2011) Art 13 EGBGB Rn 106 ff.

5.   Befreiungsverfahren

52 **a)   Antragsberechtigt** sind die ehewilligen Personen, die kein anerkennungsfähiges Ehefähigkeitszeugnis beibringen können, bzw von der Beibringung befreit sind (vgl Ziff 12.6.2. PStG-VwV). Für einen Antrag auf Befreiung von der Beibringung eines Ehefähigkeitszeugnisses fehlt jedoch das Rechtsschutzbedürfnis, wenn mit der beabsichtigen Eheschließung das Rechtsinstitut der Ehe missbraucht würde. Dies ist der Fall, wenn die beabsichtigte Eheschließung offensichtlich nicht auf die Herstellung einer ehelichen Lebensgemeinschaft abzielt, sondern ausschließlich ein ehefremder Zweck verfolgt wird (OLG Naumburg FamRZ 2008, 276).

53 Der **Standesbeamte** hat die möglicherweise betroffenen Personen nicht nur über die Möglichkeit der Befreiung **aufzuklären**. Gemäß Ziff § 12 Abs 3 S 1 PStG muss er auch den Antrag entgegennehmen, die Entscheidung **vorbereiten**, wobei er alle Nachweise zu fordern hat, die für die Eheschließung erbracht werden müssen (vgl Ziff 12.4. PStG-VwV). Schließlich hat er den Vorgang weiterzuleiten, unabhängig davon, ob er das Begehren für berechtigt hält oder nicht (Ziff 12.6.5. PStG-VwV; LG Rostock Az 2 T 345/01).

54 **Zuständig für das Befreiungsverfahren** ist nach § 1309 Abs 2 S 1 der OLG-Präsident, in dessen Bezirk die Ehe geschlossen werden soll (StAZ 2003, 276). Eine einmal erteilte Befreiung bleibt wirksam, auch wenn die Ehe später vor dem ermächtigten Standesbeamten eines anderen Bezirks geschlossen wird (RIECHERT StAZ 1963, 57).

55 **b)   Da die Entscheidung des OLG-Präsidenten** keine Ermessensentscheidung ist, sondern ein gerichtlich nachprüfbarer Justizverwaltungsakt, gelten für das Verfahren die Vorschriften des FamFG einschließlich des Amtsermittlungsgrundsatzes, § 26 FamFG. Im Rahmen der Zumutbarkeit oftmals geboten sind die Legalisation ausländischer öffentlicher Urkunden und Einsichtnahme in die Ausländerakten (RIEDEL StAZ 1989, 241, 244 ff; SCHULZ StAZ 1991, 32, 39 f; KG Berlin StAZ 2004, 9–11). Die Praxis, bei einer Befreiung von dem Erfordernis eines Ehefähigkeitszeugnisses in entsprechender Anwendung des § 1309 Abs 1 S 3, Abs 2 S 4 BGB zu verlangen, dass eine vor-

zulegende ausländische Urkunde, die veränderbare Umstände bezeugt, in der Regel nicht älter als sechs Monate ist, ist nicht zu beanstanden; etwas anderes kann gelten, wenn entweder erhebliche Schwierigkeiten im Heimatland bestehen, alle notwendigen Urkunden oder erforderlichen Echtheitsbestätigungen innerhalb von sechs Monaten zu beschaffen, oder ein Ausnahmefall vorliegt, in dem es in hohem Maße wahrscheinlich ist, dass sich die in der Urkunde bezeugten Umstände nicht verändert haben (OLG Frankfurt StAZ 2014, 174). Mangels Rechtsschutzbedürfnisses abzulehnen ist der Antrag, wenn eine Scheinehe gemäß § 1314 Abs 2 Nr 5 geschlossen werden soll und damit letztlich ehefremde Zwecke verfolgt werden (OLG Celle StAZ 1996, 366; OLG Düsseldorf FamRZ 1996, 138; OLG Sachsen-Anhalt FamRZ 1115–1116; KG Berlin StAZ 2001, 298–301; OLG Dresden StAZ 2001, 35; OLG Sachsen-Anhalt Az 8 VA 4/02; OLG Sachsen-Anhalt Az 8 VA 2/02; vgl auch MünchKomm/Wellenhofer § 1309 Rn 19). Dies muss jedoch nachweislich auf beide Heiratswillige zutreffen (so OLG Hamburg StAZ 1996, 139). Regelmäßig sind jedoch die Gründe der Eheschließung im Rahmen des Befreiungsverfahrens nicht zu überprüfen (OLG Sachsen-Anhalt FamRZ 2002, 1115).

Gegen die **Ablehnung der Befreiung** kann nur der beschwerte Antragsteller **gerichtliche Entscheidung** nach den §§ 23 f EGGVG begehren (BGHZ 41, 136, 138 f). Diese trifft unter Ausschluss des Präsidenten, der entschieden hat (BGH FamRZ 1963, 556), ein Zivilsenat des OLG. Will das OLG von der Entscheidung eines anderen OLG abweichen, so hat es die Sache nach § 29 Abs 1 S 2 EGGVG dem BGH vorzulegen. Die **Erteilung der Befreiung** ist unanfechtbar.   **56**

Der Ablehnungsbescheid des OLG Präsidenten unterliegt der **uneingeschränkten richterlichen Überprüfung.** Soweit bei der Beurteilung die Zumutbarkeit oder Unmöglichkeit der Beibringung eines Ehefähigkeitszeugnisses zu bewerten sind, ist die Prüfung auf die fehlerfreie Ausübung des Beurteilungsermessens beschränkt. Eine nicht behebbare Rechtsunklarheit darf allerdings nicht zu Lasten des Antragstellers gehen (OLG Zweibrücken StAZ 1977, 16). Dagegen trägt der Antragsteller die volle Nachweispflicht für seine Ehefähigkeit (OLG Düsseldorf StAZ 1980, 239 mit krit Anm Gottfeld).   **57**

6.   Wirkungen der Befreiung

a)   Die Befreiung durch den **OLG-Präsidenten** hat für den Standesbeamten die gleiche Wirkung wie ein vorgelegtes Ehefähigkeitszeugnis; sie **bindet** diesen **nicht,** sondern ist lediglich Beweismittel. Die **Gültigkeitsdauer** der Befreiung beträgt, wie die des Ehefähigkeitszeugnisses, **sechs Monate** seit dem Tag der Ausstellung (§ 1309 Abs 2 S 4).   **58**

Da das Befreiungsverfahren die Ehefähigkeit des Antragstellers betrifft, bedeutet die erteilte Befreiung zwar die **Bejahung der Ehefähigkeit.** Eine **materiellrechtliche Wirkung** kommt der Bejahung jedoch **nicht** zu, denn weder der deutsche OLG-Präsident noch das OLG haben die Kompetenz, von einem in Wirklichkeit vorhandenen Hindernis zu dispensieren. Will der Standesbeamte die Eheschließung verweigern, weil er ein Ehehindernis für gegeben hält, können der Antragsteller oder der Standesbeamte die **Entscheidung des Amtsgerichts** gemäß § 49 Abs 1 PStG herbeiführen, die dann selbst wiederum mit der Beschwerde bzw weiteren Beschwerden bis ans OLG gezogen werden kann.   **59**

60 Da somit tatsächlich **vorliegende Ehehindernisse bestehen** bleiben, kann die dennoch geschlossene Ehe, je nach der Rechtsfolge des ausländischen Rechts, nichtig oder vernichtbar sein. Unabhängig davon kann sich aber im Geltungsbereich des BGB bis zu einer gerichtlichen Entscheidung niemand auf die Aufhebbarkeit der geschlossenen Ehe berufen (§ 1313).

61 b) Wird dagegen die Befreiung gem §§ 23 f EGGVG durch das OLG erteilt, so ist der Standesbeamte an diese **unanfechtbare Entscheidung** (§ 29 EGGVG) genauso gebunden, wie im Fall der Entscheidung auf die weitere Beschwerde nach § 49 Abs 1 PStG.

62 c) Da dem Ehehindernis des fehlenden Ehefähigkeitszeugnisses bzw der fehlenden Befreiung nur aufschiebende Wirkung zukommt, hat das Fehlen der Befreiung selbst keine Auswirkungen auf den Bestand der Ehe.

VII. Ehefähigkeitszeugnis für Deutsche

1. Eheschließung vor einer deutschen Auslandsvertretung

63 Sollte die Ehe vor einer deutschen Auslandsvertretung geschlossen werden, so konnte bislang der nach dem Konsulargesetz zuständige Beamte die **Funktion des Standesbeamten** übernehmen; diese Kompetenz ist seit 1. 1. 2009 **ersatzlos entfallen.**

2. Ehefähigkeitszeugnis für die Eheschließung eines Deutschen im Ausland

64 Will dagegen ein Deutscher (iSv Art 116 Abs 1 GG) die **Ehe im Ausland** schließen, und verlangt das ausländische Recht ein Ehefähigkeitszeugnis, so hat sich der Heiratswillige an den nach § 39 PStG zuständigen Standesbeamten zu wenden (Wittwer StAZ 2001, 340). Mit der Erteilung einer Konsularbescheinigung, die ein deutscher Staatsangehöriger zur Eheschließung in bestimmten Ländern benötigt, nimmt die Botschaft personenstandsrechtliche Aufgaben wahr (VG Berlin BeckRS 2010, 56549). Materiellrechtlich überprüft der Standesbeamte die Ehefähigkeit des deutschen Ehewilligen nur nach deutschem Recht (vgl KG FamRZ 1961, 478). Bei zweiseitigen Ehehindernissen (zB § 1306) hat er aber auch den Status des anderen Verlobten zu überprüfen; dieser hat die dazu benötigten Unterlagen vorzulegen. Das Ehefähigkeitszeugnis ist vom Tag der Ausstellung an sechs Monate gültig, § 39 Abs 2 S 3 PStG.

Untertitel 4
Eheschließung

Vorbemerkung zu §§ 1310 ff

Systematische Übersicht

Alphabetische Übersicht

I.   Die Entwicklung der Eheschließungsform bis zum Mittelalter

1.   Römisches Recht

Das römische Recht unterscheidet zwischen Eheschließung und der Übertragung **1** der „manus", dh der Hausgewalt des Mannes über die Frau. Beide Vorgänge können miteinander verbunden sein, sind aber etwas Verschiedenes. Die Ehe bedeutet für die Römer kein Rechtsverhältnis, sondern zunächst eine **soziale Tatsache**, die nur juristische **Reflexwirkungen** auslöst. Sie stellt eine Lebensgemeinschaft von Mann und Frau dar, die von der **affectio maritalis**, dem Bewusstsein beider Gatten, dass ihre Gemeinschaft Ehe ist, getragen wird. Um den sozialen Tatbestand einer Ehe zu erfüllen, müssen bestimmte Voraussetzungen vorliegen, insbesondere muss das Bewusstsein bestehen, eine monogamische häusliche Gemeinschaft auf Lebenszeit einzugehen. Die römische Familie versteht sich als straff organisierter personenrechtlicher Verband, in den auch die Ehefrau eingegliedert wird. Sie untersteht damit der Gewalt des **paterfamilias**; dies ist bei jüngeren Eheleuten in der Regel (noch) nicht der Ehemann, sondern zunächst der Schwiegervater oder -großvater. Die Hausgewalt des Familienoberhaupts wird rechtstechnisch als **manus** bezeichnet; sie schließt das Recht über Leben und Tod ein, auch das Recht, die Frau zu züchtigen und zu verstoßen (KASER, Römisches Privatrecht [16. Aufl 1992] § 58 II).

2 Die **conventio in manum**, die Überführung der Frau aus ihrem bisherigen Familienverband in den des Mannes, kann entweder durch ausdrücklichen Akt bei der Eheschließung oder durch Zeitablauf erfolgen; drei **Formen** sind vorgesehen. Die **confarreatio** ist Eheschließung und manus-Übertragung; sie ist die feierlichste und beiden Zwecken dienende, sakrale Heiratsform. Die **coemptio** – wohl aus dem Frauenkauf entstanden – besteht in einer mancipatio, bei der entweder der bisherige Gewalthaber die seiner Gewalt unterworfene Frau oder die gewaltfreie Frau sich selbst gegen einen (Schein-)Kaufpreis in die Gewalt des Mannes bzw seines paterfamilias gibt; diese Form kann zugleich Eheschließung sein und der Gewaltübertragung dienen. Beide Formen werden in nachaugusteischer Zeit kaum mehr praktiziert. Übrig bleibt als dritte Form der **usus**, dh die von affectio maritalis getragene, einjährige Lebensgemeinschaft. Durch Zeitablauf verschafft sie dem paterfamilias des Mannes ohne förmliche conventio in manum die Gewalt über die Frau; dies ist offenbar ein Anwendungsfall der allgemeinen Ersitzungsregeln. Schon seit den XII-Tafel-Gesetzen kann der manus-Erwerb bei dieser Form durch das **trinoctium** verhindert werden, wenn nämlich die Frau vor Zeitablauf drei aufeinanderfolgende Nächte dem Hause ihres Mannes fernbleibt. Auf diese Weise ermöglicht das römische Recht eine länger oder auch dauernd **gewaltfreie (manusfreie) Ehe** (KASER, Römisches Privatrecht [16. Aufl 1992] § 58 V 3). Die Frau bleibt dann trotz der Ehe in ihren rechtlichen Familienbindungen.

3 Für die **Eheschließung** genügt es zunächst, dass die Lebensgemeinschaft tatsächlich aufgenommen wird und zwar mit dem Bewusstsein beider Teile, dass ihre Gemeinschaft Ehe sein soll: **consensus facit nuptias**. Zwar ist die Eheschließung von Brauchtum mit sakralen Elementen umgeben, doch ist seine Beachtung nicht Voraussetzung für die Gültigkeit der Ehe. Später geht man auch zur Errichtung sog **Ehe- bzw Dotalurkunden** über (KASER, Römisches Privatrecht [16. Aufl 1992] § 58 V 1).

2. Frühmittelalterliches Eheschließungsrecht

4 Auch die Rechte der germanischen Stämme der Völkerwanderungszeit unterscheiden zwischen der Begründung der ehelichen Lebensgemeinschaft der Ehegatten und der Erlangung der **Munt**, der **personenrechtlichen Gewalt**, über die Frau durch den Mann und den diesen Zielen dienenden Formelementen (REIKE bei DOMBOIS/SCHUMANN, Weltliche und kirchliche Eheschließung [1953] 30); es handelt sich im Normfall um einen Rechtsvorgang in mehreren rechtlich bedeutsamen Akten.

Die sog **Sippenvertragsehe** ist seit der fränkischen Zeit bis ins hohe Mittelalter hinein 5
die vorrangige Eheschließungsform; inwiefern Entführung und Raub ehe- und munt-
begründend sind, ist umstritten. Man unterscheidet die **Verlobung**, die förmliche,
bindende Einigung zwischen Bräutigam und Muntinhaber der Braut über den Erwerb der Munt und über die anlässlich der Heirat erforderlichen **Vermögensdispositionen** (Aussteuer; Sicherstellung der Frau), und die Herstellung der ehelichen
Lebensgemeinschaft, mit der die Ehe rechtswirksam abgeschlossen ist; dazu ist gewöhnlich die feierliche, öffentliche **Heimführung** der Braut und stets die körperliche
Vereinigung der Brautleute, das eheliche **Beilager**, erforderlich, dessen Vollzug
durch eine **Morgengabe** bestätigt werden kann. Die Ehebegründung ist ein Vorgang
allein des **weltlichen Rechts**; die kirchliche Mitwirkung beschränkt sich auf die
Einsegnung vor und nach der Heimführung.

Bei der – wieder sehr umstrittenen – sog **Friedelehe** handelt es sich um eine Ehe- 6
form, bei der die Einigung der Brautleute ohne den Muntinhaber ausreicht und der
Ehemann die Munt über die Frau nicht erwirbt. Öffentliches Zusammenleben und
Zuteilung von Vermögen unterscheiden sie von bloßen Liebesverhältnissen.

3. Kirchliches Eheschließungsrecht

Seit dem hohen Mittelalter löst jedoch ein eigenes kirchliches Eheschließungsrecht 7
das weltliche weitgehend ab. Mit der allgemeinen Anerkennung der **Sakraments-
natur** der Ehe wird wiederum wie im römischen Recht – wenn auch anders verstanden – der **Konsens der Brautleute** als entscheidendes Eheschließungselement
erkannt (STAUDINGER/STRÄTZ[12] Vorbem 42 zu §§ 1297 ff). Die Beiwohnung wird schließlich
als Vollziehung gedeutet und hat zur Folge, dass die Ehe als **matrimonium ratum et
consummatum** unauflöslich ist. Diesen Standpunkt bewahrt das Eheschließungsrecht
der katholischen Kirche bis heute.

Im Alltag erweist es sich jedoch als schwierig festzustellen, ob im Einzelfall ein 8
Ehekonsens vorliegt; denn eine Form ist nicht vorgeschrieben. Zudem bringt die
Rechtslehre die naheliegende Unterscheidung zwischen dem Eheversprechen für die
Zukunft **(sponsalia de futuro)**, also der Verlobung im römischen und heutigen Sinne,
und dem aktuellen Ehebegründungsversprechen **(sponsalia de praesenti)** ins Spiel,
die in der Praxis schwer auseinanderzuhalten sind; bis heute ist ja die in § 1310 Abs 1
S 1 vorgesehene Erklärung, „die Ehe miteinander eingehen zu wollen", ihrem Wortlaut nach nicht eindeutig. Wird anerkannt, dass die Aufnahme der Geschlechtsgemeinschaft eine unauflösliche Ehe zustande bringt, auch wenn nur sponsalia de
futuro vorhergegangen sind, so führt das alles zu einer in der Doktrin ausgefeilten,
in der Praxis aber völlig unsicheren Situation bei der Feststellung, ob eine Ehe gültig
geschlossen ist. Die **öffentlich gefeierte Eheschließung** ist zwar immer noch die Regel;
sie erfolgt zunehmend zunächst vor der Kirche an der „Brauttüre", später dann in
der Kirche, wo eine Trauperson, das ist schon bald der Geistliche selbst, den Ehekonsens erfragt. Aber auch der **heimliche**, ohne Zeugen zustandegekommene **Ehekonsens** ist rechtlich für die gültige Eheschließung noch ausreichend und genü-
gend.

Martin Löhnig

II. Die Einführung der öffentlichen Eheschließungsform

9 Die entscheidende Weichenstellung hin zu der heute allgemein üblichen öffentlichen Eheschließungsform erfolgt im Jahr 1563 auf dem **Konzil von Trient**. Erstmals in der abendländischen Rechtsentwicklung macht das Dekret „Tam etsi" die Gültigkeit des Ehekonsenses von der Einhaltung einer besonderen Form abhängig: die Ehe wird zwar weiterhin durch den Konsens der Brautleute begründet, aber nur, wenn dieser vor dem Pfarrer in Anwesenheit von zwei oder drei Zeugen erklärt wird.

10 Fortan kommt im Regelfall eine sakramentale Ehe im Sinne der **katholischen Kirche** nur zustande, wenn sie in öffentlicher, eben in dieser sog „tridentinischen Form" geschlossen wird. Sie gilt unmittelbar auch in den Staaten, die – zum Teil bis in unsere Jahre – nur eine kirchliche oder auch eine kirchliche Eheschließung für ihre Bürger kennen. Da die westliche Christenheit schon vor dem Konzil von Trient infolge der Reformation gespalten ist, verhalten sich die **protestantischen Kirchen** und **Länder** zunächst ablehnend gegenüber der Einführung einer öffentlichen verpflichtenden Eheschließungsform. Da aber seit der Entsakramentalisierung der Ehe durch die Reformation die **Eherechtskompetenz des Staates** nicht mehr grundsätzlich zu bestreiten ist, kommt es in dem Maße, in dem die Staaten diese Kompetenz praktizieren, dazu, dass sich der **Formzwang überall**, wenn auch mit zeitlichen Verzögerungen und Verwerfungen (auch die tridentinische Form gilt bis zum CIC 1917 in der katholischen Kirche nicht überall) **durchsetzt**. Weiteres vgl STAUDINGER/ DIETZ[10/11] Vorbem 14 ff zu § 11 EheG ff mwNw.

11 Die **Ziviltrauung** heutiger Prägung ist eine Schöpfung der Französischen Revolution. Versuchsweise war sie schon vorher als Protest gegen die obligatorische Kirchenehe in den Niederlanden und England eingeführt worden. Die im Code Civil als für das weltliche Recht einzig wirksame Eheschließungsform vorgeschriebene Zivilehe wurde in Deutschland zunächst in den von Napoleon annektierten Gebieten eingeführt; im übrigen Deutschland galt das kirchliche Eheschließungsrecht als gemeines Recht fort. Nachdem auch die **Verfassung** der Paulskirche **1849** die Einführung der **obligatorischen Ziviltrauung** gefordert hatte, wurde sie zunächst zögernd, nach der Reichsgründung 1871 durch das **PStG vom 6. 2. 1875** (RGBl 23) aber **für ganz Deutschland eingeführt** (zur Entw SCHOLZ LÖHNIG, Bayerisches Eherecht von 1756 bis 1875 auf dem Weg zur Verweltlichung [2004]; SCHWAB, Grundlagen und Gestalt der staatlichen Gesetzgebung in der Neuzeit [1967]). Sie ist seither nicht mehr ernsthaft infrage gestellt worden. Die wichtigste Änderung des Eheschließungsverfahrens ist die Abschaffung des vorhergehenden Aufgebots durch das EheschlRG 1998.

III. Die Abschaffung des Aufgebots durch das EheschlRG

1. Normzweck und Entbehrlichkeit des Aufgebots

12 Das aus dem kanonischen Recht stammende Aufgebot diente ursprünglich dazu, diejenigen Mitbürger, die ein Ehehindernis kannten und es nicht anzeigten, von seiner späteren Geltendmachung auszuschließen. Später diente das Aufgebot (gem § 12 PStV betrug seine Dauer eine Woche) nur mehr dazu, Dritte zu veranlassen, den Standesbeamten auf ihm unbekannte Ehehindernisse hinzuweisen. Da die Verlobten in der heutigen, eher anonymen Gesellschaft kaum mehr am Wohnort be-

kannt sind und die Veröffentlichungen auf dem Standesamt allenfalls noch von Geschäftsleuten gelesen werden, die sich davon Reklamevorteile versprechen, hatte das Aufgebot seinen **Zweck verloren**. Daher gab es schon lange Stimmen, die seine Abschaffung forderten (vgl STAUDINGER/STRÄTZ[12] § 12 EheG Rn 4; Eherechtskommission 1972, 53, 56 ff; vgl BARTH/WAGENITZ FamRZ 1996, 833, 834; HEPTING StAZ 1996, 57, 58). In der DDR wurde es bereits 1955 im Verordnungswege abgeschafft (GBl I 849). 1991 wurde § 135 Abs 2 DA Standesbeamte PStG dahin geändert, dass im Aufgebot nur noch der Wohnort, nicht mehr die genaue Adresse der Verlobten angegeben wurde. § 12 EheG war nur Formvorschrift, das Fehlen des Aufgebots also kein Ehehindernis (RGZ 88, 191, 193; BGHZ 29, 137, 140. Vgl im Einzelnen STAUDINGER/STRÄTZ[12] § 12 EheG). Nach § 12 Abs 2 EheG war das Aufgebot überhaupt entbehrlich, wenn eine keinen Aufschub duldende, lebensgefährliche Erkrankung oder Verletzung eines Verlobten zB durch ärztliches Attest nachgewiesen war und glaubhaft gemacht wurde, dass kein Ehehindernis bestand (§§ 7 PStG, 137 Abs 4 DA). Nach § 12 Abs 3 EheG konnte bei Vorliegen besonderer Umstände vom Aufgebot befreit werden. Schließlich sprachen auch Gründe des Datenschutzes und der Verwaltungsvereinfachung (skurril die bei BARTH/WAGENITZ FamRZ 1996, 833, 834 zitierte „Milchmädchenrechnung") für eine Abschaffung des Aufgebots (vgl Begr Reg-E BT-Drucks 13/4898, 13). Das Aufgebot ist daher seit 1. 7. 1998 mit Recht entfallen.

Nach Art 1 Abs 1 des UN-Übereinkommens über die Erklärung des Ehewillens, das **13** Heiratsmindestalter und die Registrierung von Eheschließungen vom 10. 12. 1962 erklären zwar die Verlobten ihren Willen zur Eingehung der Ehe „entsprechend den gesetzlichen Vorschriften nach ordnungsgemäßem öffentlichen Aufgebot". Sinn des Übereinkommens ist aber nicht unbedingt die Bestellung eines Aufgebots, sondern die Sicherstellung der Einhaltung der Eheschließungsvoraussetzungen, die auch ohne das Aufgebot gewahrt werden (BARTH/WAGENITZ FamRZ 1996, 833, 835).

2. Die Anmeldung der Eheschließung

Anstelle des Aufgebots ist seit 1. 7. 1998 nur noch eine **Anmeldung** erforderlich, **14** damit der Standesbeamte rechtzeitig vor der Eheschließung alle Voraussetzungen der Eheschließung prüfen kann. **Zuständig** ist gemäß § 12 PStG jeder Standesbeamte („das Standesamt"), in dessen Amtsbezirk einer der Eheschließenden Wohnsitz oder gewöhnlichen Aufenthalt hat (s § 1310 Rn 31 f); die künftigen Ehegatten können ggf also auswählen. Wohnen sie nicht oder halten sie sich nicht gewöhnlich in einem Standesamtsbezirk, mithin im Ausland auf, wollen aber die Ehe im Inland schließen, dann besteht die freie Auswahl des Eheschließungsstandesamtes im gesamten Bundesgebiet, das dann auch für die Anmeldung zuständig ist, § 12 Abs 1 S 2 PStG; Einzelheiten zur Anmeldung waren bis 2009 in den §§ 127 ff DA Standesbeamte zum PStG geregelt, an deren Stelle Ziff 12 PStG-VwV getreten ist. Die Anmeldung ist ein **verfahrenseinleitender Antrag** im Sinne des Verwaltungsverfahrensrechts; die „Eheschließenden" sind als Antragsteller Beteiligte des Verwaltungsverfahrens (vgl § 13 Abs 1 Nr 1 VwVfG der Länder). Nach § 28 Abs 1 S 1 PStV soll die Anmeldung **persönlich** erfolgen, § 12 Abs 1 S 1 PStG lässt **mündliche oder schriftliche Form** gleicherweise zu. Die **erforderlichen Angaben** und beizubringenden Urkunden, die auch noch nach der Anmeldung nachgereicht werden können, müssen den Nachweis des Personenstandes, des Wohnorts oder gewöhnlichen Aufenthaltsorts, der Staatsangehörigkeit und ggf der Scheidung bzw Aufhebung einer früheren Ehe oder eLP erbringen.

15 § 28 Abs 2 PStV, Ziff 12.5. PStG-VwV sehen eine Niederschrift des Standesbeamten über die Anmeldung der Eheschließung vor. Der Standesbeamte kann die Entgegennahme der Anmeldung und die Niederschrift unter Angabe von Gründen und Hinweis auf den Rechtsbehelf des § 49 PStG verweigern, wenn er bereits anhand der vorliegenden Angaben feststellt, dass die Ehe nicht geschlossen werden kann (WAGENITZ/BORNHOFEN, Handbuch des Eheschließungsrechts S 130 Rn 36, S 143 Rn 77; noch zum Aufgebot OLG Frankfurt StAZ 1995, 771; LG München FamRZ 1994, 835; LG Limburg StAZ 1994, 10; SPELLENBERG StAZ 1987, 33).

16 Nach der Anmeldung hat der Standesbeamte zu **prüfen**, ob die Eheschließung überhaupt nicht oder erst nach der Beseitigung erkannter Hindernisse oder zum vorgesehen Zeitpunkt vollzogen werden kann. Den **Prüfungsrahmen** stecken § 1310 Abs 1 S 2 sowie § 13 Abs 1, 2 PStG ab.

17 Der Standesbeamte prüft aufgrund der Anmeldung seine Zuständigkeit, das anwendbare Recht und dessen Eheschließungsvoraussetzungen. Wird kein Hindernis festgestellt, teilt der Standesbeamte dieses **Ergebnis** nach § 13 Abs 4 PStG den Ehewilligen mit; es handelt sich um einen feststellenden Verwaltungsakt (unklar bei WAGENITZ/BORNHOFEN, Handbuch des Eheschließungsrechts S 141 Rn 73 f). Vergehen bis zur Eheschließung mehr als sechs Monate, so bedarf es einer erneuten Anmeldung und Prüfung.

§ 1310
Zuständigkeit des Standesbeamten, Heilung fehlerhafter Ehen

(1) Die Ehe wird nur dadurch geschlossen, dass die Eheschließenden vor dem Standesbeamten erklären, die Ehe miteinander eingehen zu wollen. Der Standesbeamte darf seine Mitwirkung an der Eheschließung nicht verweigern, wenn die Voraussetzungen der Eheschließung vorliegen; er muss seine Mitwirkung verweigern, wenn offenkundig ist, dass die Ehe nach § 1314 Abs. 2 aufhebbar wäre.

(2) Als Standesbeamter gilt auch, wer, ohne Standesbeamter zu sein, das Amt eines Standesbeamten öffentlich ausgeübt und die Ehe in das Eheregister eingetragen hat.

(3) Eine Ehe gilt auch dann als geschlossen, wenn die Ehegatten erklärt haben, die Ehe miteinander eingehen zu wollen, und

1. der Standesbeamte die Ehe in das Eheregister eingetragen hat,

2. der Standesbeamte im Zusammenhang mit der Beurkundung der Geburt eines gemeinsamen Kindes der Ehegatten einen Hinweis auf die Eheschließung in das Geburtenregister eingetragen hat oder

3. **der Standesbeamte von den Ehegatten eine familienrechtliche Erklärung, die zu ihrer Wirksamkeit eine bestehende Ehe voraussetzt, entgegengenommen hat und den Ehegatten hierüber eine in Rechtsvorschriften vorgesehene Bescheinigung erteilt worden ist**

und die Ehegatten seitdem zehn Jahre oder bis zum Tode eines der Ehegatten, mindestens jedoch fünf Jahre, als Ehegatten miteinander gelebt haben.

Materialien: Zu § 1317: JAKOBS/SCHUBERT FamR I; E I 1248; E II 1226; E III 1300; Mot IV 39; Prot IV 37. Zu § 1319: JAKOBS/SCHUBERT FamR I; E I 1245 Abs 2; E II 1222 Abs 2; E III 1302; Mot IV 36, Prot IV 38. Zu § 1324: JAKOBS/ SCHUBERT FamR I; E I 1250 Nr 1; E II 1230; E III 1307; Mot IV 48; Prot IV 53, 62. Zu § 15 EheG 1938: DJ 1938, 1104. Zu § 1310 nF: BT-Drucks 13/4898, 17. STAUDINGER/BGB-Synopse 1896–2005, § 1310.

Schrifttum

BINGEL, Eheschließung bei lebensgefährlicher Erkrankung, StAZ 1989, 382

BÖHMER, Die Neuregelung des Eheschließungsrechts, StAZ 1975, 5

BOSCH, Staatliches und kirchliches Eherecht in Harmonie oder im Konflikt? Insbesondere zur Entwicklung und zur gegenwärtigen Situation im Eheschließungsrecht (1988)

BOSCH/HEGNAUER/HEYER, Ziviltrauung vor religiöser Trauung – sinnvoll oder überholt?, FamRZ 1997, 1313

COESTER, Standesbeamter und Eheschließung, StAZ 1996, 33

ders, Nichtehe, doch Ehe? Neue Fragestellungen zu einem alten Problem, in: FS Heldrich (2005) 537

CONRAD, Die Grundlegung der modernen Zivilehe durch die französische Revolution, ZRG Germ Abt 67 (1950) 336

DOMBOIS, Kirche und Eherecht (1974)

DÜRSCHKE, Ehekonsens und Irrtumsfragen in weltlichem und kirchlichem Recht (1997)

FUHRMANN, Die Diskussion über die Einführung der fakultativen Zivilehe in Deutschland und Österreich seit Mitte des 19. Jahrhunderts (1998)

GRANDPIERRE, Die Kontrolle der materiellen Eheschließungsvoraussetzungen durch das formelle Eheschließungsrecht (1995)

HEPTING, Der letzte Schritt zur Vollwirksamkeit nichtstandesamtlicher Eheschließungen – Kommt die Heilung mit Statusfolge?, IPRax 1994, 355

HENRICH, Nichtehe und nichtige Ehe – Rechtsvergleichende Betrachtungen zu einer fragwürdigen Entscheidung, RabelsZ 37 (1973) 230

ders, Die Scheidung der Nichtehe, RabelsZ 38 (1974) 523

JACOBS, Die Handschuhehe – Inhalt und Herkunft einer Eheschließungsform, StAZ 1992, 5

JAYME, Nevadaehen deutscher Touristen in Las Vegas, StAZ 1982, 208

ders, Zur Eheschließung griechisch-orthodoxer Zyprioten in Deutschland, StAZ 1979, 288

KRÜGER, Zur Eheschließung von Tunesierinnen mit Nichtmuslimen, StAZ 1998, 251

MANTUANO, Rilevanza civile del matrimonio religioso negli Stati dell' Unione Europea (1997)

MEIER, Volltrunkenheit des Standesbeamten bei der Trauungszeremonie, StAZ 1985, 272

MÜLLER-FREIENFELS, „Witwen"-Rente nach Nichtehe aufgrund der Verfassung?, JZ 1983, 230

NEUHAUS, Zur Reform des deutschen formellen Eheschließungsrechts, FamRZ 1972, 59

ders, Die Heilung von Nichtehen, in: FS Schwindt (1978) 223

OSBURG/WEITZE, Betrachtungen über zehn Jahre Transsexuellengesetz, R & P 1993, 94

OTTE, Zur Legitimationskrise der staatlichen Eheschließung, JuS 1989, 599

OTTO, Nichtstandesamtliche Eheschließungen

und Privatscheidungen in der Bundesrepublik, StAZ 1973, 129

Pawlowski, Überlegungen zur sogenannten Scheinehe, FamRZ 1991, 501

Renck, Staatliche und kirchliche Eheschließung, NJW 1996, 907

Schmidt-Räntsch, Witwenrenten durch „hinkende Scheidung"?, IPRax 1986, 148

Schütz, Hundert Jahre Standesämter in Deutschland (1977)

Schwarz, Heiraten nur noch Paare, die sich Kinder wünschen?, BiB-Mitteilungen 2/1998, 14

Schwind, Die Ehe im Spannungsfeld zwischen zwingendem und nachgiebigem Recht, RabelsZ 37 (1973) 217

ders, Die Scheidung der Nichtehe, RabelsZ 38 (1974) 532

Siess, Die Änderung der Geschlechtszugehörigkeit (1996)

Spellenberg, Scheinehen, StAZ 1987, 33

Steding, Der rechtliche Schutz nicht standesamtlich geschlossener Ehen (1985)

Thomas, Formlose Ehen. Eine rechtsgeschichtliche und rechtsvergleichende Untersuchung (Diss Bielefeld 1973)

Wachsmann, Ermächtigung zur Eheschließung an Standesämter, die an Sonntagen Termine anbieten, StAZ 1998, 21

Waldstein, Ist der Zwang zur Trauung vor dem Standesbeamten grundrechtskonform? in: FS Helbling (1980) 401 (zum österreichischen § 15 Abs 1 EheG 1938)

Weismann, Ziviltrauung vor religiöser Trauung – sinnvoll oder überholt?, FamRZ 1998, 939.

Systematische Übersicht

Alphabetische Übersicht

I. Einleitung

1. Normzweck

§ 1310 regelt die **obligatorische Zivilehe**, die durch den Konsens der Verlobten zu- **1**

Martin Löhnig

stande kommt, und reglementiert die Mitwirkung des Standesbeamten als Staatsorgan an der Eheschließung.

2 Die Norm verdeutlicht die Bedeutung der Ehe und der mit ihr verbundenen, auf Ebene der Partner wie auf gesellschaftlicher Ebene angesiedelten Ehezwecke, indem sie eine bestimmte Eheschließungsform vorschreibt und dadurch die Verlobten auf die Bedeutung der Eheschließung hinweist; gleichzeitig ermöglicht die staatliche Mitwirkung eine zuverlässige Überprüfung etwaiger Ehehindernisse und verbürgt das wirksame Zustandekommen der Ehe.

2. Inhalt und Normstruktur

3 Abs 1 regelt die über den Konsens der Ehegatten hinaus zwingend erforderliche Mitwirkung des Standesbeamten und seine Pflicht zur Mitwirkung; Abs 2 und 3 regeln abschließend die Heilung von Ehen, die ohne Einhaltung der Anforderungen aus Abs 1 geschlossen worden sind.

3. Bedeutung und systematische Stellung

4 § 1310 ist die zentrale Regelung zur obligatorischen Zivilehe. Auf dogmatischer Ebene ordnet die Norm über den Konsens der Verlobten hinaus mit der Mitwirkung des Standesbeamten ein besonderes Wirksamkeitserfordernis an.

a) Obligatorische Zivilehe und Art 4 GG

5 Die obligatorische Zivilehe ist heute zwar in sehr vielen Rechtsordnungen selbstverständlich (ein rechtsvergleichender Überblick findet sich bei STAUDINGER/MANKOWSKI [2011] Art 13 EGBGB Rn 659 ff), aber nicht unbestritten. Sie wegen Verstoßes gegen **Art 4 GG** als verfassungswidrig zu beurteilen, lässt sich heute (zu früheren gegenteiligen Auffassungen vgl STAUDINGER/STRÄTZ[12] § 11 EheG) selbst vom Standpunkt des katholischen Kirchenrechts aus nicht mehr vertreten; denn dieses nimmt in mehrfacher Hinsicht ausdrücklich auf die weltliche Rechtsordnung Bezug (can 1059 CIC 1983 anerkennt die Zuständigkeit der weltlichen Gewalt hinsichtlich der weltlich-rechtlichen Wirkungen der Ehe; can 1071 stellt die kirchliche Mitwirkung bei der Eheschließung dann, wenn sie nach dem staatlichen Recht nicht anerkannt oder vorgenommen werden kann, unter einen besonderen Erlaubnisvorbehalt; can 1072 verpflichtet die Seelsorger hinsichtlich des Mindestalters der Ehewilligen zur Rücksicht auf die Landessitte, daher erst recht auf die Landesgesetze). Für das evangelische Eheverständnis ist und bleibt die Eheschließung primär – nach einem Wort MARTIN LUTHERS am deutlichsten 1534 in seinem „Traubüchlein für den einfältigen Pfarrherrn" (AYMANS/MÖRSDORF, Kanonisches Recht III [2007] 338) – „ein weltlich Ding"; „sie gehört zu den guten Ordnungen, die Gott nicht in die Hand der Kirche, sondern der ‚weltlichen Obrigkeit' gelegt hat" (Ev Landeskirche Württemberg: www.elk-wue.de/glauben/kirchliche-feiern/trauung [1. 8. 2011]).

6 Jedoch gebietet keine Norm des GG, am Grundsatz der obligatorischen Zivilehe festzuhalten. In dieser Hinsicht ist dem grundrechtlichen Eheschutz des Art 6 Abs 1 lediglich zu entnehmen, dass allen Bürgern, die eine Ehe im Sinne des GG schließen können und wollen, dies ohne Diskriminierung möglich ist. Daher ist der Staat nicht gehindert, anstelle der obligatorischen Zivilehe zum System der **fakultativen Zivilehe**

überzugehen. Das bedeutet, dass er neben der Eheschließung vor einer staatlichen Stelle auch die Eheschließung vor einer anderen Stelle als Ehe im staatlichen Recht anerkennt, also insbesondere eine Eheschließung nach dem Recht und den Gebräuchen derjenigen Religionsgemeinschaften, die über eine eigene Eheschließungsregelung verfügen. Das – auch in § 1353 Abs 1 ausdrücklich entfaltete und damit gesetzlich anerkannte – Bild der Ehe als einer auf Lebenszeit eingegangenen Lebensgemeinschaft in gegenseitiger Verantwortung verweist auf personale Wertentscheidungen, die nicht losgelöst vom Menschen- und Weltverständnis der einzelnen Mitbürger getroffen werden können. Daher entspräche es einem freiheitlichen Staatsverständnis an sich besser, den Bürgern die Wahlfreiheit einzuräumen und die religiös geprägten Bürger nicht zu einer doppelten Trauung zu zwingen (vgl NEUHAUS, Ehe und Kindschaft in rechtsvergleichender Sicht [1979] 51; ders FamRZ 1972, 59, 63 ff; BOSCH FamRZ 1980, 849, 850 f; STRÄTZ, in: STRÄTZ/BLUMENRÖHR/HESSELBERGER, Karlsruher Begegnung S 34 ff; BOSCH/HEGNAUER/HEYER FamRZ 1998, 1313, 1321 f mkritAnm wegen der Beschränkung lediglich auf die etablierten christlichen Religionen WEISMANN FamRZ 1998, 939). Andererseits finden sich heute neben den rechtlich verfassten großen christlichen Kirchen nicht nur der – nicht in vergleichbarer Weise rechtlich organisierte – Islam mit einer eigenen Eheschließungs- (und Ehescheidungs-)Praxis sowie eine Vielzahl kleinerer Religionsgemeinschaften, sondern auch ein sehr erheblicher Bevölkerungsanteil, der keiner Religions- oder Weltanschauungsgemeinschaft angehört. Daher verbietet sich unter den gegenwärtigen Verhältnissen in Deutschland jedenfalls das System der sog **Notzivilehe**; es ist dadurch gekennzeichnet, dass der Staat eine religiöse Eheschließung als Regel vorsieht und eine staatliche Eheschließungsform nur für den Notfall bereithält, dass die Verlobten keiner zur Eheschließung befugten Religionsgemeinschaft angehören oder dort aus Gründen, die das staatliche Recht nicht anerkennt, nicht heiraten dürfen. Dieses System trägt die Gefahr der Diskriminierung der areligiösen Eheschließung in sich. Die aufgezeigte Vielfalt möglicher religiöser Eheschließungsformen mit je unterschiedlichen Voraussetzungen schafft für den Staat jedoch erheblichen zusätzlichen Aufwand, um sicherzustellen, dass alle, die nach Maßgabe des GG eine Ehe schließen können und wollen, die nicht unbeträchtlichen rechtlichen Vorteile, die die deutsche Rechtsordnung für „Ehe-Leute" bereithält, so komplikationslos wie möglich erhalten können. Erwägt man im Hinblick auf Art 3 GG die Pflicht zur Gleichbehandlung gleicher Lebenssachverhalte, sowie das aus dem Selbstverständnis der Bundesrepublik Deutschland als Rechtsstaat fließende Gebot, unnötige Komplikationen der Rechtsordnung zu vermeiden, schließlich die heute unbestrittene Vereinbarkeit des Eheschließungsrechts mit Art 4 GG (Rn 5), so ergibt sich: ein (grundgesetzlich statthafter) Wechsel zur fakultativen Zivilehe wäre höchst unzweckmäßig, vielmehr ist an der **obligatorischen Zivilehe festzuhalten**, zumal nun auch der letzte wesentliche Vorbehalt, das Verbot der kirchlichen Voraustrauung, entfallen ist (Rn 7; einen rechtsvergleichenden Überblick zur obligatorischen Zivilehe s bei STAUDINGER/MANKOWSKI [2011] Art 13 EGBGB Rn 657 ff).

Mit dem Inkrafttreten des neuen PStG am 1. 1. 2009 wurde ein lang diskutierter und   **7** heftig attackierter Vorbehalt gegenüber dem staatlichen Eheschließungsrecht abgeschafft: Das in §§ 67, 67a PStG aF normierte staatliche **Verbot der vorweggenommenen kirchlichen Trauung** (eingehend hierzu STAUDINGER/LÖHNIG [2012] Rn 7).

b) Durchbrechung des Grundsatzes der obligatorischen Zivilehe

8 Abgesehen von dem bereits in § 1319 BGB uF vorgesehenen, in § 15 Abs 2 EheG 1938, § 11 Abs 2 EheG 1946 beibehaltenen und jetzt wiederum in § 1310 Abs 2 geregelten Fall des sog **Scheinstandesbeamten** (dazu Rn 46), der den Grundsatz der obligatorischen Zivilehe eher stützt als durchbricht, gestattete oder legalisierte das deutsche Recht zeitweilig oder auf Dauer auch nicht vor dem Standesbeamten oder nicht in der vorgeschriebenen Weise vollzogene Eheschließungen. Zu den außerordentlichen staatlichen **Eheschließungsformen während des 2. Weltkriegs** und zur Legalisierung **nichtstaatlicher Eheschließungen aus der Kriegs- und Nachkriegszeit** s STAUDINGER/LÖHNIG (2012) Einl 35 f zu §§ 1303 ff.

aa) Nichtstaatliche Eheschließung in Deutschland für Ausländer

9 Beim Erlass des EheG vom 20. 2. 1946 hatte der Alliierte Kontrollrat der vier Besatzungsmächte die internationalprivatrechtliche Bedeutung des Eheschließungsorts nicht bedacht. Daher galten die Vorschriften des EheG 1946 über die Eheschließung auch für ihre eigenen Angehörigen, und zwar nicht nur, wenn es nach deutschem Recht auf das Vorliegen einer Ehe ankam, sondern auch nach dem jeweiligen Heimatrecht. Sie sahen sich daher veranlasst, durch Art 1 KontrollratsG Nr 52 vom 21. 4. 1947 (KRABl 273) einen § 15a EheG 1946 einzufügen. Die Vorschrift machte es Ausländern, gedacht war zunächst nur an die Angehörigen der Besatzungsstreitkräfte, hinfort möglich, untereinander, wenn also keiner der Eheschließenden die deutsche Staatsangehörigkeit besaß, in Deutschland gültig eine Ehe zu schließen, ohne vor dem deutschen Standesbeamten erscheinen zu müssen. Im Zuge der Reform des IPR 1986 übernahm der deutsche Gesetzgeber diese Vorschrift in **Art 13 Abs 3 S 2 EGBGB**. Ausländer, die untereinander heiraten möchten, haben also die Möglichkeit, eine in Deutschland anerkannte Ehe in der (eventuell religiösen) Form ihres Heimatrechts zu schließen. Voraussetzung dafür ist jedoch die Mitwirkung einer Trauperson, die dazu von der Regierung des Heimatstaates eines Eheschließenden ermächtigt ist; auch für die Form der Eheschließung gilt dann das Recht dieses Staates (zu den Einzelheiten s STAUDINGER/MANKOWSKI [2011] Art 13 EGBGB Rn 618 ff, 636 ff).

bb) Anerkennung einer nichtstaatlichen Eheschließung gem Abs 3

10 Seit 1. 7. 1998 ermöglicht Abs 3, eine **nicht vor dem Standesbeamten durchgeführte Eheschließung** gleichwohl als ehebegründend anzusehen unter zwei Voraussetzungen. Zunächst muss ein **Standesbeamter** ein unverheiratetes Paar wenigstens inzident im Zuge einer der hier aufgeführten Tätigkeiten als Ehepaar angesehen haben. Sodann und seitdem muss dieses Paar gewöhnlich **zehn Jahre** miteinander gelebt haben, und zwar als Ehegatten. Erst von da an gilt die Ehe als geschlossen, aber rückwirkend auf den Zeitpunkt der Konsenserklärung. Beendet der Tod eines vermeintlichen Ehegatten diese Lebensgemeinschaft früher, nachdem sie aber **mindestens fünf Jahre** bestanden hatte, so wird der überlebende Partner unmittelbar Witwer bzw Witwe mit allen rechtlichen, insbesondere erb-, renten- und pensionsrechtlichen Folgen. Der Gesetzgeber hatte bei dieser Regelung vor allem sog „hinkende Ehen" im Auge; sie kommen zunehmend häufig vor, weil immer wieder Ehen mit oder unter Ausländern unter Mitwirkung von Traupersonen geschlossen werden, die nicht den Erfordernissen von Art 13 Abs 3 S 2 EGBGB entsprechen (vgl BT-Drucks 13/4898, 17). In diesen Fällen liegt in der Regel eine Trauungszeremonie vor, in deren Verlauf die Eheleute eine gegenseitige ausdrückliche Konsenserklärung abgegeben haben

(sog „Nichtehe"). Ob das jedoch in allen Trauungszeremonien der Fall ist, lässt sich schwerlich sicherstellen. Darauf kommt es also nicht entscheidend an. Das Zusammenleben eines Paares, das sich nach außen als Ehe darstellt, wird allein aufgrund der standesamtlichen Maßnahme und durch bloßen Zeitablauf zur Ehe. Die nach Abs 3 mögliche **Heilung von Nichtehen und sonstigem Zusammenleben als Ehegatten durchbricht das Prinzip der obligatorischen Zivilehe** (vgl Rn 11 aE; zu den Voraussetzungen im Einzelnen s Rn 64 ff).

Diese neue Heilungsmöglichkeit von Nichtehen nach § 1310 Abs 3 darf nicht mit der **11** im BGB von Anfang an (§ 1324 Abs 2 uF, § 21 Abs 2 EheG 1938 bzw § 17 Abs 2 EheG 1946) vorgesehenen **Heilung einer „formnichtigen" Ehe** nach § 1315 Abs 2 Nr 2 verwechselt werden. Diese setzt eine zwar wegen Verstoßes gegen § 1311 fehlerhafte, jedoch förmliche Eheschließung vor dem Standesbeamten voraus. Damit ist diese Ehe gültig, wenn auch aufhebbar, geschlossen; der bloße Zeitablauf gemäß § 1315 Abs 2 Nr 2 tilgt lediglich die Aufhebbarkeit. Im Fall von § 1310 Abs 3 liegt aber vor Ablauf des jeweiligen Zeitraums nicht einmal der Anschein einer gültigen Eheschließung vor.

4. Entstehungsgeschichte

a) Das Personenstandsgesetz von 1875 und das BGB

Mit § 41 PStG 1875 wurde reichsweit die **obligatorische Zivilehe** (Vorbem 11 zu **12** §§ 1310 ff) eingeführt. In Deutschland konnte demzufolge eine Ehe iSd weltlichen Rechts nur vor einem **Standesbeamten** rechtsgültig geschlossen werden. Das BGB übernahm dies in den §§ 1317, 1319 uF; danach war auch die Eheschließung vor einem sog Scheinstandesbeamten (dazu Rn 46) gültig, sofern die Verlobten den Mangel der Standesbeamteneigenschaft nicht kannten. § 1317 uF brachte aber eine wesentliche **Neuerung** gegenüber § 52 PStG 1875. Dieser hatte erst der vom Standesbeamten nach der Abgabe der Konsenserklärungen der beiden Verlobten auszusprechenden Erklärung (vgl heute § 1312 Abs 1 S 1) die ehebegründende Wirkung zugemessen; er hatte insofern das damals angewandte deutsche evangelische Kirchenrecht rezipiert. Bei der Beratung des BGB wurde von katholischer Seite schließlich mit Erfolg darauf gedrungen, in Übereinstimmung mit dem kanonischen Recht den formgebunden zu erklärenden Konsens der Nupturienten als einziges Wesenselement der Eheschließung anzuerkennen (vgl Reichstags-Kommissionsbericht 54). § 1317 Abs 1 S 1 uF beruht also auf dem **Konsensprinzip**: „Die Ehe wird dadurch geschlossen, daß die Verlobten vor einem Standesbeamten persönlich und bei gleichzeitiger Anwesenheit erklären, die Ehe mit einander eingehen zu wollen." Um die Bedeutung der obligatorischen Zivilehe (Abgabe der Eheschließungserklärungen vor dem Standesbeamten) zu unterstreichen, wurde in S 2 uF angefügt, dass der **Standesbeamte** zur Entgegennahme der Erklärungen **bereit** sein muss.

§ 1324 Abs 1 uF erklärte eine Ehe für nichtig, wenn bei der Eheschließung die Form **13** des § 1317 nicht beobachtet worden war. Anders als in übrigen Fällen nichtiger Ehen konnte jedoch die Nichtigkeit in diesem Fall gem § 1329 S 2 uF geltend gemacht werden, ohne dass sie erst im Wege der Nichtigkeitsklage festgestellt werden musste. Der Verstoß gegen § 1317 bewirkte also die Nichtbeachtlichkeit dieser Ehe, sie war **Nichtehe**. Die absolute Nichtigkeit wandelte sich allerdings zur bloßen Vernichtbarkeit, wie bei anderen sog nichtigen Ehen, wenn die Ehe in das Heiratsregister

Martin Löhnig

eingetragen war; durch Zeitablauf konnte diese Nichtehe sogar geheilt werden (§ 1324 Abs 2 uF).

b)   Die Regelung in den Ehegesetzen von 1938 und 1946

14 Das EheG 1938 hatte die Regelung des § 1317 uF aufgespalten in die §§ 15 und 17, das EheG 1946 diese Vorschriften als §§ 11 und 13 übernommen. Anders als § 1317 uF hatte das EheG 1938 in § 15 Abs 1 (= § 11 Abs 1 EheG 1946) die absolute Geltung der obligatorischen Zivilehe (vgl aber Rn 8 ff) noch durch die Formulierung unterstrichen: „Die Ehe kommt nur zustande, wenn die Eheschließung vor einem Standesbeamten stattgefunden hat." Nach § 15 EheG 1938, § 11 EheG 1946 war die Ehe nur dann absolut nichtig, also **Nichtehe**, wenn die Eheschließung nicht vor einem Standesbeamten oder einem Scheinstandesbeamten iSv Abs 2 (dazu Rn 46) stattgefunden hatte; im letzten Fall spielte die Kenntnis der Verlobten keine Rolle mehr. In allen übrigen Fällen einer fehlerhaften Eheschließung lag bloße Vernichtbarkeit der Ehe vor (§ 13 iVm § 17 EheG 1946). § 11 EheG war seit Erlass des EheG 1946 unverändert **Kontrollratsrecht**; er trug im Unterschied zu den meisten anderen Vorschriften des EheG keine amtliche Überschrift. Sein Wortlaut war sachlich insofern unrichtig geworden, als das in Abs 2 genannte **Familienbuch** seit der Neufassung des PStG 1957 bis 31. 12. 2008 als Heiratsbuch bezeichnet wurde.

c)   Das Eheschließungsrechtsgesetz 1998

15 Das EheschlRG 1998 (vgl STAUDINGER/LÖHNIG [2012] Einl 37 ff zu §§ 1303 ff) übernahm in den §§ 1310 Abs 1 S 1, Abs 2, 1311 und 1312 die Vorschriften der §§ 11, 13 und 14 EheG 1946 über die Eheschließung nicht ohne sachliche Änderung (anders Begr Reg-E BT-Drucks 13/4898, 17). Neu war vor allem, dass Abs 3 nun auch die **Heilung einer Nichtehe** durch standesamtliche Inzidentanerkennung dieser „Ehe" und durch Zeitablauf ermöglicht. Die **obligatorische Zivilehe** ist jedoch weiterhin der maßgebliche Grundsatz des deutschen Eherechts. Der amtlich verkündete Wortlaut von § 1310 Abs 1 S 1 (BGBl 1998, 834) enthält das – im Hinblick auf Abs 3 sachlich entbehrliche – **Wörtchen „nur"**; es fehlt aber in der vom Bundestag am 11. 12. 1997 unverändert in 2. und 3. Lesung angenommenen (BT-Plenarprotokoll der 210. Sitzung, S 19162, Tagesordnungspunkt 21 a) Beschlussempfehlung des Rechtsausschusses (BT-Drucks 13/9416); die BR-Protokolle ergeben keinen Hinweis auf die bewusste Wiedereinführung von „nur". Das infolge des SMG 2001 neue verkündete BGB 2002 hat „nur" beibehalten. Schließlich erfolgte 1998 zum ersten Mal der **Begriffswechsel** vom anschaulichen, aber antiquierten Begriff „Verlobter, Verlobte" zu „Eheschließenden".

II.   Rechtsnatur

16 Bei § 1310 Abs 1 handelt es sich um eine Formvorschrift, bei Abs 2 und 3 um Vorschriften zur Heilung der bei Nichteinhaltung der vorgeschriebenen Form grds nichtigen Ehe.

17 Die Ehe kommt somit nicht durch Hoheitsakt oder Erklärungen gegenüber dem Standesbeamten zustande, sondern durch den Konsens der Verlobten unter Beachtung der Form des Abs 1.

III. Ungeschriebene materiellrechtliche Voraussetzungen einer Ehe

1. Geschlechtszugehörigkeit der Eheschließenden

Selbstverständlich kann eine **Ehe** nur zwischen **Mann** und **Frau**, also zwischen ge- **18** schlechtsverschiedenen Personen geschlossen werden. Dies ergibt und ergab sich unmittelbar aus der seit jeher mit dem Begriff in der deutschen **Alltags- und Rechtssprache** gegebenen Bedeutung des Worts „Ehe". Diese Begriffskontinuität besteht ungebrochen seit der Antike, obwohl dort gleichgeschlechtliche Verbindungen auf weniger Widerstand stießen als im christlich geprägten Abendland: „Nuptiae autem sive matrimonium est viri et mulieris coniunctio, individuam consuetudinem vitae continens. – Ehe oder Heirat ist die Verbindung von Mann und Frau zu ungeteilter Lebensgemeinschaft" (I. Buch, 9. Titel, Gesetz 1 der Institutionen JUSTININANS vom 21. 11. 533, als Gesetz in Kraft getreten am 30. 12. 533, hier nach der Ausgabe und Übersetzung Corpus Iuris Civilis, I. Institutionen, hrsg u übersetzt v O BEHRENDS ua [Heidelberg 1990] S 13); nur hingewiesen sei auf die ältere Definition in Digesten 23, 2, 1, ein Fragment des Juristen MODESTINUS (gestorben nach 239). Daher hatte auch der Gesetzgeber des BGB keinen Anlass, diese Selbstverständlichkeit ausdrücklich festzustellen. Es ergab und ergibt sich aus einer Reihe von aufgehobenen und geltenden Vorschriften des BGB, dass der Rechtsbegriff „Ehe" niemals eine andere Bedeutung hatte als die Verbindung von Mann und Frau, zB: §§ 1300, 1354, 1355, 1363, 1438, 1591, 1600 uF; §§ 1355 Abs 2; 1362 Abs 1, 1363 Abs 2, 1366 Abs 2, 1416 Abs 1, 1459, 1592, 1593, auch § 1618 Abs 1 in der bis 30. 6. 1998 geltenden Fassung (ausführlich STRÄTZ, in: STRÄTZ/BLUMENRÖHR/HESSELBERGER, Karlsruher Begegnung [1998] S 5 f). Dies hat auch das **BVerfG** (BVerfGE 105, 313) klargestellt. Die eingetragene Lebenspartnerschaft ist also das Rechtsinstitut für das homosexuelle Paar, das **Rechtsinstitut für Mann und Frau ist die Ehe.**

2. Geschlechtsumwandlung

Für die Geschlechtsverschiedenheit kommt es auf den Zeitpunkt der Eheschließung **19** an. So ist im Hinblick auf den Transsexualismus das Erfordernis der Geschlechtsverschiedenheit erfüllt, wenn nach der **großen Lösung** des TranssexuellenG 1980 (BGBl 1980 I 1654 idF vom 12. 9. 1990, BGBl I 2002; dazu OSBURG/WEITZE R & P 1993, 94; SIEGUSCH NJW 1980, 2740; SIESS, Die Änderung der Geschlechtszugehörigkeit [1996] mwNw) Name und Geschlecht geändert und die Geschlechtszugehörigkeit festgestellt wurden (§§ 8 ff TSG). Die rechtliche Anerkennung einer Geschlechtsumwandlung setzt nicht die Scheidung einer bestehenden Ehe voraus (BVerfGE NJW 2008, 3117). Nach der Geschlechtsumwandlung kann der Betreffende einen Partner des früheren Geschlechts heiraten (vgl zur Rechtslage vor dem TSG: BVerfGE 49, 286 = NJW 1979, 595; BGHZ 74, 20 = NJW 1979, 1287).

Für den Standesbeamten ergibt sich die Geschlechtszugehörigkeit aus dem geän- **20** derten **Geschlechtsvermerk** im Geburtenregister (§§ 21 Abs 1 Nr 3, 27 Abs 3 Nr 4 PStG; vgl SIESS, Die Änderung der Geschlechtszugehörigkeit [1996]). Die personenstandsrechtlich gegebene Geschlechtszuweisung ist maßgebend; tatsächliche Zweifel an der Geschlechtszuordnung oder gar nur Unsicherheiten darüber berechtigen – auch wegen des vom BVerfG (aaO) auch insoweit anerkannten Grundrechts aus Art 2 Abs 1 S 1 iVm Art 1 Abs 1 GG – den Standesbeamten nicht, dieser Person die

Eheschließung mit einem andersgeschlechtlich ausgewiesenen Partner zu verweigern. Daran ist auch nach der Einführung der eLP festzuhalten, weil es keinen staatlichen Zwang gibt, im Zusammenhang mit der Begründung einer Ehe oder Lebenspartnerschaft die Geschlechtszugehörigkeit zu untersuchen.

21 Die bloße **Vornamensänderung** unter Beibehaltung des rechtlichen Geburtsgeschlechts nach der **kleinen Lösung des TSG** (§§ 1–7) reicht hingegen für eine Eheschließung nicht aus. Da hier der neue Vorname nicht mehr geschlechtsspezifisch ist, hatte bereits § 15 Nr 1 TSG den § 30 Abs 1 S 1 PStG aF um die Angabe des Geschlechts erweitert, sodass der Standesbeamte sich nunmehr nach dieser Geschlechtsangabe zu richten hat, wenn der Vorname davon abweicht.

22 Eine erst **nach der Eheschließung** eintretende **Geschlechtsumwandlung** macht die Ehe nicht zur Nichtehe. Rechtlich anzuerkennen ist eine während einer Ehe eintretende Geschlechtsumwandlung, auch ohne dass die Ehe geschieden wird (BVerfGE NJW 2008, 3117); anders zuvor § 8 Abs 1 Nr 2 TSG.

3.   Postmortale Eheschließung

23 Eine Ehe kann nur **unter Lebenden** geschlossen werden; zu den kriegsbedingten Konstruktionen einer „Eheschließung" mit einer nach Abgabe ihrer Konsenserklärung verstorbenen Person und sogar ohne deren Konsenserklärung s STAUDINGER/ LÖHNIG (2012) Einl 34 zu §§ 1303–1312.

IV.   Eheschließung vor einem Standesbeamten

1.   Standesbeamter

24 Standesbeamter iSv § 1310 Abs 1 ist nicht das Standesamt als Behörde, sondern eine **Urkundsperson**, die zum Standesbeamten bzw zur Standesbeamtin **förmlich bestellt** ist, §§ 2 Abs 1, 3 PStG, und die Eheschließung **innerhalb ihres Amtsbezirks** vornimmt. Fehlt es an einem dieser Erfordernisse, so kommt – vorbehaltlich der Regelung in Abs 2 und der Heilung nach Abs 3 – eine Eheschließung nicht zustande („Nichtehe"). War zwar das Standesamt örtlich unzuständig, amtierte aber ein wirklicher Standesbeamter in seinem Standesamtsbezirk, berührt das die Gültigkeit der Eheschließung nicht.

a)   Bestellung
25 Die Einrichtung von **Standesämtern** und die **Bestellung** der Standesbeamten zur Beurkundung des Personenstands und zur Führung der Personenstandsregister ist nach Art 83 GG iVm § 74 Abs 1 Nr 1, § 1 Abs 2, § 2 Abs 3, 4 PStG und gemäß dem einschlägigen Landesrecht weisungsgebundene Pflichtaufgabe der Gemeinden.

26 Die **Funktion** des Standesbeamten hat, wer als solcher **bestellt** oder **ernannt** ist, § 2 Abs 1 S 1 PStG; die fehlende Vereidigung und Amtseinführung schadet nicht. Die Funktion des Standesbeamten kann auch ausüben, wem die **Wahrnehmung der Geschäfte** des Standesbeamten **im Notfall** übertragen wurde; dies ist in den landesrechtlichen Rechtsverordnungen gemäß § 74 Abs 1 Nr 1 PStG geregelt.

Nach § 8 Abs 1, 2 KonsG 1974 (BGBl I 2317; http://www.gesetze-im-internet.de/konsg/BJNR **27**
974.html) galten Berufskonsularbeamten in den besonders bezeichneten Konsularbezirken im Ausland als Standesbeamte iSd BGB, des PStG und der dazu ergangenen Ausführungsvorschriften. Sie durften dort nach deutschem Recht Eheschließungen vornehmen, wenn entweder beide Eheschließende Deutsche sind oder einer von ihnen Deutscher ist und der Nichtdeutsche einem Drittstaat angehört. Diese **Befugnis** ist seit 1. 1. 2009 ersatzlos **entfallen**.

b) Amtsbezirk
Standesbeamter ist nach § 2 Abs 1 PStG („im Standesamt") nur, wer **innerhalb seines 28
Standesamtsbezirkes** tätig wird. Außerhalb ihres Bezirkes ist die Urkundsperson ohne Notübertragung nicht Standesbeamter iSv § 1310. Für die Gültigkeit der Beurkundung unerheblich ist aber, **wo innerhalb** seines Bezirkes der Standesbeamte tätig wurde; er bleibt Standesbeamter iSd Gesetzes, wenn er außerhalb seiner Amtsräume fungiert oder nach der internen Geschäftsverteilung unter mehreren für denselben Amtsbezirk bestellten Standesbeamten für die betreffende Eheschließung unzuständig war. Eheschließung vor dem Standesbeamten bedeutet, dass die Heiratswilligen grundsätzlich nicht verlangen können, dass die Ehe außerhalb der Dienststunden und in anderen als den **Räumen des Standesamtes** geschlossen wird. Nur aus wichtigem Grund, zB Krankheit, kann die Ehe auch außerhalb des Standesamtes geschlossen werden (s Ziff 14.1.1. PStG-VwV zu Ort, Raum und Zeit; BINGEL, Eheschließung bei lebensgefährlicher Erkrankung, StAZ 1969, 44, 46; Zur Eheschließung außerhalb des Trauzimmers GEBEL/RICHERT StAZ 1994, 250; MÄHLMANN StAZ 1997, 184).

Die Standesamtsbezirke decken sich in der Regel mit den Gemarkungen der Ge- **29**
meinden; gemeindefreie Gebiete sind benachbarten Standesamtsbezirken zuzuordnen. Auch am deutschen Ufer des **Bodensees** reichen die Standesamtsbezirke nur bis zur gemeindlichen Gemarkungsgrenze, die in den vermessenen und aus den Katasterunterlagen ersichtlichen seeseitigen Grenzen der seeanstoßenden Grundstücke verläuft. Der nach unbestrittener Anschauung (STRÄTZ, Der Bodensee als Rechtsobjekt in Gegenwart und Geschichte, in: Der Bodensee, hrsg v HELMUT MAURER [1982] 597, 604 f) darüber hinaus zum deutschen Staatsgebiet gehörende gemeindefreie Uferstreifen, die sog „Wysse" (und evtl auch der gesamte Überlinger See) sind allem Anschein nach keinem Standesamtsbezirk zugewiesen. Daher erzeugen Trauungen (sog **Fischerhochzeiten**) außerhalb der Gemarkungsgrenzen in jedem Fall Nichtehen (Näheres bei STRÄTZ, Bodensee und Juristen, JuS 1991, 900 ff). Zur Unzulässigkeit einer Eheschließung während eines **Rundfluges** AG Schöneberg StAZ 1994, 118.

Nicht Standesbeamter iSv § 1310 Abs 1 ist also (vgl aber Abs 2): Der außerhalb **30**
seines Bezirkes amtierende Standesbeamte (er ist nicht nur unzuständig, BINGEL StAZ 1989, 382); der Beamte, dessen Bestellung bzw Notübertragung noch nicht erfolgt oder wieder aufgehoben ist; jede beim Standesamt beschäftigte Person ohne Ernennung zum Standesbeamten; ein ausländischer Standesbeamter; die Trauperson bei einer Eheschließung nach Art 13 Abs 3 S 2 EGBGB.

c) Örtliche Zuständigkeit
§ 11 PStG schreibt den Eheschließenden das für die Eheschließung örtlich zustän- **31**
dige Standesamt vor. **Örtlich zuständig** für die Eheschließung ist jedes deutsche Standesamt. Hiervon zu unterscheiden ist die Zuständigkeit für die Anmeldung

der Eheschließung, § 12 Abs 1 PStG; zuständig hierfür ist jedes Standesamt, in dessen Bezirk einer der Verlobten einen Wohnsitz oder seinen gewöhnlichen Aufenthalt hat. Hat keiner der Verlobten einen Wohnsitz oder gewöhnlichen Aufenthalt im Inland, ist das Standesamt zuständig, vor dem die Ehe geschlossen werden soll, § 12 Abs 1 S 2 PStG. Ergibt die Prüfung eventueller Ehehindernisse, § 13 Abs 1 PStG, kein Hindernis, erhalten die Eheschließenden von dem prüfenden Standesamt die längstens 6 Monate gültige Mitteilung, „dass die Eheschließung vorgenommen werden kann; die **Mitteilung ist für das Standesamt, das die Eheschließung vornimmt, verbindlich"**, § 13 Abs 4 S 1 PStG. Die Eheschließenden können dann ein Wunsch-Standesamt aussuchen.

32 Die Zuständigkeitsbestimmungen des PStG sind bloße Verfahrensvorschriften; **für die Gültigkeit der Eheschließung sind sie belanglos.** Keine vor einem Standesbeamten in seinem Standesamtsbezirk vorgenommene Eheschließung ist deshalb ungültig oder auch nur fehlerhaft, weil es an der örtlichen Zuständigkeit fehlt.

2.   Die Mitwirkung des Standesbeamten bei der Eheschließung

33 Die in § 1310 Abs 1 S 2 ausdrücklich normierte Pflicht des Standesamts, bei einer zulässigen Eheschließung mitzuwirken bzw die Mitwirkung in bestimmten Fällen zu verweigern, hatte weder ein Vorbild in den EheG 1938 und 1946, noch hatte sie der Regierungsentwurf vorgesehen; sie erscheint erst in der Beschlussempfehlung des Rechtsausschusses (BT-Drucks 13/9416). Sie **passt auch nicht an diese Stelle**, da sie sich ausschließlich an den Standesbeamten richtet und daher im PStG ihren Platz hätte. Die Einfügung an dieser Stelle ist rein äußerlich dadurch veranlasst, dass § 1317 uF an dieser Stelle ebenfalls etwas über das Verhalten des Standesbeamten aussagte, jedoch mit ganz anderer Aussagerichtung.

a)   Die persönliche Mitwirkungsbereitschaft des Standesbeamten
34 § 1317 Abs 1 S 2 uF lautete: „Der Standesbeamte muß zur Entgegennahme der Erklärungen bereit sein." Die Vorschrift verneinte damit die nur noch historisch verständliche Frage, ob auch Konsensabgaben vor einem zwar anwesenden, aber von den Verlobten überrumpelten und daher zur **Mitwirkung bei einer Eheschließung** nicht bereiten Standesbeamten eine Eheschließung bewirkten. Bereits das EheG 1938 verzichtete auf diese ausdrückliche Klarstellung, da sich dieses Erfordernis bereits aus § 15 Abs 1 EheG 1938, § 11 Abs 1 EheG 1946 ergab: „Eine Ehe kommt nur zustande, wenn die Eheschließung vor einem Standesbeamten stattgefunden hat." Indirekt ergab sich dies auch aus den Formvorschriften der §§ 17, 18 EheG 1938, §§ 13, 14 EheG 1946. Obwohl § 1310 Abs 1 S 1 sich vom Wortlaut her wieder enger an § 1317 Abs 1 S 1 uF anlehnt, war eine erneute ausdrückliche Regelung schon deswegen entbehrlich, weil sie auch aus §§ 1310, 1312 zu folgern ist. Konsenserklärungen vor einem mehr oder wenig zufällig auf einer Mitternachtsparty in seinem Amtsbezirk anwesenden, zur Mitwirkung an einer Eheschließung nicht bereiten Standesbeamten erzeugen daher auch heute eine rechtlich unbeachtliche (allenfalls nach Abs 3 heilbare) Nichtehe (ebenso WAGENITZ/BORNHOFEN, Handbuch des Eheschließungsrechts S 152 Rn 7).

35 Selbstverständliche Voraussetzung wirksamer Mitwirkung ist, dass der Standesbeamte freiwillig an der Trauung teilnimmt und den Vorgang als solchen **wahrnimmt.**

Entscheidend ist, wie sich das Verhalten redlich gesinnter Eheschließender darstellt. Unerkannte **Behinderungen der Wahrnehmungsfähigkeit** des Standesbeamten, seine Geschäftsunfähigkeit, Volltrunkenheit (MEIER StAZ 1985, 272), sein heimlicher Vorbehalt (RGZ 166, 341, 343), nicht mitwirken zu wollen, oder sein Irrtum über die eigenen Erklärungen beeinträchtigen seine gesetzlich geforderte Mitwirkung rechtlich nicht. Die Bereitschaft fehlt daher auch nicht bei Irrtum oder Täuschung über das Vorliegen von Ehevoraussetzungen, wohl aber bei äußerlichem Zwang zur Amtsausübung. Hat der Standesbeamte nicht vorher klargestellt, dass er nicht bereit ist, an der Eheschließung mitzuwirken, kommt sein nachträgliches Bestreiten der Mitwirkungsbereitschaft zu spät (RGZ aaO); dies jedenfalls dann, wenn die Eheschließungserklärungen ausgetauscht sind, die Ehe also schon zustande gekommen ist (MünchKomm/WELLENHOFER § 1310 Rn 6).

Da die Eheschließungserklärungen allein dem anderen Partner gegenüber abzugeben sind, §§ 1310 Abs 1, 1311, 1312 Abs 1, ist die Mitwirkungsbereitschaft auch unabhängig davon, ob der Standesbeamte die **Erklärungen versteht**. Er braucht den darin enthaltenen Eheschließungswillen nicht zu erkennen (BGH FamRZ 1983, 450, 452). **36**

b) Die Mitwirkungspflicht gem Abs 1 S 2 HS 1

Das Gesetz schreibt dem örtlich zuständigen Standesbeamten nun ausdrücklich vor, dass er an der Eheschließung mitwirken muss, wenn die Voraussetzungen für die Vornahme der Eheschließung vorliegen. Das sichert einerseits die grundrechtlich geschützte **Eheschließungsfreiheit**, stellt aber andererseits klar, dass das **Fehlen auch nur einer Voraussetzung** den Standesbeamten berechtigt, die Eheschließung zu verweigern. **37**

„Voraussetzungen der Eheschließung" definiert § 13 PStG. Dazu gehören die Erfordernisse, die sich aus §§ 1303–1309 ergeben, also die Ehefähigkeit bei beiden Eheschließenden, das Nichtvorliegen der Eheverbote und ggf das Ehefähigkeitszeugnis. Hierzu gehören aber auch die für die Gültigkeit der Eheschließung belanglosen Vorschriften des PStG, also insbesondere die Durchführung des Anmeldeverfahrens und die Beachtung der örtlichen Zuständigkeit; denn die Vorschrift beschränkt sich nicht auf die Voraussetzungen einer gültigen Ehe, sondern verlangt ausdrücklich die Voraussetzungen einer **Eheschließung**. **38**

Weigert sich ein Standesbeamter, bei der Eheschließung mitzuwirken, weil er der Auffassung ist, dass nicht alle Voraussetzungen dafür vorliegen, können die Verlobten gem § 49 PStG eine gerichtliche Entscheidung herbeiführen. **39**

c) Die Verweigerungspflicht gem Abs 1 S 2 HS 2

Mit HS 2 erhebt das Gesetz wieder Umstände zum Eheschließungshindernis, die teilweise und zeitweise schon früher bestanden hatten, zwischenzeitlich aber aufgehoben waren. Schon § 1325a BGB uF kannte den Nichtigkeitsgrund der **Namensehe**, der erst seit 1933 als heilbar ausgestaltet war. Das EheG 1946 behielt ihn ebenso wie die Erweiterung auf die **Staatsangehörigkeitsehe** in § 23 EheG 1938 bei. Das 1. EheRG 1976 schaffte jedoch beide Nichtigkeitsgründe zum 30. 6. 1977 ab. Schon bald musste man feststellen, dass vermehrt – bisweilen sogar gegen Bezahlung – Ehen geschlossen wurden, die offenbar nur der Verbesserung der Rechtsstellung von **40**

Ausländern in Deutschland dienen sollten, ohne dass die Eheschließenden eine eheliche Lebensgemeinschaft begründen wollten. Daraus hat der Gesetzgeber 1998 die Konsequenz gezogen und dem Standesbeamten ein – wenn auch im Hinblick auf die Eheschließungsfreiheit nur schwaches – Mittel an die Hand gegeben, nicht nur derartige **Scheinehen** (vgl § 1314 Abs 2 Nr 5), sondern auch andere Eheschließungen zu verhindern, die zu fehlerhaften und daher aufhebbaren Ehen führen. Prinzipiell bestehen gegen die Neuregelung **keine verfassungsrechtlichen Bedenken**; denn Art 6 GG schützt nicht den offenbaren Missbrauch der Eheschließungsfreiheit (vgl Art 2 SchweizZGB); die Ablehnung der Eheschließung durch den Standesbeamten ist in jedem Fall gem § 49 PStG gerichtlich überprüfbar.

41   Aus dem Wortlaut Mitwirkung „bei der Eheschließung" in HS 1, der in HS 2 zu ergänzen ist, ergibt sich, dass die Pflicht, eine offenkundig aufhebbare Ehe zu verhindern, so lange besteht, wie dieser Zweck noch verwirklicht werden kann, also **noch während der Trauung** iSv § 1312 bis zur Antwort des zweiten Verlobten (zB im Falle der vorübergehenden Störung der Geistestätigkeit infolge von Alkohol- oder Drogenkonsum gem § 1314 Abs 2 Nr 1). Die Pflicht, die Mitwirkung bei der Eheschließung zu verweigern, besteht jedoch schon von der Anmeldung der Eheschließung an. Wenn es für den Standesbeamten **bei der Anmeldung** offenkundig wird, dass einer der Eheschließenden getäuscht wird oder unter einer Drohung steht, § 1314 Abs 2 Nr 2, 3, 4, oder dass beide nur eine Scheinehe, § 1314 Abs 2 Nr 5, eingehen wollen, hat er bereits dann seine Mitwirkung zu verweigern. Seine Weigerung hat er zu begründen, damit die Eheschließungswilligen seine Entscheidung nach § 49 PStG überprüfen lassen können.

42   Wegen des hohen Ranges der als Grundrecht geschützten Eheschließungsfreiheit und der Unmöglichkeit, in der Praxis einfach und verlässlich festzustellen, dass die in § 1314 Abs 2 umschriebenen Aufhebungsgründe im konkreten Fall wirklich nicht vorliegen, ist der Standesbeamte grundsätzlich weder verpflichtet noch berechtigt, bei den Eheschließenden nach den Motiven der Eheschließung zu forschen (OLG Düsseldorf FamRZ 1999, 225; OLG Hamburg FamRZ 1983, 64, 65; BayObLG FamRZ 1985, 475; LG Bremen StAZ 1990, 139; LG Kiel IPrax 1992, 255; JAYME IPRax 1983, 29; PAWLOWSKI FamRZ 1991, 501, 504 f). Nur wenn **konkrete Anhaltspunkte** vorliegen, § 13 Abs 2 PStG, darf der Standesbeamte nachfragen und einhaken. Gewichtige **Indizien** sind die Hingabe von Geld an den deutschen künftigen Ehegatten und der Umstand, dass sich die Eheschließenden nicht einmal sprachlich miteinander verständigen können (kritisch PAWLOWSKI FamRZ 1991, 501, 505). Im Übrigen kann auf die bisher entschiedenen Fälle zurückgegriffen werden (BayObLG FamRZ 1982, 601, 602; 1982, 603; OLG Hamm OLGZ 1983, 13; OLG Hamburg FamRZ 1983, 64: Bedingung bzw Zeitbestimmung; AG Duisburg StAZ 1981 113; AG Kempten StAZ 1981, 298; BayObLG FamRZ 1984, 477; 1984, 1014, 1985, 475; vgl auch OLG Celle FamRZ 1984, 279 mAnm BOSCH LG Lübeck StAZ 1985, 164; BGH FamRZ 1986, 257).

43   Neuerdings wendet sich das Augenmerk verstärkt den **Zwangsheiraten** zu, die vornehmlich in Fällen mit Migrationshintergrund mehrfach in der breiten Öffentlichkeit diskutiert wurden und teilweise mit Gewaltandrohungen, mit Gewalthandlungen, ja sogar mit Tötungsverbrechen in Verbindung gebracht werden müssen. Der Standesbeamte hat die Eheschließung zu verweigern, wenn er aufgrund seiner Untersuchung überzeugt ist, dass der befürchtete Aufhebungsgrund **offenkundig** vor-

liegt. Das ist der Fall, wenn bestimmte Tatsachen dies mit Händen greifbar machen. Seit 17. 3. 2011 stellt § 237 StGB die Nötigung zur Eingehung einer Ehe unter Strafe; bereits der Versuch ist strafbar, Abs 3; der Standesbeamte wird die Staatsanwaltschaft in Kenntnis zu setzen haben. Es ist dann Sache der Nupturienten, die Einschätzung des Standesamts nach § 49 PStG gerichtlich überprüfen zu lassen. Zweifelt der Standesbeamte nach seiner Untersuchung, ob ein Aufhebungsgrund tatsächlich vorliegt, dann liegt dieser jedenfalls nicht offenkundig vor, sodass die Eheschließung vorzunehmen ist. Kein Verweigerungsrecht besteht wegen § 1314 Abs 2 Nr 5, wenn die Eheschließenden die eheliche Lebensgemeinschaft begründen wollen und damit **auch** eine Aufenthaltserlaubnis für den ausländischen Partner anstreben (so schon bisher LG Bremen NJW-RR 1990, 1349; LG München I FamRZ 1994, 1107).

d)   Der Zeitpunkt der Mitwirkungspflicht

Den Anspruch auf die Mitwirkung des örtlich zuständigen Standesbeamten haben **44** die künftigen Ehegatten im **Normalfall** erst, wenn das durch ihre Anmeldung der Eheschließung eröffnete Prüfungsverfahren mit dem Ergebnis abgeschlossen ist, dass der Eheschließung kein Hindernis entgegensteht, und das den Eheschließenden förmlich **mitgeteilt** wurde, § 13 Abs 4 S 1 PStG. Zur Verfahrensdauer gibt es keine Regelung, die ganz früher geltende Wochenfrist, während der das Aufgebot öffentlich auszuhängen war, nachdem keine Ehehindernisse festgestellt worden waren (§ 3 PStG aF), ist längst Geschichte. Die Mitwirkungspflicht **endet** sechs Monate nach dem Zeitpunkt der Mitteilung, § 13 Abs 4 S 3 PStG; wollen die Verlobten danach immer noch die Ehe schließen, bedarf es einer neuen Anmeldung und Prüfung.

Einen Anspruch auf **sofortige Mitwirkung** des Standesbeamten haben künftige Ehe- **45** gatten nur, wenn einer von ihnen oder beide **lebensgefährlich erkrankt** sind, § 13 Abs 3 PStG. Das muss durch das Zeugnis eines Arztes oder auf andere Weise nachgewiesen werden. In diesem Fall bedarf es keiner besonderen Prüfung der Ehevoraussetzungen. Der Standesbeamte ist zur Mitwirkung verpflichtet, wenn ihm glaubhaft gemacht wird, dass keine Ehehindernisse vorliegen. Die Anmeldung geschieht in diesem Fall durch das Benachrichtigen bzw Herbeirufen des Standesbeamten. Nicht geregelt ist, ob auch ein **örtlich unzuständiger Standesbeamter** zur sofortigen Mitwirkung bei der Eheschließung „am Krankenbett" verpflichtet ist. Das ist wegen des Grundrechtsschutzes der Eheschließungsfreiheit und im Hinblick auf die versorgungs- und erbrechtlichen Folgen der Eheschließung zu bejahen. Bei lebensgefährlicher Erkrankung eines der Heiratswilligen ist der Standesbeamte des Ortes, der von dem Wunsch der Verlobten nach sofortiger Eheschließung benachrichtigt wird, verpflichtet, dem unverzüglich nachzukommen; versäumt er dies, liegt eine Amtspflichtverletzung iSv § 839 vor. Er darf in diesem Fall die Eheschließung nur verweigern, wenn er sich sicher ist, er werde daran mitwirken, eine unheilbar aufhebbare Ehe zu schließen.

3.   Eheschließung vor einem Scheinstandesbeamten (Abs 2)

Einem Standesbeamten im Sinne des § 1310 Abs 1 steht nach Abs 2 gleich, wer als **46** Nichtstandesbeamter das Amt des Standesbeamten **öffentlich ausgeübt** und die Ehe gesetzmäßig beurkundet hat, also in das Eheregister **eingetragen** hat. Diese Vorschrift vermeidet es, das Risiko nicht ordnungsgemäßer Bestellungen von Standesbeamten den Eheschließenden zu überbürden.

a) Öffentliche Amtsausübung

47 Eine Person übt das Amt eines Standesbeamten öffentlich aus, wenn sie sich wie ein bestellter und zuständiger Standesbeamter verhält. Ob der Pseudo-Standesbeamte weiß, dass er nicht berechtigt ist, oder ob er sich darüber irrt, ist für die Gültigkeit der Eheschließung unerheblich. Dasselbe gilt für die anderen Beteiligten. Im Interesse der Rechtssicherheit darf der Bestand der Ehe nicht von subjektiven und daher nur schwer feststellbaren Umständen abhängen (anders noch § 1319 uF, wonach mindestens ein Verlobter gutgläubig sein musste).

48 **Indiz** für die öffentliche Ausübung ist die Vornahme der Amtshandlungen in den **Diensträumen** oder das entsprechende Auftreten außerhalb, ferner der Umstand, dass die vornehmende Person in der Lage ist, über Heiratsunterlagen zu verfügen und Eintragungen in Personenstandsbüchern vorzunehmen (zustimmend MünchKomm/WELLENHOFER § 1310 Rn 9; unklar OLG Oldenburg StAZ 1962, 218).

b) Eintragung in das Eheregister

49 Neben der öffentlichen Amtsausübung muss der Nichtstandesbeamte die Eheschließung im Eheregister **persönlich eintragen**. Die an sich nur deklaratorische Eintragung der Eheschließung ist in diesem Falle unabdingbare **Wirksamkeitsvoraussetzung** für die Gültigkeit der Ehe. Entscheidend ist die **Tatsache, nicht der Zeitpunkt** der Eintragung (vgl MünchKomm/WELLENHOFER § 1310 Rn 9). Es genügt nicht, dass der echte Standesbeamte oder eine andere Person die Eintragung vornimmt; allerdings reicht es – wie beim echten Standesbeamten – aus, wenn der Scheinstandesbeamte den vorbereiteten Eintrag durch seine Unterschrift vollzieht (MünchKomm/WELLENHOFER § 1310 EheG Rn 9; PALANDT/BRUDERMÜLLER 1310 Rn 3). Da das **Eheregister elektronisch** geführt werden muss, entfällt der bisher durch § 11 Abs 2 PStG aF gewährleistete enge zeitliche Zusammenhang zwischen der Trauung und der Eintragung; sie erfolgt vielmehr erst „im Anschluss an die Eheschließung", § 15 Abs 1 PStG. Zwar wird die Eheschließung auch beurkundet und unterschrieben, es handelt sich aber bloß um eine Niederschrift, die zu den Sammelakten, § 6 PStG, genommen wird und rechtlich auch nicht als Grundlage der elektronischen Eintragung im Eheregister ausgestaltet ist, § 14 Abs 3 mit § 15 Abs 1 PStG. Diese Niederschrift ist also keine Eintragung iSv § 1310 Abs 2.

50 Das Gesetz schreibt nicht vor, in das Eheregister welches Standesamtes der Scheinstandesbeamte die Eheschließung eingetragen haben muss, damit die Ehe gültig geschlossen ist. Es genügt daher, wenn er die Eintragung in „irgendeinem" Eheregister vornimmt. Gedacht wird dabei an den Fall, dass ein Standesbeamter die Grenzen seines Amtsbezirks (zB bei einer Nottrauung) überschreitet, dadurch zum Scheinstandesbeamten wird, die Eheschließung jedoch in seinem Eheregister einträgt (vgl PETERS StAZ 1966, 238). Dies kann auch bei der elektronischen Führung des Eheregisters vorkommen.

51 Durch die Eintragung im Eheregister entsteht eine öffentliche Urkunde iSd §§ 415, 418 ZPO, die vollen Beweis über die Eheschließung erbringt (BSG FamRZ 1978, 587, 588; WAGENITZ/BORNHOFEN, Handbuch des Eheschließungsrechts S 156 Rn 18; HEPTING/GAAZ, Personenstandsrecht, vor §§ 3 ff PStG § 11 EheG Rn 23 ff mwNw). Eines Berichtigungsvermerks im Eheregister, dass die Eheschließung nur vor einem Standesbeamten iSv § 1310 Abs 2 stattgefunden hat, bedarf es nicht.

V.   Ehekonsens

Consensus facit nuptias: Diese mit verändertem Inhalt weiterlebende römisch-recht- **52**
liche Maxime kennzeichnet treffend auch den seit dem Inkrafttreten des BGB
bestehenden deutschen Rechtszustand. Die beiderseitige materiellrechtlich wirksame und formgültige Erklärung des Eheschließungswillens allein bewirkt **rechtliche
Bindung** (BGH FamRZ 1983, 450).

Sobald die in Abs 1 S 2 geforderten Konsenserklärungen beider Eheschließenden **53**
vor der Trauperson, also dem Standesbeamten, abgegeben sind, ist durch diese
familienrechtliche Einigung das **Rechtsverhältnis Ehe** zustande gekommen; geschah
dies vor einem Scheinstandesbeamten (Abs 2), bedarf es zusätzlich der Eintragung
in ein Eheregister.

Die Konsenserklärungen sind **Willenserklärungen**. Sie können daher mit sämtlichen **54**
Fehlern behaftet sein, die nach den allgemeinen Vorschriften der §§ 104 ff, 116 ff die
Wirksamkeit von Willenserklärungen zu beeinträchtigen vermögen. Jedoch werden
diese Regelungen von §§ 1314–1318 als leges speciales verdrängt.

1.   Geschäftsfähigkeit

Geschäftsfähigkeit beider Eheschließender ist Gültigkeitsvoraussetzung ihrer beider **55**
Konsenserklärung. Ein **minderjähriger Verlobter** ist jedoch für die Eheschließung
geschäftsfähig, wenn er vom Erfordernis der Volljährigkeit gerichtlich befreit ist
(§ 1303 Abs 1, 2); die Einwilligung der gesetzlichen Vertreter oder sonstiger Personensorgeberechtigter ist entbehrlich. Sollte ein Minderjähriger ohne diese Befreiung den Ehekonsens vor einem Standesbeamten erklärt haben, ist die Ehe weder
deswegen, noch wegen Fehlens der Einwilligung der gesetzlichen Vertreter oder
sonstiger Personensorgeberechtigter nichtig, sondern nur aufhebbar (§ 1314 Abs 1),
aber auch heilbar (§ 1315 Abs 1 Nr 1). Näheres vgl in den Erläuterungen dort. Zur
Konsenserklärung eines **Geschäftsunfähigen** vgl § 1304.

2.   Willensmängel

Allgemein behandelt das deutsche Recht fehlerhafte Willenserklärungen als nichtig **56**
oder vernichtbar; das Eheschließungsrecht behandelt die fehlerhafte Eheschließungserklärung dagegen **grundsätzlich nicht als unwirksam**. Wer (Ehegatten, Dritte,
Verwaltungsbehörden) **welche Fehler** welcher Eheschließungserklärung in der Weise
geltend machen kann, dass die Ehe als von Anfang an fehlerhaft geschlossen aufgehoben wird, bestimmt sich gem § 1313 S 3 **ausschließlich nach §§ 1314–1317**; weitere Rechtsfolgen der Aufhebung bestimmt § 1318. Willensmängel der Eheschließungserklärungen, denen §§ 1314 ff nicht die Rechtsfolge „Aufhebbarkeit" anhängen,
berühren die Wirksamkeit der Ehe also nicht; das betrifft zum einen die Willensmängel gemäß §§ **116 S 2, 117, 118**, zum anderen die Verstöße gegen §§ **134, 138** (zur
Nichtanwendbarkeit von § 138, wenn eine Ehe unsittlichen Zwecken dienstbar gemacht werden soll,
vgl schon MÜLLER-FREIENFELS, Zweckwidrige Eheschließungen, StAZ 1962, 145, gegen AG Bielefeld StAZ 1962, 168; ebenso MünchKomm/WELLENHOFER § 1310 Rn 13). Eine unter den dort
normierten Tatbeständen geschlossene Ehe kann (falls nicht auch ein Aufhebungsgrund nach § 1314 vorliegt) nur durch Scheidung und mit deren weitreichenden

vermögensrechtlichen Konsequenzen gelöst werden; die Fehlerhaftigkeit der Ehe-schließungserklärung spielt dafür jedoch keine Rolle, sondern allein die Zerrüttung der Ehe. Grundsätzlich anwendbar ist § 116 S 1; das durchbricht jedoch die obige Regel nicht, weil dort als Rechtsfolge eines geheimen Vorbehalts gerade nicht die Ungültigkeit der Erklärung statuiert ist; ein geheimer Vorbehalt bei der Eheschlie-ßung ist daher unbeachtlich (vgl OLG Hamburg FamRZ 1981, 356; OLG Düsseldorf FamRZ 1981, 677; KG NJW 1982, 1112; OLG Frankfurt FamRZ 1987, 155; vgl BEITZKE StAZ 1983, 2).

3. Formmangel

57 Ermangeln die Konsenserklärungen der in § 1311 gesetzlich vorgeschriebenen Form, ist die Eheschließung entgegen der Grundregel § 125 S 1 ebenfalls nicht nichtig, sondern wirksam. Die Ehe ist gemäß § 1314 Abs 1 nur aufhebbar, aber auch gemäß § 1315 Abs 2 Nr 2 heilbar. § 1312 hingegen ist eine Verfahrensvorschrift; sie betrifft die Wirksamkeit der Eheschließung überhaupt nicht. Eine Trauung in abweichender Art und Weise ist wirksam.

VI. Rechtswirkungen

58 Sobald die Tatbestandsmerkmale von § 1310 Abs 1 S 1 (bzw Abs 2) erfüllt sind, sind die Eheschließenden **zu Ehegatten geworden**. Läuft die Eheschließung in der Form des § 1312 ab, so tritt der Wechsel des Personenstands mit der Bejahung der zweiten Frage nach dem Eheschließungswillen ein. Die sogleich mit dem Rechtsverhältnis Ehe entstandenen gegenseitigen Rechte und Pflichten der Ehegatten sowie die weiteren (insbesondere vermögensrechtlichen) Rechtsfolgen und Gestaltungsmög-lichkeiten ergeben sich zumeist aus den §§ 1353 ff (vgl HÜBNER FamRZ 1962, 1). Haben die Ehegatten gemeinsame voreheliche minderjährige Kinder, so erwerben sie spä-testens in diesem Augenblick die **gemeinsame elterliche Sorge** (§ 1626a Abs 1 Nr 2), soweit der Ehemann dem Kind auch als Vater von Rechts wegen zugeordnet ist, § 1592 Nr 2 oder 3. Beim gesetzlichen **Güterstand** unterliegt von diesem Augenblick an jeder Ehegatte den **Verfügungsbeschränkungen** nach §§ 1365, 1369. Haben die werdenden Ehegatten **Gütergemeinschaft** vereinbart, ereignet sich in diesem Mo-ment die Eigentumsänderung (§ 1416). Verstirbt ein Ehegatte, so ist der Überleben-de gesetzlich **erbberechtigt** und prinzipiell berechtigt, die **Versorgungsbezüge** als Witwer bzw Witwe zu beziehen. In Zweifelsfällen kann die Feststellung des Beste-hens oder Nichtbestehens einer Ehe durch das FamG beantragt werden, § 121 Nr 3 FamFG (OLG München StAZ 2013, 143).

VII. Die Nichtehe und ihre Heilungsmöglichkeit (Abs 3)

59 Eine **Nichtehe** liegt nur vor bei einem Verstoß gegen § 1310 Abs 1 S 1, Abs 2. Für diesen Fall sieht das Gesetz nämlich weder die Aufhebbarkeit nach § 1314, noch eine Heilung vor (weiterführend COESTER, in: FS Heldrich [2005] 537 ff). Eine solche „Eheschlie-ßung" ist daher rechtlich unbeachtlich. In Betracht kommen folgende **Fallgestaltun-gen**: (1) Konsensabgabe, aber nicht vor einem wirklichen und in seinem Bezirk tätigen oder einem dort zur Vertretung ermächtigten Standesbeamten; (2) Konsens-abgabe vor einem Nichtstandesbeamten und entweder Fehlen der öffentlichen Amtsausübung oder Unterlassen der Eintragung im Eheregister; (3) Konsensabgabe vor einem zur Mitwirkung an der Eheschließung nicht bereiten (Schein-)Standes-

beamten; (4) Fehlen einer Äußerung eines oder beider Eheschließenden, die als Erklärung des Willens, mit dem anderen die Ehe eingehen zu wollen, angesehen werden kann; ferner (5) die „Eheschließung" mit einem bereits Verstorbenen; (6) die „Ehe-"Schließung mit einem gleichgeschlechtlichen Partner.

Da der Nichtehe *(matrimonium non existens)* keinerlei Rechtswirkungen zukom- 60 men, sind die Partner mit allen sich daraus ergebenden Konsequenzen **weiterhin nicht miteinander verheiratet** (vgl BayObLG FamRZ 1966, 639; 641; PALANDT/BRUDERMÜLLER Einf vor § 1313 Rn 1, 5). Auf das Vorliegen dieser „Nichtehe" kann sich **jedermann jederzeit berufen**. Gerichtlich kann die Nichtexistenz dieser Putativehen nur im Wege eines **negativen Feststellungsantrags** vor dem Familiengericht geltend gemacht werden, § 121 Nr 3 FamFG.

1. Rechtslage vor der Neuregelung in Abs 3

a) Grundsatz der Unheilbarkeit

Eine Nichtehe war vor 1998 **grundsätzlich unheilbar** (vgl zur Vereinbarkeit mit Art 6 GG 61 BVerfGE 29, 166, 175 ff; BVerfG FamRZ 1971, 414, 416 f; ferner BGH FamRZ 1983, 450, 451; aber OLG Köln FamRZ 1994, 891, BayObLG FamRZ 1995, 602). Die damit verbundenen Härten mussten von den Partnern hingenommen werden.

In Ausnahmefällen half die Rechtsprechung dadurch, dass sie die **Berufung auf die** 62 **Nichtehe** für **unzulässig** erklärte, insbesondere in Fällen aus den Kriegs- und Nachkriegswirren. Diese wurden zum Teil erst spät entdeckt, wenn einer der Partner verstarb. Eine **Notklerikalehe** wurde anerkannt und dem Ehepartner verwehrt, sich auf diese Nichtehe zu berufen, wenn seine Ehe von einem Geistlichen in Gebieten geschlossen wurde, in denen es wegen der Besetzung deutscher Gebiete im Zweiten Weltkrieg entweder an Standesbeamten fehlte, oder diese an der Ausübung ihres Amtes gehindert waren (vgl dazu ausführl NEUHAUS, in: FS Schwindt 230 ff zur Rechtsprechung, 235 ff zur Literatur; VG Berlin FamRZ 1955, 70: gegen den Wortlaut aus Gerechtigkeitsgründen als wirksam zu behandelnde Ehe nach über 30-jähriger, faktisch gelebter Ehe; OLG Stuttgart FamRZ 1963, 39: Notklerikalehe wirksam, weil Verwaltung in der besetzten Bukowina fehlte und Berufung auf Nichtigkeit der Ehe nach 10-jähriger öffentlich anerkannter Ehe sittenwidrig sei, von BGH FamRZ 1963, 352 gebilligt; OLG München FamRZ 1968, 599; LSozG Stuttgart FamRZ 1977, 259; AG Kassel StAZ 1980, 155; mit guter Begründung: OLG Hamburg FamRZ 1981, 356). Auf die obligatorische Mitwirkung eines Standesbeamten konnte in diesen Fällen, in denen die Partner meist **jahrzehntelang als Ehegatten** miteinander lebten, verzichtet werden, weil das Gebot standesamtlicher Mitwirkung nicht Selbstzweck ist, sondern der Garantiefunktion des Art 6 GG dienen soll: die Einschaltung des Standesbeamten sollte den Eheschließungswilligen Gelegenheit bieten, ihren Entschluss ernsthaft und reiflich zu überlegen, und die Eintragung in das Eheregister soll für die Öffentlichkeit das Bestehen dieser Ehe klarstellen und bekanntmachen, sowie die Eheschließung zu Beweiszwecken festhalten. Diese Schutzzwecke konnte man durch das jahrzehntelange Zusammenleben als erreicht beurteilen. Die Klarstellungs- und Beweisfunktion war dadurch erfüllt, dass die Partner jahrzehntelang öffentlich wie Ehepartner gelebt hatten und von staatlichen Stellen als solche behandelt worden waren (vgl dazu OLG Hamburg FamRZ 1981, 356, 358). Ist so die Funktion der Eheschließungsfreiheit nach Art 6 GG gewährleistet, bedarf es zur Begründung des Ergebnisses nicht der Berufung auf das in Art 12 und 14 EMRK garantierte Recht auf Eheschließung.

b) Bedürfnis einer Heilungsmöglichkeit

63 Besondere Brisanz erlangte die Berufung auf die Nichtehe beim **Tod eines vermeintlichen Ehepartners**, wenn dem überlebenden Putativgatten die jahrelang miterarbeitete **Alterssicherung** (als Beteiligung am Rentenanspruch bzw am Nachlass im Wege des Zugewinnausgleichs) unter Hinweis auf den Nichtbestand der Ehe vorenthalten wurde (dazu vMAYDELL, in: FS Bosch [1976] 645 ff, 648 ff; NEUHAUS, in: FS Schwindt 236). Das BVerfG hatte bereits 1983 unter Berufung auf Art 6 GG und den Schutzzweck der sozialversicherungsrechtlichen Normen für den Fall einer **hinkenden Ehe** (eine Ehe, die deutschen Formvorschriften zwar nicht genügt, aber nach ausländischem Recht wirksam ist) entschieden, dass in verfassungskonformer Auslegung des § 1264 RVO Witwe iSd RVO auch eine Frau sei, deren Ehe nur im Ausland gültig sei; außerdem wurde verlangt, dass die Parteien sich als Ehepartner betrachtet und nicht nur eine nichteheliche Lebensgemeinschaft gewollt hatten (unter Aufhebung der bisherigen Rechtsprechung des BSG: BVerfG FamRZ 1983, 251; mit Anm BOSCH FamRZ 1983, 253; kritisch MÜLLER-FREIENFELS JZ 1983, 230 und BAYER/KNÖRZER/WANDT FamRZ 1983, 770; vgl auch LSG Hessen FamRZ 1983, 62; LSG Hamburg FamRZ 1986, 994; SCHMIDT-RÄNTSCH IPRax 1986, 148 ff; vgl BSG FamRZ 1978, 587, wo die Witwenrente zugesagt wurde, weil die nach deutschem Recht ungültige Ehe in ein deutsches Standesregister eingetragen war). Wie diese Entscheidungen zeigen, bestand ein Bedürfnis, Putativehen (die Ehepartner lebten im Bewusstsein, verheiratet zu sein und wurden öffentlich als Eheleute angesehen) nicht einfach als **rechtliches Nichts** abzutun.

2. Grundzüge der Regelung des Abs 3

64 Das EheschlRG 1998 brachte mit **§ 1310 Abs 3** Abhilfe, greift aber über den Problemkreis der sog „hinkenden Ehen" hinaus, weil die Art und Weise der Konsenserklärung nicht näher bestimmt ist (vgl STURM StAZ 1999, 289). Eine nach außen als Ehepaar geführte Lebensgemeinschaft wird dann zur Ehe, wenn (1.) ein Standesbeamter das Paar, das er für Ehegatten hielt, in einer Beurkundungssituation gemäß Abs 3 HS 2 Nr 1–3 als miteinander verheiratet behandelt hat und die „Nicht"-Eheleute nichts dagegen unternommen haben; wenn (2.) die Nicht-Eheleute danach in der Regel zehn, bei früherem Tod eines Partner mindestens fünf Jahre miteinander „als Ehegatten" (Abs 3 HS 3) gelebt haben; und wenn (3.) keine Ehehindernisse vorliegen. Mit Vollendung dieses Zeitraums gilt die Ehe als geschlossen, und zwar rückwirkend auf den Zeitpunkt der Konsenserklärung.

65 Diese Erfordernisse stellen klar, dass allein der gemeinsame Ehewille auch weiterhin zur Begründung der Ehe nicht ausreicht: **nudus consensus non faciat nuptias**. In diesen Fallkonstellationen ist das Risiko der Nicht-Ehegatten nach wie vor hoch, unter Umständen nach vielen Jahren gemeinsamen Zusammenlebens und entsprechender Einrichtung der gemeinsamen Existenz ohne wirksam „geschlossene Ehe" dazustehen (zur Nichtanerkennung einer Heirat nach Sitte der Sinti im Zusammenhang mit der Frage der Zulassung als Nebenklägerin s BVerfG FamRZ 1993, 781).

66 Missverständlich spricht Abs 3 von „Ehegatten". Die Lebensgefährten sind das weder nach einer Konsenserklärung vor einem Nicht-Standesbeamten, noch nach einer standesamtlichen Maßnahme gemäß Abs 3 Nr 1–3, noch vor dem Ablauf des folgenden Dezenniums ihres Zusammenlebens, sondern erst danach. Selbst beim Tod eines Partners im Lauf des zweiten Jahrfünfts ihres Zusammenlebens war der Verstorbene nie Ehegatte und der Personenstand des Weiterlebenden wandelte sich sofort von „ledig" bzw „nichtverheiratet" zu „verwitwet".

Unbenommen ist weiterhin die Sanierung einer fehlerhaften Ehe durch **Wiederho-** 67 **lung der Eheschließung**; dies ist sowohl für den Standesbeamten, als auch für die Nicht-Eheleute der sichere Weg, um eine gültige Ehe zu bewirken. Allerdings wirkt diese Eheschließung nicht zurück, sondern erst vom Zeitpunkt der Vornahme an (ex nunc). Den Eheleuten ist es jedoch unbenommen, nach Ablauf der Heilungszeit gemäß Abs 3 nachzuweisen, dass ihre Ehe rückwirkend zu einem früheren Zeitpunkt als geschlossen anzusehen ist (zur Rückwirkung in die Jahre vor dem 1. 7. 1998 unten Rn 85).

3. Voraussetzung der Heilung im Einzelnen

a) Heilende Handlungen des Standesbeamten

Unverzichtbare Voraussetzung der Heilung jeder nicht auf einer wirksamen Ehe- 68 schließung beruhenden scheinehelichen Lebensgemeinschaft, also nicht nur einer sog hinkenden Ehe, ist eine fehlerhafte Maßnahme eines Standesbeamten, die in der Praxis nur höchst selten vorkommen wird. Ist der Fehler im Zusammenhang mit der Beurkundung der Geburt eines gemeinsamen Kindes (Abs 2 Nr 2) geschehen, haben die fälschlich als verheiratet bezeichneten Personen keinen Anspruch darauf, dass nach Aufdeckung des Fehlers seine Korrektur unterbleibt, um den Fristablauf nicht abzubrechen; das gilt auch für „hinkende Ehen", die insoweit nicht unter dem Schutz von Art 6 GG stehen. Der Standesbeamte ist vielmehr verpflichtet, seinen fehlerhaften Eintrag von sich aus oder auf Anordnung des Gerichts förmlich zu **berichtigen**, §§ 47, 48 PStG. Geschieht das vor Ablauf der Heilungsfristen (danach ist die Eintragung nicht mehr unrichtig), entfällt der unabdingbare Anknüpfungspunkt für die Heilung.

Nach § 1310 **Abs 2 Nr 1** kann der Zeitablauf eine Nichtehe heilen, wenn ein Standes- 69 beamter sie als Ehe in das elektronische **Eheregister** seines Standesamtsbezirks eingetragen hat (sonst handelt er nicht als Standesbeamter). Eine Zuständigkeitsregel fehlt; nach Sinn und Zweck der Vorschrift braucht der Standesbeamte weder örtlich zuständig, noch von einem anderen Standesbeamten ermächtigt zu sein. In Betracht kommen in der Praxis wohl nur Fälle mit Auslandsbezug.

Nach **Abs 3 Nr 2** kann der Zeitablauf eine Nichtehe heilen, wenn der Standesbeamte 70 im elektronischen **Geburtenregister** gelegentlich der Beurkundung der Geburt eines gemeinsamen Kindes der Nicht-Eheleute einen Hinweis auf die Ehe der Eltern angebracht hat (AG Mainz FamRZ 2003, 600: Heirat im türkischen Konsulat; BayObLG FamRZ 2000, 699: Heirat vor einem nicht ermächtigten Geistlichen, dieser Fehler war jedoch bereits berichtigt). Da sich heute weder aus der Namensführung noch aus dem tatsächlichen Zusammenleben der Eltern rechtliche Rückschlüsse auf das Bestehen oder Nichtbestehen einer Ehe ziehen lassen, hat der Standesbeamte dies zu überprüfen, bevor er einen derartigen Hinweis aufnimmt. Ausdrücklich vorgesehen ist ein Hinweis im Geburtenbuch auf den Familienstand der Eltern jedoch nicht; Gelegenheit ist dafür wohl nur bei der Feststellung des Familiennamens des Kindes. Wird dabei in irgend-einer Weise ersichtlich, dass sein Familienname nach den Vorschriften für den Namenserwerb miteinander verheirateter Eltern bestimmt wird, §§ 1616 ff, reicht das als Ansatz für die Heilung der Nichtehe aus. Nach § 21 PStG wird der Familienstand der Eltern nicht im Geburtenregister beurkundet, sondern in den Hinweisen zum Geburteneintrag festgehalten; da der Hinweisteil jedoch ausdrücklich ein Teil des „Registereintrags" ist, § 3 Abs 1 S 2 PStG, reicht das aus.

71 Nach **Abs 2 Nr 3** kann der Zeitablauf eine Nichtehe sogar dann heilen, wenn der Standesbeamte in den Personenstandsregistern selbst keine fehlerhafte Eintragung vorgenommen hat, sondern von den Nicht-Ehegatten eine familienrechtliche Erklärung, die zu ihrer Wirksamkeit eine bestehende Ehe voraussetzt, entgegengenommen wurde, dies nicht korrekt überprüft und den Nicht-Ehegatten hierüber eine in Rechtsvorschriften vorgesehene Bescheinigung erteilt hat, zB die Erklärung über die Bestimmung des Ehenamens, die der Standesbeamte gemäß § 9a Nr 1 PStV den Abgebenden bescheinigt (so die Begr des Reg-E zum EheschlRG 1998 BT-Drucks 13/4898).

b)   Zeitablauf: Mehrjähriges Zusammenleben
aa)   Zusammenleben als Ehegatten
72 Die Heilung tritt nur ein, wenn die Nicht-Ehegatten während der gesamten Heilungszeit „als Ehegatten miteinander gelebt" haben, wenn also zwischen ihnen eine **Lebensgemeinschaft iSv § 1353 Abs 1 S 2**, also auch eine Verantwortungsgemeinschaft, besteht bzw bestanden hat. Es kommt daher auf dieselben Umstände wie bei Eheleuten an. Dementsprechend liegt ein Miteinanderleben auch vor, wenn der Haushalt nicht gemeinsam war oder die häusliche Gemeinschaft faktisch nicht bestand, die Partner aber an ihrer vermeintlichen Ehe festhielten und sie bejahten; das ist vor allem anzunehmen, wenn die Trennung auf ehefremden Gründen beruht (zB auswärtige Berufstätigkeit, Aufenthalt in einer Heilanstalt oder Justizvollzugsanstalt) und die Partner durch regelmäßige Besuche oder sonstige Kontakte zum Ausdruck gebracht haben, dass sie die Existenz ihrer Gemeinschaft nicht infrage stellen.

73 Die Partner leben jedoch nicht wie Eheleute miteinander, wenn sie zwar zusammen „hausen", aber **getrennt** iSv § 1567 Abs 1 S 2 leben.

74 Unerheblich ist, ob das Zusammenleben bereits am Tage der standesamtlichen Maßnahme begonnen hatte. Haben die Partner jedoch nachweislich rechtlich getrennt gelebt, ist die Frist gehemmt; nach Wiederaufnahme der Lebensgemeinschaft läuft sie weiter. Rechtlich unbeachtlich sind kurzfristige Unterbrechungen der ehelichen Lebensführung, etwa nach einem Streit; abgesehen von den Beweisschwierigkeiten bei nur stunden- oder tageweise dauernden Unterbrechungen, fallen derartige Störungen nicht aus dem Rahmen des Normalbilds einer durchschnittlichen ehelichen Lebensgemeinschaft (vgl für den umgekehrten Fall der Trennungsfrist § 1567 Abs 2).

75 Verwenden die Nicht-Eheleute einen **gemeinsamen Namen**, spricht das für ein Zusammenleben wie Eheleute. Tun sie das nicht, spricht das aber nicht dagegen; denn es gehört nicht mehr zum Bild einer ehelichen Lebensgemeinschaft, einen gemeinsamen Familiennamen zu führen.

Unerheblich ist, ob die Nicht-Eheleute **wissen**, dass sie nicht wirklich verheiratet 76
sind. Darauf kommt es nicht an, sondern lediglich auf das tatsächliche Zusammenleben wie Eheleute.

bb) Heilungszeit

Das Datum der standesamtlichen Maßnahme nach Abs 2 Nr 1–3 fixiert den **An-** 77
fangstag der Heilungszeit. Liegen mehrere Maßnahmen vor, ist auf die früheste
abzustellen. Mit dem **Ablauf** des zehnten Jahrestages (§ 188 Abs 2) verwandelt sich
die Nichtehe rückwirkend in eine **gültige Ehe**; wenn ein Partner am Tag nach dem
fünften Jahrestag der fehlerhaften Maßnahme stirbt, gilt die Ehe bis zum Todestag
als bestehend. Die **Rückwirkung** reicht jedoch über den Tag des standesamtlichen
Fehlers zurück, wenn der Ehekonsens bereits davor (wie bei einer hinkenden Ehe
die Regel) ausgetauscht war.

Die **Heilungszeit** beträgt in der Regel **zehn** Jahre. Hat vorher der Tod die Lebens- 78
gemeinschaft beendet, genügt es, wenn ein mindestens **fünfjähriges Zusammenleben**
nach der standesamtlichen Maßnahme nachweisbar ist. Vergleichbare Heilungszei-
ten kannte das BGB uF für den Fall, dass die Eheschließung zwar vor dem Standesbeamten, aber nicht in gehöriger Form erfolgt war (§ 1324 Abs 2; § 21 Abs 2 EheG
1938, § 17 EheG 1946). Die ursprüngliche Frist von zehn Jahren für die Heilung
unter Lebenden war seit 1938 halbiert, als Mindestzeit für den Todesfall waren stets
nur drei Jahre vorgeschrieben. Die (erneute) Verlängerung der Heilungszeit auf
zehn bzw fünf Jahre erscheint als willkürliches Ermessen des Gesetzgebers; sein
Hinweis, dass es dort um die Heilung einer fehlerhaften, jetzt um die Heilung einer
Nichtehe gehe (Begr Reg-E BT-Drucks 13/4898, 17), ist formalistisch und substanzfrei.
Gerade wenn es um die Heilung sog hinkender Ehen geht, gibt es keinen sachlichen
Grund für andere Fristen als bei fehlerhaften Ehen (dazu vgl § 1315 Abs 2 Nr 2).

c) Fehlen von Eheverboten

Nicht ausdrücklich in § 1310 Abs 3 genannt, aber aus dem Zusammenhang geboten, 79
ist als weitere Heilungsvoraussetzung das Nichtvorliegen von Eheverboten festzuhalten. Eine Nichtehe kann nur dann nach den vorgenannten Voraussetzungen als
geschlossen gelten, wenn keiner der Partner in dem Zeitpunkt, in dem die Heilung
eintreten würde, noch mit einem anderen Partner verheiratet ist. Sind die Nicht-
Eheleute **blutsverwandt** iSv § 1307, ist eine Heilung völlig ausgeschlossen.

Im Fall einer **Doppelehe**, die während der zehn- bzw fünfjährigen Heilungsfrist durch 80
Tod der dritten Person (§ 1306), also des Ehegatten der früher geschlossenen Ehe,
oder durch Scheidung aufgelöst wurde, ist die Frage, ob die Heilungsfrist schon vor
dem Wegfall der früheren Ehe oder erst ab dem Wegfall des Eheverbots aus § 1306
zu laufen beginnt. Da die Lebensgefährten, deren Ehe rückwirkend entstehen soll,
nur als Eheleute zusammenleben, aber während des Laufs der Heilungszeit nicht
Ehegatten sind, liegt während dieser Zeit keine Bigamie vor. Endet die Nichtehe
durch den Tod eines Partners während des Bestehens des Eheverbotes, ist eine
Heilung ausgeschlossen. Besteht die frühere Ehe rechtlich noch in dem Zeitpunkt,
in dem die Heilungszeit vollendet ist, entsteht in diesem Zeitpunkt wegen § 1306
keine Ehe. Vielmehr dauert die Nichtehe fort bis das Eheverbot entfällt; die Heilung
tritt dann allein nach Maßgabe von Abs 3 ein. Diese Begünstigung der Heilung ohne
zusätzlichen Fristablauf ist gerechtfertigt, weil die über viele Jahre hin tatsächlich als

Martin Löhnig

Ehe gelebte Lebensgemeinschaft schützenswerter geworden ist als die längst nicht
mehr gelebte Ehe.

d)   Ehekonsens

aa)   Bedeutung und Nachweis des Ehekonsenses

81 Grundlage der Heilung einer Nichtehe ist wie bei jeder Ehe die **beiderseitige Erklärung des Ehewillens.** § 1310 Abs 3 verlangt dafür keine bestimmte Form. Das kann
in öffentlicher und damit beweisbarer oder auch in privater Form, sogar im kleinsten
Kreise der beiden Partner selbst, erfolgt sein. Nicht nur die Art der Trauungszeremonie spielt grundsätzlich für die Anwendung von § 1310 Abs 3 keine Rolle (GERN-
HUBER/COESTER-WALTJEN § 11 Rn 27–29), sondern es kommt letztlich auch nicht auf den
guten Glauben der Betroffenen an eine wirksame Eheschließung an (so aber GERN-
HUBER/COESTER-WALTJEN § 11 Rn 27–29; vgl auch MünchKomm/WELLENHOFER Rn 26; BeckOK/
LOHMANN Rn 16; BOSCH FamRZ 1996, 843). Aus dem Tatbestandsmerkmal „als Ehegatten
miteinander gelebt" lässt sich nicht der weitreichende Schluss ziehen, die Nicht-Ehegatten müssten sich für verheiratet, nämlich bürgerlich-rechtlich verheiratet, gehalten
haben (ebenso PALANDT/BRUDERMÜLLER [2015] Rn 13 aE; ERMAN/ROTH Rn 11). Würde zB bei
der Geburt eines Kindes, dessen Eltern sich in Kenntnis von § 1310 Abs 1 bewusst
nur kirchlich trauen ließen, ein fehlerhafter Eintrag nach Abs 3 Nr 2 vorgenommen,
liegen alle gesetzlichen Voraussetzungen vor, damit nach Ablauf der Heilungsfrist
rückwirkend eine Ehe iSd staatlichen Rechts entstehen kann. Jedenfalls können an
den **Nachweis des Ehekonsenses** keine besonderen Anforderungen gestellt werden.

82 Im Fall einer **hinkenden Ehe** (so lagen die beiden gerichtlich entschiedenen Fälle AG Mainz
FamRZ 2003, 600: Heirat im türkischen Konsulat; BayObLG FamRZ 2000, 699: Heirat vor einem
nicht ermächtigten Geistlichen) wird es in der Praxis kaum Schwierigkeiten geben, den
Austausch der Eheschließungserklärungen positiv zu beweisen. Falls der Konsens
weder durch Dokumente noch durch Zeugen nachgewiesen werden kann, lassen
jedenfalls die über **zehnjährige Lebensweise** als Eheleute und die standesamtliche
Behandlung als Ehe das Vorliegen der Konsenserklärungen vermuten; der Gegen-
beweis ist zulässig. Dasselbe gilt, wenn sich bereits **nach fünf Jahren** der überlebende
Putativehegatte oder die Erben des verstorbenen Putativehegatten auf die geheilte
Ehe berufen. Angesichts der heute weit verbreiteten **faktischen heterosexuellen Lebensgemeinschaften** liegt freilich die Versuchung nahe, dass der überlebende Partner
sich die ihm sonst entgehenden Versorgungsansprüche dadurch sichert, dass er den
Konsensaustausch behauptet. Da es nach Abs 3 HS 2 zwingend erforderlich ist, dass
der Standesbeamte das nur faktische Zusammenleben fehlerhaft als Ehe behandelt
hat, streitet auch in diesem Fall die erst durch den Tod eines Partners beendete
vieljährige Lebensgemeinschaft für das Vorliegen eines Ehekonsenses; wer gleichwohl das Vorliegen des Ehekonsenses bestreitet (zB der Rententräger), trägt dafür
die Beweislast.

bb)   Zeitpunkt des Ehekonsenses

83 Die Reihenfolge, in der das Gesetz die Tatbestandsmerkmale Ehekonsens und standesamtliche Maßnahme aufführt, ist für die Heilung ohne Bedeutung. Nach dem
Wortlaut hat nur die Zeit des Zusammenlebens heilende Wirkung, die der standesamtlichen Maßnahme nachfolgt. Daher ist die Heilung selbst dann eingetreten,
wenn der Ehekonsens erst nach der standesamtlichen Maßnahme, zB in einer religiösen Trauung oder auch privat ausgetauscht wurde.

Zusammengefasst: Personen, die ein Standesbeamter irrtümlich nach Maßgabe von **84**
§ 1310 Abs 3 Nr 1–3 als Eheleute behandelt hat, und die seitdem zehn, ausnahmsweise fünf Jahre als Eheleute gelebt haben, sind Eheleute, es sei denn, es wird
nachgewiesen, dass zwischen ihnen niemals ein Ehekonsens ausgetauscht wurde.

4. Wirkung der Heilung ex tunc

Abgesehen von den Fällen **hinkender Ehe** aufgrund von Auslandsberührung (oben **85**
Rn 10) dürfte die Neuregelung vor allem für die noch hin und wieder auftauchenden
Fälle bedeutsam werden, die aus den Nachkriegszeiten und Flüchtlingsschicksalen
herrühren, soweit diese nicht nach dem bisherigen speziellen Heilungsrecht saniert
wurden. Gemäß Art 226 Abs 3 EGBGB gelten die Heilungsvorschriften nämlich
auch für solche Nichtehen, die vor dem 1. 7. 1998, also vor dem Inkrafttreten von
§ 1310 Abs 3, von einem Standesbeamten nach Maßgabe der erörterten Vorschriften
fehlerhaft als Ehen behandelt wurden und danach zehn bzw fünf Jahre angedauert
haben. Zwar wurde in diesen Fällen vor dem 1. 7. 1998 keine Ehe geschlossen,
sondern nur eine Nichtehe gelebt und fehlerhaft als Ehe behandelt; aber angesichts
der irreführenden Gesetzessprache in § 1310 Abs 3 ist auch eine Nichtehe „Ehe" iSd
Rückwirkungsvorschrift des Art 226 Abs 3 EGBGB; jedenfalls wollte das der Gesetzgeber so (BT-Drucks 13/9416, 17).

Der umfassende Wortlaut der Rückwirkungsnorm betrifft nicht nur die am 1. 7. 1998 **86**
noch bestehenden Nichtehen, sondern schließt auch die davor durch den Tod eines
Partners beendeten Nichtehen ein. Auch sie sind jetzt als geschlossen anzusehen,
wenn die Voraussetzungen des Abs 3 in der Vergangenheit vorgelegen haben. Erbrechtliche und versorgungsrechtliche Ansprüche des nunmehr verwitweten Ehepartners, der diese Eigenschaft zwar erst am 1. 7. 1998, jedoch mit Rückwirkung vom
Todestag des verstorbenen Partners an erworben hat, sind dementsprechend als in
diesem Zeitpunkt entstanden zu berücksichtigen. Dasselbe gilt für die Kinder, die
jetzt rückwirkend den Status ehelicher Kinder erlangen. Sämtliche Ansprüche können daher bis zur Grenze der Verjährung wieder aufgerollt werden.

VIII. Internationales Privatrecht

1. Heirat im Inland

Eheschließungen unter Deutschen oder unter Ausländern und Deutschen können **im** **87**
Inland gemäß Art 13 Abs 3 S 1 EGBGB grundsätzlich nur nach Maßgabe des **deut-**
schen Ortsrechts erfolgen, müssen also vor einem deutschen Standesbeamten in
gehöriger deutscher Form geschlossen werden. Bei Missachtung einer Formvorschrift liegt entweder eine aufhebbare oder eine Nichtehe vor (zu den Ausnahmen
s oben unter Rn 8 ff; zu den Einzelheiten STAUDINGER/MANKOWSKI [2011] Art 13 EGBGB
Rn 546 ff). Die im Bundesgebiet von einem katholischen Priester vorgenommene
römisch-katholische Trauung zweier ausländischer Staatsangehöriger ist von der
deutschen Rechtsordnung dementsprechend nicht als Ehe im zivilrechtlichen Sinne
anerkannt und entfaltet somit auch keine Rechtswirkungen im staatlichen Recht
(OVG Berlin-Brandenburg NZFam 2014, 768 mAnm LÖHNIG).

Besondere Formvorschriften gelten bei der **Eheschließung nur unter Ausländern im** **88**

Inland nach Art 13 Abs 3 S 2 EGBGB. Danach können Ausländer untereinander die Eheschließung vor einer von der Regierung eines ihrer Heimatstaaten rechtmäßig ermächtigten Trauungsperson in der nach dem Recht dieses Staates vorgeschriebenen Form mit Rechtswirkungen nach deutschem Recht vornehmen (Staudinger/ Mankowski [2011] Art 13 EGBGB Rn 618 ff).

2. Eheschließungen im Ausland

89 Bei Eheschließungen im Ausland gilt Art 11 EGBGB. Danach wird die Ehe wirksam geschlossen, wenn entweder die Formen beider Heimatrechte der Eheschließenden eingehalten werden, oder wenn die am Eheschließungsort wahlweise oder ausschließlich mögliche Form eingehalten wurde (vgl zu den Einzelheiten Staudinger/Mankowski [2011] Art 13 EGBGB Rn 657 ff).

§ 1311
Persönliche Erklärung

Die Eheschließenden müssen die Erklärungen nach § 1310 Abs. 1 persönlich und bei gleichzeitiger Anwesenheit abgeben. Die Erklärungen können nicht unter einer Bedingung oder Zeitbestimmung abgegeben werden.

Materialien: Zu § 1317: Jakobs/Schubert FamR I; E I § 1248; E II § 1226; E III 1300; Mot IV 39; Prot IV 37. Zu § 17 EheG 1938: DJ 1938, 1104. Zu § 1311 nF: BT-Drucks 13/4898, 17. Staudinger/BGB-Synopse 1896–2005 § 1311.

Schrifttum

Beitzke, Zur Eheschließung unter falschem Namen, StAZ 1956, 65
ders, Eheschließung unter falschem Namen, in: FS Doelle (1963) Bd 1, 229
Deuchler, Eheschließung von Abwesenden (1942)
ders, Die Handschuhehe im internationalen Privatrecht, in: FS Raape (1948) 83
Dostmann, Heirat unter falschem Namen (Diss Köln 1974)
Dürschke, Ehekonsens und Irrtumsfragen in weltlichem und kirchlichem Recht (Diss München 1996)
Finger, „Scheinehen" und Praxis der Standesbeamten, StAZ 1984, 89
Gebel/Richert, Trauung außerhalb des Trauzimmers? – Ein Diskussionsbeitrag, StAZ 1994, 250
Hübner, Eheschließung und allgemeine Wirkungen der Ehe als dogmatisches Problem, FamRZ 1962, 1
Jacobs, Die Handschuhehe – Inhalt und Herkunft einer Eheschließungsform, StAZ 1992, 5
Jonas, Über die Gültigkeit von Handschuhehen, StAZ 1959, 263
Mählmann, Trauungen außerhalb des Standesamts – ein Überblick, StAZ 1997, 184
Müller, Blinde, stumme, taube und taubstumme Personen vor dem Standesbeamten, StAZ 1951, 186
Pawlowski, Überlegungen zur sogenannten Scheinehe, FamRZ 1991, 501
Müller-Freienfels, Zweckwidrige Eheschließung, StAZ 1962, 145
Raape, Stellvertretung bei der Eheschließung, StAZ 1952, 2
Schwab, Die Negierung von gesetzlichen Strukturelementen der Ehe im Eheschlie-

ßungswillen nach kanonischem und bürger-
lichem Recht, FamRZ 1965, 474
STURM, Scheinehen – ein Mittel zur Gesetzes-
umgehung? in: FS Ferid (1988) 519
STRÄTZ, Der Verlobungskuß und seine Folgen,
rechtsgeschichtlich besehen (1979)
ders, Der Kuß im Recht, in: Die Braut (1985)
Bd 1, 286

TIECKMANN, Die Handschuhehe deutscher
Staatsangehöriger nach deutschem internationalen Privatrecht (1959)
ders, Zur international privatrechtlichen Problematik der Handschuhehe eines deutschen
Staatsangehörigen, StAZ 1976, 33.

Systematische Übersicht

Alphabetische Übersicht

I. Einleitung

1. Normzweck

1 § 1311 soll Ehen verhindern, die nicht auf einer freien und ernstlichen Willenseinigung der Verlobten beruhen. Bestand und Fortbestand der Ehe sollen gewiss sein (vgl BGHZ 29, 137, 141; SCHWAB FamRZ 1965, 474, 486).

2. Inhalt und Normstruktur

2 S 1 ordnet die persönliche, gleichzeitige Anwesenheit der Verlobten vor dem Standesbeamten an, S 2 macht die Erklärungen zum Ehekonsens bedingungs- und befristungsfeindlich.

3. Bedeutung

3 Ein Verstoß gegen § 1311 wird vom Gesetzgeber als so bedeutsam angesehen, dass er die Ehe aufhebbar macht, § 1314 Abs 1.

4. Entstehungsgeschichte

4 Die Regelung war anfangs zusammen mit der Festlegung der obligatorischen Zivilehe in **§ 1317 Abs 1 uF** enthalten. Somit waren alle Tatbestandsmerkmale unverzichtbare Gültigkeitsvoraussetzung einer Ehe; denn gemäß §§ 1324 Abs 1, 1329 uF führte auch die Nichtbeachtung der Erfordernisse, die jetzt § 1311 regelt, zur **Nichtehe**, dh die Nichtigkeit konnte ohne förmliches Nichtigkeitsverfahren von jedermann und jederzeit geltend gemacht werden. Erst die **Aufteilung in § 15 und § 17 im EheG 1938** erreichte, dass nur noch bei Nichtbeachtung von § 15 EheG 1938 eine Nichtehe und bei Nichtbeachtung der „Form der Eheschließung" (so die amtliche Überschrift von § 17 EheG 1938) nur eine vernichtbare Ehe vorlag.

5 § 1311 führt einerseits inhaltlich den mit § 17 EheG 1938 erreichten und seither in **§ 13 EheG 1946** (unverändertes Kontrollratsrecht bis zur Aufhebung) enthaltenen Rechtszustand fort; der jetzige S 2 war dort ein eigener Absatz. Andererseits erfolgt jetzt die inhaltliche Umschreibung der Konsenserklärungen in § 1310 Abs 1 S 1 (vgl dort Rn 52). Damit regelt § 1311 **nur die Form** der Eheschließung. Es handelt sich zwar um zwingende Formerfordernisse, werden sie aber missachtet, ist die Ehe nur aufhebbar (§ 1314 Abs 1) und sogar durch Zeitablauf heilbar (§ 1315 Abs 2 Nr 2). Vgl zu Bedingung und Zeitbestimmung auch Rn 18 ff.

II. Rechtsnatur

6 S 1 enthält eine Formvorschrift, deren Missachtung in Abweichung von § 125 S 1 nicht zur Nichtigkeit, sondern zur Aufhebbarkeit der Ehe führt, § 1314 Abs 1. S 2 regelt den zulässigen Inhalt der Erklärungen zum Ehekonsens, die entgegen §§ 158 ff bedingungs- und befristungsfeindlich sind.

III. Gleichzeitige persönliche Anwesenheit (S 1)

1. Gleichzeitige Anwesenheit

Der Mann und die Frau, die einander zu heiraten entschlossen sind, müssen in **7** Person und zur selben Zeit vor dem Standesbeamten erscheinen, um die Konsenserklärungen von Angesicht zu Angesicht auszutauschen. Somit verstoßen Eheschließungen unter Abwesenden (das ist auch gegeben, wenn nur ein Eheschließungswilliger erschienen ist) gegen § 1311. Daher verstößt die Übermittlung der Konsenserklärung(en) an den Standesbeamten durch **Boten** oder durch **technische Hilfsmittel** (fernmündlich, fernschriftlich) gegen § 1311 mit der Folge, dass bei Nichtbeachtung eine formungültige, daher sowohl aufhebbare, als auch heilbare Eheschließung vorliegt. Hingegen würde die Entgegennahme von Konsenserklärungen von gleichzeitig in verschiedenen Räumen oder zu unterschiedlichen Zeiten anwesenden Nupturienten schon gegen § 1311 Abs 1 S 1 („die Eheschließenden vor dem Standesbeamten") verstoßen und daher zu einer Nichtehe führen.

2. Art und Weise der Abgabe der Eheschließungserklärung

Der Eheschließungswille ist daher von jedem der beiden Eheschließenden persön- **8** lich zu **erklären**. Wie das erfolgen soll, regelt § 1312. Der **Wortlaut** und die Art und Weise der **Äußerung** des Eheschließungswillens sind also **nicht nach § 1311 formgebunden**.

3. Persönliche Abgabe der Erklärung

Dass die Konsenserklärungen **persönlich** und in gleichzeitiger Anwesenheit der **9** Eheschließenden abzugeben sind, macht vor allem jegliche **Stellvertretung unzulässig**. Die persönliche Abgabe der Erklärung sollte nach den Motiven (Mot IV 39; Mugdan 22) eine größere Garantie für die Ernstlichkeit des Willens und die Freiheit der Willensbestimmung sein. Der Ausschluss der Vertretung soll vor einem Widerruf schützen, sowie zusammen mit der gleichzeitigen Anwesenheit Personenverwechslungen vermeiden und ganz allgemein die Wichtigkeit und Würde des weltlichen Eheschließungsaktes (§ 14 Abs 2 PStG) unterstreichen. Unzulässig sind demnach sowohl Stellvertretung im eigentlichen Sinne, also Abgabe durch einen **gewillkürten** oder **gesetzlichen Vertreter**, als auch die Einschaltung eines Dritten als **Boten und Überbringer** der von einem künftigen Ehegatten abgegebenen Erklärung.

a) Eheschließung unter falschem Namen
Verwendet einer oder verwenden beide Verlobte einverständlich gegenüber dem **10** Standesbeamten falsche Namen, so **schadet das nicht**, denn ihre Eheschließungserklärungen beziehen sich nicht auf den Namen, sondern auf die andere **anwesende Person**. Die Ehe wird daher unter den Anwesenden geschlossen (MünchKomm/Wellenhofer § 1311 Rn 4; Palandt/Brudermüller § 1311 Rn 5; vgl auch Fachausschuss des Bundesverbandes der deutschen Standesbeamten, StAZ 1999, 18). Die Ehe ist uneingeschränkt wirksam geschlossen, also weder nach § 1314 Abs 1 noch nach Abs 2 aufhebbar.

b) Eheschließung mit einer unerkannt falschen Person
Die Ehe wird stets zwischen den Personen geschlossen, die als Eheschließende vor **11**

dem Standesbeamten die Konsenserklärungen abgeben. Erscheint statt des Verlobten sein Zwillingsbruder oder tauschen Zwillingsschwestern die Rolle, kommt die Ehe mit der anwesenden Person zustande. Dasselbe gilt, wenn sich ein Eheschließender über die wahre Identität des anderen Erschienenen – zB wegen eigener Blindheit oder eigener Unkenntnis vom äußeren Erscheinungsbild seines gewünschten Partners – irrt. Die Konsenserklärung hat nämlich den Inhalt, die Ehe mit dem Anwesenden schließen zu wollen (hM; vgl Fälle bei BEITZKE, in: FS Doelle 243; GERNHUBER/COESTER-WALTJEN § 11 Rn 46; MünchKomm/WELLENHOFER § 1311 Rn 4). Der Irrtum über die Person wird jedoch in § 1314 Abs 2 nicht mehr als Aufhebungsgrund genannt (Begr Reg-E BT-Drucks 13/4898, 19). Daher kann der Ehegatte, der sich geirrt hat, die Ehe mit dem falschen Partner nur nach § 1314 Abs 2 Nr 3 aufheben lassen, also wenn er Opfer einer bewussten Täuschung war, was in der Regel vorliegen wird. Der nur irrende Ehegatte hat lediglich die Möglichkeit, die Ehe durch Scheidung und mit den Scheidungsfolgen zu beenden.

12 Auch wenn der Erschienene insgeheim, also ohne dass der andere Eheschließende darum weiß, den Konsens für den erklären will, in dessen Rolle er geschlüpft ist, treten die Rechtswirkungen seiner Erklärung bei ihm selbst ein. Da sein geheimer Vorbehalt nach § 116 S 1 unbeachtlich ist und sich seine Erklärung mit derjenigen des anderen anwesenden werdenden Ehegatten deckt, ist eine **wirksame Ehe** zwischen ihm und dem anderen zustande gekommen. Da die bisherige Aufhebungsmöglichkeit nach § 31 Abs 1 S 1 Alt 2 EheG 1946 (Wissen, dass es sich um eine Eheschließung handelt, aber kein Wille, eine Eheschließungserklärung abzugeben) entfallen ist (Begr Reg-E BT-Drucks 13/4898, 19), kommt für ihn ebenfalls nur die Scheidung in Betracht.

c) Eheschließung als offener Stellvertreter oder Bote

13 Die **gesetzliche Vertretungsmacht** für Minderjährige berechtigt nicht zur Abgabe von Eheschließungserklärungen anstelle des Schutzbefohlenen. Das Mitentscheidungsrecht des gesetzlichen Vertreters beschränkt sich heute auf das Vorfeld der Eheschließung; er kann es nur noch geltend machen, indem er der vom Minderjährigen gemäß § 1303 Abs 2 beantragten Befreiung vom Alterserfordernis widerspricht (§ 1303 Abs 3, 4).

14 Die durch rechtsgeschäftliche **Vollmacht** erlangte Vertretungsmacht, einen Ehepartner zu werben und bei Erfolg bereits die Konsenserklärungen offen **im Namen des Vollmachtgebers** abzugeben und anzunehmen, dürfte im Geltungsgebiet des BGB bzw EheG nur noch historische und literarische Reminiszenz sein. Ob sie von vornherein unter allen Umständen als sittenwidrig zu beurteilen wäre, kann dahinstehen; sollte es nämlich aufgrund einer derartigen Fallgestaltung zu einer Eheschließung vor einem Standesbeamten kommen, liegt eine wirksame Eheschließung vor, die nach §§ 1314 Abs 1, 1315 Abs 2 Nr 2 nur aufhebbar, aber heilbar ist (vgl MünchKomm/WELLENHOFER § 1311 Rn 2 f).

15 **Offene Botenschaft** liegt typischerweise bei den sog **Handschuhehen** vor. Dabei überbringt eine Person die Eheschließungserklärung eines Verlobten als Bote (vgl JACOBS StAZ 1992, 5 ff). Diese Form der Eheschließung sieht das kanonische Recht (cc 1104, 1105, 1071 CIC 1983) unter besonderen Sicherungsmaßnahmen weiterhin vor (zum römischrechtlichen Ursprung s Dig 23. 2. 5). Nach § 1311 fehlt es jedoch an der persön-

lichen Abgabe der Erklärung bei gleichzeitiger Anwesenheit beider Nupturienten, sofern der Standesbeamte eine solche Eheschließung überhaupt vornimmt. Eine in dieser Weise vor einem Standesbeamten geschlossene Ehe ist nach §§ 1314 Abs 1, 1315 ff aufhebbar, aber heilbar (GERNHUBER/COESTER-WALTJEN § 11 Rn 45; MünchKomm/ WELLENHOFER § 1311 Rn 2).

d) Bewusst verdeckte Eheschließung mit einer anderen Person

Davon zu unterscheiden sind die Fälle der verdeckten Botenschaft: Hier handelt der **16** Bote im **Einverständnis mit den anderen Verlobten**, und gibt sich dem Standesbeamten gegenüber nicht als solcher zu erkennen und erklärt den Konsens **unter dem Namen** des Verlobten, der ihn damit beauftragt hat (mangels Offenkundigkeit keine Handschuhehe). Dass dies vorkommt, zeigt der bei RAAPE StAZ 1952, 2 f geschilderte, wenn auch sehr ungewöhnliche Fall. Da dann die Erklärung des Auftraggebers vorliegt, ist die Ehe mit ihm wirksam, wenn auch nach §§ 1314 Abs 1, 1315 Abs 2 Nr 2 **aufhebbar** und **heilbar** zustandegekommen (hM; GERNHUBER/COESTER-WALTJEN § 11 Rn 45; MünchKomm/WELLENHOFER § 1311 Rn 3). Entscheidend ist also die Kenntnis des anderen Verlobten als Erklärungsempfänger, weil die Eheschließungserklärungen nicht an den Standesbeamten, sondern an den anderen Eheschließenden gerichtet sind (vgl § 1310 Rn 52).

Will der Beauftragte im vorstehenden Fall jedoch **insgeheim** die Ehe für sich selbst **17** oder einen anderen als seinen Auftraggeber abschließen, so ist sein **geheimer Vorbehalt** entsprechend § 116 S 1 **nichtig**. Am Ergebnis ändert sich daher nichts.

IV. Bedingung und Befristung (S 2)

1. Bedeutung

§ 1311 S 2 ist Ausdruck der Unvereinbarkeit jeder Beschränkung des Ehewillens, **18** besonders durch ehewidrige Abmachungen (vgl Mot IV 42; Prot IV 51). Die Unzulässigkeit einer auflösenden Zeitbestimmung ergibt sich schon aus § 1353 Abs 1 S 1. Eine aufschiebende Zeitbestimmung führt zu einem Verlöbnis.

2. Rechtsfolgen, wenn die Einschränkung der Eheschließungserklärung nicht oder zu spät erkannt wird

Sobald beabsichtigte Einschränkungen des Ehewillens bekanntgegeben werden, hat **19** der Standesbeamte seine Mitwirkung zu verweigern.

Umstritten waren zu der gleichlautenden Bestimmung § 13 Abs 2 EheG 1946 die **20** Rechtsfolgen, wenn der Standesbeamte eine eingeschränkte Eheschließungserklärung gelten ließ oder seine Zurückweisung zu spät kam (vgl den Streitstand bei STAUDINGER/STRÄTZ[12] § 13 EheG Rn 37 ff mNw). Da § 1311 nur noch die Form der Erklärungen regelt, ist eine ausdrücklich **bedingte oder befristete Konsenserklärung nicht unwirksam**. Das ergibt auch der Vergleich mit § 925 Abs 2, der im Gegensatz zu § 1311 S 1 eine derartige Auflassungserklärung ausdrücklich als unwirksam erklärt. Zudem verweist § 1314 Abs 1 auf § 1311 insgesamt; daher ist die Ehe aufhebbar, aber heilbar nach §§ 1314 Abs 1, 1315 Abs 2 Nr 2. Gemäß S 2 ist die **Bedingung oder Zeitbestimmung selbst materiell unwirksam**. Das gilt auch, wenn die Bedingung oder

Befristung zwar dem anderen Eheschließenden, nicht aber dem Standesbeamten bekannt war.

21 Der Ehegatte, der bei der Eheschließung die Bedingung oder Befristung nicht kannte, kann je nach Sachlage die Aufhebung der Ehe nach § 1314 Abs 2 Nr 3 erreichen. Im Übrigen ist sie wie ein geheimer Vorbehalt ohne Einfluss auf die Gültigkeit der Ehe und materiellrechtlich wirkungslos. Der Ehegatte, der diese unwirksame Bedingung oder Zeitbestimmung geheim gesetzt hatte, kann sich nur durch Scheidung und mit ihren Rechtsfolgen aus der Ehe lösen.

3. Nebenabreden anlässlich der Heirat

22 Von Bedingungen gemäß S 2 sind alle Nebenabreden anlässlich der Eheschließung zu unterscheiden. Sie sind nicht Bestandteil der Eheschließungserklärung und zielen auf mit ihr nicht unmittelbar zusammenhängende Zwecke. Sie sind daher für die Gültigkeit der Eheschließung unbeachtlich (MünchKomm/WELLENHOFER § 1311 Rn 20 f). Materiellrechtlich sind sie wirkungslos, soweit sie nicht im Rahmen der Ausgestaltungsfreiheit der ehelichen Lebensgemeinschaft vereinbart werden können.

V. Internationales Privatrecht

1. Heirat von Ausländern in Deutschland

23 Ausländer, die in Deutschland die Ehe nach Maßgabe von § 1310 Abs 1, also vor dem deutschen Standesbeamten schließen, müssen die **Formvorschriften** des § 1311 **einhalten**; das gilt nach Art 13 Abs 3 S 1 EGBGB unabhängig davon, wie das nach Art 13 Abs 1 EGBGB berufene Heimatrecht der ausländischen Verlobten zu diesen Anforderungen steht. Wählen Ausländer die Eheschließungsmöglichkeit vor einer **anderen Trauperson gemäß Art 13 Abs 3 S 2 EGBGB**, haben sie die danach maßgebliche Form einzuhalten (zu den Einzelheiten s STAUDINGER/MANKOWSKI [2011] Art 13 EGBGB Rn 555 ff).

2. Heirat von Deutschen im Ausland

24 Deutsche, die eine Ehe im Ausland eingehen, unterliegen gemäß Art 11 EGBGB der **Ortsform**. Ist nach dem Recht des Eheschließungsortes eine Bedingung oder eine Befristung zulässig, so ist die gemäß der Ortsform geschlossene Ehe nicht nach § 1314 Abs 1 aufhebbar. Zu den Einzelheiten s STAUDINGER/MANKOWSKI (2011) Art 13 EGBGB Rn 657 ff. Zur Sonderform der **Handschuhehe** ebd Rn 745 ff.

§ 1312
Trauung

Der Standesbeamte soll bei der Eheschließung die Eheschließenden einzeln befragen, ob sie die Ehe miteinander eingehen wollen, und, nachdem die Eheschließenden diese Frage bejaht haben, aussprechen, dass sie nunmehr kraft Gesetzes rechtmäßig verbundene Eheleute sind. Die Eheschließung kann in Gegenwart von einem oder zwei Zeugen erfolgen, sofern die Eheschließenden dies wünschen.

Materialien: Zu § 1318: JAKOBS/SCHUBERT FamR I; E I § 1249; E II § 1227; E III § 1301; Mot IV 39; Prot IV 49. Zu § 18 EheG 1938: DJ 1938, 1104. Zu § 1312 nF: BT-Drucks 13/4898, 17. STAUDINGER/BGB-Synopse 1896–2005 § 1312.

Schrifttum

FIGGE, Die Trauzeugen, StAZ 1964, 20
GREGERSEN, Die äußere Form der Eheschließung, StAZ 1965, 193
MÜLLER, Blinde, stumme, taube und taubstumme Personen vor dem Standesbeamten, StAZ 1951, 186

PAPADIMAS, Die Form der Eheschließung im deutschen materiellen und Kollisionsrecht (Diss Hamburg 1968).

Systematische Übersicht

Alphabetische Übersicht

Martin Löhnig

I. Einleitung

1. Normzweck

1 Abs 1 S 1 HS 1 **formalisiert** die Erklärung des Eheschließungswillens, um die Abgabe der Erklärungen, die zur Ehe führen, jedem Zweifel zu entrücken (BeckOK/Hahn § 1312 Rn 1).

2. Inhalt und Normstruktur

2 S 1 regelt die Abfrage des Ehewillens durch den Standesbeamten, S 2 die Möglichkeit der Zuziehung von Zeugen.

3. Bedeutung

3 § 1312 enthält die Grundlagen der Eheschließungszeremonie von dem Standesbeamten.

4. Entstehungsgeschichte

4 Die Vorschrift stimmt im Wesentlichen mit § 1318 uF, § 18 EheG 1938 und § 14 EheG 1946 überein. Auch ihre Rechtsnatur (Rn 8) ist gleich geblieben. Abweichungen betreffen folgende Punkte:

5 Der die Trauung abschließende **deklaratorische Ausspruch** des Standesbeamten (Rn 19) ist jetzt wieder **dem ursprünglichen Inhalt angepasst**; damals war auszusprechen, dass die Erschienenen „nunmehr kraft des Bürgerlichen Gesetzbuches", jetzt „kraft Gesetzes" rechtmäßig verbundene Eheleute seien. Ab 1938 hatte der Standesbeamte diese Rechtsfolge „im Namen des Reiches", ab 1946 „im Namen des Rechts" zu proklamieren; nach den allein maßgeblichen fremdsprachigen Fassungen des EheG 1946 sollte es allerdings schon damals korrekt „kraft Gesetzes" heißen.

6 Weggefallen ist die obligatorische **Anwesenheit von zwei Zeugen**; nach S 2 steht deren Zuziehung in der Wahl der Eheschließenden. Noch der Reg-E des EheschlRG 1998 (BT-Drucks 13/4898) hielt an den Trauzeugen als Erfordernis einer ordentlichen standesamtlichen Trauung fest. Erst im Gesetzgebungsverfahren wurde es fallengelassen (vgl Wagenitz/Bornhofen, Handbuch des Eheschließungsrechts S 160 f Rn 35), wohl auch mit Rücksicht auf die entsprechende Rechtslage in der ehemaligen DDR (§ 6 Abs 2 S 2 FGB). Nunmehr steht es den Eheschließenden frei zu entscheiden, ob sie die Ehe ohne Trauzeugen oder mit nur einem und höchstens zwei Trauzeugen zu schließen wünschen. Jedoch sieht Art 1 Abs 1 des **Übereinkommens über die Erklärung des Ehewillens**, das Heiratsmindestalter und die Registrierung von Eheschließungen (BGBl 1969 II 161) die Anwesenheit von „Zeugen", also mindestens zwei vor. Die Möglichkeit der fakultativen Stellung von bis zu zwei Trauzeugen genügt dieser Anforderung.

7 Seit 1. 1. 2009 gehört die Eintragung nicht mehr zu den Formalitäten bei der Eheschließung, sie erfolgt erst „im Anschluss an die Eheschließung" und ist ihre amtliche Beurkundung, § 15 Abs 1 PStG. Zu der von den Eheschließenden, den Zeugen und dem Standesbeamten noch im Rahmen der Trauungszeremonie zu unterschreibenden Niederschrift s § 1310 Rn 49.

II. Rechtsnatur

§ 1312 ist daher **keine Formvorschrift**, sondern eine nicht zwingende („soll") Ver- **8** fahrensvorschrift, die für den ordnungsgemäßen Ablauf der Trauung und für die Beweisbarkeit der Eheschließung sorgt. Die Verletzung von § 1312 ergibt daher keinen Aufhebungsgrund.

III. Ablauf der Trauung

1. Ort und Zeitpunkt der Eheschließung

Die Eheschließenden können das Standesamt, das die Trauung vornehmen soll, frei **9** wählen, sobald sie die Mitteilung des Anmeldestandesamtes, sie könnten heiraten, erhalten haben; sie ist für das Trauungsstandesamt bindend, § 13 Abs 4 PStG. Es gibt jedoch keinen Anspruch darauf, dass ein bestimmtes anderes Standesamt die Trauung vollzieht.

2. Feierform der Ziviltrauung

Die standesamtliche Eheschließung selbst findet grundsätzlich **nicht öffentlich** statt. **10** Neben den unmittelbar Beteiligten, dem Standesbeamten und den beiden Eheschließenden lässt das Gesetz ausdrücklich noch höchstens zwei **Trauzeugen** zu (Rn 6). Üblicherweise dürfen auch weitere **Gäste** teilnehmen; über die Zulassung entscheidet nach Maßgabe des vorhandenen Platzes der Standesbeamte möglichst im Einvernehmen mit den Eheschließenden.

Die Eingehung einer Ehe vor dem Standesamt ist für die Eheschließenden keine **11** Alltagsroutine, ihr kommt ein **sehr hoher Stellenwert** zu, sowohl persönlich und emotional, als auch gesellschaftlich und gesetzlich (Art 6 GG); das gilt auch für diejenigen, die trotz der Zerrüttung einer vorhergehenden ehelichen Lebensgemeinschaft zum wiederholten Male vor dem Standesbeamten zur weiteren Eheschließung erscheinen. Daher hat der Standesbeamte die Eheschließung in einer der Bedeutung der Ehe entsprechenden **würdigen Form** vorzunehmen. Um die besondere emotionale und personale Bedeutung der kirchlichen Trauung nicht anzutasten, wurde unter Hinweis auf das Grundrecht der Religionsfreiheit in Art 4 GG stets betont, dass bei der **Ziviltrauung** pseudo-religiöse Feierlichkeiten zu vermeiden seien (vgl Müller-Freienfels, Ehe und Recht [1962] S 116; Staudinger/Strätz[12] § 14 EheG Rn 4; Hepting/Gaaz, Personenstandsrecht § 8 PStG Rn 1). Ob deswegen im Jahre 1998 die in § 8 PStG aF vorgeschriebene „würdige und feierliche Weise" durch die schlichte „würdige Form" ersetzt wurde (Art 2 Nr 9 EheschlRG 1998), ist den Gesetzesmaterialien nicht zu entnehmen.

Da immer mehr Eheschließende nur standesamtlich und nicht auch kirchlich hei- **12** raten, hat sich mangels eines ausgestalteten Zivilritus offenbar die Meinung verbreitet, die Ausgestaltung der Ziviltrauung unterliege der Disposition der Beteiligten. Daher sah sich der Gesetzgeber veranlasst, in **§ 14 Abs 2 PStG** „die ordnungsgemäße

Martin Löhnig

Vornahme der Amtshandlung des Standesbeamten in den Vordergrund" zu rücken, was bedeutet, dass „**im Einzelfall Grenzen zu ziehen** sind. Der Standesbeamte muss in der Lage sein, seine in der Mitwirkung bei der Eheschließung und der Beurkundung bestehende Amtshandlung ‚ordnungsgemäß' durchzuführen, dh es darf zB weder seine Zuständigkeit infrage stehen noch die Beurkundung gefährdet sein. Das weitere Kriterium der ‚würdigen Form' ist an dem Anstandsgefühl und dem Empfinden der Allgemeinheit zu orientieren. Damit wird gelegentlichen Ansinnen an den Standesbeamten, die Eheschließung in Formen zu betten, die dem Wesen der Ehe und dem allgemeinen Anspruch nicht gerecht werden, eine deutliche Absage erteilt" (BT-Drucks 16/1831, 45, Begründung zu § 14 Abs 2).

3. Eheschließung unter Zeugen (S 2)

13 Falls Trauzeugen auf Wunsch der Eheschließenden zugezogen werden, sollen sie während der gesamten Eheschließung anwesend sein. Sie unterschreiben die Niederschrift über die Eheschließung, nicht die Beurkundung im Eheregister, § 14 Abs 3, § 15 PStG. Ihre Mitwirkung oder Nichtmitwirkung ist ohne Einfluss auf die Gültigkeit der Eheschließung.

4. Vor der Eheschließung zu stellende Fragen

14 Nach § 14 Abs 1 PStG muss sich der Standesbeamte vor der Eheschließung, also bevor er an einen der Eheschließenden die entscheidende Frage stellt, vergewissern, dass sich die **tatsächlichen Verhältnisse** der Eheschließenden nicht so verändert haben, dass die Voraussetzungen der Eheschließung erneut geprüft werden müssen. Zwar ist die Mitteilung des Anmeldestandesamtes, die Eheschließung könne vorgenommen werden, für den Trau-Standesbeamten bindend, solange sie nicht wegen Zeitablaufs verfallen ist, § 13 Abs 4 S 1 u 3 PStG. In den sechs Monaten, die sie gültig ist, kann jedoch viel geschehen, wovon weder der andere Eheschließende noch gar der Standesbeamte etwas erfahren haben muss. Daher verpflichtet künftig das Gesetz die Eheschließenden ausdrücklich, solche Änderungen unverzüglich mitzuteilen, § 13 Abs 4 S 2 PStG. Diese Pflicht gilt erst recht, wenn der Standesbeamte sie zu Beginn der Ziviltrauung ausdrücklich danach befragt.

15 Dasselbe gilt für die in § 14 Abs 1 aE PStG vorgesehene Frage, ob die Eheschließenden einen Ehenamen bestimmen wollen. Sie trägt laut Begründung (BT-Drucks 13/1831, 45) dem Ehenamenbestimmungsrecht Rechnung, dass nach § 1355 Abs 3 „bei der Eheschließung" ausgeübt werden soll. Wird die Frage nach dem Ehenamen versehentlich nicht gestellt, dann bewirkt die Eheschließung auch keine Namensänderung; das Versehen kann jedoch im Anschluss an die Eheschließung sogleich kostenfrei bereinigt werden (näher dazu STAUDINGER/VOPPEL § 1355 Rn 37 ff, 56). Obwohl die Fragepflicht hinsichtlich der Namensbestimmung von einer Soll-Bestimmung im PStG aF zu einer Muss-Bestimmung verstärkt wurde, handelt es sich ungeachtet dieses geänderten Wortlauts materiell weiterhin nur um eine Soll-Vorschrift, deren Nichtbeachtung die Gültigkeit der Eheschließung nicht berührt.

5. Einzelheiten zur Konsensabgabe (S 1 HS 1)

16 § 1310 Abs 1 S 1 verlangt als Wirksamkeitsvoraussetzung der Eheschließung nur, dass jeder der beiden Eheschließenden eine Erklärung des Inhalts abgibt, er bzw sie wolle mit der bzw dem anderen die Ehe eingehen. § 1311 ist keine Formvorschrift hinsichtlich der Art und Weise der Äußerung der Erklärung. Um die gewünschte **Eindeutigkeit** dieser Konsenserklärung sicherzustellen und somit Auslegungsfragen zu vermeiden, gibt § 1312 eine Verfahrensregel vor. Danach reicht es aus, wenn jeder der beiden Eheschließenden auf die ihm gestellte Frage des Standesbeamten ein Verhalten gezeigt hat, dessen **Erklärungswert** wenigstens als „**Ja**" zu verstehen ist. Am einfachsten ist natürlich das **Aussprechen** dieses kurzen, jedoch bedeutungsschweren (vgl § 1353 Abs 1) Wortes. Aber ein **Sprachloser** kann seinen Ehewillen schriftlich, durch Fingersprache oder durch sonstige Zeichen erklären (dazu MÜLLER StAZ 1951, 186; zum Vorgehen bei Taubstummen s DANNER StAZ 1960, 272). Die Erklärung kann auch in einer **fremden Sprache** abgegeben werden. Der Standesbeamte hat sich aber bei Zweifeln gem §§ 5, 6 PStV über den Inhalt der fremdsprachlichen Äußerung bzw der Zeichensprache zu vergewissern. Verstehen der andere Eheschließende, der Standesbeamte oder die Zeugen die Erklärung nicht, so ist sie zu **übersetzen** (vgl §§ 5, 6 PStV), damit sich die Beteiligten vom wahren Inhalt der Erklärung überzeugen können; Standesbeamte wie Zeugen können selbst als Übersetzer mitwirken. Als Konsenserklärung kann es auch aufgefasst werden, dass die Beteiligten eine mangelhafte Eheschließung dadurch **bestätigen**, dass sie die Anlegung eines Familienbuchs beim Standesamt beantragen (BGH FamRZ 1983, 450, 451). Unter Umständen reicht jede **schlüssige Handlung**, die nach dem Verständnis des Standesbeamten und des anderen Eheschließenden eindeutig als „Ja" zu verstehen ist (Kopfnicken). Daher reicht ein ohne Begleitworte (zB als spontane Reaktion auf die Konsenserklärung des zuerst Befragten) gegebener **Kuss** nicht aus, weil sein Erklärungswert nicht eindeutig ist.

Der Standesbeamte soll zunächst an einen der Nupturienten die **Frage** richten, ob er **17** die Ehe mit dem anderen eingehen wolle. Bejaht der Befragte dies, so richtet der Standesbeamte die Frage auch an den anderen. Ist der **Standesbeamte am Sprechen gehindert** (zB durch einen Sprechkrampf, dazu GRUNDRUM StAZ 1975, 52), aber zur weiteren Mitwirkung fähig und bereit, kann jedermann, auch einer der Eheschließenden selbst oder einer der Zeugen oder ein Mitarbeiter des Standesamts, die Sprecherrolle des Standesbeamten übernehmen. Die **Reihenfolge** der Befragten ist unerheblich, wie sich auch jetzt aus der Formulierung des Gesetzes in § 1312 Abs 1 S 1, dass die Eheschließenden „einzeln" zu befragen sind, ergibt (darauf geht die Begr des Reg-E BT-Drucks 13/4898, 17 eigens ein). Hat auch der oder die zweite Befragte zustimmend geantwortet, so ist „in diesem Moment" die Ehe geschlossen. Mit der zweiten Antwort liegt der Konsens, also das wesentliche und rechtlich bindende Element der Eheschließung vor (BGHZ 29, 137, 141; BGH FamRZ 1983, 450). Ein **Widerruf der Konsenserklärung** ist nicht mehr möglich. Die **Ehe ist geschlossen** und kann nur noch durch eine gerichtliche Entscheidung (Aufhebung, **Scheidung)** beseitigt werden. Gegebenenfalls vollzieht sich in diesem Moment ohne weiteres auch der Namenswechsel. Ein (rechtlich, § 1592 Nr 2 oder 3) gemeinsames Kind der Eheleute steht von diesem Augenblick an unter der gemeinsamen Sorge seiner Eltern, wenn diese nicht bereits vorher durch Sorgeerklärungen begründet worden war (§ 1626a Abs 1 Nr 2). Stirbt einer der beiden Eheschließenden mit dem Jawort „auf den Lippen", so ist der andere verwitwet.

Die **Art und Weise**, in der die Willenserklärungen ausgetauscht werden, ist unerheb- **18** lich; sie soll nur eindeutig sein. Wollen sich die Eheschließenden **nicht mit einem einfachen „Ja" begnügen**, weil der gesetzlich vorgeschriebene Wortlaut die Frage bekanntlich offen lässt, ob die Erschienenen die Ehe sofort oder erst in Zukunft miteinander eingehen wollen, ist ihnen das unbenommen (zB „Ja, ich schließe jetzt mit dir N.N. die Ehe."). Ist der beabsichtigte Wortlaut der Konsenserklärungen dem Standesbeamten angekündigt und mit ihm abgesprochen, steht dem Abweichen von dem § 1312 vorgesehenen Frage- und Antwortspiel nichts entgegen. Unschädlich ist es auch, wenn die Verlobten **spontan**, ohne auf die Fragen des Standesbeamten zu warten, den Konsens erklären.

6. Ausspruch des Standesbeamten (S 1 HS 2)

19 Haben beide Nupturienten ihre Eheschließungserklärungen abgegeben und damit die Ehe geschlossen, so stellt der Standesbeamte deklaratorisch fest, dass sie nunmehr kraft Gesetzes rechtmäßig verbundene Eheleute sind. Unterbleibt der Ausspruch, berührt das die Wirksamkeit der Ehe ebenso wenig wie wenn eine andere Person anstelle des Standesbeamten den Ausspruch tut.

7. Niederschrift und Eintragung in das Eheregister

20 Anschließend erfolgen zwei Beurkundungen: Die in einer **Niederschrift auf Papier**, die die Eheleute und Zeugen sowie der Standesbeamte unterschreiben müssen, § 14 Abs 3 PStG, und die im **elektronischen Eheregister**, § 15 PStG, die technikbedingt nicht unterschrieben, sondern mit der Angabe des Familiennamens des Standesbeamten abgeschlossen wird, § 3 Abs 2 S 2 u 3 PStG.

8. Erteilung einer Traubescheinigung

21 Nach der Eheschließung soll den Ehegatten eine **Bescheinigung** über die erfolgte zivilrechtliche Eheschließung (sog „Traubescheinigung") ausgestellt werden.

IV. Internationales Privatrecht

22 § 1312 ist als Verfahrensvorschrift bei **allen Eheschließungen** im Inland zu beachten, soweit nicht Art 13 Abs 3 EGBGB eingreift (Einzelheiten dazu bei STAUDINGER/MANKOWSKI [2011] Art 13 EGBGB Rn 546 ff).

23 Für Eheschließungen im Ausland sind die Verfahrensvorschriften des Ortsstatuts zu beachten (Art 11 Abs 1 EGBGB; vgl STAUDINGER/MANKOWSKI [2011] Art 13 EGBGB Rn 657 ff).

Titel 3
Aufhebung der Ehe

Vorbemerkungen zu §§ 1313 ff

Schrifttum

ARENS, Der Grundsatz der Einheitlichkeit der Entscheidung in Ehesachen, besonders im Hinblick auf das Wiederaufnahmeverfahren, ZZP 76 (1963) 423

BARTH/WAGENITZ, Zur Neuordnung des Eheschließungsrechts, FamRZ 1996, 833

BEITZKE, Libera debent esse matrimonia, FamRZ 1981, 1122

BOSCH, Familien- und Erbrecht als Themen der Rechtsangleichung nach dem Beitritt der DDR zur Bundesrepublik Deutschland – verbunden mit einem Vergleich zweier deutscher Familien- und Erbrechtsordnungen (1), FamRZ 1991, 749

ders, Die geplante Neuregelung des Eheschließungsrechts (Teil 1). Zustimmung und kritische Anmerkungen – 1. Teil, FamRZ 1997, 65

ders, Die geplante Neuregelung des Eheschließungsrechts. Zustimmung und kritische Anmerkungen – 2. Teil, FamRZ 1997, 138

ders, Neuordnung oder nur Teilreform des Eheschließungsrechts?, NJW 1998, 2004

BRUDERMÜLLER/WAGENITZ, Das Ehe- und Ehegüterrecht in den neuen Bundesländern, FamRZ 1990, 1294

FINGER, Die Eheaufhebung und das neue Scheidungsrecht, NJW 1981, 1534

HABSCHEID/HABSCHEID, Die statusrechtlichen Feststellungsklagen nach neuem Familienrecht, FamRZ 1999, 480

HEPTING, Das Eheschließungsrecht nach der Reform, FamRZ 1998, 713

HETZEL, Die Anfechtung der Rassenmischehe in den Jahren 1933–1939 (1997)

RAMM, Eheaufhebung oder Eheanfechtung? in: FS vHippel (1967) 312

RÜTHERS, Die unbegrenzte Auslegung. Zum Wandel der Privatrechtsordnung im Nationalsozialismus (5. Aufl 1997)

K H SCHWAB, Streitgegenstand im Eheprozess, ZZP 65 (1952) 101.

Systematische Übersicht

Reinhard Voppel

I. Einleitung

Bei der Eheschließung kann es Mängel geben, die so schwerwiegend sind, dass es aus **1** Gründen des öffentlichen Interesses (Verstoß gegen Eheverbote/Ehehindernisse, Scheinehe) oder aus in der Person eines Ehegatten liegenden Gründen (Willensmängel) geboten erscheint, diese Ehe unabhängig von der Frage des Scheiterns (§ 1565), das eine Scheidung ermöglichen würde, und unabhängig von den Fristen des § 1566 auflösen zu können. Es handelt sich in allen Fällen um Mängel, die der Ehe von Anfang an anhaften, wohingegen das Scheitern grundsätzlich Folge einer nach der Eheschließung liegenden Entwicklung ist. Daher gibt es mit der Aufhebung ein gesondertes Rechtsinstitut, das gerade die Fälle anfänglicher Mängel betrifft. Es unterscheidet sich in vielerlei Hinsicht und gerade in den Voraussetzungen erheblich von der Ehescheidung, auch wenn die Folgen der Eheaufhebung denen der Scheidung im Grundsatz weitgehend angenähert worden sind, § 1318, wenn auch mit gewissen Modifikationen. Ungeachtet der Tatsache, dass die Zahl der Aufhebungsverfahren neben der Zahl der Scheidungsverfahren sehr gering ist (2011: 260 Eheaufhebungen gegenüber 187 640 Ehescheidungen, Statistisches Jahrbuch Deutschland und Internationales 2013, 2.6.7, S 53), ist eine Möglichkeit, die Ehe wegen Mängeln im Zusammenhang mit der Eheschließung unabhängig vom Scheidungsrecht auflösen zu können, nach allgemeiner Ansicht erforderlich: Auch wenn diese Fälle insgesamt gesehen nur relativ selten auftreten, bedürfen sie doch einer angemessenen Lösung (Beitzke FamRZ 1981, 1122).

II. Historische Übersicht

1. Das BGB von 1900

Das Problem der Behandlung von Ehen, die unter Verstoß gegen Formvorschriften, **2** Eheverbote und Ehehindernisse oder aufgrund von Willensmängeln zustande gekommen sind, ist vom Gesetzgeber des BGB in der ursprünglichen Fassung deutlich in Anlehnung an rechtsgeschäftliche Kategorien gelöst worden. Zwar ist die Ehe nicht selbst ein Vertragsverhältnis, stellt aber „ein durch Vertrag begründetes Rechtsverhältnis" dar (Begründung Planck I 157 f). Auf diese Weise kommt es zur Einordnung in die Kategorien der Nichtigkeit – der Ehe kommen an sich keine Wirkungen zu – für Verstöße, die das öffentliche Interesse berühren, und der Anfechtbarkeit – die Ehe kann rückwirkend vernichtet werden, § 1343 Abs 1 BGB 1900 – für Fälle, in denen nur die Interessen der Eheleute berührt sind und es dem betroffenen Ehegatten überlassen bleiben soll, ob er die Nichtigkeitsfolge herbeiführen will. Allerdings hat schon das BGB 1900 gesehen, dass die komplette Übertragung vertragsrechtlicher Kategorien auf das Eherecht nicht möglich ist. Daher gibt es in verschiedener Weise Einschränkungen und Modifikationen.

In Anbetracht der hohen Bedeutung, die der Ehe für Staat und Rechtsordnung **3** beigelegt wurde, und dem Bedürfnis nach Rechtsklarheit angesichts einer durch den Akt der Eheschließung nach außen hin dokumentierten Verbindung der Eheleute konnten die Wirkungen der Nichtigkeit grundsätzlich nur nach **richterlicher Feststellung** geltend gemacht werden, § 1329 BGB 1900. Neben den Ehegatten, dem Staatsanwalt und bei Doppelehe dem Ehegatten der früheren Ehe konnte auch jeder Dritte, der ein rechtliches Interesse hatte, Klage auf Feststellung der Nichtigkeit der

Reinhard Voppel

Ehe erheben, § 632 CPO 1898. Entsprechend konnte, anders als nach allgemeinem Zivilrecht, die Anfechtung nicht formfrei gegenüber dem anderen Ehegatten erklärt werden, sondern es musste grundsätzlich eine Anfechtungsklage erhoben werden, § 1341 Abs 1 BGB 1900. Es sollte also grundsätzlich eine amtliche Bestätigung der Nichtigkeit bzw der Anfechtung stattfinden, wobei das Urteil auf eine Nichtigkeitsklage als deklaratorisches Urteil zu verstehen war: Es stellte lediglich die Tatsache fest, dass eine wirksame Ehe von Anfang an nicht bestanden hatte. Solange ein solches Urteil nicht ergangen war, konnte sich grundsätzlich niemand auf die Nichtigkeit der Ehe berufen, § 1329 BGB 1900. War die Ehe dagegen durch den Tod eines Ehegatten oder durch Scheidung aufgelöst, wurde ein öffentliches Interesse an der Frage, ob diese Ehe rechtswirksam bestanden hatte, nicht mehr gesehen, sodass sich jedermann auf die Ungültigkeit der Ehe berufen konnte; ob die Ehe tatsächlich ungültig war, war ggf inzident zu klären. War die Ehe durch Tod oder Scheidung aufgelöst, war eine Anfechtung grundsätzlich nicht mehr möglich, mit Ausnahme des Falles, in dem die Ehe durch den Tod des nicht anfechtungsberechtigten Ehegatten aufgelöst worden war, § 1338 BGB 1900; der anfechtungsberechtigte Ehegatte konnte in diesem Fall die Anfechtung durch Erklärung in öffentlich beglaubigter Form vor dem Nachlassgericht vornehmen, § 1342 Abs 1 BGB 1900.

4 Auch hinsichtlich der **Rechtsfolgen** gab es notwendige Modifikationen gegenüber den Regelungen des Allgemeinen Teils des BGB. Sowohl im Falle der Nichtigkeit als auch der erfolgten Vernichtung aufgrund einer Anfechtungsklage konnte die Nichtigkeit gutgläubigen Dritten gegenüber nur beschränkt geltend gemacht werden, § 1344 BGB 1900 (Gründe des Verkehrsschutzes). Der gutgläubige Ehegatte im Falle einer nichtigen Ehe konnte vom bösgläubigen Ehegatten verlangen, in vermögensrechtlicher Hinsicht, insbesondere hinsichtlich des Unterhalts, so gestellt zu werden, als wäre die Ehe zum Zeitpunkt der Nichtigerklärung aus Alleinschuld des bösgläubigen Ehegatten geschieden worden (§ 1345 Abs 1 BGB 1900); er verlor damit allerdings das Recht, die Folgen der Nichtigkeit der Ehe geltend zu machen, § 1347 Abs 1 BGB 1900. Dasselbe galt im Falle einer durch Drohung zustande gekommenen Ehe zugunsten des bedrohten Ehegatten, bei Irrtum zugunsten des Ehegatten, der sich geirrt hatte, soweit er den Irrtum nicht kannte oder kennen musste, in beiden Fällen jeweils nach Nichtigerklärung der Ehe aufgrund der Anfechtung, § 1346 BGB 1900. Wenn zumindest ein Ehegatte hinsichtlich des Nichtigkeitsgrundes (bzw des Anfechtungsgrundes) gutgläubig war, waren die Kinder aus der für nichtig erklärten Ehe ehelich, § 1699 BGB 1900.

5 **Fälle der Nichtigkeit** waren ein Verstoß gegen die Eheschließungsform, die Geschäftsunfähigkeit, zeitweilige Geistesgestörtheit oder Bewusstlosigkeit eines Ehegatten bei der Eheschließung sowie ein Verstoß gegen die Ehehindernisse der Verwandtschaft/ Schwägerschaft, der Doppelehe und der Ehescheidung wegen Ehebruchs (der geschiedene Ehegatte durfte mit dem Ehebrecher die Ehe nicht eingehen, wenn der Ehebruch als Scheidungsgrund im Scheidungsurteil festgestellt war). **Anfechtbar** war die Ehe wegen fehlender Einwilligung des gesetzlichen Vertreters bei Ehen beschränkt Geschäftsfähiger, wegen bestimmter im Gesetz genannter Irrtümer bei der Eheschließung, arglistiger Täuschung und Drohung sowie in dem Fall, dass der für tot erklärte Ehegatte noch lebte. Weitere nach BGB 1900 bestehende Ehehindernisse waren nur sog aufschiebende Hindernisse; die einmal geschlossene Ehe wurde durch den Verstoß gegen ein solches Hindernis nicht berührt.

2. Das EheG 1938

Hinsichtlich der **Nichtigkeit** hat sich die Konzeption in dem Sinne verändert, dass **6** diese nur noch durch Klage geltend gemacht werden konnte und dass Dritte kein Klagerecht mehr hatten (§§ 27 f EheG 1938). Nach dem Tod beider Ehegatten war die Feststellung der Nichtigkeit nicht mehr möglich (§ 28 Abs 3 EheG 1938). Damit entfernt sich die Nichtigkeit weiter von der rechtsgeschäftlichen Nichtigkeit und wird zur bloßen Vernichtbarkeit.

Die **Nichtigkeitsgründe** sind aus ideologischen Gründen schon vor Inkrafttreten des **7** EheG 1938 deutlich erweitert worden; diese Gründe sind in das EheG 1938 übernommen bzw durch Verweisung inkorporiert worden. Es handelt sich um die Nichtigkeit der Namensehe, die Nichtigkeit aus rassischen und erbgesundheitlichen Gründen und – mit dem EheG 1938 eingeführt – die Nichtigkeit der Staatsangehörigkeitsehe. War die Ehe aus einem dieser neu eingeführten Gründe nichtig, waren die Kinder unehelich (§ 29 EheG 1938), im Falle der anderen Nichtigkeitsgründe stets, unabhängig von der Gutgläubigkeit der Eltern, ehelich (§ 30 EheG 1938). Grundsätzlich fand wegen der vermögensrechtlichen Beziehungen zwischen den Ehegatten nach Feststellung der Nichtigkeit Scheidungsrecht Anwendung, wenn mindestens ein Ehegatte gutgläubig war. Ein bösgläubiger Ehegatte wurde wie ein schuldig geschiedener Ehegatte behandelt, § 31 Abs 1 EheG 1938. Ein gutgläubiger Ehegatte konnte diese Wirkungen durch Erklärung innerhalb von sechs Monaten nach Rechtskraft der Nichtigerklärung ausschließen, § 31 Abs 2 EheG 1938.

Hinsichtlich der bisherigen **Eheanfechtung** wurde die Konzeption komplett verän- **8** dert. Anders als bei der nichtigen Ehe, bei der aus Gründen des öffentlichen Interesses grundsätzlich die Unwirksamkeit von Anfang an bestehen soll, ging bei den anderen Mängeln der Eheschließung der Gesetzgeber davon aus, dass die Rechtswirkungen der zumindest zeitweise bestehenden und gelebten Ehe nicht rückwirkend beseitigt werden könnten (vgl DJ 1938, 1102, 1106). Daher trat an die Stelle der Anfechtung mit der Folge der rückwirkenden Vernichtung der Ehe die ebenfalls durch Klage geltend zu machende **Aufhebung der Ehe**, die ab Rechtskraft des die Aufhebung aussprechenden Urteils und damit nur für die Zukunft wirkte, § 34 EheG 1938. Die Folgen der Aufhebung wurden komplett dem Scheidungsrecht unterstellt, wobei im Falle von Täuschung und Drohung der Ehegatte, von dem diese ausgegangen oder mit dessen Wissen sie verübt worden sind, in den anderen Fällen derjenige Ehegatte, der den Aufhebungsgrund bei Eingehung der Ehe kannte, als schuldig anzusehen war, § 42 EheG 1938. Die Anfechtungsgründe wurden als Aufhebungsgründe übernommen. Der Irrtum über persönliche Eigenschaften des anderen Ehegatten (§ 1333 BGB 1900) wurde in der Absicht einer Ausweitung des Anwendungsbereichs durch den Irrtum über Umstände, die die Person des anderen Ehegatten betreffen, ersetzt (§ 37 EheG 1938), um auch rassische, weltanschauliche und vergleichbare Gründe berücksichtigen und eine zu enge Auslegung verhindern zu können (vgl die Gesetzesbegründung DJ 1938, 1102, 1107; vgl zur Rechtsprechung RÜTHERS, Die unbegrenzte Auslegung 404 ff).

3. Das EheG 1946

9 Das EheG 1946 hat die Konzeption des EheG 1938 hinsichtlich Nichtigkeit und Aufhebbarkeit der Ehe übernommen. Schon vor dem Erlass des EheG 1946 außer Kraft getreten ist die auf nationalsozialistischem Gedankengut beruhende Nichtigkeit der Ehe aus rassischen und erbgesundheitlichen Gründen; die Staatsangehörigkeitsehe ist nicht in das EheG 1946 aufgenommen worden. Bei den Aufhebungsgründen wurde wieder auf den Irrtum über die persönlichen Eigenschaften des anderen Ehegatten abgestellt. Im Übrigen blieb es der Sache nach bei dem Rechtszustand, wie er durch das EheG 1938 geschaffen worden war.

4. Weitere Entwicklung

10 In der Folge ist das EheG 1946 in der grundsätzlichen Konzeption, insbesondere der Unterscheidung zwischen Nichtigkeit und Aufhebbarkeit der Ehe, zunächst nicht verändert worden. Es hat aber eine Reihe von Eingriffen gegeben, die zum Teil durchaus grundlegend das Gefüge des Gesetzes verändert haben. Mit dem Gleichberechtigungsgesetz von 1957 und dem Familienrechtsänderungsgesetz von 1961 wurde die Regelung zur Stellung der Kinder aus nichtiger Ehe (§ 25 EheG 1946) gestrichen und zum Teil in § 1591 in der damaligen Fassung überführt. Mit dem 1. EheRG von 1976 sind die Nichtigkeitsgründe der Namensehe (§ 19 EheG 1946) und der wegen Ehebruchs verbotenen Ehe (§ 22 EheG 1946) entfallen. Einen wesentlichen Eingriff bedeutete die Anpassung der Folgen von Nichtigkeit und Aufhebung der Ehe an das neue, verschuldensunabhängige Scheidungsrecht. Auch schon vorher waren die Folgen im Wesentlichen durch Verweisung auf das Scheidungsrecht geregelt worden, der bösgläubige Ehegatte wurde jeweils wie ein im Sinne des Scheidungsrechts schuldiger Ehegatte behandelt; der gutgläubige Ehegatte konnte im Falle der Nichtigkeit die Anwendung von Scheidungsrecht durch fristgebundene Erklärung ausschließen. Nunmehr blieb es bei der grundsätzlichen Anwendung des Scheidungsrechts, aber der gutgläubige Ehegatte konnte sowohl im Falle der Nichtigkeit als auch der Aufhebung diese Folge mit Wirkung für die Zukunft durch fristgebundene Erklärung ausschließen.

11 Durch das **EheschlRG von 1998**, in Kraft getreten am 1. 7. 1998 (zum Übergangsrecht vgl Rn 61), wurde das Recht der Eheschließung wieder in das BGB überführt und das EheG 1946 aufgehoben (vgl im Einzelnen Rn 16 ff).

5. Recht der SBZ/DDR

a) Grundzüge des materiellen Rechts
12 In der sowjetischen Besatzungszone (SBZ) galt zunächst als Kontrollratsrecht ebenfalls das EheG 1946, das aber mit der Außerkraftsetzung des Kontrollratsrechts in der SBZ zum 20. 9. 1955 durch die UdSSR wegfiel. Da das weitergeltende BGB keine Regelungen zu nichtigen/aufhebbaren Ehen enthielt, gab es zunächst eine Lücke, die am 24. 11. 1955 durch die EheVO geschlossen wurde. Diese wurde – mit dem Familienrecht des BGB – mit dem 1. 4. 1966 durch das FGB ersetzt. Im hier relevanten Zusammenhang unterscheiden sich die Regelungen von EheVO und FGB nicht maßgeblich, sodass das Recht der Folgen von Mängeln bei der Eheschließung einheitlich dargestellt werden kann.

Obwohl die gleichzeitige persönliche Anwesenheit der Eheschließungswilligen in § 6 **13**
FGB ebensowenig ausdrücklich vorgeschrieben war wie die Forderung, dass die
Erklärung des Ehewillens nicht unter einer Bedingung oder Zeitbestimmung erfolgen dürfe, wurde bei Verstößen dagegen von einer **Nichtehe** ausgegangen. Dasselbe
galt, wenn die Ehe nicht in das Ehebuch eingetragen worden war (BRUDERMÜLLER/
WAGENITZ FamRZ 1990, 1294 mwNw). **Verstieß** die Ehe **gegen ein Eheverbot**, deren es nur
vier gab (Verbot der Doppelehe, Verbot der Ehe unter Verwandten in gerader Linie
und Geschwistern bzw Halbgeschwistern, Verbot der Ehe zwischen Adoptiveltern-
teil und Adoptivkind, Verbot der Eheschließung durch eine entmündigte Person, § 8
FGB/§ 3 EheVO), war sie **nichtig**; die Nichtigkeit konnte nur im Wege der Klage
geltend gemacht werden, die die Ehegatten, der Staatsanwalt und im Falle der
Doppelehe der Ehegatte der früheren Ehe erheben konnte, § 35 FGB (§ 6 EheVO).
War die nichtige Ehe bereits durch Tod eines Ehegatten aufgelöst, konnte nur der
Staatsanwalt noch auf Feststellung der Nichtigkeit klagen (§ 34 Abs 3 FGB/§ 6 Abs 3
EheVO). Die Nichtigkeit war grundsätzlich mit rückwirkender Kraft belegt. § 35
FGB (knapper § 7 EheVO) enthielt jedoch davon abweichende Regelungen, die die
Folgen der Nichtigkeit im Wesentlichen denen der Ehescheidung annäherten. Da-
nach hatten Kinder aus einer nichtigen Ehe die Rechtsstellung von Kindern aus
einer geschiedenen Ehe. Hinsichtlich Unterhalt und Ehewohnung galten die Regelungen über die Ehescheidung, jedoch hatte ein bösgläubiger Ehegatte keinen Anspruch auf Unterhalt sowie auf Ausgleich der Vermögensmehrung des anderen
Ehegatten nach § 40 FGB. Die Ehegatten behielten den Familiennamen, konnten
aber einen vor der Eheschließung geführten Familiennamen durch Erklärung gegenüber dem Leiter des Standesamtes wieder annehmen.

Eine der Eheaufhebung entsprechende Regelung kannte das Recht der SBZ/DDR **14**
nicht. Fälle von Willensmängeln (Irrtum, Täuschung, Drohung) konnten daher nur
im Wege der Ehescheidung geltend gemacht werden, die möglich war, wenn ernst-
liche Gründe vorlagen, aus denen sich ergab, dass die Ehe für die Ehegatten, die
Kinder und damit auch für die Gesellschaft ihren Sinn verloren hatte (§ 24 FGB).
Verstöße gegen die Ehemündigkeit (für beide Partner mit Vollendung des 18. Lebensjahres, § 5 Abs 4 FGB) blieben sanktionslos.

b) Übergangsrecht aus Anlass des Beitritts der neuen Bundesländer
Das Übergangsrecht betreffend das EheG ist in Anlage I Kap III Sachgebiet B **15**
Abschnitt III Nr 11 des Einigungsvertrages geregelt (vgl ausführlich BRUDERMÜLLER/
WAGENITZ FamRZ 1990, 1294 f). Danach richtet sich die Wirksamkeit von vor dem
3. 10. 1990 nach dem Recht der DDR geschlossenen Ehen nach wie vor nach diesem
Recht. Die im FGB enthaltenen Ehehindernisse sind auch dem Recht des EheG
1946 bzw nunmehr des BGB bekannt. Gegenüber im EheG 1946 enthaltenen weiteren Ehehindernissen, die das FGB nicht kannte, besteht also Vertrauensschutz.
Dasselbe gilt für Aufhebungsfälle nach dem EheG 1946, also die Fälle von Willensmängeln: Diese bleiben im Sinne des Aufhebungsrechts unbeachtlich. Hinsichtlich
der Folgen der Nichtigkeit wird differenziert: Für Fälle, in denen die Nichtigerklärung vor dem 3. 10. 1990 erfolgt ist, richten sich die Rechtsfolgen nach dem Recht
des FGB. Für alle anderen Fälle kommen die Regelungen der §§ 23 f EheG 1946
(ihrerseits nunmehr auf die Vorschriften des BGB übergeleitet) zur Anwendung.

Reinhard Voppel

III. Die Konzeption des geltenden Rechts

16 Schon seit längerer Zeit, insbesondere seit dem Inkrafttreten des 1. EheRG, wurde die Frage aufgeworfen – und vielfach verneint – ob es weiterhin geboten oder auch nur sinnvoll sei, die Zweispurigkeit der Rechtsfolgen bei mangelbehafteter Ehe aufrechtzuerhalten, zumal sich die Folgen von Nichtigkeit und Aufhebung der Ehe im Laufe der Entwicklung einander immer mehr angenähert hatten. Trotz der aufrechterhaltenen Unterscheidung der Ehenichtigkeit mit Rückwirkung und der Aufhebung mit Wirkung für die Zukunft machte sich dies in wesentlichen Punkten in den Rechtsfolgen nicht mehr bemerkbar.

17 Das EheSchlRG hat daraus die Konsequenz gezogen und sieht nunmehr einheitlich, ungeachtet des Mangels der Ehe, nur noch die Aufhebung der Ehe mit Wirkung für die Zukunft vor; die Folgen richten sich grundsätzlich für Unterhalt, Versorgungs- und Zugewinnausgleich sowie die Verteilung von Haushaltsgegenständen und Ehewohnung nach Scheidungsrecht, das allerdings bei Bösgläubigkeit des Gläubigers ausgeschlossen sein kann (§ 1318). Die Aufhebung erfolgt ausschließlich durch gerichtliche Entscheidung und wird mit deren Rechtskraft wirksam (§ 1313). Eine Nichtigkeit der Ehe mit (grundsätzlicher) Rückwirkung kennt das Gesetz nicht mehr. Diese Entscheidung wurde zum Teil kritisiert. Zwar wird die Aufgabe der „Zweispurigkeit" grundsätzlich begrüßt, aber es wäre vorgezogen worden, in allen Fällen eine Auflösung mit Rückwirkung im Sinne der bisherigen Nichtigkeit einzuführen (vgl etwa STAUDINGER/KLIPPEL [2000] Vorbem 18 zu §§ 1313 ff; BOSCH FamRZ 1997, 138, 141 ff; eingeschränkt MUSCHELER JZ 1997, 1142, 1148: Rückwirkung nur für die bisherigen Nichtigkeitsfälle bezüglich Erb- und Namensrecht). Dazu wird insbesondere auf die Doppelehe und die Verwandtenehe (jetzt §§ 1306, 1307) verwiesen, bei denen es als unerträglich angesehen wird, dass sie bis zur rechtskräftigen Aufhebung als grundsätzlich vollwirksame Ehe anzusehen sind (vgl etwa BOSCH NJW 1998, 2004, 2006, 2010; STAUDINGER/KLIPPEL [2000] Vorbem 20 zu §§ 1313 ff). Im Ergebnis ist der Gesetzesbegründung (BT-Drucks 13/4898, 14) zuzustimmen: Bei der Ehe handelt es sich um ein Rechtsverhältnis mit Dauercharakter, das ähnlich wie Dauerschuldverhältnisse kaum für die Vergangenheit rückwirkend abgewickelt und in seiner tatsächlichen Existenz einfach ignoriert werden kann (MünchKomm/WELLENHOFER § 1313 Rn 1; RAUSCHER Rn 204). Dementsprechend – und das stand grundsätzlich außerhalb der Kritik – wurde auch nach bisherigem Recht vermögensrechtlich und auch betreffend die Kinder aus der Ehe auch im Falle der Nichtigkeit eine Abwicklung nur für die Zukunft vorgenommen. Das entspricht vergleichbaren Regelungen (Kündigung) für Dauerschuldverhältnisse. Davon wird die – zu recht bestehende – rechtliche Missbilligung von Doppel- und Verwandtenehe, die nach wie vor auch strafrechtlich zum Ausdruck kommt (§§ 172, 173 StGB), nicht berührt.

Neben der aufhebbaren Ehe steht die Nichtehe, die mit so schweren Mängeln behaftet ist, dass ihr überhaupt keine Wirkungen beigemessen werden kann (dazu unten Rn 20 ff).

18 Hinsichtlich des Kreises der Aufhebungsgründe hat sich das EheSchlRG im Wesentlichen an den Regelungen des EheG 1946 in der zuletzt gültigen Fassung orientiert, allerdings im Einzelnen Änderungen vorgenommen. Entfallen sind die Aufhebungsgründe des Erklärungsirrtums und des Irrtums über die Identität des anderen Ehegatten, beide mangels praktischer Bedeutung (BT-Drucks 13/4898, 19), sowie des Irrtums über persönliche Eigenschaften des anderen Ehegatten (dazu unten Rn 26). Abgeschafft worden ist das Eheverbot der Schwägerschaft, sodass diese auch nicht die Aufhebung der Ehe begründen kann. Der Gesetzgeber begründet das damit, das Verbot lasse sich weder aus erbbiologischen noch aus medizinischen Gründen rechtfertigen; es werde in der Praxis sehr weitgehend davon Befreiung erteilt (BT-Drucks 13/4898, 13). Dies sind pragmatische Erwägungen, die allerdings damit verbundene ethische Fragen – insbesondere bei der nun möglichen Heirat zwischen Stiefelternteil und Stiefkind – nicht berücksichtigen (vgl BOSCH FamRZ 1997, 65, 74 f; ders NJW 1998, 2004, 2006; zurückhaltend HEPTING FamRZ 1998, 713, 717).

Neu eingeführt wurde der Aufhebungstatbestand der „Scheinehe", im Gesetz als **19** eine Ehe charakterisiert, bei der „beide Ehegatten sich bei der Eheschließung darüber einig waren, dass sie keine Verpflichtung gemäß § 1353 Abs 1 begründen wollen" (§ 1314 Abs 2 Nr 5). Die Einführung dieses Aufhebungstatbestandes ist umstritten (befürwortend etwa BOSCH NJW 1998, 2004, 2005; WACKE, in: FS Medicus [1999] 651, 667 f, 670 f; ablehnend etwa WOLF FamRZ 1998, 1477; EISFELD AcP 201 [2001] 662; vgl näher § 1314 Rn 62 ff).

IV. Die Nichtehe

Im BGB ist die Nichtehe nicht geregelt. Eine Nichtehe liegt dann vor, wenn die **20** (vermeintliche) Eheschließung (PALANDT/BRUDERMÜLLER Einf v § 1313 Rn 5: Versuch der Eheschließung) unter so schweren Mängeln materieller oder formeller Art leidet, dass eine wirksame, vom Recht anerkannte Ehe nicht – auch nicht aufhebbar – begründet wird. Nichtehen beruhen vornehmlich auf Verstößen gegen § 1310 Abs 1: Erklären die zur Eheschließung Entschlossenen ihren Willen, die Ehe miteinander einzuge- hen, in Deutschland nicht vor einem (deutschen) Standesbeamten, sondern etwa vor einem Geistlichen oder einer anderen ggf nach ihrem Heimatrecht für eine Ehe- schließung zuständigen Instanz (vgl aber Art 13 Abs 3 S 2 EGBGB), und greifen die Heilungsvorschriften des § 1310 Abs 2 und 3 nicht ein, begründen die Erklärungen keine Ehe. Bis zum Ablauf der in § 1310 Abs 3 bestimmten Fristen und einer entsprechenden Handlung des Standesbeamten bleibt es bei einer Nichtehe. Hier ist insbesondere auch ausländisches Recht in Betracht zu ziehen (vgl etwa BGH FamRZ 1991, 300 zu einer Eheschließung, die möglicherweise nach ghanaischem Recht zu beurteilen war, wonach das Eingehen einer Doppelehe eine Nichtehe zur Folge hat, vgl Rn 58: ärgeres Recht). Keine wirksame Ehe kommt weiter zustande, wenn die Eheschließenden die Er- klärung, die Ehe eingehen zu wollen, vor einem Standesbeamten abgeben, der ausdrücklich erklärt hat, nicht zur Mitwirkung an einer Eheschließung bereit zu sein, sei es zu recht in Fällen des § 1310 Abs 1 S 2, 2. HS oder zu unrecht (PALANDT/ BRUDERMÜLLER Einf v § 1313 Rn 6). Weitere Fälle sind gegeben, wenn zumindest einer der Verlobten während der Trauung keine Eheschließungserklärung abgegeben hat, sowie dann, wenn – obwohl das Erfordernis, dass die Ehegatten verschiedenen Geschlechts sein müssen, vom Gesetz als selbstverständlich nicht erwähnt wird (vgl GERNHUBER/COESTER-WALTJEN § 13 Rn 3 zur Problematik von im Ausland wirksam geschlossenen Ehen zwischen deutschen gleichgeschlechtlichen Partnern und deren Anerkennung im Inland als Partnerschaft) – gleichgeschlechtliche Personen eine Ehe eingehen wollen (PALANDT/ BRUDERMÜLLER Einf v § 1313 Rn 6).

21 Einer Nichtehe kommen **keinerlei familienrechtliche Wirkungen** zu (MünchKomm/
WELLENHOFER § 1310 Rn 27; PALANDT/BRUDERMÜLLER Einf v § 1313 Rn 5); der BGH hat dies
auch für den Fall einer sogenannten hinkenden Ehe (die nach ausländischem Recht
wirksam geschlossen ist) entschieden (FamRZ 2003, 838, 840). Auch Art 6 GG gebietet
keine generelle Heilung von Nichtehen. Zwar können auch **hinkende Ehen** grundsätzlich unter dem Schutz des Art 6 Abs 1 GG stehen; daraus hat das BVerfG
abgeleitet, dass im Sozialrecht (Hinterbliebenenversorgung) der hinkenden Ehe –
Nichtehe nach deutschem Recht – die Wirkungen einer Ehe beigelegt werden müssen (BVerfG FamRZ 1983, 251; vgl STAUDINGER/MANKOWSKI [2011] Art 13 EGBGB Rn 531 ff:
besonderer Ehebegriff des Sozialrechts). Daraus folgt aber keine allgemeine zivilrechtliche
Anerkennung von Nichtehen. Vielmehr hat das BVerfG an anderer Stelle herausgestellt, dass Art 6 Abs 1 GG gesetzliche Regelungen über Form und Voraussetzungen der Eheschließung voraussetzt, nach denen eindeutig definiert und abgegrenzt werden kann, welche Lebensgemeinschaft zwischen Mann und Frau als Ehe
den Schutz der Verfassung genießt. Der Gesetzgeber hat einen Gestaltungsspielraum, wie er Form und sachliche Voraussetzungen der Eheschließung ausgestalten
will. Die Forderung nach der zwingenden Mitwirkung des Standesbeamten, die die
Offenkundigkeit der Eheschließung und die Klarheit der Rechtsverhältnisse gewährleisten soll, ist insoweit nicht zu beanstanden. Nur dann, wenn die Form der Eheschließung zum Selbstzweck degradiert würde – wie im Fall der Anerkennung der
hinkenden Ehe im Sozialrecht – wird eine formwidrig geschlossene Ehe in den
Schutzbereich des Art 6 Abs 1 GG aufgenommen (BVerfG FamRZ 1993, 781 mit umfangreichen Nachweisen). Der Fall der Hinterbliebenenversorgung betraf das Verhältnis der
scheinbaren Ehegatten zu Dritten; dagegen handelt es sich dann, wenn einer Nicht-
ehe/hinkenden Ehe familienrechtliche Wirkungen beigelegt werden, um das Verhältnis zwischen den scheinbaren Ehegatten. So wie einer von ihnen ein Interesse
daran haben kann, die Verbindung als wirksame Ehe behandelt zu wissen, kann der
andere daran interessiert sein, der Verbindung keine familienrechtlichen Wirkungen
zukommen zu lassen. Das Interesse am Nichtbestand der Ehe verdient nicht grundsätzlich weniger Schutz als das Vertrauen des anderen Partners auf den Bestand der
vermeintlichen Ehe (BGH FamRZ 2003, 838, 840).

22 Zum Teil wird erwogen, eine jahre- oder jahrzehntelang **gelebte** formfehlerhafte **Ehe**
zu einer auch zivilrechtlich wirksamen Ehe erstarken zu lassen. Dieser Ansatz wird
auf Art 6 Abs 1 GG gestützt, der – wie bereits bemerkt – auch eine formfehlerhafte
Ehe erfassen kann. Die Form der Eheschließung vor dem Standesbeamten habe die
Funktion des Schutzes vor Übereilung sowie der Publizität der Ehe. Wenn eine Ehe
jahrelang gelebt worden sei, sei der Schutz vor Übereilung hinfällig. Die Publizität
sei jedenfalls dann weitgehend gewährleistet, wenn die vermeintlichen Ehegatten als
solche vor staatlichen Stellen aufgetreten und von diesen als Ehegatten behandelt
worden seien. Unter diesen Umständen könnten sich die Partner der langfristig
gelebten „Ehe" auf Vertrauensschutz berufen, wobei als verfassungsrechtlicher Ansatz Art 20 Abs 3 GG herangezogen wird (STAUDINGER/MANKOWSKI [2011] Art 13 EGBGB
Rn 542 ff; STAUDINGER/LÖHNIG § 1310 Rn 62 je mwNw auch zur Rechtsprechung; MünchKomm/
WELLENHOFER § 1310 Rn 34 für Fälle mit Auslandsbezug, sonst ablehnend, vgl ebd Rn 29). In
diesem Fall soll es allein auf den Ehekonsens ankommen. Es erscheint allerdings
fraglich, ob dieser Ansatz nach der Einführung der Heilungsmöglichkeit des § 1310
Abs 3 noch Gültigkeit haben kann. Der Gesetzgeber hat durch die Regelung klargestellt, dass der Ehekonsens alleine nicht ausreicht, ebensowenig auch ein längeres

Zusammenleben, sondern zusätzlich die Maßnahme eines Standesbeamten hinzu-treten muss, die diese Nichtehe in bestimmter Weise als eine nach staatlichem Recht gültige Ehe behandelt. Danach kann allenfalls in Ausnahmefällen (bei den in der Rechtsprechung behandelten Fällen handelt es sich überwiegend um kriegsbedingte Sonderfälle, bei denen ein regulärer Standesbeamter nicht zur Verfügung stand) noch eine Heilung durch bloßen längeren Zeitablauf angenommen werden; dieser muss deutlich über die in § 1310 Abs 3 vorausgesetzten 10 Jahre hinausgehen.

Kinder aus einer Nichtehe haben dieselbe Stellung wie andere Kinder, deren Eltern 23 nicht miteinander verheiratet sind. Da überhaupt kein wirksames familienrecht-liches Rechtsverhältnis zwischen den vermeintlichen Ehegatten besteht, kommt auch eine Heilung außerhalb des § 1310 Abs 2, 3 nicht in Betracht. Eine Nichtehe kann nicht aufgehoben und nicht geschieden werden. Wird dennoch die Nichtehe versehentlich geschieden, ändert dies nichts am Tatbestand der Nichtehe; jeder Ehegatte kann auch nach Rechtskraft des Scheidungsbeschlusses noch einen Antrag auf Feststellung des Nichtbestehens der Ehe (dazu sogleich Rn 24) erheben. Das Be-stehen einer wirksamen Ehe ist im Verfahren über die Ehescheidung nur Vorfrage, die von der Rechtskraft nicht erfasst wird; dem Scheidungsbeschluss kommt keine Feststellungswirkung oder sonstige rechtserzeugende Kraft zu (BGH FamRZ 2003, 838, 840, 841; MünchKomm/WELLENHOFER § 1310 Rn 24).

Auf den Tatbestand der Nichtehe kann sich – anders als bei der aufhebbaren Ehe – 24 jedermann zu jeder Zeit berufen; einer gerichtlichen Feststellung bedarf es nicht (MünchKomm/WELLENHOFER § 1310 Rn 27; PALANDT/BRUDERMÜLLER Einf v § 1313 Rn 5; GERN-HUBER/COESTER-WALTJEN § 13 Rn 14). Nach § 121 Nr 3 FamFG ist jedoch – ein entspre-chendes Feststellungsinteresse vorausgesetzt – eine Klage auf Feststellung des Nicht-bestehens oder Bestehens einer Ehe möglich; den Antrag kann aber nur einer der vermeintlichen Ehegatten stellen (GERNHUBER/COESTER-WALTJEN § 13 Rn 14). Nach § 129 Abs 2 S 3 FamFG ist die zuständige Verwaltungsbehörde über den Antrag zu unter-richten; diese kann dann das Verfahren selbstständig betreiben.

Die Rechtskraft des Feststellungsurteils wirkt nur unter den Ehegatten (PALANDT/ 25 BRUDERMÜLLER Einf vor § 1313 Rn 7; JOHANNSEN/HENRICH/MARKWARDT § 121 FamFG Rn 11; GERNHUBER/COESTER-WALTJEN § 13 Rn 14). Der Entscheidung kommt auch keine Gestal-tungswirkung zu. Dritte können sich daher trotz einer positiven Feststellungsent-scheidung auf das Nichtbestehen der Ehe berufen.

V. Verhältnis der Aufhebung zur Ehescheidung

Aufhebung und Ehescheidung führen zum selben Ergebnis, nämlich der Auflösung 26 der Ehe mit Rechtskraft des entsprechenden Beschlusses. Die Wirkung tritt jeweils für die Zukunft ein. Die Aufhebung bezieht sich dabei ausschließlich auf Gründe, die die Eheschließung selbst betreffen und diese fehlerhaft machen. Die Eheschei-dung dagegen berücksichtigt grundsätzlich nach der Eheschließung eingetretene Gründe, die zum Scheitern der Ehe geführt haben. Eine gewisse Zwischenstellung nimmt der Irrtum über persönliche Eigenschaften des anderen Ehegatten ein. Er war bis zum Inkrafttreten des EheschlRG ein eigener Aufhebungsgrund (§ 32 EheG 1946). Dieser Fall ist nunmehr über das Scheidungsrecht zu lösen. Dies erscheint gerechtfertigt, da vielfach nicht sicher festzustellen sein wird, ob die Eingehung der

Ehe eine (irrtumsbedingte) Fehlentscheidung war, die sich später herausgestellt hat, oder ob ein nachträglich eingetretenes Auseinanderleben auf einen Irrtum zum Zeitpunkt der Eheschließung zurückprojeziert wird (vgl BT-Drucks 13/4898, 19).

27 Vom Grundsatz her sind Eheaufhebung und Ehescheidung also klar auseinanderzuhalten. Es gibt jedoch Fälle, in denen sowohl ein Aufhebungsgrund vorliegt als auch die Ehe gescheitert ist, sodass eine Scheidung möglich ist. Der Ehegatte hat die Wahl zwischen beiden Möglichkeiten; ein Vorrang besteht insoweit nicht. Macht er allerdings den Antrag auf Ehescheidung und den auf Aufhebung kumulativ anhängig, was zulässig ist (vgl Rn 37), und erweisen sich beide Anträge als begründet, ist nach der Entscheidung des Gesetzes, § 126 Abs 3 FamFG, nur auf Aufhebung zu erkennen, die damit in dieser Konstellation als vorrangig angesehen wird. Stellt dagegen der Ehegatte den Antrag auf Aufhebung nur hilfsweise neben dem Antrag auf Scheidung, soll nach allgemeiner Meinung die Scheidung vorrangig sein (BGH NJW 1996, 272; SOERGEL/HEINTZMANN Rn 14; ERMAN/ROTH § 1313 Rn 4; MünchKommZPO/HILBIG § 126 FamFG Rn 11; GERNHUBER/COESTER-WALTJEN § 14 Rn 61; SCHWAB/STREICHER I Rn 244). Dasselbe gilt auch dann, wenn ein Ehegatte die Scheidung und der andere als Gegenantrag die Aufhebung beantragt oder umgekehrt: Auch dann ist, wenn beide Anträge begründet sind, der Aufhebungsantrag vorrangig (MünchKomm/WELLENHOFER § 1313 Rn 8; ERMAN/ROTH § 1313 Rn 4). Ungeachtet der Tatsache, dass es sich um verschiedene Streitgegenstände handelt, ist wegen § 113 Abs 4 Nr 2 FamFG – auch noch in der Berufungsinstanz – der Wechsel vom Aufhebungsantrag zum Scheidungsantrag und umgekehrt möglich (vgl unten Rn 35 mNw). Zur Frage des Verbundverfahrens, wenn Aufhebungs- und Scheidungsantrag kumulativ geltend gemacht werden, vgl unten Rn 38 ff.

28 Die nach altem Recht strittige Frage, ob eine bereits geschiedene Ehe nachträglich noch aufgehoben werden kann, ist nunmehr durch § 1317 Abs 3 in dem Sinne entschieden, dass dies nicht möglich ist (vgl im Einzelnen, insbesondere zur Zulässigkeit eines Antrags, mit dem begehrt wird, dem Scheidungsurteil die Folgen des § 1318 beizulegen, § 1317 Rn 41 ff).

VI. Gerichtliches Verfahren

1. Allgemeines

29 Das Verfahren auf Aufhebung der Ehe ist – ebenso wie das Verfahren auf Ehescheidung und auf Feststellung des Bestehens oder Nichtbestehens der Ehe – **Ehesache** im Sinne des § 121 FamFG. Es gelten die Vorschriften der §§ 113 ff FamFG; die allgemeinen Vorschriften des FamFG mit Ausnahme der Regelungen über die einstweilige Anordnung, die Beschwerde und die Rechtsbeschwerde sind nach § 113 Abs 1 S 1 FamFG überwiegend für Familien- und Ehesachen nicht anzuwenden; an deren Stelle treten die allgemeinen Vorschriften der ZPO. Nach ausdrücklicher Anordnung des § 113 Abs 1 S 2 FamFG gelten für das erstinstanzliche Verfahren die Vorschriften über das landgerichtliche Verfahren entsprechend; die Anordnung „entsprechender" Geltung liegt darin begründet, dass das Verfahren vor dem Amtsgericht durchgeführt wird; ausgeschlossen ist damit die Anwendung der §§ 495–510b ZPO.

Das Verfahren ist vor dem **Amtsgericht als Familiengericht** zu führen (§§ 23a Abs 1 **30**
S 1 Nr 1, 23b Abs 1 GVG); die internationale Zuständigkeit ergibt sich aus der
EheGVO (Brüssel IIa-VO), subsidiär aus § 98 FamFG, die örtliche Zuständigkeit
aus § 122 FamFG. Das Verfahren wird durch Einreichung einer Antragsschrift anhängig gemacht, für die die Regelungen über die Klageschrift entsprechend gelten
(§ 124 S 2 FamFG). Die Anhängigkeit einer Ehesache hat nach §§ 152 Abs 1, 201
Nr 1, 218 Nr 1, 232 Abs 1 Nr 1, 262 Abs 1, 267 Abs 1 FamFG zur Folge, dass während
dieser Anhängigkeit für Kindschaftssachen, die gemeinsame Kinder betreffen, für
Ehewohnungs- und Haushaltssachen, Versorgungsausgleichssachen, Unterhaltssachen bezüglich gemeinsamer Kinder und durch die Ehe begründeter Unterhaltspflichten, für Güterrechtssachen und sonstige Familiensachen nach § 266 FamFG das
Gericht ausschließlich örtlich zuständig ist, bei dem die Ehesache in erster Instanz
anhängig ist oder war. Nach § 123 FamFG sind bei anderen Gerichten bereits anhängige andere, dieselbe Ehe betreffende Ehesachen von Amts wegen an das Gericht abzugeben, bei dem eine Scheidungssache anhängig ist, sonst an das Gericht
der zuerst rechtshängig gewordenen Ehesache; ebenso sind nach §§ 153, 202, 233,
263, 268 FamFG Kindschaftssachen, die gemeinsame Kinder betreffen, Ehewoh-
nungs- und Haushaltssachen, Unterhaltssachen, Güterrechtssachen und sonstige
Familiensachen (§ 266 FamFG) mit Anhängigkeit einer Ehesache von Amts wegen
an das damit befasste Gericht abzugeben.

Der **Antrag** (§ 124 FamFG) richtet sich gegen den anderen Ehegatten. Stellt die **31**
Verwaltungsbehörde – oder im Fall der Doppelehe der frühere Ehegatte des doppelt
Verheirateten – den Antrag, ist dieser gegen beide Ehegatten zu richten, § 129 Abs 1
FamFG, die dann notwendige Streitgenossen iSd § 62 ZPO iVm § 113 Abs 1 S 2
FamFG sind (OLG Dresden FamRZ 2004, 952; JOHANNSEN/HENRICH/MARKWARDT § 129 FamFG
Rn 3; THOMAS/PUTZO/HÜSSTEGE § 129 FamFG Rn 2; GERNHUBER/COESTER-WALTJEN § 14 Rn 14).
Stellt in den Fällen, in denen auch die Verwaltungsbehörde ein Antragsrecht hat
(§ 1316 Abs 1 Nr 1) einer der Ehegatten oder im Fall der Doppelehe der frühere
Ehegatte den Antrag auf Aufhebung der Ehe, ist die zuständige Verwaltungsbehör-
de nach § 129 Abs 2 FamFG durch das Gericht über den Antrag zu unterrichten,
damit diese am Verfahren mitwirken kann (vgl § 1316 Rn 24).

Im Gegensatz zu der allgemeinen Regelung der §§ 51, 52 ZPO, wonach die **Verfah-** **32**
rensfähigkeit an die Fähigkeit, sich durch Verträge zu verpflichten, und damit an die
Geschäftsfähigkeit geknüpft ist, ist in Ehesachen ein in der Geschäftsfähigkeit beschränkter Ehegatte prozessfähig (§ 125 Abs 1 FamFG). Damit wird der Höchstpersönlichkeit des Rechtsverhältnisses Rechnung getragen. Dem entspricht materiellrechtlich § 1316 Abs 2 S 2, wonach der minderjährige Ehegatte, wenn er nicht
geschäftsunfähig ist, den Antrag auf Aufhebung der Ehe nur selbst stellen kann.

Gibt es **mehrere Antragsberechtigte** (etwa im Fall der Doppelehe beide Ehegatten **33**
der späteren Ehe, die Verwaltungsbehörde und der andere Ehegatte der früheren
Ehe, vgl § 1316 Abs 1 Nr 1), bestehen die Antragsrechte unabhängig nebeneinander.
Hat ein Antragsberechtigter den Antrag gestellt, sind die anderen dadurch nicht
ausgeschlossen. Mehrere anhängige Verfahren sind gemäß § 147 ZPO miteinander
zu verbinden.

Zur **Rechtskraft** der Entscheidung vgl § 1313 Rn 26 ff. **34**

2. Streitgegenstand

35 Streitgegenstand des Aufhebungsverfahrens ist der Aufhebungsantrag iVm dem Lebenssachverhalt, also dem jeweiligen konkret geltend gemachten Aufhebungsgrund (BAMBERGER/ROTH/HAHN § 1313 Rn 5; JOHANNSEN/HENRICH/MARKWARDT § 121 FamFG Rn 9). Anders als nach früherem Recht – vgl § 616 ZPO idF bis zum 1. EheRG, wonach der Kläger, der mit der Scheidungs- oder Anfechtungs-(Aufhebungs-)klage abgewiesen worden ist, mit allen Scheidungs- oder Anfechtungs-(Aufhebungs-)gründen ausgeschlossen war, die er in dem Rechtsstreit geltend gemacht hatte oder hätte geltend machen können (ebenso auch der Beklagte im Wege der Widerklage); zT wurde auch ein einheitlicher Streitgegenstand „Auflösung der Ehe" angenommen (vgl PHILIPPI FamRZ 2000, 526) – kann also der Antragsteller, wenn er mit einem Aufhebungsgrund nicht durchdringt, in einem weiteren Verfahren ohne Einschränkung einen anderen Grund geltend machen. Der Antragsteller kann seinen Antrag auch von vornherein auf mehrere Aufhebungsgründe stützen; er kann sie in ein Eventualverhältnis stellen; tut er das nicht, ist wegen § 1318 über alle geltend gemachten Gründe zu entscheiden (SOERGEL/HEINTZMANN Rn 13; JOHANNSEN/HENRICH/MARKWARDT § 126 FamFG Rn 9; MünchKommZPO/HILBIG § 126 FamFG Rn 5). Wegen § 113 Abs 4 Nr 2 FamFG kann der Antragsteller ohne die Beschränkung des § 263 ZPO den **Antrag ändern**, also etwa einen anderen Aufhebungsgrund geltend machen, vom Scheidungsantrag auf den Aufhebungsantrag übergehen oder umgekehrt oder das Eventualverhältnis von Anträgen ändern (BGH FamRZ 1989, 153, 155; MünchKommZPO/FISCHER § 113 FamFG Rn 13; MUSIELAK/BORTH § 113 FamFG Rn 7; JOHANNSEN/HENRICH/ALTHAMMER § 113 FamFG Rn 9; MünchKomm/WELLENHOFER § 1313 Rn 8); auch ein Gegenantrag kann jederzeit auf § 113 FamFG gestützt werden. Auch in der Beschwerdeinstanz sind Änderungen unbeschränkt möglich, da § 533 ZPO in die Verweisung des § 117 Abs 2 FamFG nicht einbezogen und § 531 ZPO schon durch § 115 S 2 FamFG ausgeschlossen ist (MünchKommZPO/FISCHER § 113 FamFG Rn 14; MUSIELAK/BORTH § 113 FamFG Rn 8; JOHANNSEN/HENRICH/ALTHAMMER § 113 FamFG Rn 9). Allerdings ist auch für die Beschwerde eine Beschwer Voraussetzung; daher kann der in erster Instanz mir einem Auflösungsantrag erfolgreiche Antragsteller nicht Beschwerde mit dem Ziel der Änderung des Auflösungsgrundes einlegen oder im Falle der Abweisung des Scheidungsantrags mit der Beschwerde zu einem Aufhebungsantrag übergehen (MünchKommZPO/FISCHER § 113 FamFG Rn 14; MUSIELAK/BORTH § 113 FamFG Rn 8; JOHANNSEN/HENRICH/ALTHAMMER § 113 FamFG Rn 9); möglich ist jedoch nach zulässiger Beschwerdeeinlegung nunmehr die Änderung des Antrags (OLG Stuttgart FamRZ 2007, 1111; JOHANNSEN/HENRICH/ALTHAMMER § 113 FamFG Rn 9). Dagegen ist in der Rechtsbeschwerdeinstanz eine Änderung oder Erweiterung des Antrags nicht mehr möglich (MünchKommZPO/FISCHER § 113 FamFG Rn 16; JOHANNSEN/HENRICH/ALTHAMMER § 113 FamFG Rn 9). Neuer Tatsachenvortrag ist grundsätzlich unbeschränkt möglich und unterliegt nur der Grenze des § 115 S 1 FamFG, der als Spezialvorschrift in Ehesachen § 296 ZPO vorgeht.

36 Aus § 616 ZPO aF oder dem einheitlichen Streitgegenstand „Eheauflösung" wurde der Grundsatz der **Einheitlichkeit der Entscheidung** abgeleitet. Zur Vermeidung einander widersprechender Urteile musste danach über sämtliche geltend gemachten Klagegründe – Ehescheidung und Eheanfechtung und ggf mehrere Scheidungs- oder Anfechtungsgründe – einheitlich in einem Urteil entschieden werden; Teilurteile kamen danach nicht in Betracht (vgl etwa RGZ 58, 307; 171, 39, 41; vgl BGH MDR

1969, 39, sämtliche referiert bei OLG Karlsruhe FamRZ 1999, 454, 455; ARENS ZZP 76 [1963] 423). Trotz der Aufhebung des § 616 ZPO aF und der Tatsache, dass in Aufhebungsantrag und Scheidungsantrag verschiedene Streitgegenstände zu sehen sind, gilt der Grundsatz der Einheitlichkeit der Entscheidung weiterhin, sodass dann, wenn mehrere Aufhebungsgründe oder Aufhebung und Scheidung in einem Verfahren, sei es durch den Antragsteller allein, sei es im Wege des Gegenantrags, geltend gemacht werden, darüber gemeinsam entschieden werden muss; Teilurteile sind nicht zulässig, auch nicht als Versäumnisurteile, da durch Einlegung von Rechtsmitteln bzw Einspruch und Rechtsmittel einander widersprechende Ergebnisse zustande kommen können (JOHANNSEN/HENRICH/MARKWARDT § 126 FamFG Rn 8; MUSIELAK/BORTH § 127 FamFG Rn 7 ff; SCHWAB/STREICHER I Rn 244 f; DIEDERICHSEN ZZP 91 [1978] 337, 446; **aA** STEIN/JONAS/SCHLOS-SER[21] § 610 ZPO Rn 5 ff; MünchKommZPO/HILBIG § 126 FamFG Rn 12 ff: weitgehend entbehrlich; offengelassen von OLG Karlsruhe FamRZ 1999, 454, 455).

§ 126 Abs 1, 2 FamFG beschränkt die Möglichkeit der **Antragshäufung** bzw der **37** **Verbindung von Verfahren** gegenüber den allgemeinen Regeln: Miteinander verbunden werden können nur Ehesachen, also Verfahren auf Scheidung und auf Aufhebung der Ehe sowie Feststellung des Bestehens oder Nichtbestehens einer Ehe zwischen den Beteiligten. Nicht verbindungsfähig ist der in § 121 FamFG nicht genannte Antrag auf Herstellung des ehelichen Lebens, der nach § 266 Abs 1 FamFG sonstige Familiensache sein kann (vgl MUSIELAK/BORTH § 126 FamFG Rn 1). Auch im Wege des Gegenantrages können keine anderen Streitgegenstände zum Gegenstand des Verfahrens gemacht werden. Bei unzulässiger Antragshäufung werden die Verfahren getrennt (§ 145 ZPO; JOHANNSEN/HENRICH/MARKWARDT § 127 FamFG Rn 6); ein unzulässiger Gegenantrag wird als unstatthaft abgewiesen (THOMAS/PUTZO/HÜSSTEGE § 126 FamFG Rn 3). Die Antragshäufung oder der Gegenantrag können – soweit zulässig – von Anfang an oder nachträglich erfolgen, da § 113 Abs 4 Nr 2 FamFG Antragsänderungen unbeschränkt – auch noch in der Beschwerdeinstanz – zulässt (OLG Köln FamRZ 2000, 819, 820; JOHANNSEN/HENRICH/ALTHAMMER § 113 FamFG Rn 9; MU-SIELAK/BORTH § 113 FamFG Rn 7 f).

Über § 122 Abs 1 FamFG hinaus und als Ausnahme zu § 122 Abs 2 FamFG lässt **38** § 137 FamFG die Verbindung einer Scheidungssache mit den sogenannten **Folgesa-** **chen** (Versorgungsausgleichssachen, Unterhaltsachen, Wohnungszuweisungs- und Haushaltssachen, Güterrechtssachen sowie Kindschaftssachen) zu einem Verhandlungs- und Entscheidungs**verbund** zu. Über die Scheidung und die Folgesachen ist zusammen zu verhandeln und zu entscheiden. Diese Regelung gilt ausschließlich für Scheidungsverfahren. Allerdings ist zum Teil vertreten worden, dass aufgrund der Tatsache, dass sich die Folgen der Aufhebung weitgehend nach Scheidungsrecht richten (vgl § 1318), ein Interesse der Ehegatten daran bestehe, die Folgesachen auch bei der Eheaufhebung im Verbundverfahren zu behandeln (LG Darmstadt FamRZ 1978, 44; AK-BGB/DERLEDER/LEMKE § 623 ZPO Rn 3; offengelassen für den Versorgungsausgleich von OLG Zweibrücken FamRZ 1998, 918). Dem steht die herrschende Ansicht ablehnend gegenüber (BGH FamRZ 1982, 586; 1989, 153, 154; OLG Hamm FamRZ 1981, 61, 62 [obiter]; OLG Stuttgart FamRZ 1981, 579; OLG Zweibrücken FamRZ 1982, 373, 375; MünchKommZPO/ HEITER § 137 FamFG Rn 12; JOHANNSEN/HENRICH/MARKWARDT § 137 FamFG Rn 2; ZÖLLER/ LORENZ § 137 FamFG Rn 4; MUSIELAK/BORTH § 137 FamFG Rn 3, 6; THOMAS/PUTZO/HÜSSTEGE § 137 FamFG Rn 2; MünchKomm/WELLENHOFER § 1313 Rn 8), die sich auf den Wortlaut und den Willen des Gesetzgebers bei Einführung des Verfahrens (BT-Drucks 7/650, 94, X 4)

Reinhard Voppel

berufen kann: Da die Beschränkung des Verbundverfahrens auf Scheidungsverfahren bewusst gewollt war, liegt keine planwidrige Lücke vor, sodass eine Analogie nicht in Betracht kommt. Bei der Neuordnung des Familienverfahrensrechts ist dies systematisch dadurch verdeutlicht worden, dass das Verbundverfahren mit den Scheidungssachen zusammen in einem gesonderten Unterabschnitt als spezielle Regelungen zu den Verfahrensvorschriften für Ehesachen allgemein geregelt worden ist. Im Falle des Aufhebungsantrags ist über die Folgesachen daher gesondert zu verhandeln und zu entscheiden.

39 Fraglich ist, wie vorzugehen ist, wenn – wie nach § 126 Abs 1 FamFG zulässig (vgl soeben Rn 37) – der Antrag auf Aufhebung und der auf Scheidung der Ehe entweder von einem Ehegatten oder durch Gegenantrag des anderen Ehegatten in einem Verfahren geltend gemacht werden. Zwar ist der Aufhebungsantrag vorrangig (§ 126 Abs 3 FamFG); greift er nicht durch, kann aber der Scheidungsantrag zum Ziel führen, der das Verbundverfahren vorsieht. Hierzu werden verschiedene Ansichten vertreten, die alle die Problematik lösen wollen, dass einerseits über Aufhebungs- und Scheidungsantrag gemeinsam verhandelt und entschieden werden muss, der Verhandlungs- und Entscheidungsverbund mit Folgesachen nur für das Scheidungsbegehren in Betracht kommt, andererseits aber der Sinn des Verhandlungs- und Entscheidungsverbundes für die Folgesachen eine möglichst frühe Einbeziehung erfordert. Am weitesten geht die Ansicht, die einen vorläufigen Verbund zulässt, der unter der auflösenden Bedingung steht, dass der Aufhebungsantrag durchgreift; in diesem Fall muss der Verbund beendet und über die Folgesachen als isolierte Familiensachen gesondert entschieden werden (GERNHUBER/COESTER-WALTJEN § 14 Rn 61; BERGERFURTH/ROGNER, Ehescheidungsprozess Rn 392). Dagegen wird vertreten, dass beim Zusammentreffen von Scheidungs- und Aufhebungsantrag wegen des Vorrangs der Aufhebung in die sachliche Behandlung der Folgesachen erst dann einzutreten, also der Verbund erst dann herzustellen sei, wenn sich ergebe, dass das Aufhebungsbegehren (voraussichtlich) erfolglos sein werde (OLG Stuttgart FamRZ 1981, 579; MünchKomm/WELLENHOFER Rn 8; JOHANNSEN/HENRICH/MARKWARDT § 137 FamFG Rn 2; MUSIELAK/BORTH § 137 FamFG Rn 6). Eine gewisse Mittelstellung nimmt ZÖLLER/LORENZ § 137 FamFG Rn 4 ein, der davon ausgeht, dass der Verbund auch bei Zusammentreffen von Aufhebungs- und Scheidungsantrag mit Erhebung des Scheidungsantrags entsteht; über die Folgesachen solle aber erst verhandelt werden, wenn der Aufhebungsantrag abweisungsreif sei. Sei dem Aufhebungsantrag stattzugeben, würden die Folgesachen in entsprechender Anwendung des § 142 Abs 2 S 1 FamFG gegenstandslos; es sei aber auf Antrag einer Partei im Urteil vorzubehalten, die Folgesache als selbstständige Familiensache weiterzuführen.

40 Überwiegende Gründe sprechen dafür, einen **vorläufigen Verbund** zuzulassen, der immer nur Verhandlungsverbund ist. Sinn des Verbundes ist es, über die Ehescheidung und die dazugehörigen Folgesachen einheitlich zu entscheiden. Zugleich sollen den Ehegatten im Scheidungsverfahren die Konsequenzen der Ehescheidung vor Augen geführt werden. Eine einheitliche Entscheidung würde hinausgezögert, wenn auch der Verhandlungsverbund erst dann aufgenommen würde, wenn sich herausstellt, dass der Aufhebungsantrag nicht durchgreift; eine Partei könnte durch Stellung eines – auch unbegründeten – Aufhebungsgrundes den Entscheidungsverbund blockieren (BERGERFURTH/ROGNER, Ehescheidungsprozess Rn 392). Dagegen kann bei Zulassung eines vorläufigen Verbundes bereits parallel die Entscheidung über die

Folgesachen vorbereitet werden. Solange über den Scheidungsantrag verhandelt wird, dieser also durchgreifen kann, ist der Verbund durch § 137 FamFG gerechtfertigt. Da auch im Falle der Aufhebung der Ehe in der Regel über Unterhalt, Versorgungsausgleich, Haushaltsgegenstände und Ehewohnung, güterrechtlichen Ausgleich und ggf Sorgerecht für gemeinsame Kinder entschieden werden muss – wenn auch dann nicht im Verbund – wird kein Aufwand – auch hinsichtlich der Verfahrenskosten – betrieben, der sich bei Durchgreifen des Aufhebungsantrags als überflüssig erweisen würde; vielmehr sind die Verfahren über die Folgesachen abzutrennen und gesondert zu Ende zu bringen. Gründe der Prozessökonomie sprechen also für, jedenfalls aber nicht gegen einen vorläufigen Verfahrensverbund. Ein solcher entsteht ohnehin, wenn zunächst nur ein Scheidungsantrag gestellt wird und erst später im Wege der Antragshäufung oder des Gegenantrages der Antrag auf Aufhebung der Ehe hinzutritt. Es wäre nicht sinnvoll, dann den eingetretenen Verhandlungsverbund – vorläufig – zu beenden, bis feststeht, welcher Antrag zum Tragen kommt. Schließlich erfordert der Zweck, den Ehegatten die Konsequenzen des Scheidungsantrags deutlich zu machen, auch im Falle der kumulativen Antragstellung schon den (vorläufigen) Verhandlungsverbund.

Stellen die Ehegatten wechselseitig Anträge nach § 126 FamFG, die denselben **41** Streitgegenstand haben, wird wegen entgegenstehender Rechtskraft nur der erste Antrag behandelt.

3. Beschränkung des Einflusses der Parteien

Aufgrund der Bedeutung der Ehesachen gibt es gegenüber den allgemeinen Rege- **42** lungen des Zivilprozessrechts einige Abweichungen, die die Einflussmöglichkeiten der Parteien auf das Verfahren begrenzen.

Es gilt nach § 127 Abs 1 FamFG der **Untersuchungsgrundsatz**; das Gericht ist also an **43** das Vorbringen der Parteien grundsätzlich nicht gebunden und beschränkt, sondern hat von Amts wegen die entscheidungserheblichen Tatsachen zu ermitteln (JOHANN-SEN/HENRICH/MARKWARDT § 127 FamFG Rn 3). Es können daher im Rahmen der Anträge und des anhängigen Streitgegenstandes, also auch nur hinsichtlich des geltend gemachten, nicht auch eines anderen Aufhebungsgrundes (RGZ 126, 302; ZÖLLER/LORENZ § 127 FamFG Rn 3 aE; MünchKommZPO/HILBIG § 127 FamFG Rn 10; BAUMGÄRTEL/LAUMEN/ PRÜTTING/LAUMEN Rn 1) auch Tatsachen berücksichtigt werden, die die Beteiligten nicht vorgebracht haben, und von Amts wegen die Erhebung von Beweisen angeordnet werden. Die Tatsachen, die das Gericht der Entscheidung zugrunde legen will, müssen vorher zum Gegenstand des Verfahrens gemacht und den Parteien muss insoweit rechtliches Gehör gewährt worden sein (MünchKommZPO/HILBIG § 127 FamFG Rn 14; MUSIELAK/BORTH § 127 FamFG Rn 4); außerdem müssen sie im Sinne des § 286 ZPO erwiesen sein (MünchKommZPO/HILBIG § 127 FamFG Rn 14; THOMAS/PUTZO/HÜSSTEGE § 127 FamFG Rn 3). § 127 ändert an der – allerdings dann nur objektiven – Beweislastverteilung (vgl dazu bei den einzelnen Regelungen, insbes §§ 1314, 1315) nichts (Münch-KommZPO/HILBIG § 127 FamFG Rn 9; JOHANNSEN/HENRICH/MARKWARDT § 127 FamFG Rn 6; BAUMGÄRTEL/LAUMEN/PRÜTTING/LAUMEN Rn 2). Aus welchen Quellen das Gericht die Kenntnis nicht vorgetragener Tatsachen gewonnen hat – andere Verfahren, eigenes (privates) Wissen, Zeugenaussagen, Anhörung der Ehegatten gemäß § 128 Abs 1 S 1

FamFG – ist ohne Belang (MünchKommZPO/Hilbig § 127 FamFG Rn 12; Johannsen/Henrich/Markwardt § 127 FamFG Rn 4).

44 Der Untersuchungsgrundsatz wird nach § 127 Abs 2 FamFG im Hinblick auf sogenannte **ehefeindliche Tatsachen** eingeschränkt. Von den Parteien nicht vorgebrachte Tatsachen, die für die Aufhebung der Ehe sprechen, dürfen vom Gericht nicht gegen den Widerspruch (Prozesshandlung) des Antragstellers, also des Ehegatten, der die Aufhebung der Ehe beantragt hat, verwendet werden. Ein Widerspruch kann auch darin liegen, dass dieser Tatsachen behauptet, die den ehefeindlichen Tatsachen widersprechen (BGH FamRZ 1979, 1007, 1009 zu § 640d ZPO aF; Thomas/Putzo/Hüsstege § 127 FamFG Rn 6; Johannsen/Henrich/Markwardt § 127 FamFG Rn 9; MünchKommZPO/Hilbig § 127 FamFG Rn 17; Zöller/Lorenz § 127 FamFG Rn 5; Baumgärtel/Laumen/Prütting/Laumen Rn 1). Die Ermittlung und Verwendung ehefreundlicher Tatsachen durch das Gericht – zB Bestätigung oder sonstige Heilung der aufhebbaren Ehe nach § 1315 (vgl Zöller/Lorenz § 127 FamFG Rn 4) – unterliegen dagegen keiner Beschränkung.

45 Auch die **Disposition** der Parteien ist nach § 113 Abs 4 Nr 1, 5–7 FamFG eingeschränkt: Die allgemeinen Regelungen über die Wirkungen von Anerkenntnissen, Geständnissen und Geständnisfiktionen (bei unterbliebenen oder verweigerten Erklärungen) finden keine Anwendung, dh es kann kein Anerkenntnisurteil ergehen, und die Geständniswirkungen erübrigen nicht generell den Beweis. Die Ehegatten sollen nicht die Möglichkeit haben, ungeachtet der gesetzlichen Voraussetzungen und Beschränkungen des Anspruchs auf Aufhebung der Ehe über deren Bestand zu disponieren (MünchKommZPO/Fischer § 113 FamFG Rn 9 f); ansonsten könnte der Amtsermittlungsgrundsatz des § 127 FamFG unterlaufen werden (Johannsen/Henrich/Althammer § 113 FamFG Rn 8, 12). Dessenungeachtet sind das Anerkenntnis und das (fingierte) Geständnis im Rahmen der freien Beweiswürdigung (§ 286 ZPO) zu berücksichtigen (Johannsen/Henrich/Althammer § 113 FamFG Rn 8, 12 f; MünchKommZPO/Fischer § 113 FamFG Rn 10, 19 ff); sofern das Gericht allein aufgrund des Anerkenntnisses oder Geständnisses (aber ohne Bindung daran) eine Überzeugung über die Wahrheit oder Unwahrheit von Tatsachen bilden kann, bedarf es ungeachtet der vorgenannten Regelungen keiner Beweisaufnahme.

46 Zulässig ist ein **Verzicht** des Antragstellers auf den Antrag, da die Antragstellung in seinem Belieben steht (Johannsen/Henrich/Althammer § 113 FamFG Rn 15; MünchKommZPO/Fischer § 113 FamFG Rn 24); der Verzicht kann zugleich eine Bestätigung der aufhebbaren Ehe sein (vgl § 1315 Rn 21). Die **Rücknahme des Antrags** richtet sich nach den allgemeinen Regeln (Johannsen/Henrich/Althammer § 113 FamFG Rn 25). Ein **Vergleich** in Ehesachen ist nur möglich, soweit die Parteien Dispositionsbefugnis haben; ein Vergleich über die Aufhebung der Ehe ist nicht zulässig, wohl aber ein Vergleich betreffend die Kosten, den Verzicht auf Rechtsmittel oder die Rücknahme des Antrags (MünchKommZPO/Fischer § 113 FamFG Rn 26; Johannsen/Henrich/Althammer § 113 FamFG Rn 15).

47 Im weiteren Sinne gehört auch § 130 Abs 2 FamFG hierhin, wonach eine **Versäumnisentscheidung gegen den Antragsgegner** (und auch gegen den Gegner des Gegenantrags) oder eine Entscheidung nach Aktenlage **nicht ergehen** darf; es wird bei seinem Ausbleiben vielmehr mit dem erschienenen Antragsteller verhandelt. Der daraufhin ggf erlassene Beschluss ist ein streitiger Beschluss (MUSIELAK/BORTH § 130 FamFG Rn 4; JOHANNSEN/HENRICH/MARKWARDT § 130 FamFG Rn 5) und unterliegt der Beschwerde, nicht dem Einspruch (MünchKommZPO/HILBIG § 130 FamFG Rn 7). Bei Säumnis des Antragstellers gilt dagegen nach § 130 Abs 1 FamFG der Antrag als zurückgenommen. Auch in der Beschwerdeinstanz darf gegen den Antragsgegner wenn er auch Beschwerdegegner ist, keine Versäumnisentscheidung ergehen (Vorrang des § 113 Abs 4 Nr 5 FamFG oder des § 130 Abs 2 FamFG vor § 539 Abs 2 S 2 ZPO, vgl MünchKommZPO/HILBIG § 130 FamFG Rn 11); hat der Antragsgegner Beschwerde eingelegt, kann dagegen die Beschwerde durch Versäumnisentscheidung nach § 117 Abs 2 FamFG iVm § 539 ZPO zurückgewiesen werden: Er hat dann gleichsam die Position eines Antragstellers, der seinen Antrag nicht verfolgt; diese Situation ist in § 130 Abs 2 FamFG nicht gemeint (OLG München FamRZ 1995, 378; OLG Hamm FamRZ 1982, 295 Nr 164; OLG Karlsruhe FamRZ 1985, 505; MünchKommZPO/HILBIG § 130 FamFG Rn 10; MUSIELAK/BORTH § 130 FamFG Rn 9; JOHANNSEN/HENRICH/MARKWARDT § 130 FamFG Rn 7).

4. Kosten

Stellt ein Ehegatte gegen den anderen Antrag auf Aufhebung der Ehe, folgt die **48** Kostentragung aus § 132 Abs 1 S 1 FamFG: Hat der **Antrag Erfolg**, sind die Kosten des Verfahrens gegeneinander aufzuheben. Allerdings unterliegt diese Grundregelung der Modifikation aus Billigkeitsgründen, § 132 Abs 1 S 2 FamFG, wenn nur ein Ehegatte bei der Eheschließung die Aufhebbarkeit gekannt hat oder ein Ehegatte den anderen durch Täuschung oder Drohung zur Eingehung der Ehe bestimmt hat oder dies durch einen Dritten mit seinem Wissen geschehen ist. In diesen Fällen kann es unbillig sein, dem gutgläubigen, getäuschten oder bedrohten Ehegatten auch noch einen Teil der Abwicklungskosten aufzuerlegen. Wird der **Antrag abgewiesen**, gelten die allgemeinen Regelungen; es trägt also der unterlegene Antragsteller nach § 91 Abs 1 ZPO die Kosten des Verfahrens einschließlich der Kosten des Antragsgegners, soweit sie zur zweckentsprechenden Rechtsverteidigung notwendig waren. Zur Kostenentscheidung bei Erledigung des Verfahrens durch Tod eines Ehegatten vgl Rn 55.

Stellt im Fall der Doppelehe die Verwaltungsbehörde oder der andere Ehegatte der **49** früheren Ehe den Antrag, und hat dieser Erfolg, gilt die vorgenannte Regel nach § 132 Abs 2 FamFG nicht; die Kostenverteilung erfolgt also nach den allgemeinen Regelungen, dh die Ehegatten als Antragsgegner haben nach §§ 91 Abs 1, 100 ZPO die Kosten des Antragstellers – auch der Verwaltungsbehörde – zu tragen (OLG München FamRZ 1980, 565, 566; JOHANNSEN/HENRICH/MARKWARDT § 132 FamFG Rn 4; ZÖLLER/ LORENZ § 132 FamFG Rn 7; MUSIELAK/BORTH § 132 FamFG Rn 2). Wird der Antrag abgewiesen, trägt die Verwaltungsbehörde bzw der frühere Ehegatte die Kosten. Die Verwaltungsbehörde ist nach § 2 Abs 1 FamGKG von den Gerichtskosten befreit. Beteiligt sich die Verwaltungsbehörde nach § 129 Abs 2 S 2 FamFG am Verfahren, ist sie nicht kostenpflichtig, außer sie unterliegt mit dem von ihr eingelegten Rechtsmittel (JOHANNSEN/HENRICH/MARKWARDT § 132 FamFG Rn 4; MUSIELAK/BORTH § 132 FamFG Rn 2).

5. Tod eines Ehegatten

50 Materiellrechtlich ist in § 1317 Abs 3 vorgesehen, dass nach anderweitiger Auflösung der Ehe – auch durch Tod eines Ehegatten – der Antrag auf Auflösung der Ehe nicht mehr gestellt werden kann. § 131 FamFG enthält eine entsprechende formelle Regelung für den Fall, dass der Antrag auf Aufhebung zum Zeitpunkt des Todes eines Ehegatten bereits rechtshängig war. War der Antrag auf Aufhebung der Ehe zum Todeszeitpunkt noch nicht zugestellt, ist der Antrag mangels Existenz der Partei als unzulässig abzuweisen (OLG Brandenburg FamRZ 1996, 863; MünchKommZPO/HILBIG § 131 FamFG Rn 6; JOHANNSEN/HENRICH/MARKWARDT § 131 FamFG Rn 2). Nach Rechtskraft der Entscheidung hat der Tod eines Ehegatten darauf keinen Einfluss mehr.

51 Verstirbt der Ehegatte nach Rechtshängigkeit, wird das Verfahren nach § 113 Abs 1 S 2 FamFG iVm § 239 ZPO unterbrochen, falls der verstorbene Ehegatte nicht durch einen Prozessbevollmächtigten vertreten war, ansonsten (nur) auf Antrag des Prozessbevollmächtigten des verstorbenen Ehegatten oder der anderen Partei nach § 113 Abs 1 S 2 FamFG iVm § 246 ZPO ausgesetzt. Zugleich tritt von Gesetzes wegen und ohne dass es eines Antrags oder eines entsprechenden Ausspruchs durch das Gericht bedarf (OLG Saarbrücken FamRZ 1985, 89, 90; OLG Frankfurt FamRZ 1981, 192; MünchKommZPO/HILBIG § 131 Rn 7; MUSIELAK/BORTH § 131 FamFG Rn 2), gemäß § 131 FamFG **Erledigung des Verfahrens in der Hauptsache** ein. Das Verfahren wird mit den Erben fortgesetzt, wobei allerdings nur noch über die Kosten des Verfahrens zu entscheiden ist (vgl dazu unten Rn 55). Gestellte Anträge auf einstweilige Anordnung (§§ 49 ff FamG) erledigen sich ebenfalls (MünchKommZPO/HILBIG § 131 FamFG Rn 3), bereits ergangene einstweilige Anordnungen treten gem § 56 Abs 2 Nr 4 FamFG außer Kraft (MünchKommZPO/HILBIG § 131 FamFG Rn 19; MUSIELAK/BORTH § 131 FamFG Rn 6).

52 § 131 FamFG beruht darauf, dass die Ehe durch den Tod eines Ehegatten ohnehin aufgelöst ist und höchstpersönliche Angelegenheiten wie die Ehe nicht mit den Erben verhandelt werden sollen. Soweit diese Fragen nicht betroffen sind, ist eine Fortsetzung des Rechtsstreits möglich, so über die Kosten des Verfahrens (BGHZ 43, 239, 242; OLG Frankfurt FamRZ 1981, 192, 193; JOHANNSEN/HENRICH/MARKWARDT § 131 FamFG Rn 3). Trotz des Todes eines Ehegatten kann daher der Aufhebungsantrag aus prozessualen Gründen als unzulässig abgewiesen werden (BGH FamRZ 1974, 129; KEID; JOHANNSEN/HENRICH/MAKWARDT § 131 FamFG Rn 3; MUSIELAK/BORTH § 131 FamFG Rn 4; **aA** MünchKommZPO/HILBIG § 131 FamFG Rn 8). Auch die **Antragsrücknahme** ist noch nach dem Tod eines Ehegatten möglich (KEIDEL/WEBER § 131 FamFG Rn 6; MUSIELAK/BORTH § 131 FamFG Rn 4; JOHANNSEN/HENRICH/MARKWARDT § 131 FamFG Rn 3; ZÖLLER/LORENZ § 131 FamFG Rn 5; **aA** SCHWAB/STREICHER I Rn 284; MünchKommZPO/HILBIG § 131 FamFG Rn 8), nicht aber die Rücknahme eines Rechtsmittels, soweit damit rückwirkend die rechtskräftige Auflösung der Ehe herbeigeführt würde (OLG Koblenz FamRZ 1980, 717, 718; KEIDEL/WEBER § 131 FamFG Rn 6; JOHANNSEN/HENRICH/MARKWARDT § 131 FamFG Rn 3; MünchKommZPO/HILBIG § 131 FamFG Rn 8; ZÖLLER/LORENZ § 131 FamFG Rn 5). Die **Wiederaufnahme** des Verfahrens ist nach dem Tod eines Ehegatten nicht möglich (BGHZ 43, 239; MünchKommZPO/HILBIG § 131 FamFG Rn 3; JOHANNSEN/HENRICH/MARKWARDT § 131 FamFG Rn 6; THOMAS/PUTZO/HÜSSTEGE § 131 FamFG Rn 6). Umstritten ist, ob die Entscheidung über den **Wiedereinsetzungsantrag** für den Fall, dass Prozesskostenhilfe bewilligt wird, noch nach dem Tod eines Ehegatten möglich ist (dafür OLG Stuttgart FamRZ

2000, 1029, 1030; grundsätzlich dagegen JOHANNSEN/HENRICH/MARKWARDT § 137 FamFG Rn 7; MünchKommZPO/HILBIG § 131 FamFG Rn 3). § 131 FamFG gilt auch in Verfahren auf Aufhebung, in denen ein Dritter oder die zuständige Verwaltungsbehörde den Antrag gestellt hat (MünchKommZPO/HILBIG § 131 FamFG Rn 4).

Verstirbt der Ehegatte nach Verkündung aber vor Rechtskraft der Entscheidung, **53** wird das Urteil in der Hauptsache wirkungslos; die Kostenentscheidung bleibt wirksam (BGH FamRZ 1981, 245; OLG Frankfurt 1981, 192; SOERGEL/HEINTZMANN Rn 17; MUSIELAK/BORTH § 131 FamFG Rn 2; MünchKommZPO/HILBIG § 131 FamFG Rn 14, 16; THOMAS/PUTZO/HÜSSTEGE § 131 FamFG Rn 5). Ist ein Rechtsmittel in der Hauptsache eingelegt worden, wird dieses mangels Beschwer unzulässig; entsprechend kann auch ein Rechtsmittel vom überlebenden Ehegatten nicht mehr eingelegt werden (BGH FamRZ 1981, 245; OLG Düsseldorf FamRZ 2005, 386, 387; JOHANNSEN/HENRICH/MARKWARDT § 131 FamFG Rn 3; THOMAS/PUTZO/HÜSSTEGE § 131 FamFG Rn 5).

Wenn der überlebende Ehegatte ein entsprechendes **Feststellungsinteresse** geltend **54** machen kann, kann er beantragen, dass das Gericht, das die Entscheidung erlassen hat, durch Beschluss die Erledigung des Rechtsstreits feststellt bzw die Wirkungslosigkeit der ergangenen Entscheidung wegen des Todes des anderen Ehegatten ausspricht; die Tatsache, dass diese Rechtsfolge kraft Gesetzes eintritt und dementsprechend der Beschluss ausschließlich deklaratorische Wirkung hat, spricht nicht gegen ein rechtliches Interesse des überlebenden Ehegatten (OLG Hamm FamRZ 1995, 101; OLG Celle FamRZ 1980, 70; SOERGEL/HEINTZMANN Rn 17; MünchKommZPO/HILBIG § 131 FamFG Rn 15; JOHANNSEN/HENRICH/MARKWARDT § 131 FamFG Rn 3; vgl OLG Düsseldorf FamRZ 2005, 386, 387; OLG Zweibrücken FamRZ 1995, 619, 620; OLG Frankfurt FamRZ 1990, 296, 297; **aA** OLG Saarbrücken FamRZ 2010, 480; 1985, 89, 90). Ein rechtliches Interesse des überlebenden Ehegatten kann insbesondere gegeben sein, wenn das Urteil bereits mit einem Rechtskraftvermerk versehen war und nach Bewilligung von Prozesskostenhilfe Wiedereinsetzung in den vorigen Stand gewährt wird (OLG Zweibrücken FamRZ 1995, 619, 620; vgl MünchKommZPO/HILBIG § 131 FamFG Rn 15) und wenn die Versorgung des überlebenden Ehegatten davon abhängt (OLG Hamm FamRZ 1995, 101; OLG Frankfurt FamRZ 1990, 296, 297; vgl MünchKommZPO/HILBIG § 131 FamFG Rn 15).

Umstritten ist, auf welcher Grundlage die **Kostenentscheidung** zu treffen ist, falls **55** noch kein Urteil ergangen war. Die überwiegende Meinung stützt die Kostenentscheidung auf §§ 132, 150 FamFG, die die allgemeine Regelung des § 91a ZPO verdrängende Sonderregelungen darstellten, mit der Folge, dass die Kosten des gesamten Rechtsstreits gegeneinander aufgehoben werden (BGH FamRZ 1983, 683; 1986, 253, 254 – noch zu § 93a Abs 3 ZPO aF; OLG Köln FamRZ 2010, 1105 zu § 619 aF unter Hinweis auf §§ 131, 150 FamFG; MünchKommZPO/HILBIG § 131 FamFG Rn 13; MUSIELAK/BORTH § 131 FamFG Rn 4; THOMAS/PUTZO/HÜSSTEGE § 131 FamFG Rn 4; JOHANNSEN/HENRICH/MARKWARDT § 131 FamFG Rn 3). Eine Gegenansicht wendet dagegen § 91a ZPO entsprechend an und entscheidet über die Kostenverteilung nach billigem Ermessen unter Berücksichtigung des bisherigen Sach- und Streitstandes (OLG Bamberg FamRZ 1995, 1073, 1074; OLG Karlsruhe FamRZ 1996, 880; OLG Nürnberg FamRZ 1997, 763; KEIDEL/WEBER § 131 FamG Rn 11). Der Mindermeinung ist für den Fall des Antrags auf Aufhebung der Ehe zu folgen (für den Fall der Ehescheidung trifft § 150 Abs 2 S 2 FamFG nunmehr eine eigenständige Regelung). § 132 Abs 1 S 1 FamFG sieht eine Kostenaufhebung nur bei erfolgreichem Aufhebungsantrag vor; wird der Aufhebungsantrag abgewiesen kommt dagegen § 91 ZPO, in der Rechtsmittelinstanz § 97 ZPO zur Anwendung. Tatsächlich ist also die Kostenverteilung im Falle des Aufhebungsverfahrens sehr differenziert zu betrachten, sodass § 132 FamFG nur bei Obsiegen des Antragstellers eine abschließende Regelung darstellt. Erledigt sich das Verfahren in der Hauptsache, kann das einem Obsiegen nicht gleichgestellt werden. Die kraft Gesetzes eintretende Erledigung entspricht aber in der Substanz der beiderseitigen Erledigungserklärung der Parteien und damit dem Fall des § 91a ZPO. Dessen Anwendung ermöglicht ebenfalls eine differenzierte Kostenverteilung: Die Aufteilung nach billigen Ermessen unter Berücksichtigung des bisherigen Sach- und Streitstandes wendet die allgemeinen Grundsätze des Kostenrechts an und verteilt die Kosten nach dem voraussichtlichen Ausgang des Rechtsstreits, so wie er sich zur Zeit der Erledigung darstellt. Hätte danach der Aufhebungsantrag Erfolg gehabt, ist grundsätzlich Kostenaufhebung wie nach § 132 Abs 1 S 1 FamFG auszusprechen, soweit nicht ausnahmsweise nach § 132 Abs 1 S 2 FamFG eine andere Kostenverteilung angezeigt ist. Hätte der Aufhebungsantrag nach dem bisherigen Sach- und Streitstand dagegen keinen Erfolg gehabt, kommen §§ 91, 97 ZPO zur Anwendung. Es ist nicht nachvollziehbar, warum nur aufgrund des Todes eines Ehegatten eine Kostenaufhebung stattfinden soll, obwohl die Abweisung des Antrags zu erwarten gewesen wäre.

VII. Internationales Privatrecht

56 Da die Aufhebung der Ehe an Mängel anknüpft, die die Voraussetzungen der Eheschließung betreffen, ist bei Fällen mit Auslandsberührung Art 13 EGBGB anzuwenden (BGH FamRZ 2002, 604; OLG Stuttgart FamRZ 2011, 217; OLG Nürnberg FamRZ 2011, 1508, 1509; OLG Zweibrücken FamRZ 2004, 950, 951; AG Lüdenscheidt NJW-RR 1998, 866; STAUDINGER/MANKOWSKI [2011] Art 13 EGBGB Rn 438; PALANDT/THORN Art 13 EGBGB Rn 11; ERMAN/ROTH Vor § 1313 Rn 8; FINGER NJW 1981, 1534, 1536). Trotz der im Ergebnis gleichen Rechtsfolge der Auflösung der Ehe mit Wirkung für die Zukunft kam daher nicht der die Scheidung betreffende Art 17 EGBGB zur Anwendung (aA OLG Karlsruhe NJW-RR 2000, 737; OLG Schleswig FamRZ 2007, 470: Art 14 EGBGB). Die mit Wirkung vom 21. 6. 2013 an die Stelle der Kollisionsregel des Art 17 EGBGB getretene EuUntVO (Rom III-VO) schließt in Art 1 Abs 2 ihre Anwendbarkeit auf die Fragen des Bestehens oder der Gültigkeit der Ehe, die Ungültigkeit der Ehe und die vermögensrechtlichen Folgen der Ehe aus, sodass insoweit die Streitfrage erledigt ist. Es bleibt bei der Anwendung des Art 13 EGBGB. Die **Heimatrechte der Ehegatten** entscheiden also darüber, ob ein Verstoß gegen Regelungen im Zusammenhang mit der Eheschließung die Ehe fehlerhaft macht, ob die Ehe Nichtehe, vernichtbar, anfechtbar oder aufhebbar ist und dies mit Rückwirkung oder nur für die Zukunft; sie entscheiden weiter darüber ob die Fehlerhaftigkeit ohne weiteres oder erst nach gerichtlicher Feststellung geltend gemacht werden kann und ob es dafür Ausschlussfristen gibt (STAUDINGER/MANKOWSKI [2011] Art 13 EGBGB Rn 438; PALANDT/THORN Art 13 EGBGB Rn 11). Auch die Folgen der in dieser Weise bewirkten Eheauflösung bestimmen sich nach allgemeiner Ansicht grundsätzlich nach den durch Art 13 EGBGB berufenen Rechten; die verschiedenen Folgen werden nicht gesondert nach den dafür bestehenden Kollisionsnormen angeknüpft, weil die Rechtsfolgen eng mit der besonderen Form der Auflösung zusammenhängen und die Anknüpfung wie bei den Rechtsfolgen der intakten Ehe nicht angemessen wäre (STAUDINGER/MANKOWSKI [2011] Art 13 EGBGB Rn 473 f; MünchKomm/COESTER Art 13 EGBGB Rn 119; PALANDT/THORN

Art 13 EGBGB Rn 13). Umstritten ist dies hinsichtlich des Status der aus der Ehe hervorgegangenen Kinder (Anwendung von Art 13 EGBGB etwa PALANDT/THORN Art 13 EGBGB Rn 13; Anknüpfung nach Art 19 ff EGBGB bzw KSÜ MünchKomm/COESTER Art 13 EGBGB Rn 119). Hinsichtlich des Namensrechts wird nach Art 10 EGBGB angeknüpft (STAUDINGER/MANKOWSKI [2011] Art 13 EGBGB Rn 475; MünchKomm/COESTER Art 13 EGBGB Rn 119). Für das Unterhaltsrecht gilt die Sonderregelung der Art 3, 5 HUntProt, wonach grundsätzlich das Recht des gewöhnlichen Aufenthalts des Unterhaltsberechtigten maßgeblich ist, soweit nicht einer der ehemaligen Ehegatten dem widerspricht und das Recht eines anderen Staates (etwa des Staates des letzten gemeinsamen gewöhnlichen Aufenthalts) eine engere Verbindung zu der Ehe aufweist.

Wenn die Ehegatten unterschiedlichem Heimatrecht unterliegen, kommen also zwei **57** Rechtsordnungen zur Anwendung, nämlich die Rechte der Staaten, deren Angehörige die Verlobten unmittelbar vor der Eheschließung waren (Änderungen der Staatsangehörigkeit durch die Eheschließung werden insoweit nicht beachtet). Die beiden Rechte werden aber nicht kumulativ angewandt, sondern grundsätzlich müssen für jeden Ehegatten die Voraussetzungen der Eheschließung nach seinem Recht gegeben sein (etwa die Ehemündigkeit). Soweit allerdings Ehehindernisse zweiseitig ausgestaltet sind, dh das Recht eines Verlobten auch regelt, welche Eigenschaften der andere Verlobte haben muss oder nicht haben darf, damit eine wirksame Ehe zustande kommt, führt dies im Ergebnis zu einer kumulativen Anwendung. Zweiseitig sind zB generell das Verbot der Doppel- und der Verwandtenehe. Einseitig sind neben der Ehemündigkeit insbesondere die Regelungen, die Mängel der Willensbildung betreffen. Über das Vorliegen eines (relevanten) Willensmangels und dessen Folgen entscheidet das Recht des Ehegatten, der sich irrte, der getäuscht oder bedroht wurde (STAUDINGER/MANKOWSKI [2011] Art 13 EGBGB Rn 432). Bei einseitigen Ehehindernissen und vergleichbaren Gestaltungen kann der betroffene Ehegatte, dessen Heimatrecht eine Vernichtung, Aufhebung oä der Ehe zulässt, diese durchsetzen, auch wenn das Heimatrecht des anderen Ehegatten ein solches Recht nicht kennt. Auf zweiseitige Ehehindernisse kann sich auch ein Ehegatte berufen, nach dessen Heimatrecht die Ehe nicht mangelhaft ist (etwa im Falle der Doppelehe), wobei allerdings zu prüfen ist, ob im Einzelfall Rechtsmissbrauch vorliegt (STAUDINGER/MANKOWSKI [2011] Art 13 EGBGB Rn 456).

Da die Heimatrechte beider Ehegatten zu beachten sind, ist eine Ehe schon dann **58** mangelhaft, wenn dies nur nach einem Heimatrecht der Fall ist. Wird die Ehe von beiden Heimatrechten als mangelhaft angesehen, gilt der Grundsatz der **Anwendung des ärgeren Rechts**, was bedeutet, dass das Recht zur Anwendung kommt, das die weitergehende/härtere Rechtsfolge ausspricht, also der aufgehobenen Ehe die geringsten Rechtsfolgen belässt, etwa Nichtehe vor vernichtbarer Ehe, Auflösung der Ehe mit Rückwirkung gegenüber Auflösung nur für die Zukunft (BGH FamRZ 1991, 300, 303; OLG Stuttgart FamRZ 2011, 217, 218; OLG Frankfurt FamRZ 2002, 705, 706; AG Warendorf FamRZ 2006, 1377, 1378; dazu und zur Frage, wie das ärgere Recht im Einzelfall festzustellen ist, sowie zu den Fällen, in denen sich ein ärgeres Recht nicht feststellen lässt, OLG Stuttgart FamRZ 2011, 217, 218; STAUDINGER/MANKOWSKI [2011] Art 13 EGBGB Rn 443 ff).

Die vorstehenden Ausführungen werden im Einzelfall korrigiert durch Art 13 Abs 2 **59** EGBGB, der die Anknüpfung an die Heimatrechte unter bestimmten Voraussetzungen zugunsten des deutschen Rechts aufgibt; es handelt sich um eine spezielle Ausprägung des *ordre public* (vgl dazu im Einzelnen STAUDINGER/MANKOWSKI [2011] Art 13 EGBGB Rn 108 ff). Daneben kann auch noch die allgemeine *ordre-public*-Regelung des Art 6 EGBGB zur Anwendung kommen. Damit soll die Eheschließungsfreiheit des Art 6 Abs 1 GG sichergestellt werden.

VIII. Übergangsrecht

60 Das Übergangsrecht infolge des Inkrafttretens des EheG 1946 dürfte aus faktischen Gründen ohne Bedeutung sein. Zum Übergangsrecht aus Anlass des Beitritts der neuen Bundesländer vgl oben Rn 15.

61 Das Übergangsrecht aus Anlass des Inkrafttretens des EheschlRG findet sich in Art 226 EGBGB. Den Grundsatz formuliert dessen Abs 3: Soweit nicht in Abs 1 und 2 Abweichendes geregelt ist, bestimmt sich das Recht der Eheaufhebung auch für Ehen, die vor dem 1. 7. 1998 geschlossen worden sind, nach dem neuen Recht. Davon gibt es zwei Ausnahmen.

62 Die eine ist genereller Natur: Danach kann eine vor dem 1. 7. 1998 geschlossene Ehe dann nicht aufgehoben werden, wenn nach dem bis dahin geltenden Recht ein Aufhebungs- oder Nichtigkeitsgrund nicht gegeben war, Art 226 Abs 2 EGBGB. Es handelt sich um den Vertrauensschutz für solche Ehen, die nach altem Recht mangelfrei zustande gekommen waren. Das betrifft zum einen den Fall, dass die Ehe entgegen § 1303 durch einen Eheunmündigen ohne Befreiung durch das Familiengericht eingegangen worden ist (was inzwischen keine praktische Bedeutung mehr haben dürfte), zum anderen die Aufhebung wegen Scheinehe (§ 1314 Abs 2 Nr 5, vgl dort Rn 62 ff), die mit dem EheschlRG neu eingeführt worden ist. Für den umgekehrten Fall – also solche Nichtigkeits- und Aufhebungsgründe, die nach neuem Recht nicht mehr gegeben sind (Verstoß gegen das Eheverbot der Schwägerschaft, Erklärungsirrtum bei der Eheschließung, Irrtum über die Person des Ehegatten oder dessen Eigenschaften) – gibt es keine Überleitungsregelung. Dies bedeutet, dass diese Gründe einem Aufhebungsantrag auch im Falle einer vor dem 1. 7. 1998 geschlossenen Ehe nicht mehr zugrunde gelegt werden können. Aus Art 226 Abs 2 folgt weiter, dass eine Ehe, die nach altem Recht wegen Fristablaufs nicht mehr aufgehoben werden konnte, auch nach neuem Recht nicht aufgehoben werden kann. Die Aufhebung des alten Rechts und die Inkraftsetzung des neuen Rechts, insbesondere des § 1317, führen also nicht zu einem neuen Fristbeginn. Dasselbe gilt auch für weitere Voraussetzungen der Nichtigkeitsklage oder des Antrags auf Aufhebung der Ehe nach altem Recht (MünchKomm/MÜLLER-GINDULLIS[5] § 1313 Rn 13; PALANDT/BRUDERMÜLLER[70] Art 226 EGBGB Rn 4).

63 Die andere Ausnahme betrifft laufende Verfahren zum Zeitpunkt des Inkrafttretens des EheschlRG. Nach Art 226 Abs 2 EGBGB gilt für den Fall, dass die Nichtigkeitsklage oder die Aufhebungsklage am 1. 7. 1998 bereits erhoben war, sowohl hinsichtlich des Verfahrens als auch hinsichtlich der Voraussetzungen und Folgen von Nichtigkeit und Aufhebung das alte Recht. Nach der eindeutigen Gesetzesfassung muss die Klage vor dem Stichtag zugestellt gewesen sein, da erst damit die Klage erhoben ist; § 167 ZPO findet auf diesen Fall keine Anwendung, weil mit der

Klageerhebung keine Frist eingehalten werden soll. Diese Regelung hat sich naturgemäß inzwischen faktisch erledigt.

Vor dem 1. 7. 1998 abgeschlossene Verfahren bleiben völlig unberührt, auch wenn **64**
die Ehenichtigkeit oder die Aufhebung der Ehe aus einem Grund ausgesprochen
worden ist, der nach neuem Recht nicht mehr gegeben ist. Auch die Rechtsfolgen
der Nichtigkeit oder Aufhebung nach altem Recht werden der neuen Regelung in
§ 1318 nicht angepasst.

IX. Eingetragene Lebenspartnerschaft

§ 15 LPartG regelt die Aufhebung der eingetragenen Lebenspartnerschaft. In die- **65**
sem Rechtsinstitut werden sowohl die Fälle erfasst, deren Parallele im Eherecht die
Scheidung ist, als auch nach § 15 Abs 2 S 2 LPartG die Auflösung der eingetragenen
Lebenspartnerschaft wegen Willensmängeln im Sinne des § 1314 Abs 2 Nr 1–4.
Nichteinhaltung der Form, Doppelpartnerschaft, Beteiligung eines Minderjährigen
und Eingehung einer eingetragenen Lebenspartnerschaft unter Verwandten sowie
der Fall, dass die Lebenspartner keine Verpflichtung nach § 2 LPartG eingehen
wollen (Scheinpartnerschaft) führen erst gar nicht zum Entstehen einer eingetragenen Lebenspartnerschaft („Nicht-Partnerschaft"), sodass auch ihre Aufhebung nicht
in Betracht kommt. Heilungsmöglichkeiten sind insoweit nicht vorgesehen.

Hinsichtlich der Bestätigung wird in § 15 Abs 4 LPartG auf § 1315 Abs 1 Nr 3 und 4 **66**
verwiesen, wegen der Antragsfrist auf § 1317. Für den Fall der Geschäftsunfähigkeit
eines Lebenspartners gilt § 1316 Abs 2 entsprechend. Die Folgen der Aufhebung
richten sich unabhängig vom Aufhebungsgrund einheitlich nach den Vorschriften
der Scheidungsfolgen, auf die vollständig verwiesen wird. Eine gesonderte Behandlung der Fälle der Aufhebung wegen eines Willensmangels findet nicht statt; etwaige
Unbilligkeiten müssen über die allgemeinen Billigkeitsregelungen gelöst werden (vgl
STAUDINGER/VOPPEL [2010] § 15 LPartG Rn 121).

§ 1313
Aufhebung durch richterliche Entscheidung

**Eine Ehe kann nur durch richterliche Entscheidung auf Antrag aufgehoben werden.
Die Ehe ist mit der Rechtskraft der Entscheidung aufgelöst. Die Voraussetzungen,
unter denen die Aufhebung begehrt werden kann, ergeben sich aus den folgenden
Vorschriften.**

Materialien: BGB 1900 §§ 1329, 1341, 1343 –
JAKOBS/SCHUBERT, Familienrecht I 125 ff; Vorentw PLANCK §§ 43, 55, 58; E I §§ 1252 Abs 1,
1260, 1266; II §§ 1235, 1249, 1251; III §§ 1312,
1324, 1326; Begründung PLANCK I 181 ff, 234 ff,
236 ff; Mot IV 56 f, 84 f, 95 f = MUGDAN IV 32,
48 f, 54 f; Prot IV 53 ff, 81, 90 f = MUGDAN IV
709 ff, 726, 732; EheG 1938 §§ 27, 34; EheG 1946
§§ 23, 29; akt Fassung BT-Drucks 13/4898, 18;
16/6308, 344; STAUDINGER/BGB-Synopse (2006)
§ 1313.

Systematische Übersicht

Alphabetische Übersicht

I. Einleitung

1. Textgeschichte

1 In der Ursprungsfassung des BGB war in § 1323 der abschließende Charakter der in den nachfolgenden Paragraphen aufgeführten Nichtigkeitsgründe aufgeführt, § 1330 BGB 1900 enthielt die entsprechende Regelung für die Anfechtungsgründe (die Anfechtung wurde erst durch das EheG 1938 durch die Aufhebung ersetzt). Aus § 1329 BGB 1900 ergab sich, dass die Nichtigkeit grundsätzlich nur im Wege der Nichtigkeitsklage geltend gemacht werden konnte, aus § 1341 BGB 1900, dass die

Anfechtung durch Erhebung einer Anfechtungsklage zu erfolgen hatte. Die Regelungen des BGB wurden zunächst durch §§ 20, 27 EheG 1938 (betreffend die Nichtigkeit) und §§ 32, 34 EheG 1938 (betreffend die Aufhebung) ersetzt. An deren Stelle traten §§ 16, 23 EheG 1946 (zur Nichtigkeit) und §§ 28 f EheG 1946 (zur Aufhebung). Bis auf den Wechsel von der Anfechtung zur Aufhebung und nunmehr von der Nichtigkeit ebenfalls zur Aufhebung hat sich der Regelungsgehalt der Normen bis heute in dem Sinne nicht geändert, dass das Gesetz durchgehend den abschließenden Charakter der die Nichtigkeit bewirkenden bzw zur Anfechtung/Aufhebung berechtigenden Gründe festgelegt hat und jeweils eine gerichtliche Entscheidung Voraussetzung dafür war, dass man sich auf die Nichtigkeit berufen konnte bzw die Anfechtung/Aufhebung wirksam wurde. Im Rahmen der Neufassung des Verfahrensrechts im FamFG 2008 wurden Überschrift und Wortlaut des § 1313 dahingehend geändert, dass an die Stelle des Urteils die richterliche Entscheidung getreten ist.

2. Überblick

§ 1313 ist in seiner Ausgestaltung § 1564 nachgebildet worden (vgl BT-Drucks 13/4898, **2** 18). Gegenstand eines Aufhebungsantrags kann nur eine bestehende Ehe sein; weder hinsichtlich einer bereits anderweitig (durch Tod, Scheidung, Aufhebung) aufgelösten Ehe (§ 1317 Abs 3; vgl aber dort Rn 41 ff zur Problematik eines Aufhebungsantrags nach Scheidung der Ehe zur Herbeiführung der Rechtsfolgen des § 1318) noch hinsichtlich einer Nichtehe (vgl Vorbem 20 ff zu §§ 1313 ff) kann ein Aufhebungsantrag gestellt werden. Die Aufhebung der Ehe kann nur durch einen Antrag beim Familiengericht durchgesetzt werden. Die Antragsgründe sind – mit einer Ausnahme – in § 1314 **abschließend** aufgeführt; eine Analogie zu diesen Regelungen kommt nicht in Betracht (PALANDT/BRUDERMÜLLER Rn 1; MünchKomm/WELLENHOFER Rn 4; JOHANNSEN/HENRICH/HENRICH Rn 13; BAMBERGER/ROTH/HAHN Rn 2; ERMAN/ROTH Vor § 1313 Rn 5). Neben die in § 1314 genannten Gründe tritt noch das Recht des wiederverheirateten Ehegatten, die Aufhebung der neuen Ehe zu betreiben, wenn dessen früherer, für tot erklärter Ehegatte noch lebt, § 1320 (abweichend ERMAN/ROTH Vor § 1313 Rn 5: kein selbständiger Aufhebungsgrund sondern Modifikation des Aufhebungsgrundes der Doppelehe). Aus § 1316 ergibt sich, wer einen Antrag auf Aufhebung einer Ehe stellen kann, was differenziert nach den Aufhebungsgründen geregelt ist. Nach § 1317 sind ggf Fristen für die Antragstellung zu beachten.

§§ 1313 ff stellen eine **abschließende Sonderregelung** gegenüber Regelungen des All- **3** gemeinen Teils des BGB dar, die sich auf fehlerhafte Rechtsgeschäfte beziehen und unmittelbar (Geschäftsunfähigkeit, § 105, Verstoß gegen ein gesetzliches Verbot oder gegen die guten Sitten, §§ 134, 138) oder mittelbar (Anfechtung, § 142) zur Nichtigkeit des Geschäfts führen. Diese Regelungen kommen auch nicht ergänzend zur Anwendung (MünchKomm/WELLENHOFER Rn 4; PALANDT/BRUDERMÜLLER Rn 1; JOHANNSEN/HENRICH/HENRICH Rn 2; ERMAN/ROTH Rn 1 und oben Vorbem 5 zu §§ 1313 ff).

II. Wirkungen der aufhebbaren Ehe

1. Allgemeines

Unabhängig vom konkreten Aufhebungsgrund – also insbesondere auch im Falle der **4**

Reinhard Voppel

Doppelehe oder der verbotenen Verwandtenehe – ist die aufhebbare Ehe bis zur Rechtskraft des Aufhebungsbeschlusses grundsätzlich in jeder Hinsicht voll wirksam (MünchKomm/Wellenhofer Rn 9; Soergel/Heintzmann Rn 5; Palandt/Brudermüller Rn 7; Bamberger/Roth/Hahn Rn 7; Erman/Roth Vor § 1313 Rn 9). Weder die Ehegatten (zu Ausnahmen vgl sogleich Rn 7 ff) noch Dritte können sich auf das Bestehen eines Aufhebungsgrundes berufen (vgl BGHZ 48, 82, 85). Auch wenn bekannt ist, dass ein Aufhebungsgrund gegeben ist, greift § 1592 Nr 1 ein, da die Ehe erst durch Entscheidung des Familiengerichts aufgelöst wird. Für den in Doppelehe verheirateten Ehegatten bestehen zwei wirksame Ehen mit allen daraus sich ergebenden Folgen (MünchKomm/Wellenhofer Rn 9), was dazu führen kann, dass er nach § 1355 zwei verschiedene Namen führt (Bamberger/Roth/Hahn Rn 7; Soergel/Heintzmann Rn 6). Die aufhebbare Ehe kann als wirksame Ehe auch geschieden werden; heiratet einer der in einer aufhebbaren Ehe lebenden Ehegatten eine dritte Person, handelt es sich um eine Doppelehe; wer als Dritter mit einem der Ehegatten der aufhebbaren Ehe geschlechtlich verkehrt, begeht Ehebruch und setzt sich ggf Ansprüchen wegen Verletzung des räumlich-gegenständlichen Bereichs der Ehe aus (vgl Gernhuber/Coester-Waltjen § 14 Rn 2).

5 Kommt es in einem Rechtsstreit – nicht notwendigerweise unter den Ehegatten selbst – als Vorfrage auf die Wirksamkeit einer Ehe an, ist sie als gültig zu behandeln, solange kein Aufhebungsantrag gestellt ist. Ist ein Aufhebungsantrag gestellt, aber darüber noch nicht entschieden, kann (§ 148 ZPO) bzw muss das Gericht auf Antrag (§ 152 ZPO) das Verfahren in dem anderen Rechtsstreit bis zur Entscheidung über den Aufhebungsantrag aussetzen (MünchKomm/Wellenhofer Rn 11). Inzident kann also die Aufhebbarkeit der Ehe in einem anderen Verfahren – auch in einem Verfahren auf Feststellung des Bestehens der Ehe – grundsätzlich nicht geltend gemacht werden (Bamberger/Roth/Hahn Rn 1; Gernhuber/Coester-Waltjen § 14 Rn 4); eine Ausnahme gilt allerdings, wenn es um den Bestand des Erbrechts nach §§ 1933, 1318 Abs 5 geht (vgl dazu Rn 24).

6 Die Aufhebung der Ehe **wirkt nur für die Zukunft**, lässt also die Wirkungen der Ehe für die Zeit bis zur Rechtskraft des Beschlusses unberührt. Es gibt keine Rückabwicklung der aufgehobenen Lebensgemeinschaft; die bis zur Aufhebung bestehende Ehe bleibt für diese Zeit wirksame Ehe, nicht anders als eine geschiedene Ehe. Ebenso wenig kann nach der Aufhebung einer der ehemaligen Ehegatten – etwa gestützt auf § 826 – Schadensersatz mit der Folge begehren, so gestellt zu werden, als habe die Ehe überhaupt nicht oder nur kürzere Zeit bestanden, um etwa geleisteten Unterhalt zurückverlangen zu können. Dies folgt aus der nur auf die Zukunft gerichteten Rechtsfolge der Auflösung (BGHZ 48, 82, 87 f; MünchKomm/Wellenhofer Rn 12). Während der bestehenden – wenn auch aufhebbaren – Ehe besteht ein solcher Anspruch erst recht nicht, weil sich auch die Ehegatten selbst grundsätzlich nicht auf die Aufhebbarkeit berufen können (BGHZ 48, 82, 85 ff). Erst mit Rechtskraft des Beschlusses treten für die Zukunft die Rechtsfolgen des § 1318 ein. Ausnahmen davon gibt es im Erbrecht (vgl unten Rn 12 ff).

2. Herstellung des ehelichen Lebens

7 Obwohl auch im Verhältnis zwischen den Ehegatten die aufhebbare Ehe bis zur Rechtskraft eines Aufhebungsurteils grundsätzlich als wirksam zu behandeln ist, gilt dies nicht uneingeschränkt hinsichtlich der Verpflichtung zur Herstellung der ehelichen Lebensgemeinschaft (§ 1353 Abs 1 S 2 1. HS).

Für die Fälle des Verstoßes gegen §§ 1303, 1304 (Ehemündigkeit, Geschäftsfähig- **8** keit) sowie bei Aufhebbarkeit nach §§ 1314 Abs 2 Nr 1–4 (Bewusstlosigkeit oder Störung der Geistestätigkeit, Irrtum, Täuschung, Drohung) und 1314 Abs 2 Nr 5 (Scheinehe) ergibt sich die Berechtigung, die Herstellung des ehelichen Lebens zu verweigern, aus § 1315 Abs 1 Nr 1–5, da danach eine Aufhebung der Ehe ausgeschlossen ist, wenn die Ehe nach späterem Wegfall des die Aufhebbarkeit begründenden Mangels bestätigt worden ist. In der Aufnahme bzw Fortsetzung regulärer ehelicher Beziehungen im Sinne des § 1353 Abs 1 S 2 ist grundsätzlich eine solche Bestätigung zu sehen. Ein Ehegatte kann aber nicht einerseits das Recht zur Aufhebung der Ehe haben und andererseits – im Rahmen der unbestreitbar wirksamen Ehe – gezwungen sein, ein Verhalten an den Tag zu legen, durch das er sein Recht, die Eheaufhebung durchzusetzen, verliert. Daher kann ein Ehegatte auch schon vor Stellung eines Aufhebungsantrages die Herstellung des ehelichen Lebens verweigern, soweit darin eine Bestätigung der Ehe zu sehen wäre (OLG Nürnberg FamRZ 1966, 104, 106; MünchKomm/Wellenhofer Rn 9; Johannsen/Henrich/Henrich Rn 3; Bamberger/Roth/Hahn Rn 9; Gernhuber/Coester-Waltjen § 14 Rn 3; weitergehend Palandt/Brudermüller Einf v § 1313 Rn 3; Erman/Roth Vor § 1313 Rn 5a: Verlangen nach Fortsetzung der ehelichen Lebensgemeinschaft immer rechtsmissbräuchlich). Das schließt nicht aus, das solche Pflichten aus § 1353 Abs 1 S 2, denen sich keine Bestätigung der Ehe entnehmen lässt, bestehen (Bamberger/Roth/Hahn Rn 9), insbesondere vermögensbezogene Pflichten.

Wertungsprobleme können sich allerdings dann ergeben, wenn ein Ehegatte auf **9** Dauer einerseits die Herstellung des ehelichen Lebens verweigert, andererseits aber auch keinen Antrag auf Aufhebung stellt. Dieselbe Situation ergibt sich, wenn ein Ehegatte Antrag auf Herstellung des ehelichen Lebens stellt und der andere sich auf sein Recht zur Verweigerung wegen Vorliegens eines Aufhebungsgrundes beruft, ohne seinerseits die Aufhebung zu betreiben. In einem solchen Verhalten kann gerade keine Bestätigung der aufhebbaren Ehe gesehen werden. Man wird auch nicht unter Bezugnahme auf Treu und Glauben (widersprüchliches Verhalten) das Recht, die Aufhebung zu beantragen, als entfallen ansehen können. Die Ehe ist dann jedenfalls gescheitert; es bleibt – wenn der die Herstellung begehrende Ehegatte nach § 1316 nicht selbst antragsberechtigt ist – der Weg der Ehescheidung. Das Aufhebungsrecht kann im Falle der Willensmängel durch Fristablauf, § 1317, verlorengehen; danach ist die Weigerung, die eheliche Lebensgemeinschaft aufzunehmen, nicht mehr begründet.

Im Falle der **Doppelehe** gibt es keine Heilung des Mangels durch Bestätigung. **10** Grundsätzlich bestehen auch in der Zweitehe für beide Ehegatten Pflichten aus § 1353 Abs 1 S 2. Allerdings bestehen in diesem Falle Verpflichtungen des doppelt Verheirateten gegenüber zwei Ehegatten. Soweit daher eine Erfüllung der Pflichten gegenüber dem Zweitehegatten zugleich einen Pflichtverstoß gegenüber dem früheren Ehegatten darstellt, tritt eine Pflichtenkollision ein. Es erscheint allerdings fraglich, ob in diesem Fall das Verlangen des Zweitehegatten auf Herstellung des ehelichen Lebens generell rechtsmissbräuchlich ist (so Bamberger/Roth/Hahn Rn 10; Gernhuber/Coester-Waltjen § 14 Rn 3; vgl MünchKomm/Wellenhofer Rn 9). Das wird man bejahen können, wenn der spätere Ehegatte hinsichtlich des Bestandes der früheren Ehe bösgläubig war und er darum die Pflichtenstellung des doppelt Verheirateten kannte. Gegenüber dem gutgläubigen Ehegatten der späteren Ehe ist der doppelt Verheiratete dagegen grundsätzlich gleichrangig verpflichtet (vgl auch die Wertung des § 1318 für die Frage des nachehelichen Unterhalts, dort Rn 24). Kann und darf er seiner Verpflichtung nicht nachkommen, ohne zugleich seine Pflichten gegenüber dem früheren Ehegatten zu verletzen, handelt er gegenüber dem berechtigten Herstellungsverlangen des späteren Ehegatten pflichtwidrig.

11 Bei der **Verwandtenehe** ist eine Heilung nicht möglich. Grundsätzlich bestehen Pflichten beider Ehegatten aus § 1353 Abs 1 S 2. Ein Herstellungsverlangen ist jedoch dann rechtsmissbräuchlich, wenn ein strafbares Verhalten gefordert wird, also insbesondere ein Verstoß gegen § 173 StGB (BAMBERGER/ROTH/HAHN Rn 9; GERNHUBER/COESTER-WALTJEN § 14 Rn 3; weitergehend PALANDT/BRUDERMÜLLER Einf v § 1313 Rn 3: generell rechtsmissbräuchlich).

3. Erbrechtliche Besonderheiten

a) Gesetzliches Erbrecht
12 Das gesetzliche Erbrecht des Ehegatten, der Voraus und sein Pflichtteilsrecht sind an den Bestand der Ehe geknüpft, §§ 1931, 1932, 2303 Abs 2 (STAUDINGER/WERNER [2008] § 1931 Rn 7; PALANDT/WEIDLICH § 1931 Rn 12). Sie entfallen, wenn die Ehe vor dem Eintritt des Erbfalls rechtskräftig aufgelöst, unter anderem auch aufgehoben worden ist. Dies entspricht den dargestellten Grundsätzen, dass die Eheaufhebung nur für die Zukunft wirkt und die aufhebbare Ehe bis zu ihrer Aufhebung als vollwirksam anzusehen ist. Diese Grundsätze werden aber im Bereich des Erbrechts für zwei Regelungsbereiche zugunsten einer Vorwirkung aufgegeben, sodass trotz bei Eintritt des Erbfalls (noch) bestehender, wenn auch aufhebbarer Ehe das Ehegattenerbrecht aufgehoben ist.

aa) Ausschluss des gesetzlichen Erbrechts nach Stellung eines Aufhebungsantrags durch den Erblasser
13 Es handelt sich zum einen um die Situation, dass bei Eintritt des Erbfalls der Erblasser Antrag auf Aufhebung der Ehe gestellt hatte und dieser auch begründet gewesen wäre, die Aufhebung aber noch nicht ausgesprochen worden war. Dann sind nach § 1933 S 2 das gesetzliche Erbrecht, das Recht auf den Voraus und das Pflichtteilsrecht des anderen Ehegatten ausgeschlossen. Die bis zur rechtskräftigen Aufhebungsentscheidung wirksame Ehe wird also wegen ihrer Aufhebbarkeit und der Tatsache, dass der Erblasser sich um die Aufhebung durch Stellung des entsprechenden Antrags bemüht hat, insoweit als unwirksam angesehen und der Ausschluss des Erbrechts damit vorverlegt. Der Normzweck des § 1933 besteht darin, den mutmaßlichen Willen des Erblassers zu berücksichtigen, den überlebenden Ehegatten von dem gesetzlichen Erbrecht auszuschließen; die Vorverlegung der Rechtsfolgen schon vor die Rechtskraft des Aufhebungsurteils ist dadurch gerechtfertigt, dass es unbillig ist, die Frage des Erbrechts des überlebenden Ehegatten davon abhängig zu machen, ob der Erblasser zufällig vor oder nach Eintritt der Rechtskraft stirbt (OLG Düsseldorf FamRZ 1991, 1107, 1108; STAUDINGER/WERNER [2008] § 1933 Rn 2 f; SOERGEL/STEIN § 1933 Rn 3). Wegen des aus § 1933 folgenden erheblichen Eingriffs in

die Rechtssphäre des überlebenden Ehegatten ist diese Regelung als Ausnahme-vorschrift eng auszulegen (BGHZ 111, 329, 333; OLG Düsseldorf FamRZ 1991, 1107, 1108).

§ 1933 greift nur dann ein, wenn der **Erblasser** den **Antrag gestellt** hat; hat der **14** überlebende Ehegatte den Aufhebungsantrag gestellt und wäre dieser – wäre nicht Erledigung des Rechtsstreits eingetreten – begründet gewesen, ändert das nach § 1933 S 2 an seinem Erbrecht nichts (STAUDINGER/WERNER [2008] § 1933 Rn 5, 9; PA-LANDT/WEIDLICH § 1933 Rn 1).

Voraussetzung ist zunächst, dass der **Antrag** auf Aufhebung der Ehe vor Eintritt des **15** Erbfalls **gestellt** war; nach § 262 ZPO kommt es insoweit auf die **Rechtshängigkeit des Antrags** an. Der Antrag muss also dem anderen Ehegatten vor Eintritt des Erbfalls zugestellt worden sein (§§ 124 FamFG, 261 Abs 1, 253 ZPO). § 167 ZPO, der dann, wenn die Zustellung „demnächst" erfolgt, die Wirkungen der Rechts-hängigkeit auf den Zeitpunkt des Eingangs des Antrags bei Gericht vorverlegt, findet hier keine Anwendung, weil er nur dort gilt, wo eine Frist gewahrt oder die Verjährung gehemmt werden soll; auch eine analoge Anwendung kommt nicht in Betracht (BGHZ 111, 329, 330 f, 333; BayObLGZ 1990, 20; STAUDINGER/WERNER [2008] § 1933 Rn 5; MünchKomm/LEIPOLD § 1933 Rn 5; PALANDT/WEIDLICH § 1933 Rn 2; aA SOERGEL/STEIN § 1933 Rn 4; JAUERNIG/STÜRNER § 1933 Rn 1). Die Rücknahme des Antrags nach §§ 113 Abs 1 FamFG, 269 ZPO (und ebenso eines Rechtsmittels) beseitigt die Anwend-barkeit des § 1933 (BGH FamRZ 1974, 648, 649 f; STAUDINGER/WERNER [2008] § 1933 Rn 5; PALANDT/WEIDLICH § 1933 Rn 2); das Nichtbetreiben des Verfahrens über einen langen Zeitraum kann wie eine Antragsrücknahme zu behandeln sein (OLG Düsseldorf FamRZ 1991, 1107: Erblasser hat das Verfahren 25 Jahre lang nicht betrieben).

Hat der Erblasser gegen einen seinen Antrag abweisenden Beschluss **Rechtsmittel 16** eingelegt, erledigt sich das Verfahren in der höheren Instanz aber vor einer Ent-scheidung durch den Tod dieses Ehegatten, ist § 1933 ebenfalls anzuwenden, da die Einlegung eines Rechtsmittels der Antragstellung gleichsteht (STAUDINGER/WERNER [2008] § 1933 Rn 6; PALANDT/WEIDLICH § 1933 Rn 5). Umstritten ist die Frage, ob auch dann, wenn der Antragsteller, der in erster Instanz unterlegen ist, noch vor Rechts-kraft des Beschlusses verstirbt, ohne dass er ein Rechtsmittel eingelegt hat, § 1933 eingreift. Dies wird zum Teil mit Hinweis darauf bejaht, dass erst die Rechtskraft des antragsabweisenden Beschlusses die Wirkung des § 1933 beseitige und davon aus-zugehen sei, dass der Antragsteller sein Begehren weiter verfolgt hätte, also sein in der Antragstellung geäußerter Wille weiterwirke, wäre er nicht durch seinen Tod daran gehindert worden (PALANDT/WEIDLICH § 1933 Rn 5; SOERGEL/STEIN § 1933 Rn 5). Demgegenüber wird zu recht darauf hingewiesen, dass § 1933 wegen der weitrei-chenden Wirkung und seines Ausnahmecharakters eng auszulegen sei (vgl oben Rn 13). Ebenso wie bei der Einleitung des Aufhebungsverfahrens gilt auch für den Fall der Fortsetzung in der Rechtsmittelinstanz, dass der aufhebungswillige Ehegatte seinen Willen, die Eheaufhebung (weiter) zu betreiben, klar und eindeutig in der prozessual vorgesehenen Form zum Ausdruck gebracht haben muss. Allerdings beseitigt erst die Rechtskraft des Urteils die Wirkung des § 1933, aber diese tritt, wenn kein Rechtsmittel eingelegt ist, ohne weiteres ein. Diese Situation unterschei-det sich von dem – von § 1933 mitumfassten – Fall der Einlegung eines Rechts-mittels, bei dem der Wille, die Ehe zu beenden, zum Ausdruck gekommen ist. Es spricht auch keine Vermutung dafür, dass der Erblasser – auch unter dem Eindruck des erstinstanzlichen Verfahrens – sein Ziel weiterverfolgt hätte. Hat der Erblasser kein Rechtsmittel gegen das seinen Antrag abweisende Urteil mehr eingelegt, kommt § 1933 daher nicht zur Anwendung (STAUDINGER/WERNER [2008] § 1933 Rn 6).

17 Weitere Voraussetzung der Anwendung des § 1933 ist, dass der **Aufhebungsantrag des Erblassers begründet** gewesen, also die Ehe aufgehoben worden wäre, hätte sich das Verfahren nicht durch den Tod des Erblassers in der Hauptsache erledigt. Es muss also ein Aufhebungsgrund vorgelegen haben und dieser darf nicht durch Heilung (§ 1315) weggefallen sein; der Aufhebungsantrag darf nicht nach § 1317 verfristet gewesen sein.

18 Mit dem Ausschluss des gesetzlichen Erbrechts nach § 1933 entfällt auch ein Anspruch des überlebenden Ehegatten auf den Voraus und auf den Pflichtteil, da dieser nicht durch letztwillige Verfügung, sondern von Gesetzes wegen von der Erbfolge ausgeschlossen ist (STAUDINGER/WERNER [2008] § 1933 Rn 13). Auch die Anwendung des § 1371 Abs 1 – erbrechtliche Lösung beim Zugewinnausgleich – kommt nicht in Betracht, da kein gesetzlicher Erbteil vorhanden ist. Ein Ausgleich nach § 1371 Abs 2 (güterrechtliche Lösung) ist dagegen möglich. Allerdings kann je nach den Umständen ein Fall der groben Unbilligkeit nach § 1381 gegeben sein; hier wird man entsprechende Überlegungen wie im Falle des § 1318 Abs 3 anwenden können (vgl § 1318 Rn 36), den Zugewinnausgleich also insbesondere dann herabsetzen oder ganz versagen können, wenn der Ausgleichsberechtigte den verstorbenen Ehegatten durch Täuschung oder Drohung zur Eingehung der Ehe veranlasst hat, sowie auch im Falle der Scheinehe. Maßgeblicher Zeitpunkt im Sinne des § 1384 ist die Rechtshängigkeit des Aufhebungsantrags (vgl § 1318 Rn 35).

19 Der Ausschluss von der gesetzlichen Erbfolge wird durch einen Unterhaltsanspruch nach § 1933 S 3 kompensiert. Die Regelung verweist auf §§ 1569–1586b; es handelt sich dabei um eine **Rechtsgrundverweisung**; es muss einer der Unterhaltstatbestände der §§ 1570 ff gegeben sein. Der Anspruch richtet sich gegen die Erben des verstorbenen Ehegatten. Daher kommt auch § 1586b zur Anwendung; nach dessen Satz 3 ist der Unterhaltsanspruch der Höhe nach auf den Pflichtteil beschränkt, der dem Ehegatten zustände, wenn § 1933 nicht zur Anwendung käme, wobei der Pflichtteil unabhängig von etwaigen güterrechtlichen Besonderheiten zu bestimmen ist, § 1586b Abs 2. Ungeachtet dessen kann der Unterhaltsanspruch auch aufgrund von §§ 1578b, 1579 beschränkt sein oder wegfallen.

bb) **Ausschluss des gesetzlichen Erbrechts bei Kenntnis des erbberechtigten Ehegatten von der Aufhebbarkeit**

20 Zum anderen wird das gesetzliche Erbrecht des überlebenden Ehegatten in bestimmten Fällen auch dann ausgeschlossen, wenn dieser die Aufhebbarkeit bei der Eheschließung kannte. Der verstorbene Ehegatte muss keinen Antrag auf Aufhebung der Ehe gestellt haben, ja nicht einmal gewusst haben, dass ein Aufhebungsgrund bestand, § 1318 Abs 5. Diese Regelung greift allerdings nur dann ein, wenn die Ehe wegen Geschäftsunfähigkeit, als Doppel- oder Verwandtenehe, wegen Formmangels oder Bewusstlosigkeit bzw vorübergehender Geistesstörung aufhebbar gewesen wäre. Vgl im Einzelnen bei § 1318 Rn 41 ff.

b) Gewillkürte Erbfolge

§ 1933 bezieht sich nur auf die gesetzliche Erbfolge. Für letztwillige Verfügungen **21** trifft § 2077 Abs 1 eine dem § 1933 entsprechende Regelung: Nach S 1 ist die letztwillige Verfügung zugunsten des anderen Ehegatten unwirksam, wenn die Ehe vor dem Tod des Erblassers – auch durch Aufhebung – aufgelöst worden ist. Das Gesetz geht davon aus, dass nach dem mutmaßlichen Willen des Erblassers die testamentarische Verfügung zugunsten eines Ehegatten an den Bestand der Ehe geknüpft ist (vgl OLG Zweibrücken FamRZ 1998, 1540, 1541): Die Zuwendung erfolgt wegen der aufgrund der Ehe bestehenden familienrechtlichen Bindung (MünchKomm/LEIPOLD § 2077 Rn 1). § 2077 Abs 1 S 3 erweitert diese Auslegungsregel auf den Fall, dass die Ehe aufhebbar war und der Erblasser Antrag auf Aufhebung gestellt hatte; hinsichtlich der Voraussetzungen gilt dasselbe wie im Falle der gesetzlichen Erbfolge (oben Rn 15 ff). Da es sich bei § 2077 Abs 1 um eine **Auslegungsregel** handelt, kann anders als im Fall des gesetzlichen Erbrechts aber eine letztwillige Verfügung trotz Aufhebung der Ehe oder Aufhebbarkeit der Ehe und gestelltem Aufhebungsantrag wirksam bleiben, wenn anzunehmen ist, dass der Erblasser sie auch für diesen Fall getroffen hat (BGH FamRZ 1960, 28, 29) oder getroffen haben würde, § 2077 Abs 3 (BGH FamRZ 1961, 364, 366; BATTES JZ 1978, 733, 735 f, 736 ff), was durch Auslegung des (ggf hypothetischen) Erblasserwillens zum Zeitpunkt der Testamentserrichtung zu ermitteln ist (vgl im Einzelnen STAUDINGER/OTTE [2013] § 2077 Rn 24 ff). Der Erblasserwillen hat also Vorrang vor der gesetzlichen Vermutungsregel. Die Beweislast trägt der Ehegatte, der sich auf sein Erbrecht beruft (STAUDINGER/OTTE [2013] § 2077 Rn 27).

§ 2268 Abs 1 verweist für gemeinschaftliche Testamente auf § 2077; liegen dessen **22** Voraussetzungen vor, ist das gemeinschaftliche Testament seinem ganzen Inhalt nach, also hinsichtlich der Verfügungen beider Ehegatten, unwirksam. Abs 2 trägt auch hier dem Vorrang des Erblasserwillens Rechnung. Die Verfügungen sind dann insoweit wirksam, als sie auch für den Fall der Auflösung bzw Auflösbarkeit getroffen worden wären oder sogar sind. Bei wechselbezüglichen Verfügungen kommt es auf den Willen beider Ehegatten, im Übrigen auf den Willen des jeweils verfügenden Ehegatten an (PALANDT/WEIDLICH § 2268 Rn 2).

§ 2279 Abs 1 verweist auch für Erbverträge auf § 2077, der insgesamt entsprechend **23** gilt. § 2279 Abs 2 erstreckt die Anwendung des § 2077 darüber hinaus auch auf Dritte, die in einem Erbvertrag zwischen Ehegatten bedacht sind, weil eine derartige Regelung im Erbvertrag regelmäßig durch die Ehe mitbeeinflusst ist; allerdings kann sich aus § 2077 Abs 3 auch für diesen Fall ergeben, dass der Dritte auch für den Fall der Eheauflösung bedacht sein sollte. Für gegenseitige Erbverträge gilt nach § 2298 Abs 1 als Auslegungsregel, dass bei Unwirksamkeit einer Verfügung der Vertrag insgesamt unwirksam ist, wobei auch hier ein abweichender Erblasserwille beachtlich ist (§ 2298 Abs 3).

Eine § 1318 Abs 5 entsprechende Regelung für den Bereich der gewillkürten Erbfolge gibt es nicht.

c) Geltendmachung des Wegfalls des Erbrechts

Der Ausschluss des überlebenden Ehegatten vom Erbrecht trotz der Tatsache, dass **24** die Ehe nicht aufgehoben worden ist, muss vom Erben im Erbrechtsstreit bzw im Erbscheinsverfahren gegen den überlebenden Ehegatten geltend gemacht werden;

Reinhard Voppel

ein eventuelles Aufhebungsverfahren erledigt sich nach § 131 FamFG, sodass die
Erben dieses Verfahren nicht fortsetzen können. Es handelt sich dann nicht um eine
Ehe- oder Familiensache. Ausnahmsweise ist also in diesen Fällen eine inzidente
Feststellung über die Aufhebbarkeit der Ehe zulässig und geboten: Das entscheidende Gericht muss vorab feststellen, ob der gestellte Aufhebungsantrag Erfolg
gehabt hätte (§ 1933) bzw die Ehe aufhebbar gewesen wäre (§ 1318 Abs 5). Im Fall
des § 1933 können die Erben auch einen anderen als den geltend gemachten Aufhebungsgrund heranziehen, sofern dieser zur Zeit des Erbfalls noch hätte geltend
gemacht werden können (STAUDINGER/WERNER [2008] § 1933 Rn 15). Der Erbe muss
beweisen, dass ein Aufhebungsgrund bestand und der Aufhebungsantrag gestellt
war; der überlebende Ehegatte muss beweisen, dass der Aufhebungsgrund ausnahmsweise nicht hätte durchgreifen können, etwa wegen Verfristung oder Bestätigung (STAUDINGER/WERNER [2000] § 1933 Rn 16; PALANDT/WEIDLICH § 1933 Rn 9).

III. Aufhebung durch rechtskräftigen Beschluss

25 Mit **Rechtskraft** eines auf die Aufhebung der Ehe erkennenden Beschlusses wird die
Ehe **mit Wirkung für die Zukunft** aufgelöst (OLG Celle FamRZ 2013, 955).

1. Formelle Rechtskraft

26 Die Wirkung des Aufhebungsbeschlusses tritt erst mit der – formellen – Rechtskraft
ein, § 116 Abs 2 FamFG. Ein Beschluss wird grundsätzlich nach Ablauf der Rechts-
mittelfrist formell rechtskräftig (§ 705 S 1 ZPO), wenn nicht beide Ehegatten auf ein
Rechtsmittel verzichtet haben; in diesem Fall tritt die formelle Rechtskraft mit dem
Wirksamwerden der späteren Verzichtserklärung ein (ZÖLLER/STÖBER § 705 ZPO Rn 9;
THOMAS/PUTZO/SEILER § 705 ZPO Rn 7). Ausnahmsweise mit ihrer Verkündung werden
Beschlüsse rechtskräftig, gegen die kein Rechtsmittel gegeben ist, nämlich Beschlüs-
se des BGH im Verfahren der Rechtsbeschwerde.

27 Die früher streitige Frage, ob bei oberlandesgerichtlichen Urteilen die Rechtskraft
stets erst mit Ablauf der Rechtsmittelfristen oder je nach Fallgestaltung (Revision
im oberlandesgerichtlichen Urteil nicht zugelassen) bereits mit Verkündung des
Urteils eintritt (vgl PRÜTTING NJW 1980, 361, 365 f; STAUDINGER/KLIPPEL [2000] Rn 15 je
mwNw), hatte sich durch die Neufassung des Revisionsrechts erledigt, da im Falle
der Nichtzulassung der Revision durch das Oberlandesgericht der BGH auf Beschwerde hin über die Zulassung entscheidet (§§ 543 Abs 1 Nr 2, 544 ZPO). Nach
dem FamFG stellt sich die Frage wieder, da die Rechtsbeschwerde zulassungsge-
bunden ist, § 70 Abs 1 FamFG, eine Nichtzulassungsbeschwerde jedoch nicht vorgesehen ist. Entscheidungen des Beschwerdegerichts (Oberlandesgerichts), in denen
die Rechtsbeschwerde nicht zugelassen ist, werden mit Verkündung bzw Übergabe
an die Geschäftsstelle rechtskräftig, da sie mit ordentlichen Rechtsmitteln (da auch
eine Nichtzulassungsbeschwerde nicht vorgesehen ist) nicht mehr angreifbar sind
(OLG Schleswig SchlHA 2009, 60; MünchKommZPO/ULRICI § 45 FamFG Rn 4; MUSIELAK/BORTH
§ 45 FamFG Rn 3). Zum Teil wird aber vertreten, dass Rechtskraft auch bei einem
zulassungsgebundenen Rechtsmittel trotz Nichtzulassung und fehlender Überprü-
fungsmöglichkeit im Wege einer Nichtzulassungsbeschwerde erst nach Ablauf der
Rechtsmittelfrist eintrete (BGH FamRZ 2008, 2019, 2020 zu § 26 Nr 9 EGZPO aF; ZÖLLER/
FESKORN § 45 FamFG Rn 2; KEIDEL/ENGELHARDT § 45 FamFG Rn 3).

2. Materielle Rechtskraft

Für das Wirksamwerden der Entscheidung und damit für den Zeitpunkt der Auf- **28** lösung der Ehe kommt es allein auf die formelle Rechtskraft an. Die materielle Rechtskraft tritt mit der formellen Rechtskraft der Entscheidung ein und hat vor allem die Wirkung, dass über denselben Streitgegenstand ein weiteres Verfahren ausgeschlossen und die rechtskräftig festgestellte Rechtsfolge in anderen Verfahren, in denen sie vorgreiflich ist, für das entscheidende Gericht bindend ist. In einem Erbschaftsrechtsstreit etwa kann daher der überlebende (ehemalige) Ehegatte nicht mehr geltend machen, die durch Beschluss erfolgte Aufhebung der Ehe sei zu unrecht ausgesprochen worden.

Einem die Aufhebung aussprechenden Beschluss kommt – ebenso wie dem Be- **29** schluss der auf Scheidung der Ehe erkennt – Gestaltungswirkung zu, dh er wirkt für und gegen alle (MünchKomm/WELLENHOFER Rn 6; PALANDT/BRUDERMÜLLER Rn 5; JOHANNSSEN/HENRICH/HENRICH Rn 11; MUSIELAK/BORTH § 129 FamFG Rn 6; MünchKomm/HILBIG § 121 FamFG Rn 9; ZÖLLER/LORENZ § 121 FamFG Rn 5).

Wird der Antrag auf Aufhebung der Ehe zurückgewiesen, wirkt dagegen das Urteil **30** Rechtskraft nur unter den Parteien des Verfahrens und nur bezüglich der geltend gemachten Aufhebungsgründe. Ein am Verfahren nicht beteiligter Antragsberechtigter nach § 1316 Abs 1 kann daher denselben Aufhebungsgrund, der Gegenstand des Verfahrens, in dem der Aufhebungsantrag zurückgewiesen worden ist, gewesen ist, erneut zum Gegenstand eines Aufhebungsverfahrens machen (MünchKomm/WELLENHOFER Rn 6; MünchKommZPO/HILBIG § 121 FamFG Rn 9; vgl ZÖLLER/LORENZ § 121 FamFG Rn 5). Der mit einem Aufhebungsgrund abgewiesene Antragsteller kann in einem neuen Verfahren einen anderen Aufhebungsgrund geltend machen, da es sich um einen anderen Streitgegenstand handelt (MünchKomm/WELLENHOFER Rn 7).

§ 1314
Aufhebungsgründe

(1) Eine Ehe kann aufgehoben werden, wenn sie entgegen den Vorschriften der §§ 1303, 1304, 1306, 1307, 1311 geschlossen worden ist.

(2) Eine Ehe kann ferner aufgehoben werden, wenn

1. **ein Ehegatte sich bei der Eheschließung im Zustand der Bewusstlosigkeit oder vorübergehender Störung der Geistestätigkeit befand;**

2. **ein Ehegatte bei der Eheschließung nicht gewusst hat, dass es sich um eine Eheschließung handelt;**

3. **ein Ehegatte zur Eingehung der Ehe durch arglistige Täuschung über solche Umstände bestimmt worden ist, die ihn bei Kenntnis der Sachlage und bei richtiger Würdigung des Wesens der Ehe von der Eingehung der Ehe abgehalten hätten; dies gilt nicht, wenn die Täuschung Vermögensverhältnisse betrifft oder von einem Dritten ohne Wissen des anderen Ehegatten verübt worden ist;**

4. ein Ehegatte zur Eingehung der Ehe widerrechtlich durch Drohung bestimmt worden ist;

5. beide Ehegatten sich bei der Eingehung der Ehe darüber einig waren, dass sie keine Verpflichtung gemäß § 1353 Abs. 1 begründen wollen.

Materialien: Abs 1: vgl Angaben bei den dort genannten Paragrafen;**Abs 2**: BGB 1900 § 1330 – JAKOBS/SCHUBERT, Familienrecht I 125 ff; E I § 1259; II § 1238; III § 1313; Mot IV 71 = MUGDAN IV 40; Prot IV 74 = MUGDAN IV 722; EheG 1938 § 33; EheG 1946 § 28; **Abs 2 Nr 1**: BGB 1900 § 1325 – JAKOBS/SCHUBERT, Familienrecht I 125 ff; Vorentw PLANCK § 41 Nr 1; E I §§ 1250 Nr 2, 1251; II § 1231; III § 1308; Begründung PLANCK I 161 ff; Mot IV 48= MUGDAN IV, 27 f; Prot IV 53, 57, 60; VI 269 = MUGDAN IV, 709 ff; D 166 f = MUGDAN IV, 1143; EheG 1938 § 22; EheG 1948 § 18; akt Fassung BT-Drucks 13/4898, 18 f; **Abs 2 Nr 2**: BGB 1900 § 1332 – JAKOBS/SCHUBERT, Familienrecht I 125 ff; Vorentw PLANCK § 51 Nr 2; E I § 1259 Nr 2; II §§ 1240; III §§ 1315, 1316 Alt 1; Begründung PLANCK I 211 f; Mot IV 74 f, 78 = MUGDAN IV 42 ff; Prot IV 74 f, 78 f = MUGDAN IV 720 ff; D 168 f = MUGDAN IV 1143 f; EheG 1938 § 36; EheG 1946 § 31; akt Fassung BT-Drucks 13/4898, 18 f;

Abs 2 Nr 3: BGB 1900 § 1334 – JAKOBS/SCHUBERT, Familienrecht I 125 ff; Vorentw PLANCK § 51 Nr 4; E I § 1259 Nr 1; II § 1242; III § 1317; Begründung PLANCK I 216 ff; Mot IV 72 ff = MUGDAN IV 41 f; Prot IV 72, 76, 81= MUGDAN IV 723 ff; D 169 = MUGDAN IV 1144; EheG 1938 § 38; EheG 1946 § 33; akt Fassung BT-Drucks 13/4898, 18 f; **Abs 2 Nr 4**: BGB 1900 § 1335 – JAKOBS/SCHUBERT, Familienrecht I 125 ff; Vorentw PLANCK § 51 Nr 1; E I § 1259 Nr 1; II § 1243; III § 1318; Begründung PLANCK I 206; Mot IV 71 = MUGDAN IV 40 f; Prot IV 72 ff = MUGDAN IV 722; D 169 = MUGDAN IV 1144; EheG 1938 § 39; EheG 1946 § 34; akt Fassung BT-Drucks 13/4898, 18 f; **Abs 2 Nr 5**: Vorentw PLANCK § 41 Nr 2; Begründung PLANCK I 171 f; Mot IV 55 = MUGDAN IV 31 f; BGB 1933 § 1325a; EheG 1938 § 23 – DJ 1938, 1105; EheG 1946 § 19; akt Fassung BR-Drucks 13/9416, 28; STAUDINGER/BGB-Synopse (2006) § 1314.

Schrifttum

EISFELD, Rechtspolitische und verfassungsrechtliche Probleme des Eheaufhebungsgrundes der Scheinehe, AcP 201 (2001) 662
ders, Die Scheinehen in Deutschland im 19. und 20. Jahrhundert (2005)
HEPTING, Das Eheschließungsrecht nach der Reform, FamRZ 1998, 713
JAYME, Nevada-Ehen deutscher Touristen, StAZ 1982, 208
KAISER, Zwangsheirat, FamRZ 2013, 77
KARTZKE, Scheinehen zur Erlangung aufenthaltsrechtlicher Vorteile (1990)
OTTE, „Wenn der Schein trügt" – zum zivil-, verfahrens- und kollisionsrechtlichen Umgang mit der sog „Aufenthaltsehe" in Deutschland und Europa, JuS 2000, 148
SERING, Das neue „Zwangsheirats-Bekämpfungsgesetz", NJW 2011, 2161
WACKE, Mentalreservation und Simulation als antizipierte Konträrakte bei formbedürftigen Geschäften insbesondere bei Testamentserrichtung und Heirat, in: FS Medicus (1999) 651
WOLF, Der Standesbeamte als Ausländerbehörde oder Das neue Eheverbot der pflichtenlosen Ehe, FamRZ 1998, 1477.

Systematische Übersicht

Alphabetische Übersicht

Reinhard Voppel

I.   Einleitung

1 Die Aufhebung ist als einheitliche Rechtsfolge an die Stelle der früheren Regelungen über Nichtigkeit und Aufhebung getreten. Die Nichtigkeitsgründe waren ursprünglich in §§ 1324 ff BGB 1900, später in §§ 21 ff EheG 1938 sowie dann in §§ 17 ff EheG 1946 geregelt; die Aufhebungsgründe enthielten zunächst §§ 1331–1335, 1350 BGB (dort noch Anfechtungsgründe), dann §§ 35–39 und 44 EheG 1938 sowie §§ 30–34 und 39 EheG 1946. Die in die aktuelle Fassung übernommenen Aufhebungsgründe entsprechen im Wesentlichen – abgesehen von der früheren Einordnung als Anfechtungs- oder Nichtigkeitsgrund – den Vorgängerregelungen.

2 Eine Regelung über die Behandlung der **Scheinehe** war im Vorentwurf von PLANCK unter § 41 Nr 2 enthalten: Der Eheschließungsvertrag sollte nichtig sein, „wenn die Eheschließung in Folge einer Verabredung der Eheschließenden nicht in der Absicht, wirklich eine Ehe einzugehen, sondern zu dem Ende erfolgt ist, um den Schein einer Eheschließung hervorzurufen". PLANCK bejahte ein Bedürfnis für eine derartige Regelung, obwohl die anderen seinerzeit geltenden Gesetze oder im Verfahren befindlichen Entwürfe eine derartige Regelung nicht kannten. Gegen die Ansicht, bei einer vor einem staatlichen Organ abgegebenen Willenserklärung könne nur das zählen, was erklärt worden sei, vertrat PLANCK die Ansicht, dass „nach den allgemeinen Grundsätzen des Vertragsrechts und mit Rücksicht auf den Begriff und die sittliche Natur der Ehe im Fall einer Simulation die Ehe als nichtig angesehen werden" müsse. Das gelte ungeachtet der Tatsache, dass die Partner auf diese Weise ein Konkubinat eingehen könnten und es in der Hand hätten, darüber zu bestimmen, ob sie das Verhältnis als Ehe oder als Konkubinat gelten lassen wollten (Begründung PLANCK I 171 f). In den Beratungen des 1. Entwurfs wurde diese Ansicht zurückgewiesen; die Scheinehe war wegen des *numerus clausus* der Nichtigkeitsgründe wirksam. Das wurde damit begründet, das öffentliche Interesse gestatte nicht, den Abschluss von Scheinehen zu dulden; selbst der Hinweis auf die Möglichkeit einer Scheinehe im Gesetz sei in hohem Maße bedenklich. Das Institut der Eheschließung vertrage keinen Missbrauch: Wer in der vorgeschriebenen Form erkläre, die Ehe eingehen zu wollen, müsse sich daran festhalten lassen. Ansonsten würden die beschränkten Möglichkeiten der Ehescheidung illusorisch und es könne zu „Ehen auf Zeit" kommen; demgegenüber habe der Einwand, man könne die Eheschließenden nicht wegen des Missbrauchs der Form der Eheschließung mit der Strafe der Ehe belegen und solche Fälle seien weder rechtlich noch sittlich als Ehe anzusehen, kein Gewicht (Mot IV 55 = MUGDAN IV 31 f).

Unter der Herrschaft der Nationalsozialisten ist 1933 der Nichtigkeitsgrund der Namensehe als § 1325a in das BGB aufgenommen worden. Erweitert um die Staatsangehörigkeitsehe ist dieser Nichtigkeitsgrund als § 23 in das EheG 1938 aufgenommen worden. § 19 EheG 1946 hat den Nichtigkeitsgrund der Namensehe übernommen, der durch das 1. EheRG aufgehoben worden ist.

§ 1314 zählt – mit einer Ausnahme – **abschließend** (MünchKomm/WELLENHOFER Rn 1; **3** PALANDT/BRUDERMÜLLER Rn 1) die zehn Gründe auf, auf die ein Aufhebungsantrag gestützt werden kann. Dabei bezieht sich Abs 1 durch Verweisung auf Mängel der Ehefähigkeit, Verstöße gegen Eheverbote und bestimmte Formfehler und erfasst damit diejenigen ehemaligen Nichtigkeitsgründe, die in das neue Recht übernommen worden sind. Abs 2 regelt eigenständig zum einen Willensmängel als Aufhebungsgründe (Nr 1–4), zum anderen den Fall, dass die Ehegatten keine Verpflichtung nach § 1353 Abs 1 begründen wollten (Scheinehe, Nr 5). Zu den in § 1314 genannten Gründen tritt als weiterer Aufhebungsgrund noch die Aufhebung für den Fall, dass der für tot erklärte Ehegatte noch lebt, nach § 1320 hinzu.

Andere Gründe kennt das Gesetz nicht; eine Analogie ist nicht möglich. Gegenüber **4** dem alten Recht vor Inkrafttreten des EheschlRG haben sich die Aufhebungsgründe verändert: Soweit Aufhebungs- und Nichtigkeitsgründe weggefallen sind, kommt auch eine Aufhebung nach neuem Recht nicht mehr in Betracht. Entfallen ist das Eheverbot der Schwägerschaft (vgl früher § 4 Abs 1 EheG 1946). Außerdem ist eine Aufhebung wegen Erklärungsirrtums, Irrtums in der Person des Ehegatten sowie über dessen persönlichen Eigenschaften (vgl früher §§ 31 Abs 1 Satz 1, 2. Alt, Satz 2, 32 EheG 1946) nicht mehr möglich. Auch die mangelnde Einwilligung des gesetzlichen Vertreters (vgl früher § 30 EheG 1946) gibt keine Berechtigung mehr, die Aufhebung zu beantragen. Erklärungsirrtum und Irrtum über die Person des anderen Verlobten wurden als praktisch bedeutungslos eingestuft; falls solch Fälle vor-

Reinhard Voppel

kämen, könne der Betroffene auf die Scheidung verwiesen werden (BT-Drucks 413/ 4898, 19; krit SOERGEL/HEINTZMANN Rn 20 – Verstoß gegen Art 2 Abs 1 GG; SCHWAB Rn 78). Der Irrtum über die persönlichen Eigenschaften des Ehegatten war unter dem alten Recht der wichtigste Aufhebungsgrund. Seine Abschaffung wird – wohl mit Recht – damit begründet, dass eine Abgrenzung zwischen einem Irrtum über persönliche Eigenschaften und der Tatsache, dass sich im Laufe der Ehe herausstellt, dass sich ein Ehegatte ein falsches Bild vom anderen gemacht hat, letztlich nicht befriedigend durchführbar ist, sodass diese Fälle insgesamt dem Scheidungsrecht unterworfen werden sollen (BT-Drucks 13/4898, 19; ERMAN/ROTH Vor § 1313 Rn 5; RAUSCHER Rn 154). Die bisherigen Fälle des Irrtums über die Eigenschaften der Person werden sich zumindest teilweise auf den Fall der Täuschung durch unterlassene Aufklärung über solche Eigenschaften verlagern (GERNHUBER/COESTER-WALTJEN § 14 Rn 41).

5 Bei der Betrachtung der Aufhebungsgründe ist stets § 1315 mitzuberücksichtigen, der trotz Vorliegens von Aufhebungsgründen (außer für den Fall der Verwandtenehe und grundsätzlich auch der Doppelehe) unter unterschiedlichen Voraussetzungen für die verschiedenen Fälle eine **Aufhebung der Ehe ausschließt**, wenn die Ehe bestätigt oder tatsächlich geführt worden ist bzw ausnahmsweise im Falle der Doppelehe die Scheidung der ersten Ehe bei Eingehung der neuen Ehe zwar noch nicht rechtskräftig, aber bereits ausgesprochen worden war.

6 Das Vorliegen von Aufhebungsgründen hat „Vorwirkungen": Der Standesbeamte muss nach § 1310 Abs 1 S 2, 2. HS seine Mitwirkung verweigern, wenn offenkundig die geschlossene Ehe nach § 1314 Abs 2 aufhebbar wäre. Diese Regelung zielt in erster Linie auf den Aufhebungsgrund der Scheinehe nach Abs 2 Nr 5 (vgl BT-Drucks 13/9416, 27), gilt aber auch für die in Abs 2 Nr 1–4 aufgeführten Fälle von Willensmängeln (vgl STAUDINGER/LÖHNIG § 1310 Rn 40).

II. Aufhebung im öffentlichen Interesse, Abs 1

1. Allgemeines

7 Anders als nach dem früheren Recht sowohl des BGB in seiner ursprünglichen Fassung als auch nach den beiden Fassungen des EheG werden die einzelnen Aufhebungsgründe (früher Nichtigkeitsgründe) nicht gesondert aufgeführt, sondern es wird auf die Regelungen verwiesen, aus denen sich die Anforderungen an eine wirksame Eheschließung ergeben. Dadurch wird eine doppelte Regelung vermieden und Rechtsklarheit geschaffen. Die Heilungsgründe sind ebenfalls nicht mehr bei den einzelnen Aufhebungsgründen sondern zusammengefasst in § 1315 geregelt. Aus diesem Grund kann auch für die einzelnen Aufhebungsgründe des Abs 1 auf die Kommentierung zu den einzelnen in Abs 1 genannten Normen verwiesen werden.

8 Da § 1314 abschließend ist, stellen Verstöße gegen Eheschließungsvoraussetzungen, auf die in Abs 1 nicht verwiesen wird, keinen Aufhebungsgrund dar. Die Ehe zwischen Personen, die (nur) aufgrund einer Adoption in einem Verwandtschaftsverhältnis stehen, das nach § 1307 eine Ehe unzulässig machen würde (also Adoptivelternteil und Adoptivkind, Adoptivgeschwister), ist, wenn sie entgegen der Sollvorschrift des § 1308 Abs 1 und ohne Befreiung nach § 1308 Abs 2 geschlossen worden ist, nicht aufhebbar. Ebenso wenig kann die Ehe, die entgegen der Soll-

vorschrift des § 1309 ohne Vorlage eines Ehefähigkeitszeugnisses geschlossen worden ist, deswegen aufgehoben werden. Schließlich begründen auch Verstöße gegen § 1312 die Aufhebung nicht. § 1310 brauchte in Abs 1 nicht genannt zu werden, weil bei einem Verstoß dagegen gar keine Ehe zustande kommt (es liegt eine Nichtehe vor); deshalb kommt eine Aufhebung nicht in Betracht.

2. Aufhebungsantrag

Den **Antrag** auf Aufhebung der Ehe können in den vorgenannten Fällen beide **9** Ehegatten und die Verwaltungsbehörde, im Fall der Doppelehe auch der frühere Ehegatte bzw Lebenspartner **stellen**, § 1316 Abs 1 Nr 1. Im Falle fehlender Ehemündigkeit ist die **Aufhebung ausgeschlossen**, wenn das Familiengericht die Eheschließung genehmigt oder der betroffene Ehegatte die Ehe nach Eintritt der Volljährigkeit bestätigt, § 1315 Abs 1 S 1 Nr 1. Im Falle der Geschäftsunfähigkeit ist die Aufhebung ausgeschlossen, wenn der (beschränkt) geschäftsfähig gewordene Ehegatte die Ehe bestätigt, § 1315 Abs 1 S 1 Nr 2. Im Fall der Doppelehe ist Heilung nur dann vorgesehen, wenn die zweite Ehe nach Ausspruch der Scheidung oder Aufhebung der ersten Ehe geschlossen worden ist und die Entscheidung danach rechtskräftig wird, § 1315 Abs 2 Nr 1. Im Falle des Formmangels tritt Heilung durch längeres Zusammenleben ein, § 1315 Abs 2 Nr 2. Der Aufhebungsantrag unterliegt in den vorgenannten Fällen **keiner Frist**. Vgl im Einzelnen die Kommentierung zu den genannten Normen.

III. Aufhebung wegen Willensmängeln, Abs 2 Nr 1–4, und Scheinehe, Abs 2 Nr 5

Auch hinsichtlich der Willensmängel ist die Regelung des § 1314 abschließend. **10** Zugleich handelt es sich um eine Sonderregelung, die an die Stelle des allgemeinen Rechts der Willensmängel – §§ 116 ff – tritt. Das bedeutet zum einen, dass der Antrag auf Aufhebung die einzige mögliche Vorgehensweise im Falle von Willensmängeln darstellt, eine Anfechtung nach §§ 119, 123 also nicht in Betracht kommt. Zum anderen folgt daraus, dass in § 1314 nicht erwähnte Willensmängel auch kein Aufhebungsrecht geben, nämlich die Fälle des geheimen Vorbehalts, den der andere Ehegatte kennt, § 116, und der sog Scherzerklärung, § 118 (SOERGEL/HEINTZMANN Rn 20; vgl auch § 1313 Rn 3).

1. Bewusstlosigkeit, Geistesstörung, Abs 2 Nr 1

a) Voraussetzungen

Die Ehe ist aufhebbar, wenn einer der Verlobten sich zum Zeitpunkt der Ehe- **11** schließungserklärung in einem die freie Willensbestimmung ausschließenden Zustand der Bewusstlosigkeit oder der vorübergehenden Störung der Geistestätigkeit befand; die Voraussetzungen sind dieselben wie bei § 105 Abs 2. Entscheidend für die Abgrenzung zum Fall des § 1304 (entsprechend § 104 Abs 2) ist, dass der Zustand des Ehegatten nur vorübergehender Natur ist (BAMBERGER/ROTH/HAHN Rn 2). Abweichend von den allgemein für Willenserklärungen geltenden Regeln ist die Eheschließungserklärung des betroffenen Verlobten jedoch nicht nichtig, sondern macht die Ehe nur aufhebbar; solange sie nicht aufgehoben ist, ist sie grundsätzlich in jeder Hinsicht wirksam (vgl § 1313 Rn 4 ff).

12 Bewusstlosigkeit im Rechtssinne ist abweichend vom medizinischen und Alltagssprachgebrauch nicht in dem Sinne zu verstehen, dass das Bewusstsein völlig ausgeschaltet ist, weil dann mangels Handlungswillens überhaupt keine Willenserklärung angenommen werden kann; vielmehr reicht eine hochgradige Trübung des Bewusstseins, aufgrund derer der Betroffene Inhalt und Sinn seines Handelns nicht mehr erkennen kann (JOHANNSEN/HENRICH/HENRICH Rn 38; allgemein STAUDINGER/KNOTHE [2012] § 105 Rn 12; aA ERMAN/ROTH Rn 4; PALANDT/BRUDERMÜLLER Rn 7). Im Ergebnis bedarf es keiner Abgrenzung zur vorübergehenden Störung der Geistestätigkeit, da die relevanten Fälle sich überschneiden und ohnehin gleichbehandelt werden (FK-FamR/ FRIEDERICI Rn 29; vgl STAUDINGER/KNOTHE [2012] § 105 Rn 12 f, der Fälle der Intoxikation durch Drogen und Alkohol sowohl der Bewusstlosigkeit als auch der vorübergehenden Geistesstörung zuordnet). Typische Fälle sind psychische Störungen aufgrund von Alkohol-, Drogen- oder Medikamenteneinwirkung, Krankheit (Fieber) oder hochgradiger Ermüdung, aber auch Bewusstseinstrübung des Sterbenden bei Trauung auf dem Sterbebett (JOHANNSEN/HENRICH/HENRICH Rn 38; BAMBERGER/ROTH/HAHN Rn 2). Entscheidend ist, dass die **freie Willensbestimmung** gerade hinsichtlich der Erklärung, die Ehe eingehen zu wollen, ausgeschlossen gewesen ist (Frage der **Ehegeschäftsfähigkeit**, vgl OLG Brandenburg FamRZ 2011, 216 für einen Fall des Abs 1): Eine psychische Störung kann partiell sein; Willenserklärungen, die davon nicht betroffen sind, sind dann uneingeschränkt wirksam und begründen nicht die Aufhebung der Ehe (MünchKomm/WELLENHOFER Rn 7; JOHANNSEN/HENRICH/HENRICH Rn 37; ERMAN/ROTH Rn 4; PALANDT/BRUDERMÜLLER Rn 7; vgl STAUDINGER/KNOTHE [2012] § 105 Rn 13). Es muss also geprüft werden, ob die Geistesstörung die Einsicht in die Bedeutung der Ehe und die Freiheit, eine Ehe einzugehen, beeinträchtigt hat; dabei ist zu berücksichtigen dass die Ehe – mehr als andere Rechtsgeschäfte – von in der Gesellschaft fest verankerten Vorstellungen geprägt wird (vgl OLG Brandenburg FamRZ 2011, 216). Die Störung der Geistestätigkeit muss gerade am Tag und zum Zeitpunkt der Eheschließung vorgelegen haben (vgl OLG Brandenburg FamRZ 2011, 216).

b) Aufhebungsantrag

13 Der Aufhebungsantrag kann von beiden Ehegatten sowie von der Verwaltungsbehörde gestellt werden, § 1316 Abs 1 Nr 1. Ein Aufhebungsantrag ist nicht mehr möglich, wenn die Ehe nach Wegfall der vorübergehenden psychischen Störung durch den davon betroffenen Ehegatten bestätigt worden ist, § 1315 Abs 1 S 1 Nr 3. Eine Frist für den Aufhebungsantrag ist nicht vorgesehen. Vgl im Einzelnen die Kommentierung zu den genannten Regelungen.

2. Unkenntnis der Eheschließung, Abs 2 Nr 2

14 Durch das EheschlRG ist die Aufhebung der Ehe wegen Irrtums bei der Eheschließungserklärung weitgehend beseitigt worden (vgl Rn 4); geblieben ist der Aufhebungsgrund des Geschäftsirrtums nach Abs 2 Nr 2. Dieser Irrtumsfall muss angesichts des persönlichen Charakters der Ehe nach wie vor relevant sein, da es damit unvereinbar wäre, den Irrenden an seiner Erklärung festzuhalten (SCHWAB FamRZ 1965, 484; RAUSCHER Rn 155).

a) Voraussetzungen

15 Abs 2 Nr 2 setzt voraus, dass der betroffene Ehegatte zum Zeitpunkt der Eheschließung nicht wusste, dass er mit der von ihm abgegebenen Erklärung eine Ehe eingehe; unerheblich ist, ob dem ein Rechts- oder ein Tatsachenirrtum zugrunde liegt (MünchKomm/WELLENHOFER Rn 7). Unerheblich ist auch, ob der Irrtum auf einem Verschulden des Ehegatten beruht. Aufgrund der in Deutschland erforderlichen Mitwirkung des Standesbeamten bei der Eheschließung dürfte ein derartiger Irrtum nahezu ausgeschlossen und allenfalls bei einem Deutschen, der der deutschen Sprache nicht mächtig ist, denkbar sein.

Das AG Prüm (FamRZ 2002, 1561 m abl Anm HAU ebd 1562) hat allerdings einem Ehe- **16** aufhebungsantrag in einem Fall stattgegeben, in dem eine Vietnamesin in Deutschland vor dem Standesbeamten die Ehe mit einem Deutschen geschlossen, sich danach aber darauf berufen hat, aufgrund mangelnder Sprachkenntnisse nicht gewusst zu haben, dass es sich um eine Eheschließung gehandelt habe. Dieser Fall ist jedoch entgegen der Ansicht des AG Prüm nicht nach deutschem Recht und damit nicht nach § 1314 Abs 2 Nr 2 zu behandeln, sondern gemäß Art 13 Abs 1 EGBGB nach dem Heimatrecht des betreffenden Ehegatten, also nach vietnamesischem Recht (vgl unten Rn 83). Solche Fälle unterliegen also grundsätzlich nicht dem deutschen Recht.

Problematisiert wird allerdings der Fall, dass ein Deutscher im Ausland eine Ehe **17** schließt, ohne sich dessen bewusst zu sein. Da nach Art 13 Abs 1 EGBGB in solchen Fällen deutsches Recht anzuwenden ist, kommt ggf auch § 1314 Abs 2 Nr 2 zur Anwendung. Die Problematik ergibt sich daraus, dass nach Art 11 EGBGB für die Wirksamkeit der Ehe das Recht des Ortes der Eheschließung maßgeblich ist, sodass ein Irrtum grundsätzlich möglich ist.

Zu unterscheiden sind zwei Fallgruppen:

Der deutsche Ehegatte weiß, dass er eine nach Ortsrecht gültige Ehe eingeht, irrt **18** aber darüber, dass diese Ehe auch in Deutschland anerkannt wird. Hier irrt der Ehegatte also nicht über die Tatsache, dass er eine Eheschließungserklärung abgibt, und damit nicht über den Inhalt des Rechtsgeschäfts, sondern nur über das deutsche Internationale Privatrecht. Ein solcher Irrtum ist irrelevant, da er sich nicht auf den Charakter des Rechtsgeschäfts bezieht (STAUDINGER/MANKOWSKI [2011] Art 13 EGBGB Rn 433; MünchKomm/WELLENHOFER Rn 8; RAUSCHER Rn 155; JAYME StAZ 1982, 208, 209; aA RG JW 1925, 1639, 1640; PALANDT/BRUDERMÜLLER Rn 8).

Der deutsche Ehegatte wusste bei der Eheschließung nicht, dass das Zeremoniell – **19** zB eine kirchliche Trauung oder sonstige religiöse Feier – eine nach Ortsrecht gültige Eheschließung darstellte. In einem solchen Fall liegt ein relevanter Irrtum im Sinne des Abs 2 Nr 2 vor, der die Aufhebung der Ehe begründen kann (Münch-Komm/WELLENHOFER Rn 8; BAMBERGER/ROTH/HAHN Rn 3; RAUSCHER Rn 155; STAUDINGER/MANKOWSKI [2011] Art 13 EGBGB Rn 433; JAYME StAZ 1982, 208, 209). Das gilt allerdings dann nicht, wenn der an der Eheschließung Beteiligte lediglich Zweifel an der Wirksamkeit der Eheschließung, aber jedenfalls den Willen hatte, eine zivilrechtlich wirksame Ehe einzugehen (RG JW 1925, 1639, 1640; WarnR 1931 Nr 165; BAMBERGER/ROTH/HAHN Rn 3). Weitergehend wird zum Teil angenommen, eine Aufhebung der Ehe komme nach Abs 2 Nr 2 nur dann in Betracht, wenn der Ehegatte angenommen habe, der Zeremonie fehle nach Ortsrecht jegliche, nicht nur die zivilrechtliche Relevanz, da Art 11 Abs 1 S 2 EGBGB eine Differenzierung nach dem Willen, eine zivilrechtlich wirksame oder überhaupt eine Ehe einzugehen, nicht entnommen

Reinhard Voppel

werden könne (STAUDINGER/KLIPPEL [2000] § 1314 Rn 18). Diese Ansicht widerspricht aber dem Begriff des Geschäftsirrtums, der sich gerade und ausschließlich auf die zivilrechtliche Bedeutung des Geschäfts bezieht (RAUSCHER Rn 155); hier geht es um einen Irrtum über den Charakter des Rechtsgeschäfts, für das die zivilrechtliche Verbindlichkeit entscheidend ist.

b) Aufhebungsantrag

20 Den Antrag auf Aufhebung kann nach § 1316 Abs 1 Nr 2 nur der betroffene – irrende – Ehegatte stellen. Der Antrag ist ausgeschlossen, wenn der betroffene Ehegatte nach Erkennen des Irrtums die Ehe bestätigt hat, § 1315 Abs 1 S 1 Nr 4, oder mehr als ein Jahr hat verstreichen lassen, § 1317 Abs 1. Vgl im Einzelnen die Kommentierungen zu den genannten Regelungen.

3. Arglistige Täuschung, Abs 2 Nr 3

a) Begriff der Täuschung

21 Für den Bestand der Ehe als personaler Gemeinschaft ist gegenseitiges Vertrauen die wesentliche Grundlage. Daher soll, wenn die Ehe aufgrund einer arglistigen Täuschung eines Ehegatten zustande gekommen ist, der andere Ehegatte daran nicht festhalten müssen (OLG Karlsruhe FamRZ 2011, 564). Täuschung im Sinne des Abs 2 Nr 3 ist – im Ansatz wie bei § 123 – das vorsätzliche Hervorrufen oder Aufrechterhalten eines Irrtums durch Vorspiegeln falscher oder Entstellung oder Unterdrückung wahrer Tatsachen in der Absicht, den getäuschten Verlobten zur Eingehung der Ehe zu veranlassen (OLG Köln FamRZ 2000, 819, 820; MünchKomm/WELLENHOFER Rn 11; JOHANNSEN/HENRICH/HENRICH Rn 44; ERMAN/ROTH Rn 6; PALANDT/BRUDERMÜLLER Rn 10; vgl STAUDINGER/SINGER/vFINCKENSTEIN [2012] § 123 Rn 6).

22 Die Entstehung des Irrtums muss einem Verlobten zuzurechnen sein, also durch ihn hervorgerufen oder nicht beseitigt worden sein; dadurch unterscheidet sich die Täuschung, die dem Getäuschten das Recht gibt, die Aufhebung zu verlangen, von dem bloßen Irrtum eines Verlobten, der nicht auf den anderen Verlobten zurückgeht; mit Ausnahme des Falles des Abs 2 Nr 3 berechtigt der Irrtum eines Verlobten hinsichtlich persönlicher Umstände des anderen Verlobten bei der Eheschließung nach geltendem Recht nicht mehr zur Aufhebung.

aa) Täuschung durch positives Tun

23 Die Täuschung kann durch ein **positives Tun** – auch durch schlüssiges Handeln – erfolgen, also durch das Vorspiegeln unwahrer Tatsachen oder das Entstellen oder Unterdrücken wahrer Tatsachen. Der Täuschende wird aktiv und handelt, um dem zu Täuschenden eine bestimmte Tatsachenbasis zu vermitteln. Eine Täuschung durch Vorspiegeln falscher Tatsachen liegt etwa darin, dass die Verlobte dem Verlobten gegenüber behauptet, sie sei von ihm schwanger (RG JW 1920, 832; OLG Hamm FamRZ 1964, 438, 439; vgl GERNHUBER/COESTER-WALTJEN § 14 Rn 42). Beachtlich kann grundsätzlich auch eine Täuschung über den ausgeübten Beruf (AG Krefeld FamRZ 1987, 815) oder die beruflichen Aktivitäten (AG Weilheim FamRZ 1995, 1411) sein, soweit das über eine reine Täuschung über Vermögensverhältnisse hinausgeht (vgl unten Rn 32).

bb) Täuschung durch Unterlassen

24 Die Täuschung kann auch durch **Unterlassen** geschehen. In Kenntnis bestimmter –

ungünstiger – Tatsachen unterlässt es der Täuschende, diese dem anderen zu offenbaren, sondern verschweigt sie. Er bleibt in diesem Falle passiv. Allerdings stellt das bloße Unterlassen allein noch keine relevante Täuschung dar. Eine Täuschung durch Unterlassen setzt vielmehr zusätzlich voraus, dass den Schweigenden eine **Offenbarungspflicht** trifft (OLG Karlsruhe FamRZ 2011, 564; MünchKomm/WELLENHOFER Rn 17; JOHANNSEN/HENRICH/HENRICH Rn 47; PALANDT/BRUDERMÜLLER Rn 11; ERMAN/ROTH Rn 6; BAMBERGER/ROTH/HAHN Rn 5; GERNHUBER/COESTER-WALTJEN § 14 Rn 43; RAUSCHER Rn 156). Kernproblem ist dabei, ob und in welchem Umfang eine Pflicht zur Offenbarung besteht. Eine generelle Offenbarungspflicht gibt es nicht (MünchKomm/WELLENHOFER Rn 17; PALANDT/BRUDERMÜLLER Rn 11); es ist im Einzelfall zu prüfen, ob der Verlobte verpflichtet war, dem anderen Verlobten bestimmte Tatsachen mitzuteilen. Dazu werden allgemein Fallgruppen gebildet: Eine Pflicht zur Offenbarung besteht zum einen dann, wenn der andere Verlobte **ausdrücklich nach bestimmten Umständen fragt**, zum anderen ungefragt dann, wenn sie sich aus den Gesamtumständen ergibt, weil entweder der andere Verlobte **ersichtlich besonderes Gewicht** auf Vorhandensein oder Fehlen bestimmter Umstände legt oder objektiv die fraglichen **Umstände** für das Ehe- und Familienleben **von grundlegender Bedeutung** sind; dies letztere wird zum Teil aus dem „Wesen der Ehe" abgeleitet (OLG Karlsruhe FamRZ 2011, 564; OLG Zweibrücken FamRZ 2006, 1201, 1202; OLG Brandenburg FamRZ 2006, 1376 f; OLG Stuttgart FamRZ 2005, 2070; vgl auch BGH FamRZ 1985, 314, 315; OLG Celle FamRZ 1965, 213, 214; MünchKomm/WELLENHOFER Rn 17; JOHANNSEN/HENRICH/HENRICH Rn 47; BAMBERGER/ROTH/HAHN Rn 5; vgl ERMAN/ROTH Rn 6; PALANDT/BRUDERMÜLLER Rn 11). Bei der Beurteilung der Frage, ob eine bestimmte Tatsache offenbarungspflichtig ist, kann es auch darauf ankommen, ob es sich um gegenwärtig aktuelle oder weiterwirkende oder um in der Vergangenheit liegende abgeschlossene Umstände handelt (AG Kulmbach FamRZ 2002, 1561; MünchKomm/WELLENHOFER Rn 18 PALANDT/BRUDERMÜLLER Rn 11): Umstände, die auf die Gegenwart keinerlei Auswirkungen mehr haben, verlieren auch hinsichtlich der Offenbarungspflicht an Gewicht.

Eine **Offenbarungspflicht** wird generell angenommen bei **Zeugungsunfähigkeit** (BGH   **25** FamRZ 1958, 314, 315; JOHANNSEN/HENRICH/HENRICH Rn 48; MünchKomm/WELLENHOFER Rn 17; GERNHUBER/COESTER-WALTJEN § 14 Rn 43; RAUSCHER Rn 156) oder **Unfruchtbarkeit**, entsprechend auch bei einer **Sterilisation**, jedenfalls dann, wenn aufgrund der Umstände (keine Absprache über Kinderlosigkeit, beide Verlobte unter 30) damit zu rechnen war, dass sich ein Kinderwunsch einstellen könnte (OLG Stuttgart FamRZ 2005, 33), außerdem bei Beiwohnungsunfähigkeit (MünchKomm/WELLENHOFER Rn 17; vgl OLG Köln FamRZ 2000, 819, 820). Zu offenbaren sind weiter **Krankheiten**, wenn es sich um unheilbare (BGH FamRZ 1958, 314, 315), schwere oder übertragbare Krankheiten – zB AIDS (OLG Brandenburg FamRZ 2006, 1376, 1377; TIEDEMANN NJW 1988, 729, 732), Tuberkulose, Geschlechtskrankheiten (MünchKomm/WELLENHOFER Rn 17; JOHANNSEN/HENRICH/HENRICH Rn 48) – handelt. Auch für Erbkrankheiten wird eine Offenbarungspflicht bejaht (BGH FamRZ 1958, 314, 315; JOHANNSEN/HENRICH/HENRICH Rn 48; PALANDT/BRUDERMÜLLER Rn 11), die aber wiederum auf den Fall von schweren Krankheiten einzuschränken ist. Schließlich sind **sexuelle Veranlagungen** zu offenbaren, wenn sie geeignet sind, das Ehe- und Familienleben in ungewöhnlichem Maße zu gefährden, so etwa Homosexualität (BGH FamRZ 1958, 314, 315; OLG Brandenburg FamRZ 2006, 1376, 1377; MünchKomm/WELLENHOFER Rn 17; JOHANNSEN/HENRICH/HENRICH Rn 48; PALANDT/BRUDERMÜLLER Rn 11). Daran hat sich auch durch veränderte Einstellungen in der Gesellschaft gegenüber Homosexualität nichts geändert, da zum Bild der Ehe grundsätzlich der Geschlechtsverkehr gehört und jeder Verlobte davon ausgehen darf, dass der andere den Geschlechtsverkehr mit ihm auch ausüben werde. **Nicht offenbarungspflichtig** sind zurückliegende, vollkommen ausgeheilte Krankheiten; in diesem Fall braucht der Verlobte auch einen zurückliegenden Aufenthalt in einer Nervenheilanstalt nicht zu offenbaren (BGH FamRZ 1967, 372, 376; vgl RG WarnR 1931 Nr 165; MünchKomm/WELLENHOFER Rn 18); Irrtümer in dieser Hinsicht entlasten den Verlobten (JOHANNSEN/HENRICH/HENRICH Rn 52). Auch geringfügige körperliche Mängel, zB Schwerhörigkeit (OLG München HRR 1940 Nr 71; MünchKomm/WELLENHOFER Rn 18) unterliegen nicht der Offenbarungspflicht.

26 Eine zum Zeitpunkt der Eheschließung bestehende **Schwangerschaft** ist zu offenbaren. Wird die Ehe gerade wegen einer bestehenden Schwangerschaft geschlossen, muss die Verlobte grundsätzlich ungefragt die Möglichkeit offenbaren, dass das Kind nicht von dem Verlobten stammt, insbesondere also auch offenbaren, dass sie während der Empfängniszeit auch Geschlechtsverkehr mit einem anderen Mann hatte (BGHZ 29, 265, 268; OLG Karlsruhe FamRZ 2000, 1366; OLG Brandenburg FamRZ 2006, 1376, 1377; JOHANNSEN/HENRICH/HENRICH Rn 49; MünchKomm/WELLENHOFER Rn 18). Das OLG Stuttgart (FamRZ 2005, 2070) hat einen Fall abweichend entschieden; dies beruht aber maßgeblich auf den Umständen des Einzelfalles: Dem Verlobten mussten sich, als er von der Schwangerschaft erfuhr, bereits erhebliche Zweifel aufdrängen; er hatte nach einem längeren Auslandsaufenthalt bei Dritten Erkundigungen über die Treue seiner Verlobten eingeholt. Unter diesen Umständen wurde eine (ungefragte) Offenbarungspflicht der Verlobten verneint.

27 Zu offenbaren sind allgemeiner Ansicht nach auch eine **frühere Ehe** (OLG Celle FamRZ 1965, 213; JOHANNSEN/HENRICH/HENRICH Rn 50) sowie **voreheliche Kinder** (OLG Karlsruhe FamRZ 2011, 564, 565; JOHANNSEN/HENRICH/HENRICH Rn 50). Zu erwägen ist aber, ob das generell gilt. Jedenfalls dann, wenn aus einer früheren Ehe oder für ein voreheliches Kind keinerlei Verpflichtungen mehr bestehen, erscheint es fraglich, ob eine ungefragte Offenbarung stattfinden muss (ebenso MünchKomm/WELLENHOFER Rn 17). Bestehen dagegen Unterhaltspflichten, ist von einer Offenbarungspflicht auszugehen (vgl OLG Celle FamRZ 1965, 213). Offenbarungspflichtig ist eine „Heirat" nach ausländischem Recht mit einem Dritten, auch wenn hinsichtlich der Wirksamkeit Zweifel bestehen, jedenfalls wenn mit diesem Dritten eine eheähnliche Beziehung besteht, die auch nach der Eheschließung fortgesetzt werden soll (AG Warendorf FamRZ 2006, 1377; MünchKomm/WELLENHOFER Rn 17).

28 Nicht unerhebliche **Vorstrafen** und laufende **Bewährungszeiten** sind grundsätzlich ungefragt zu offenbaren (AG Kulmbach FamRZ 2002, 1561; vgl OLG Celle FamRZ 1965, 213: Vorstrafe wegen Vernachlässigung der Unterhaltspflicht; JOHANNSEN/HENRICH/HENRICH Rn 50); das gilt nicht für getilgte Vorstrafen und auch nicht für die Vorstrafen von Angehörigen (aA JOHANNSEN/HENRICH/HENRICH Rn 53 Fn 33).

29 **Keine Offenbarungspflicht** besteht nach dem Gesetz über die **Vermögensverhältnisse**; auch eine aktive Täuschung darüber begründet kein Aufhebungsrecht. Auch über **Glaubensfragen** und die Zugehörigkeit zu einer **Konfession** oder **Religion** muss ein Verlobter ungefragt grundsätzlich nicht aufklären, auch nicht über die Tatsache, dass der Verlobte früher katholischer Priester war (OLG Frankfurt FamRZ 1964, 258, 260; MünchKomm/WELLENHOFER Rn 18). Anders kann es sich allerdings verhalten, wenn der andere Verlobte – auch ohne in dieser Hinsicht eine konkrete Frage zu stellen – erkennen lässt, dass dieser Punkt für ihn sehr wesentlich ist, es ihm also ersichtlich auf eine religiöse Lebens- und Eheführung ankommt (Soergel/Heintzmann Rn 25).

Über das **voreheliche Geschlechtsleben** besteht generell **keine Offenbarungspflicht** **30** (OLG Brandenburg FamRZ 2006, 1376, 1377; Johannsen/Henrich/Henrich Rn 51; Münch-Komm/Wellenhofer Rn 18; Rauscher Rn 156). Eine Ausnahme besteht, wenn vorehe-licher Geschlechtsverkehr (möglicherweise) zu einer aktuellen Schwangerschaft ge-führt hat (oben Rn 26), wohl auch bei nachhaltigen Beziehungen zu Dritten während der vorehelichen Beziehung der Verlobten (Rauscher Rn 156). Auch die längere Ausübung der **Prostitution** unterliegt regelmäßig der Offenbarungspflicht (OLG Brandenburg FamRZ 2006, 1376, 1377; MünchKomm/Wellenhofer Rn 17; Palandt/Brudermül-ler Rn 11). Das Nichtoffenbaren bestimmter **Vorstellungen über die Eheführung** (Bei-wohnungsunwilligkeit) stellt keine relevante Täuschung dar: Wer die Frage nach der (unverzüglichen) Realisierung des Kinderwunsches oder der Empfängnisverhütung nicht mit seinem zukünftigen Ehegatten bespricht, kann sich nicht auf eine Täu-schung berufen, wenn sich herausstellt, dass die Vorstellungen der Ehegatten nicht in Einklang stehen (OLG Zweibrücken FamRZ 2006, 1201, 1202; OLG Köln FamRZ 2000, 819; MünchKomm/Wellenhofer Rn 18; Johannsen/Henrich/Henrich Rn 48; Palandt/Bruder-müller Rn 11; aA Rauscher Rn 156). Dasselbe soll auch bei der Nichtoffenbarung **sub-jektiver Empfindungen** (fehlende Liebe) gelten (OLG Brandenburg FamRZ 2008, 1534, 1535; OLG Hamm FamRZ 2004, 545 [LS]; MünchKomm/Wellenhofer Rn 18; Soergel/Heintz-mann Rn 29; Palandt/Brudermüller Rn 11).

cc) Gegenstand der Täuschung

Gegenstand der Täuschung kann grundsätzlich **jeder Umstand** sein, der den anderen **31** nach den unter Rn 42 ff behandelten Grundsätzen bei Kenntnis der wahren Sachlage von der Eingehung der Ehe abgehalten hätte. Es muss sich daher stets um Umstände handeln, die in irgendeiner (nachvollziehbaren) Weise als solche **eherelevant** sind, wobei es entscheidend auf die Eheplanung der Verlobten ankommt (Rauscher Rn 156). Eine bloße Lüge über andere Umstände begründet ungeachtet der Tatsache, dass Lügen unter Ehegatten eherelevant sein können, für sich genommen keinen Aufhebungsgrund: Solche Lügen sind nicht ursächlich für die Eingehung der Ehe und stellen allenfalls einen Charaktermangel des betreffenden Verlobten dar. Der Irrtum über persönliche Eigenschaften des anderen Ehegatten begründet aber kein Recht mehr zur Aufhebung. Grundsätzlich kann auch die Täuschung über die Mo-tive für die Eingehung der Ehe (Eheschließung zu ehefremden Zwecken, etwa zur Erzielung aufenthaltsrechtlicher Vorteile; vgl Soergel/Heintzmann Rn 29) relevant sein; eine Täuschung in dieser Hinsicht ist aber nicht schlüssig dargetan, wenn die Eheleute nach der Eheschließung über einen längeren Zeitraum ein „normales" Eheleben geführt haben (OLG Zweibrücken FamRZ 2006, 1201, 1203; OLG Hamm FamRZ 2004, 545 [LS]; vgl LG Rostock FamRZ 2003, 598, 599).

Ausdrücklich **ausgeschlossen** hat der Gesetzgeber die Aufhebung, wenn sich die **32** **Täuschung** auf die **Vermögensverhältnisse** – auch bezüglich Schulden (Bamberger/Roth/Hahn Rn 6) – bezieht. Ein Irrtum über die Vermögensverhältnisse, auch wenn bewusst durch den anderen Ehegatten hervorgerufen, ist bei richtiger Würdigung des Wesens der Ehe kein Grund, von der Eheschließung abzusehen; hier nimmt das Gesetz also abschließend die Würdigung der Ursächlichkeit der Täuschung selbst

vor. Das gilt aber nur, wenn die Täuschung ausschließlich die Vermögensverhältnisse betrifft; sind daneben auch andere eherelevante Umstände erfasst, kann eine
Aufhebungsgrund gegeben sein. So hat eine **Täuschung über den ausgeübten Beruf**
sicherlich eine vermögensrechtliche Komponente, wenn der vorgespiegelte Beruf
auch ein höheres Einkommen nahelegt. Der Beruf oder auch Art und Umfang
beruflicher Aktivitäten bestimmen aber über das damit verbundene Einkommen
hinaus Bild und Person des Verlobten; eine Täuschung darüber kann daher durchaus
unabhängig von der damit möglicherweise verbundenen finanziellen Seite ein Aufhebungsrecht geben (AG Weinheim FamRZ 1995, 1411; AG Krefeld FamRZ 1987, 815: kauf-
männischer Angestellter spiegelte vor, er sei Familienrichter; PALANDT/BRUDERMÜLLER Rn 11);
hätte dagegen die Kenntnis des wahren Berufs den Verlobten nur aus finanziellen
Gründen von der Eheschließung abgehalten, ist die Täuschung insoweit irrelevant
(JOHANNSEN/HENRICH/HENRICH Rn 54; BAMBERGER/ROTH/HAHN Rn 6).

b) Arglist

33 Unter Arglist ist wie auch im Rahmen des § 123 **Vorsatz** zu verstehen (BGH FamRZ
1958, 314, 315; MünchKomm/WELLENHOFER Rn 19; JOHANNSEN/HENRICH/HENRICH Rn 55; ERMAN/
ROTH Rn 7; PALANDT/BRUDERMÜLLER Rn 9; RAUSCHER Rn 157; vgl STAUDINGER/SINGER/vFIN-
CKENSTEIN [2012] § 123 Rn 46 f). Der Täuschende muss Vorsatz haben bezüglich der
Täuschungshandlung, der Erregung eines Irrtums und der Willensbeeinflussung (vgl
allgemein STAUDINGER/SINGER/vFINCKENSTEIN [2012] § 123 Rn 47). Ausreichend ist **bedingter
Vorsatz** (BGH FamRZ 1958, 314, 315; MünchKomm/WELLENHOFER Rn 19; ERMAN/ROTH Rn 7;
BAMBERGER/ROTH/HAHN Rn 7; RAUSCHER Rn 157); dieser ist dann gegeben, wenn der
täuschende Verlobte zumindest mit der Möglichkeit rechnet, dass der andere Verlobte durch die Erregung des Irrtums zur Eheschließung bewegt bzw bei Kenntnis
des tatsächlichen Sachverhalts davon abgehalten werde (OLG Karlsruhe FamRZ 2011,
564, 565). Es muss dem Täuschenden demnach darauf ankommen, den anderen Verlobten zur Eheschließung zu bewegen; er muss wissen oder zumindest damit rechnen, dass der andere Verlobte bei voller Kenntnis der wahren Sachlage von der
Eheschließung Abstand nehmen würde (BGH FamRZ 1958, 314, 315; RGZ 111, 5, 7; RG JW
1931, 1362, 1363; RG WarnR 1931 Nr 125; MünchKomm/WELLENHOFER Rn 19; PALANDT/BRUDER-
MÜLLER Rn 9; BAMBERGER/ROTH/HAHN Rn 7; GERNHUBER/COESTER-WALTJEN § 14 Rn 45). Dagegen ist (auch grob) **fahrlässiges** Verhalten eines Ehegatten **nicht ausreichend**; ruft
der eine Verlobte fahrlässig beim anderen einen Irrtum hervor oder erhält er eine
Fehlvorstellung aufrecht, kann dies eine Aufhebung der Ehe nach Abs 2 Nr 3 nicht
begründen. Dasselbe gilt, wenn der Verlobte fahrlässig einen offenbarungspflichti-
gen Umstand nicht erkennt oder fahrlässig verkennt, dass die Täuschung für den
anderen Verlobten relevant sei und ihn die Kenntnis des tatsächlichen Sachverhalts
von der Eheschließung abhalten würde (RG WarnR 1931 Nr 165; RAUSCHER Rn 157).

34 Eine über den Vorsatz im vorgenannten Sinne hinausgehende **Absicht** ist nicht
erforderlich. Der Täuschende muss also nicht eine Schädigung des anderen Verlobten oder eine für diesen nachteilige Ehe bezwecken (RGZ 111, 5, 7; RG JW 1931,
1362, 1363; MünchKomm/WELLENHOFER Rn 19; PALANDT/BRUDERMÜLLER Rn 9; BAMBERGER/
ROTH/HAHN Rn 7; GERNHUBER/COESTER-WALTJEN § 14 Rn 45; vgl auch STAUDINGER/SINGER/vFIN-
CKENSTEIN [2012] § 123 Rn 47).

35 **Vorsatz** wird **nicht** dadurch **ausgeschlossen**, dass der Verlobte Tatsachen nicht böswil-
lig, sondern aus möglicherweise nachvollziehbaren Gründen – Scham, Angst (RG

Recht 1919 Nr 1977), fehlendem Mut, Scheu vor Aufregung (RG JW 1931, 1362, 1363) –
verschweigt (MünchKomm/Wellenhofer Rn 19; Erman/Roth Rn 7; Bamberger/Roth/Hahn
Rn 7; Gernhuber/Coester-Waltjen § 14 Rn 45) oder hofft, die Ehe werde trotz der
Täuschung glücklich verlaufen und der andere Verlobte daher von seinem Aufhebungsrecht keinen Gebrauch machen; es kommt allein darauf an, ob der Täuschende
davon ausgeht, dass eine Offenbarung der fraglichen Tatsachen vor der Eheschließung den anderen Verlobten von der Eingehung der Ehe abhalten werde (RGZ 111, 5,
7; BGH FamRZ 1985, 314, 315; MünchKomm/Wellenhofer Rn 19; Erman/Roth Rn 7; Palandt/
Brudermüller Rn 9; aA Rauscher Rn 157). Das Aufhebungsrecht dient dem Schutz des
getäuschten Verlobten; aus dessen Sicht ist die Vorwerfbarkeit einer Täuschung
nicht dadurch herabgesetzt, dass der andere Verlobte in dem Zwiespalt, einer bestehenden Offenbarungspflicht nachzukommen und damit die Beziehung zu riskieren oder bei der Täuschung zu bleiben, einer möglicherweise schicksalhaften Entscheidung gegenübersteht (vgl Rauscher Rn 157 unter Hinweis auf Finger NJW 1981, 1534,
1536 ff). Anders kann es sich verhalten, wenn ein Verlobter davon ausgeht, dass ein in
der Vergangenheit liegender offenbarungspflichtiger Umstand endgültig überwunden ist, also etwa eine ansteckende, schwere Krankheit oder eine Nervenkrankheit
vollständig ausgeheilt oder eine Sucht endgültig überwunden ist. Möglicherweise
liegt dann schon keine Offenbarungspflicht vor (vgl oben Rn 25); jedenfalls kann es
aber am Vorsatz hinsichtlich der Täuschung fehlen (RG WarnR 1931 Nr 165). Dafür
reicht es allerdings nicht aus, dass der Verlobte nur meint, ein in der Vergangenheit
liegendes Fehlverhalten solle vergessen sein (aA Rauscher Rn 157).

Ein Mitverschulden des Getäuschten ist nur in dem Sinne denkbar, dass dieser die **36**
Täuschung nicht erkannt hat, aber bei entsprechender Sorgfalt hätte erkennen können (Vermeidbarkeit des Irrtums); dies entlastet den Täuschenden nicht und führt
nicht zum Verlust des Aufhebungsrechts (OLG Karlsruhe FamRZ 2011, 564, 565 – allen
Freunden und Bekannten sei die fragliche Tatsache bekannt gewesen; MünchKomm/Wellenhofer
Rn 19; Palandt/Brudermüller Rn 9; Erman/Roth Rn 7; vgl auch Staudinger/Singer/vFin-
ckenstein [2012] § 123 Rn 47). Entscheidend ist, dass der betroffene Verlobte durch
vorsätzliches Handeln des anderen Verlobten in seiner Willensbildung beeinträchtigt
war. Vorsatz auf seiten des Getäuschten ist nicht denkbar; das würde Kenntnis des
anderen Verlobten bedeuten. Dann läge tatbestandlich bereits kein Irrtum vor bzw
zumindest fehlte es an der Ursächlichkeit der Täuschung für den Willensentschluss
des „Getäuschten".

Umstritten ist, ob der Täuschende **schuldfähig** sein muss. Die herrschende Ansicht **37**
verneint das und lässt den natürlichen Handlungsvorsatz genügen, der auch bei
einem Schuldunfähigen (zB Geisteskranken) vorliegen kann (OLG Hamm FamRZ
1964, 438, 439; MünchKomm/Wellenhofer Rn 19; Erman/Roth Rn 7; Palandt/Brudermüller
Rn 9). Von einem Teil der Literatur wird dagegen mit dem Hinweis darauf, dass
arglistiges Handeln verantwortetes Handeln sei, Schuldfähigkeit gefordert (Johann-
sen/Henrich/Henrich Rn 55; Bamberger/Roth/Hahn Rn 7). Entscheidend ist, dass es
nicht um eine Sanktion gegen den Täuschenden geht, sondern um den Schutz der
freien Willensentscheidung des getäuschten Verlobten. Die Willensbildung des Getäuschten ist aber unabhängig davon beeinträchtigt, ob der Täuschende dafür im
engeren Sinne verantwortlich gemacht werden kann oder nicht. **Schuldfähigkeit** ist
daher **nicht Voraussetzung** für eine arglistige Täuschung.

c)   Täuschung durch Dritte

38 Die Täuschung kann auch durch einen Dritten, zB einen Verwandten des anderen Ehegatten oder einen Ehevermittler, geschehen. Für den objektiven Tatbestand gilt dasselbe wie bei einer Täuschung durch den Verlobten selbst, es muss also bei einem Verlobten ein Irrtum erregt oder aufrecht erhalten werden, aufgrund dessen dieser zur Eingehung der Ehe bewegt oder davon nicht abgehalten wird.

39 In subjektiver Hinsicht ist erforderlich, dass der andere Verlobte zum Zeitpunkt der Eheschließung von der Täuschungshandlung des Dritten Kenntnis hatte und wusste, dass diese ursächlich dafür war, dass der andere mit ihm die Ehe eingehen werde. Bloßes Wissenmüssen schadet ebensowenig wie nachträglich Kenntniserlangung (MünchKomm/WELLENHOFER Rn 12; JOHANNSEN/HENRICH/HENRICH Rn 45; ERMAN/ROTH Rn 8; BAMBERGER/ROTH/HAHN Rn 4). Wurde die Täuschung durch den Dritten ohne Wissen des Verlobten ausgeführt, ist die Aufhebung ausgeschlossen. Die Tatsache, dass ein Verlobter weiß, dass der andere Verlobte durch einen Dritten getäuscht und dadurch zur Eingehung der Ehe bestimmt worden ist, stellt diesen Fall der durch ihn selbst verübten Täuschung gleich. Ihn trifft eine Aufklärungspflicht, ohne dass eine bewussten Ausnutzung der Dritt-Täuschung zu eigenen Zwecken erforderlich ist; der Dritte muss nicht arglistig gehandelt haben (MünchKomm/WELLENHOFER Rn 12; JOHANNSEN/HENRICH/HENRICH Rn 45: Wenn der Dritte nicht arglistig handelt, kann eine arglistige Täuschung des Verlobten darin liegen, dass er die von ihm erkannte Täuschung bewusst ausnutzt).

40 Der andere Verlobte selbst muss getäuscht worden sein, da es nur auf dessen unbeeinflusste Willensentscheidung ankommt; die Täuschung Dritter (zB Eltern des Verlobten) begründet keinen Aufhebungsgrund.

d)   Ursächlichkeit

41 Der Ehegatte muss durch die Täuschung zur Eheschließung **bestimmt** worden sein, dh die Täuschung muss ursächlich für seinen Entschluss gewesen sein, die Ehe einzugehen (OLG München FamRZ 2008, 1536), wobei es ausreicht, dass die Täuschung **mitursächlich** gewesen ist (JOHANNSEN/HENRICH/HENRICH Rn 60; ERMAN/ROTH Rn 8; PALANDT/BRUDERMÜLLER Rn 12). Ursächlichkeit ist auch dann gegeben, wenn der Getäuschte die Ehe bei Kenntnis der wahren Umstände **nicht zu diesem Zeitpunkt** geschlossen hätte (RG JW 1920, 832; MünchKomm/WELLENHOFER Rn 13; ERMAN/ROTH Rn 8; PALANDT/BRUDERMÜLLER Rn 12). Die Täuschung ist nur dann ursächlich, wenn sie **zum Zeitpunkt der Eheschließung** noch besteht; an der erforderlichen Kausalität fehlt es daher, wenn der andere Verlobte bei der Eheschließung die **Täuschung durchschaut** oder zumindest mit einer Täuschung gerechnet hat und dennoch die Ehe eingeht. Allerdings stellt sich die Lage anders dar, wenn der getäuschte Verlobte zwar die Täuschung als solche erkannt hat, nicht aber das volle Ausmaß, sondern sich **nachträglich** ergibt, dass er in **deutlich größerem Umfang** getäuscht worden ist, als er angenommen hat; Ursächlichkeit ist dann gegeben (vgl STAUDINGER/SINGER/vFINCKENSTEIN [2012] § 123 Rn 45).

Die Ursächlichkeit wird in Abs 2 Nr 3 in zweierlei Hinsicht vorausgesetzt, nämlich objektiv durch das Erfordernis der richtigen Würdigung des Wesens der Ehe und subjektiv durch das Element der Kenntnis der Sachlage. Das Aufhebungsbegehren ist schon dann nicht gerechtfertigt, wenn nur eines der beiden Kausalitätserfordernisse nicht gegeben ist (OLG München FamRZ 2008, 1536; MünchKomm/Wellenhofer Rn 13; Johannsen/Henrich/Henrich Rn 59).

aa) Richtige Würdigung des Wesens der Ehe

Objektiv wird eine Eingrenzung hinsichtlich der Umstände vorgenommen, die über- **42** haupt ursächlich für die hypothetische Entscheidung gegen die Eheschließung hätten sein dürfen. Alle anderen Umstände werden vom Gesetz als unerheblich eingeordnet; selbst wenn darüber getäuscht worden ist, wird von Gesetzes wegen keine Ursächlichkeit angenommen. Die Aufhebung kann also nicht wegen jeder Täuschung begehrt werden, sondern sie muss geeignet sein, das Zustandekommen einer ehelichen Lebensgemeinschaft zumindest ernsthaft zu gefährden. Bloße Enttäuschungen über den anderen Ehegatten oder übertriebene Erwartungen oder besondere persönliche Empfindlichkeiten rechtfertigen die Aufhebung nicht. Personale Gemeinschaften müssen immer mit gewissen menschlichen Schwächen rechnen (MünchKomm/Wellenhofer Rn 14; Johannsen/Henrich/Henrich Rn 57).

An die objektive Ursächlichkeit in diesem Sinne kann allerdings nicht ein abstrakter **43** Maßstab „Wesen der Ehe" angelegt werden. „Das" Wesen der Ehe gibt es angesichts der vielfältigen Möglichkeiten der Ausgestaltung der Ehe (vgl zu den verschiedenen Ehemodellen Staudinger/Voppel [2012] § 1360 Rn 20 ff) nicht. Vielmehr ist ein doppelter Maßstab anzulegen, der sich zum einen nach den Lebensverhältnissen der Ehegatten und dem von ihnen angestrebten Ehemodell richtet, zum anderen nach den Elementen, die allen Ehemodellen als Kern gemeinsam sind (Rauscher Rn 156). Eine Objektivierung findet dadurch statt, dass danach gefragt wird, ob die Täuschung über bestimmte Umstände einen Verlobten nach der Denk- und Empfindungsweise entsprechender Bevölkerungskreise davon abhalten kann, die Ehe zu schließen (BGHZ 25, 66, 78; MünchKomm/Wellenhofer Rn 14; krit Rauscher Rn 156: in einer demokratischen und pluralistischen Gesellschaft könne darauf nicht mehr abgestellt werden).

bb) Kenntnis der Sachlage

In **subjektiver** Sicht wird geprüft, wie der getäuschte Ehegatte sich verhalten hätte, **44** wenn er vor der Eheschließung von der tatsächlichen Sachlage Kenntnis gehabt hätte. Der Antrag auf Aufhebung kann nur begründet sein, wenn der getäuschte Ehegatte nach seiner Denk- und Empfindungsweise **zum Zeitpunkt der Eheschließung** (OLG München FamRZ 2008, 1536: dass der Ehegatte aus späterer Sicht der Dinge die Ehe nicht eingegangen wäre, genügt nicht; MünchKomm/Wellenhofer Rn 15) ohne die Täuschung von der Eingehung der Ehe abgesehen hätte. Wer selbst laxe Maßstäbe an den Tag legt, kann nicht damit gehört werden, wenn er geltend macht, bei Kenntnis entsprechender Verhaltensweisen des anderen Ehegatten hätte er von der Eheschließung abgesehen (OLG Celle NdsRpfl 1959, 248; MünchKomm/Wellenhofer Rn 15; Johannsen/Henrich/Henrich Rn 58). War der Verlobte zur Zeit der Eheschließung fest entschlossen, den anderen Verlobten unter allen Umständen zu heiraten, fehlt es an der Ursächlichkeit einer eventuell ausgeübten Täuschung für die erfolgte Eheschließung (LG Rostock FamRZ 2003, 598, 599; Johannsen/Henrich/Henrich Rn 59; MünchKomm/Wellenhofer Rn 15; Palandt/Brudermüller Rn 12). Nicht ausreichen soll es, wenn der Ehegatte erklärt, er wisse nicht, ob er bei Kenntnis der wahren Umstände die Ehe eingegangen wäre (OLG München FamRZ 2008, 1536; MünchKomm/Wellenhofer Rn 15).

e) Aufhebungsantrag

45 Den Antrag auf Aufhebung kann nur der getäuschte Ehegatte stellen, § 1316 Abs 1 Nr 2. Der Antrag muss innerhalb eines Jahres nach Entdeckung der Täuschung gestellt werden, § 1317 Abs 1; er ist unzulässig, wenn der Willensmangel durch Bestätigung geheilt ist, § 1315 Abs 1 S 1 Nr 4. Zu Einzelheiten vgl die Kommentierung zu den genannten Paragraphen. Zum Ausschluss des Aufhebungsrechts wegen unzulässiger Rechtsausübung vgl § 1315 Rn 50 ff.

4. Drohung, Abs 2 Nr 4

46 Parallel zum Fall der arglistigen Täuschung stellt auch Abs 2 Nr 4 eine auf die Eheschließung bezogene Spezialregelung zu § 123 dar. Geschützt wird die freie Willensbildung der Verlobten bei der Eheschließung. Bei Eingehung der Ehe als einem auf Dauer angelegten Rechtsverhältnis engster persönlicher Beziehungen ist dies von noch größerer Bedeutung als im allgemeinen Rechtsverkehr bei schuldrechtlichen Beziehungen. Für die Auslegung von Abs 2 Nr 4 kann auf Rechtsprechung und Literatur zu § 123 zurückgegriffen werden, wobei der besondere Charakter der Ehe zu berücksichtigen ist. Zwangsheiraten, wenn sie nicht verhindert werden können, sollen durch den unter Druck gesetzten Ehegatten der Auflösung zugeführt werden können. § 237 StGB, eingeführt durch des Gesetz zur Bekämpfung der Zwangsheirat und zum besseren Schutz der Opfer von Zwangsheirat … vom 23. 7. 2011 (vgl Einl 156a; Sering NJW 2011, 2161) stellt die mit Gewalt oder Drohung mit einem empfindlichen Übel begangene Nötigung zur Eingehung einer Ehe unter Strafe.

a) Begriff

47 Unter Drohung ist wie bei § 123 die Ankündigung eines künftigen Übels zu verstehen, auf dessen Eintritt oder Nichteintritt einwirken zu können der Drohende vorgibt, bzw die Ankündigung der Aufrechterhaltung eines bestehenden Übels, das zu beseitigen der Drohende in der Lage und rechtlich oder sittlich verpflichtet ist. Subjektiv muss auf Seiten des Drohenden der Wille bestehen, den Bedrohten zu einem bestimmten Verhalten, hier die Eingehung der Ehe, zu bestimmen (Münch-Komm/Wellenhofer Rn 23; Johannsen/Henrich/Henrich Rn 64 f; Rauscher Rn 158; allgemein BGHZ 2, 287, 295; BGH NJW 1988, 2599, 2601; Staudinger/Singer/vFinckenstein [2012] § 123 Rn 66, 82). Weitergehende Anforderungen werden in subjektiver Hinsicht nicht gestellt; der Drohende muss keine Schädigungs- oder (hier wohl kaum denkbar) Bereicherungsabsicht haben. Der Drohende braucht nicht delikts- oder verschuldensfähig zu sein (Staudinger/Singer/vFinckenstein [2012] § 123 Rn 85). Entscheidend ist das Entstehen einer Zwangslage für den Bedrohten, die diesen vor die Wahl zwischen dem angedrohten Übel und der Eingehung der Ehe stellt. Daher kommt es nicht darauf an, ob die Drohung ernst gemeint war, wenn sie nur vom Bedrohten so verstanden worden ist und der Drohende damit rechnen musste (MünchKomm/Wellenhofer Rn 23; Johannsen/Henrich/Henrich Rn 66; Bamberger/Roth/Hahn Rn 9; Erman/Roth Rn 9). Insbesondere kommt es auf die Absicht des Drohenden, die Drohung auch zu verwirklichen, nicht an. Die Drohung muss nicht ausdrücklich erfolgen; sie kann auch in einem Verhalten des Drohenden liegen, das für den betroffen Verlobten keinen Zweifel daran lässt, dass, falls er die Ehe nicht eingeht, für ihn negative Folgen entstehen (Johannsen/Henrich/Henrich Rn 64; allgemein BGH NJW 1988, 2599, 2601).

Keine Drohung ist eine **Warnung** oder der bloße **Hinweis** auf Tatsachen, aus denen **48** sich eine bestehende Zwangslage des Verlobten ergibt, oder die den Eintritt eines künftigen Übels erwarten lassen, solange der Hinweisende sich keinen Einfluss darauf zuschreibt. Auch die **Ausnutzung einer bestehenden Zwangslage** genügt nicht, wenn nicht aus anderen Gründen eine Pflicht besteht, diese zu beseitigen. In beiden Fällen liegt objektiv keine Drohung vor, sodass es nicht relevant ist, wenn jemand auf eine Zwangslage in der Absicht hinweist, die Willensbildung eines Verlobten zu beeinflussen (MünchKomm/WELLENHOFER Rn 23; JOHANNSEN/HENRICH/HENRICH Rn 64; RAUSCHER Rn 158; vgl allgemein BGHZ 6, 348, 351; STAUDINGER/SINGER/vFINCKENSTEIN [2012] § 123 Rn 67). Im allgemeinen Rechtsverkehr kann allerdings die Ausnutzung einer Zwangslage jedenfalls bei Hinzutreten weiterer Umstände zur Nichtigkeit nach § 138 führen (BGH NJW 1988, 2599, 2601; STAUDINGER/SINGER/vFINCKENSTEIN [2012] § 123 Rn 67). Bei der Eheschließung kommen derartige Überlegung wegen der abschließend aufgeführten Aufhebungsgründe nicht in Betracht; in einem solchen Fall kann die Ehe nur durch Scheidung aufgelöst werden. In einer „Warnung" oder einem „Hinweis" kann aber eine versteckte Drohung liegen, wenn der Warnende zumindest behauptet, auf das Übel Einfluss nehmen zu können (BGH NJW 1988, 2599, 2601).

Da es maßgeblich darauf ankommt, dass sich der Verlobte bei der Eheschließung **49** aus freiem Willen entschließen kann, ist auch eine **durch Dritte ausgeübte Drohung** relevant (AG Burgwedel FamRZ 2005, 34; MünchKomm/WELLENHOFER Rn 23; JOHANNSEN/HENRICH/HENRICH Rn 68). Auch wenn dies am ehesten Verwandte (Eltern oder Geschwister) des anderen Verlobte sein werden, kann die Drohung eines jeden Dritten einen Aufhebungsgrund darstellen. Anders als bei der Täuschung (oben Rn 39) kann die Ehe im Falle der Drohung auch dann aufgehoben werden, wenn der andere Verlobte davon nichts wusste (MünchKomm/WELLENHOFER Rn 23; JOHANNSEN/HENRICH/HENRICH Rn 68; RAUSCHER Rn 158; GERNHUBER/COESTER-WALTJEN § 14 Rn 48).

Als „Übel" kommt jede nachteilige Folge in Betracht, die geeignet ist, den Bedroh- **50** ten in eine Zwangssituation zu bringen, insbesondere Gewaltanwendung, Vermögensnachteile (Drohung mit Schadensersatzanspruch nach §§ 1298 f, vgl dazu aber unten Rn 58), Strafanzeige, Selbstmord (JOHANNSEN/HENRICH/HENRICH Rn 67; MünchKomm/WELLENHOFER Rn 23; ERMAN/ROTH Rn 9; PALANDT/BRUDERMÜLLER Rn 13). Moralischer, psychischer oder seelischer Druck oder „emotionale Erpressung" genügen in der Regel als Übel nicht (KAISER FamRZ 2013, 77, 79 f).

Da es darauf ankommt, dass durch die Drohung die Freiheit zur Willensentschlie- **51** ßung aufgehoben ist, muss sich zwar die Drohung als solche gegen den Verlobten richten, das angedrohte Übel kann sich aber sowohl **gegen den Verlobten** als auch **gegen einen Dritten** richten; das kann ein Angehöriger aber auch eine andere nahestehende Person sein, deren Wohl sich der bedrohte Verlobte angelegen sein lässt (MünchKomm/WELLENHOFER Rn 23; JOHANNSEN/HENRICH/HENRICH Rn 67).

b)   Widerrechtlichkeit
Grundsätzlich ist auch die Widerrechtlichkeit wie im Falle des § 123 zu bestimmen. **52** Als widerrechtlich wird eine Drohung angesehen, wenn das angedrohte Verhalten selbst widerrechtlich ist, wenn der erstrebte Erfolg widerrechtlich ist oder wenn die konkrete Kombination von Mittel und Zweck, die beide für sich genommen recht-

mäßig sind, inadäquat ist (Staudinger/Singer/vFinckenstein [2012] § 123 Rn 72; Münch-Komm/Wellenhofer Rn 25). Da die Eheschließung als solche nicht verboten und damit nicht widerrechtlich ist, spielen im Rahmen des Abs 2 Nr 4 nur die Widerrechtlichkeit des eingesetzten Mittels und der Zweck-Mittel-Relation eine Rolle.

53 **Widerrechtlichkeit** wegen des eingesetzten **Mittels** liegt vor, wenn dieses unerlaubt ist, also insbesondere eine Straftat (Gewaltanwendung) darstellt.

54 Bei der Beurteilung der Widerrechtlichkeit der **Zweck-Mittel-Relation** ist vorab klarzustellen, dass es nicht darauf ankommen kann, ob der Drohende einen Rechtsanspruch auf den angestrebten – als solchen nicht verbotenen – Zweck hat. Widerrechtlichkeit scheidet vielmehr schon dann aus, wenn der Drohende ein berechtigtes Interesse an dem erstrebten Erfolg hat. Das ergibt sich im Falle der Eheschließung schon daraus, dass selbst aus einem gültigen Verlöbnis nach allgemeiner Ansicht ein Rechtsanspruch auf Eingehung der Ehe nicht besteht und damit von vornherein jede Drohung allein wegen des verfolgten Ziels unabhängig vom eingesetzten Mittel widerrechtlich wäre (BGHZ 2, 287, 297; MünchKomm/Wellenhofer Rn 25; Erman/Roth Rn 10; Rauscher Rn 158). Dies entspricht im Übrigen auch der allgemeinen Ansicht zu § 123 (vgl nur BGHZ 25, 217, 219 f; Staudinger/Singer/vFinckenstein [2012] § 123 Rn 74).

55 Es kommt also allein darauf an, ob das an sich nicht widerrechtliche Mittel angesichts des erstrebten Zwecks, also der Eheschließung, nach Anschauung aller billig und gerecht Denkenden als angemessen angesehen werden kann. Dabei ist zu beachten, dass es bei der Eheschließung angesichts ihrer besonderen Bedeutung und der damit verbundenen Folgen für das weitere Leben (ggf auch über die Auflösung der Lebensgemeinschaft hinaus) mehr noch als im Anwendungsbereich des § 123 wesentlich ist, dass sie aufgrund eines freien, unbeeinflussten Willensentschlusses zustande gekommen ist (MünchKomm/Wellenhofer Rn 25).

56 Nach allgemeiner Ansicht werden die Drohung des anderen Verlobten mit **Selbsttötung** sowie der Eltern eines Verlobten mit **Enterbung** generell als unangemessen und damit widerrechtlich angesehen (MünchKomm/Wellenhofer Rn 25; Soergel/Heintzmann Rn 58; Johannsen/Henrich/Henrich Rn 72; Rauscher Rn 158): Beide Fälle knüpfen an das Nichtzustandekommen der gewünschten Eheschließung Folgen, die damit nichts zu tun haben und daher nicht mehr als legitimes Mittel der Willensbeeinflussung angesehen werden können.

57 Bei an sich berechtigten **Strafanzeigen** wird im Rahmen des § 123 danach differenziert, ob der der Strafanzeige zugrundeliegende Sachverhalt in einem inneren Zusammenhang mit dem angestrebten Verhalten des Bedrohten steht: Ist dies der Fall (Drohung mit einer Strafanzeige wegen Betrugs, um den Bedrohten zur Wiedergutmachung des Schadens zu veranlassen), ist die Drohung nicht widerrechtlich, anderenfalls wird die Drohung als widerrechtlich bewertet (Staudinger/Singer/vFinckenstein [2012] § 123 Rn 76). Ein innerer Zusammenhang zwischen der erstrebten Eheschließung und einer Straftat dürfte generell nicht gegeben sein (MünchKomm/Wellenhofer Rn 25); dies gilt auch für den Fall der Drohung mit einer Strafanzeige wegen eines **Verstoßes gegen § 182 StGB** durch die Eltern eines Verlobten: § 182 StGB schützt die sexuelle Integrität des Minderjährigen, die mit einer Ehe mit dem

Täter in keiner irgend gearteten Verbindung steht (BAMBERGER/ROTH/HAHN Rn 11; RAUSCHER Rn 158; SOERGEL/HEINTZMANN Rn 58; **aA** GERNHUBER/COESTER-WALTJEN § 14 Rn 49: nicht in jedem Fall; RAMM I § 57 III 2: generell widerrechtlich, im Fall des § 182 StGB nicht). Jedenfalls wird man aber die Drohung mit einer Strafanzeige zur Herbeiführung einer Eheschließung generell deshalb als widerrechtlich anzusehen haben, weil sie nicht geeignet ist, eine tragfähige Lebensgemeinschaft herbeizuführen, und daher unangemessen ist (JOHANNSEN/HENRICH/HENRICH Rn 72; ERMAN/ROTH Rn 10; RAUSCHER Rn 158).

Unterschiedlich wird die Frage beantwortet, ob die Drohung, Ansprüche nach **58** §§ 1298 f wegen Bruchs des Verlöbnisses geltend zu machen, angemessen oder ob dies widerrechtlich ist. Nach überwiegender Ansicht liegt in der Ankündigung, diese Ansprüche geltend zu machen, keine widerrechtliche Drohung: Die Geltendmachung von Ansprüchen, die von Rechts wegen bestehen und gerade für den Fall gewährt werden, dass die versprochene Eheschließung unterbleibt, kann nicht als unangemessen angesehen werden (MünchKomm/WELLENHOFER Rn 25; SOERGEL/HEINTZMANN Rn 58; RAUSCHER Rn 158; BAMBERGER/ROTH/HAHN Rn 11 – nicht ohne weiteres; **differenzierend** JOHANNSEN/HENRICH/HENRICH Rn 73: je nach den Umständen des Falles, insbesondere danach, wie gewichtig das angedrohte Übel ist und in welchem Maße die Entschließungsfreiheit beeinflusst wird; ähnlich GERNHUBER/COESTER-WALTJEN § 14 Rn 49: nicht in jedem Fall). Dasselbe gilt für die Drohung, die Beziehung zu beenden, wenn keine Heirat erfolgt, oder ein Vaterschaftsfeststellungsverfahren wegen des erwarteten gemeinsamen Kindes zu betreiben, weil auf anderem Wege – außer durch Anerkennung – die Feststellung nicht möglich ist (zu beiden Fällen RAUSCHER Rn 158).

Für die Frage der Widerrechtlichkeit kommt es nicht drauf an, dass sich der Dro- **59** hende der **Widerrechtlichkeit** seiner Drohung **bewusst** ist oder auch nur die sie begründenden Tatsachen kennt oder fahrlässig verkennt; da die Aufhebung der Ehe nicht als Sanktion gegen den Drohenden – der ja nicht der andere Verlobte zu sein braucht – gerichtet ist, sondern die Willensfreiheit des Bedrohten schützt, reicht die objektive Widerrechtlichkeit aus (MünchKomm/WELLENHOFER Rn 25; vgl allgemein STAUDINGER/SINGER/vFINCKENSTEIN [2012] § 123 Rn 83; **aA** die Rspr, vgl BGHZ 25, 217, 224 f; ERMAN/ROTH Rn 10; weitere Nachweise bei STAUDINGER/SINGER/vFINCKENSTEIN wie vor).

c) Ursächlichkeit
Der bedrohte Ehegatte muss durch die Drohung zur Eingehung der Ehe „bestimmt" **60** worden sein; die Drohung muss also ursächlich für die Eheschließung gewesen sein. Das ist sowohl dann der Fall, wenn der bedrohte Ehegatte überhaupt nur aufgrund der Drohung die Ehe eingegangen ist, als auch dann, wenn er sie wegen der Drohung zu diesem Zeitpunkt statt zu einem späteren eingegangen ist (MünchKomm/WELLENHOFER Rn 26; SOERGEL/HEINTZMANN Rn 59; ERMAN/ROTH Rn 9). Es reicht aus, dass die Drohung mitursächlich war (MünchKomm/WELLENHOFER Rn 26; SOERGEL/HEINTZMANN Rn 59; ERMAN/ROTH Rn 9; BAMBERGER/ROTH/HAHN Rn 10). Ursächlichkeit ist nur dann gegeben, wenn die Zwangslage noch zur Zeit der Eheschließung bestand (JOHANNSEN/HENRICH/HENRICH Rn 69; BAMBERGER/ROTH/HAHN Rn 10). War die Zwangslage und damit die Willensbeeinflussung bereits vorher weggefallen, ist ein Aufhebungsgrund auch dann nicht gegeben, wenn der Ehegatte an dem unter Einfluss der Drohung gebildeten Entschluss zur Eheschließung festhält.

d)   Aufhebungsantrag

61 **Antragsberechtigt** ist nach § 1316 Abs 1 Nr 2 ausschließlich der bedrohte Ehegatte. Das Antragsrecht geht verloren durch **Bestätigung** nach § 1315 Abs 1 S 1 Nr 4 sowie durch Ablauf der **Antragsfrist** von drei Jahren nach § 1317 Abs 1, beginnend mit dem Zeitpunkt, zu dem die durch die Drohung herbeigeführte Zwangslage endet. Vgl im Einzelnen die Kommentierungen zu den genannten Normen.

5.   Scheinehe, Abs 2 Nr 5

a)   Gesetzgeberische Zielsetzung

62 Abs 2 Nr 5 ist erst im Laufe der Beratungen aufgrund einer Prüfbitte des Bundesrates (BT-Drucks 13/4898, 32) in den Gesetzentwurf zum EheSchlRG aufgenommen worden. Ziel dieser Regelung ist es, rechtsmissbräuchliche Ehen, dh solche, die nur der Form nach eine Ehe darstellen, bei denen die Ehegatten aber keine Lebens- und Verantwortungsgemeinschaft im Sinne des ebenfalls neu eingeführten § 1353 Abs 1 S 2, 2. HS eingehen, sondern ehefremde Zwecke verfolgen wollen, auflösen zu können, und zwar auch auf Antrag der Verwaltungsbehörde (§ 1316 Abs 1 Nr 1), wenn nicht schon aufgrund der Prüfung des Standesbeamten nach § 1310 Abs 1 S 2, 2. HS dieser die Mitwirkung an der Eheschließung verweigert und damit das Zustandekommen einer solchen Ehe verhindert hat. Ausgangspunkt für die Einführung dieser Regelung war offenbar die seit den 80er Jahren zunehmende Zahl von „Aufenthaltsehen", bei denen Ausländer mit Deutschen gegen Bezahlung eine Ehe ausschließlich zur Erlangung ausländerrechtlicher Vorteile eingingen. In diesen Fällen haben Standesbeamte – trotz fehlender gesetzlicher Grundlage auch durch die Rechtsprechung sanktioniert – bei evidentem Rechtsmissbrauch die Mitwirkung an der Eheschließung verweigert (vgl im Einzelnen etwa HEPTING FamRZ 1998, 713, 719 f; STAUDINGER/STRÄTZ[12] § 13 EheG Rn 30 ff – selbst zurückhaltend). Im Gesetzgebungsverfahren ist diese Intention allerdings allenfalls am Rande (vgl die Beispiele für konkrete Anhaltspunkte, die ein Nachforschungsrecht des Standesbeamten nach § 5 Abs 4 PStG aF begründen können, in BT-Drucks 13/9416, 30; BAMBERGER/ROTH/HAHN Rn 13; aA HEPTING FamRZ 1998, 713, 722), im Gesetzestext überhaupt nicht hervorgetreten. Die Ehe wird nicht wegen eines Willensmangels, sondern wegen des **Motivs der Eheschließung** als mangelhaft eingeordnet (PALANDT/ BRUDERMÜLLER Rn 14; ERMAN/ROTH Rn 11; RAUSCHER Rn 159). Obwohl das Gesetz keinen Begriff für eine solche mangelhafte Ehe kennt, hat sich im juristischen Sprachgebrauch der Begriff der „Scheinehe" durchgesetzt (vgl auch BT-Drucks 13/9416, 28, 30).

63 Die Problematik rührt daher, dass der Akt der Eheschließung ausschließlich in der Erklärung liegt, „die Ehe miteinander eingehen zu wollen" (§ 1310 Abs 1 S 1). Eine Ehe kommt damit zustande, ohne dass es darauf ankommt, ob und wie die Ehegatten das Rechtsverhältnis Ehe ausgestalten und damit inhaltlich füllen wollen. Die Verpflichtung zur Begründung der ehelichen Lebensgemeinschaft und zur Übernahme gegenseitiger Verantwortung nach § 1353 Abs 1 S 2 tritt kraft Gesetzes, unabhängig vom Willen der Eheschließenden ein; sie sind zwar rechtlich nicht in der Lage, die Pflichten auszuschließen, können aber darüber einig sein, sie tatsächlich nicht zu befolgen (BAMBERGER/ROTH/HAHN Rn 12; HEPTING FamRZ 1998, 713, 719; EISFELD AcP 201 [2001] 662). Dies eröffnet die Möglichkeit, das Institut der Ehe zu missbrauchen, um ehefremde Zwecke zu erreichen. §§ 1310 Abs 1 S 2 HS 2, 1314 Abs 2 Nr 5 sollen einen solchen Missbrauch verhindern.

§ 1314 Abs 2 Nr 5 wird zum Teil heftig kritisiert, sowohl in rechtspolitischer als auch 64
in verfassungsrechtlicher Hinsicht.

In verfassungsrechtlicher Hinsicht wird die mangelnde Bestimmtheit der Regelung
bemängelt. Abs 2 Nr 5 verweise auf § 1353 Abs 1 S 2, aus dem sich seinerseits keine
(allgemein)verbindlichen Pflichten mehr ableiten ließen, weil die Ehe der Gestaltungsfreiheit der Ehegatten unterworfen sei (Fehlen eines Eheleitbildes). Damit
verliere § 1353 Abs 1 S 2 Voraussehbarkeit und Berechenbarkeit, was sich durch
die Verweisung auf § 1314 Abs 2 Nr 5 übertrage (EISFELD AcP 201 [2001] 662, 674 ff, aA
MünchKomm/WELLENHOFER Rn 30). Dabei wird allerdings aus der Tatsache, dass die
Ehegatten hinsichtlich der Ausgestaltung der Ehe einen (weiten) Spielraum haben,
geschlossen, dass überhaupt keine Verbindlichkeit mehr besteht. Dies ist unzutreffend: § 1353 Abs 1 S 2 verpflichtet die Ehegatten zur ehelichen Lebensgemeinschaft
und damit zu einer personalen Gemeinschaft, die sich freilich in verschiedener Weise
äußern kann und in unterschiedlichen Gestaltungen vom Gesetz akzeptiert wird.
Wird aber eine Lebensgemeinschaft überhaupt abgelehnt, sollen also keinerlei
Pflichten zwischen den Ehegatten begründet und keine Verantwortung füreinander
übernommen werden, wird die Ehe nur als äußerliche Hülle begründet. Die Aussage, auch die Nichtaufnahme der Lebensgemeinschaft könne eine Form der Gestaltung der Ehe sein (vgl EISFELD AcP 201 [2001] 662, 670 bei Fn 44), widerspricht jedenfalls eindeutig § 1353 Abs 1 S 2. Die Tatsache, dass § 1353 Abs 1 S 2 kein
allgemeingültiges Eheleitbild vorgibt, macht nicht § 1314 Abs 2 Nr 5 unbestimmt,
da dieser ungeachtet zulässiger Gestaltungsmöglichkeiten davon ausgeht, dass die
Eheschließenden **keine** Verpflichtungen nach § 1353 Abs 1 S 2 begründen wollen.
Dies ist keine Ausgestaltung, sondern eine Ablehnung der Ehe. Wer eine Ehe
schließt, ohne die gesetzlich vorgesehenen – nach wie vor als Pflicht ausgestalteten
(vgl STAUDINGER/VOPPEL [2012] § 1353 Rn 17 ff) – Wirkungen zu wollen und sich diesen
entzieht, missbraucht damit das Rechtsinstitut der Ehe. Als Verstoß gegen das
Bestimmtheitsgebot wird auch die weite Fassung des Abs 2 Nr 5 angesehen, da
zweifelhaft sei, welche Fälle darunter zu fassen seien. Dies lässt sich aber durch
Auslegung unter Anwendung der vorstehend entwickelten Gedanken festlegen (vgl
unten Rn 69 ff): Maßgeblich ist, ob die Ehegatten in irgendeiner Form eine Lebensgemeinschaft begründen bzw Verantwortung füreinander übernehmen; wiederum
kommt es nicht darauf an, wie sie ihr Verhältnis im Einzelnen ausgestalten.

Kritisiert wird weiterhin eine Verletzung der Eheschließungsfreiheit durch Verstoß 65
gegen das Verhältnismäßigkeitsprinzip. Statt die Eheschließung zu verhindern
(§ 1310 Abs 1 S 2 HS 2) könnten Scheinehen dadurch bekämpft werden, dass lediglich bestimmte Ehewirkungen ausgeschlossen würden (EISFELD AcP 201 [2001] 662,
684 ff; aA MünchKomm/WELLENHOFER Rn 30). Es erscheint allerdings fraglich, ob sich
auf die Eheschließungsfreiheit berufen kann, wer zwar formell eine Ehe eingehen,
zugleich aber die damit aus dem Gesetz als Verpflichtung folgende Lebens- und
Verantwortungsgemeinschaft insgesamt ablehnt und nicht begründen will. Der verfassungsrechtliche Begriff der Ehe besteht nicht abstrakt, sondern ist durch die
familienrechtliche Gesetzgebung konturiert. Auch wenn die Eheschließung in Art 6
Abs 1 GG schrankenlos gewährt ist, erfährt sie aus der notwendigen tatsächlichen
Ausgestaltung des Rechtsinstituts Einschränkungen, die allerdings wiederum
Schranken unterliegen, da der Gesetzgeber bei Ehehindernissen zur Zurückhaltung
verpflichtet ist und nur aus sachlich nachvollziehbaren Gründen die Eheschließung

verbieten darf (vgl BVerfGE 36, 147, 163). Unter diesen Bedingungen ist der Gesetzgeber nicht verpflichtet, die Eheschließung zwischen Personen zuzulassen, die keines der die Ehe bestimmenden Strukturprinzipien für sich verwirklichen, sondern die Ehe zu einem außerhalb der gesetzlich geprägten Inhalte liegenden Zweck nutzen wollen. Die Eheschließungsfreiheit ist hier nicht betroffen, da ein dieser Freiheit entsprechendes Rechtsverhältnis zwischen den „Eheschließenden" gar nicht beabsichtigt ist. Sollte sich diese Einstellung nachträglich ändern, ist durch die Heilungsmöglichkeit nach § 1315 Abs 1 S 1 Nr 5 dafür gesorgt, dass die Ehegatten eine (zunächst sachwidrig eingegangene) Ehe unbehelligt führen können. Davon abgesehen würde eine Erfassung des Scheinehenproblems über den Ausschluss bestimmter Ehewirkungen das Problem letztlich nur verschieben; zumindest wäre die Eheschließungsfreiheit mittelbar betroffen, wenn in diesen Fällen nur eine Ehe „minderen Rechts" begründet werden könnte. Angesichts der vielfältigen möglichen Ausprägungen von Ehen, die zu ehefremden Zwecken und ohne den Willen, eine Lebensgemeinschaft zu begründen, eingegangen werden können, kann eine Regelung nur über die Folgen abstrakt kaum getroffen werden.

66 Schließlich wird ein Verstoß gegen das allgemeine Persönlichkeitsrecht in der Ausprägung als Recht auf informationelle Selbstbestimmung darin gesehen, dass der Standesbeamte bei Vorliegen von Verdachtsgründen, dass eine Scheinehe beabsichtigt sein könnte, die notwendigen Informationen beschaffen muss, um zu prüfen, ob er die Mitwirkung an der Eheschließung nach § 1310 Abs 1 S 2 HS 2 verweigern muss (aA MünchKomm/WELLENHOFER Rn 30). Eingriffe in das Recht auf informationelle Selbstbestimmung können aber durch überwiegende Interessen der Allgemeinheit gerechtfertigt sein. Da die Regelungen über die Scheinehe nach hier vertretener Ansicht verfassungsgemäß sind, können sie als Bestandteil der verfassungsmäßigen Ordnung Eingriffe in das Recht auf informationelle Selbstbestimmung rechtfertigen. Ungeachtet dessen bestehen auch schon in ausländerrechtlichen Verfahren Aufklärungserfordernisse. Bedenken gegen eine Ausforschung des Intimbereichs kann durch eine maßvolle Handhabung begegnet werden. Es müssen offenkundige Bedenken zerstreut werden; dazu reicht der Nachweis aus, dass persönliche Beziehungen im Sinne einer Lebens- und Verantwortungsgemeinschaft bestehen; auf die Ausgestaltung der Ehe im Einzelnen kommt es dabei nicht an (vgl auch RAUSCHER Rn 184 aE).

b)   Definition der Scheinehe

67 Die Regelung des Abs 2 Nr 5 stellt eine **Generalklausel** dar, die alle Fälle erfasst, in denen die Ehegatten keine Verpflichtung nach § 1353 Abs 1 begründen wollen. Nach verbreiteter Meinung ist diese Fassung des Gesetzes zu weit und bedarf der teleologischen Reduktion, wobei zum Teil angenommen wird, dass überhaupt nur die Aufenthaltsehe darunter falle (OLG Brandenburg FamRZ 2008, 1534, 1535; JOHANNSEN/ HENRICH/HENRICH Rn 79; PALANDT/BRUDERMÜLLER Rn 14; RAUSCHER Rn 161; HEPTING FamRZ 1998, 713, 722; OTTE JuS 2000, 148, 152, 156; vgl SOERGEL/HEINTZMANN Rn 63: enge Auslegung; aA OLG Saarbrücken FamRZ 2009, 626, 627; – kritisch – WOLF FamRZ 1998, 1477, 1482 f: teleologische Reduktion nicht möglich; ebenso EISFELD AcP 201 [2001] 662, 683; MünchKomm/WELLENHOFER Rn 30; GERNHUBER/COESTER-WALTJEN § 11 Rn 21: kein Anlass zur Einschränkung hinsichtlich anderer Missbrauchsfälle). Zunächst ist durch Anwendung der Tatbestandsmerkmale und deren Auslegung festzustellen, welche Fälle unter die Generalklausel fallen.

Die nach Abs 2 Nr 5 aufhebbare Ehe ist durch Verweis auf § 1353 Abs 1 definiert: Es **68** handelt sich um eine Ehe, bei der die Ehegatten Verpflichtungen nach dieser Vorschrift nicht begründen wollen. Dies bezieht sich auf § 1353 Abs 1 S 2; machen die Verlobten bei der Eheschließung deutlich, dass sie die Ehe nicht auf Lebenszeit schließen wollen, greift schon § 1311 S 2 ein. Es geht also um Fälle, in denen die Ehegatten eine Lebens- und Verantwortungsgemeinschaft nicht begründen wollen. Der Kreis der Pflichten, der sich aus der Verpflichtung zur ehelichen Lebensgemeinschaft ergibt, ist umstritten. Insbesondere ist auch umstritten, welche der Pflichten und ggf in welchem Umfang von den Ehegatten abbedungen werden können (vgl im Einzelnen STAUDINGER/VOPPEL [2012] § 1353 Rn 28 ff; die von ERMAN/ROTH Rn 12a gezogene Schlussfolgerung, man müsse alle Ehen für aufhebbar erklären, bei denen die Ehegatten auch nur einer der unabdingbaren Verpflichtungen – etwa eheliche Treue, häusliche Gemeinschaft, Geschlechtsgemeinschaft – nicht nachkämen, ist allerdings unzutreffend: Aufhebbar ist die Ehe nur dann, wenn die Ehegatten *keine* Verpflichtungen nach § 1353 Abs 1 eingehen wollen). Es lassen sich aber gerade auch unter Berücksichtigung der klarstellenden Ergänzung des Begriffs der Lebensgemeinschaft um die Verantwortungsgemeinschaft bestimmte Kernbereiche ehelichen Miteinanders bestimmen, die von den Ehegatten nicht insgesamt ausgeschlossen werden können, ohne dass eine aufhebbare Ehe im Sinne des Abs 2 Nr 5 vorliegt. Die Ehe ist einerseits und vorrangig durch die wechselseitige eheliche Gesinnung geprägt, andererseits aber auch durch ihren objektiven Pflichtencharakter, der sie als rechtlich verfasste Gemeinschaft auszeichnet und von anderen Formen des Zusammenlebens unterscheidet und der durch die Ergänzung des § 1353 Abs 1 S 2 besonders betont worden ist (vgl BGH FamRZ 2002, 316, 317). Daraus folgt, dass gegenseitiger Beistand, Hilfeleistung, Fürsorge und Rücksichtnahme sowohl in personalen als auch in vermögensrechtlichen Angelegenheiten den Kern der Verpflichtungen ausmachen (ERMAN/ROTH Rn 12b). Entscheidend ist, ob die Eheleute nach dem Gesamtbild ihrer in Aussicht genommenen Beziehung füreinander Verantwortung übernehmen wollen. Umgekehrt ist zu fragen, ob die Verlobten mit der Eheschließung ausschließlich ehefremde Zwecke verfolgen und damit die Rechtsform der Ehe missbrauchen. Ein Indiz für die Aufnahme einer Lebens- und Verantwortungsgemeinschaft ist die Aufnahme der häuslichen Gemeinschaft; ihr Fehlen spricht andererseits angesichts verschiedener Ehemodelle und äußerer, von den Verlobten bzw Ehegatten nicht beeinflussbarer Zwänge nicht zwingend gegen den Willen zur Eingehung einer Lebens- und Verantwortungsgemeinschaft (OLG Brandenburg FamRZ 2008, 1534, 1535). Wichtig ist, dass es um den Willen der Verlobten zur Zeit der Eingehung der Ehe geht; kann die Lebensgemeinschaft tatsächlich nicht begründet werden oder wird sie es faktisch nicht, macht das die Ehe nicht zur Scheinehe (vgl Rn 73, 75). Für eine beabsichtigte Scheinehe kann etwa sprechen, dass sich die Eheleute nicht kennen, keine gemeinsame Sprache sprechen oder zwischen ihnen ein eklatanter Altersunterschied besteht (vgl aber etwa BGH FamRZ 2002, 316), doch müssen in der Regel weitere Begleitumstände hinzukommen (vgl BT-Drucks 13/9416, 30; KG FamRZ 2013, 953, 954). Allein die Tatsache, dass sich die zukünftigen Eheleute nicht persönlich begegnet sind, sondern bislang nur elektronisch miteinander kommuniziert haben (beabsichtigte Ehe mit einer Thailänderin) soll nicht genügen, um eine beabsichtigte Scheinehe anzunehmen (KG FamRZ 2013, 953, 954 f). Im Ergebnis kommt es auf eine Gesamtbetrachtung aller Umstände an.

c) Einzelfälle

Nach allgemeiner, wohl unbestrittener Ansicht greift § 1314 Abs 2 Nr 5 im Falle der **69**

sogenannten **Aufenthaltsehe** ein (OLG Düsseldorf FamRZ 2008, 277, 278; FK-FamR/FRIE-
DERICI Rn 48; RAUSCHER Rn 160), der wohl auch Anlass für die Einführung der Regelung
war. Es handelt sich um den Fall, dass ein Ausländer mit einem Deutschen die Ehe
allein aus dem Grund eingeht, um eine Aufenthaltserlaubnis zu erlangen, die Abschiebung zu verhindern oder sich Vorteile bei der Einbürgerung zu verschaffen (§ 9
StAG).

Der Rat der EU hat eine Entschließung vom 4. 12. 1997 über Maßnahmen zur
Bekämpfung von Scheinehen getroffen (ABl Nr C 382 v 16. 12. 1997, 1). Ziel ist es, zu
verhindern, dass Personen über die Eingehung einer Scheinehe Rechtsvorschriften
über die Einreise und den Aufenthalt von Angehörigen von Staaten, die nicht der
EU angehören, umgehen. Die Entschließung enthält eine Aufstellung von „Fakto-
ren, die vermuten lassen können, dass es sich bei einer Ehe um eine Scheinehe
handelt", nämlich die fehlende Aufrechterhaltung der Lebensgemeinschaft, das
Fehlen eines angemessenen Beitrags zu den Verpflichtungen aus der Ehe, die Tatsache, dass sich die Ehegatten vor ihrer Ehe nie begegnet sind, widersprüchliche
Angaben hinsichtlich der Personalien, die Umstände des Kennenlernens oder sonstiger sie betreffender persönlicher Informationen, die Tatsache, dass die Ehegatten
keine gemeinsame Sprache sprechen, die Übergabe eines Geldbetrages für die
Eingehung der Ehe und die Tatsache, dass ein oder beide Ehegatten schon früher
Scheinehen eingegangen sind oder sich unbefugt in einem Mitgliedsstaat aufgehal-
ten haben (vgl dazu den Fall OLG Naumburg FamRZ 2008, 276 f).

70 Nicht unumstritten ist die Behandlung der **Namensehe**, bei der es einem Verlobten
ausschließlich darauf ankommt, den Namen des anderen Verlobten zu erwerben. Ein
entsprechender Nichtigkeitsgrund ist mit dem EheG 1938 (§ 23) eingeführt und in
§ 19 EheG 1946 aufrechterhalten, jedoch durch das 1. EheRG abgeschafft worden.
Offenbar gibt es in Deutschland auch heute noch in nicht geringem Umfang Be-
strebungen, eine ehemalige Adelsbezeichnung (vgl dazu STAUDINGER/VOPPEL [2012] § 1355
Rn 35) durch Adoption oder Eheschließung – gegen finanzielle Gegenleistung – als
Name zu erwerben (MünchKomm/vSACHSEN GESSAPHE § 1355 Rn 4 mit Fn 30; **aA** BAMBERGER/
ROTH/HAHN Rn 13: nicht mehr aktuell). Abgesehen davon, dass auch ein Name, der
Bestandteile ehemaliger Adelsnamen enthält, lediglich ein Name ist und sonst keine
(rechtliche) Bedeutung hat, fällt eine Eheschließung, die ausschließlich einen „Na-
menshandel" zum Inhalt hat, bei der also Einigkeit darüber besteht, dass eine
Lebens- und Verantwortungsgemeinschaft zwischen den Ehegatten nicht aufgenommen werden soll, dem Wortlaut nach unter Abs 2 Nr 5. Da eine solche Ehe ausschließlich ehefremde Zwecke verfolgt und damit die Form der Ehe rechtsmissbräuchlich nutzt, bestehen auch keine Bedenken, darin eine Scheinehe zu sehen und
diese der Aufhebung nach Abs 2 Nr 5 zu unterwerfen (MünchKomm/WELLENHOFER
Rn 30; SOERGEL/HEINTZMANN Rn 67; FK-FamR/FRIEDERICI Rn 48; GERNHUBER/COESTER-WALTJEN
§ 11 Rn 21; **aA** HEPTING FamRZ 1998, 713, 722).

71 Wird die Ehe ausschließlich zu dem Zweck geschlossen, **Steuern**, insbesondere
Einkommensteuer **zu sparen**, liegen darin ehefremde Zwecke, da damit keinerlei
Ansatz einer Lebens- oder Verantwortungsgemeinschaft verbunden ist, die in ir-
gendeiner Form dem aus § 1353 Abs 1 ableitbaren Minimum entspricht. Eine solche
Ehe unterliegt daher der Aufhebung nach Abs 2 Nr 5 (RAUSCHER Rn 161; MünchKomm/

Wellenhofer Rn 30; Soergel/Heintzmann Rn 67; FK-FamR/Friederici Rn 48; Gernhuber/ Coester-Waltjen § 11 Rn 21).

Anders erscheint die Lage bei einer **Versorgungsehe**, die geschlossen wird, um einem **72** Ehegatten Renten- oder Versorgungsbezüge zukommen zu lassen oder ihn erbrechtlich (auch erbschaftsteuerrechtlich) besser zu stellen: In der Intention der Versorgung liegt zugleich auch ein Minimum an Übernahme von Verantwortung für den anderen Ehegatten, sodass nicht ausschließlich ehefremde Zwecke angenommen werden können. Es handelt sich allerdings um einen Grenzfall, der aber angesichts der Gestaltungsmöglichkeiten im Rahmen des § 1353 Abs 1 zu akzeptieren ist (Rauscher Rn 161; zweifelnd Palandt/Brudermüller Rn 14; **aA** MünchKomm/Wellenhofer Rn 30; Soergel/Heintzmann Rn 67; FK-FamR/Friederici Rn 48).

Nach allgemeiner Ansicht und zutreffend fällt die **auf dem Sterbebett geschlossene** **73** **Ehe** grundsätzlich nicht unter Abs 2 Nr 5 (MünchKomm/Wellenhofer Rn 33; Johannsen/ Henrich/Henrich Rn 78; Soergel/Heintzmann Rn 67; Palandt/Brudermüller Rn 14; Erman/Roth Rn 12d; Gernhuber/Coester-Waltjen § 11 Rn 21; Rauscher Rn 160; Wolf FamRZ 1998, 1477, 1483). Jedenfalls dann, wenn keine abweichenden Indizien vorliegen, ist davon auszugehen, dass die Ehegatten die Aufnahme einer Lebens- und Verantwortungsgemeinschaft im Sinne des § 1353 Abs 1 – auch in der Hoffnung auf Besserung des Zustandes oder für den Fall einer längeren als der von den Ärzten angegebenen Lebenszeit – erstreben und im Rahmen der gegebenen engen Möglichkeiten (regelmäßige Besuche am Krankenbett, Beistand) auch vollziehen, auch wenn sie wissen, dass die angestrebte Beziehung auf Lebenszeit von nur kurzer Dauer sein wird. Sie lehnen die Verpflichtungen aus § 1353 Abs 1 nicht ab. Allerdings wird diese Frage im Rahmen des § 1314 Abs 2 Nr 5 unmittelbar keine Rolle spielen, weil nach dem Tod des Ehegatten die Aufhebung der Ehe ohnehin ausgeschlossen ist, § 1317 Abs 3. Es geht also nur um die Frage, ob der Standesbeamte seine Mitwirkung bei der Eheschließung nach § 1319 Abs 1 S 2, 2, HS verweigern muss; das ist, wie dargelegt, generell nicht der Fall. Die Eheschließung im Falle lebensgefährlicher Erkrankung eines Verlobten kann nach § 13 Abs 3 PStG erleichtert werden; die gesetzliche Wertung verbietet die grundsätzliche Einordnung als Scheinehe (Gaaz/Bornhofen § 13 PStG Rn 28). Eine solche „Nottrauung" soll den Verlobten, die ernstlich die Ehe miteinander eingehen wollen, auch die Möglichkeit eröffnen, dem überlebenden Ehegatten die mit der Ehe verbundenen (Vermögens-)Vorteile zukommen zu lassen (OLG Düsseldorf FamRZ 2004, 703, 704; Gernhuber/Coester-Waltjen § 11 Rn 21; Hepting/Gaaz § 7 PStG Rn 3).

Einschränkungen ergeben sich hier allerdings aus Spezialgesetzen: Nach § 19 Abs 1 **74** S 2 Nr 1 BeamtVG entfällt ein Anspruch auf **Witwengeld**, wenn die Ehe mit dem verstorbenen Beamten nicht mindestens ein Jahr gedauert hat, es sei denn, aus den Umständen des Falles ergibt sich, dass es nicht alleiniger oder überwiegender Zweck der Heirat war, der Witwe eine Versorgung zu verschaffen. Ebenso gibt es keinen Anspruch auf Witwengeld, wenn die Ehe erst nach Eintritt des Beamten in den Ruhestand und Vollendung des 65. Lebensjahres geschlossen worden ist, § 19 Abs 1 S 2 Nr 2 BeamtVG. Die geschlossene Ehe wird aber nach diesen Regelungen nicht berührt, auch wenn sie ausschließlich zu Versorgungszwecken geschlossen worden ist; die gesetzliche Regelung setzt vielmehr eine gültige Ehe voraus. Eine vergleichbare Regelung enthält § 65 Abs 6 SGB VII: Der Ehegatte hat keinen Anspruch auf

Fortzahlung der **Unfallrente**, wenn die Eheschließung erst nach einem Unfall erfolgt ist und der andere Ehegatte unfallbedingt innerhalb des ersten Ehejahres verstirbt, wiederum mit der Ausnahme, wenn die Annahme nicht gerechtfertigt ist, dass alleiniger oder überwiegender Zweck der Heirat war, dem überlebenden Ehegatten eine Versorgung zu verschaffen. Die **gesetzliche Rentenversicherung** kennt eine entsprechende Regelung nicht.

75 Eine entsprechende Begründung wie bei der auf dem Sterbebett geschlossenen Ehe gilt auch für die **Ehe eines Strafgefangenen**, auch eines Langzeitgefangenen: Die Verlobten wollen die Lebens- und Verantwortungsgemeinschaft, auch wenn sie sie nicht oder nur in sehr eingeschränktem Maße verwirklichen können (ERMAN/ROTH Rn 12d; WOLF FamRZ 1998, 1477, 1483).

75a Über einen Sonderfall hatte das OLG Saarbrücken (FamRZ 2009, 626, 627) zu entscheiden: Nach dem Vortrag der Antragstellerin hatten die Beteiligten die Ehe am 7. 7. 2007 „aus einer Laune heraus wegen des besonderen Datums geschlossen", ohne dass vorher eine Beziehung oder ein Kontakt bestanden habe. Die Eheleute hatten die Ehe nicht vollzogen und sich das letzte Mal am 15. 7. 2007 gesehen. Eine Eheschließung aus diesem Beweggrund verfehlt offenkundig den Sinn der Ehe und dient nicht der Begründung einer Lebens- und Verantwortungsgemeinschaft.

76 Eine Auslegung des Abs 2 Nr 5 unter Berücksichtigung von Sinn und Zweck der Regelung führt zu einer Abgrenzung der davon erfassten Fälle. Die Rechtsprechung wird im Laufe der Zeit die Konturen noch verdeutlichen; andere Fallgestaltungen mögen eine Rolle spielen. Eine teleologische Reduktion nur auf den Anwendungsfall der Aufenthaltsehe erscheint angesichts anderer vergleichbarer Formen einer Ehe ohne intendierte Lebens- und Verantwortungsgemeinschaft nicht angezeigt. Im Übrigen bedarf es einer teleologischen Reduktion nicht, da Fälle, die nach dieser Rechtsfigur aus dem Anwendungsbereich der Regelung ausgenommen werden sollen, ohnehin nicht darunter fallen.

d)   Weitere Voraussetzungen

77 **Beide Ehegatten** müssen darüber **einig** sein, dass sie keine Verpflichtungen nach § 1353 Abs 1 begründen wollen. Geht nur einer der Verlobten die Ehe mit der Zielsetzung ein, die Form zu anderen Zwecken zu missbrauchen, liegt kein Fall des Abs 2 Nr 5 vor (KG FamRZ 2013, 953, 954; OLG Stuttgart FamRZ 2011, 217; OLG Düsseldorf FamRZ 2008, 277, 278; OLG Zweibrücken FamRZ 2006, 1201, 1202; MünchKomm/WELLENHOFER Rn 34; SOERGEL/HEINTZMANN Rn 64). In einem solchen Fall kann aber eine Täuschung des anderen, gutgläubigen Ehegatten gegeben sein: Die Absicht eines Verlobten, die Ehe nicht als solche führen zu wollen, sondern nur zu ehefremden Zwecken einzugehen, stellt eine offenbarungspflichtige Tatsache dar, da sie für den Entschluss, die Ehe einzugehen, von ganz erheblicher Bedeutung ist und mangels besonderer Hinweise jeder Ehegatte davon ausgehen darf, dass der andere mit der Eheschließung eine Lebens- und Verantwortungsgemeinschaft im Sinne des § 1353 Abs 1 eingehen wolle und werde (OLG Düsseldorf FamRZ 2008, 277, 278; MünchKomm/WELLENHOFER Rn 34; SOERGEL/HEINTZMANN Rn 64; vgl OLG Hamm FamRZ 2004, 545 [LS]; LG Rostock FamRZ 2003, 598; in beiden Fällen wurde eine Täuschung jedoch abgelehnt, da die Ehegatten tatsächlich längere Zeit miteinander als Ehegatten gelebt hatten).

Der Wille, keine Lebens- und Verantwortungsgemeinschaft eingehen zu wollen, **78** muss zum **Zeitpunkt der Eheschließung** vorliegen. Besteht zu diesem Zeitpunkt noch ein entsprechender Wille, ist die Ehe auch dann nicht nach Abs 2 Nr 5 aufhebbar, wenn alsbald nach der Eheschließung und ohne dass die Lebensgemeinschaft tatsächlich aufgenommen worden ist, die Ehegatten nunmehr übereinstimmend den Entschluss fassen, keine Lebensgemeinschaft zu begründen (MünchKomm/WELLEN-HOFER Rn 35).

e) Aufhebungsantrag

Berechtigt, den Aufhebungsantrag zu stellen, sind beide Ehegatten sowie die Ver- **79** waltungsbehörde, § 1316 Abs 1 Nr 1. Eine Frist für die Antragstellung besteht nicht. Die Aufhebung ist nicht mehr möglich, wenn die Ehegatten nach der Eheschließung als Ehegatten miteinander gelebt haben, § 1315 Abs 1 Nr 5. Vgl im Einzelnen die Kommentierungen zu den genannten Normen. Zum Teil wird zusätzlich gefordert, dass dann, wenn ein Ehegatte den Aufhebungsantrag stelle, auch die Voraussetzungen für die Ehescheidung (Trennungsjahr nach § 1566) vorliegen müsse; es sei nicht Intention des Gesetzgebers gewesen, den Ehegatten die Auflösung der Ehe unter Umgehung des Scheidungsrechts zu erleichtern (WACKE, in: FS Medicus 651, 671 f; **aA** – wie hier – MünchKomm/WELLENHOFER Rn 37). Diese Ansicht findet jedoch keine Stütze im Gesetz oder der Gesetzesbegründung. Auch wenn gerade auch der Verwaltungsbehörde die Möglichkeit gegeben werden sollte, bei Scheinehen Aufhebungsantrag zu stellen, ist es nicht gerechtfertigt, den Antrag eines Ehegatten von weiteren Voraussetzungen abhängig zu machen.

Umstritten ist die Frage, ob für den Aufhebungsantrag (oder auch Antrag auf **79a** Scheidung) im Falle der Scheinehe **Verfahrenskostenhilfe** zu bewilligen ist. Zum Teil wird Mutwilligkeit angenommen (OLG Köln FamRZ 1984, 278; OLG Stuttgart FamRZ 1992, 195; KALTHOENER/BÜTTNER/WROBEL-SACHS, Prozess- und Verfahrenskostenhilfe, Beratungshilfe [7. Aufl 2014] Rn 464) oder Verfahrenskostenhilfe wegen Rechtsmissbrauchs abgelehnt, weil der Staat die Scheinehe nicht billige (OLG Koblenz FamRZ 2004, 548 für den Fall, dass Eingehung und unmittelbar danach betriebene Aufhebung von einem einheitlichen Willen umfasst gewesen seien; 2009, 1932 [LS]; OLG Naumburg FamRZ 2004, 548, 549: Eheschließung und Aufhebung als Gesamtplan). Teilweise wird Verfahrenskostenhilfe ohne weiteres gewährt, da einer armen Partei nicht die Möglichkeit genommen werden dürfe, die Aufhebung einer Scheinehe zu betreiben (OLG Hamm FamRZ 2011, 660; OLG Köln FamRZ 2008, 1260; OLG Naumburg, Beschluss vom 9. 1. 2008 – 3 WF 3/08 – zum Fall der wissentlich falschen Anerkennung der Vaterschaft). Die herrschende Ansicht geht davon aus, dass die Gewährung von Verfahrenskostenhilfe für die Aufhebung der Scheinehe möglich sei, der Antragsteller sich aber nicht selbst bedürftig gemacht haben dürfe, indem er etwa eine für die Eingehung der Scheinehe empfangene Geldzahlung nicht für das spätere Aufhebungsverfahren zurückgelegt habe (BGH FamRZ 2011, 872; 2005, 1477, 1478; OLG Frankfurt FamRZ 2004, 1882; 2006, 1128; OLG Hamm FamRZ 2001, 1081; OLG Saarbrücken FamRZ 2009, 626, 627; OLG Schleswig FamRZ 2007, 470; MünchKomm/WELLENHOFER Rn 37; weitergehend OLG Rostock FamRZ 2007, 1335: Rücklagen müssen auch gebildet werden, wenn der Antragsteller keine Gegenleistung für die Eingehung der Ehe erhalten hat). Der zuletzt genannten Ansicht ist zu folgen. Zwar ist die Eingehung einer Scheinehe rechtsmissbräuchlich, nicht aber das Betreiben eines Verfahrens zu ihrer Auflösung. Vielmehr kann eine Scheinehe, die bis zu ihrer Aufhebung (oder Scheidung) als vollgültig zu betrachten ist, nicht auf anderem Wege beendet werden. Dann muss aber auch einer Partei, die die Mittel für ein gerichtliches Verfahren nicht aufzubringen vermag, Verfahrenskostenhilfe gewährt werden, wenn sie sich nicht selbst bedürftig gemacht hat.

IV. Beweislast

80 Die Beweislast dafür, dass die Voraussetzungen eines geltend gemachten Aufhebungsgrundes vorliegen, trägt der Antragsteller (OLG Nürnberg FamRZ 2011, 1505; BAUMGÄRTEL/LAUMEN/PRÜTTING/LAUMEN Rn 1, 7; MünchKomm/WELLENHOFER Rn 37). Der Antragsgegner trägt die Beweislast für Umstände, die der Aufhebung entgegenstehen, etwa für die Tatsache der Bestätigung oder sonstigen Heilung (vgl § 1315), der Verfristung (vgl § 1317 Abs 1) oder der unzulässigen Rechtsausübung (BAUMGÄRTEL/LAUMEN/PRÜTTING/LAUMEN Rn 12). Nachfolgend wird auf die einzelnen Aufhebungstatbestände nur eingegangen, soweit sich Besonderheiten ergeben.

81 Im Falle der Aufhebung wegen **fehlender Ehemündigkeit** muss zum einen die Minderjährigkeit zum Zeitpunkt der Eheschließung bewiesen werden, zum anderen auch die Tatsache, dass keine Befreiung durch das Familiengericht erteilt worden ist (BAUMGÄRTEL/LAUMEN/PRÜTTING/LAUMEN Rn 2). Wird die Aufhebung der Ehe wegen **Geschäftsunfähigkeit** oder **Bewusstlosigkeit** bzw **vorübergehender Störung der Geistestätigkeit** begehrt, muss der Antragsteller neben der Tatsache des Vorliegens einer entsprechenden Störung auch beweisen, dass sich die Störung gerade (auch) auf die Eingehung der Ehe bezogen hat (BAUMGÄRTEL/LAUMEN/PRÜTTING/LAUMEN Rn 3, 8).

82 Im Fall der arglistigen **Täuschung** muss der Antragsteller die Täuschung als solche und die Ursächlichkeit der Täuschung für die Eingehung der Ehe beweisen (vgl auch OLG Köln FamRZ 2000, 819), wobei aber dann, wenn der Tatbestand einer Täuschung feststeht, die einen verständigen Menschen von der Eheschließung abgehalten hätte, dem Antragsteller ein **Anscheinsbeweis** für den Ursachenzusammenhang zu Hilfe kommt (BAUMGÄRTEL/LAUMEN/PRÜTTING/LAUMEN Rn 10). Bei Täuschung durch einen Dritten muss der Antragsteller auch Kenntnis des anderen Ehegatten von der Täuschung bei der Eheschließung beweisen (BAUMGÄRTEL/LAUMEN/PRÜTTING/LAUMEN Rn 11). Auch bei der durch **Drohung** herbeigeführten Eheschließung kommt ein **Anscheinsbeweis** für die Ursächlichkeit der Drohung zur Anwendung, wenn die Tatsache der Drohung durch den Antragsteller bewiesen ist.

V. Internationales Privatrecht

83 Für die Bestimmung des in grenzüberschreitenden Fällen für die Aufhebung (oder vergleichbare Formen der Auflösung) der Ehe einschließlich der in Betracht kommenden Aufhebungs-(Auflösungs-)gründe maßgeblichen Rechts kommt Art 13 EGBGB zur Anwendung; es gilt also das Heimatrecht der Verlobten (aA OLG Schleswig FamRZ 2007, 470: Art 14 EGBGB). Wegen Einzelheiten kann auf Vorbem 56 ff zu § 1313 ff verwiesen werden.

§ 1315
Ausschluss der Aufhebung

(1) Eine Aufhebung der Ehe ist ausgeschlossen

1. **bei Verstoß gegen § 1303, wenn die Voraussetzungen des § 1303 Abs. 2 bei der Eheschließung vorlagen und das Familiengericht, solange der Ehegatte nicht volljährig ist, die Eheschließung genehmigt oder wenn der Ehegatte, nachdem er volljährig geworden ist, zu erkennen gegeben hat, dass er die Ehe fortsetzen will (Bestätigung);**

2. **bei Verstoß gegen § 1304, wenn der Ehegatte nach Wegfall der Geschäftsunfähigkeit zu erkennen gegeben hat, dass er die Ehe fortsetzen will (Bestätigung);**

3. **im Falle des § 1314 Abs. 2 Nr. 1, wenn der Ehegatte nach Wegfall der Bewusstlosigkeit oder der Störung der Geistestätigkeit zu erkennen gegeben hat, dass er die Ehe fortsetzen will (Bestätigung);**

4. **in den Fällen des § 1314 Abs. 2 Nr. 2 bis 4, wenn der Ehegatte nach Entdeckung des Irrtums oder der Täuschung oder nach Aufhören der Zwangslage zu erkennen gegeben hat, dass er die Ehe fortsetzen will (Bestätigung);**

5. **in den Fällen des § 1314 Abs. 2 Nr. 5, wenn die Ehegatten nach der Eheschließung als Ehegatten miteinander gelebt haben.**

Die Bestätigung eines Geschäftsunfähigen ist unwirksam. Die Bestätigung eines Minderjährigen bedarf bei Verstoß gegen § 1304 und im Falle des § 1314 Abs. 2 Nr. 1 der Zustimmung des gesetzlichen Vertreters; verweigert der gesetzliche Vertreter die Zustimmung ohne triftige Gründe, so kann das Familiengericht die Zustimmung auf Antrag des Minderjährigen ersetzen.

(2) Eine Aufhebung der Ehe ist ferner ausgeschlossen

1. **bei Verstoß gegen § 1306, wenn vor der Schließung der neuen Ehe die Scheidung oder Aufhebung der früheren Ehe oder die Aufhebung der Lebenspartnerschaft ausgesprochen ist und dieser Ausspruch nach der Schließung der neuen Ehe rechtskräftig wird;**

2. **bei Verstoß gegen § 1311, wenn die Ehegatten nach der Eheschließung fünf Jahre oder, falls einer von ihnen vorher verstorben ist, bis zu dessen Tode, jedoch mindestens drei Jahre als Ehegatten miteinander gelebt haben, es sei denn, dass bei Ablauf der fünf Jahre oder zur Zeit des Todes die Aufhebung beantragt ist.**

Materialien: Abs 1 S 1 Nr 1: vgl BGB 1900 § 1337 Abs 1 – JAKOBS/SCHUBERT, Familienrecht I 125 ff; Vorentw PLANCK § 42; E I § 1263 Abs 2; II § 1244 Abs 1; III § 1320 Abs 1; Begründung PLANCK I 167 ff; Mot IV 90 f = MUGDAN IV 51 f; Prot IV 82 ff = MUGDAN IV 726 ff; EheG 1938 § 35 Abs 2; EheG 1946 § 30 Abs 2; **Abs 1 S 1 Nr 2, 3**: BGB 1900 § 1325 Abs 2 – JAKOBS/SCHUBERT, Familienrecht I 125 ff; E I § 1251; II § 1231 Abs 2; III § 1308 Abs 2; Mot IV

50 f = MUGDAN IV 28 f; Prot IV 54 f, 59 f =
MUGDAN IV 709 ff; EheG 1938 § 22 Abs 2;
EheG 1946 § 18 Abs 2;

Abs 1 S 1 Nr 4: BGB 1900 § 1337 Abs 2 –
JAKOBS/SCHUBERT, Familienrecht I 125 ff; Vorentwurf PLANCK § 54 Abs 1; E I § 1263 Abs 1; II
§ 1244 Abs 2; III § 1320 Abs 2; Begründung
PLANCK I 228 ff; Mot IV 90 ff = MUGDAN IV
51 f; Prot IV 82 ff = MUGDAN IV 726 ff; EheG
1938 §§ 36 Abs 2, 38 Abs 2, 39 Abs 2; EheG
1946 §§ 31 Abs 2, 33 Abs 2, 34 Abs 2;

Abs 1 S 1 Nr 5: vgl BGB 1933 § 1325a; EheG
1938 § 23 Abs 2; EheG 1946 § 19 Abs 2;

Abs 1 S 2: vgl BGB 1900 § 1337 Abs 3 iVm

§ 1336 Abs 1 – JAKOBS/SCHUBERT, Familienrecht I 125 ff; E II § 1246 Abs 1, 3; III §§ 1320
Abs 3, 1319 Abs 1; Prot IV 82 ff = MUGDAN IV
726 ff;

Abs 2 Nr 1: Prot IV 53 ff = MUGDAN IV 709 ff;
EheG 1946 idF des Gesetzes über die Prozesskostenhilfe v 13. 6. 1980 § 20 Abs 2;

Abs 2 Nr 2: BGB 1900 § 1324 Abs 2 – JAKOBS/
SCHUBERT, Familienrecht I 125 ff; E II § 1230
Abs 2; III § 1307 Abs 2; Prot IV 62 ff = MUGDAN
IV 714 f; EheG 1938 § 21 Abs 2; EheG 1946 § 17
Abs 2; akt Fassung BT-Drucks 13/4898, 19 f; 13/
9416, 28; 16/1831, 57; STAUDINGER/BGB-
Synopse (2006) § 1315.

Schrifttum

GRASSHOFF, Keine Doppelehe nach fehlerhaftem Rechtskraftzeugnis!, NJW 1981, 437
HEINTZMANN, Doppelehe nach fehlerhaftem
Rechtskraftzeugnis, NJW 1981, 208
ders, Zur Rechtskraft des Scheidungsaus-
spruchs – Gedanken zum Anschlussrechtsmittel
im Scheidungsverbund, FamRZ 1980, 112

ders, Nochmals: Rechtskraft und Doppelehe,
FamRZ 1981, 329
OTTO, Heilung unrichtiger Rechtskraftvermerke
und mangelhafter Zustellungen bei Scheidungsurteilen, StAZ 1980, 226.

Systematische Übersicht

Alphabetische Übersicht

I. Entstehungsgeschichte und Normzweck

Sowohl in der ursprünglichen Fassung des BGB als auch im EheG 1938 sowie im **1** EheG 1946 waren Heilungsmöglichkeiten für nichtige und anfechtbare bzw aufhebbare Ehen vorgesehen. Im BGB in der ursprünglichen Fassung waren diese den heilbaren Nichtigkeitsgründen jeweils zugeordnet (§§ 1324 Abs 2 für Formverstoß, 1325 Abs 2 für Geschäftsunfähigkeit, Bewusstlosigkeit und Geistesstörung, 1328 Abs 2 für Ehebruch), für die Anfechtungsgründe gab es eine zusammenfassende Regelung in § 1337. Im EheG waren sowohl für die Nichtigkeitsgründe (soweit heilbar) als auch für die Aufhebungsgründe die Heilungsvorschriften jeweils im Abs 2 der entsprechenden Regelung untergebracht.

2 Der Sache nach entsprachen die Gründe, die die Aufhebung ausschließen, weitgehend der heutigen Regelung: Für einen Formverstoß wurde ein im BGB ursprünglicher Fassung zehnjähriges, in den Fassungen des EheG fünfjähriges Zusammenleben, mindestens jedoch ein Zusammenleben von drei Jahren bis zum Tod eines Ehegatten gefordert, im BGB ursprünglich auch noch die Eintragung im Heiratsbuch. Bei beschränkter Geschäftsfähigkeit kam es auf die Genehmigung des gesetzlichen Vertreters oder nach Eintritt unbeschränkter Geschäftsfähigkeit darauf an, das der Ehegatte zu erkennen gab, dass er die Ehe fortsetzen wolle. Dieses letzte heilte die Ehe auch bei Geschäftsunfähigkeit, Bewusstlosigkeit und Geistesstörung, bei Irrtum über die Eheschließung, Täuschung und Drohung. Das BGB in der ursprünglichen Fassung sprach insoweit bereits von Bestätigung.

3 Bei dem mit dem EheG 1938 eingeführten Nichtigkeitsgrund der Namens- und Staatsangehörigkeitsehe (als Namensehe in das EheG 1946 übernommen und durch das 1. EheRG außer Kraft gesetzt) trat Heilung dadurch ein, dass die Ehegatten als Ehegatten miteinander gelebt hatten, wobei allerdings eine Frist von fünf Jahren (bzw mindestens drei Jahre bei Tod eines Ehegatten) vorausgesetzt war.

4 Die Heilung der Doppelehe für den heute in § 1315 Abs 2 Nr 1 geregelten Sonderfall wurde erst 1980 in das EheG eingeführt. 2007 wurde Abs 2 Nr 1 durch Art 2 Abs 16 Nr 5 PStRG um den Fall der Aufhebung einer eingetragenen Lebenspartnerschaft erweitert.

5 Wie schon in der ursprünglichen Fassung und in den Fassungen des Ehegesetzes liegt der Heilung einer mangelhaft zustande gekommenen Ehe der Gedanke zugrunde, dass eine Ehe, die sich trotz Kenntnis des betroffenen Ehegatten von einem Aufhebungsgrund als beständig erwiesen hat, indem er sie fortgesetzt hat, aufrechterhalten werden soll (OLG Stuttgart FamRZ 2005, 33, 34; JOHANNSEN/HENRICH/HENRICH Rn 1); das gilt für die Fälle, bei denen die Aufhebbarkeit dem Schutz eines Ehegatten dient. Der betroffene Ehegatte würde sich widersprüchlich verhalten, wenn er einerseits zu erkennen gibt, dass er den Mangel als nicht relevant empfindet, andererseits aber die Aufhebung verlangt. Diese Erwägungen werden besonders deutlich im Fall der Täuschung oder Drohung: Wenn der Ehegatte nach Entdeckung der Täuschung oder Aufhören der Zwangslage zu erkennen gibt, dass er an der Ehe festhalten will, besteht kein Interesse an der Aufhebung, sondern im Gegenteil an der Aufrechterhaltung; nachträglich kann der betroffene Ehegatte nicht auf den ursprünglich gegebenen Aufhebungsgrund zurückgreifen, weil er sich damit in Widerspruch zu seinem vorherigen Verhalten setzt (JOHANNSEN/HENRICH/HENRICH Rn 1). Das gilt ebenso für die anderen Fälle von Willensmängeln: Wer nach Erkennen des Willensmangels daraus keine Konsequenzen zieht, ist nicht schutzbedürftig und nicht schutzwürdig. Ist ein Minderjähriger betroffen, gebietet es dessen Schutz, ihm jedenfalls bei bestimmten Aufhebungsgründen die Entscheidung nicht oder nicht allein zu überlassen; soweit das Familiengericht die Eheschließung nachträglich genehmigt, entfällt damit der Mangel.

6 Bei der Scheinehe resultiert die Aufhebbarkeit aus dem Missbrauch der Form der Ehe, indem die mit der Ehe verbundenen Inhalte, nämlich die Begründung einer Verantwortungsgemeinschaft, von beiden Eheschließenden abgelehnt werden. Leben die Ehegatten dessen ungeachtet dann aber doch „als Ehegatten" zusammen, gibt es keinen Anlass mehr, diese Ehe anzugreifen.

Zu den Fällen des § 1315 Abs 2 Nr 1 (Doppelehe) und Nr 2 (Formverstoß) vgl unten Rn 33 und 37.

II. Allgemeines

1. Grundgedanken der gesetzlichen Regelung

Es gibt Aufhebungsgründe, die grundsätzlich absolut gelten müssen, weil sie nach **7** dem Zweck ihres Bestehens weder durch den Willen der Ehegatten noch durch Zeitablauf oder aus anderen Gründen ihre Berechtigung verlieren. Das ist der Fall bei der Ehe zwischen Verwandten nach § 1307 sowie der Doppelehe nach § 1306. Diese Ehen können daher auch nicht geheilt werden. Die Heilung der Doppelehe nach Abs 2 Nr 1 stellt diesen Grundsatz nicht in Frage; sie erfasst einen außergewöhnlichen Sonderfall, der durch gewisse prozessuale Besonderheiten veranlasst ist und bei dem zwar formell eine Doppelehe vorliegt, materiell aber eine andere Bewertung angebracht ist. Demgegenüber gibt es eine große Zahl von Aufhebungsgründen, die nur auf Willensmängeln der Ehegatten im weiteren Sinne beruhen. In solchen Fällen ist eine Aufhebung dann ausgeschlossen, wenn sich der Willensmangel nicht mehr als ursächlich für den Fortbestand der Ehe erweist, der betroffene Ehegatte also seinen Willen kundgetan hat, dass er trotz des ursprünglichen Mangels nunmehr in freier Willensbildung die geschlossene Ehe bejaht.

2. Rechtsfolgen des Ausschlusses

Die aufhebbare Ehe ist voll wirksam, bis sie tatsächlich rechtskräftig aufgehoben **8** wird. § 1315 lässt die Aufhebbarkeit der Ehe entfallen, dh trotz eines Mangels bei der Begründung der Ehe können weder der betroffene noch der andere Ehegatte, der erste Ehegatte oder die Verwaltungsbehörde einen erfolgreichen Aufhebungsantrag stellen. Die Ehe ist insoweit geheilt. Der Ausschluss der Aufhebungsmöglichkeit bezieht sich allerdings immer nur auf den Mangel, der aufgrund der jeweiligen besonderen Regelung geheilt ist; eine Aufhebung aus anderen Gründen, wenn sie vorliegen, ist dadurch nicht gehindert. Einige wenige Folgen, die ausnahmsweise – trotz Wirksamkeit der Ehe – an der Aufhebbarkeit anknüpfen, entfallen mit der Heilung: Ein betroffener Ehegatte kann die Herstellung der ehelichen Gemeinschaft nicht mehr verweigern (vgl dazu § 1313 Rn 7 ff). Der Ausschluss des gesetzlichen Erbrechts nach § 1318 Abs 5 kommt nicht mehr zum Tragen (vgl § 1318 Rn 45). Maßgeblich dafür, ob die Ehe (noch) aufgehoben werden kann, ist der Zeitpunkt der letzten mündliche Verhandlung; ist zu diesem Zeitpunkt die Heilung eingetreten, ist der Aufhebungsantrag abzuweisen, auch wenn er zuvor begründet war (PALANDT/BRUDERMÜLLER Rn 2; FK-FamR/FRIEDERICI Rn 5; WOLF FamRZ 1998, 1477, 1486).

Letztlich nur eine akademische Frage ist, ob der Ausschluss der Anfechtungsmög- **9** lichkeit zurückwirkt, die Ehe also von Anfang als geheilt anzusehen ist, oder ob die Heilung nur für die Zukunft wirkt. Die Heilung tritt mit Wirkung für die Zukunft ein (aA JOHANNSEN/HENRICH/HENRICH Rn 13). Für die Vergangenheit ist die Ehe ohnehin unangreifbar und als wirksam zu betrachten, da erst die Rechtskraft der die Ehe

aufhebenden Entscheidung zur Auflösung der Ehe (und das auch nur für die Zukunft) führt; die Ehe besteht zum Zeitpunkt der Heilung bereits vollwirksam (vgl
entsprechend zu § 144 STAUDINGER/ROTH [2010] § 144 Rn 2, 13, der nur „untechnisch" von Rückwirkung spricht, da tatsächlich lediglich die Anfechtbarkeit eines bereits bestehenden Rechts entfällt). Eine durch Nichtausübung des Aufhebungsrechts wirksame, für die Vergangenheit nicht mehr zu beeinträchtigende Ehe kann nicht geheilt werden. Auch die
Formulierung des § 1315 spricht für eine Wirkung (nur) für die Zukunft, da nicht
etwa der Mangel der Eheschließung als nicht existent betrachtet, sondern nur die
Aufhebung der Ehe ausgeschlossen wird. Nur für einen Fall hat diese Frage – eine
wohl nur theoretische – Bedeutung: Wenn der betroffene Ehegatte wegen des Ehe-
schließungsmangels berechtigterweise die Herstellung des ehelichen Lebens verweigert hat, würde eine rückwirkende Heilung ihm nachträglich dieses Recht nehmen,
da bei einer von Anfang an als mangelfrei anzusehenden Ehe ein Recht, die Herstellung des ehelichen Lebens zu verweigern, nicht bestanden haben kann.

III. Ausschluss durch gerichtliche Genehmigung oder Bestätigung, Abs 1

1. Bestätigung

10 Bestätigung ist die nach außen erfolgte Kundgabe des Willens desjenigen Ehegatten,
in dessen Person der die Aufhebungsmöglichkeit begründende Willensmangel vorliegt, die Ehe in Bewusstsein des Mangels fortsetzen zu wollen (PALANDT/BRUDERMÜL-
LER Rn 3; JOHANNSEN/HENRICH/HENRICH Rn 3; BAMBERGER/ROTH/HAHN Rn 6; ERMAN/ROTH
Rn 2a; SOERGEL/HEINTZMANN Rn 6). Sie ist nur möglich, solange die Ehe – wenn auch
mit Mängeln behaftet – noch besteht. Ist sie durch den Tod des anderen Ehegatten
aufgelöst oder rechtskräftig aufgehoben oder geschieden worden, kann eine Bestätigung nicht mehr erfolgen. Die Bestätigung muss spätestens bis zur letzten mündlichen Verhandlung erfolgen (MünchKomm/WELLENHOFER Rn 5; vgl oben Rn 8 aE).

a) Rechtsnatur
11 Die Bestätigung ist kein Rechtsgeschäft, sondern eine willensgetragene und -gesteu-
erte geschäftsähnliche **Rechtshandlung** (RG DR 1944, 840; JOHANNSEN/HENRICH/HENRICH
Rn 4; PALANDT/BRUDERMÜLLER Rn 3; ERMAN/ROTH Rn 2a; BAMBERGER/ROTH/HAHN Rn 7;
MünchKomm/WELLENHOFER Rn 5: Realakt). Die Bestätigung erfolgt nicht zwingend durch
eine Erklärung, sondern kann auch in einem entsprechenden ehebezogenen Verhalten bestehen. Es handelt sich um eine einseitige Handlung, die nicht gegenüber dem
anderen Ehegatten erfolgen muss und diesem auch nicht zur Kenntnis zu gelangen
braucht. Daher kommt es auch nicht darauf an, wie der andere Ehegatte das Verhalten des bestätigenden Ehegatten interpretiert oder auslegt, sondern wie es objektiv zu verstehen ist (JOHANNSEN/HENRICH/HENRICH Rn 7). Die Bestätigung nach
§ 1315 Abs 1 ist keine Bestätigung im Sinne des § 141, die in Wirklichkeit eine
Neuvornahme eines nichtigen Rechtsgeschäftes darstellt, sondern eher der Bestätigung eines anfechtbaren Rechtsgeschäfts nach § 144 vergleichbar (MünchKomm/WEL-
LENHOFER Rn 5; PALANDT/BRUDERMÜLLER Rn 3). Daher kommt es auch nicht darauf an, ob
auch der andere Ehegatte einen Fortsetzungswillen hat oder bekundet (MünchKomm/
WELLENHOFER Rn 6; PALANDT/BRUDERMÜLLER Rn 3). Erst recht ist das Einverständnis des
anderen Ehegatten nicht erforderlich (BAMBERGER/ROTH/HAHN Rn 6). Da die Bestätigung kein Rechtsgeschäft darstellt, sind §§ 116 ff nicht anwendbar; insbesondere ist
die Bestätigung nicht anfechtbar (MünchKomm/WELLENHOFER Rn 8; JOHANNSEN/HENRICH/

Henrich Rn 10; Bamberger/Roth/Hahn Rn 7). Die Bestätigung bedarf keiner Form, insbesondere nicht der Form nach §§ 1310–1312. Die Kundgabe des Willens, die Ehe fortzusetzen, muss durch den betroffenen Ehegatten **persönlich** erfolgen; sie kann nicht durch einen Bevollmächtigten sowie auch nicht durch den gesetzlichen Vertreter erfolgen (MünchKomm/Wellenhofer Rn 5; Johannsen/Henrich/Henrich Rn 5; Bamberger/Roth/Hahn Rn 5; Palandt/Brudermüller Rn 4).

Die Bestätigung unter einer **Bedingung** oder **Befristung** wird zugelassen (Münch- **12** Komm/Wellenhofer Rn 8; Erman/Roth Rn 2a aE; Soergel/Heintzmann Rn 9). Das ist zutreffend, weil jeder nach außen hervorgetretene Vorbehalt letztlich den objektiven Erklärungswert des Verhaltens des betroffenen Ehegatten bestimmt und ein ggf abweichend interpretierbares Verhalten in Frage stellt. Bei Widerspruch zwischen einem verbalen Vorbehalt und dem tatsächlichen Verhalten kommt es daher darauf an, ob dem Verhalten insgesamt ein Fortsetzungswille entnommen werden kann (Bamberger/Roth/Hahn Rn 7). Allerdings darf auf dieser Grundlage kein unangemessen langer oder gar dauerhafter Schwebezustand entstehen, während dessen der betroffene Ehegatte einerseits an der Lebensgemeinschaft festhält, andererseits sich aber jederzeit das Recht vorbehält, auf einen Aufhebungsgrund zurückzukommen (RGZ 163, 139, 141 f; RG DR 1944, 664; MünchKomm/Wellenhofer Rn 8; Johannsen/Henrich/Henrich Rn 17; Erman/Roth Rn 2a aE; Soergel/Heintzmann Rn 9). In einem solchen Fall dürfte ab einem nach den Umständen des Einzelfalles zu bestimmenden Zeitpunkt auf das tatsächliche Verhalten abzustellen sein. Allerdings ist durch die Frist des § 1317 für die Fälle des Irrtums, der Täuschung und der Drohung ohnehin eine Grenze für die Geltendmachung der Aufhebung gesetzt.

b)   Bestätigung des Geschäftsunfähigen/Minderjährigen, Abs 1 S 2, 3
Ein **Geschäftsunfähiger** kann **keine wirksame Bestätigung** vornehmen, Abs 1 S 2. Da **13** eine Vertretung wegen des höchstpersönlichen Charakters der Bestätigung nicht in Betracht kommt (MünchKomm/Wellenhofer Rn 9), kann die Ehe eines Geschäftsunfähigen daher nicht nach Abs 1 geheilt werden.

Beim **minderjährigen Ehegatten** wird mehrfach abgestuft differenziert: Soweit der **14** Mangel gerade in der **Minderjährigkeit** bzw der fehlenden Befreiung durch das Familiengericht nach § 1303 Abs 2 besteht, kann der Minderjährige die Ehe nicht – auch nicht mit Zustimmung seines gesetzlichen Vertreters – bestätigen; dadurch soll verhindert werden, dass das zum Schutz des Minderjährigen angeordnete Erfordernis der gerichtlichen Befreiung von diesem Ehehindernis nachträglich unterlaufen werden kann. In Betracht kommt daher nur die Nachholung der gerichtlichen Genehmigung oder die Bestätigung nach Eintritt der Volljährigkeit (dazu unten Rn 23 f).

In den anderen Fällen, für die nach Abs 1 S 1 eine Bestätigung in Betracht kommt, **15** kann der Minderjährige die mangelbehaftete Ehe dadurch heilen, dass er sie bestätigt. In den Fällen, in denen nach allgemeinen Rechtsgrundsätzen die Willenserklärung bei der Eheschließung nichtig gewesen wäre, nämlich im Falle der Geschäftsunfähigkeit sowie dann, wenn sie im Zustand der Bewusstlosigkeit oder der Geistesstörung abgegeben worden ist, bedarf er dazu jedoch der **Zustimmung des gesetzlichen Vertreters** (der Personensorgeberechtigte ist hier – anders als in § 1303 Abs 2 – nicht genannt). Dies wird damit begründet, dass in diesen Fällen eine dem Minderjährigen zurechenbare Willenserklärung bislang überhaupt nicht vorliege, die

Bestätigung also einer erneuten Eheschließung entspreche (BT-Drucks 13/4898, 20; vgl MünchKomm/WELLENHOFER Rn 9; PALANDT/BRUDERMÜLLER Rn 5). Diese Begründung bezieht sich allerdings auf den ursprünglichen Regierungsentwurf, der noch ausdrücklich in § 1305 BGB-E die Einwilligung des gesetzlichen Vertreters bzw des Sorgeberechtigten zur Eheschließung vorsah; diese Regelung ist auf Vorschlag des Bundesrates gestrichen worden (vgl dazu BT-Drucks 13/4898, 29 sowie BT-Drucks 13/9416, 27); der Wille des gesetzlichen Vertreters bzw Personensorgeberechtigten wird nach dem Gesetz gewordenen Konzept bei der Eheschließung insofern berücksichtigt, als er dem Antrag auf Befreiung vom Erfordernis der Volljährigkeit widersprechen kann. Diese Änderung ist in § 1315 Abs 1 S 3 nicht vollständig nachvollzogen worden. Folgerichtig wäre es gewesen, dass auch in diesen Fällen – wie im Fall des Abs 1 S 1 Nr 1 – die Heilung von einer Genehmigung durch das Familiengericht abhängig gemacht worden wäre (für analoge Anwendung des § 1303 Abs 2 in diesem Sinne de lege lata STAUDINGER/KLIPPEL [2000] Rn 19). Der eindeutige Wortlaut des Gesetzes geht aber einen anderen Weg. Da dieser gangbar ist und die Minderjährigkeit betreffend eine Befreiung durch das Familiengericht bereits ausgesprochen ist (sonst kommt ohnehin – zusätzlich – Abs 1 S 1 Nr 1 zur Anwendung), besteht kein Bedürfnis, vom Wortlaut abzuweichen (in diesem Sinne ohne Problematisierung MünchKomm/WELLENHOFER Rn 9; PALANDT/BRUDERMÜLLER Rn 5; ERMAN/ROTH Rn 3; JOHANNSEN/HENRICH/HENRICH Rn 15; BAMBERGER/ROTH/HAHN Rn 8).

16 Die Zustimmung des gesetzlichen Vertreters ist eine Willenserklärung; sie kann formlos (MünchKomm/WELLENHOFER Rn 10; SOERGEL/HEINTZMANN Rn 10) ausdrücklich gegenüber dem Minderjährigen oder auch gegenüber dem anderen Ehegatten erfolgen, aber auch stillschweigend, indem der gesetzliche Vertreter das bestätigende Verhalten billigt, wobei ein entsprechendes Verhalten des gesetzlichen Vertreters nur dann als Zustimmung interpretiert werden kann, wenn er den Aufhebungsgrund ebenfalls kennt. Daran sind dieselben Maßstäbe anzulegen, wie beim Ehegatten selbst (vgl sogleich Rn 18). Der gesetzliche Vertreter kann die Bestätigung durch den Minderjährigen auch nachträglich genehmigen. Verweigert der gesetzliche Vertreter die Zustimmung ohne triftigen Grund, kann das Familiengericht sie auf Antrag des Minderjährigen ersetzen; dies richtet sich nach denselben Maßstäben wie bei § 1303 Abs 2; auf die dortige Kommentierung kann daher verwiesen werden (vgl STAUDINGER/LÖHNIG § 1303 Rn 19 ff, 34 ff).

17 In den anderen Fällen des Abs 1 S 1 – Irrtum, Täuschung, Drohung, Scheinehe – kann der minderjährige Ehegatte die Heilung durch Bestätigung herbeiführen, ohne auf die Zustimmung des gesetzlichen Vertreters angewiesen zu sein.

c) Bewusstsein des Mangels
18 Einem bestimmten Verhalten kann nur dann die Kundgabe eines Ehefortsetzungswillens entnommen werden, wenn der betroffene Ehegatte zumindest begründete Zweifel daran hat, dass seine Ehe mangelfrei zustande gekommen ist (MünchKomm/WELLENHOFER Rn 5; BAMBERGER/ROTH/HAHN Rn 6; SOERGEL/HEINTZMANN Rn 7). Dem Ehegatten müssen die Tatsachen bekannt sein, die den Mangel begründen, und er muss diese Tatsachen tendenziell richtig einschätzen, ohne dass eine in jeder Hinsicht zutreffende rechtliche Bewertung zu fordern ist (RGZ 157, 129, 130; BGH FamRZ 1967, 372; PALANDT/BRUDERMÜLLER Rn 6; JOHANNSEN/HENRICH/HENRICH Rn 6; SOERGEL/HEINTZMANN Rn 7; aA FamRefK/WAX Rn 4). Die **Kenntnis des Aufhebungsrechts** selbst wird **nicht**

gefordert (RG WarnR 1934 Nr 105; BGH FamRZ 1967, 372; MünchKomm/WELLENHOFER Rn 5; SOERGEL/HEINTZMANN Rn 7). Bringt der Ehegatte in diesem Bewusstsein zum Ausdruck, dass er dennoch an der Ehe festhalten wolle, würde er sich mit seinem Verhalten in Widerspruch setzen, wenn er später einen Aufhebungsantrag stellen würde. Für die Fälle des § 1314 Abs 2 Nr 2 und 3 wird in § 1315 Abs 1 Nr 4 ausdrücklich gefordert, dass der betroffene Ehegatte den Irrtum oder die Täuschung erkannt hat (dazu unten Rn 26). Es reicht nicht aus, dass der betroffene Ehegatte die Tatsachen, aus denen sich der Mangel ergibt, hätte erkennen können oder müssen.

Ist die Ehe aus mehreren in der Person eines Ehegatten liegenden Gründen aufhebbar, ist dem Ehegatten aber nur einer der Gründe bekannt, bezieht sich seine Bestätigung auch nur auf diesen Grund; insoweit ist dann auch ein **Antrag durch** die **Verwaltungsbehörde ausgeschlossen** (MünchKomm/WELLENHOFER Rn 11). Unter Bezugnahme auf andere Gründe ist eine Aufhebung nicht ausgeschlossen. **19**

d) Kundgabe des Fortsetzungswillens
Der Fortsetzungswille muss zweifelsfrei, aber nicht zwingend ausdrücklich zum Ausdruck kommen; es genügt, wenn er stillschweigend erkennbar wird. Wird der Wille nicht ausdrücklich gegenüber dem anderen Ehegatten (vgl OLG Dresden DR 1942, 81: der Ehegatte versichert seine Frau in Briefen seiner Liebe und Treue) oder Dritten geäußert, kann auf ihn nur aus dem Verhalten des betroffenen Ehegatten geschlossen werden. Der Ehegatte muss ein Verhalten an den Tag legen, das objektiv zum Ausdruck bringt, dass er an der Ehe festhalten will (MünchKomm/WELLENHOFER Rn 6; BAMBERGER/ROTH/HAHN Rn 6; vgl SOERGEL/HEINTZMANN Rn 8). Es ist unter Würdigung aller Umstände zu prüfen, ob aus dem festgestellten Verhalten auf einen entsprechenden Willen geschlossen werden kann. Dies kann letztlich nur einzelfallbezogen geschehen (RGZ 165, 121, 123; MünchKomm/WELLENHOFER Rn 6; JOHANNSEN/HENRICH/HENRICH Rn 9; PALANDT/BRUDERMÜLLER Rn 7). **20**

Typische Verhaltensweisen, die regelmäßig auf einen Fortsetzungswillen schließen lassen, sind die Fortsetzung der ehelichen Lebensgemeinschaft nach Kenntnis von den die Aufhebung begründenden Tatsachen, erst recht die Wiederaufnahme der Lebensgemeinschaft, wenn der Ehegatte diese nach Kenntnis der relevanten Tatsachen zunächst aufgegeben hatte, die Rücknahme des Aufhebungsantrags oder der Antragsverzicht (MUSIELAK/BORTH § 113 FamFG Rn 14) sowie insbesondere die Fortsetzung des Geschlechtsverkehrs (RG JW 1928, 896; RGZ 165, 121, 123; OLG Köln FamRZ 2003, 375). Auch bei Geschlechtsverkehr in Kenntnis der einen Aufhebungsgrund ausfüllenden Tatsachen können im Einzelfall Umstände gegen eine Wertung als Kundgabe des Fortsetzungswillens sprechen (RGZ 163, 121, 123; ERMAN/ROTH Rn 2a); dafür genügt es aber nicht, dass sich die mit der Fortsetzung des Geschlechtsverkehrs verbundenen Hoffnungen auf die weitere Entwicklung der Ehe nicht erfüllen, auch wenn der betroffene Ehegatte in dieser Hinsicht leichtgläubig war (OLG Köln FamRZ 2003, 375). Auch ein längeres Zusammenleben nach Aufdeckung einer Täuschung bei Eheschließung (im konkreten Fall neun Monate nach Entdeckung der Zeugungsunfähigkeit) muss im Einzelfall kein Indiz für den Willen zur Fortsetzung der Ehe sein, wenn der getäuschte Ehegatte zum Ausdruck bringt, dass er mit diesem Zustand nicht einverstanden ist und sich (vergeblich) bemüht, den anderen Ehegatten zu medizinischen Maßnahmen zu bewegen, um die Zeugungsunfähigkeit zu beheben **21**

(OLG Stuttgart FamRZ 2005, 33; MünchKomm/WELLENHOFER Rn 7; JOHANNSEN/HENRICH/HENRICH Rn 9).

22 **Keinen hinreichenden Fortsetzungswillen** dokumentieren bloße Wohlwollensäußerungen oder Bekundungen des Mitgefühls gegenüber dem anderen Ehegatten, Krankenbesuche, Zärtlichkeiten um der Kinder willen (RGZ 164, 372, 379; MünchKomm/WELLENHOFER Rn 6; ERMAN/ROTH Rn 2a; PALANDT/BRUDERMÜLLER Rn 7) oder die ausdrücklich nur versuchsweise Fortsetzung der Lebensgemeinschaft (RGZ 163, 139, 141 f, allerdings nur für einen begrenzten Zeitraum, vgl oben Rn 12; MünchKomm/WELLENHOFER Rn 7).

2. Anforderungen bei den einzelnen Aufhebungsgründen

a) Minderjährigkeit, § 1303

23 Die Anfechtung ist ausgeschlossen, wenn das **Familiengericht die Eheschließung genehmigt**, also die Befreiung nach § 1303 Abs 2 nachträglich erteilt. Diese Möglichkeit besteht bis zur Volljährigkeit des minderjährigen Ehegatten; danach kommt nur eine Bestätigung in Betracht (sogleich Rn 24); eine nach Eintritt der Volljährigkeit erfolgte gerichtliche Genehmigung ist wirkungslos (BAMBERGER/ROTH/HAHN Rn 3). Da die Befreiung nur nachgeholt wird, ist sie nur möglich, wenn die Voraussetzungen nach § 1303 Abs 2 schon zum Zeitpunkt der Eheschließung vorlagen (MünchKomm/WELLENHOFER Rn 2; PALANDT/BRUDERMÜLLER Rn 10; BAMBERGER/ROTH/HAHN Rn 2; vgl BT-Drucks 13/4898, 19), dh es muss einer der Ehegatten volljährig gewesen sein und der andere das 16. Lebensjahr vollendet haben. Auch § 1303 Abs 3 ist bei der Genehmigung zu beachten: Ein Widerspruch des gesetzlichen Vertreters des Minderjährigen oder des Inhabers der Personensorge ist vom Familiengericht zu beachten, es sei denn, er beruht nicht auf triftigen Gründen (MünchKomm/WELLENHOFER Rn 2; vgl dazu STAUDINGER/LÖHNIG § 1303 Rn 34 ff). Das Familiengericht wird nur auf **Antrag** tätig, den die nach § 1316 Abs 1 Nr 1 Genannten, also beide Ehegatten und die Verwaltungsbehörde stellen können; der minderjährige Ehegatte kann in entsprechender Anwendung des § 1316 Abs 2 S 2 den Antrag nur selbst stellen und bedarf nicht der Zustimmung seines gesetzlichen Vertreters (MünchKomm/WELLENHOFER Rn 2; JOHANNSEN/HENRICH/HENRICH Rn 12). Bei der Entscheidung darüber, ob die Genehmigung erteilt wird, sind wie bei der unmittelbaren Befreiung nach § 1303 Abs 2 die Eignung, insbesondere Reife des Minderjährigen und die Bestandsaussichten der Ehe zu prüfen (STAUDINGER/LÖHNIG § 1303 Rn 23 ff); dabei kann aber jedenfalls bei der Genehmigung nach § 1315 Abs 1 Nr 1 der bisherige Verlauf der Ehe in die Entscheidungsfindung einbezogen werden (MünchKomm/WELLENHOFER Rn 2). Dass auf einen früheren Antrag hin die Befreiung versagt worden ist, hindert nicht eine nachträgliche Genehmigung, da und wenn nunmehr andere Umstände – ua die geschlossene Ehe – vorliegen (BAMBERGER/ROTH/HAHN Rn 4; SOERGEL/HEINTZMANN Rn 17).

24 Nach Eintritt der Volljährigkeit des minderjährig verheirateten Ehegatten kann die Heilung der aufhebbaren Ehe nur noch durch **Bestätigung** erfolgen; es bedarf weder einer Genehmigung durch das Gericht noch irgendeiner Mitwirkung des (ehemaligen) gesetzlichen Vertreters oder Personensorgeberechtigten. Voraussetzung ist allerdings, dass der betreffende Ehegatte geschäftsfähig ist. Eine Bestätigung ist auch dann möglich, wenn zum Zeitpunkt der Eheschließung der Minderjährige das 16. Lebensjahr noch nicht vollendet hatte oder beide Ehegatten noch minderjährig waren; das Erfordernis, dass die Voraussetzungen des § 1303 Abs 2 bei der Eheschließung vorgelegen haben müssen, bezieht sich nur auf die familiengerichtliche Genehmigung (PALANDT/BRUDERMÜLLER Rn 10; aA ohne Begründung JOHANNSEN/HENRICH/ HENRICH Rn 11, der in diesem Fall die einzige Lösung in einer erneuten Eheschließung sieht; ebenso offenbar BAMBERGER/ROTH/HAHN Rn 2); im zweiten Fall müssen beide Ehegatten die Ehe bestätigen. Eine Bestätigung durch den noch Minderjährigen ist – da er gerade wegen der Minderjährigkeit als schutzbedürftig angesehen wird und anders als nach Abs 1 S 1 Nr 2 bis 4 – nicht wirksam möglich.

b) Geschäftsunfähigkeit, § 1304, und Bewusstlosigkeit bzw Störung der Geistestätigkeit, § 1314 Abs 2 Nr 1

Wenn das Hindernis, das den Mangel des Ehekonsenses begründete, weggefallen ist, **25** also der betroffene Ehegatte geschäftsfähig geworden bzw bei Bewusstsein und ohne Geistesstörung ist, tritt Heilung der mangelhaften Ehe nach den oben genannten Grundsätzen (Rn 10 ff) ohne Besonderheiten durch Bestätigung des Ehegatten ein. Auch der minderjährige Ehegatte kann die Ehe bestätigen, bedarf aber in diesen Fällen der Zustimmung seines gesetzlichen Vertreters, Abs 1 S 3 (oben Rn 15).

c) Irrtum, Täuschung, Drohung, § 1314 Abs 2 Nr 2–4

Die Bestätigung setzt Entdeckung des Irrtums oder der Täuschung voraus. Diese **26** Kenntnis des Aufhebungsgrundes ist gegeben, wenn der betroffene Ehegatte den **Irrtum** bzw die **Täuschung** einschließlich der Täuschungsabsicht **entdeckt** hat, ihm also der Willensmangel zu Bewusstsein gekommen ist. Die bloße Vermutung oder fahrlässige Unkenntnis, dass der andere Ehegatte oder mit dessen Wissen ein Dritter ihn bei der Eheschließung getäuscht haben könnte, genügt noch nicht (RG JW 1928, 896; MünchKomm/WELLENHOFER Rn 4; ERMAN/ROTH Rn 7; SOERGEL/HEINTZMANN Rn 27). Im Falle der **Drohung** kommt es nicht auf die Kenntnis an – diese ist definitionsgemäß gegeben, sonst liegt eine (wirksame) Drohung nicht vor –, sondern auf den Zeitpunkt, in dem die durch die Drohung ausgelöste **Zwangslage endet**. Erst ab diesem Zeitpunkt können Erklärungen oder Verhaltensweisen des bedrohten Ehegatten in dem Sinne verstanden werden, dass er **in freier Entscheidung** und damit nunmehr ohne Willensmangel an der unfrei zustande gekommenen Ehe festhalten und diese damit bestätigen will. Für die Bestätigung und ihre Kundgabe ist es nicht ausreichend, wenn der getäuschte Ehegatte zunächst, schließlich aber ohne Erfolg, versucht, über die Täuschung hinwegzukommen (RGZ 163, 139, 141 f); allerdings muss der Vorbehalt, dass die Fortsetzung der Lebensgemeinschaft nur „versuchsweise" erfolgen soll, ebenfalls deutlich werden; ein geheimer Vorbehalt genügt nicht (MünchKomm/WELLENHOFER Rn 6).

Auch der **minderjährige Ehegatte** (und nur er selbst) kann durch Bestätigung die **27** Heilung dieser Mängel bewirken, wenn er der Betroffene ist; einer Zustimmung des gesetzlichen Vertreters bedarf es dazu nicht, *arg e contrario* Abs 1 S 3 (JOHANNSEN/ HENRICH/HENRICH Rn 16).

d) Scheinehe, § 1314 Abs 2 Nr 5

Im weiteren Sinne lässt sich auch die Heilung der Scheinehe nach § 1315 Abs 1 S 1 **28** Nr 5 als Bestätigung einordnen (vgl PALANDT/BRUDERMÜLLER Rn 14: „Fiktion einer wechselseitigen Bestätigung"; ebenso FK-FamR/FRIEDERICI Rn 6), da die ursprünglich nicht als Ehe im Rechtssinne gewollte Verbindung nunmehr als verantwortete Lebensgemeinschaft betätigt und damit auch bestätigt wird, doch gelten hierfür gegenüber der Bestätigung im Sinne des Abs 1 S 1 Nr 1–4 im Einzelnen abweichende Regelungen.

29 Entscheidend für die Heilung der Scheinehe ist, dass beide Ehegatten – der einseitige Wille eines Ehegatten genügt hier nicht (vgl SOERGEL/HEINTZMANN Rn 31, der auf die Inkonsequenz der Regelung hinweist) – entgegen ihrem geheimen Vorbehalt bei der Eheschließung nunmehr tatsächlich – objektiv (OLG Celle FamRZ 2004, 949; PALANDT/BRUDERMÜLLER Rn 14) – „**als Ehegatten**" miteinander leben oder – nach dem Wortlaut des Gesetzes – gelebt haben; die spätere Trennung ändert demnach an der zwischenzeitlich eingetretenen Heilung nichts mehr, die Ehe kann nicht mehr aufgehoben, sondern nur geschieden werden. Es wird keine Mindestzeit ehelichen Zusammenlebens vorausgesetzt (OLG Celle FamRZ 2004, 949; MünchKomm/WELLENHOFER Rn 13; ERMAN/ROTH Rn 8; PALANDT/BRUDERMÜLLER Rn 14; FK-FamR/FRIEDERICI Rn 6); insbesondere sind die bei dem vergleichbaren früheren Nichtigkeitstatbestand der Namensehe vorgesehenen Fristen, über die sich das Zusammenleben „als Ehegatten" erstrecken musste (vgl § 19 Abs 2 EheG bis zur Aufhebung durch das 1. EheRG), in Abs 1 S 1 Nr 5 nicht wieder aufgegriffen worden. „Miteinander leben" setzt allerdings begrifflich ein Miteinander in zeitlicher Erstreckung voraus: Man kann grundsätzlich nicht „punktuell" miteinander leben. Das ergibt sich auch aus den Indizien, die sogleich aufgeführt werden. Wesentlich ist aber, dass jedes auch noch so kurze Miteinanderleben im nachstehenden Sinne für den Ausschluss der Aufhebungsmöglichkeit ausreicht. Es kommt nicht auf einen Gesinnungswandel der Ehegatten an, sondern nur darauf, dass sie nach außen hin das Bild einer auf Dauer angelegten ehelichen Lebens- und Verantwortungsgemeinschaft im Sinne des § 1353 Abs 1 S 2 abgeben.

30 Die eheliche Lebensgemeinschaft in diesem Sinne äußert sich typischerweise durch Zusammenleben in häuslicher Gemeinschaft, Geschlechtsverkehr, gegenseitigen Leistungen zum Familienunterhalt und Beistandsleistungen (OLG Celle FamRZ 2004, 949; AG Pankow-Weißensee FamRZ 2009, 1325: Ehe muss „gelebt" worden sein; JOHANNSEN/HENRICH/HENRICH Rn 18; PALANDT/BRUDERMÜLLER Rn 14). Doch darf nicht schematisch vorgegangen werden. Wie auch bei einer von vornherein im Sinne des § 1353 Abs 1 S 2 angelegten Ehe sind verschiedene Gestaltungen denkbar, und es sind alle Umstände insgesamt zu würdigen. So ist nicht ausgeübter Geschlechtsverkehr nicht zwingend ein Umstand, der gegen eine Heilung sprechen muss. Heilung kann auch eintreten, wenn die Ehegatten keine häusliche Gemeinschaft haben (BAMBERGER/ROTH/HAHN Rn 13; MünchKomm/WELLENHOFER Rn 12), weil sie etwa aus beruflichen Gründen an verschiedenen Orten leben. Fehlen typische Merkmale einer Lebens- und Verantwortungsgemeinschaft, so können diese durch andere aufgewogen werden. Besteht keine häusliche Gemeinschaft, haben die Ehegatten aber bei Zusammenkünften regelmäßig Geschlechtsverkehr spricht dies für ein Zusammenleben „als Ehegatten". Als Leistung zum Familienunterhalt ist zu werten, wenn einer der Ehegatten den anderen versorgt; als Beistandsleistung kommt etwa in Betracht, dass ein Ehegatte die Kinder des anderen zur Schule bringt, von dort abholt und bei den Hausaufgaben betreut (vgl OLG Celle FamRZ 2004, 949).

31 Leben die Ehegatten nicht in häuslicher Gemeinschaft und beschränken sich die Kontakte auf gelegentliche Besuche oder Besprechungen, erfüllt das nicht den Tatbestand des ehelichen Zusammenlebens (PALANDT/BRUDERMÜLLER Rn 14). Die Geburt eines vor der Eheschließung gezeugten Kindes während der Ehe lässt für sich genommen nicht den Schluss darauf zu, dass die Ehegatten als solche leben (Jo-HANNSEN/HENRICH/HENRICH Rn 18; MünchKomm/WELLENHOFER Rn 13; **aA** offenbar WOLFF FamRZ 1998, 1477, 1486). Das Gesetz verlangt das **tatsächliche Zusammenleben** als Ehegatten; **bloße Erklärungen** der Ehegatten **genügen** dem **nicht** (PALANDT/BRUDER-MÜLLER Rn 14), erst recht nicht allein der innere Wille der Ehegatten (SOERGEL/HEINTZ-MANN Rn 33).

Anders als bei den Tatbeständen der Bestätigung nach Abs 1 S 1 Nr 1–4 kommt es **32** auf den Willen zur Heilung der Ehe nicht an; allein das tatsächliche Miteinander wie bei Ehegatten führt unabhängig vom Willen der Ehegatten die Wirkung herbei, dass die Aufhebung der Ehe ausgeschlossen ist (MünchKomm/WELLENHOFER Rn 12; ERMAN/ROTH Rn 8; PALANDT/BRUDERMÜLLER Rn 14; SOERGEL/HEINTZMANN Rn 33). Erst recht brauchen sich die Ehegatten nicht der Tatsachen bewusst zu sein, die die Aufhebbarkeit der Scheinehe begründen; Kenntnis ist also in diesem Fall nicht Voraussetzung für die Heilung (MünchKomm/WELLENHOFER Rn 12).

IV. Ausschluss der Aufhebung nach Abs 2

1. Doppelehe

Abs 2 Nr 1 regelt einen Ausnahmefall der Heilung der Doppelehe, die grundsätzlich **33** wegen der besonderen Natur dieses Eingehungsmangels nicht möglich ist (vgl bereits oben Rn 7). Ausschließlich erfasst ist der Fall, dass die zweite Ehe nach Ausspruch aber vor Rechtskraft der Scheidung oder der Aufhebung der ersten Ehe eingegangen worden ist. Gleichgestellt ist der Fall der Eingehung der Ehe nach Ausspruch der Aufhebung einer eingetragenen Lebenspartnerschaft. In diesem Fall tritt Heilung der Ehe mit Eintritt der Rechtskraft der die Erstehe bzw die eingetragene Lebenspartnerschaft auflösenden Entscheidung ein. Anlass für diese Regelung ist die Problematik der Rechtskraft insbesondere bei Verbundverfahren zur Ehescheidung bzw Aufhebung der eingetragenen Lebenspartnerschaft. Gegenüber den verschiedenen Beteiligten (neben den Ehegatten/Lebenspartnern etwa die Versorgungsträger beim Versorgungsausgleich, § 219 FamFG, das Jugendamt, § 162 FamFG, und Kinder über 14 Jahre, § 164 FamFG) laufen die Rechtsmittelfristen jeweils gesondert von der Zustellung an. Trotz Verstreichens der Rechtsmittelfristen der Ehegatten bzw Lebenspartner oder sogar deren Rechtsmittelverzicht kann es daher vorkommen, dass der Scheidungsbeschluss bzw der Aufhebungsbeschluss noch nicht rechtskräftig ist, weil er einem anderen Beteiligten erst später oder versehentlich gar nicht zugestellt worden ist (vgl HEINTZMANN FamRZ 1980, 112, 113 f; OTTO StAZ 1980, 226 f). Teilweise sind in diesem Zusammenhang auch Urteile (jetzt Beschlüsse) verfrüht durch die Geschäftsstelle mit einem Rechtskraftvermerk versehen worden. In dieser Situation, in der die Ehegatten nachvollziehbar darauf vertraut hatten, dass die frühere Ehe bzw die vorangegangene eingetragene Lebenspartnerschaft rechtskräftig aufgelöst sei, nimmt das Gesetz es hin, dass für einen begrenzten Zeitraum, nämlich zwischen der Schließung der Zweitehe und der Rechtskraft der die erste Ehe bzw die eingetragene Lebenspartnerschaft auflösenden Entscheidung legal zwei Lebensgemeinschaften mit allen jeweiligen Rechtswirkungen nebeneinanderbestehen. Nachträglich, nachdem die erste Ehe bzw die eingetragene Lebenspartnerschaft aufgelöst ist, auch die Aufhebung der zweiten Ehe noch zuzulassen, erscheint in dieser speziellen Situation unangebracht.

34 Voraussetzung ist allerdings, dass der die Erstehe bzw die eingetragene Lebenspartnerschaft auflösende Beschluss rechtskräftig wird. Stirbt einer der Ehegatten der ersten Ehe bzw der Lebenspartner, ist das Scheidungs- oder Aufhebungsverfahren nach §§ 131, 270 FamFG in der Hauptsache als erledigt anzusehen; ein eventuell bereits ergangener Beschluss wird in der Hauptsache wirkungslos (vgl Vorbem 50 ff zu §§ 1313 ff); da es dann keine rechtskräftige Entscheidung mehr geben kann, ist eine Heilung der Zweitehe nicht mehr möglich (vgl OLG München FamRZ 1980, 565; MünchKomm/WELLENHOFER Rn 16; JOHANNSEN/HENRICH/HENRICH Rn 20; GRASSHOFF NJW 1980, 437; aA RAUSCHER Rn 165). Verstirbt allerdings der doppelt Verheiratete, kann auch die Zweitehe nach § 1317 Abs 3 nicht mehr aufgehoben werden, sodass bei Gutgläubigkeit (§ 1318 Abs 5) des zweiten Ehegatten beide Ehegatten (Lebenspartner und Ehegatte) erbberechtigt sind (JOHANNSEN/HENRICH/HENRICH Rn 20; SOERGEL/HEINTZMANN Rn 40). Bis zum Eintritt der Rechtskraft des die erste Ehe bzw die eingetragene Lebenspartnerschaft auflösenden Beschlusses ist die Doppelehe weiter aufhebbar; allerdings ist dann, wenn der Fall einer Zweiteheschließung nach Verkündung des die erste Ehe bzw die eingetragene Lebenspartnerschaft auflösenden Beschlusses vorliegt, das Aufhebungsverfahren hinsichtlich der Zweitehe nach § 148 ZPO auszusetzen, bis das Verfahren über die Erstehe bzw die eingetragene Lebenspartnerschaft rechtskräftig beendet ist (MünchKomm/WELLENHOFER Rn 16; ERMAN/ROTH Rn 9; BAMBERGER/ROTH/HAHN Rn 15).

35 Auf andere Fälle kann Abs 2 Nr 1 nicht analog angewandt werden; er ist ausschließlich auf die spezielle Situation zugeschnitten, die im Wortlaut zum Ausdruck kommt. Wird daher die Erstehe später durch den Tod des ersten Ehegatten oder rechtskräftig durch einen nach der Zweiteheschließung gestellten Antrag auf Scheidung oder Aufhebung oder zwar aufgrund eines vor der Zweiteheschließung gestellten, aber nicht auch davor durch Beschluss beschiedenen Antrags aufgelöst, tritt keine Heilung der Zweitehe ein. Die Aufhebung der Doppelehe dient nicht nur der Beseitigung zweier aktuell nebeneinander bestehender Ehen und dem Schutz des ersten Ehegatten – dieser Zweck entfiele bei späterer Auflösung der Erstehe –, sondern darüber hinaus in erster Linie der Durchsetzung des Prinzips der Einehe im öffentlichen Interesse; dieses Interesse wird durch die anderweitige Auflösung der Erstehe nicht berührt (BGH FamRZ 1986, 879, 880 mwNw; MünchKomm/WELLENHOFER Rn 17). Dasselbe gilt für entsprechende Fälle bei der eingetragenen Lebenspartnerschaft.

36 Kommt eine Heilung nach Abs 2 Nr 1 nicht in Betracht, kann die Zweitehe dann, wenn die Erstehe bzw die vorangehende eingetragene Lebenspartnerschaft aufgelöst ist, **nur durch Wiederholung der Eheschließung** gültig gemacht und damit der Aufhebung insbesondere auch auf Antrag der Verwaltungsbehörde entzogen werden (MünchKomm/WELLENHOFER Rn 17).

2. Formverstoß

37 Grundsätzlich besteht ein Interesse daran, dass die Eheschließungsform im Sinne des § 1311 eingehalten wird. Hat eine unter Verstoß gegen diese Vorschrift geschlossene Ehe allerdings über einen längeren Zeitraum bestanden und sich bewährt, wird die Nichtwahrung der Form vom Gesetz nicht als so bedeutsam angesehen, dass deswegen eine dauerhaft gelebte Ehe noch soll aufgehoben werden können (PA-

LANDT/BRUDERMÜLLER Rn 1). Daher ist die Aufhebung ausgeschlossen, wenn die Ehegatten über einen längeren Zeitraum als Ehegatten zusammengelebt haben. Kenntnis der Ehegatten von dem Mangel ist irrelevant; auf den Willen zur Heilung kommt es nicht an, da es nicht um eine Bestätigung geht, die nur bei auf die Ehegatten bezogene Willensmängel in Betracht kommt, über deren Folgen sie gleichsam disponieren können, nicht aber bei Eheschließungsmängeln, die öffentliche Interessen berühren. Es reicht allein die objektive Tatsache, dass sie als Ehegatten miteinander leben. Auch die Eintragung der Eheschließung in das Heirats- oder Familienbuch spielt keine Rolle (anders nach § 1324 Abs 2 BGB 1900).

Die Ehegatten müssen **als solche miteinander gelebt** haben. Hierfür gelten dieselben **38** Maßstäbe wie bei der Heilung der Scheinehe (vgl Rn 30 f). Auch hier kommt es unter Würdigung der Einzelumstände darauf an, ob die Ehegatten in ehelicher Lebensgemeinschaft im Sinne des § 1353 Abs 1 gelebt haben. Dass sie tatsächlich kurzfristig (berufliche Abwesenheit, Krankenhausaufenthalt, Gefängnisstrafe) oder auch auf Dauer (Berufsausübung an verschiedenen Orten) keine häuslicher Gemeinschaft hatten, ist irrelevant, solange sie an der Ehe festhalten (MünchKomm/WELLENHOFER Rn 14; PALANDT/BRUDERMÜLLER Rn 16). Die Ehegatten leben nicht mehr miteinander, wenn sie sich im Sinne des § 1567 trennen. Da für die Heilung nach Abs 2 Nr 2 – anders als im Fall der Scheinehe nach Abs 1 S 1 Nr 5 – bestimmte Fristen des Zusammenlebens gefordert werden, kann eine Trennung vor Ablauf dieser Fristen die Heilung verhindern.

Gefordert wird ein Zusammenleben über fünf Jahre bzw bis zum Tod eines Ehe- **39** gatten, dann aber mindestens über drei Jahre hinweg. Die Frist beginnt frühestens mit der Eheschließung, sodass voreheliche Zeiten des Zusammenlebens in nichtehelicher Lebensgemeinschaft nicht mitgerechnet werden (JOHANNSEN/HENRICH/HENRICH Rn 24; PALANDT/BRUDERMÜLLER Rn 16; BAMBERGER/ROTH/HAHN Rn 16; SOERGEL/HEINTZMANN Rn 44). Nehmen die Ehegatten die Lebensgemeinschaft erst nach der Eheschließung auf, beginnt auch die Frist erst ab dann zu laufen (MünchKomm/WELLENHOFER Rn 14; JOHANNSEN/HENRICH/HENRICH Rn 24; BAMBERGER/ROTH/HAHN Rn 16). Die Frist wird nach §§ 187 Abs 2, 188 berechnet. Es ist nicht gefordert, dass die Ehegatten über die entsprechende Frist zusammenhängend miteinander leben; mehrere Zeitabschnitte werden zusammengerechnet (BAMBERGER/ROTH/HAHN Rn 16). Trennen sich die Ehegatten, nehmen aber die Lebensgemeinschaft später wieder auf, ist die Frist während der Trennungszeit im Sinne des § 207 gehemmt (MünchKomm/WELLENHOFER Rn 14; SOERGEL/HEINTZMANN Rn 44).

Die **Heilung tritt** dann **nicht ein**, wenn vor Ablauf der fünfjährigen Frist oder vor dem **40** Tod des einen Ehegatten die **Aufhebung beantragt ist**. Welcher der Ehegatten die Aufhebung beantragt, ist irrelevant; auch ein Antrag der Verwaltungsbehörde hat die Wirkung, dass die Heilung unterbleibt. Diese Formulierung wirft eine Reihe von Problemen auf.

Zunächst stellt sich die Frage, ob es auf den Zeitpunkt der Einreichung eines Aufhebungsantrages (Anhängigkeit, § 124 S 1 FamFG) ankommt oder auf die Zustellung der Antragsschrift an den Antragsgegner (Rechtshängigkeit). Der Wortlaut der Regelung stellt nur auf den Antrag ab, insbesondere wird die Wirkung des Aufhebungsantrages, nämlich die Hinderung der Heilung der Ehe, – anders als etwa in

§ 204 Abs 1 Nr 1 für die Hemmung der Verjährung – nicht von der „Erhebung" des Antrags abhängig gemacht. Dies spricht dafür, die bloße **Anhängigkeit** des Antrages **genügen zu lassen** (so MünchKomm/Wᴇʟʟᴇɴʜᴏꜰᴇʀ Rn 15). Zum Teil wird Rechtshängigkeit verlangt (Pᴀʟᴀɴᴅᴛ/Bʀᴜᴅᴇʀᴍüʟʟᴇʀ Rn 16; Sᴏᴇʀɢᴇʟ/Hᴇɪɴᴛᴢᴍᴀɴɴ Rn 44) in diesem Fall wäre dann aber wohl § 167 ZPO entsprechend anzuwenden, da es mit dem Antrag darum geht, eine Frist zu wahren bzw ähnlich dem Fall der Verjährung den Ablauf einer Frist zu verhindern (Sᴛᴀᴜᴅɪɴɢᴇʀ/Kʟɪᴘᴘᴇʟ [2000] Rn 45; **aA** Sᴏᴇʀɢᴇʟ/Hᴇɪɴᴛᴢᴍᴀɴɴ Rn 44, da dies die Aufhebung der Ehe begünstige).

41 Umstritten ist weiter, ob der Ablauf der Heilungsfrist nur dann gehindert wird, wenn sich der Aufhebungsantrag gerade auf § 1311 stützt (so MünchKomm/Wᴇʟʟᴇɴʜᴏꜰᴇʀ Rn 15; Bᴀᴍʙᴇʀɢᴇʀ/Rᴏᴛʜ/Hᴀʜɴ Rn 17), oder ob ein Aufhebungsantrag aus einem der anderen Gründe ebenfalls diese Wirkung hat (so Pᴀʟᴀɴᴅᴛ/Bʀᴜᴅᴇʀᴍüʟʟᴇʀ Rn 16). Hierbei handelt es sich aber um ein Scheinproblem: Wird der Antrag auf einen anderen Aufhebungsgrund als den Formmangel gestützt und ist er erfolgreich, wird die Ehe aufgehoben, sodass eine Heilung des Formmangels ohnehin irrelevant ist. Wird der Antrag dagegen zurückgewiesen, hat er als solcher auf den Fristlauf keine Auswirkungen, da nur ein erfolgreicher Antrag die Heilung mit Fristablauf verhindert; es kommt dann allenfalls darauf an, ob die Ehegatten während des Aufhebungsverfahrens als solche miteinander gelebt haben; anderenfalls ist die Frist gehemmt (sogleich Rn 42). Das ist aber eine rein tatsächliche Frage, die mit der Erhebung des Antrags nur mittelbar verbunden ist.

42 Der Wortlaut der Regelung lässt es genügen, dass die Aufhebung beantragt ist; danach scheint es für ein Unterbleiben der Heilung nicht erforderlich zu sein, dass der **Aufhebungsantrag erfolgreich ist**. Nach allgemeiner Meinung wird aber gefordert, dass der Antrag nicht zurückgenommen worden sein darf und erfolgreich sein muss (MünchKomm/Wᴇʟʟᴇɴʜᴏꜰᴇʀ Rn 15; Eʀᴍᴀɴ/Rᴏᴛʜ Rn 10; Jᴏʜᴀɴɴsᴇɴ/Hᴇɴʀɪᴄʜ/Hᴇɴʀɪᴄʜ Rn 26; Pᴀʟᴀɴᴅᴛ/Bʀᴜᴅᴇʀᴍüʟʟᴇʀ Rn 16; Bᴀᴍʙᴇʀɢᴇʀ/Rᴏᴛʜ/Hᴀʜɴ Rn 17; Sᴏᴇʀɢᴇʟ/Hᴇɪɴᴛᴢᴍᴀɴɴ Rn 44); der Antrag kann dann aber trotz zwischenzeitlichen Fristablaufs noch erfolgreich sein, weil durch die Antragstellung verhindert wird, dass Heilung nach Abs 2 Nr 2 eintritt und damit der Antrag abgewiesen werden müßte. Falls vor Fristablauf Antrag auf Aufhebung der Ehe gestellt wird, ergibt sich also erst nach der Entscheidung über den Antrag, ob Heilung eingetreten ist oder nicht mehr eintreten konnte. Wird der Antrag zurückgenommen oder abgewiesen, kann er den Fristablauf nicht verhindern. Hat allerdings einer der Ehegatten den Antrag gestellt, kann dies bedeuten, dass die Ehegatten bis zur Rücknahme oder Abweisung des Antrags nicht „als Ehegatten miteinander gelebt haben" und daher der Fristablauf gehemmt ist (vgl Bᴀᴍʙᴇʀɢᴇʀ/Rᴏᴛʜ/Hᴀʜɴ Rn 17).

43 Die Heilung wird nach dem Gesetzeswortlaut auch dann gehindert, wenn vor Ablauf der fünfjährigen Frist zum **Zeitpunkt des Todes eines Ehegatten** ein **Aufhebungsantrag gestellt war**. Stirbt der Ehegatte vor Rechtskraft des Urteils, kommt es allerdings zur Erledigung des Aufhebungsverfahrens, § 131 FamFG. Nur dieser Fall kann in Abs 2 Nr 2 gemeint sein; denn gibt es eine rechtskräftige Entscheidung, ist die Ehe damit entweder bei Erfolg des Antrags aufgehoben, sodass ohnehin keine Heilung mehr eintreten kann, oder der Antrag ist abgewiesen; dann hat er auf die Heilung grundsätzlich keinen Einfluss, und es kommt nur darauf an, ob die Ehegatten beim Tod des einen mindestens drei Jahre zusammengelebt haben. Der einzig mögliche Anwendungsfall des Abs 2 Nr 2 für den Fall, dass beim Tod eines Ehegatten ein Antrag auf Aufhebung gestellt ist, ist also die Konstellation, dass der Antrag noch nicht rechtskräftig beschieden ist. Da das Gesetz für diesen Fall die Heilung ausschließt, andererseits aber ein erfolgreicher Antrag vorausgesetzt wird, muss inzidenter in einem eventuellen Folgerechtsstreit geprüft werden, ob der Antrag erfolgreich gewesen wäre. Relevant ist das nur für die Frage des Erbrechts des überlebenden Ehegatten (MünchKomm/Wellenhofer Rn 14; Soergel/Heintzmann Rn 45): Ist die Ehe trotz des bereits gestellten Antrags geheilt, kommen weder § 1933 S 2 und § 1318 Abs 5 noch §§ 2077 Abs 1 S 3, 2268, 2279 zur Anwendung.

V. Beweislast

Wer sich im Eheaufhebungsverfahren auf die Heilung der Ehe beruft, hat die **44** Voraussetzungen dafür gemäß Abs 1 oder Abs 2 zu beweisen. Das gilt ungeachtet der Frage, welcher der beiden Ehegatten (der von dem Aufhebungsgrund unmittelbar betroffene oder der andere) das Aufhebungsverfahren betreibt. Im Rahmen des Abs 1 sind also vom Antragsgegner zum einen Tatsachen zu beweisen, aus denen sich die Bestätigung ergibt, zum anderen der Wegfall des jeweiligen Mangels (Eintritt der Volljährigkeit, Wegfall der Geschäftsunfähigkeit, Bewusstlosigkeit oder Geistesstörung, Entdeckung des Irrtums oder der Täuschung, Wegfall der Zwangslage) vor der Bestätigung (Baumgärtel/Laumen/Prütting/Laumen Rn 3). Lag bei Geschäftsunfähigkeit oder Bewusstlosigkeit bzw Geistesstörung der Willensmangel bei einem Minderjährigen, ist zusätzlich zu beweisen, dass der gesetzliche Vertreter der Bestätigung zugestimmt hat (Baumgärtel/Laumen/Prütting/Laumen Rn 4). Bei Abs 2 Nr 2 muss der Antragsteller ggf beweisen, dass der Beginn der Heilungsfrist später als mit der Eheschließung lag oder dass die Frist gehemmt gewesen ist; der Antragsgegner ist grundsätzlich beweisbelastet für den Ablauf der Frist und auch für den Zeitpunkt, zu dem eine unstreitige oder bewiesene Hemmung geendet hat (Baumgärtel/Laumen/Prütting/Laumen Rn 7).

VI. Ausschluss der Aufhebung aus anderen Gründen

Neben den in § 1315 genannten Fällen kann auch aus anderen Gründen die Auf- **45** hebung der Ehe, obwohl ein relevanter Mangel bei der Eheschließung vorlag, ausgeschlossen sein.

1. Andere gesetzliche Regelungen

Zunächst sei verwiesen auf § 1317 Abs 1, 3: Die Aufhebung wegen Irrtums und **46** Täuschung ist nach Ablauf eines Jahres nach Entdeckung, wegen Drohung nach Ablauf von drei Jahren ab dem Ende der Zwangslage ausgeschlossen. Ebenso kann eine Ehe nicht mehr aufgehoben werden, wenn sie bereits auf anderem Wege – durch Tod oder Scheidung – aufgelöst ist.

Nach § 1310 Abs 3 kann eine Nichtehe geheilt werden, die auf mangelnder Mitwir- **47** kung einer zur Eheschließung befugten Person beruht. Voraussetzungen sind der Ehekonsens der vermeintlichen Ehegatten, eine Maßnahme des Standesbeamten nach § 1310 Abs 3 Nr 1–3 und ein regelmäßig zehnjähriges Zusammenleben der vermeintliche Verheirateten als Ehegatten bzw ein Zusammenleben bis zum Tod eines Ehegatten, mindestens aber fünf Jahre (vgl im Einzelnen STAUDINGER/LÖHNIG § 1310 Rn 64 ff).

48 Einen besonderen Fall des Ausschlusses der Aufhebung einer Doppelehe regelt § 1319: Lebt der für tot erklärte Ehegatte noch, kann die von dessen Ehepartner eingegangene neue Ehe, die Doppelehe ist, nur dann als solche aufgehoben werden, wenn beide Ehegatten wussten, dass der für tot erklärte Ehegatte zum Zeitpunkt der Todeserklärung noch lebte; ist auch nur ein Ehegatte gutgläubig, kommt eine Aufhebung nicht – auch nicht durch die Verwaltungsbehörde – in Betracht (vgl im Einzelnen STAUDINGER/LÖHNIG § 1319).

2. Verzicht

49 Zum Teil wurde die Möglichkeit eines Verzichts auf das Aufhebungsrecht mit der Folge, dass dieses ausgeschlossen ist, angesprochen und grundsätzlich für zulässig gehalten (RGZ 164, 372, 379; SOERGEL/HEINTZMANN Rn 3). Einem Verzicht kommt keine eigenständige Bedeutung zu. Von einem Verzicht kann nur ausgegangen werden, wenn der betroffene Ehegatte in Kenntnis des Aufhebungsrechts den Willen kundtut, keinen Aufhebungsantrag stellen zu wollen. Darin liegt aber jedenfalls eine Bestätigung im Sinne des Abs 1. Hinsichtlich der nicht auf Willensmängeln im weiteren Sinn beruhenden Aufhebungsgründe wird man die Zulässigkeit eines Verzichts nicht annehmen können, da es in diesen Fällen gerade nicht auf den Willen der Beteiligten, der auch nachträglich geheilt werden kann, ankommt, sondern davon unabhängige öffentliche Interessen berührt sind.

3. Rechtsmissbrauch

50 In Literatur und Rechtsprechung wird für eine Reihe von Fällen erwogen, das an sich gegebene Recht zur Aufhebung der Ehe unter dem Gesichtspunkt des Rechtsmissbrauchs auszuschließen. Soweit es sich um Fälle handelt, in denen die Aufhebung von einem Ehegatten betrieben wird, geht es regelmäßig um den Gesichtspunkt, dass der antragstellende Ehegatte den Aufhebungsgrund als willkommenen Anlass nimmt, um sich von der Ehe lösen und einem anderen Partner zuwenden zu können. Ausgangspunkt ist also, dass ein von der Rechtsordnung nicht missbilligter (oder sogar gebilligter) Erfolg herbeigeführt werden soll, der sich aber bei Würdigung aller Umstände vor allem in der Person des Antragstellers als „Triumph einer sittlich verwerflichen Gesinnung" darstellt (BGHZ 30, 140, 145; vgl RAUSCHER Rn 218). Diskutiert werden dabei vornehmlich zwei Fallgruppen, nämlich die Aufhebung wegen arglistiger Täuschung und die Doppelehe. Soweit es um einen Aufhebungsantrag der Verwaltungsbehörde geht, werden Fälle erwogen, in denen aufgrund besonderer Umstände ein öffentliches Interesse an der Aufhebung der Ehe nicht mehr besteht.

a) Arglistige Täuschung

51 Der Antrag auf Aufhebung der Ehe wegen arglistiger Täuschung kann rechtsmissbräuchlich und die Aufhebung damit ausgeschlossen sein, wenn der Antragsteller sein formell gegebenes Recht in einer sittlich zu missbilligenden Weise ausübt. War die arglistige Täuschung nicht schwerwiegend, die Schuld des täuschenden Ehegatten gering und hat sich die Täuschung auf das eheliche Leben nicht oder allenfalls geringfügig ausgewirkt bzw wird sie sich nur gering auswirken und nimmt der Antragsteller nach möglicherweise jahrelanger, bewährter Lebensgemeinschaft die nunmehr aufgedeckte Täuschung nur als willkommenen Vorwand, um sich von der bestehenden Ehe lösen, damit er sich einem anderen Partner zuwenden kann, entspricht der gestellte Aufhebungsantrag nicht dem Sinn des Antragsrechts: Es soll dem enttäuschten Vertrauen des betroffenen Ehegatten Rechnung tragen, nicht aber seinem anderweitig motivierten Wunsch, sich von der Ehe zu lösen. In solchen Fällen kann Rechtsmissbrauch gegeben sein (BGH FamRZ 1958, 314, 315 f; Münch-Komm/WELLENHOFER § 1314 Rn 21). Je nach den Umständen kann es auch genügen, dass der getäuschte Ehegatte sich zugunsten eines neuen Partners von der bestehenden Ehe lösen will und aus seinem Verhalten hervorgeht, dass die objektiv gegebene Täuschung durch den anderen Ehegatten ihn innerlich gar nicht berührt hat, sie alleine ihn also nicht zu einem Aufhebungsantrag bewegt hätte (BGHZ 5, 186, 188 f; MünchKomm/WELLENHOFER § 1314 Rn 21). An die Annahme eines Rechtsmissbrauchs sind jedoch hohe Anforderungen zu stellen, da grundsätzlich die arglistige Täuschung eines Ehegatten den anderen dazu berechtigt, die Aufhebung zu betreiben, wenn die Täuschung für die Eheschließung (mit)ursächlich war (vgl BGHZ 29, 265, 269; 5, 186, 188). Daher wird Rechtsmissbrauch nicht allein dadurch begründet, dass sich der Antragsteller schon vor Entdeckung der Täuschung von der Ehe lösen wollte, weil Grundlagen für eine dauerhafte Lebensgemeinschaft nicht (mehr) gegeben waren. Liegt ein Aufhebungsgrund vor, darf der betroffene Ehegatte dies zum Anlass nehmen, die ohnehin beabsichtigte Auflösung der Ehe – auch unter gegenüber der Ehescheidung erleichternden Voraussetzungen – zu betreiben, wenn nicht besondere Umstände hinzutreten, die die „Ausnutzung" des Aufhebungsgrundes als verwerflich erscheinen lassen (BGHZ 29, 265, 269 f).

Allerdings kann der Ausschluss des Aufhebungsrechts die Auflösung der Ehe letzt- **52** lich nicht verhindern, da aufgrund des Scheiterns als Scheidungsgrund die Ehe jedenfalls – unter Einhaltung der entsprechenden Fristen – geschieden werden kann. Es kommt dann aber nicht § 1318 und insbesondere dessen Abs 2 S 1 Nr 1 zur Anwendung, der einen nachehelichen Unterhaltsanspruch des Täuschenden zwingend ausschließen würde.

b) Doppelehe

Auch – und wegen der fehlenden Heilbarkeit gerade – im Falle der Doppelehe stellt **53** sich die Frage, ob ein Antrag auf Aufhebung der Ehe wegen Rechtsmissbrauchs ausgeschlossen sein kann. Hauptfall ist der **Antrag des doppelt Verheirateten**. Auszugehen ist davon, dass das Gesetz in § 1316 Abs 1 auch im Falle der Doppelehe beiden Ehegatten die Antragsberechtigung zuerkennt, also auch dem Ehegatten, der zweimal verheiratet ist und zwar unabhängig davon, ob er – wie wohl in der Regel – in dieser Hinsicht bösgläubig oder gutgläubig ist. Allein die Tatsache, dass es dem doppelt verheirateten Ehegatten darum geht, sich – ggf unter Umgehung des Scheidungsrechts (was nach Einführung des Scheiterns als Scheidungsvoraussetzung und angesichts der Folgen der Aufhebung nach § 1318 heute allenfalls noch zur Umgehung der Trennungsfrist von Bedeutung sein dürfte) – von der Zweitehe zu lösen, kann den Antrag noch nicht rechtsmissbräuchlich machen; dass der doppelt Verheiratete aufgrund nachträglicher Einsicht in seinen Gesetzesverstoß die Aufhebung begehrt, dürfte nicht vorkommen. Würde man anders entscheiden, würde die grundsätzlich als zulässig angesehene Antragstellung durch den doppelt Verheirateten zur

Ausnahme. Es müssen also weitere Umstände hinzutreten, die einen Rechtsmissbrauch begründen. Dabei wird zum Teil in der Literatur eine objektive Sichtweise vertreten: Es soll nicht auf die Gesinnung des Antragstellers ankommen, sondern darauf, dass die Störung der objektiven Eheordnung geringer geworden ist und das Interesse des Antragsgegners, des Ehegatten der zweiten Ehe, eindeutig schutzwürdig ist (Bamberger/Roth/Hahn § 1316 Rn 11; Rauscher Rn 218; vgl OLG Düsseldorf FamRZ 1992, 815, 816 f). Objektive Momente spielen bei der Beurteilung eine erhebliche Rolle; auch der BGH hat wiederholt entschieden, dass die Motive für die Stellung des Aufhebungsantrags grundsätzlich keine Rolle spielen (BGHZ 30, 140, 143; 37, 51, 56). Rechtsmissbrauch weist aber generell auch eine subjektive Komponente auf, die bei der Bewertung eine Rolle spielen kann (vgl auch Rauscher Rn 218, der auch die subjektiven Interessen sowohl des Antragstellers als auch des Antragsgegners heranzieht).

54 Solange die Erstehe besteht, entspricht ein Aufhebungsantrag des doppelt Verheirateten in der Regel auch dem öffentlichen Interesse an der Herstellung der objektiven Eheordnung (BGH FamRZ 1975, 332, 333). Dieses Interesse verringert sich erheblich, wenn die Erstehe aufgelöst ist. Unabhängig vom öffentlichen Interesse, das dann aber auch gemindert sein kann, vermindert sich die sittliche Rechtfertigung des Antrags auf Aufhebung der Ehe auch dann, wenn die Erstehe praktisch jede Bedeutung verloren hat, weil die Ehegatten seit langer Zeit nicht mehr zusammenleben und der erste Ehegatte seinerseits in einer neuen Beziehung oder gar Ehe lebt. Das gilt auch, wenn die Ehegatten in weiter Entfernung und unter verschiedenen Rechtsordnungen leben und somit von einem „Ärgernis" der Doppelehe kaum noch gesprochen werden kann. Der ersten Ehe kann dann kein so überwiegender sittlicher Wert mehr zugesprochen werden, dass die Aufhebung der Zweitehe dringend erforderlich wäre. Dagegen können auch in der Zweitehe, zumal wenn sie lange bestanden hat und Kinder aus ihr hervorgegangen sind, trotz des ihr anhaftenden sittlichen Makels sittliche Werte zur Verwirklichung gelangen, die trotz des allgemeinen Interesses an einer möglichst uneingeschränkten Durchsetzung des Grundsatzes der Einehe schutzwürdig sind. Die Rechtsprechung stellt in diesen Fällen zusätzlich noch heraus, dass Rechtsmissbrauch dann anzunehmen sei, wenn der Antragsteller aus sittlich nicht gerechtfertigten Motiven handele (BGHZ 30, 140; BGH FamRZ 1964, 418; NJW 1962, 1152; Soergel/Heintzmann § 1316 Rn 21).

55 Rechtsmissbrauch liegt auch dann vor, wenn der Antragsteller die mögliche Legalisierung der Zweitehe nicht betreibt oder verhindert (MünchKomm/Wellenhofer § 1316 Rn 6; Soergel/Heintzmann Rn 21), so etwa in dem Fall, in dem ein ausländisches Scheidungsurteil, das im Inland nicht anerkannt ist, sodass die daraufhin geschlossene neue Ehe im Inland Doppelehe ist, anerkannt werden könnte; die Anerkennung wirkt auf die Rechtskraft des Urteils zurück. So hatte in einem vom BGH entschiedenen Fall (FamRZ 1961, 427) der Antragsteller die Anerkennung des ausländischen Scheidungsurteils beantragt, den Antrag aber zurückgenommen, um Antrag auf Aufhebung der Zweitehe als Doppelehe zu stellen (seinerzeit Nichtigkeitsklage); das Verhalten des Antragstellers war widersprüchlich, weil er und die anderen Beteiligten bei der zweiten Eheschließung davon ausgingen, dass die erste Ehe rechtskräftig geschieden war; dies war zwar nicht der Fall, aber der Antragsteller konnte nunmehr diesen Zustand herstellen. Ebenfalls als rechtsmissbräuchlich ist es anzusehen, wenn der Ehegatte der ersten Ehe nach deren Auflösung die Aufhebung der Zweitehe ohne Verfolgung eigener Belange (Klärung vermögensrechtlicher

Fragen), die sich gegenüber den Belangen der Ehegatten der Zweitehe und aus
dieser Ehe hervorgegangener Kinder durchsetzen könnten, betreibt (BGH FamRZ
2002, 604, 605; MünchKomm/WELLENHOFER § 1316 BGB Rn 3).

Bei der Frage ob der **Aufhebungsantrag der Verwaltungsbehörde** rechtsmissbräuch- **56**
lich ist, wird allgemein ein objektiver Maßstab angelegt, maßgebend ist, ob die
zweite Ehe als derart schutzwürdig anzusehen ist, dass dadurch das öffentliche
Interesse an der Beseitigung der Störung der Eheordnung überwogen wird (BGH
FamRZ 1994, 498, 499; 2001, 685, 686; BAMBERGER/ROTH/HAHN § 1316 Rn 13; RAUSCHER Rn 219;
GERNHUBER/COESTER-WALTJEN § 14 Rn 31). Anders als beim Antrag eines Ehegatten,
dem es regelmäßig in erster Linie darum geht, sich von der zweiten Ehe lösen zu
können, wohl kaum aber darum, den eheordnungsgemäßen Zustand herzustellen,
agiert die Verwaltungsbehörde ausschließlich im öffentlichen Interesse. Wegen des
Schutzes der Einehe nach Art 6 GG liegt die Aufhebung der Doppelehe regelmäßig
im öffentlichen Interesse. Darum kann Rechtsmissbrauch grundsätzlich nur unter
ganz engen Voraussetzungen angenommen werden (BGH FamRZ 1986, 879; 1975, 332;
OLG München FamRZ 1980, 565). Allein die lange Dauer der Zweitehe ist kein Grund,
Rechtsmissbrauch des Antrags der Verwaltungsbehörde anzunehmen (BGH FamRZ
1994, 498, 499; 2001, 685, 686; BAMBERGER/ROTH/HAHN § 1316 Rn 13). Im Einzelfall werden
auch subjektive Elemente berücksichtigt, so etwa in dem Fall, in dem die Verwaltungsbehörde (seinerzeit noch Staatsanwaltschaft) erst 25 Jahre nach Kenntniserlangung von der Doppelehe den Antrag auf Aufhebung (seinerzeit noch Nichtigkeitsklage) gestellt hatte; die Erstehe bestand zu diesem Zeitpunkt noch; der BGH
hat Rechtsmissbrauch verneint, da erst weitere Umstände hätten hinzutreten müssen, um das Verhalten der Behörde als Duldung und bewusste Abstandnahme von
dem Antrags- (seinerzeit Klage-)recht auslegen zu können (BGH FamRZ 1975, 332).
Hauptfälle, in denen Rechtsmissbrauch der Verwaltungsbehörde angenommen werden kann, sind wiederum die Fälle, in denen die Erstehe nicht mehr besteht, was
zwar den Tatbestand der Doppelehe nicht beseitigt, aber den gesetzlich missbilligten
Zustand abschwächt und die Interessen insbesondere auch des gutgläubigen zweiten
Ehegatten und eventueller Kinder der zweiten Ehe in den Vordergrund treten lässt
(GERNHUBER/COESTER-WALTJEN § 14 Rn 31; BAMBERGER/ROTH/HAHN § 1316 Rn 13). Die Rechtsprechung hat den Antrag der Verwaltungsbehörde wegen Rechtsmissbrauchs zurückgewiesen, wenn die Doppelehe durch fehlerhaftes Handeln von Behörden (falsches Rechtskraftzeugnis) verursacht worden ist und einerseits eine Heilung nach
Abs 2 Nr 1 (seinerzeit § 20 Abs 2 EheG) wegen des Todes des doppelt Verheirateten
nicht mehr möglich war, andererseits die Aufhebung der Doppelehe zur Klärung der
versorgungsrechtlichen Fragen nicht mehr erforderlich war (KG FamRZ 1986, 355).
Rechtsmissbräuchlich soll ein Aufhebungsantrag auch dann sein, wenn im Einzelfall
die Interessen des neuen Ehepartners höher zu bewerten seien, als die Interessen des
alten Ehepartners und der Allgemeinheit an der Aufhebung der Zweitehe (OLG
Hamm FamRZ 1986, 1204; ähnlich LG Frankfurt aM NJW 1976, 1096 unter Berufung auf Art 6 GG,
der auch für die Doppelehe gelte – dagegen BGH FamRZ 1986, 879, 880). Ein solcher Fall wird
etwa darin gesehen, dass die frühere Ehe inzwischen wirksam geschieden und die
spätere – im Ausland geschlossene – Ehe nach dem für eine Partei maßgeblichen –
ausländischen – Recht wirksam ist und einer Nichtigerklärung nicht mehr zugänglich
wäre (OLG Nürnberg FamRZ 1998, 1109, ebenfalls gestützt auf Art 6 GG für die Doppelehe). Die
Fälle des Rechtsmissbrauchs der Verwaltungsbehörde dürften nunmehr weitgehend
von § 1316 Abs 3 erfasst sein (vgl dort Rn 19 ff).

VII. Internationales Privatrecht

57 Die Heilung der mangelhaften Ehe richtet sich nach dem Recht, nach dem sich die Voraussetzungen der Eheschließung richten, also gemäß Art 13 EGBGB nach dem Heimatrecht der Verlobten (STAUDINGER/MANKOWSKI [2011] Art 13 EGBGB Rn 442; BAMBERGER/ROTH/MÖRSDORF-SCHULTE Art 13 EGBGB Rn 50). Hat die Eheschließung gegen die Heimatrechte beider Ehegatten verstoßen, muss auch Heilung nach den Vorschriften beider Rechte erfolgt sein (BAMBERGER/ROTH/MÖRSDORF-SCHULTE Art 13 EGBGB Rn 50). Trotz des Grundsatzes, dass das Eheschließungsstatut unwandelbar ist, sich also durch nachfolgende Änderungen der Staatsangehörigkeit nicht ebenfalls ändert (STAUDINGER/MANKOWSKI [2011] Art 13 EGBGB Rn 79 ff; PALANDT/THORN Art 13 EGBGB Rn 4), wird hinsichtlich der Heilung von Mängeln der Eheschließung eine andere Ansicht vertreten: Wenn ein Ehegatte etwa durch die Eheschließung die Staatsangehörigkeit des Ehegatten erwirbt oder beide Ehegatten nach der Eheschließung eine andere Staatsangehörigkeit erlangen, ist ein Mangel irrelevant, wenn das Recht der nunmehr bestehenden Staatsangehörigkeit diesen Mangel nicht kennt: Es sollen nicht Folgen aus Mängeln gezogen werden können, wenn das Recht, unter dem die Ehe tatsächlich gelebt wird, die Ehe als mangelfrei ansieht (STAUDINGER/MANKOWSKI [2011] Art 13 EGBGB Rn 90 ff; BAMBERGER/ROTH/MÖRSDORF-SCHULTE Art 13 EGBGB Rn 51 mwNw).

§ 1316
Antragsberechtigung

(1) Antragsberechtigt

1. **sind bei Verstoß gegen die §§ 1303, 1304, 1306, 1307, 1311 sowie in den Fällen des § 1314 Abs. 2 Nr. 1 und 5 jeder Ehegatte, die zuständige Verwaltungsbehörde und in den Fällen des § 1306 auch die dritte Person. Die zuständige Verwaltungsbehörde wird durch Rechtsverordnung der Landesregierungen bestimmt. Die Landesregierungen können die Ermächtigung nach Satz 2 durch Rechtsverordnung auf die zuständigen obersten Landesbehörden übertragen;**

2. **ist in den Fällen des § 1314 Abs. 2 Nr. 2 bis 4 der dort genannte Ehegatte.**

(2) Der Antrag kann für einen geschäftsunfähigen Ehegatten nur von seinem gesetzlichen Vertreter gestellt werden. In den übrigen Fällen kann ein minderjähriger Ehegatte den Antrag nur selbst stellen; er bedarf dazu nicht der Zustimmung seines gesetzlichen Vertreters.

(3) Bei Verstoß gegen die §§ 1304, 1306, 1307 sowie in den Fällen des § 1314 Abs. 2 Nr. 1 und 5 soll die zuständige Verwaltungsbehörde den Antrag stellen, wenn nicht die Aufhebung der Ehe für einen Ehegatten oder für die aus der Ehe hervorgegangenen Kinder eine so schwere Härte darstellen würde, dass die Aufrechterhaltung der Ehe ausnahmsweise geboten erscheint.

Materialien: Abs 1 Nr 1: Vorentw PLANCK § 44; E I § 1253; Begründung PLANCK I 184 ff; Mot IV 58 ff = MUGDAN IV 33 ff; Prot IV 64 f = MUGDAN IV 715; CPO 1898 § 632; EheG 1938 § 28 – DJ 1938, 1105; EheG 1946 § 24; akt Fassung BT-Drucks 13/4898, 20;

Abs 1 Nr 2: vgl die Angaben zu § 1314 Abs 2 Nr 2–4;

Abs 2: BGB 1900 § 1336 – JAKOBS/SCHUBERT, Familienrecht I, 125 ff; E I § 1265; II § 1246 Abs 1, 2; III § 1319 Abs 1, 2; Mot IV 94 ff = MUGDAN IV 53 f; Prot IV 84 ff = MUGDAN IV 730 f; akt Fassung BT-Drucks 13/4898, 20;

Abs 3: akt Fassung BT-Drucks 13/4898, 20 f; STAUDINGER/BGB-Synopse (2006) § 1316.

Schrifttum

OEHLMANN/STILLE, Antrag auf Aufhebung einer Ehe als unzulässige Rechtsausübung, FuR 2003, 494.

Systematische Übersicht

Alphabetische Übersicht

I. Einleitung

1. Textgeschichte

1 Die Klagebefugnis für die Nichtigkeitsklage war ursprünglich in § 632 ZPO aF geregelt; danach waren klagebefugt beide Ehegatten, der Staatsanwalt, im Falle der Doppelehe auch der erste Ehegatte sowie im Übrigen Dritte, wenn für sie von der Nichtigkeit bzw Gültigkeit der Ehe ein Recht bzw eine Verpflichtung abhing. Mit dem EheG 1938 wurde die Klagebefugnis Dritter (außer im Falle der Doppelehe des ersten Ehegatten) beseitigt, im Übrigen blieb es grundsätzlich bei dem vorstehend beschriebenen Rechtszustand, § 28 Abs 2 EheG 1938. Die unter der Herrschaft des Nationalsozialismus neu eingeführten Nichtigkeitsgründe der Namens- und Staatsangehörigkeitsehe sowie die aus dem Gesetz zum Schutz des deutschen Blutes und der deutschen Ehre sowie dem Erbgesundheitsgesetz sich ergebenden Nichtigkeitsgründe konnten nur durch den Staatsanwalt geltend gemacht werden, § 28 Abs 1 EheG 1938. In § 24 Abs 1 EheG 1946 wurde die Klagebefugnis wiederum – unter Ausschluss anderer Dritter – wie in § 28 Abs 2 EheG 1938 geregelt.

2 Für die Aufhebungsklage gab es keine gesonderte Regelung über die Klagebefugnis. Aus dem Regelungszusammenhang ergab sich, dass klagebefugt (nur) jeweils der sich irrende, getäuschte oder unter Zwang handelnde Ehegatte war (vgl die übereinstimmende Formulierung „Ein Ehegatte kann die Aufhebung der Ehe begehren, wenn …" in §§ 35 ff EheG 1938, 30 ff EheG 1946 und entsprechend §§ 1331 ff BGB 1900, damals noch als Anfechtung).

3 Mit dem EheschlRG von 1998 wurden Nichtigkeit und Aufhebbarkeit der Ehe zur Aufhebbarkeit zusammengeführt. Hinsichtlich der Antragsbefugnis (die an die Stelle der Klagebefugnis getreten ist) werden die ehemaligen Nichtigkeitsgründe und die ehemaligen Aufhebungsgründe getrennt behandelt: Hinsichtlich der ehemaligen Nichtigkeitsgründe entspricht die Antragsbefugnis der bisherigen Regelung, außer dass an die Stelle des Staatsanwaltes die zuständige Verwaltungsbehörde getreten ist, § 1316 Abs 1 Nr 1. Hinsichtlich der ehemaligen Aufhebungsgründe ist nunmehr ausdrücklich die Antragsbefugnis des jeweils betroffenen Ehegatten ausgesprochen, § 1316 Abs 1 Nr 2. Durch die Ersetzung des Staatsanwalts durch die Verwaltungsbehörde soll das Eherecht „entkriminalisiert" und die Staatsanwaltschaft auf ihre eigentliche Zuständigkeit im Rahmen der Strafverfolgung konzentriert werden (BT-Drucks 13/4898, 20; MünchKomm/WELLENHOFER Rn 1; JOHANNSEN/HENRICH/HENRICH Rn 3; krit BOSCH NJW 1998, 2004, 2007).

4 Zu den verschiedenen Textfassungen im Einzelnen vgl STAUDINGER/BGB-Synopse (2006) zu den jeweils genannten Vorschriften.

2. Allgemeines

5 Nach § 1313 Abs 1 wird eine Ehe nur auf Antrag aufgehoben. § 1316 regelt, wer als Antragsteller in Betracht kommt. Die Zuweisung der Antragsberechtigung entsprechend den Aufhebungsgründen folgt der früheren Unterscheidung in Aufhebungs- und Nichtigkeitsgründe (oben Rn 3; vgl HEPTING FamRZ 1998, 713, 727). Der Umfang der

Antragsberechtigten erweitert sich je nach der Betroffenheit und dem öffentlichen Interesse an der Geltendmachung des Aufhebungsgrundes. Willensmängel berechtigen nur den Ehegatten zur Antragstellung, bei dem sie vorliegen. Bei den anderen Aufhebungsgründen kann jeder Ehegatte den Antrag stellen, auch wenn er den Aufhebungsgrund bei Eingehung kannte. Wegen des bei diesen Gründen vorliegenden öffentlichen Interesse kann (bzw soll) auch die Verwaltungsbehörde den Antrag stellen. Im Fall der Doppelehe und damit unmittelbarer Betroffenheit auch des Ehegatten der ersten Ehe bzw des Lebenspartners einer vorangehenden eingetragenen Lebenspartnerschaft hat auch dieser ein Antragsrecht.

Neben der Antragsberechtigung trifft Abs 3 eine ermessenslenkende Regelung für **6** die Frage, unter welchen Umständen die Verwaltungsbehörde einen Antrag auf Aufhebung der Ehe stellen soll.

II. Antragsberechtigung im Einzelnen

Die Regelung der Antragsberechtigung hinsichtlich der Aufhebung der Ehe in **7** § 1316 ist abschließend (MünchKomm/WELLENHOFER Rn 1; PALANDT/BRUDERMÜLLER Rn 1). **Andere** als die dort genannten **Personen** – etwa der gesetzliche Vertreter eines Minderjährigen im Fall des Verstoßes gegen § 1303 (vgl früher § 30 Abs 1 S 2 EheG 1946) oder aus anderen Gründen interessierte Dritte, zB Rentenversicherungsträger (vgl OLG Düsseldorf FamRZ 1996, 109), Kinder (vgl KG FamRZ 1986, 806) – haben **kein Antragsrecht**. Die in § 1316 genannten Personen können einen Antrag nur in den jeweils ihnen zugeordneten Fallgruppen stellen. Die Beschränkung der Antragsberechtigung verleiht einer mit Fehlern behafteten Ehe einen zusätzlichen Bestandsschutz (GERNHUBER/COESTER-WALTJEN § 14 Rn 10). Wenn das Gesetz mehrere mögliche Antragsteller benennt, sind diese unabhängig voneinander zur Antragstellung berechtigt (BGHZ 30, 140, 143; MünchKomm/WELLENHOFER Rn 1; PALANDT/BRUDERMÜLLER Rn 1). Die Antragsberechtigung setzt voraus, dass eine Aufhebung noch möglich und nicht nach § 1315 wegen Heilung oder § 1317 wegen Fristablaufs ausgeschlossen ist. Auch die Verwaltungsbehörde kann einen Antrag nicht mehr stellen, wenn etwa der Ehegatte, der sich bei der Eheschließung im Zustand der vorübergehenden Störung der Geistestätigkeit befand, die Ehe bestätigt hat (JOHANNSEN/HENRICH/HENRICH Rn 11).

1. Antragsberechtigung der Ehegatten

a) Allgemein
Nur der Ehegatte, in dessen Person ein **Willensmangel** vorliegt, kann in den Fällen **8** des § 1314 Abs 2 Nr 2–4 den Antrag stellen. Der andere Ehegatte hat in diesem Falle unabhängig von den Ursachen des Willensmangels kein Antragsrecht; er ist nicht schutzwürdig, da er ohne Beeinträchtigung seiner freien Willensbetätigung und ohne Irrtum die Ehe geschlossen hat.

In allen anderen Fällen sind beide Ehegatten je für sich – neben der Verwaltungs- **9** behörde und im Falle der Doppelehe auch des früheren Ehegatten – berechtigt, den Aufhebungsantrag zu stellen. Es kommt dabei nicht darauf an, ob sie bei Eingehung der Ehe den Aufhebungstatbestand kannten oder nicht (MünchKomm/WELLENHOFER Rn 2; JOHANNSEN/HENRICH/HENRICH Rn 1; GERNHUBER/COESTER-WALTJEN § 14 Rn 10); es kommt auch nicht darauf an, in der Person welches Ehegatten der zur Aufhebung führende Mangel besteht (MünchKomm/WELLENHOFER Rn 2; PALANDT/BRUDERMÜLLER Rn 3). Der Antrag kann als höchstpersönliche Angelegenheit nur von den im Gesetz genannten Antragsberechtigten selbst gestellt werden; eine Übertragung des Antragsrechts auf einen Dritten ist ausgeschlossen (MünchKomm/WELLENHOFER Rn 2; PALANDT/BRUDERMÜLLER Rn 2).

10 Eine Sonderregelung trifft § 1320 für den Fall der Wiederverheiratung nach fälschlicher Todeserklärung eines Ehegatten. Antragsberechtigt ist in diesem Falle (nur) der frühere Ehegatte des unzutreffenderweise für tot Erklärten, wenn er bei der zweiten Eheschließung nicht wusste, dass der für tot Erklärte noch lebt.

b) Nicht voll geschäftsfähige Ehegatten, Abs 2

11 Im Falle eines **geschäftsunfähigen Ehegatten** kann nur der gesetzliche Vertreter den Antrag auf Aufhebung der Ehe stellen, Abs 2 S 1. Es handelt sich dabei jedoch nicht um ein eigenes Antragsrecht des gesetzlichen Vertreters, sondern um die Ausübung des Antragsrechts des Ehegatten. Der gesetzliche Vertreter bedarf für den Antrag der Genehmigung des Familiengerichts, § 125 Abs 2 S 2 FamFG. Die Frage der Geschäftsfähigkeit bestimmt sich für Abs 2 nach dem **Zeitpunkt der Antragstellung**, nicht etwa nach dem Zeitpunkt der Eheschließung (MünchKomm/WELLENHOFER Rn 5; PALANDT/BRUDERMÜLLER Rn 6).

12 Der minderjährige, aber nicht geschäftsunfähige Ehegatte kann den Antrag auf Aufhebung nur selbst stellen; sein gesetzlicher Vertreter ist dazu – auch bei Verstoß gegen § 1303 und anders als noch nach § 30 Abs 1 S 2 EheG 1946 – nicht berechtigt (MünchKomm/WELLENHOFER Rn 5; JOHANNSEN/HENRICH/HENRICH Rn 7). Der Minderjährige bedarf für die Antragstellung auch nicht der Zustimmung des gesetzlichen Vertreters, Abs 2 S 2. Er ist nach § 125 Abs 1 FamFG insoweit auch prozessfähig. Durch diese Regelung wird der höchstpersönliche Charakter des Aufhebungsantrags sinnfällig unterstrichen (vgl BT-Drucks 13/4898, 20; JOHANNSEN/HENRICH/HENRICH Rn 6).

2. Antragsberechtigung der Verwaltungsbehörde

a) Aufhebungsgründe

13 Der Verwaltungsbehörde wird ein eigenes Antragsrecht im Hinblick auf die Verfolgung öffentlicher Interessen im Sinne der Wahrung der rechtlichen Ordnung im Zusammenhang mit der Ehe zugestanden (MünchKomm/WELLENHOFER Rn 7; ERMAN/ROTH Rn 4). Dies betrifft alle Aufhebungsgründe außer denjenigen, die auf dem Willensmangel eines Ehegatten beruhen (§ 1314 Abs 2 Nr 2–4). In diesen Fällen gibt es kein öffentliches Interesse daran, auf die Aufhebung der Ehe hinzuwirken; die Entscheidung über die Antragstellung kann allein dem betroffenen Ehegatten überlassen werden.

b) Ermessensentscheidung

14 Die Verwaltungsbehörde wird als Wahrer des öffentlichen Interesses tätig. Im Grundsatz steht die Entscheidung, ob sie den Antrag auf Aufhebung einer Ehe stellt, in ihrem pflichtgemäßen, an Art 6 GG orientierten Ermessen (BGH NJW 1986, 879, 880; MünchKomm/WELLENHOFER Rn 9; PALANDT/BRUDERMÜLLER Rn 8; JOHANNSEN/HENRICH/HENRICH Rn 8; BAMBERGER/ROTH/HAHN Rn 7; RAUSCHER Rn 217; WOLF FamRZ 1998, 1477,

1486). Sinn der Ermessensregelung ist es, der Behörde einen gewissen Spielraum zu geben; sie unterliegt bei ihrer Entscheidung dem Opportunitätsprinzip. Uneingeschränkt gilt dies indessen nur in den Fällen, in denen die Aufhebung auf § 1303 oder § 1311 gestützt wird, da in den übrigen Fällen das Ermessen durch Abs 3 eingeschränkt ist (sogleich Rn 16 ff). In diesen Fällen ist bei der Ausübung des Ermessens jeweils zu prüfen, ob im Einzelfall unter Berücksichtigung der Belange der Beteiligten (noch) ein öffentliches Interesse an der Aufhebung der Ehe besteht. Ein solches ist insbesondere dann nicht gegeben, wenn eine Heilung der aufhebbaren Ehe bevorsteht, § 1315 Abs 1 S 1 Nr 1 oder Abs 2 Nr 2 (MünchKomm/WELLENHOFER Rn 9; JOHANNSEN/HENRICH/HENRICH Rn 12; SOERGEL/HEINTZMANN Rn 9; einschränkend PALANDT/BRUDERMÜLLER Rn 10: *kann* absehen).

In allen Fällen – auch denen des Abs 3 – kann die Antragstellung durch die Ver- **15** waltungsbehörde weder von einem Ehegatten noch von einem Dritten im Gerichtswege erzwungen werden; ebensowenig kann auch die Antragstellung verhindert werden. Außer der Dienstaufsichtsbeschwerde gibt es keine Rechtsbehelfe. Insbesondere greift § 23 EGGVG nicht ein, weil es an einer Rechtsverletzung gemäß § 24 Abs 1 EGGVG fehlt; da die Verwaltungsbehörde ausschließlich im öffentlichen Interesse und nicht zum Schutz Dritter tätig wird, können diese allenfalls mittelbar, als Reflex, durch die Entscheidung der Verwaltungsbehörde betroffen sein. Das genügt aber nicht als Verletzung in eigenen Rechten (KG FamRZ 1986, 806; OLG Düsseldorf FamRZ 1996, 109, 110; MünchKomm/WELLENHOFER Rn 14; BAMBERGER/ROTH/HAHN Rn 7; PALANDT/BRUDERMÜLLER Rn 8; RAUSCHER Rn 217; GERNHUBER/COESTER-WALTJEN § 14 Rn 10).

c)   Einschränkung des Ermessens, Abs 3

Das grundsätzlich gegebene Verwaltungsermessen hinsichtlich der Frage, ob die **16** Verwaltungsbehörde den Antrag auf Aufhebung einer Ehe stellt, wird in Abs 3 für die meisten Fälle, in denen sie antragsberechtigt ist, erheblich eingeschränkt. Nur im Falle der fehlenden Ehemündigkeit und des Formverstoßes bleibt es beim freien Ermessen. In allen anderen Fällen **soll** die Verwaltungsbehörde den Antrag stellen. Die Soll-Vorschrift ist im verwaltungsrechtlichen Sinne als Muss-Vorschrift zu verstehen: Die Behörde hat zwingend den Antrag zu stellen, wenn nicht im Einzelfall eine besondere, atypische Situation gegeben ist, bei der die Regelanordnung ausnahmsweise nicht eingreift. Damit wird dem Gebot der Verhältnismäßigkeit Rechnung getragen, das bei einer generell zwingenden Regelung nicht eingreifen könnte. Als Grundregel ist demnach formuliert, dass die Verwaltungsbehörde mit ihrem Antrag das öffentliche Interesse in den genannten Fällen generell – von Ausnahmen abgesehen – wahrzunehmen hat.

Abs 3 HS 2 enthält eine **Härteklausel**. Zunächst ist deren Verhältnis zu Abs 3 HS 1 **17** zu klären. Der zweite Halbsatz kann so gelesen werden, dass damit die Einschränkung der Soll-Regelung formuliert wird, dass also der Antrag gestellt werden muss, wenn nicht die Härteklausel eingreift; andere Ausnahmefälle sind dann nicht vorgesehen (so JOHANNSEN/HENRICH/HENRICH Rn 9; ERMAN/ROTH Rn 5; RAUSCHER Rn 217). Der zweite Halbsatz kann aber auch so verstanden werden, dass die Soll-Regelung in Halbsatz 1 überhaupt nur zur Anwendung kommt, wenn kein Härtefall gegeben ist; bei dieser Lesart kann die Soll-Regelung auch durch im Gesetz nicht genannte Härtefälle eingeschränkt werden (so MünchKomm/WELLENHOFER Rn 10; PALANDT/BRUDER-

MÜLLER Rn 9). Der Fall der schweren Härte erfasst nur eine besondere Gruppe atypischer Fälle, in denen ein Absehen von der gesetzlichen Regelentscheidung zumindest zulässig, wenn nicht im Einzelfall zwingend sein muss, schließt aber andere atypische Fälle nicht aus; der Wortlaut lässt diese Auslegung zu. Abs 3 ist also derart aufzufassen, dass die Sollregelung von vornherein nicht eingreift, wenn eine schwere Härte vorliegt. Ist das nicht der Fall, ist regelmäßig der Antrag zu stellen, es sei denn, es liegt ein Ausnahmefall vor, auf den die Antragspflicht nicht zutrifft.

18 Die Härteklausel ist als Ausnahmeregelung formuliert: Das öffentliche Ordnungsinteresse muss eindeutig gegenüber den Belangen der Ehegatten oder der aus der aufhebbaren Ehe hervorgegangenen Kindern nachrangig sein, wenn die Härteklausel eingreifen soll. Dass die Aufhebung einer gelebten Ehe aufgrund eines Antrags der Verwaltungsbehörde – wenn die Ehegatten selbst keinen Aufhebungsantrag gestellt haben – generell eine Härte darstellen kann – auch für gemeinsame Kinder –, wird vorausgesetzt. Nur dann, wenn eine **schwere Härte** einträte, also eine vom Normalfall deutlich abweichende Situation gegeben ist, ist das Antragsrecht der Verwaltungsbehörde ausgeschlossen. Die Aufrechterhaltung bzw Wiederherstellung der öffentlichen Interessen hat danach generell Vorrang. Die schwere Härte kann bei jedem der beiden Ehegatten gegeben sein, ohne dass es darauf ankommt, ob der Aufhebungsgrund in seiner Person vorliegt oder ob er ihn bei der Eheschließung gekannt hat; diese Gesichtspunkte können allerdings bei der erforderlichen Abwägung eine Rolle spielen. Träte bei erfolgreicher Antragstellung eine schwere Härte ein, reduziert sich das Ermessen der Verwaltungsbehörde dahingehend, dass von einer Antragstellung abzusehen ist.

19 Neben den Fällen der Härteklausel *kann* die Behörde dann von der Antragstellung absehen *(muss* es aber grundsätzlich nicht)*, wenn **aus sonstigen Gründen** – ohne dass eine schwere Härte für die Ehegatten oder gemeinsame Kinder vorliegen muss – das **öffentliche Interesse ausnahmsweise** die **Durchsetzung der Aufhebung nicht gebietet.** Bekunden die Ehegatten im Falle einer Doppelehe, bei der die Erstehe zwischenzeitlich wirksam aufgelöst ist, dass sie nach Aufhebung unmittelbar wieder die Ehe eingehen werden, kann die Verwaltungsbehörde von der Antragstellung absehen (vgl JOHANNSEN/HENRICH/HENRICH Rn 10; RAUSCHER Rn 217). Auch in solchen Fällen kann sich das Ermessen der Verwaltungsbehörde dahingehend reduzieren, dass nur die Entscheidung, von der Antragstellung abzusehen, rechtmäßig ist. Das ist dann der Fall, wenn vom Standpunkt eines billig und gerecht denkenden Betrachters dem öffentlichen Interesse an der Aufhebung kein wesentliches Gewicht mehr beigemessen werden kann (BGH FamRZ 2012, 940, 941, der diesen Fall jedoch als einen Fall schwerer Härte einordnet; FamRZ 1994, 498, 499; OLG Nürnberg FamRZ 1998, 1110; MünchKomm/WELLENHOFER Rn 12). Diese Fälle wurden bislang unter dem Gesichtspunkt des Rechtsmissbrauchs diskutiert (vgl § 1315 Rn 56; vgl auch MünchKomm/WELLENHOFER Rn 12; differenzierend RAUSCHER Rn 217). Die Kriterien können übernommen werden. Allein die Tatsache, dass die Verwaltungsbehörde erst nach langem Bestehen der Zweitehe den Antrag auf deren Aufhebung stellt, führt jedenfalls dann, wenn die Erstehe noch besteht, nicht zu einer Ermessensreduzierung (vgl BGH FamRZ 1994, 498, 499; 2001, 685, 686). Auch dann, wenn es nicht lediglich um die Durchsetzung des Prinzips der Einehe geht, sondern andere Gründe (mit) eine Rolle spielen, findet keine Ermessensreduzierung statt (BGH FamRZ 2001, 685, 686). Eine Reduzierung ist zB dann anzunehmen, wenn es allein um die Durchsetzung des Prinzips der Einehe geht, obwohl etwa die Erstehe inzwischen wirksam aufgelöst ist und die Zweitehe von Anfang an nach dem Recht eines der Ehegatten wirksam war und nach dessen Recht die Aufhebung nicht anerkannt würde (OLG Nürnberg FamRZ 1998, 1109). Im Falle einer gegen § 1304 verstoßenden Ehe wurde angenommen, dass Ordnungsinteressen insoweit berührt sein können, als die Eheschließungsfreiheit betroffen sei, die Ehe mit dem Geschäftsunfähigen mit dem Ziel geschlossen worden sei, staatliche Leistungen oder sonstige öffentlich-rechtliche Vorteile zu erlangen oder eherechtliche Ansprüche zu begründen, von denen ausschließlich oder weit überwiegend der geschäftsfähige Ehepartner profitiere. Für die Eheerhaltung spreche, dass durch die Aufhebung der langjährig gewachsenen Lebensgemeinschaft die rechtliche und gesellschaftliche Grundlage entzogen werde (BGH FamRZ 2012, 940, 941; das Gericht leitet daraus eine schwere Härte ab).

Unter den Fällen, in denen die Härteklausel eingreifen kann, wird die **Doppelehe** im 20 Vordergrund stehen. Insbesondere in Fällen, in denen die Erstehe zwischenzeitlich wirksam (durch Scheidung oder Tod des anderen Ehegatten) aufgelöst ist und die Doppelehe seit Jahren besteht und aus ihr Kinder hervorgegangen sind, nimmt das öffentliche Interesse ab und die Belange der Ehegatten und Kinder können größeres Gewicht erlangen. Dabei ist allerdings auch zu berücksichtigen, dass es den Ehegatten angesonnen werden kann, durch Wiederholung der Eheschließung die Aufhebbarkeit zu beseitigen; die Rechte der Kinder werden dadurch nicht betroffen. Anders mag es im Fall einer im Ausland geschiedenen Erstehe sein, bei der das Urteil im Inland nicht anerkennungsfähig ist (OLG Nürnberg FamRZ 1998, 1109, 1110 f; MünchKomm/WELLENHOFER Rn 12; RAUSCHER Rn 217); hier wäre eine Wiederholung der Eheschließung nicht möglich bzw ebenfalls nicht wirksam, sodass die Interessen der Ehegatten und Kinder das geringe öffentliche Interesse, das lediglich in der Aufrechterhaltung des Prinzips besteht, überwiegen. Auch dann, wenn die Heilung der Doppelehe nach § 1315 Abs 2 Nr 1 nur daran gescheitert ist, dass der andere Ehegatte der Erstehe vor Rechtskraft des Urteils verstorben ist, dürften regelmäßig die Interessen der Ehegatten und Kinder der Zweitehe überwiegen (vgl MünchKomm/ WELLENHOFER Rn 12).

Bei der **Scheinehe** können die Interessen der Ehegatten als solcher (das Interesse 21 eines der Ehegatten etwa am Erwerb der deutschen Staatsbürgerschaft spielt bei der Abwägung keine Rolle) in der Regel nicht beeinträchtigt sein, da sie füreinander gerade keine Verantwortung übernehmen und gerade nicht „als Ehegatten" miteinander leben wollten; Kinder dürften einer solchen Ehe regelmäßig nicht entspringen. Im Übrigen ist zu bedenken, dass die Ehegatten ohne weiteres die Ehe jederzeit und ohne Schwierigkeiten – bis zur letzten mündlichen Verhandlung in dem Aufhebungsverfahren (WOLF FamRZ 1998, 1477, 1486) – nach § 1315 Abs 1 S 1 Nr 5 heilen können (vgl dort Rn 28 ff). Der zT konstruierte Fall, dass im Fall der Scheinehe der ausländische Ehegatte die mit der Eheschließung erstrebte Aufenthaltserlaubnis nicht erreicht hat, wieder im Ausland lebt und nicht zu erwarten ist, dass er die Ehe erneut zur Aufenthaltszwecken zu nutzen versucht (RAUSCHER Rn 217), kann jedenfalls nicht unter die Härteklausel subsumiert werden, da das – sicher geringe – öffentliche Interesse nicht durch Interessen der Ehegatten oder Kinder überspielt wird. Die Behörde *kann* allerdings wohl in einem solchen Fall von der Antragstellung absehen, weil ein atypischer Fall vorliegt, der eine Durchsetzung des geringen öffentlichen Interesses nicht erfordert (MünchKomm/WELLENHOFER Rn 12).

22 Für die Verwandtenehe ist ein Überwiegen der Interessen der Ehegatten gegenüber dem öffentlichen Interesse kaum vorstellbar. Im Fall der Geschäftsunfähigkeit kommt es auf den Einzelfall an. Der Fall der Bewusstlosigkeit bzw Geistesstörung bei der Eheschließung dürfte keine Rolle spielen, weil ein Fall vorübergehender Geschäftsunfähigkeit vorausgesetzt ist; wenn die Ehegatten nach Ende der Willensbeeinträchtigung die Ehe fortsetzen, tritt regelmäßig unmittelbar Heilung ein; möchte der betroffene Ehegatte die Ehe nicht fortsetzen, sind die Interessen des anderen Ehegatten am Bestand der Ehe ohnehin nicht geschützt.

23 Wenn die Verwaltungsbehörde in einem der Fälle des Abs 3 den Antrag auf Aufhebung der Ehe stellt, hat das Gericht eigenständig zu prüfen, ob die Härteklausel eingreift oder das Ermessen aus anderen Gründen dahingehend reduziert ist, dass ein Antrag nicht zu stellen ist. Ist das der Fall, ist der Antrag der Verwaltungsbehörde als unzulässig abzuweisen (BGH FamRZ 2012, 940, 941; MünchKomm/WELLENHOFER Rn 11; PALANDT/BRUDERMÜLLER Rn 8).

d) Mitwirkung ohne eigenen Antrag

24 In den Fällen des Abs 1 Nr 1, also bei solchen Aufhebungsgründen, bei denen die Verwaltungsbehörde auch selbst antragsberechtigt ist, hat das Gericht die Verwaltungsbehörde darüber zu informieren, dass ein Ehegatte oder der Ehegatte der ersten Ehe den Antrag auf Aufhebung der Ehe gestellt hat, § 129 Abs 2 S 1 FamFG. Die Verwaltungsbehörde kann dann, ohne selbst den Antrag gestellt zu haben, das Verfahren eigenständig und unabhängig von dem Antragsteller betreiben und dabei insbesondere selbst Anträge stellen und Rechtsmittel einlegen. Sie kann – weil sie eine selbstständige Verfahrensposition erlangt – das Verfahren auch weiterführen, wenn der Antragsteller den Antrag zurücknimmt; Voraussetzung dafür ist allerdings, dass die Verwaltungsbehörde sich bereits vor der Verfahrensbeendigung an dem Verfahren beteiligt hat; anderenfalls muss sie ggf einen neuen, eigenen Antrag stellen (MünchKomm/WELLENHOFER Rn 16). Die Verwaltungsbehörde kann, wenn sie sich ohne eigenen Antrag beteiligt, sowohl für die Aufhebung als auch für die Aufrechterhaltung der Ehe eintreten (OLG Karlsruhe FamRZ 1991, 92, 93; BAMBERGER/ROTH/HAHN Rn 5; FK-FamR/FRIEDERICI Rn 8; GERNHUBER/COESTER-WALTJEN § 14 Rn 13), wobei sich die Entscheidung nach denselben Grundsätzen richtet, wie die Ermessensausübung bei der Frage, ob die Behörde von sich aus den Antrag stellt.

e) Zuständige Behörde

25 Die Bestimmung der zuständigen Verwaltungsbehörde obliegt den Bundesländern; Abs 1 Nr 1 enthält eine Verordnungsermächtigung zugunsten der Landesregierungen, die diese Ermächtigung durch Rechtsverordnung auf die zuständigen obersten Landesbehörden übertragen können.

Die Bundesländer haben von der Ermächtigung in sehr verschiedener Weise Gebrauch gemacht. Zum Teil ist die Zuständigkeit – auch in Flächenstaaten – auf eine oder wenige Behörden auf der Ebene der Regierungspräsidien konzentriert, zum Teil liegt die Zuständigkeit bei den Kreisen und kreisfreien Städten oder den Bezirksämtern in Stadtstaaten.

Zuständige Behörden im Einzelnen sind: **26**

Baden-Württemberg: Regierungspräsidium Tübingen (VO v 16. 1. 2001, GBl 2001, 2, StAZ 2001, 124)

Bayern : Regierung von Mittelfranken (VO v 3. 6. 2008, GVBl 2008, 326)

Berlin: Bezirksverwaltungen (§§ 3 Abs 2, 4 Abs 1 S 2 AZG v 2. 10. 1958 mit zugehöriger Anlage)

Brandenburg: Innenministerium (§ 18 Brandenburgisches AGBGB v 28. 7. 2000, GVBl 2000, 114)

Bremen: Standesämter (EheAufhAZustVO v 7. 8. 2001, GBl 2001, 261, StAZ 2002, 86)

Hamburg: Bezirksämter (Anordnung v 23. 6. 1970, Amtl Anzeiger 1073)

Hessen : Regierungspräsidien (EheAufhVwBehBestV v 22. 12. 1999, GVBl 2000, 26, StAZ 2000, 93)

Mecklenburg-Vorpommern: Landkreise und kreisfreie Städte (Gesetz v 10. 12. 1999, GVBl 1999, 632, StAZ 2000, 93)

Niedersachsen: Landkreise, kreisfreie Städte, große selbstständige Städte (§ 2 Nr 8 AllgZustVO-Kom v 14. 12. 2004, GVBl 2004, 589)

Nordrhein-Westfalen: Bezirksregierungen Köln und Arnsberg (VO v 26. 5. 1998, GVBl 1998, 391)

Rheinland-Pfalz: Aufsichts- und Dienstleistungsdirektion (VO v 3. 7. 1998, GVBl 197)

Saarland: Landesverwaltungsamt (AGJusG v 5. 2. 1997, ABl 258)

Sachsen: Landesdirektionen (§ 6 Abs 1 SächsPStVO v 7. 1. 2009, GVBl 3)

Sachsen-Anhalt: Kreise und kreisfreie Städte (§ 1 Nr 14 VO v 7. 5. 1994, GVBl 1994, 568, idF v 9. 12. 1998, GVBl 1998, 476)

Schleswig-Holstein: Landrätinnen/Landräte der Kreise, Bürgermeisterinnen/Bürgermeister der kreisfreien Städte (VO v 26. 5. 1998, GVBl 1998, 199, StAZ 1998, 336)

Thüringen: Landesverwaltungsamt (VO v 11. 1. 1999, GVBl 1999, 52).

3.   Antragsberechtigung des früheren Ehegatten oder Lebenspartners

Nur im Falle der Doppelehe kann auch ein Dritter, nämlich der andere Ehegatte der   **27** ersten Ehe oder der Lebenspartner einer vor der Ehe eingegangenen eingetragenen Lebenspartnerschaft („dritte Person") einen Antrag auf Aufhebung stellen. Das gilt grundsätzlich auch dann, wenn die erste Ehe zum Zeitpunkt der Antragstellung geschieden bzw die eingetragene Lebenspartnerschaft aufgehoben ist, wenn nicht ein Fall des § 1315 Abs 2 Nr 1 vorliegt, in dem die Aufhebung generell ausgeschlossen ist.

28 Das Antragsrecht des anderen Ehegatten aus der ersten Ehe bzw des Lebenspartners ist nach Abs 1 Nr 1 nicht eingeschränkt. Dabei bleibt es, solange die Erstehe (eingetragene Lebenspartnerschaft) nicht aufgelöst ist. Auch die Tatsache, dass nach Auflösung der Erstehe der Dritte nicht mehr „Ehegatte" (Lebenspartner) ist, ändert an seiner Antragsbefugnis grundsätzlich nichts (BGH FamRZ 2002, 604, 605). Der BGH fordert allerdings dann, wenn die Erstehe aufgelöst ist, ein besonderes Rechtsschutzbedürfnis des Ehegatten aus der ersten Ehe: Da die Aufhebung nur für die Zukunft wirke, könnten Rechte des Ehegatten aus der früheren Ehe grundsätzlich nur dann beeinträchtigt sein, solange diese noch bestehe. Ist diese aufgelöst, muss der frühere Ehegatte eigene Belange (Klärung renten- oder vermögensrechtlicher Ansprüche) ausdrücklich geltend machen; eine Berufung auf öffentliche Interessen genügt nicht. Auch soweit eigene Belange gegeben sind, gewährt der BGH die Antragsbefugnis nur, wenn diesen auch gegenüber den Belangen der Ehegatten der Zweitehe und der daraus hervorgegangenen Kinder der Vorzug zu geben sei (BGH FamRZ 2002, 604, 605 f; JOHANNSEN/HENRICH/HENRICH Rn 2; PALANDT/BRUDERMÜLLER Rn 4; ERMAN/ROTH Rn 3; FK-FamR/FRIEDERICI Rn 9; OEHLMANN/STILLE FuR 2003, 494, 498 f für weite Anwendung). Entsprechendes hat für den Lebenspartner zu gelten.

III. Rechtsmissbräuchliche Antragstellung

29 Die Frage, unter welchen Umständen ein Antrag auf Aufhebung der Ehe ggf rechtsmissbräuchlich ist, betrifft nur zum Teil die in § 1316 geregelte Frage, wer als Antragsteller für ein auf Aufhebung der Ehe gerichtetes Verfahren in Betracht kommt. Diese Frage wird daher in Zusammenhang mit anderen einen Antrag auf Aufhebung der Ehe ausschließenden Gründen bei § 1315 behandelt (s dort Rn 50 ff).

IV. Internationales Privatrecht

30 Die Antrags- bzw Klagebefugnis richtet sich nach dem nach Art 13 Abs 1 EGBGB berufenen Recht (STAUDINGER/MANKOWSKI [2011] Art 13 EGBGB Rn 455 ff).

§ 1317
Antragsfrist

(1) Der Antrag kann in den Fällen des § 1314 Absatz 2 Nummer 2 und 3 nur binnen eines Jahres, im Falle des § 1314 Absatz 2 Nummer 4 nur binnen drei Jahren gestellt werden. Die Frist beginnt mit der Entdeckung des Irrtums oder der Täuschung oder mit dem Aufhören der Zwangslage; für den gesetzlichen Vertreter eines geschäftsunfähigen Ehegatten beginnt die Frist jedoch nicht vor dem Zeitpunkt, in welchem ihm die den Fristbeginn begründenden Umstände bekannt werden, für einen minderjährigen Ehegatten nicht vor dem Eintritt der Volljährigkeit. Auf den Lauf der Fristen sind die §§ 206, 210 Abs. 1 Satz 1 entsprechend anzuwenden.

(2) Hat der gesetzliche Vertreter eines geschäftsunfähigen Ehegatten den Antrag nicht rechtzeitig gestellt, so kann der Ehegatte selbst innerhalb von sechs Monaten nach dem Wegfall der Geschäftsunfähigkeit den Antrag stellen.

(3) Ist die Ehe bereits aufgelöst, so kann der Antrag nicht mehr gestellt werden.

Materialien: Abs 1: BGB 1900 § 1339 – JAKOBS/SCHUBERT, Familienrecht I 125 ff; Vorentw PLANCK § 54; E I § 1264; II § 1247; III § 1322; Begründung PLANCK I 228 ff; Mot IV 93 f = MUGDAN IV 53; Prot IV 90 = MUGDAN IV 731 f; EheG 1938 § 40; EheG 1946 § 35; akt Fassung BT-Drucks 13/4898, 21; 17/4401, 13; **Abs 2**: BGB 1900 § 1340 – JAKOBS/SCHUBERT, Familienrecht I 125 ff; E II § 1248; III § 1323; Prot IV 84, 89 f = MUGDAN IV 27 f; D 183 ff = MUGDAN IV 1141; EheG 1938 § 41; EheG 1946 § 36; akt Fassung BT-Drucks 13/4898, 21; **Abs 3**: BGB 1900 § 1338 – JAKOBS/SCHUBERT, Familienrecht I 125 ff; Vorentw PLANCK § 54 Abs 4; E I § 1262; II § 1245; III § 1321; Begründung PLANCK I 233 f; Mot IV 87 ff = MUGDAN IV 49 ff; Prot IV 81 f = MUGDAN 726; vgl EheG 1938 § 28 – DJ 1938, 1105; EheG 1946 § 24; akt Fassung BT-Drucks 13/9416, 28; STAUDINGER/BGB-Synopse (2006) § 1317.

Schrifttum

LÜKE, Eheaufhebungsklage bei geschiedener Ehe – BGH, NJW 1996, 2727, JuS 1997, 397; vHEINTSCHEL-HEINEGG, Die neue Ehesache: Dem Scheidungsurteil werden die Rechtsfolgen des § 37 Abs. 2 EheG beigegeben, FuR 1997, 254.

Systematische Übersicht

Alphabetische Übersicht

I. Allgemeines

1. Textgeschichte

1 § 1317 Abs 1 S 1 und 2 übernimmt die Regelung des § 35 Abs 1 und 2 EheG 1946; die Verweisung in § 1317 Abs 1 S 3 entspricht der früheren eigenständigen Regelung in § 35 Abs 3 und 4 EheG 1946. Abs 1 S 1 ist 2011 durch das Gesetz zur Bekämpfung der Zwangsheirat und zum besseren Schutz der Opfer von Zwangsheirat sowie zur Änderung weiterer aufenthalts- und asylrechtlicher Vorschriften dahingehend verändert worden, dass für Fälle der Drohung die Antragsfrist auf drei Jahre verlängert worden ist. § 1317 Abs 2 entspricht der Vorgängerregelung in § 36 EheG 1946. Gegenüber §§ 35, 36 EheG 1946 enthält § 1317 – mit Ausnahme eines engeren Anwendungsbereiches bezüglich der befristeten Aufhebungsgründe und der dargestellten Fristverlängerung – keine inhaltlichen Änderungen; gegenüber der Vorgängerregelung ist der Fristbeginn im Falle der gesetzlichen Vertretung und bei einem beschränkt geschäftsfähigen Ehegatten ausdrücklich geregelt. In der Substanz gehen die Regelungen auf §§ 1339, 1340 aF (gültig bis zum Inkrafttreten des EheG 1938 am 1. 8. 1938) zurück und wurden auch in §§ 40, 41 EheG 1938 übernommen. Zur Textgestalt im Einzelnen vgl STAUDINGER/BGB-Synopse (2006) jeweils zu den genannten Regelungen.

2 Abs 3 hat keine unmittelbare Vorläuferregelung. Das BGB 1900 schloss in § 1338 die Anfechtung der Ehe grundsätzlich aus, wenn diese aufgelöst war, es sei denn die Auflösung war durch den Tod des nicht anfechtungsberechtigten Ehegatten erfolgt; dann sollte der anfechtungsberechtigte Ehegatte sein Recht noch durchsetzen können. Diese Regelung ist in das EheG 1938 und das EheG 1946 nicht übernommen worden. Nach der ursprünglichen Fassung des BGB konnte die Nichtigkeit grundsätzlich nur im Wege der Nichtigkeitsklage geltend gemacht werden; war die Ehe aufgelöst, konnte man sich auch ohne gerichtliche Nichtigkeitsfeststellung darauf berufen. Seit dem EheG 1938 konnte die Nichtigkeit generell nur geltend gemacht werden, wenn die Ehe durch Urteil für nichtig erklärt worden war (§ 27 EheG 1938,

§ 23 EheG 1946). War die Ehe aufgelöst, konnte nur noch der Staatsanwalt die Nichtigkeitsklage erheben; waren beide Ehegatten verstorben, konnte die Nichtigkeitsklage nicht mehr erhoben werden (§ 28 EheG 1938, § 24 EheG 1946). Abs 3 ist vom Rechtsausschuss erst nachträglich in den Gesetzentwurf aufgenommen worden (BT-Drucks 13/9416, 28) und klärt eine unter der Geltung des alten Rechts umstrittene Frage (vgl Rn 41).

2. Normzweck

Die Befristung des Abs 1 betrifft ausschließlich die Fälle von Willensmängeln; eben- **3** so wie bei der Anfechtung bei anderen Willenserklärungen (vgl §§ 121 Abs 1, 124 Abs 1) soll innerhalb einer angemessenen Frist Klarheit darüber geschaffen werden, ob der Ehegatte, dessen Erklärung von einem Willensmangel betroffen ist, sich an dieser Erklärung festhalten lassen oder diese wieder beseitigen will. Geschützt werden die Interessen des anderen Ehegatten und der beteiligten Familien, aber auch das öffentliche Interesse daran, über den Fortbestand der Ehe Klarheit zu erlangen (BGHZ 25, 66, 74 zu § 35 EheG 1946; MünchKomm/WELLENHOFER Rn 1; JOHANNSEN/HENRICH/HENRICH Rn 2; BAMBERGER/ROTH/HAHN Rn 1). In Fällen, in denen der Aufhebungsgrund allein auf dem Willensmangel eines Ehegatten beruht, kann eine solche Befristung eingeführt werden, weil dem betroffenen Ehegatten eine Entscheidung innerhalb der Frist zumutbar ist und öffentliche Interessen, die eine Eheaufhebung ungeachtet der verstrichenen Zeit als zwingend erscheinen lassen können, durch den Fristablauf nicht berührt werden.

Abs 3 dient der – ausschnittsweisen – Klarstellung des Verhältnisses der verschie- **4** denen Gründe für eine Auflösung der Ehe. Er ist systematisch an dieser Stelle verfehlt, da er mit der in Abs 1 und 2 geregelten – und auch in der amtlichen Überschrift genannten – Antragsfrist nichts zu tun hat. Ein nach anderweitiger Auflösung der Ehe gestellter Antrag auf Aufhebung ist nicht verfristet, sondern allenfalls aufgrund der faktischen Lage und aufgrund gesetzlicher Entscheidung – eine andere Lösung wäre möglich – überholt.

II. Anwendungsbereich

Der Anwendungsbereich von Abs 1 und 2 sowie Abs 3 ist unterschiedlich.   **5**

Eine Antragsfrist besteht gemäß § 1317 nur für die Aufhebungsgründe nach § 1314 Abs 2 Nr 2–4 (vgl AG Pankow-Weißensee FamRZ 2009, 1325 zum Fall der Scheinehe). Daneben trifft § 1320 Abs 1 S 2, 3 noch eine Sonderregelung für die Aufhebung der neuen Ehe bei Wiederverheiratung nach Todeserklärung; der Antrag auf Aufhebung der neuen Ehe kann nur innerhalb eines Jahres nach Kenntnis von der Tatsache, dass der für tot erklärte Ehegatte noch lebt, gestellt werden (im Einzelnen vgl STAUDINGER/LÖHNIG § 1320 Rn 9 ff). In **allen anderen Fällen** des § 1314 ist die Eheaufhebung **unbefristet** möglich.

Die Regelung des Abs 3 gilt für alle Auflösungsgründe.

III. Antragsfrist

1. Länge der Frist

6 Die Antragsfrist beträgt in den Fällen, dass der Ehegatte nicht wusste, dass es sich um eine Eheschließung handelte, und der arglistigen Täuschung **ein Jahr**. Für den Fall der Drohung ist die Frist auf **drei Jahre** verlängert worden. Anlass sind Fälle der Zwangsheirat gewesen. Zwar beginnt die Frist erst mit Beendigung der Zwangslage (unten Rn 35), doch sieht der Gesetzgeber die Notwendigkeit einer längeren Frist, weil der zur Ehe gezwungene Ehegatte sich aus verschiedenen Gründen (Verlust der Familie, Aggressionen von Verwandten, Druck des anderen Ehegatten, Misshandlungen und psychischer Druck) vorübergehend seinem Schicksal füge und erst nach längerem Zeitablauf in der Lage sein könne, die Aufhebung der Ehe aktiv zu betreiben (BT-Drucks 17/4401, 13). Die Fristen werden nach §§ 187 Abs 1, 188 Abs 2, 193 berechnet. Es handelt sich um materiellrechtliche **Ausschlussfristen**, deren Einhaltung von Amts wegen zu beachten ist (BGHZ 25, 66, 74; PALANDT/BRUDERMÜLLER Rn 2; MünchKomm/WELLENHOFER Rn 2; JOHANNSEN/HENRICH/HENRICH Rn 2; ERMAN/ROTH Rn 2; BAMBERGER/ROTH/HAHN Rn 1). Wird die Frist versäumt, geht das **Aufhebungsrecht verloren**; ein dennoch gestellter **Aufhebungsantrag** ist **unbegründet** (BGHZ 25, 66, 74; PALANDT/BRUDERMÜLLER Rn 2; MünchKomm/WELLENHOFER Rn 2; JOHANNSEN/HENRICH/HENRICH Rn 2). Die Frist ist nicht disponibel; auf ihre Einhaltung kann weder überhaupt verzichtet werden, noch kann sie durch Vereinbarung verlängert oder verkürzt werden (PALANDT/BRUDERMÜLLER Rn 2; MünchKomm/WELLENHOFER Rn 2; JOHANNSEN/HENRICH/HENRICH Rn 2; ERMAN/ROTH Rn 2; BAMBERGER/ROTH/HAHN Rn 1).

2. Fristwahrung

7 Die **Frist** wird **gewahrt durch Zustellung der** auf Aufhebung der Ehe gerichteten **Antragsschrift** an den Antragsgegner (§§ 124 S 2 FamFG, 253 Abs 1 ZPO). Allgemeinen Grundsätzen folgend wird die Frist auch dann gewahrt, wenn die Antragsschrift vor Ablauf der Frist bei Gericht eingereicht ist und die Zustellung an den Antragsgegner „demnächst" erfolgt, §§ 113 Abs 1 FamFG, 167 ZPO (BGHZ 25, 66, 74 f; PALANDT/BRUDERMÜLLER Rn 6; MünchKomm/WELLENHOFER Rn 2; JOHANNSEN/HENRICH/HENRICH Rn 3; BAMBERGER/ROTH/HAHN Rn 4; FK-FamR/FRIEDERICI Rn 2). Der Antragsteller kann daher die Ausschlussfrist des Abs 1 S 1 bis zum letzten Tag ausnutzen und muss nicht eine Reserve für innergerichtliche Vorgänge und die für die Zustellung benötigte Zeit einkalkulieren. § 167 ZPO nimmt dem Antragsteller aber das Verzögerungsrisiko nur insoweit ab, als die Gründe außerhalb seiner Einflusssphäre liegen. Er muss daher alles zumutbare tun, damit die Zustellung der Antragsschrift alsbald erfolgen kann. Die Frist ist daher nicht gewahrt, wenn die Zustellung mehr als nur unerheblich (ca zwei Wochen) durch Verschulden des Antragstellers (oder seines Prozessbevollmächtigten) verzögert wird (vgl THOMAS/PUTZO/HÜSSTEGE § 167 ZPO Rn 12 f; JOHANNSEN/HENRICH/HENRICH Rn 3). Entsprechendes gilt, wenn ein prozessualer Mangel (unterbliebene Zustellung) durch rügelose Einlassung des Antragsgegners rückwirkend geheilt worden ist und der Zeitpunkt der unterlassenen Rüge einer „demnächst" erfolgten Zustellung entspricht (BGHZ 25, 66, 74 ff; JOHANNSEN/HENRICH/HENRICH Rn 4).

8 Die Antragsfrist wird grundsätzlich auch durch Einreichung des Antrags bei einem

unzuständigen Gericht gewahrt, wenn das Verfahren – auch noch nach Ablauf der Antragsfrist – nach §§ 113 Abs 1 FamFG, 281 ZPO auf entsprechenden Antrag des Antragstellers an das zuständige Gericht verwiesen wird (vgl BGH NJW 1998, 3648 zu § 23 Abs 4 WEG; NJW 1986, 2255 zu § 30 PrEnteignG; PALANDT/BRUDERMÜLLER Rn 6; Münch-Komm/WELLENHOFER Rn 2; JOHANNSEN/HENRICH/HENRICH Rn 5; SOERGEL/HEINTZMANN Rn 9). Wird der Antrag dagegen – insbesondere mangels Verweisungsantrags – **abgewiesen**, wird die Frist **nicht gewahrt**.

Stellt der gesetzliche Vertreter eines geschäftsunfähigen Ehegatten den Antrag, **9** bedarf er einer Genehmigung des Familiengerichts (§ 125 Abs 2 S 2 FamFG). Auch die gerichtliche Genehmigung muss innerhalb der Frist eingehen (JOHANNSEN/HEN-RICH/HENRICH Rn 8; PALANDT/BRUDERMÜLLER Rn 6; BAMBERGER/ROTH/HAHN Rn 4; FK-FamR/ FRIEDERICI Rn 2; SOERGEL/HEINTZMANN Rn 9).

Wird der Antrag auf Aufhebung der Ehe innerhalb der Frist gestellt, wirkt die **10** **Wahrung der Frist** auch **für andere**, im Antrag nicht benannte **Aufhebungsgründe**, soweit diese überhaupt befristet sind, die Frist zu diesem Zeitpunkt noch nicht abgelaufen ist und der Antragsteller sich im laufenden Verfahren später (auch nach Ablauf der Antragsfrist) auf diese anderen Gründe stützt (RG HRR 1931 Nr 834; PALANDT/BRUDERMÜLLER Rn 6; MünchKomm/WELLENHOFER Rn 3; ERMAN/ROTH Rn 2; JOHANN-SEN/HENRICH/HENRICH Rn 6; SOERGEL/HEINTZMANN Rn 9). Dies gilt auch dann, wenn der Antragsteller sich ursprünglich nur auf einen Aufhebungsgrund berufen hat, der selbst keiner Frist unterliegt. Nach dem Normzweck (oben Rn 3) ist entscheidend, dass der Bestand der Ehe überhaupt innerhalb kurzer Frist geklärt wird. Dieses Ziel wird ebenso erreicht, wenn zwar zunächst das Verfahren auf einen nicht befristeten Aufhebungsgrund gestützt wird, im Verlauf desselben aber auf einen befristeten Grund übergegangen wird. Wird dagegen der Antrag abgewiesen, ohne dass ein anderer befristeter Aufhebungsgrund geltend gemacht wird, kann ein solcher *später* nur dann noch zum Gegenstand eines Aufhebungsverfahrens gemacht werden, wenn die Frist zu diesem Zeitpunkt noch nicht abgelaufen ist.

Umstritten ist, ob auch ein innerhalb der Frist des Abs 1 erhobener **Antrag auf 11 Ehescheidung** die **Frist** für befristete Aufhebungsgründe **wahrt**. Dies wird überwiegend mit der Begründung bejaht, der Scheidungsantrag sei ebenso wie der Antrag auf Aufhebung auf die Auflösung der Ehe gerichtet und diesem daher insoweit gleichzustellen (RGZ 104, 155, 157; 160, 19, 23; OLG Oldenburg MDR 1955, 166; PALANDT/ BRUDERMÜLLER Rn 6; MünchKomm/WELLENHOFER Rn 3; JOHANNSEN/HENRICH/HENRICH Rn 6; ERMAN/ROTH Rn 2; SOERGEL/HEINTZMANN Rn 10). Die zitierte Rechtsprechung beruht allerdings noch auf der – überholten – Annahme eines einheitlichen Streitgegen-standes „Auflösung der Ehe" bzw § 616 ZPO aF (vgl dazu Vorbem 35 zu §§ 1313 ff). Zum Teil wird diese Ansicht abgelehnt – die Erhebung des Antrags auf Ehescheidung wahre die Frist nicht –, da es sich um verschiedene Streitgegenstände handele (STAUDINGER/KLIPPEL [2000] Rn 7). Die Berufung auf die Verschiedenheit des Streit-gegenstandes kann nicht überzeugen; auch verschiedene Aufhebungsgründe stellen unterschiedliche Streitgegenstände dar (vgl § 1313 Rn 35). Dennoch wahrt nach all-gemeiner Auffassung ein fristgerecht gestellter Aufhebungsantrag auch für andere, nicht genannte Gründe die Frist (oben Rn 10; ebenso auch STAUDINGER/KLIPPEL [2000] Rn 7). Dem Normzweck, innerhalb angemessener Frist über den Fortbestand der Ehe Klarheit zu erhalten, ist durch den Scheidungsantrag, der hinsichtlich der Auf-

Reinhard Voppel

lösung der Ehe dasselbe Ziel wie ein Aufhebungsantrag verfolgt, genügt. Der überwiegenden Ansicht ist daher zu folgen.

12 Stellt ein Ehegatte den Antrag auf Aufhebung der Ehe (oder auf Ehescheidung), wird damit nur für ihn selbst die Frist des Abs 1 gewahrt. Die Fristwahrung wirkt nicht zugunsten des anderen Ehegatten (PALANDT/BRUDERMÜLLER Rn 6; MünchKomm/ WELLENHOFER Rn 3; ERMAN/ROTH Rn 2). Der Antragsgegner muss daher, will er einen anderen – befristeten – Aufhebungsgrund geltend machen, innerhalb der für ihn laufenden Frist ggf einen Gegenantrag erheben (RGZ 104, 155, 157; KG JW 1928, 3061; vgl SOERGEL/HEINTZMANN Rn 10); zur Fristwahrung ist die Zustellung von Anwalt zu Anwalt ausreichend (BGHZ 17, 234).

Wird der **Antrag zurückgenommen, entfällt** die **fristwahrende Wirkung** des Antrags; der Antrag kann nur erneut gestellt werden, wenn zu diesem Zeitpunkt die Frist noch nicht abgelaufen ist (PALANDT/BRUDERMÜLLER Rn 6; MünchKomm/WELLENHOFER Rn 2; JOHANNSEN/HENRICH/HENRICH Rn 7; ERMAN/ROTH Rn 2; SOERGEL/HEINTZMANN Rn 11).

13 Anders als etwa im Falle der Anfechtung wegen Irrtums oder arglistiger Täuschung oder Drohung, bei der unabhängig von dem an der Kenntnis bzw dem Aufhören der Zwangslage orientierten Beginn der Anfechtungsfrist die Anfechtung nach Ablauf von zehn Jahren nach Abgabe der Willenserklärung ausgeschlossen ist (§§ 121 Abs 2, 124 Abs 3), gibt es für den Antrag auf Aufhebung der Ehe **keine absolute Ausschlussfrist**. Auch wenn der Ehegatte erst nach Jahrzehnten von dem Irrtum Kenntnis erlangt oder die Täuschung entdeckt oder erst dann die Zwangslage aufhört, ist ein Antrag auf Aufhebung noch innerhalb eines Jahres möglich, wenn er nicht aus anderen Gründen (§§ 1315, 1317 Abs 3) ausgeschlossen ist (MünchKomm/ WELLENHOFER Rn 4; SOERGEL/HEINTZMANN Rn 8, der aber darauf hinweist, dass in diesen Fällen an unzulässige Rechtsausübung zu denken sei).

3.   Hemmung der Frist, Abs 1 S 3, Abs 2

14 Für zwei Sachverhalte verweist Abs 1 S 3 auf Vorschriften des Verjährungsrechts, die einen Hemmungstatbestand darstellen. Diese Verweisung ist abschließend; andere Regelungen über Tatbestände, die eine Hemmung oder den Neubeginn der Verjährung begründen, sind auf den Lauf der Antragsfrist nicht anzuwenden.

a)   Höhere Gewalt
15 Die Antragsfrist ist gehemmt, wenn der Ehegatte, dem ein Antragsgrund nach § 1314 Abs 2 Nr 2–4 zur Seite steht, in den letzten sechs Monaten vor Fristablauf durch höhere Gewalt an der Rechtsverfolgung gehindert ist. Tritt eine solche Hinderung länger als sechs Monate vor Ablauf der Frist ein, hat dies auf den Fristablauf keine Auswirkung. Ein Hinderungsgrund, der zwar vor den letzten sechs Monaten eintritt, aber innerhalb der letzten sechs Monate weiterwirkt, hemmt die Frist, soweit er innerhalb der letzten sechs Monate besteht (HOFFMANN/STEPHAN § 35 EheG Rn 22; PALANDT/ELLENBERGER § 206 Rn 2; vgl STAUDINGER/PETERS/JACOBY [2014] § 206 Rn 2).

16 Voraussetzung für die Hemmung der Antragsfrist nach dieser Regelung ist das Vorliegen **höherer Gewalt** als Hinderungsgrund für die Rechtsverfolgung. In der Vorgängerregelung des § 35 Abs 2 EheG 1946 ist mit gleicher Bedeutung die For-

mulierung „unabwendbarer Zufall" verwandt worden (ebenso in § 233 Abs 1 ZPO aF, vgl zur Gleichsetzung STAUDINGER/PETERS/JACOBY [2014] § 206 Rn 4; JOHANNSEN/HENRICH/ HENRICH Rn 13). Durch höhere Gewalt an der Rechtsverfolgung gehindert ist der Ehegatte, wenn die Hinderung auf einem Ereignis beruht, das nach den Umständen auch durch die äußerste, billigerweise zu erwartende Sorgfalt nicht vorausgesehen und nicht abgewendet werden konnte (BGHZ 81, 353, 355; PALANDT/ELLENBERGER § 206 Rn 4; STAUDINGER/PETERS/JACOBY [2014] § 206 Rn 3). Ein Unterfall der höheren Gewalt ist der früher in § 203 Abs 1 aF gesondert aufgeführte Stillstand der Rechtspflege. Höhere Gewalt wird durch jedes, auch das geringste Verschulden des Ehegatten selbst – allerdings unter Berücksichtigung seiner persönlichen Kenntnisse und Fähigkeiten – (vgl BGHZ 81, 353, 355; BGH NJW 1997, 3164) oder seines Prozessbevollmächtigten (BGHZ 17, 199, 203 ff; 31, 342, 347; 81, 353, 355; NJW 1973, 698, 699) ausgeschlossen (STAUDINGER/PETERS/JACOBY [2014] § 206 Rn 26 ff mit Differenzierungen im Einzelnen; JOHANNSEN/HENRICH/HENRICH Rn 14).

17 Beispiele höherer Gewalt sind etwa plötzliche Krankheit, aber nur, wenn sie die Besorgung der eigenen Angelegenheiten schlechthin unmöglich macht, etwa infolge Deliriums oder Bewusstlosigkeit (BGH VersR 1963, 94; PALANDT/ELLENBERGER § 206 Rn 5; MünchKomm/WELLENHOFER Rn 7; STAUDINGER/PETERS/JACOBY [2014] § 206 Rn 17), oder Mittellosigkeit, wenn spätestens am Tag des Fristablauf ordnungsgemäß ein Verfahren auf Gewährung von Prozesskostenhilfe eingeleitet wird (soweit nicht schon § 204 Abs 1 Nr 14 eingreift, BGHZ 70, 235, 239; STAUDINGER/PETERS/JACOBY [2014] § 206 Rn 19; MünchKomm/ WELLENHOFER Rn 7). Das Fehlen eines gesetzlichen Vertreters für den anderen Ehegatten, der prozessunfähig ist, wurde früher zum Teil als Fall der höheren Gewalt angesehen (OLG Zweibrücken FamRZ 1982, 373, 375; MünchKomm/MÜLLER-GINDULLIS[4] Rn 7); durch die Verweisung auf den insoweit gegenüber der Vorgängervorschrift erweiterte Regelung des § 210 Abs 1 S 1 ist für diesen Fall aber nunmehr anderweitig im Sinne einer Ablaufhemmung vorgesorgt (vgl unten Rn 20).

18 Die – auch unverschuldete – Unkenntnis vom Bestehen der Möglichkeit, die Aufhebung der Ehe zu beantragen, bzw der Antragsfrist (**unverschuldeter Rechtsirrtum**), ist keine höhere Gewalt (JOHANNSEN/HENRICH/HENRICH Rn 14; MünchKomm/WELLENHOFER Rn 7; PALANDT/ELLENBERGER § 206 Rn 6; STAUDINGER/PETERS/JACOBY [2014] § 206 Rn 29; vgl BGH NJW 1968, 1381; 1997, 3164). Unkenntnis des Aufhebungsgrundes dagegen lässt den Fristlauf nicht beginnen (sogleich Rn 30 ff). Ebenfalls keine höhere Gewalt ist gegeben, wenn Beweisschwierigkeiten bestehen (STAUDINGER/PETERS/JACOBY [2014] § 206 Rn 7; MünchKomm/WELLENHOFER Rn 7).

19 Entsprechend anwendbar ist – ohne dass er ausdrücklich benannt ist – § 209, der die **Wirkung der Hemmung** regelt. Übertragen auf § 1317 bedeutet dies, dass der Zeitraum, während dessen die Antragsfrist gehemmt ist, nicht in die Antragsfrist eingerechnet wird. Der Lauf der Antragsfrist wird also mit Eintritt des Hemmungsgrundes ausgesetzt; sie läuft erst weiter, wenn der Hemmungsgrund weggefallen ist.

b) Mangelnde Geschäftsfähigkeit
aa) Ablaufhemmung nach § 210
20 Durch den Verweis auf § 210 Abs 1 S 1 wird eine **Ablaufhemmung** für den Fall vorgesehen, in dem der aufhebungsberechtigte Ehegatte **geschäftsunfähig** ist und

keinen gesetzlichen Vertreter hat. In diesem Fall kann der Ehegatte keine Maßnahmen zur Einhaltung der Antragsfrist ergreifen. Der in § 210 Abs 1 S 1 ebenfalls
geregelte Fall der beschränkten Geschäftsfähigkeit kommt hier nicht zum Tragen, da
der beschränkt geschäftsfähige Ehegatte den Antrag auf Aufhebung der Ehe selbst
stellen kann und muss (§ 1316 Abs 2 S 2). Erfasst wird aber auch der umgekehrte
Fall, in dem der Ehegatte, gegen den sich der Antrag auf Aufhebung der Ehe richten
soll, geschäftsunfähig ist und keinen gesetzlichen Vertreter hat (vgl PALANDT/ELLEN-
BERGER § 210 Rn 1; STAUDINGER/PETERS/JACOBY [2014] § 210 Rn 1).

21 Voraussetzung ist neben der Tatsache, dass ein Ehegatte geschäftsunfähig ist, das
Fehlen eines gesetzlichen Vertreters. Dazu reicht es nicht, dass der gesetzliche Vertreter nur tatsächlich daran gehindert ist, die Eheaufhebung zu betreiben (etwa
wegen Krankheit); vielmehr geht es um Fälle in denen ein gesetzlicher Vertreter
überhaupt nicht existiert oder rechtlich – etwa wegen eigener Geschäftsunfähigkeit,
Interessenkollision – an der Ausübung seiner Tätigkeit gehindert ist (PALANDT/ELLEN-
BERGER § 210 Rn 3; STAUDINGER/PETERS/JACOBY [2014] § 210 Rn 6). Zudem ist – sonst bedürfte
es keiner Hemmung – vorausgesetzt, dass durch Kenntnis eines gesetzlichen Vertreters von den maßgeblichen Umständen (unten Rn 37 ff) die Antragsfrist bereits
begonnen hat.

22 Faktisch hat die Regelung nur Bedeutung, wenn der vertretungslose Zustand innerhalb der letzten sechs Monate der Antragsfrist eintritt oder in diesen Zeitraum
weiterwirkt (STAUDINGER/PETERS/JACOBY [2014] § 210 Rn 6), da bei davor beendeten vertretungslosen Zustand die Ablaufhemmung nicht über die ohnehin gewährte Frist
hinausreicht.

23 Liegen die Voraussetzungen vor, hat der Verweis auf § 210 Abs 1 S 1 die **Wirkung**,
dass mit dem Fortfall des die Antragstellung hindernden Zustandes dadurch, dass
entweder der Ehegatte zumindest beschränkt geschäftsfähig wird oder einen hand-
lungsfähigen Vertreter erhält, unabhängig vom eigentlichen regulären Ablauf der
Frist eine weitere Frist von sechs Monaten beginnt, innerhalb deren der Antrag auf
Aufhebung der Ehe noch gestellt werden kann. Dabei kommt es auf die Länge des
vertretungslosen Zustandes nicht an; auch bei einer kürzeren Verhinderung als sechs
Monate kommt die volle Frist zur Anwendung (PALANDT/ELLENBERGER § 210 Rn 4; STAU-
DINGER/PETERS/JACOBY [2014] § 210 Rn 7).

bb) Antragsfrist nach Abs 2

24 Eine der Ablaufhemmung vergleichbare Regelung trifft Abs 2. Diese Regelung
bezieht sich nicht auf den Fristbeginn der regulären Antragsfrist, sondern gewährt
einem geschäftsunfähigen Ehegatten eine eigenständige Frist von sechs Monaten,
die erst mit dem Wegfall der Geschäftsunfähigkeit beginnt. Im Ansatz und in der
Intention ist Abs 2 der Regelung des § 210 Abs 1 vergleichbar. Sinn dieser Regelung
ist es, dem (beschränkt) geschäftsfähig gewordenen aufhebungsberechtigten Ehegatten eine gesonderte Antragsfrist zu gewähren, damit er sein Aufhebungsrecht
nicht verliert, wenn der gesetzliche Vertreter die Antragsfrist versäumt hat.

25 Voraussetzung für die Anwendung des Abs 2 ist, dass der aufhebungsberechtigte
Ehegatte **geschäftsunfähig** im Sinne des § 104 Nr 2 ist; beschränkte Geschäftsfähigkeit führt nicht zur Anwendung des Abs 2, da der Ehegatte dann nach § 125 Abs 1

FamFG selbst den Antrag stellen kann. Der Ehegatte muss einen gesetzlichen Vertreter haben; dieser hat aber die Antragsfrist nach Abs 1 S 1 versäumt; auf die Gründe dafür kommt es nicht an. Unter diesen Umständen wird dem Ehegatten eine eigenständige Antragsfrist gewährt, die mit dem Zeitpunkt beginnt, in dem die Geschäftsunfähigkeit dadurch wegfällt, dass der Ehegatte mindestens beschränkt geschäftsfähig wird.

Die Frist des Abs 2 beträgt sechs Monate. Auf den Fristlauf findet Abs 1 S 3 An- **26** wendung (MünchKomm/WELLENHOFER Rn 8; PALANDT/BRUDERMÜLLER Rn 8).

Umstritten ist, ob diese Frist dem Ehegatten auch dann zusteht, wenn die Jahresfrist **27** für den gesetzlichen Vertreter zu dem Zeitpunkt, zu dem die Geschäftsunfähigkeit wegfällt, noch nicht abgelaufen ist. Zum Teil wird vertreten, dass in einem solchen Fall der Ehegatte nur die reguläre Restfrist für sich in Anspruch nehmen könne (JOHANNSEN/HENRICH/HENRICH Rn 17; PALANDT/BRUDERMÜLLER Rn 8). Für diese Auffassung spricht der Wortlaut des Abs 2, der voraussetzt, dass die Antragsfrist des Abs 1 S 1 abgelaufen ist; denn nur dann hat der gesetzliche Vertreter den Antrag nicht rechtzeitig gestellt. Ein anderer Teil der Literatur vertritt die Auffassung, dass dem Ehegatten dann, wenn er noch während der laufenden Jahresfrist (beschränkt) geschäftsfähig wird, die restliche Frist, mindestens aber volle sechs Monate zustehen (MünchKomm/WELLENHOFER Rn 8; ERMAN/ROTH Rn 4; BAMBERGER/ROTH/HAHN Rn 3). Für diese Sichtweise spricht der Sinn der Regelung: Der (beschränkt) geschäftsfähig gewordene Ehegatte soll, wenn sein gesetzlicher Vertreter die Aufhebung nicht betrieben hat, sechs Monate Zeit haben, um sich über die Frage der Aufhebung klar zu werden und die Rechtsverfolgung in die Wege leiten zu können. Es ist nicht nachzuvollziehen, warum dem Ehegatten, der kurz vor Ablauf der Jahresfrist des gesetzlichen Vertreters (beschränkt) geschäftsfähig geworden ist, nur die kurze Restfrist zustehen soll, während der Ehegatte, der kurz nach Ablauf der Frist (beschränkt) geschäftsfähig wird, die eigenständige Frist in Anspruch nehmen kann. Eine solche Schlechterstellung des Ehegatten, der noch während des Laufes der Jahresfrist (beschränkt) geschäftsfähig geworden ist, ist mit dem Sinn der Regelung nicht zu vereinbaren. Es ist daher der Ansicht zu folgen, die stets die Frist von sechs Monaten nach Abs 2 gewährt, wenn nicht die restliche Frist nach Abs 1 S 1 länger ist.

Zum Teil wird die Ansicht vertreten, dass Abs 2 keine Anwendung finde, wenn der **28** Ehegatte zunächst beschränkt geschäftsfähig war, dann geschäftsunfähig wird und während der Geschäftsunfähigkeit der gesetzliche Vertreter die Antragsfrist versäumt (STAUDINGER/KLIPPEL [2000] Rn 13). Diese Ansicht ist allgemein unter Geltung des § 36 EheG 1946 vertreten worden (MünchKomm/MÜLLER-GINDULLIS³ § 36 EheG Rn 2; SOERGEL/HEINTZMANN § 36 EheG Rn 3). Sie ist jedoch auf die gegenwärtige Rechtslage nicht übertragbar. Sie bezog sich ohnehin ausschließlich auf den Aufhebungsgrund der mangelnden Einwilligung des gesetzlichen Vertreters zur Eheschließung (§ 30 EheG 1946). In diesem Fall hatte, solange der Ehegatte beschränkt geschäftsfähig war, der gesetzliche Vertreter ein eigenes, ausschließliches Aufhebungsrecht (§ 30 Abs 1 S 2 EheG 1946). War für dieses Aufhebungsrecht vom gesetzlichen Vertreter die Frist versäumt worden, konnte nach allgemeiner Auffassung auch der Ehegatte selbst sich nach Erlangung der unbeschränkten Geschäftsfähigkeit nicht mehr darauf berufen; nichts anderes sollte gelten, wenn der Ehegatte zwischenzeitlich geschäftsunfähig geworden war. Da die mangelnde Einwilligung des gesetzlichen Vertreters kein Aufhebungsgrund mehr ist, es ein eigenes Anfechtungsrecht des gesetzlichen Vertreters ansonsten nicht gibt, sondern dieser stets nur als Vertreter handelt und der beschränkt geschäftsfähige Ehegatte selbst die Aufhebung betreiben kann, ist nunmehr eine andere Situation gegeben. Ist der aufhebungsberechtigte Ehegatte auch nur während eines Teils der Frist geschäftsunfähig, greift Abs 2 unabhängig davon ein, ob der Ehegatte vorher unbeschränkt oder beschränkt geschäftsfähig war.

IV. Fristbeginn

29 Hinsichtlich des Fristbeginns wird zum einen nach den verschiedenen erfassten Aufhebungstatbeständen, zum anderen danach unterschieden, ob die Frist für den Ehegatten selbst oder für dessen gesetzlichen Vertreter läuft. Abs 1 S 2, 1. HS bestimmt allgemein, ab welchem Zeitpunkt die Antragsfrist läuft. Im weiteren werden in Abs 1 S 2 Sonderregelungen für den Fristbeginn für den gesetzlichen Vertreter eines geschäftsunfähigen Ehegatten und für einen minderjährigen Ehegatten getroffen. Sollte ausnahmsweise beiden Ehegatten einer der hier relevanten Anfechtungsgründe zur Seite stehen, ist der Fristbeginn für die Ehegatten jeweils gesondert nach den entsprechenden subjektiven Voraussetzungen festzustellen (PALANDT/BRUDERMÜLLER Rn 3).

1. Allgemein

a) Entdeckung des Irrtums oder der Täuschung

30 Im Falle einer unbewussten Eheschließung (Irrtum über die Eheschließung) und der arglistigen Täuschung beginnt die Ausschlussfrist mit deren Entdeckung. Gemeint ist der Zeitpunkt, zu dem der aufhebungsberechtigte Ehegatte **positive Kenntnis** von den maßgeblichen Tatsachen erlangt. Der bloße Verdacht reicht für das Erfordernis der Entdeckung ebensowenig aus wie Vermutungen oder fahrlässige Unkenntnis (RG JW 1928, 896, 897; 1939, 635, 636 f; MünchKomm/WELLENHOFER Rn 5; JOHANNSEN/HENRICH/ HENRICH Rn 9; ERMAN/ROTH Rn 3; PALANDT/BRUDERMÜLLER Rn 4; BAMBERGER/ROTH/HAHN Rn 2; SOERGEL/HEINTZMANN Rn 5; vgl allgemein STAUDINGER/SINGER/vFINCKENSTEIN [2012] § 124 Rn 4). Dem Ehegatten müssen Anhaltspunkte für die eine Aufhebung begründenden Tatsachen in einem solchen Maße bekannt sein, dass sie bei vernünftiger Betrachtungsweise für die Stellung des Antrags genügen (RG JW 1928, 896 m krit Anm ENDEMANN ebd). Dagegen ist es für den Fristbeginn unerheblich, ob und wann der antragsberechtigte Ehegatte Kenntnis davon erlangt, dass ihm aufgrund des Irrtums oder der Täuschung ein Recht zusteht, die Aufhebung der Ehe zu beantragen (BGH FamRZ 1967, 372, 375; JOHANNSEN/HENRICH/HENRICH Rn 9; ERMAN/ROTH Rn 3; PALANDT/BRUDERMÜLLER Rn 3; BAMBERGER/ROTH/HAHN Rn 2).

31 Die Kenntnis des Ehegatten muss die das Aufhebungsrecht begründenden Tatsachen sowie ihre Auswirkungen und Tragweite umfassen (BGH FamRZ 1967, 372; PALANDT/BRUDERMÜLLER Rn 4; SOERGEL/HEINTZMANN Rn 5).

32 Geht es um die arglistige Täuschung über eine **Krankheit**, besteht hinreichende Kenntnis im Sinne einer Entdeckung erst dann, wenn der Ehegatte nicht nur die Tatsache der Krankheit als solcher kennt, sondern auch weiß, wie sie verläuft,

welche Auswirkungen sie hat und dass sie unheilbar (RG 1931 Nr 184; JW 1939, 635, 636; OLG Nürnberg FamRZ 1967, 152, 154; vgl KG NJW 1952, 980 [LS]) bzw für ihn oder andere Familienangehörige gefährlich ist (RG WarnR 1910 Nr 122; PALANDT/BRUDERMÜLLER Rn 4); auch die Tatsache, dass eine latent vorhandene, unheilbare Krankheit ohne Hinzutreten besonderer Umstände ausbrechen kann, muss bekannt sein (BGH FamRZ 1967, 372, 373 f; PALANDT/BRUDERMÜLLER Rn 4).

Im Falle der arglistigen Täuschung gehört neben der Kenntnis von der Täuschung als **33** solcher auch die Kenntnis von der Täuschungsabsicht zur „Entdeckung" (RGZ 65, 86, 89 zu § 124; JOHANNSEN/HENRICH/HENRICH Rn 10; PALANDT/BRUDERMÜLLER Rn 4; SOERGEL/HEINTZMANN Rn 5; vgl allgemein STAUDINGER/SINGER/vFINCKENSTEIN [2012] § 124 Rn 4).

Erfährt der Ehegatte von besondere Umständen, die den aufhebungsbegründenden **34** Tatsachen eine gegenüber dem bisherigen Kenntnisstand erheblich schwerere Bedeutung geben, erst zu einem späteren Zeitpunkt, so beginnt die Antragsfrist mit der Kenntnis davon neu zu laufen (RGZ 128, 74, 76; 164, 106, 110; RG HRR 1937 NR 249; JW 1939, 635, 636 f; HRR 1939 Nr 1396; KG NJW 1952, 980 [LS]; PALANDT/BRUDERMÜLLER Rn 4; MünchKomm/WELLENHOFER Rn 5).

b)   Aufhören der Zwangslage
Die Frist für die Antragstellung beginnt dann, wenn ein Ehegatte durch Drohung zur **35** Eingehung der Ehe bestimmt worden ist, zu dem Zeitpunkt, zu dem die durch die Drohung begründete **Zwangslage endet**. Dies ist der Fall, wenn entweder das angedrohte Übel verwirklicht wird oder mit der Verwirklichung nicht mehr ernsthaft zu rechnen ist (vgl STAUDINGER/SINGER/vFINCKENSTEIN [2012] § 124 Rn 5). Maßgeblich für den Beginn der Antragsfrist ist das Ende der Zwangslage, durch die der Ehegatte zur Eingehung der Ehe veranlasst worden ist (AG Burgwedel FamRZ 2005, 34). Dies ist aber bei erzwungener Eheschließung nicht regelmäßig mit dem Zeitpunkt der Eheschließung der Fall (so aber AG Burgwedel FamRZ 2005, 34), da die Drohung auch für den Fall der Aufhebung der Ehe noch weiterbestehen kann (MünchKomm/WELLENHOFER Rn 6; JOHANNSEN/HENRICH/HENRICH Rn 11). Für das Ende der Zwangslage kommt es darauf an, dass sich der Ehegatte subjektiv nicht mehr bedroht fühlt (vgl STAUDINGER/SINGER/vFINCKENSTEIN [2012] § 124 Rn 5); soweit zum Teil Kenntnis vom Ende der Zwangslage vorausgesetzt wird (MünchKomm/WELLENHOFER Rn 6; PALANDT/BRUDERMÜLLER Rn 5; BAMBERGER/ROTH/HAHN Rn 2), ist dies in dem Sinne zu verstehen, dass dem bedrohten Ehegatten das Aufhören der Zwangslage bewusst wird.

Auch für diesen Aufhebungsgrund kommt es nicht darauf an, dass der Ehegatte bei **36** Aufhören der Zwangslage das aus der Drohung folgende Aufhebungsrecht kennt (PALANDT/BRUDERMÜLLER Rn 3; BAMBERGER/ROTH/HAHN Rn 2).

2.   Sonderfälle

a)   Gesetzlicher Vertreter
Für den gesetzlichen Vertreter eines aufhebungsberechtigten geschäftsunfähigen **37** Ehegatte kommt es für den Beginn der Antragsfrist auf den Zeitpunkt an, zu dem **der Vertreter** davon **Kenntnis erlangt** hat, dass sich der Ehegatte über die Tatsache der Eheschließung geirrt hat bzw dass er arglistig getäuscht worden ist. Im Falle der Drohung ergibt sich die Zwangslage regelmäßig für den Ehegatten,

nicht aber für den gesetzlichen Vertreter. Dann wäre ein möglicher Ansatzpunkt für den Beginn der Antragsfrist der Zeitpunkt, zu dem der gesetzliche Vertreter davon Kenntnis erhält, dass die Ehe aufgrund einer Drohung geschlossen worden ist. Dafür findet sich jedoch im Gesetz kein Anhaltspunkt. Es ist auch nicht erforderlich, die Frist für den gesetzlichen Vertreter möglicherweise früher beginnen zu lassen, als für den Ehegatten. Die Frist beginnt demnach, wenn der Vertreter Kenntnis vom Ende der Zwangslage gegenüber dem Ehegatten erhält. Für die Erhebung der Aufhebungsklage bedarf der gesetzliche Vertreter gem § 125 Abs 2 S 2 FamFG der familiengerichtlichen Genehmigung; diese muss vor Fristablauf vorliegen (MünchKomm/ WELLENHOFER Rn 8). Wechselt der gesetzliche Vertreter während des Laufs der Antragsfrist, läuft diese für den neuen Vertreter weiter (MünchKomm/WELLENHOFER Rn 8; SOERGEL/HEINTZMANN Rn 17); auf dessen Kenntnis kommt es nicht an. Das ergibt sich aus dem Verweis auf § 210 Abs 1 S 1 in Abs 1 S 3, der voraussetzt, dass die Antragsfrist, wenn ein gesetzlicher Vertreter einmal Kenntnis von den maßgeblichen Umständen erlangt hat, läuft und auch weiterläuft, wenn die gesetzliche Vertretung fortfällt. Der Wechsel des gesetzlichen Vertreters kann aber – wenn er innerhalb der letzten sechs Monate erfolgt – den Hemmungstatbestand des § 210 Abs 1 S 1 auslösen.

38 Versäumt der gesetzliche Vertreter die Antragsfrist, kann der Ehegatte unabhängig davon zumindest innerhalb von sechs Monaten nach dem Wegfall der Geschäftsunfähigkeit den Antrag noch stellen (vgl im Einzelnen Rn 24 ff).

39 Hat der geschäftsunfähige Ehegatte keinen gesetzlichen Vertreter, kann dies hinsichtlich des Fristlaufs zu einer Ablaufhemmung führen (vgl Rn 20 ff).

b) Minderjähriger Ehegatte
40 Ein minderjähriger Ehegatte, der nicht zugleich geschäftsunfähig ist, muss nach § 1316 Abs 2 S 2 den Antrag auf Aufhebung der Ehe selbst stellen. Daher kommt es für den Fristbeginn grundsätzlich auf seine Kenntnis der den Fristbeginn begründenden Tatsachen an. Zu seinem Schutz beginnt die Frist jedoch unabhängig von dem Zeitpunkt, zu dem er Kenntnis von diesen Tatsachen hatte, frühestens mit dem Eintritt der Volljährigkeit. Eine davor erlangte Kenntnis lässt die Frist also erst mit Vollendung des 18. Lebensjahres (§ 2) beginnen.

V. Ausschluss der Antragsmöglichkeit, Abs 3

41 Unter der Geltung von § 28 EheG 1946 war umstritten, ob eine geschiedene Ehe noch aufgehoben werden könne oder nicht (vgl zum Streitstand STAUDINGER/KLIPPEL[12] § 28 EheG Rn 2). Der Gesetzgeber hat nunmehr im Anschluss an die seinerzeit hL und die Rechtsprechung (BGH FamRZ 1996, 1209 mNw zur Literatur) ausdrücklich klargestellt, dass im Falle einer bereits anderweitig aufgelösten Ehe ein Aufhebungsantrag nicht mehr gestellt werden kann (vgl BT-Drucks 13/9416, 28). Wird dennoch ein Antrag gestellt, ist dieser als unzulässig zurückzuweisen (MünchKomm/WELLENHOFER Rn 11; PALANDT/BRUDERMÜLLER Rn 10). Da die Ehe sowohl durch einen rechtskräftigen Scheidungsbeschluss (das Verhältnis von Ehescheidung und -aufhebung war der Kern des Streites) oder den Tod eines Ehegatten als auch durch einen rechtskräftigen Aufhebungsbeschluss mit Wirkung für die Zukunft aufgelöst wird, besteht insoweit kein

Grund, die nochmalige Auflösung einer bereits aufgelösten Ehe zuzulassen (vgl MünchKomm/WELLENHOFER Rn 11).

Die Anordnung des Abs 3 gilt ungeachtet des Auflösungsgrundes der Ehe. Ein **42** Antrag auf Aufhebung der Ehe ist daher nicht mehr möglich, wenn die Ehe durch Tod eines Ehegatten, durch Scheidung oder durch Aufhebung bereits aufgelöst ist. Dies gilt auch für den anderen Ehegatten sowie für Dritte, die grundsätzlich zur Stellung eines Aufhebungsantrags berechtigt sind; diese können insbesondere etwa auch nicht nachträglich andere Aufhebungsgründe geltend machen als der Ehegatte, der die Aufhebung erfolgreich betrieben hat.

Allerdings ist nicht zu übersehen, dass ein Ehegatte, der die Scheidung betrieben **43** hat, ein berechtigtes und schutzwürdiges Interesse haben kann, die Folgen der Aufhebung (§ 1318) statt der Folgen der Ehescheidung herbeizuführen, wenn er nach Rechtskraft des Entscheidung über die Ehescheidung feststellt, dass auch ein Aufhebungsgrund vorgelegen hat. Daher hat der BGH zwar den Antrag auf Eheaufhebung nach Rechtskraft des Scheidungsurteils für unzulässig erachtet, aber einen Antrag für zulässig erklärt, mit dem begehrt wird, dass dem Scheidungsurteil nunmehr die Rechtsfolgen des § 1318 beigelegt werden (BGH FamRZ 1996, 1209, 1210 f zu § 37 Abs 2 EheG 1946 – der BGH legt sich dabei nicht fest, ob dies in Form eines Gestaltungsurteils oder durch ein Feststellungsurteil mit Gestaltungswirkung wie § 1593 geschieht). Der nach rechtskräftiger Auflösung der Ehe gestellte Antrag auf Aufhebung der Ehe soll regelmäßig in diesem Sinne ausgelegt werden können (BGH FamRZ 1996, 1209, 1210). Die hL hat sich dieser Ansicht angeschlossen (PALANDT/BRUDERMÜLLER Rn 10; JOHANNSEN/HENRICH/HENRICH Rn 18; ERMAN/ROTH Rn 5; MünchKomm/WELLENHOFER Rn 11; FK-FamR/ FRIEDERICI Rn 4; SOERGEL/HEINTZMANN Rn 25; RAUSCHER Rn 206; BOSCH NJW 1998, 2004, 2011; **aA** LÜKE JuS 1997, 397, 399: Feststellungsklage, dass Ehe aufhebbar war; vgl dazu SOERGEL/HEINTZMANN Rn 23, der für einen solchen Antrag regelmäßig kein Rechtsschutzinteresse sieht).

Abs 3 ist durch den Rechtsausschuss offenbar als Reaktion auf das genannte Urteil **44** des BGH noch in das Gesetzgebungsverfahren eingeführt worden. Fraglich ist, ob damit eine abschließende Regelung geschaffen werden sollte. Der ausdrückliche Ausschluss der Möglichkeit eines Antrags auf Aufhebung der Ehe, nachdem diese bereits anderweitig aufgelöst ist, könnte dahin gedeutet werden, dass auch die Folgen der Aufhebung nicht mehr zur Anwendung gebracht werden können. Dafür könnte sprechen, dass nur die vom BGH entschiedene Konstellation streitig war und in der Praxis von Bedeutung ist. Andererseits lässt weder der Gesetzestext noch die Begründung erkennen, dass die Lösung des BGH ausgeschlossen werden sollte. Stellt die Regelung eine Reaktion auf dieses Urteil dar, wäre insoweit eine deutliche Stellungnahme zu erwarten gewesen. Es ist daher davon auszugehen, dass Abs 3 lediglich einen Aufhebungsantrag nach anderweitiger Auflösung der Ehe ausschließt, nicht aber auch eine Anwendung der Rechtsfolgen des § 1318 für Fälle, in denen statt einer Scheidung auch eine Aufhebung der Ehe möglich gewesen wäre (vgl die Nw aE von Rn 43). Den entsprechenden Antrag kann sowohl der Ehegatte stellen, der die Scheidung beantragt hat, als auch der andere Ehegatte, wenn ein ihm günstiger Aufhebungsgrund gegeben ist. Zu beachten ist, dass auch für diesen Antrag ggf die Frist des Abs 1 eingehalten sein muss (BGH FamRZ 1996, 1209, 1211 aE). Es handelt sich bei dem Antrag um eine Ehesache, für die §§ 121 ff FamFG gelten (vHEINTSCHEL-HEINEGG FuR 1997, 254, 255).

45 Lässt man zu, dass sich ein Ehegatte nach erfolgter Scheidung zur Abwendung der Scheidungsfolgen noch auf einen ebenfalls gegebenen Aufhebungsgrund berufen und die Anwendung des § 1318 gerichtlich durchsetzen kann, muss dasselbe auch gelten, wenn sich nachträglich herausstellt, dass statt des geltend gemachten und im Aufhebungsurteil berücksichtigten Aufhebungsgrundes auch noch ein anderer, hinsichtlich der Rechtsfolgen günstigerer Grund vorgelegen hat (SOERGEL/HEINTZMANN Rn 27 – auch für den Fall, dass mehrere Aufhebungsgründe geltend gemacht worden sind, das Gericht aber die Entscheidung nur auf einen gestützt und hinsichtlich der übrigen offengelassen hat; **aA** offenbar PALANDT/BRUDERMÜLLER Rn 10). Zwar gilt § 1318 unabhängig davon, wer die Aufhebung betrieben hat; die Rechtsfolgen bestimmen sich aber nach dem rechtskräftig festgestellten Aufhebungsgrund.

VI. Beweislast

46 Der Antragsteller muss die Tatsachen darlegen und ggf beweisen, aus denen sich der Fristbeginn nach Abs 1 und damit die Wahrung der Antragsfrist ergibt, also die Kenntnis des Irrtums oder der Täuschung bzw das Aufhören der Zwangslage (PALANDT/BRUDERMÜLLER Rn 6; JOHANNSEN/HENRICH/HENRICH Rn 20; BAUMGÄRTEL/LAUMEN/PRÜTTING/LAUMEN Rn 1; FK-FamR/FRIEDERICI Rn 1). Das Gericht prüft von Amts wegen die Einhaltung der Frist. Der Antragsgegner hat den Beweis für seine Behauptung zu führen, die Frist habe schon früher begonnen, weil der Antragsteller bereits die erforderliche Kenntnis besessen oder die Zwangslage aufgehört habe (RGZ 160, 19, 22; PALANDT/BRUDERMÜLLER Rn 3; JOHANNSEN/HENRICH/HENRICH Rn 20; BAUMGÄRTEL/LAUMEN/PRÜTTING/LAUMEN Rn 1; MünchKomm/WELLENHOFER Rn 10; FK-FamR/FRIEDERICI Rn 1). Das gilt auch für die Frist nach Abs 2 (BAUMGÄRTEL/LAUMEN/PRÜTTING/LAUMEN Rn 3). Beruft sich der Antragsteller darauf, dass die Antragsfrist nach Abs 1 S 3 gehemmt gewesen sei, hat er die Voraussetzungen dafür zu beweisen (PALANDT/BRUDERMÜLLER Rn 7; JOHANNSEN/HENRICH/HENRICH Rn 20; BAUMGÄRTEL/LAUMEN/PRÜTTING/LAUMEN Rn 2; MünchKomm/WELLENHOFER Rn 10; FK-FamR/FRIEDERICI Rn 1). Im Rahmen des nach Abs 3 zulässigen Antrages, dem Scheidungsurteil die Rechtsfolgen des § 1318 beizugeben, liegt die Beweislast für das Vorliegen eines Aufhebungsgrundes bei dem Ehegatten, der die Scheidungsfolgen ausschließen will (vHEINTSCHEL-HEINEGG FuR 1997, 254, 255; BAUMGÄRTEL/LAUMEN/PRÜTTING/LAUMEN Rn 4).

§ 1318
Folgen der Aufhebung

(1) Die Folgen der Aufhebung einer Ehe bestimmen sich nur in den nachfolgend genannten Fällen nach den Vorschriften über die Scheidung.

(2) Die §§ 1569 bis 1586b finden Anwendung

1. zugunsten eines Ehegatten, der bei Verstoß gegen die §§ 1303, 1304, 1306, 1307 oder 1311 oder in den Fällen des § 1314 Abs. 2 Nr. 1 oder 2 die Aufhebbarkeit der Ehe bei der Eheschließung nicht gekannt hat oder der in den Fällen des § 1314 Abs. 2 Nr. 3 oder 4 von dem anderen Ehegatten oder mit dessen Wissen getäuscht oder bedroht worden ist;

2. zugunsten beider Ehegatten bei Verstoß gegen die §§ 1306, 1307 oder 1311, wenn beide Ehegatten die Aufhebbarkeit kannten; dies gilt nicht bei Verstoß gegen § 1306, soweit der Anspruch eines Ehegatten auf Unterhalt einen entsprechenden Anspruch der dritten Person beeinträchtigen würde.

Die Vorschriften über den Unterhalt wegen der Pflege oder Erziehung eines gemeinschaftlichen Kindes finden auch insoweit entsprechende Anwendung, als eine Versagung des Unterhalts im Hinblick auf die Belange des Kindes grob unbillig wäre.

(3) Die §§ 1363 bis 1390 und § 1587 finden entsprechende Anwendung, soweit dies nicht im Hinblick auf die Umstände bei der Eheschließung oder bei Verstoß gegen § 1306 im Hinblick auf die Belange der dritten Person grob unbillig wäre.

(4) Die §§ 1568a und 1568b finden entsprechende Anwendung; dabei sind die Umstände bei der Eheschließung und bei Verstoß gegen § 1306 die Belange der dritten Person besonders zu berücksichtigen.

(5) § 1931 findet zugunsten eines Ehegatten, der bei Verstoß gegen die §§ 1304, 1306, 1307 oder 1311 oder im Falle des § 1314 Abs. 2 Nr. 1 die Aufhebbarkeit der Ehe bei der Eheschließung gekannt hat, keine Anwendung.

Materialien: BGB 1900 §§ 1345–1347 – JAKOBS/ SCHUBERT, Familienrecht I 125 ff; Vorentw PLANCK §§ 50, 59; E I § § 1258, 1270; II §§ 1237, 1252; III 1328–1330; Begründung PLANCK I 194 ff, 239 ff; Mot IV 66 ff, 101 f = MUGDAN IV 37 ff, 57 f; Prot IV 69 ff, 81, 92, 532 ff, 664; VI 269 = MUGDAN IV 717 ff; D 170 f = MUGDAN IV 1145; EheG 1938 §§ 31, 42; EheG 1946 §§ 26, 37; akt Fassung BT-Drucks 13/4898, 21; 13/9416, 28 f; 16/10144, 99; 16/10798, 14; STAUDINGER/ BGB-Synopse (2006) § 1318.

Schrifttum

BRUDERMÜLLER, Die Hausratsteilung bei Getrenntleben und nach Aufhebung der Ehe, FPR 2000, 73
KEUTER, Der Ehename nach Eheauflösung, FamRZ 2013, 1936
ROTH, Unterhaltsansprüche nach Eheaufhebung, in: FS Schwab (2005) 687

TSCHERNITSCHEK, Der missglückte § 1318 BGB, FamRZ 1999, 829
WAGNER, Versicherung über den Hausrat nach Trennung, Scheidung und Aufhebung der Ehe, FPR 2000, 92.

Systematische Übersicht

I. Entstehungsgeschichte und Normzweck

1. Entwicklung bis zum EheschlRG

1 Das **BGB** in der **ursprünglichen Fassung** unterschied zwar je nach dem Unwirksamkeitsgrund *per se* nichtige und (nur) anfechtbare Ehen, konnte aber die Rechtsfolgen parallel regeln, da auch die Anfechtung zurückwirkte, also in beiden Fällen die Ehe von Anfang nichtig bzw als von Anfang an nichtig anzusehen war. Die in diesem Sinne nichtige Ehe äußerte grundsätzlich zwischen den Ehegatten keine **vermögensrechtlichen Wirkungen**, jedoch konnte dann, wenn ein Ehegatte die Nichtigkeit bei der Eheschließung kannte (für die anfechtbare Ehe wurde nach §§ 1343 Abs 1 S 2, 142 die Kenntnis der Anfechtbarkeit der Kenntnis der Nichtigkeit gleichgestellt), der andere Ehegatte, sofern er gutgläubig war, verlangen, dass in vermögensrechtlicher Hinsicht, insbesondere auch unterhaltsrechtlich, Scheidungsfolgenrecht zur Anwendung kam; der bösgläubige Ehegatte wurde behandelt, als wäre er allein für schuldig erklärt worden (§ 1345 Abs 1 BGB 1900). Im Falle der Anfechtung wegen Drohung konnte der bedrohte, im Falle der Anfechtung wegen Irrtums der nicht irrende Ehegatte (wenn er nicht den Irrtum des anderen bei der Eheschließung kannte oder kennen musste) die Anwendung von Scheidungsrecht verlangen, § 1346 BGB 1900.

Kinder aus einer nichtigen Ehe galten als ehelich, wenn mindestens ein Ehegatte bei **2** der Eheschließung gutgläubig war, sofern sie im Falle der Gültigkeit der Ehe ehelich gewesen wären (§ 1699 Abs 1 BGB 1900); die Rechtsverhältnisse zwischen Eltern und Kindern waren für diesen Fall in §§ 1700–1702 BGB 1900 geregelt. Grundsätzlich war zu verfahren wie bei einer aus beiderseitigem Verschulden geschiedenen Ehe, jedoch mit Modifikationen, wenn dem Vater bzw der Mutter die Nichtigkeit bei Eheschließung bekannt war. Waren beide Ehegatten bösgläubig, war das Kind wegen der Rückwirkung der Nichtigkeitsfolge unehelich, behielt allerdings gegen den Vater einen Unterhaltsanspruch „wie ein eheliches Kind", § 1703 BGB 1900.

Das EheG 1938 gab die Einheitlichkeit der Rechtsfolgen der nichtigen und der **3** angefochtenen Ehe auf; dies wurde im EheG 1946 und auch in dessen Fassung durch das 1. EheRG beibehalten. Nunmehr wurde zwischen der Nichtigkeit der Ehe mit Rückwirkung und der nur für die Zukunft wirkenden Aufhebung unterschieden. Die **vermögensrechtlichen Rechtsbeziehungen** richteten sich bei **Nichtigkeit** nach dem Scheidungsfolgenrecht, wenn mindestens einer der Ehegatten bei der Eheschließung gutgläubig war, wobei ein bösgläubiger Ehegatte wie ein für schuldig erklärter Ehegatte zu behandeln war, § 31 Abs 1 **EheG 1938**; der gutgläubige Ehegatte konnte dies aber durch Erklärung gegenüber dem anderen Ehegatten ausschließen, § 31 Abs 2 EheG 1938. Das **EheG 1946** hat diese Regelung ohne Änderung in § 26 übernommen. Nach Inkrafttreten des **1. EheRG** kam grundsätzlich unabhängig von der Frage der Kenntnis der Nichtigkeit in vermögensrechtlicher Hinsicht Scheidungsfolgenrecht zur Anwendung, § 26 Abs 1 EheG. Bei beiderseitiger Bös- oder Gutgläubigkeit galt dies ohne Modifikationen. Ein gutgläubiger Ehegatte konnte jedoch die Anwendung des Scheidungsfolgenrechts gegenüber einem bösgläubigen Ehegatten durch Erklärung diesem gegenüber ausschließen, § 26 Abs 2 EheG. In dieser Fassung gab es auch eine Sonderregelung für den Fall der Doppelehe: Nach § 26 Abs 3 EheG standen einem bösgläubigen (zweiten) Ehegatten Ansprüche auf Unterhalt und Versorgungsausgleich insoweit nicht zu, als dadurch Ansprüche des ersten Ehegatten beeinträchtigt wurden.

Im Falle der **Aufhebung** der Ehe richteten sich die **vermögensrechtlichen Folgen** nach **4** § 42 Abs 1 **EheG 1938** generell nach Scheidungsfolgenrecht; Abs 2 dieser Vorschrift regelte, welcher Ehegatte als schuldig anzusehen war, was sich wiederum nach der Kenntnis des Aufhebungsgrundes bei Eheschließung bzw danach richtete, welcher Ehegatte gedroht oder getäuscht hatte. Das **EheG 1946** hat diese Regelung wörtlich als § 37 übernommen. Das **1. EheRG** hat daran hinsichtlich der Anwendung von Scheidungsfolgenrecht nichts geändert (§ 37 Abs 1 EheG), jedoch einem gutgläubigen Ehegatten gegenüber einem bösgläubigen Ehegatten bzw dem Ehegatten, der

Reinhard Voppel

getäuscht oder gedroht hatte, das Recht gegeben, die Anwendung des Scheidungsfolgenrechts auszuschließen (§ 37 Abs 2 EheG).

5   Nach § 30 EheG 1938 galten **Kinder** aus einer **nichtigen Ehe** in Abkehr von der
Regelung des BGB 1900 generell, ungeachtet der Frage der Bös- oder Gutgläubigkeit ihrer Eltern hinsichtlich der Nichtigkeit der Ehe trotz der ansonsten angeordneten Rückwirkung als **ehelich**. Die Bösgläubigkeit spielte nur noch eine Rolle bei
der Frage der Personensorge, die sich nach Scheidungsfolgenrecht richtete; ein bösgläubiger Elternteil wurde wie ein schuldiger Ehegatte behandelt. § 25 EheG 1946
hat diese Regelung übernommen. Nicht übernommen wurde wegen des nationalsozialistischen Inhalts § 29 EheG 1938, wonach Kinder aus einer nichtigen Ehe unehelich waren, wenn die Ehe wegen Verstoßes gegen das Blutschutzgesetz oder das
Ehegesundheitsgesetz oder als Namens- oder Staatsangehörigkeitsehe (§ 23 EheG
1938) nichtig war. Durch das FamilienRÄG von 1961 wurde § 25 Abs 1 EheG 1946
aufgehoben; der Fall der Nichtigkeit wurde in § 1591 Abs 1 S 1 mitgeregelt und wie
im Fall der gültigen Ehe behandelt. Durch das GleichberG von 1957 wurde § 25
Abs 2 (Sorgerecht) aufgehoben; nach § 1671 Abs 6 wurden die Regelungen über die
elterliche Gewalt im Fall der Scheidung für anwendbar erklärt. Mit Modifikationen
galt diese Regelung bis zum Inkrafttreten des KindRG.

Da die **Aufhebung** nicht zurückwirkte, hatte sie von vornherein keinen Einfluss auf
den Status der Kinder; besondere Regelungen gab es daher nicht.

2.   Das EheschlRG und seine Gesetzgebungsgeschichte

6   § 1318 in der Fassung des Regierungsentwurfs zum EheschlRG (BR-Drucks 79/96)
schloss sich im Wesentlichen an die Regelungen der §§ 26, 37 EheG an, allerdings
angepasst daran, dass es nunmehr nur noch einheitlich die für die Zukunft wirkende
Aufhebung der Ehe gibt. Über die bisherigen Regelungen hinaus sollten sich nicht
nur die vermögensrechtlichen Folgen der Ehe sondern sämtliche Folgen – insbesondere auch das Namensrecht – nach den Vorschriften über die Scheidung bestimmen,
§ 1318 Abs 1 BGB-E (vgl BR-Drucks 79/96, 55 f). Wie in den Vorgängerregelungen war
vorgesehen, dass ein gutgläubiger Ehegatte gegenüber einem bösgläubigen Ehegatten erklären konnte, dass die Anwendung der vermögensrechtlichen Folgen der
Scheidung für die Zukunft ausgeschlossen sein sollte, § 1318 Abs 2 BGB-E. Für
den Fall der Doppelehe war ein Vorbehalt zugunsten des ersten Ehegatten des
Bigamisten wie in § 26 Abs 3 EheG vorgesehen, § 1318 Abs 3 BGB-E. Der Entwurf
knüpfte also am bisherigen Recht an; grundsätzlich kam insgesamt Scheidungsrecht
zur Anwendung; dieses konnte unter Umständen in vermögensrechtlicher Hinsicht
ausgeschlossen werden.

7   § 1318 in der Fassung des Regierungsentwurfs wurde durch den Rechtsausschuss
grundlegend modifiziert (vgl BT-Drucks 13/9416). Ausgehend von dem Gedanken, dass
Eheaufhebung und Ehescheidung nicht miteinander vergleichbar seien, dies durch
§ 1318 Abs 1 in der Fassung des Regierungsentwurfs aber so verstanden werden
könne (BT-Drucks 13/9416, 28), wurde an die Stelle der generellen Anwendbarkeit des
Scheidungsrechts eine Regelung gesetzt, wonach Scheidungsrecht nur in den im
weiteren beschriebenen Fällen zur Anwendung kommen sollte. An die Stelle einer
Entscheidung des gutgläubigen Ehegatten, ob Scheidungsrecht zur Anwendung

kommen sollte, setzte der Rechtsausschuss eine gesetzliche Entscheidung, die allerdings in mehrfacher Hinsicht differenziert. Bei Zugewinn- und Versorgungsausgleich sowie der Behandlung von Ehewohnung und Hausrat tritt an die Stelle der Entscheidung des gutgläubigen Ehegatten über die Anwendung des Scheidungsfolgenrechts ggf eine gerichtliche Modifikation dieses Rechts aus Billigkeitsgründen. Hinzugekommen ist gegenüber dem Regierungsentwurf die erbrechtliche Regelung in Abs 5.

§ 1318 in der Fassung des Rechtsausschusses, wie er Gesetz geworden ist, erscheint **8** unnötig kompliziert; die Entscheidung für eine ins einzelne gehende, abschließende Regelung führt zu einer Vielzahl von Problemen und Auslegungszweifeln, die offenbar vom Rechtsausschuss nicht bedacht worden sind (zur Kritik an § 1318 vgl etwa TSCHERNITSCHEK FamRZ 1999, 829; WOLF FamRZ 1998, 1477, 1478; BOSCH NJW 1998, 2004, 2010 f).

In der Folgezeit sind in Abs 3 und 4 die Verweisungen den Neuregelungen des **8a** Rechts des Versorgungsausgleichs und der Behandlung der Ehewohnung und der Haushaltsgegenstände angepasst worden.

3. Normzweck

Zweck der Regelung ist die angemessene Normierung der Folgen der aufgehobenen **9** Ehe. Dabei muss einerseits berücksichtigt werden, dass die aufgehobene Ehe, wenn auch missbilligt, nicht einfach negiert werden kann, sondern über einen gewissen, möglicherweise auch längeren Zeitraum tatsächlich bestanden hat und daher auch vermögensrechtliche Folgen haben muss. Das ist auch dadurch anerkannt, dass das Gesetz nunmehr eine rückwirkende Vernichtung der Ehe nicht mehr kennt. Andererseits müssen ggf berechtigte Interessen eines der beiden Ehegatten oder auch von Dritten (im Falle der Doppelehe) berücksichtigt werden. Das Gesetz löst dieses Spannungsverhältnis durch die Anordnung bestimmter Rechtsfolgen wie bei der Scheidung, die aber im Einzelfall je nach Aufhebungsgrund oder allgemein unter Billigkeitsgesichtspunkten zu korrigieren sind.

II. Allgemeines

§ 1318 regelt die „Folgen der Aufhebung" einer Ehe. Da es eine weitere Regelung zu **10** diesem Komplex nicht gibt, soll die Norm offenbar für sämtliche – vermögensrechtliche und nichtvermögensrechtliche – Folgen gelten (ERMAN/ROTH Rn 2; RAUSCHER Rn 221; so zur Fassung des Regierungsentwurfes BR-Drucks 79/96, 55 f), soweit nicht Spezialvorschriften (zB im Erbrecht oder im Kindschaftsrecht) eigenständige Regelungen treffen. Statt eines generellen Verweises auf Scheidungsrecht mit einzelnen Ausnahmen geht Abs 1 den umgekehrten Weg: Scheidungsrecht ist nur dann anwendbar, wenn in den nachfolgenden Absätzen die Anwendbarkeit ausdrücklich vorgesehen ist, was in unterschiedlichem Umfang geschieht: Während Zugewinnausgleich, Versorgungsausgleich und die Behandlung von Hausrat und Ehewohnung generell nach Scheidungsrecht abzuwickeln und lediglich Billigkeitskorrekturen vorgesehen sind, wird hinsichtlich des Unterhalts stark differenziert. Die Regelungen der Abs 2–4 sind demnach abschließend; soweit keine Regelung getroffen ist, findet Scheidungsrecht keine Anwendung (MünchKomm/WELLENHOFER Rn 1; ERMAN/ROTH Rn 2;

JOHANNSEN/HENRICH/HENRICH Rn 1; SOERGEL/HEINTZMANN Rn 4); eine Analogie ist nicht zulässig.

Abs 5 passt nicht in den Zusammenhang, da er kein Scheidungsfolgenrecht darstellt.

III. Anwendung von Scheidungsfolgenrecht, Abs 2–4

11 Das Gesetz bildet verschiedene Regelungskomplexe, für die das Recht der Scheidungsfolgen anzuwenden ist, aber mit unterschiedlichen Modifikationen. Es handelt sich zum einen um den Unterhalt nach Aufhebung der Ehe (Abs 2, vgl Rn 13 ff), Zugewinnausgleich und Versorgungsausgleich (Abs 3, vgl Rn 35 ff) sowie die Behandlung der Ehewohnung und der Haushaltsgegenstände (Abs 4, vgl Rn 39).

12 Die Regelungen des Scheidungsrechts, auf die in den Abs 2–4 verwiesen wird, sind nur **entsprechend anzuwenden**. Damit wird lediglich der Tatsache Rechnung getragen, dass Vorschriften aus einem anderen Regelungszusammenhang heranzuziehen sind. Eine unmittelbare Anwendung ist nicht möglich, da es im Zusammenhang mit der Aufhebung eben keinen geschiedenen Ehegatten und keinen Zeitpunkt der Scheidung gibt. Die Regelungen müssen also sinngemäß auf den andersartigen Anwendungsfall angewendet werden. Ansonsten müssen die Tatbestände vollständig erfüllt sein (RAUSCHER Rn 221).

1. Unterhalt, Abs 2

a) Allgemeines

13 Ob ein Ehegatte nach Aufhebung der Ehe überhaupt Unterhalt beanspruchen kann, richtet sich zum einen danach, welcher Aufhebungsgrund vorliegt – dies Gründe sind jeweils abschließend aufgeführt –, zum anderen danach, ob der betreffende Ehegatte gutgläubig oder bösgläubig war. Grundsätzlich kann nur der gutgläubige Ehegatte Unterhalt beanspruchen (Abs 2 S 1 Nr 1), bei einzelnen Aufhebungsgründen besteht ein Unterhaltsanspruch auch dann, wenn beide Ehegatten bösgläubig waren (Abs 2 S 1 Nr 2). Dieses Regelungssystem wird zugunsten der Belange gemeinschaftlicher Kinder derart modifiziert, dass ein Anspruch wegen Betreuung eines Kindes (§ 1570) unabhängig von den vorstehend skizzierten Voraussetzungen auch dann zu gewähren ist, wenn die Versagung des Unterhalts grob unbillig wäre (Abs 2 S 2). Der Fall, dass beide Ehegatten gutgläubig waren, wird nicht gesondert geregelt; auf ihn ist Abs 2 S 1 Nr 1 anzuwenden, da dieser dann auf beide Ehegatten als potenzielle Unterhaltsgläubiger zutrifft (MünchKomm/WELLENHOFER Rn 4; BAMBERGER/ROTH/ HAHN Rn 2; ERMAN/ROTH Rn 3; SOERGEL/HEINTZMANN Rn 10; GERNHUBER/COESTER-WALTJEN § 14 Rn 22; zweifelnd TSCHERNITSCHEK FamRZ 1999, 829, 830 Fn 4). Der Fall der beiderseitigen Bösgläubigkeit musste deshalb gesondert hervorgehoben werden, weil Abs 2 S 1 Nr 1 nur dem gutgläubigen Ehegatten einen Anspruch gewährt. Soweit Abs 2 S 1 Nr 1 anzuwenden ist, kommt es also nur darauf an, ob der bedürftige Ehegatte gutgläubig war; bei Anwendung des Abs 2 S 1 Nr 2 müssen beide Ehegatten bösgläubig gewesen sein.

14 Abs 2 regelt nur, ob überhaupt die Regelungen über den nachehelichen Unterhalt nach Scheidung auf die aufgehobene Ehe entsprechend anzuwenden sind. Ist dies der Fall, muss nach §§ 1569 ff eigenständig geprüft werden, ob und in welcher Höhe ein Unterhaltsanspruch gegeben ist; es handelt sich um eine Rechtsgrundverweisung (SOERGEL/HEINTZMANN Rn 7; GERNHUBER/COESTER-WALTJEN § 14 Rn 24; GÖPPINGER/WAX/MAURER Rn 1209, 1218). In diesem Fall können auch §§ 1578b, 1579 zur Anwendung kommen und den Unterhaltsanspruch zeitlich oder der Höhe nach beschränken oder auch völlig entfallen lassen.

b) Kenntnis, „Bösgläubigkeit"

Im Rahmen des Abs 2 S 1 Nr 1 kommt es überwiegend darauf an, dass der Unterhalt **15** beanspruchende Ehegatte keine Kenntnis von dem Aufhebungsgrund hatte, im Rahmen des Abs 2 S 1 Nr 2 müssen beide Ehegatten die Aufhebbarkeit gekannt haben. Das Erfordernis der Kenntnis in Abs 2 S 1 Nr 1 soll den Ehegatten, der auf den rechtsfehlerfreien Bestand seiner Ehe vertraut hat, schützen (MünchKomm/WELLENHOFER Rn 4). Nach einer Ansicht ist **Kenntnis** des Ehegatten schon dann gegeben, wenn er um die Tatsachen weiß, die den Aufhebungsgrund ausfüllen; ihm müsse nicht bekannt sein, dass daraus ein Aufhebungsgrund folgt (JOHANNSEN/HENRICH/HENRICH Rn 3; PALANDT/BRUDERMÜLLER Rn 2; FK-FamR/FRIEDERICI Rn 4; SCHWAB, in: FS Beitzke 357, 361; zweifelnd GERNHUBER/COESTER-WALTJEN § 14 Rn 23). Dagegen wird zum Teil gefordert, dass neben der Tatsachenkenntnis zugleich auch das Bewusstsein ihrer Bedeutung als Aufhebungsgrund oder eine zumindest laienhafte Kenntnis der Rechtsfolgen gegeben sein muss (MünchKomm/WELLENHOFER Rn 4; ERMAN/ROTH Rn 4; BAMBERGER/ROTH/HAHN Rn 3; FamRefK/WAX Rn 7; GÖPPINGER/WAX/MAURER Rn 1211). Nach allgemeinen Grundsätzen reicht allerdings für Kenntnis regelmäßig Tatsachenkenntnis aus; eine juristische Bewertung wird nicht verlangt. Die Ansicht, dass neben der Tatsachenkenntnis zumindest eine laienhafte Wertung der daraus sich ergebenden Folgen erforderlich ist, wird aber den deutlichen Unterschieden der Aufhebungsgründe gerecht (GERNHUBER/COESTER-WALTJEN § 14 Rn 23) und trägt dem Ansatz Rechnung, dass Gut- und Bösgläubigkeit als Voraussetzungen für die Gewährung oder Versagung von Unterhaltsansprüchen Vertrauensschutz bezwecken (BAMBERGER/ROTH/HAHN Rn 3; GÖPPINGER/WAX/MAURER Rn 1211). Diese Ansicht wird schließlich auch durch den Wortlaut unterstützt: Gefordert wird Kenntnis der *Aufhebbarkeit,* was über die Kenntnis nur von Tatsachen, die die Aufhebbarkeit begründen, hinausgeht (MünchKomm/WELLENHOFER Rn 4; BAMBERGER/ROTH/HAHN Rn 3). Es ist daher neben der Kenntnis der einen Aufhebungsgrund ausfüllenden Tatsachen auch eine wenigstens ansatzweise Bewertung zu fordern, die, wenn auch laienhaft, zu der Erkenntnis gelangt. dass die geschlossene Ehe mangelhaft und angreifbar ist. Zu hohe Anforderungen dürfen an diese Bewertung allerdings nicht gestellt werden; es muss keine letzte Gewissheit bestehen.

Kenntnis im Sinne des Abs 2 S 1 ist nur die **positive Kenntnis**; auch grob fahrlässige **16** Unkenntnis („Kennenmüssen") oder sogar bedingter Vorsatz erfüllen die Voraussetzungen nicht, sodass auch dann, wenn sich Verdachtsmomente aufdrängen, die eine Nachforschung veranlassen sollten, dadurch noch keine Kenntnis gegeben ist (OLG Koblenz FamRZ 1980, 589, 590; MünchKomm/WELLENHOFER Rn 4; JOHANNSEN/HENRICH/HENRICH Rn 4; PALANDT/BRUDERMÜLLER Rn 2; GÖPPINGER/WAX/MAURER Rn 1211). Liegen mehrere Aufhebungsgründe vor, genügt Kenntnis eines Grundes, auch wenn die Ehe nicht aus diesem, sondern einem anderen Grund aufgehoben wird (JOHANNSEN/HENRICH/HENRICH Rn 4). Für die Frage der Kenntnis kommt es ausschließlich auf den **Zeitpunkt der Eheschließung** an; dies ist in Abs 2 S 1 Nr 1 ausdrücklich ausgesprochen, gilt aber auch für Abs 2 S 1 Nr 2. Spätere Kenntniserlangung ist demnach irrelevant (MünchKomm/Wellenhofer Rn 4; Erman/Roth Rn 4; Johannsen/Henrich/Henrich Rn 5; Palandt/Brudermüller Rn 2; Göppinger/Wax/Maurer Rn 1211). Die Erwartung, der andere Ehegatte werde die Aufhebbarkeit der Ehe nicht geltend machen, schließt die Kenntnis nicht aus, sondern bestätigt sie letztlich (Johannsen/Henrich/ Henrich Rn 4; Palandt/Brudermüller Rn 2; Göppinger/Wax/Maurer Rn 1211).

Kenntnis eines Ehegatten im vorgenannten Sinne wird entsprechend allgemeinem Gebrauch als „Bösgläubigkeit" bezeichnet, Unkenntnis entsprechend als „Gutgläubigkeit".

c) Unterhaltsansprüche bei den einzelnen Aufhebungsgründen

17 Nachfolgend wird unter Abweichung von der gesetzlichen Aufgliederung des Abs 2 S 1 Nr 1 und 2 für die einzelnen Aufhebungstatbestände erläutert, ob und unter welchen Umständen Unterhaltsansprüche gegeben sind. Da der Fall der Scheinehe (§ 1314 Abs 2 Nr 5) in Abs 2 nicht genannt ist, kommen insoweit Unterhaltsansprüche nicht in Betracht.

18 Im Fall der **fehlenden Ehemündigkeit, § 1303**, kommt es auf die (Un-)Kenntnis von der Minderjährigkeit bzw das (Nicht-)Wissen davon an, dass das Gericht keine Befreiung von diesem Hindernis erteilt hat. Der Minderjährige hat also nach Aufhebung der Ehe keinen Anspruch gegen den anderen Ehegatten, wenn ihm seine Minderjährigkeit bzw das Fehlen einer gerichtlichen Befreiung bewusst war. Dabei muss dem Minderjährigen die Tatsache seiner Minderjährigkeit jedenfalls aktuell in Bezug auf die Eheschließung als problematisch bewusst gewesen sein; ob eine solche Kenntnis bestand und dem Minderjährigen aufgrund seiner Reife zugerechnet werden kann, wird im Einzelfall zu prüfen sein (Erman/Roth Rn 3; MünchKomm/Wellenhofer Rn 4: beim über 16 Jahre alten Ehegatten bestehen hinsichtlich der Zurechnung keine Bedenken; generell für Zurechnung Gernhuber/Coester-Waltjen § 14 Rn 21).

19 Problematisch ist der umgekehrte Fall, dass bei dem Ehegatten des Minderjährigen die Kenntnis der Minderjährigkeit und des Fehlens einer gerichtlichen Befreiung nicht gegeben ist. Er kann dann nach dem Wortlaut der Bestimmung **Unterhaltsansprüche gegen den Minderjährigen** geltend machen. Man wird sich wohl nicht darauf berufen können, dass die Unterhaltsbelastung schon deshalb unzulässig sei, weil dadurch der Minderjährige unter Umständen mit erheblichen Schulden in die Volljährigkeit entlassen werde (so Erman/Roth Rn 3a unter Verweis auf BVerfGE 72, 155 zur Verpflichtung von Minderjährigen aufgrund elterlicher Vertretung; ähnlich Göppinger/Wax/Maurer Rn 1212); da sich die Unterhaltsverpflichtung nach der Leistungsfähigkeit des Unterhaltsschuldners richtet, kann es zu einer Verschuldung prinzipiell nicht kommen. Die Belastung mit einer Unterhaltsverpflichtung widerspricht aber im Grundsatz dem Schutzzweck des § 1303 und allgemein dem Minderjährigenschutz. Gleichwohl ist der Wortlaut der Regelung eindeutig und lässt keine abweichende Entscheidung zu; auch gegen den Minderjährigen kann daher ein Unterhaltsanspruch bestehen (MünchKomm/Wellenhofer Rn 4; Johannsen/Henrich/Henrich Rn 6; Palandt/Brudermüller Rn 3; Bamberger/Roth/Hahn Rn 6; FK-FamR/Friederici § 1314 Rn 6; Gernhuber/Coester-Waltjen § 14 Rn 22; **aA** Erman/Roth Rn 3a).

20 Da § 1303 in Abs 2 S 1 Nr 2 nicht aufgeführt ist, kommen Unterhaltsansprüche bei

beiderseitiger Kenntnis von dem Mangel nicht in Betracht (JOHANNSEN/HENRICH/HENRICH Rn 6; PALANDT/BRUDERMÜLLER Rn 3; BAMBERGER/ROTH/HAHN Rn 6). Soweit dieses Ergebnis unter Hinweis auf den ursprünglichen Regierungsentwurf korrigiert wird (so ERMAN/ROTH Rn 3b), kann dem nicht gefolgt werden. Allerdings hat der Regierungsentwurf unter anderem die Kenntnis auch des eheunmündigen Ehepartners von dem Mangel bewusst aus den Fällen ausgenommen, bei denen bei beiderseitiger Bösgläubigkeit die Anwendung des Unterhaltsrechts ausgeschlossen werden konnte, da die Kenntnis dem minderjährigen Ehepartner nicht angelastet werden könne (BR-Drucks 79/96, 56). Jedoch ist eine völlig andersartige Konzeption Gesetz geworden, die nicht mehr generell von Unterhaltsansprüchen ausgeht und in Einzelfällen einem Ehegatten das Recht gibt, die vermögensrechtlichen Folgen der Scheidung auszuschließen, sondern Unterhaltsansprüche enumerativ gewährt. Der eindeutige Gesetzeswortlaut lässt es angesichts dieser Änderung der Grundlagen der Anspruchsgewährung nicht zu, eine erweiternde Auslegung vorzunehmen. Eine solche ist aber ohnehin überflüssig, soweit man dem Minderjährigen die Kenntnis nicht zurechnet (vgl MünchKomm/WELLENHOFER Rn 6: Nichtaufnahme in Abs 2 S 1 Nr 2 dient dem Schutz des Minderjährigen).

Im Falle der Aufhebung wegen **Geschäftsunfähigkeit eines Ehegatten, § 1304**, stellen **21** sich ähnliche Probleme wie bei der Eheunmündigkeit. Einigkeit besteht darüber, dass der Geschäftsunfähige selbst nicht bösgläubig sein kann. Soweit man diesem überhaupt Kenntnis der Tatsache der Geschäftsunfähigkeit unterstellen kann, ist diese ihm jedenfalls nicht zuzurechnen (MünchKomm/WELLENHOFER Rn 4; JOHANNSEN/HENRICH/HENRICH Rn 7; PALANDT/BRUDERMÜLLER Rn 4; ERMAN/ROTH Rn 3; BAMBERGER/ROTH/HAHN Rn 7). Er kann daher generell einen Anspruch auf Unterhalt haben.

Umstritten ist auch hier die Frage, ob es einen **Unterhaltsanspruch gegen den ge- 22 schäftsunfähigen Ehegatten** geben kann, wenn der andere Ehegatte hinsichtlich der Geschäftsunfähigkeit gutgläubig war. Dies wird zum Teil mit der Begründung verneint, nur dem Geschäftsunfähigen könne nicht entgegengehalten werden, dass er im Zeitpunkt der Eheschließung die Aufhebbarkeit der Ehe gekannt habe (PALANDT/BRUDERMÜLLER Rn 4; zweifelnd in diesem Sinne JOHANNSEN/HENRICH/HENRICH Rn 7), wobei nicht klar wird, warum von vornherein Gutgläubigkeit des anderen Ehegatten ausscheiden soll. Im Ergebnis kann man auch angesichts des klaren Wortlauts des Gesetzes hier nicht anders entscheiden als im Falle der Minderjährigkeit: Auch der geschäftsunfähige Ehegatte kann Unterhaltsschuldner sein (MünchKomm/WELLENHOFER Rn 4; BAMBERGER/ROTH/HAHN Rn 7); ob eine Unterhaltsanspruch gegen ihn tatsächlich besteht, ist damit noch nicht gesagt, sondern im Rahmen der §§ 1569 ff gesondert zu prüfen.

Bei Geschäftsunfähigkeit eines Ehegatten kann mangels Zurechnung bei diesem **23** Ehegatten beiderseitige Bösgläubigkeit nicht vorkommen; in Abs 2 S 1 Nr 2 ist daher dieser Fall nicht aufgeführt (MünchKomm/WELLENHOFER Rn 6); ein Bedürfnis dafür besteht auch nicht (**aA** ERMAN/ROTH Rn 3b).

Im Fall der **Doppelehe, § 1306**, kann der gutgläubige Ehegatte einen Unterhaltsan- **24** spruch gegen den anderen haben. Von seltenen Ausnahmen abgesehen wird nur der zweite Ehegatte des Bigamisten gutgläubig sein können. Dessen Unterhaltsanspruch hat dann denselben Rang wie der Anspruch des ersten Ehegatten (MünchKomm/WEL-

LENHOFER Rn 4; JOHANNSEN/HENRICH/HENRICH Rn 8; PALANDT/BRUDERMÜLLER Rn 5; BAMBER-
GER/ROTH/HAHN Rn 8; GERNHUBER/COESTER-WALTJEN § 14 Rn 22); Mangelfälle sind nach
den allgemeinen Regeln (§§ 1581 f) zu behandeln (MünchKomm/WELLENHOFER Rn 4).
Der gutgläubige zweite Ehegatte wird also unter Umständen zum Nachteil des
ersten Ehegatten geschützt (anders bei der Behandlung des Zugewinn- und Versorgungsausgleichs sowie von Haushaltsgegenständen und Ehewohnung, wo unabhängig von der Gutgläubigkeit des zweiten Ehegatten die Belange des ersten Ehegatten im Rahmen der Billigkeitserwägungen stets zu beachten sind, vgl Rn 35, 39).
Sind bei der Doppelehe beide Ehegatten bösgläubig, können trotzdem Unterhaltsansprüche nach Abs 2 S 1 Nr 2 bestehen; in diesem Fall ist ein Unterhaltsanspruch
des zweiten Ehegatten aber insoweit eingeschränkt, als dadurch der Unterhaltsanspruch des ersten Ehegatten (der „dritten Person") beeinträchtigt würde. Der Unterhaltsanspruch des ersten Ehegatten geht also vor; der zweite kann nur dann
Unterhalt erlangen (wenn auch die sonstigen Voraussetzungen gegeben sind), wenn
der Bigamist hinreichend leistungsfähig ist, über den Bedarf des ersten Ehegatten
hinaus auch den des zweiten (teilweise) zu befriedigen (MünchKomm/WELLENHOFER
Rn 6; ERMAN/ROTH Rn 5; PALANDT/BRUDERMÜLLER Rn 5; BAMBERGER/ROTH/HAHN Rn 14).

25 Beruht die Aufhebung auf dem **Eheverbot der Verwandtschaft, § 1307**, oder auf
einem **Formverstoß, § 1311**, kann wiederum der gutgläubige Ehegatte Unterhalt
geltend machen, ebenso bestehen Ansprüche dann, wenn beide Ehegatten bösgläubig waren. Anders ausgedrückt ist ein Unterhaltsanspruch nur dann ausgeschlossen,
wenn nur einer der Ehegatten bösgläubig war und einen Anspruch gegen den
anderen (gutgläubigen) Ehegatten geltend macht. Hinsichtlich des § 1311 ist allerdings der Fall einseitiger Gutgläubigkeit kaum vorstellbar, sodass hier von vornherein nur ein Unterhaltsanspruch aufgrund beiderseitiger Bösgläubigkeit in Betracht kommt.

26 Die Fälle, dass ein Ehegatte bei der Eheschließung im Zustand der **Bewusstlosigkeit**
oder der **Störung der Geistestätigkeit** war, **§ 1314 Abs 2 Nr 1**, und dass ein Ehegatte
nicht wusste, dass es sich um eine Eheschließung handelte, § 1314 Abs 2 Nr 2, werden
wie der Fall der Geschäftsunfähigkeit behandelt: War einer der Ehegatten gutgläubig oder war beiden der Mangel unbekannt, können sie nach Abs 2 S 1 Nr 1 Unterhalt beanspruchen. Der Ehegatte, in dessen Person der Willensmangel vorlag,
kann naturgemäß nicht bösgläubig sein, beim anderen Ehegatten ist dies zu prüfen.
Eine beiderseitige Bösgläubigkeit kommt nicht in Betracht; diese Fälle sind schon
deswegen nicht in Abs 2 S 1 Nr 2 aufgenommen worden (MünchKomm/WELLENHOFER
Rn 6; JOHANNSEN/HENRICH/HENRICH Rn 11). Im Fall des fehlenden Erklärungsbewusst-
seins kann man allerdings zweifeln, ob Abs 2 S 1 Nr 1 auf den Ehegatten passt, der
nicht wusste, dass er eine Ehe abschließt: Er ist zwar gutgläubig, aber nicht in dem
Sinne, dass er die Aufhebbarkeit der Ehe nicht kennt, sondern dass er davon ausgeht, dass gar keine Ehe besteht; insoweit erscheint er hinsichtlich eines Unterhaltsanspruchs nicht schutzwürdig (so GÖPPINGER/WAX/MAURER Rn 1211).

27 Ist die Ehe aufgrund von **Täuschung oder Drohung** zustande gekommen (**§ 1314
Abs 2 Nr 3, 4**) ist nur der Ehegatte unterhaltsberechtigt, der Opfer der durch den
anderen Ehegatten oder mit dessen Wissen durch einen Dritten ausgeführten Täuschung oder Drohung gewesen ist. Hier kommt es nicht auf Gutgläubigkeit an: Der
getäuschte Ehegatte wäre in diesem Sinne gutgläubig, auf den bedrohten passt die

Kategorie nicht, da er natürlich den Tatbestand der Drohung kennt, aber gerade dagegen geschützt werden soll. Daher kommen diese Fälle auch im Rahmen des Abs 2 S 1 Nr 2 nicht vor. Die Drohung eines Dritten ohne Wissen des anderen Ehegatten, die anders als der entsprechende Fall der Täuschung einen Aufhebungsgrund darstellt (vgl § 1314 Rn 49), begründet keinen Unterhaltsanspruch des bedrohten Ehegatten. Täuschung oder Drohung sind auch dann durch einen Dritten mit Wissen des anderen Ehegatten verübt worden, wenn dieser davon zwar noch nicht zum Zeitpunkt der Handlung des Dritten Kenntnis hatte, aber spätestens zum Zeitpunkt der Eheschließung wusste, dass die Täuschung oder Drohung noch fortwirkte (MünchKomm/WELLENHOFER Rn 5).

Im Falle der **Scheinehe**, bei der stets beide Ehegatten bösgläubig sind, gibt es keine **28** Unterhaltsansprüche; **§ 1415 Abs 2 Nr 5** ist in § 1318 Abs 2 überhaupt nicht erwähnt; da es sich um eine abschließende Aufzählung handelt („nur", Abs 1), scheiden damit Ansprüche aus. Dies ist dem Aufhebungsgrund immanent: Wenn beide Ehegatten bei der Eheschließung darüber einig sind, dass sie keine Rechte und Pflichten im Sinne des § 1353 Abs 1 begründen wollen, können sie sich auch nach Aufhebung der Ehe nicht auf die aus § 1353 abzuleitende Fortwirkung der Verantwortungsgemeinschaft in Form von Unterhalt berufen (MünchKomm/WELLENHOFER Rn 8; PALANDT/BRUDERMÜLLER Rn 8; **krit** JOHANNSEN/HENRICH/HENRICH Rn 12; WOLF FamRZ 1998, 1477, 1487). Im Falle der Scheinehe wird allerdings ohnehin kaum eine Unterhaltstatbestand im Sinne der §§ 1570 ff gegeben sein (GERNHUBER/COESTER-WALTJEN § 14 Rn 21).

War die Ehe **aus mehreren Gründen aufhebbar**, ist der Anspruch auf Unterhalt schon **29** dann ausgeschlossen, wenn dies nur für einen Grund gilt, auch wenn die Ehe wegen eines anderen Grundes aufgehoben worden ist. War die Ehe also zugleich Scheinehe und Doppelehe und ist wegen des letzten Tatbestandes aufgehoben worden, entfällt ein Unterhaltsanspruch, da für den Fall der Scheinehe von vornherein die Anwendung des nachehelichen Unterhaltsrechts nicht vorgesehen ist. Ist die Ehe wegen Minderjährigkeit aufgehoben worden, die der andere Ehegatte nicht kannte, hat er dennoch keinen Unterhaltsanspruch, wenn er bewusst eine Doppelehe eingegangen ist, auch wenn das Aufhebungsurteil darauf nicht beruht (ERMAN/ROTH Rn 4; JOHANNSEN/HENRICH/HENRICH Rn 4; PALANDT/BRUDERMÜLLER Rn 2; BAMBERGER/ROTH/HAHN Rn 4; GÖPPINGER/WAX/MAURER Rn 1211; **aA** MünchKomm/WELLENHOFER Rn 3; SOERGEL/HEINTZMANN Rn 6; BAUMGÄRTEL/LAUMEN/PRÜTTING/LAUMEN Rn 2). Der Aufhebungsgrund, der im Aufhebungsverfahren nicht relevant geworden ist, aber den Unterhaltsanspruch berühren kann, ist dann inzident im Unterhaltsprozess zu prüfen.

d)   Wahrung der Kindesbelange
Abs 2 S 2 tritt als **selbstständige Grundlage** für die (begrenzte) Anwendung von **30** Scheidungsrecht neben die Regelung des Abs 2 S 1 („auch"). Auch dann, wenn ein Unterhaltsanspruch nach Abs 2 S 1 nicht gegeben ist, soll der betreuende Ehegatte zur Wahrung der Belange gemeinschaftlicher Kinder einen Anspruch auf Unterhalt haben können. Auf Abs 2 S 2 kann sich insbesondere der hinsichtlich eines Aufhebungsgrundes bösgläubige Ehegatte bzw derjenige, der den anderen getäuscht oder bedroht hatte, berufen, der deshalb nach Abs 2 S 1 Nr 1 gegen den gutgläubigen Ehegatten keinen Unterhaltsanspruch geltend machen könnte. Auch im Falle der Scheinehe kann Abs 2 S 2 einen Unterhaltsanspruch begründen (SOERGEL/HEINTZMANN Rn 19; SCHWAB FamR Rn 100; **aA** GERNHUBER/COESTER-WALTJEN § 14 Rn 21).

Das kann ggf dann der Fall sein, wenn es sich um ein voreheliches gemeinschaftliches Kind handelt und die Eltern später zum Schein eine Ehe eingehen. Wird das Kind während bestehender Ehe gezeugt, dürfte nach § 1315 Abs 1 S 1 Nr 5 die Aufhebung regelmäßig ausgeschlossen sein.

31 **Gemeinschaftliche Kinder** sind die leiblichen Kinder der Ehegatten sowie gemeinsam adoptierte Minderjährige (§ 1754 Abs 1) oder Volljährige (§§ 1767 Abs 2, 1754 Abs 1). Mit der rechtskräftigen Feststellung, dass der Ehemann nicht der Vater des Kindes ist, entfällt die Eigenschaft als gemeinschaftliches Kind (§ 1599).

32 Die Tatsache, dass ein Ehegatte ein gemeinschaftliches Kind betreut, führt aber nicht ohne weiteres zur Anwendung des § 1570. Vielmehr steht ein Unterhaltsanspruch entgegen den Wertungen des Abs 2 S 1 unter dem Vorbehalt, dass eine Versagung des Anspruchs unter Berücksichtigung der Kindesbelange **grob unbillig** wäre. Diese Regelung weist den Richter an, im Einzelfall die Interessen des Ehegatten, der eigentlich von Unterhaltsleistungen an den anderen Ehegatten (nicht an das Kind) befreit wäre, und die Kindesinteressen miteinander abzuwägen und ggf die gesetzliche Wertung des Abs 2 S 1 zu korrigieren. Zur Ausfüllung dieser Wertungsentscheidung kann auf die Rechtsprechung zu § 1579 zurückgegriffen werden (MünchKomm/Wellenhofer Rn 7; Bamberger/Roth/Hahn Rn 17; Gernhuber/Coester-Waltjen § 14 Rn 25); dort sind die Belange eines gemeinschaftlichen Kindes bei der Frage zu berücksichtigen, ob ein an sich gegebener Unterhaltsanspruch aus bestimmten Gründen ausnahmsweise entfällt oder herabzusetzen ist. Die gemeinsamen Kinder sollen ungeachtet eines etwaigen Fehlverhaltens eines Elternteils nach Möglichkeit in wirtschaftlich gesicherten Verhältnissen aufwachsen. Der betreuende Ehegatte soll nicht aus wirtschaftlicher Not veranlasst sein, das Kind zugunsten einer (vollen) Erwerbstätigkeit zu vernachlässigen. Die Belange des Kindes sind nach allgemeiner Meinung regelmäßig gewahrt, wenn der notdürftige Unterhalt des betreuenden Elternteils sichergestellt ist (vgl Staudinger/Voppel [2012] § 1361 Rn 281). Auch nach Abs 2 S 2 ist im Hinblick auf die Kindesbelange Unterhalt zu gewähren, *soweit* die Versagung unbillig wäre. Das bedeutet, dass regelmäßig nicht der volle Unterhalt zu gewähren ist, sondern nur in der Höhe, die den notdürftigen Unterhalt sicherstellt. Letztlich ist die Entscheidung für den Einzelfall unter Abwägung der konkreten betroffenen Interessen zu treffen, wobei auch Alter und Entwicklung des Kindes und damit der Betreuungsbedarf eine Rolle spielen. Zur Vermeidung von Wertungswidersprüchen ist aber zu beachten, dass der betreuende Ehegatte dadurch, dass er eine mangelbehaftete und damit aufhebbare Ehe eingegangen ist, nicht schlechter stehen darf, als wenn die Eltern nicht geheiratet hätten und ein Unterhaltsanspruch aus § 1615l gegeben wäre (Gernhuber/Coester-Waltjen § 14 Rn 25).

32a Erwogen wird (Göppinger/Wax/Maurer Rn 1217) eine verfassungskonforme Auslegung des Abs 2 S 2 unter Hinweis auf die Entscheidung des BVerfG zum seinerzeit unterschiedlichen Billigkeitsmaßstab beim Unterhalt des nicht verheirateten und des geschiedenen Elternteils wegen Kinderbetreuung (grobe und einfach Unbilligkeit in §§ 1615l aF, 1570, BVerfG FamRZ 2007, 965, 971 f Rn 60–67). Der Billigkeitsunterhalt aus kindbezogenen Gründen in §§ 1615l Abs 2 S 4, 1570 Abs 1 S 2 dient dem Kindeswohl; vor diesem Hintergrund ist nicht nachvollziehbar, warum Kinder aus einer aufgehobenen Ehe gegenüber denen aus einer geschiedenen Ehe oder denen, deren Eltern nicht miteinander verheiratet sind, benachteiligt werden sollen, indem hier nach wie vor grobe Unbilligkeit vorausgesetzt wird. Entgegen der Ansicht von GÖPPINGER/WAX/MAURER (Rn 1217) ist Abs 2 S 2 nach der Reform durch das UÄndG 2007 nicht ohne eigenständige Bedeutung, da er einen Unterhaltsanspruch in Fällen, in denen die Anwendung des Scheidungsfolgenrechts eigentlich ausgeschlossen ist, erst begründet. Es ist daher davon auszugehen, dass bereits bei einfacher Unbilligkeit ein Anspruch nach Abs 2 S 2 besteht.

Abs 2 S 2 begründet **ausschließlich** die Möglichkeit, einen **Unterhaltsanspruch nach** **§ 1570** geltend zu machen; Anschlussunterhalt nach §§ 1571–1573 kann nicht auf diese Regelung gestützt werden, weil diese ausschließlich die aktuellen Kindesbelange schützen will, nicht aber die Belange des Ehegatten, der das Kind früher betreut hat (RAUSCHER Rn 222). **33**

e)   Beweislast
Der Ehegatte, der nach Aufhebung der Ehe vom anderen Ehegatten Unterhalt beansprucht, trägt für die Frage der Gutgläubigkeit bei Abs 2 S 1 Nr 1 bzw der beiderseitigen Bösgläubigkeit bei Abs 2 S 1 Nr 2 die **Beweislast** (JOHANNSEN/HENRICH/ HENRICH Rn 5; BAMBERGER/ROTH/HAHN Rn 5, 16; MünchKomm/WELLENHOFER Rn 9; SOERGEL/ HEINTZMANN Rn 26 f; ERMAN/ROTH Rn 4; BAUMGÄRTEL/LAUMEN/PRÜTTING/LAUMEN Rn 2, 4; GÖPPINGER/WAX/MAURER Rn 1220; **aA** PALANDT/BRUDERMÜLLER Rn 2; FK-FamR/FRIEDERICI Rn 5; die für diese Ansicht zitierte Entscheidung RGZ 78, 369 bezieht sich auf § 1345 Abs 1 BGB 1900 und die dort gewählte Formulierung und ist für § 1318 Abs 2 nicht mehr einschlägig), ebenso für die Tatsachen, die eine Versagung des Unterhalts wegen der Belange eines gemeinschaftlichen Kindes als (grob) unbillig erscheinen lassen. Zusätzlich trägt der den Unterhalt begehrende Ehegatte die Beweislast für das Vorliegen der Voraussetzungen eines der scheidungsrechtlichen Unterhaltstatbestände. **34**

2.   Güterrecht und Versorgungsausgleich, Abs 3

Anders als beim Unterhalt kommen die Regelungen über den Zugewinnausgleich und den Versorgungsausgleich grundsätzlich unabhängig von dem zugrunde liegenden Aufhebungsgrund und der Bös- oder Gutgläubigkeit der Ehegatten entsprechend zur Anwendung, unterliegen aber der Korrektur in dem Sinne, dass die Anwendung unterbleibt, soweit diese im Hinblick auf die Umstände der Eheschließung oder im Falle der Doppelehe die Belange des ersten Ehegatten grob unbillig wäre. Diese beiden Korrekturregelungen konkretisieren damit das Leistungsverweigerungsrecht des § 1381 beim Zugewinnausgleich, das ebenfalls den Maßstab der groben Unbilligkeit zugrunde legt, und ergänzt die Versagungsgründe des § 27 Vers-AusglG für den Versorgungsausgleich (MünchKomm/WELLENHOFER Rn 12; JOHANNSEN/ HENRICH/HENRICH Rn 15; PALANDT/BRUDERMÜLLER Rn 11; BAMBERGER/ROTH/HAHN Rn 18). Soweit für den Zugewinnausgleich auch auf §§ 1363–1371 verwiesen wird, dürfte es sich um ein Redaktionsversehen handeln, da diese Vorschriften sich nicht auf den Fall der Aufhebung der Ehe beziehen, sondern Regeln für die bestehende Zugewinngemeinschaft sowie für deren Auflösung durch Tod eines Ehegatten treffen (JOHANNSEN/HENRICH/HENRICH Rn 15; ERMAN/ROTH Rn 6; abweichend MünchKomm/WELLEN-HOFER Rn 10: aus der Verweisung auf die Vorschriften ergebe sich, dass durch das Aufhebungsurteil der Güterstand der Zugewinngemeinschaft nicht rückwirkend entfalle, was aber aus der *ex nunc*-Wirkung der Aufhebung ohnehin folgt). Die **entsprechende** Anwendung bedeutet, dass **35**

Reinhard Voppel

insbesondere die für den Fall der Ehescheidung geschaffenen Regelungen über den Versorgungsausgleich in dem Sinne anzuwenden sind, dass sie auf den Fall der Aufhebung der Ehe passen. An die Stelle des Begriffes „Scheidung" ist „Aufhebung" zu setzen (BGH FamRZ 1989, 153; OLG Hamm FamRZ 1981, 61), sodass etwa bei der Bestimmung des Endes der Ehezeit nach § 3 Abs 1 VersAusglG das Ende des Monats maßgeblich ist, der der Zustellung des Aufhebungsantrags vorausgeht (BGH FamRZ 1989, 153 zu § 1587 Abs 2 aF; vgl PALANDT/BRUDERMÜLLER Rn 13). Dasselbe gilt auch für den Zeitpunkt der Beendigung des Güterstandes beim Zugewinnausgleich nach § 1384 (STAUDINGER/THIELE [2007] § 1384 Rn 6; PALANDT/BRUDERMÜLLER § 1384 Rn 3).

36 **Grobe Unbilligkeit**, die dazu führt, dass der Anspruch auf Zugewinnausgleich oder Versorgungsausgleich **beschränkt oder ausgeschlossen** werden kann, liegt dann vor, wenn die Durchführung der Ausgleiche dem Gerechtigkeitsempfinden in unerträglicher Weise widerspräche (MünchKomm/WELLENHOFER Rn 12). Die **Umstände der Eheschließung** werden insbesondere im Fall der Täuschung oder Drohung (§ 1314 Abs 2 Nr 3 und 4) zum Ausschluss führen, da es einem Ehegatten nicht zumutbar ist, den Zugewinn und insbesondere Rentenanwartschaften mit dem anderen zu teilen, der ihn bei der Eheschließung getäuscht oder bedroht hat (OLG Karlsruhe FamRZ 2005, 370, 372; maßgeblich ist allerdings nicht der bewusste Verstoß gegen ein Eheverbot, etwa durch den Bigamisten, der eine zweite Ehe eingeht – so aber ebd 371 –, sondern die Tatsache, dass dies ohne Kenntnis des anderen Ehegatten geschieht, dieser also getäuscht wird; vgl auch ERMAN/ROTH Rn 6; RAUSCHER Rn 222). Auch die Eingehung einer Scheinehe nach § 1314 Abs 2 Nr 5 kann eine grobe Unbilligkeit hinsichtlich Zugewinn- und Versorgungsausgleich begründen, da eheliche Solidarität einvernehmlich gerade nicht stattfinden sollte und nunmehr nicht nachträglich eingefordert werden kann (MünchKomm/WELLENHOFER Rn 12).

37 Auch im Falle der **Doppelehe** sind grundsätzlich die Regelungen über Zugewinn- und Versorgungsausgleich uneingeschränkt anzuwenden. Beide Ehegatten des doppelt Verheirateten können gegen diesen Ausgleichsansprüche in einer Weise geltend machen, als wenn die jeweils andere Ehe nicht bestanden hätte (MünchKomm/WELLENHOFER Rn 11). Allerdings kann die Berücksichtigung der Ehezeiten, die auf beide Ehegatten entfallen sind, auch zugunsten des zweiten Ehegatten aus der Sicht des ersten Ehegatten (der „dritten Person") grob unbillig sein und zu einer Reduzierung oder einem Wegfall des Ausgleichsanspruchs führen. Dies folgt aber nicht aus der Doppelehe an sich, sondern muss gesondert geprüft werden (OLG Karlsruhe FamRZ 2005, 370, 371; vgl MünchKomm/WELLENHOFER Rn 11). Bei der Prüfung der Unbilligkeit kann die Kenntnis des zweiten Ehegatten von der Doppelehe seines Ehepartners eine Rolle spielen (weitergehend ERMAN/ROTH Rn 7, der den Ausgleichsanspruch generell nur dem gutgläubigen zweiten Ehegatten zubilligt); entscheidend sind weiter die wirtschaftliche Situation bzw die Einkommens- und Vermögensverhältnisse der Ehegatten, die Dauer der ehelichen Lebensgemeinschaft bzw der Trennung, während derer keine gemeinsame Lebensleistung der Ehegatten erbracht wurde, die Grundlage der Ausgleichsansprüche ist, und die Möglichkeit der Beteiligten, weitere Versorgungsanwartschaften aufzubauen (BGH NJW 1983, 176, 177 f; OLG Zweibrücken FamRZ 1983, 1145, 1146; OLG Stuttgart FamRZ 1986, 1006; MünchKomm/WELLENHOFER Rn 11; ERMAN/ROTH Rn 7; stärker die Belange des ersten Ehegatten herausstellend JOHANNSEN/HENRICH/HENRICH Rn 16). Betroffen sein kann der erste Ehegatte in seinen Belangen naturgemäß nur dann, wenn sich die Ausgleichsansprüche gegen den doppelt Verheirateten richten; macht

dagegen der Bigamist die Ansprüche gegen seinen zweiten Ehegatten geltend, ist sein erster Ehegatte dadurch nicht berührt (vgl OLG Karlsruhe FamRZ 2005, 370, 371). Das Gesetz stellt die Unbilligkeit zu Lasten des ersten Ehegatten heraus; auch für den zweiten Ehegatten kann es unbillig sein, den Ausgleichsanspruch zugunsten des ersten Ehegatten hinnehmen zu müssen, wenn er gutgläubig war; in diesem Fall sollte der Ausgleich – wenn einer Einschränkung zu Lasten des ersten und des zweiten Ehegatten Billigkeitsgesichtspunkte entgegenstehen – grundsätzlich zu Lasten des doppelt Verheirateten ausgehen; ob sich dies auf § 1318 Abs 3 stützen lässt, erscheint allerdings zweifelhaft (vgl BAMBERGER/ROTH/HAHN Rn 19).

Nach der Gesetzesfassung ist die Nichtanwendung der Regelungen über Zugewinn- **38** und Versorgungsausgleich als Ausnahme anzusehen. **Beweisbelastet** für die Tatsachen, die eine grobe Unbilligkeit begründen ist daher derjenige Ehegatte bzw der Dritte, der geltend macht, dass der Ausgleich nicht durchzuführen sei (OLG Karlsruhe FamRZ 2005, 370, 371).

Keine Regelung trifft § 1318 Abs 3 zur Frage der Auseinandersetzung im Falle der **38a** Auflösung der Gütergemeinschaft (§§ 1471 ff). Es ist ersichtlich, dass die Gütergemeinschaft nach Aufhebung der Ehe auseinandergesetzt werden muss. Der Gesetzgeber hat vermutlich die Gütergemeinschaft (und ebenso die Gütertrennung) nicht im Blick gehabt, weil es bei diesen Formen keinen güterrechtlichen Ausgleich gibt, der jedenfalls der Idee nach auf den „Leistungen" während der Ehe beruht und Ausdruck nachehelicher Solidarität ist. Im Ergebnis müssen für alle Güterstände die Regeln zur Anwendung kommen, die für den Fall der Beendigung des Güterstandes vorgesehen sind, wobei im Fall der Doppelehe die Interessen des Erstehegatten zu berücksichtigen sind (GERNHUBER/COESTER-WALTJEN § 14 Rn 19).

3. Ehewohnung und Haushaltsgegenstände, Abs 4

Für die Behandlung der Ehewohnung und der Haushaltsgegenstände wird auf die **39** entsprechende Anwendung der §§ 1568a, b verwiesen. Ein Ehegatte kann nach diesen Regelungen die Überlassung der Ehewohnung oder von Haushaltsgegenständen beanspruchen, wenn er in stärkerem Maße darauf angewiesen ist oder die Überlassung aus anderen Gründen der Billigkeit entspricht. Insgesamt hat auch hinsichtlich des Kriteriums der Angemessenheit eine Abwägung unter Einbeziehung aller Umstände des konkreten Einzelfalles stattzufinden (STAUDINGER/WEINREICH [2010] § 1568a Rn 25 ff; § 1568b Rn 39 ff; MünchKomm/WELLENHOFER § 1568a Rn 14; 1568b Rn 11). Im Rahmen dieser Abwägung sind die in Abs 4 genannten Gesichtspunkte besonders zu berücksichtigen, müssen also bei der Abwägung nicht nur als Kriterien unter anderen herangezogen werden, sondern höher gewichtet werden. Generell sind die Umstände bei der Eheschließung bei der Entscheidung über den Anspruch auf Überlassung der Ehewohnung oder von Haushaltsgegenständen besonders zu berücksichtigen. Im Falle der Doppelehe sind die Belange der dritten Person, also des ersten Ehegatten des doppelt verheirateten Ehegatten, besonders zu beachten. Für beide Gesichtspunkte kann auf die Ausführungen oben Rn 36, 37 verwiesen werden.

IV. Erbrecht, Abs 5

1. Gesetzliches Erbrecht des Ehegatten

40 Das gesetzliche Erbrecht des Ehegatten folgt aus § 1931. Es entfällt nach § 1933, wenn die Ehe aufhebbar ist und der verstorbene Ehegatte einen Antrag auf Aufhebung gestellt hatte. Es ist also nicht erforderlich, dass die Aufhebung noch vor dem Tod des betreffenden Ehegatten erfolgt ist; die Einleitung des Verfahrens reicht aus, wenn der Antrag begründet gewesen wäre. Das ist inzident im Erbrechtsstreit zu prüfen, da das Verfahren auf Aufhebung der Ehe nach dem Tod des Ehegatten nicht mehr fortgeführt wird (vgl im Einzelnen § 1313 Rn 12 ff). Der überlebende Ehegatte hat dann kein gesetzliches Erbrecht, keinen Anspruch auf den Voraus (§ 1932) und auch kein Pflichtteilsrecht. An die Stelle des Erbrechts tritt ein Anspruch auf Unterhalt entsprechend den scheidungsrechtlichen Vorschriften (vgl § 1313 Rn 19).

2. Ausnahmeregelung nach Abs 5

41 Abs 5 stellt eine Erweiterung des § 1933 dar, die an systematisch falscher Stelle im Gesetz eingeordnet ist; ihr zutreffender Platz wäre bei § 1933 gewesen. Eine Vorgängerregelung dazu gibt es nicht; die Begründung des Rechtsausschusses, auf den Abs 5 zurückgeht, fällt knapp aus: Der Ehegatte, der in den im Gesetz genannten Fällen die Aufhebbarkeit bei der Eheschließung gekannt habe, solle nicht besser gestellt werden, als derjenige, gegen den bereits ein Antrag auf Eheaufhebung gestellt worden sei (BT-Drucks 13/9416, 29); die Fülle der mit dieser Regelung verbundenen Probleme ist im Gesetzgebungsverfahren nicht erkannt worden.

42 Ziel der Regelung ist es also, dem in bestimmten Fällen hinsichtlich des Bestehens eines Auflösungsgrundes bösgläubigen Ehegatten trotz der Tatsache, dass die Ehe weder aufgehoben worden ist noch durch den verstorbenen Ehegatten ein Aufhebungsantrag gestellt worden ist, das **gesetzliche Erbrecht** zu **entziehen**, weil nach der Wertung des Gesetzgebers die Bösgläubigkeit gleich zu bewerten ist, aber ein Aufhebungsantrag nach § 1317 Abs 3 nicht mehr gestellt werden kann. Für die **gewillkürte Erbfolge gilt Abs 5 nicht**. Geregelt werden damit nicht die Folgen der Aufhebung (vgl Überschrift und Abs 1), sondern die Folgen einer lediglich aufhebbaren Ehe, die durch den Tod eines Ehegatten aufgelöst worden ist.

43 Abs 5 greift nur ein, wenn mindestens einer der Ehegatten bei der Eheschließung geschäftsunfähig war, im Falle der Doppelehe, der unzulässigen Ehe zwischen Verwandten, bei Verstoß gegen die persönliche, gleichzeitige Anwesenheit der Ehegatten bei Abgabe der Eheschließungserklärung oder Abgabe der Erklärung unter einer Bedingung oder Befristung sowie dann, wenn sich ein Ehegatte bei der Eheschließung im Zustand der Bewusstlosigkeit oder der vorübergehenden Störung der Geistestätigkeit befunden hat (Fälle der §§ 1304, 1306, 1307, 1311, 1314 Abs 2 Nr 1). Es handelt sich bei diesen Fällen um die ehemaligen Nichtigkeitsgründe, die in das neue Recht übernommen worden sind – die an sich überwundene Unterscheidung von Nichtigkeit und Aufhebbarkeit der Ehe hält damit bei dieser Frage mittelbar wieder Einzug. Es ist irrelevant, bei welchem Ehegatten der maßgebliche Tatbestand vorliegt bzw vorgelegen hat, solange der **überlebende Ehegatte** bei der Eheschließung **Kenntnis** von der Aufhebbarkeit gehabt hat. Die Kenntnis ist hier genauso zu bestimmen wie bei Abs 2 S 1 (vgl oben Rn 15 f).

Die Auswahl der Gründe, bei deren Kenntnis der überlebende Ehegatte vom ge- **44** setzlichen Erbrecht ausgeschlossen sein soll, ist willkürlich. Die Auswahl stimmt nicht mit den in Abs 2 Nr 1 genannten Fällen überein, in denen aufgrund einer vergleichbaren Wertung die Gutgläubigkeit eines Ehegatten darüber entscheidet, ob er Unterhalt beanspruchen kann. Abgesehen von dieser Parallele ist es nicht ersichtlich, warum etwa gerade der Ehegatte, der den anderen Ehegatten bei der Eheschließung getäuscht oder bedroht hat, sein Erbrecht nicht verlieren soll (krit dazu auch ERMAN/ROTH Rn 10; TSCHERNITSCHEK FamRZ 1999, 829, 830). Dessen ungeachtet ist Abs 5 aufgrund der eindeutigen, enumerativen Auflistung der relevanten Fälle als **abschließend** und nicht analogiefähig anzusehen.

Anknüpfung für den Ausschluss des Erbrechts ist allein die Tatsache, dass der über- **45** lebende Ehegatte von einem der aufgeführten Aufhebungsgründe bei der Eheschließung Kenntnis gehabt hat. Nach dem Wortlaut kommt es also auf die **weitere Entwicklung der Ehe** nicht an, insbesondere nicht darauf, ob die Ehe im Falle der Geschäftsunfähigkeit oder der Bewusstlosigkeit bzw Störung der Geistestätigkeit nach Wegfall dieses Hindernisses bestätigt worden ist, die Doppelehe nach Ausspruch der Ehescheidung der ersten Ehe geschlossen und danach die Ehescheidung rechtskräftig geworden ist oder bei Verstoß gegen § 1311 die Ehegatten nach der Eheschließung für längere Zeit als Ehegatten miteinander gelebt haben und damit die Aufhebung der Ehe nach § 1315 ausgeschlossen wäre. Das bedeutet, dass das Erbrecht in Fällen, in denen der Erblasser nicht einmal den Versuch eines Aufhebungsantrages gemacht hat, in weiterem Umfang ausgeschlossen wäre, als sonst, da in den Fällen des § 1315 ein Aufhebungsantrag keinen Erfolg (gehabt) hätte. Dieses Ergebnis widerspricht dem Regelungszweck des Abs 5, der voraussetzt, dass ein Aufhebungsantrag, wenn er denn noch zulässig wäre, auch begründet wäre. Abs 5 ist daher in **teleologischer Reduktion** auf die Fälle zu beschränken, in denen der überlebende Ehegatte Kenntnis vom Aufhebungsgrund hatte und **zur Zeit des Erbfalls** ein **Aufhebungsantrag** noch **begründet** gewesen wäre (MünchKomm/WELLENHOFER Rn 14; ERMAN/ROTH Rn 9; FamRefK/WAX Rn 20; GERNHUBER/COESTER-WALTJEN § 14 Rn 8; aA – kritisch – RAUSCHER Rn 223). Keine Berücksichtigung findet dagegen bei Abs 5 eine mögliche Bösgläubigkeit auch des Erblassers.

Schließlich wird in Frage gestellt, ob die Rechtsfolge des Abs 5 dann angemessen ist, **46** wenn der **Erblasser bewusst auf** die Stellung eines (an sich begründeten) **Aufhebungsantrags verzichtet** hat. Da ein solcher Verzicht als Bestätigung zu sehen ist, die eine Aufhebung ausschließt, kommt dieser Frage nur für den Fall Bedeutung zu, dass bei der Eheschließung gegen § 1311 verstoßen wurde und der Erblasser vor Ablauf von 3 Jahren nach der Eheschließung verstorben ist, sodass § 1315 Abs 2 Nr. 2 nicht eingreift. Die Tatsache, dass der Erblasser bewusst keinen Aufhebungsantrag gestellt hat, ist irrelevant, da das Gesetz ausdrücklich einen Mindestzeitraum des Zusammenlebens anordnet und eine bloße Bestätigung abweichend zu den Fällen des § 1315 Abs 1 als nicht ausreichend erachtet wird. Auch in einem solchen Fall ist also das Erbrecht nach § 1318 Abs 5 ausgeschlossen (ERMAN/ROTH Rn 10; MünchKomm/ WELLENHOFER Rn 14; aA FamRefK/WAX Rn 20).

47 Ob die Voraussetzungen des Abs 5 vorliegen, ist im Erbrechtsstreit inzident zu prüfen, also das Bestehen und die Kenntnis des überlebenden Ehegatten von einem der abschließend aufgeführten Aufhebungsgründe sowie die Frage, ob die Aufhebung zum Zeitpunkt des Erbfalles noch möglich gewesen wäre; im Erbscheinsverfahren ist das von Amts wegen zu prüfen (zu beidem kritisch GERNHUBER/COESTER-WALTJEN § 14 Rn 7). Die **Beweislast** für diese Umstände trägt derjenige, der das Erbrecht des Ehegatten bestreitet (BAMBERGER/ROTH/HAHN Rn 22; BAUMGÄRTEL/LAUMEN/ PRÜTTING/LAUMEN Rn 6).

V. Sonstige Folgen der Aufhebung

1. Ehename

48 Nach dem RegE des EheschlRG – § 1318 BGB-E – sollten sich die Folgen der Aufhebung grundsätzlich nach Scheidungsfolgenrecht bestimmen; davon sollte auch das Recht des Ehenamens umfasst sein (vgl BT-Drucks 13/4898, 21). Im Rechtsausschuss ist § 1318 umgestaltet worden und hat seine heutige Fassung erhalten. Insbesondere ist das einschränkende „nur" eingefügt worden, sodass aus der grundsätzlichen Verweisung auf Scheidungsfolgenrecht eine abschließende Regelung in einzelnen Punkten geworden ist. Das Namensrecht (§ 1355 Abs 5) ist in § 1318 nicht erwähnt. Es ist streitig, welche Folge das hat.

49 Zum Teil wird vertreten, dass § 1355 Abs 5 analog anzuwenden sei (ERMAN/ROTH Rn 11; SOERGEL/HEINTZMANN Rn 34; MünchKomm/WELLENHOFER Rn 15; HEPTING, Deutsches und Internationales Familienrecht im Personenstandsrecht, Rn III-628; RAUSCHER Rn 225; Münch-Komm/vSACHSEN GESSAPHE § 1355 Rn 34 zugunsten des gutgläubigen Ehegatten; GERNHUBER/ COESTER-WALTJEN § 14 Rn 26). Dies wird damit begründet, dass das Namensrecht insgesamt als Annex zum Eheschließungsrecht angesehen werden könne bzw dass § 1355 Abs 5 keine Scheidungsfolge regele, sondern lediglich klarstelle, dass die Auflösung der Ehe auf den Ehenamen keine Auswirkung habe. Eine andere Sichtweise verstoße gegen das Prinzip, dass die Auflösung nur für die Zukunft wirke.

50 Demgegenüber wird von anderen im Anschluss an den Wortlaut eine entsprechende Anwendung des § 1355 Abs 5 abgelehnt (BAMBERGER/ROTH/HAHN Rn 23; GERNHUBER/ COESTER-WALTJEN § 16 Rn 24 Fn 47; BOSCH NJW 1998, 2004, 2011; TSCHERNITSCHEK FamRZ 1999, 829 f; vorsichtig in dieser Richtung PALANDT/BRUDERMÜLLER Rn 16).

51 Die Tatsache, dass in der Begründung zum ursprünglichen Entwurf des § 1318 das Ehenamensrecht ausdrücklich genannt war und der Rechtsausschuss sich von der undifferenzierten Folgenregelung wegen der Unterschiede von Scheidung und Aufhebung lösen wollte, spricht dafür, dass der Rechtsausschuss sich bei der Fassung des § 1318 der namensrechtlichen Frage bewusst war und es sich nicht um ein Redaktionsversehen handelt. Jedenfalls spricht aber der eindeutige Wortlaut der Regelung gegen eine analoge Anwendung des § 1355 Abs 5. Eine Analogie setzt eine Lücke voraus. Wenn eine Norm ausdrücklich enumerativ Regelungen trifft – in diesem Fall anordnet, für welche Fälle bestimmte Scheidungsfolgen eingreifen –, kann für Fälle, die nicht einbezogen werden, nicht von einer Lücke ausgegangen werden (OLG Celle FamRZ 2013, 955, 956; aA HEPTING, wie Rn 49, Rn III-628). Abgesehen davon ist ohnehin fraglich, ob die Eheauflösung durch Tod oder Ehescheidung der Eheaufhebung wertungsmäßig gleichzustellen ist (so offenbar HEPTING, wie Rn 49, Rn III-628). Gerade bei Aufhebungsfällen – nicht nur bei der Namensehe – besteht vielfach ein anerkennenswertes Interesse des einen Ehegatten, dass der andere den Namen nicht fortführen darf (vgl differenzierend MünchKomm/WELLENHOFER Rn 16); der Hinweis darauf, dass in berechtigten Fällen bei angenommener Geltung des § 1355 Abs 5 über § 826 eine Lösung gefunden werden könne (RAUSCHER Rn 225 Fn 35 aE), verweist auf eine Lösung, die erst durch Annahme der Analogie erforderlich wird. § 1355 Abs 5 regelt eine – nichtvermögensrechtliche – Folge der Ehescheidung (die ursprüngliche Vorläuferregelung – § 1577 BGB 1900 – war daher auch im Scheidungsrecht angesiedelt); dies hat auch die Begründung zum Regierungsentwurf so gesehen (BR-Drucks 79/96, 56). Er beschränkt sich auch nicht etwa auf die Klarstellung, dass die Ehescheidung keine Auswirkung auf die Namensführung habe, was auch ohne spezielle Anordnung gelten würde (RAUSCHER Rn 225; zweifelhaft), sondern regelt positiv auch die Möglichkeit, den Ehenamen abzulegen oder ihm einen Begleitnamen hinzuzufügen. Dass die Nichtanwendung des § 1355 Abs 5 mit dem Prinzip der nur in die Zukunft wirkenden Aufhebung streitet, ist nicht zutreffend: Die Wirkung der Aufhebung auf den Ehenamen bei Nichtanwendung des § 1355 Abs 5 tritt ebenfalls erst für die Zukunft ein. Auch eine Berufung auf die Entscheidung des BVerfG (FamRZ 2004, 515), mit der auch der erheiratete Name dem allgemein Persönlichkeitsrecht unterstellt wird (so ERMAN/ROTH Rn 11) stärkt nicht den Gedanken der Analogie, da zwischen der geschiedenen und der aufgehobenen Ehe ein wesentlicher Unterschied auch hinsichtlich der Bewertung besteht (ausführlich OLG Celle FamRZ 2013, 955, 957 mit besonderer Berücksichtigung des Umstandes, dass in Aufhebungsfällen eine „freie" Entscheidung über den Ehenamen nicht getroffen worden sei).

§ 1355 Abs 5 ist daher bei Aufhebung der Ehe nicht (auch nicht analog) anzuwenden. Mit Rechtskraft des Aufhebungsurteils (§ 1313) verliert der Ehegatte, dessen Name nicht Ehename geworden war, den Ehenamen und führt wieder den zur Zeit der Eheschließung bzw der Bestimmung des Ehenamens geführten Namen (OLG Celle FamRZ 2013, 955; BAMBERGER/ROTH/HAHN Rn 23; aA KEUTER FamRZ 2013, 1936, 1937 f: Namensfortführung aufgrund des Prinzips der Namenskontinuität). Das Eheregister wird durch die Aufhebung unrichtig und ist von Amts wegen zu berichtigen (OLG Celle FamRZ 2013, 955; aA KEUTER FamRZ 2013, 1936, 1937 f). **52**

2. Kindschaftsrecht

Auf die Stellung der Kinder und die Beziehungen der Eltern zu den Kindern hat die Aufhebung der Ehe grundsätzlich keine Wirkung. Da die Aufhebung nur für die Zukunft wirkt, haben die Ehegatten, wenn sie zur Zeit der Geburt der Kinder – wenn auch aufhebbar – verheiratet waren, grundsätzlich nach § 1626 die gemeinsame elterliche Sorge. Die gemeinsame Sorge bleibt auch nach der Aufhebung der Ehe bestehen, bis einem Antrag auf Zuweisung der elterlichen Sorge auf einen Elternteil nach § 1671 Abs 1 stattgegeben worden ist (GERNHUBER/COESTER-WALTJEN § 14 Rn 17). § 1671 knüpft nicht an die Ehescheidung, sondern allein an die Trennung der Eltern an. Diese setzt ein Getrenntleben wie § 1567 Abs 1 voraus, nämlich das faktische Nichtbestehen einer Lebensgemeinschaft und die Ablehnung der Gemeinschaft auch für die Zukunft (STAUDINGER/COESTER [2009] § 1671 Rn 38). Leben die Eltern nach Eheaufhebung (denkbar im Fall der Doppelehe) weiter miteinander, verbleibt es ohnehin bei der gemeinsamen Sorge. **53**

Reinhard Voppel

VI. Internationales Privatrecht

54 Nach herrschender Meinung richten sich die Folgen einer nichtigen oder aufgehobenen Ehe nach dem Recht, nach dem auch die Gültigkeit der Ehe zu beurteilen ist, gemäß Art 13 EGBGB also grundsätzlich nach dem Heimatrecht des jeweiligen Ehegatten; bei beiderseitigen Verstößen entscheidet das ärgere Recht. Die Nichtigkeit bzw Aufhebbarkeit einer Ehe und die daraus erwachsenden Rechtsfolgen sind so eng miteinander verknüpft, dass dies auch kollisionsrechtlich parallel bewertet wird (AG Hanau FamRZ 2004, 949; allgemein STAUDINGER/MANKOWSKI [2011] Art 13 EGBGB Rn 473 mNw zur Gegenansicht, die die verschiedenen Rechtsfolgen jeweils entsprechend den Einzelregelungen für die intakte oder geschiedene Ehe anknüpft, in Rn 472; PALANDT/THORN Art 13 EGBGB Rn 11 f; JOHANNSEN/HENRICH/HENRICH Art 13 EGBGB Rn 16; zum Güterrecht STAUDINGER/MANKOWSKI [2011] Art 15 EGBGB Rn 408 ff). Für Unterhaltsansprüche ergab sich regelmäßig dieselbe Anknüpfung aus der ausdrücklichen Regelung in Art 18 Abs 4 S 2 EGBGB bzw Art 8 Abs 2 Haager Unterhaltsübereinkommen: Die Unterhaltspflichten richten sich nach dem Recht, das auf die Nichtigerklärung oder Aufhebung der Ehe angewandt worden ist (STAUDINGER/MANKOWSKI [2003] Anh I zu Art 18 EGBGB Rn 287; JOHANNSEN/HENRICH/HENRICH Art 13 EGBGB Rn 18). Dagegen führt Art 3 Abs 1, 5 HUntProt (seit 18. 6. 2011 an die Stelle des Art 18 EGBGB getreten) grundsätzlich zum Recht des Staates, in dem der Unterhaltsberechtigte seinen gewöhnlichen Aufenthalt hat, auf Einrede einer Partei auch zum Recht eines anderen Staates, der zu der Ehe eine engere Verbindung aufweist, insbesondere zum Recht des Staates des letzten gemeinsamen gewöhnlichen Aufenthaltes der Ehegatten. Nach Art 17 Abs 3 S 1 EGBGB findet der Versorgungsausgleich nur statt, wenn das Recht, nach dem die Ehe aufgehoben worden ist, auf deutsches Recht verweist, ausnahmsweise nach Art 17 Abs 3 S 2 EGBGB auf Antrag eines Ehegatten auch dann (und nach deutschem Recht), wenn der andere Ehegatte während der Ehezeit eine inländische Versorgungsanwartschaft erworben hat oder wenn die allgemeinen Wirkungen der Ehe während eines Teils der Ehezeit einem Recht unterlagen, das den Versorgungsausgleich kennt; die Durchführung des Versorgungsausgleichs darf aber nicht im Hinblick auf die beiderseitigen wirtschaftlichen Verhältnisse oder die im Inland verbrachte Zeit der Billigkeit widersprechen.

55 Abweichend ist auch im Falle der Nichtigerklärung oder Aufhebung der Ehe auf die Namensführung Art 10 Abs 1 EGBGB anzuwenden; diese Regelung enthält eine abschließende Wertung, die eine davon abweichende Anknüpfung nicht erlaubt (STAUDINGER/MANKOWSKI [2011] Art 13 EGBGB Rn 475); auch Art 10 Abs 1 EGBGB beruft aber das Recht des Staates, dem eine Person angehört.

Titel 4
Wiederverheiratung nach Todeserklärung

§ 1319
Aufhebung der bisherigen Ehe

(1) Geht ein Ehegatte, nachdem der andere Ehegatte für tot erklärt worden ist, eine neue Ehe ein, so kann, wenn der für tot erklärte Ehegatte noch lebt, die neue Ehe nur dann wegen Verstoßes gegen § 1306 aufgehoben werden, wenn beide Ehegatten bei der Eheschließung wussten, dass der für tot erklärte Ehegatte im Zeitpunkt der Todeserklärung noch lebte.

(2) Mit der Schließung der neuen Ehe wird die frühere Ehe aufgelöst, es sei denn, dass beide Ehegatten der neuen Ehe bei der Eheschließung wussten, dass der für tot erklärte Ehegatte im Zeitpunkt der Todeserklärung noch lebte. Sie bleibt auch dann aufgelöst, wenn die Todeserklärung aufgehoben wird.

Materialien: Zu § 1348 BGB: JAKOBS/SCHU-BERT, FamR I 125–290; Vorentw PLANCK 269, 271; E I § 1464; II § 1482; III § 1331; Mot IV 641 ff; Prot IV 452 ff. S § 43 EheG 1938; § 38 EheG 1946. Zu § 1319 nF: BT-Drucks 13/4898, 21. STAUDINGER/BGB-Synopse 1896–2005 § 1319.

Schrifttum

ARNOLD, Wiederheirat nach vermeintlichem Tod des Ehegatten, DRiZ 1953, 5
BOEHMER, Rechtsmißbräuchliche Erhebung der Nichtigkeitsklage bei Doppelehe, NJW 1959, 2185
NEUMANN-DUESBERG, Der Unterhaltsanspruch des zu Unrecht für tot Erklärten – bei Auflösung seiner Ehe gemäß § 38 II EheG – gegen den früheren Ehegatten, JR 1968, 209
SCHRODT, Die Konfliktlösung bei Doppelehe, JR 1951, 43
ders, Zur Wiederverheiratung bei nur scheinbarem Tod des anderen Ehegatten, JR 1950, 236
SCHUMACHER, Die Todeserklärung. Vermutung, Tatbestandswirkung und Gutglaubensschutz im Bürgerlichen Recht (Diss Köln 1980)
VÖLKER, Zur Gültigkeit einer vor Rechtskraft der Todeserklärung geschlossenen Ehe, JR 1950, 261.

Systematische Übersicht

I. Einleitung

1. Normzweck

1 Die Norm ermöglicht dem Ehegatten eines unzutreffend für tot Erklärten die Eingehung einer nicht vom Bigamieverbot des § 1306 bedrohten Ehe.

2. Inhalt und Normstruktur

2 § 1319 behandelt zwei Fragen: **Abs 1** regelt die **Aufhebbarkeit der neuen Ehe**, die auf
der Grundlage der falschen Todeserklärung geschlossen wurde. **Abs 2** regelt die
Auflösung bzw den Fortbestand der früheren Ehe.

3 Dagegen regelt § 1319 **nicht** den Fall, dass der **für tot Erklärte selbst eine weitere Ehe**
eingeht. Es handelt sich um eine gewöhnliche Doppelehe, die weder Bestandsschutz
genießt, noch die Gültigkeit der früheren Ehe berührt, vielmehr nach §§ 1313 ff
aufgehoben werden kann und soll (vgl BGH FamRZ 1994, 498 mAnm BOSCH).

3. Entstehungsgeschichte

4 Die **§§ 1348 ff uF** stimmten mit der heutigen Regelung im Wesentlichen überein.
§ 1350 uF erlaubte jedoch jedem Ehegatten der neuen Ehe innerhalb von sechs
Monaten nach Kenntnis vom Überleben des für tot erklärten Ehegatten die neue
Ehe im Wege der Anfechtungsklage zu beseitigen. Die §§ 43 ff EheG 1938, §§ 38 ff

EheG 1946 beschränkten dieses Recht auf den früheren Ehegatten. Der durch das EheschlRG 1998 eingeführte § 1319 entspricht § 38 EheG 1946.

II. Rechtsnatur

§ 1319 normiert eine Ausnahme von dem mit der Aufhebbarkeit der späteren Ehe, 5 § 1314, bewehrten Bigamieverbot aus § 1306.

III. Aufhebung der späteren Ehe (Abs 1)

Die Aufhebung der neuen Ehe nach Abs 1 setzt objektiv voraus, dass diese Ehe als 6 Doppelehe geschlossen wurde und nicht geheilt ist, sowie subjektiv die Bösgläubigkeit beider Ehegatten. Grundsätzlich genießt die auf der Grundlage einer (wenn auch falschen) Todeserklärung geschlossene **neue Ehe** also **Bestandsschutz**. Sie ist zwar Doppelehe iSd § 1306, jedoch nicht nach § 1314, sondern nur nach Maßgabe von Abs 1 aufhebbar.

1. Voraussetzungen

a) Falsche Todeserklärung
§ 1319 setzt eine **objektiv falsche Todeserklärung** voraus. Die Todeserklärung begrün- 7 det die Vermutung, dass ein Verschollener in dem Zeitpunkt, der in der Todeserklärung angegeben wird, gestorben ist. Falsch ist die Todeserklärung, wenn die für tot erklärte Person den darin festgestellten Todeszeitpunkt überlebt hat.

b) Fortbestehende Doppelehe
Weitere Voraussetzung einer Aufhebung der neuen Ehe ist, dass der irrig für tot 8 erklärte Ehegatte den Zeitpunkt überlebt, in dem die Aufhebung der neuen Ehe rechtskräftig wird (vgl § 1313).

Ist der irrig für tot erklärte Ehegatte zwar nicht zu dem unrichtig festgestellten 9 Todeszeitpunkt, jedoch noch **vor der Schließung der neuen Ehe gestorben**, hat der andere Gatte die neue Ehe als Verwitweter geschlossen. Die neue Ehe ist also voll wirksam. Auf den Zeitpunkt, in dem der wahre Sachverhalt entdeckt wurde, kommt es nicht an.

Ist der Totgeglaubte erst gestorben, **nachdem die neue Ehe geschlossen** war, jedoch 10 noch vor der Rechtskraft des die Aufhebung aussprechenden Beschlusses, bleibt die neue Ehe in jedem Falle bestehen (vgl auch § 1320 Abs 1 S 1). Der tatsächliche **Tod** des früher irrig für tot Erklärten **heilt** also die bis dahin bestehende **Doppelehe**.

c) Kenntnis beider Eheschließenden
Weil die neue Ehe aufgrund einer amtlichen, wenn auch irrigen, Todeserklärung 11 geschlossen wurde, genießt sie, obwohl objektiv bigamisch, grundsätzlich Bestandsschutz (Abs 2). Ihre Aufhebung kommt nur in Betracht, wenn beide Ehegatten der neuen Ehe zum **Zeitpunkt ihrer Eheschließung** bösgläubig waren. **Bösgläubigkeit** liegt nur vor (Gutgläubigkeit wird also vermutet!), wenn beide Ehegatten nicht nur vermuteten oder ahnten, sondern sichere **Kenntnis** davon hatten, dass der für tot Erklärte nicht nur den in der Todeserklärung festgestellten Todeszeitpunkt überlebt

hatte, sondern auch **nach Erlass der Todeserklärung noch gelebt** hatte. Welche Kenntnisse oder Vorstellungen die neuen Ehegatten hinsichtlich des weiteren Schicksals des irrig für tot Erklärten hatten, ist unerheblich. Wussten sie also, dass er zwar nach dem Tag der Todeserklärung noch gelebt hatte, glaubten aber fälschlich, er sei später, aber vor ihrer Eheschließung verstorben, ist die neue Ehe gleichwohl aufhebbar. Nur wenn der fälschlich für tot Erklärte dann tatsächlich verstorben ist, entfällt die Aufhebbarkeit (dazu schon oben vgl Rn 8).

12 Anknüpfungspunkt für die Bös- oder Gutgläubigkeit der Ehepartner ist im Zeitpunkt der Eheschließung das **Datum der Todeserklärung**, nicht der festgestellte Todeszeitpunkt.

2. Rechtsfolgen der Aufhebung einer bigamischen Ehe

13 Die Doppelehe wird, obwohl sie von Anfang an rechtsfehlerhaft ist, erst mit Rechtskraft des Aufhebungsbeschlusses – also ex nunc – aufgelöst. Es können deshalb die gleichen Rechtsfolgen wie nach einer Scheidung eintreten.

14 In Betracht kommen gegenseitige **Unterhaltsansprüche** der bösgläubigen Ehepartner, jedoch begrenzt durch die Unterhaltsansprüche des fälschlich für tot erklärten Ehepartners der früheren Ehe (vgl § 1318 Abs 2 S 1 Nr 2).

15 Auch der **Zugewinnausgleich** und der **Versorgungsausgleich** sind gemäß § 1318 Abs 3 grundsätzlich durchzuführen. Da hier beide Ehegatten bei ihrer Eheschließung die Umstände kannten, aus denen sich die Aufhebbarkeit ihrer Ehe ergab, gibt es keinen Anhaltspunkt für eine grobe Unbilligkeit, wenn diese Ausgleichsansprüche wie bei einer Ehescheidung durchgeführt werden. Jedoch schützt das Gesetz auch hier den fälschlich für tot erklärten Ehepartner der früheren Ehe. Im Einzelfall ist abzuwägen, inwieweit das Vermögen seines bösgläubigen Ehepartners zunächst zur Durchführung der Ausgleichsverfahren zu seinen Gunsten heranzuziehen ist.

16 Dasselbe gilt für die Zuteilung der **Ehewohnung** und die Aufteilung des **Hausrats** (§ 1318 Abs 4); die Belange des fälschlich für tot Erklärten sind besonders zu berücksichtigen.

17 Die beiden bösgläubigen Ehegatten haben **kein gesetzliches Erbrecht** und mithin auch kein Pflichtteilsrecht am Nachlass des anderen, wenn ihre Doppelehe durch den Tod eines von ihnen aufgelöst wurde, weil beide seit der Eheschließung um die Aufhebbarkeit der Ehe wussten (§ 1318 Abs 5). Als gesetzlicher Erbe des bigamischen Ehegatten kommt der fälschlich für tot Erklärte in Betracht, weil seine Ehe im Falle der Bösgläubigkeit beider Ehegatten nicht durch die spätere Ehe aufgelöst ist (Abs 2).

3. Aufhebungsverfahren

18 Für das Aufhebungsverfahren gelten §§ 1313 ff. **Antragsbefugt** sind nach § 1316 Abs 1 Nr 1 (a.) jeder der beiden bösgläubigen Ehegatten, (b.) der Ehegatte der früheren Ehe und (c.) die nach Landesrecht zuständige Verwaltungsbehörde (vgl

dazu § 1316). Diese Verwaltungsbehörde ist nach § 1316 Abs 3 gehalten, das Aufhebungsverfahren zu betreiben.

Zuständig ist das Familiengericht, das im FamFG-Verfahren für Ehesachen, §§ 111 **19** Nr 1, 121 Nr 2 FamFG, verhandelt. Die örtliche Zuständigkeit richtet sich nach § 122 FamFG.

IV. Auswirkung auf die frühere Ehe (Abs 2)

1. Auflösung der früheren Ehe

Abs 2 regelt die (systematisch voranstehende) Frage nach dem rechtlichen Schicksal **20** der früher geschlossenen Ehe. Da einer der Ehegatten amtlich für tot erklärt wurde, genießt sie keinen Bestandsschutz, sondern wird in dem Augenblick **aufgelöst**, in dem der vermutlich verwitwete Ehegatte mit seinem neuen Partner die Ehe schließt. Die frühere Ehe wird von Rechts wegen immer aufgelöst, wenn beide oder auch nur einer der Ehegatten der neuen Ehe „gutgläubig" waren (vgl dazu Rn 11). In diesem Fall ist die neue Ehe also keine Doppelehe. Ist also auch nur einer der Eheschließenden gutgläubig, wird durch diese Regelung „das Nebeneinanderbestehen von zwei Ehen hier auch künftig vermieden und in Übereinstimmung mit dem (bisher) geltenden Recht der im Vertrauen auf die staatliche Todeserklärung geschlossenen zweiten Ehe der Vorzug gegeben werden" (so die Begründung des Regierungsentwurfs; vgl BT-Drucks 13/4898, 21).

Wenn die frühere Ehe einmal aufgelöst ist, bleibt es nach S 2 dabei. Wird die **21** Todeserklärung aufgehoben, ändert sich nichts, weder hinsichtlich der früheren noch hinsichtlich der neuen Ehe; diese hat also den Vorrang.

2. Fortbestand der früheren Ehe

Nur wenn beide Ehegatten bösgläubig waren, **bleibt die frühere Ehe bestehen.** Ihre **22** Gutgläubigkeit wird vermutet; wer sich auf Bösgläubigkeit beruft, trägt dafür die Beweislast. Die fortbestehende Ehe kann aber durch Tod oder Scheidung (oder Aufhebung nach § 1314) aufgelöst werden. Solange die frühere Ehe besteht, ist der **eine Ehegatte doppelt verheiratet** mit allen Konsequenzen. Kommt es zur Scheidung, greifen die allgemeinen Scheidungsfolgen ein, im Erbfall steht den Betroffenen wechselseitig das gesetzliche Erbrecht, mithin auch das Pflichtteilsrecht, zu (vgl oben Rn 17).

3. Rechtsfolgen der Auflösung der früheren Ehe

Die **Auflösung der Erstehe** hat **einschneidende wirtschaftliche Folgen** für die Ehegat- **23** ten der früheren Ehe, also den nunmehr in der neuen Ehe Verheirateten und den irrig Totgeglaubten. Beide verlieren ohne ein weiteres Verfahren – allein aufgrund der falschen Todeserklärung! – sämtliche an die Ehe geknüpften Rechte. Es findet gleichsam eine heimliche Scheidung statt, jedoch ohne die wichtigsten Scheidungsfolgen für beide Ehegatten.

Der **Zugewinnausgleich** ist nach § 1372 möglich, weil die frühere Ehe „auf andere **24**

Weise als durch den Tod" beendet wurde; das setzt voraus, dass für die frühere Ehe der gesetzliche Güterstand galt. Bestand **Gütergemeinschaft**, kommt die Auseinandersetzung nach § 1471 in Betracht.

25 Mangels „Scheidung" erscheinen nacheheliche **Unterhaltsansprüche** gemäß §§ 1569 ff als ausgeschlossen, ebenso wenig findet der **Versorgungsausgleich** nach §§ 1587 ff statt; jedoch stehen einer analogen Anwendung dieser Regelungen keine durchgreifenden Hindernisse entgegen (so auch PALANDT/BRUDERMÜLLER § 1319 Rn 6; GERNHUBER/COESTER-WALTJEN § 15 Rn 3).

26 Das **Ehegattenerbrecht** erlischt ebenso wie die Ansprüche gegen die **Sozialversicherungen** (vgl LSG Essen FamRZ 1962, 376). Eventuelle Ansprüche auf eine Hinterbliebenenrente können allerdings fortbestehen (vgl BSGE 26, 190, 193).

27 Hinsichtlich der elterlichen Sorge des fälschlich für tot Erklärten spielen die Auflösung oder der Fortbestand seiner Ehe keine Rolle.

§ 1320
Aufhebung der neuen Ehe

(1) Lebt der für tot erklärte Ehegatte noch, so kann unbeschadet des § 1319 sein früherer Ehegatte die Aufhebung der neuen Ehe begehren, es sei denn, dass er bei der Eheschließung wusste, dass der für tot erklärte Ehegatte zum Zeitpunkt der Todeserklärung noch gelebt hat. Die Aufhebung kann nur binnen eines Jahres begehrt werden. Die Frist beginnt mit dem Zeitpunkt, in dem der Ehegatte aus der früheren Ehe Kenntnis davon erlangt hat, dass der für tot erklärte Ehegatte noch lebt. § 1317 Abs. 1 Satz 3, Abs. 2 gilt entsprechend.

(2) Für die Folgen der Aufhebung gilt § 1318 entsprechend.

Materialien: Zu §§ 1350, 1351: JAKOBS/SCHUBERT, FamR I 125–290; E II §§ 1483, 1484; III §§ 1333, 1334; Mot IV 644; Prot IV 452 ff. S § 44 EheG 1938; § 39 EheG 1946. Zu § 1320 nF: BT-Drucks 13/4898, 21 f; STAUDINGER/ BGB-Synopse 1896–2005 § 1320.

Schrifttum

BOSCH, Toterklärung – Todeszeitfeststellung – Irrige Totmeldung, in: FS Mikat (1989) 793
HOLZ, Verlust des Eheaufhebungsrechts durch Bestätigung auch im Falle des § 39 des EheG?, MDR 1950, 211

ZEITLER, Zur Ehe-Aufhebung nach § 39 Ehe-Gesetz, JR 1951, 425.

Systematische Übersicht

I. Einleitung

1. Normzweck

Die Norm möchte dem Ehegatten des unzutreffend für tot Erklärten die Möglich- **1** keit zur Auflösung seiner zweiten Ehe geben. Diese Aufhebungsmöglichkeit erhält der Ex-Ehegatte des Totgeglaubten, weil er sich bei Abschluss der neuen Ehe, gestützt auf die tatsächlich unrichtige Todeserklärung, **irrtümlich für verwitwet** hielt, während er **in Wirklichkeit eine bigamische Ehe** einging. Er soll dann nicht gezwungen sein, sich durch eine Scheidung aus dieser Ehe zu lösen, sondern kann die Ehe auflösen lassen. Er kann dann frei entscheiden, ob er den Totgeglaubten erneut heiratet oder unverheiratet bleibt oder versucht, mit einem dritten Partner glücklich zu werden.

2. Inhalt und Normstruktur

Abs 1 gibt dem vermeintlich überlebenden Ehegatten ein befristetes Recht zur **2** Auflösung seiner zweiten Ehe; Abs 2 regelt die Folgen der Auflösung.

3. Bedeutung und systematische Stellung

§ 1320 ermöglicht die Auflösung sehr selten auftretender persönlicher Konflikte **3** infolge der Rückkehr eines für tot erklärten Ehegatten (BayObLG 1961, 725). Die Regelung gehört systematisch eigentlich in den Zusammenhang der Eheaufhebung.

4. Entstehungsgeschichte

Zur Textgeschichte vgl oben § 1319 Rn 1. Das durch § 44 Abs 2 S 1 EheG 1938 **4** eingeführte und in § 39 Abs 2 S 1 EheG 1946 aufrechterhaltene Eheverbot ist wegen „Systemfremdheit und Entbehrlichkeit" entfallen (vgl die Begründung des Reg-E EschlRG 1998 BT-Drucks 13/4898, 21 f). Es ließ dem gutgläubig bigamischen Ehegatten nur die Wahl, die neue Ehe fortzuführen oder sie aufheben zu lassen, um dann entweder bis zum Tode des früheren Ehegatten unverheiratet zu bleiben oder ihn wieder zu heiraten. Eine andere Heirat war ihm verwehrt. Damit sollte ein vorschneller Ge- oder Missbrauch des Aufhebungsrechts verhindert und der neue Ehegatte des gutgläubigen Bigamisten geschützt werden.

5 Obsolet ist die früher zu § 39 EheG 1946 diskutierte Frage, ob das Aufhebungsrecht des Ex-Ehegatten des fälschlich für tot Erklärten entfällt, wenn er den fälschlich Totgeglaubten deswegen nicht wieder heiraten kann, weil auch dieser eine neue Ehe eingegangen ist (wozu er wegen der Auflösung der früheren Ehe gemäß § 38 Abs 2 S 1 EheG in der Lage war). Nach dem Wegfall des Eheverbots gibt das Gesetz keinen Anhalt für eine derartige Einschränkung des Aufhebungsrechts. Vielmehr intendiert § 1320 allein den Schutz des Ex-Ehegatten vor seelischen Konflikten, die aus dem Bewusstsein entstehen können, tatsächlich (wenn auch unwissentlich) ein Bigamist zu sein.

II. Rechtsnatur

6 § 1320 enthält einen besonderen Eheaufhebungstatbestand, dessen Voraussetzungen und Rechtsfolgen die Norm regelt.

III. Voraussetzungen der Aufhebung der neuen Ehe

1. Auflösung der ersten Ehe nach § 1319 Abs 2

7 Voraussetzung der Aufhebung der zweiten Ehe ist, dass die frühere Ehe mit dem Totgeglaubten nach § 1319 Abs 2 aufgelöst und die neue Ehe nicht nach § 1319 Abs 1 aufhebbar ist.

2. Unzutreffende Todeserklärung

8 Die Lösung aus der wirksamen späteren Ehe ist außerdem nur dann zulässig, wenn der fälschlich **Totgeglaubte noch lebt**; die Eheauflösung kann daher auch nur beantragt werden, solange der Totgeglaubte noch lebt. Stirbt er erst nach der Antragstellung, kann das Verfahren zur Aufhebung der neuen Ehe dennoch abgeschlossen werden (str, wie hier PALANDT/BRUDERMÜLLER § 1320 Rn 4; aA maßgeblicher Zeitpunkt die letzte mündliche Verhandlung über den Aufhebungsantrag: MünchKomm/WELLENHOFER § 1320 Rn 3).

3. Frist

9 Das Aufhebungsrecht ist befristet. Der Ex-Ehegatte des Totgeglaubten hat ein Jahr lang Zeit, zu prüfen und sich für oder gegen die Fortführung der neuen Ehe zu entscheiden (Abs 1 S 2). Nicht vorgesehen ist, durch eine Bestätigung der späteren Ehe das befristete Aufhebungsrecht zu verlieren (noch zum alten Recht OLG Oldenburg FamRZ 1958, 321).

Die **Jahresfrist** beginnt am Tag nach dem Tag, an dem der frühere Ehegatte erfahren **10** hat, dass der Totgeglaubte tatsächlich noch lebt (Abs 1 S 3 iVm § 187 Abs 1). Sie endet dementsprechend am Jahrestag der Kenntniserlangung (§ 188 Abs 2 Alt 1).

Die Frist **verlängert sich** bei Stillstand der Rechtspflege oder entsprechender höherer **11** Gewalt (S 4, §§ 1317 Abs 1 S 3, 203) oder bei Minderjährigkeit des Ehegatten, der in seinem 17. und 18. Lebensjahr die Todeserklärung seines ersten Ehegatten erwirkt hat und eine zweite Ehe eingegangen ist, jedoch ohne gesetzlichen Vertreter dasteht (S 4, §§ 1317 Abs 1 S 3, 206 Abs 1 S 1) oder bei einem Geschäftsunfähigen und in zweiter Ehe Verheirateten ohne gesetzlichen Vertreter (S 4, §§ 1317 Abs 1 S 3, 206 Abs 1 S 1) oder mit einem säumigen gesetzlichen Vertreter (S 4, § 1317 Abs 2).

IV. Rechtsfolgen, Abs 2

Abs 2 verweist für die Folgen der Aufhebung auf § 1318, der im Grundsatz das **12** **Scheidungsrecht** für anwendbar erklärt (dazu § 1319 Rn 13 ff, sowie im Einzelnen STAUDINGER/VOPPEL § 1318 Rn 11 ff). Dabei sind insbesondere die Interessen des „unbeteiligten" gutgläubigen Ehegatten der neuen Ehe zu berücksichtigen. Dieser sieht sich überraschend mit einer völlig veränderten Lebensplanung konfrontiert, die er – anders als es möglicherweise in einer zerrütteten und daher geschiedenen Ehe der Fall ist – nicht zu vertreten hat.

V. Aufhebungsverfahren

Für das Aufhebungsverfahren gelten §§ 1313 ff. **Antragsbefugt** ist allein der mit dem **13** Überleben seines ersten Ehegatten konfrontierte Ehegatte, § 1319 Abs 1.

Zuständig ist das Familiengericht, das im FamFG-Verfahren für Ehesachen, §§ 111 **14** Nr 1, 121 Nr 2 FamFG, verhandelt. Die örtliche Zuständigkeit richtet sich nach § 122 FamFG.

§§ 1321–1352
(weggefallen)

Sachregister

Die fetten Zahlen beziehen sich
auf die Paragrafen, die mageren Zahlen
auf die Randnummern.

J. von Staudingers
Kommentar zum Bürgerlichen Gesetzbuch
mit Einführungsgesetz und Nebengesetzen

Übersicht vom 1. 5. 2015
Die Übersicht informiert über die Erscheinungsjahre der Kommentierungen in der 13. Bearbeitung und deren Neubearbeitungen (= Gesamtwerk STAUDINGER). *Kursiv* geschrieben sind die geplanten Erscheinungsjahre.

Die Übersicht ist für die 13. Bearbeitung und für deren Neubearbeitungen zugleich ein Vorschlag für das Aufstellen des „Gesamtwerk STAUDINGER" (insbesondere für solche Bände, die nur eine Sachbezeichnung haben). Es wird empfohlen, die Austauschbände chronologisch neben den überholten Bänden einzusortieren, um bei Querverweisungen auf diese schnell Zugriff zu haben. Bei Platzmangel sollten die ausgetauschten Bände an anderem Ort in gleicher Reihenfolge verwahrt werden.

Buch 1. Allgemeiner Teil

	Neubearbeitungen				
Einl BGB; §§ 1–14; VerschG	1995	2004	2013		
§§ 21–89; 90–103 (1995)	1995				
§§ 21–79		2005			
§§ 80–89		2011			
§§ 90–103 (2004); 104–133; BeurkG	2004	2004			
§§ 90–124; 130–133			2012		
§§ 90–124; 130–133			2012		
§§ 134–163	1996	2003			
§§ 134–138			2011		
§§ 139–163			2010		
§§ 164–240	2001	2004	2009	2014	

Buch 2. Recht der Schuldverhältnisse

§§ 241–243	1995	2005	2009	2014	
§§ 244–248	1997				
§§ 249–254	1998	2005			
§§ 255–292	1995				
§§ 293–327	1995				
§§ 255–314		2001			
§§ 255–304		2004	2009	2014	
AGBG	1998				
§§ 305–310; UKlaG			2006		
§§ 311, 311a, 312, 312a–i			2005	2013	
§§ 311b, 311c			2006	2012	
§§ 313, 314		*2015*			
§§ 315–327		2001	2004	2009	
§§ 328–361b	1995	2001			
§§ 328–359			2004		
§§ 328–345				2009	
§§ 346–361				2012	
§§ 362–396	1995	2000	2006	2011	
§§ 397–432	1999	2005	2012		
§§ 433–534	1995				
§§ 433–487; Leasing		2004			
§§ 433–480				2013	
Wiener UN-Kaufrecht (CISG)	1994	1999	2005	2013	
§§ 488–490; 607–609		2011			
VerbrKrG; HWiG; § 13a UWG	1998				
VerbrKrG; HWiG; § 13a UWG; TzWrG	1998	2001			
§§ 491–512		2004	2012		
§§ 516–534		2005	2013		
§§ 535–563 (Mietrecht 1)	1995				
§§ 564–580a (Mietrecht 2)	1997				
2. WKSchG; MÜG (Mietrecht 3)	1997				
§§ 535–562d (Mietrecht 1)		2003	2006	2011	
§§ 563–580a (Mietrecht 2)		2003	2006	2011	
§§ 535–555f (Mietrecht 1)					2014
§§ 556–561; HeizkostenV; BetrKV (Mietrecht 2)					2014
§§ 562–580a; Anh zum Mietrecht: AGG (Mietrecht 3)					2014
Leasing			2014		
§§ 581–606	1996	2005	2013		
§§ 607–610 (siehe §§ 488–490; 607–609)	./.				
§§ 611–615	1999	2005			
§§ 611–613			2011		
§§ 613a–619a			2011		
§§ 616–619	1997				
§§ 616–630		2002			
§§ 620–630			2012		
§§ 631–651	2000	2003	2008	2013	
§§ 651a–651m	2001	2003	2011		
§§ 652–704	1995				
§§ 652–656		2003	2010		
§§ 657–704		2006			
§§ 675c–676c			2012		
§§ 677–704			2015		
§§ 705–740	2003				
§§ 741–764	1996	2002	2008		
§§ 765–778	1997	2013			
§§ 779–811	1997	2002	2009	2015	
§§ 812–822	1994	1999	2007		
§§ 823–825	1999				
§§ 823 E-I, 824, 825			2009		
§§ 826–829; ProdHaftG	1998	2003	2009	2013	
§§ 830–838	1997	2002	2008	2012	
§§ 839, 839a	2002	2007	2013		
§§ 840–853	2002	2007			

Buch 3. Sachenrecht

§§ 854–882	1995	2000	2007	2012	

§§ 883–902	1996	2002	2008	2013
§§ 903–924; UmweltHR	1996			
§§ 903–924		2002		
§§ 905–924			2009	
UmweltHR		2002	2010	
§§ 925–984; Anh §§ 929 ff	1995	2004	2011	
§§ 985–1011	1993	1999	2006	2013
ErbbVO; §§ 1018–1112	1994	2002		
ErbbauRG; §§ 1018–1112			2009	
§§ 1113–1203	1996	2002	2009	2014
§§ 1204–1296; §§ 1–84 SchiffsRG	1997	2002	2009	
§§ 1–64 WEG	2005			

Buch 4. Familienrecht

§§ 1297–1320; Anh §§ 1297 ff; §§ 1353–1362	2000	2007		
§§ 1297–1352			2012	2015
LPartG		2010		
§§ 1353–1362			2012	
§§ 1363–1563	1994	2000	2007	
§§ 1564–1568; §§ 1–27 HausratsVO	1999	2004		
§§ 1564–1568; §§ 1568 a+b			2010	
§§ 1569–1586b	2014			
§§ 1587–1588; VAHRG	1998	2004		
§§ 1589–1600d	1997	2000	2004	2011
§§ 1601–1615o	1997	2000		
§§ 1616–1625	2000	2007	2014	
§§ 1626–1633; §§ 1–11 RKEG	2002	2007	2015	
§§ 1638–1683	2000	2004	2009	
§§ 1684–1717	2000	2006	2013	
§§ 1741–1772	2001	2007		
§§ 1773–1895; Anh §§ 1773–1895 (KJHG)	1999	2004		
§§ 1773–1895			2013	
§§ 1896–1921	1999	2006	2013	

Buch 5. Erbrecht

§§ 1922–1966	1994	2000	2008	
§§ 1967–2086	1996			
§§ 1967–2063		2002	2010	
§§ 2064–2196		2003	2013	
§§ 2087–2196	1996			
§§ 2197–2264	1996	2003		
§§ 2197–2228			2012	
§§ 2229–2264			2012	
§§ 2265–2338a	1998			
§§ 2265–2338		2006		
§§ 2265–2302			2013	
§§ 2303–2345			2014	
§§ 2339–2385	1997	2004		
§§ 2346–2385			2010	

EGBGB

Einl EGBGB; Art 1, 2, 50–218	1998	2005	2013
Art 219–222, 230–236	1996		
Art 219–245		2003	

EGBGB/Internationales Privatrecht

Einl IPR; Art 3–6	1996	2003		
Einl IPR			2012	
Art 3–6			2013	
Art 7, 9–12, 47, 48	2000	2007	2013	
IntGesR	1993	1998		
Art 13–18	1996			
Art 13–17b		2003	2011	
Art 18; Vorbem A + B zu Art 19		2003		
Vorbem C–H zu Art 19		2009		
IntVerfREhe	1997	2005		
IntVerfREhe 1			2014	
Kindschaftsrechtl Ü; Art 19	1994			
Art 19–24		2002	2008	2014
Art 20–24	1996			
Art 25, 26	1995	2000	2007	
Art 27–37	2002			
Art 1–10 Rom I VO		2011		
Art 11–29 Rom I–VO, Art 46b, c		2011		
Art 38	1998			
Art 38–42		2001		
IntWirtschR	2000	2006	2010	
Art 43–46	1996	2014		

Eckpfeiler des Zivilrechts	2008	2011	2012	2014

Demnächst erscheinen

§§ 249–254	1998	2005	2015		
§§ 315–327		2001	2004	2009	2015
§§ 741–764	1996	2002	2008	2015	

oHG Dr. Arthur L. Sellier & Co. KG – Walter de Gruyter GmbH, Berlin
Postfach 30 34 21, D-10728 Berlin, Telefon (030) 2 60 05-0, Fax (030) 2 60 05-222